SV

Jonathan Crary
Aufmerksamkeit

Wahrnehmung
und moderne Kultur

Aus dem Amerikanischen
von Heinz Jatho

Suhrkamp Verlag

Titel der Originalausgabe:
Suspensions of Perception.
Attention, Spectacle and Modern Culture

Satz und Druck: Memminger MedienCentrum AG
Printed in Germany
Erste Auflage 2002

1 2 3 4 5 6 – 07 06 05 04 03 02

In Gedenken an Ibrahim Bouarram,
der am 1. Mai 1995 im Alter von achtundzwanzig Jahren
gegen Mittag in Paris von Anhängern des Front National
beim Pont du Carrousel gegenüber dem Louvre
ermordet wurde

Inhalt

Der Farben zwölfe, kaum gekannt auf Erden, gaben Licht im Trüben,
Aufgestellt in der Ordnung der Sterne, als die fünf Sinne
Den erdgeborenen Menschen überfluteten. Dann wurden
Die beweglichen Augen zu zwei Fixgestirnen, alle Dinge in sich bündelnd.
Die immer neu sich wandelnden Spiralbahnen zu den Himmeln der Himmel
Wurden niedergelegt, und der Nüstern goldene Tore schlossen sich,
Kehrten sich nach außen, versperrt und versteinert gegen das Unendliche.

William Blake, *Europa. Eine Prophezeiung.*

Danksagung

Während der Arbeit an diesem Buch hatte ich vielfach die Möglichkeit, meine Ideen in mündlicher und schriftlicher Form zu testen. Dies hat sich für mich als unschätzbare Hilfe erwiesen, für die ich mich den Freunden und Kollegen, die mich zu Vorträgen eingeladen oder mir in Publikationen ein Forum geboten haben, tief verpflichtet weiß. Zu nennen sind Peter Galison, Caroline Jones, Alan Trachtenberg, Charles Musser, Annabel Wharton, Carol Iving, Ronald Jones, Brian Lukacher, Molly Nesbit, Vanessa Schwartz, Leo Charney, Ewa Lajer-Burcharth, Norman Bryson, Giuliana Bruno, Victor Brombert, P. Adams Sitney, Sarah Bayliss, Hannah Feldman, Russell Ferguson, Jack Barth, Ron Clark, Ellen Wardell Lee, Akira Asada, Mark Jarzombek, Sara Beliveau, Lynne Cooke, Olivier Asselin, Richard Roth, Marc Gotlieb, Cynthia Hammond, Miwon Kwon, Daniel Soutif, André Rouillé, André Gunthert, Xavier Costa, Ruth Meyer, Hans Belting, Friedrich A. Kittler, Horst Bredekamp, Gary Smith und die Herausgeber des *October*. Besonders danke ich dem Art History Department an der Duke University für die Einladung, im Jahr 1995 die Benenson-Lectures zu übernehmen. Die fünf Vorlesungen, die ich im November dieses Jahres an der Duke University hielt, waren die Basis für das, woraus schließlich das vorliegende Buch wurde.

Zahlreiche Freunde und Kollegen gaben Hinweise, ließen mich an ihrer Erfahrung teilhaben oder unterstützten mich auf eine Weise, die zu vielfältig ist, um hier eine mehr als nur summarische Erwähnung finden zu können: Suzanne Jackson, Michel Feher, Hal Foster, Leo Steinberg, Andreas Huyssen, David J. Levin, Nina Rosenblatt, Martin Meisel, Henri Zerner, Georg Lynn, John Rajchman, Sarah Lawrence, John Elderfield, Irving Lavin, Anne Boyman, Peter Eisenman, Laura Foster, Martin Jay, Catherine de Zegher, Manny Farber, Meaghan Gale, Cliff Simms, Richard Martin, Deirdre Donahue, Bridget Evans, Deena Jospe, Dominique Auzel, Tom Levin, Stephanie Schwartz, Ramona Nadaff, Richard Berman, Stephany Gordon, Kalman Bland, Kevin Parker, Kate Rudy und Paul Wing. Mein besonderer Dank gilt Stefan Richter und Rebeccah Blum für ihre liebenswürdige Gastfreundschaft in Berlin.

Für ihre anregende und sachkundige Beratung beim Umgang mit dem wissenschaftlichen Material bin ich Julian Hochberg, Paul D. MacLean, Jonathan Miller und James H. Schwartz zu Dank verpflichtet.

Auch der Gedankenaustausch mit meinen Fakultäts-Kollegen an der Columbia University war wichtig für mich. Mein Dank gilt neben anderen Rosalind Krauss, David Rosand, Richard Brilliant, Robin Middleton, Benjamin Buchloh, David Freedberg, Barry Bergdoll, Theodore Reff, Barbara Novak und Stephan Murray. Ein Großteil dieses Buchs wurde geschrieben, als Allen Staley Leiter unserer Fakultät war, und die anregende Atmosphäre, die er zu schaffen wußte, hat meine Arbeit sehr gefördert.

Ich schätze mich glücklich, am MIT mit Larry Cohen als Herausgeber zusammenarbeiten zu können. Er hat meine Arbeit während langer Jahre unterstützt und nie mit seiner Hilfe gezögert, wenn es galt, Probleme jedweder Art zu lösen.

Auch die John Simon Guggenheim Foundation, das Getty Center und das Institute for Advanced Study haben mich bei der Durchführung meines Projekts gefördert.

Ich widme dieses Buch meinen Söhnen Chris und Owen.

Einführung

Diesem Buch liegt die Annahme zugrunde, daß die Art und Weise, wie wir absichtlich auf etwas hören, auf etwas blicken oder uns auf etwas konzentrieren, in jedem Fall einen tief historischen Charakter hat. Ob wir einen Computer-Bildschirm vor uns haben, einer Aufführung in der Oper beiwohnen, produktive, kreative oder pädagogische Aufgaben erledigen oder uns in eher passiver Weise mit Alltagstätigkeiten wie Autofahren oder Fernsehen beschäftigen, immer befinden wir uns in einer Dimension des heutigen Lebens, die es mit sich bringt, daß wir einen Großteil unserer unmittelbaren Umgebung effektiv aus dem Bewußtsein tilgen oder ausschließen. Von Interesse ist für mich, wie die westliche Moderne seit dem neunzehnten Jahrhundert von Individuen verlangt, sich im Sinne eines Vermögens der »Aufmerksamkeit« zu definieren und zu formen – wie sie verlangt, sich aus einem umfassenderen Feld visueller oder akustischer Attraktion zurückzuziehen und sich statt dessen auf eine begrenzte Anzahl isolierter Reize zu konzentrieren. Daß unser Leben ein Patchwork zusammenhangloser Zustände ist, ist keineswegs »natürlich«, sondern ein Ergebnis jener intensiven und tiefgehenden Umformung der menschlichen Subjektivität, die in der westlichen Welt in den letzten hundertfünfzig Jahren stattgefunden hat. Es ist daher auch nicht von ungefähr, wenn jetzt, am Ende des zwanzigsten Jahrhunderts, eine gewaltige soziale Krise der subjektiven Desintegration unter anderem metaphorisch als ein Versagen der »Aufmerksamkeit« diagnostiziert wird.

Die Analyse der modernen Subjektivität im zwanzigsten Jahrhundert hat sich vielfach auf den von Walter Benjamin und anderen formulierten Gedanken einer »Rezeption in der Zerstreuung« bezogen. Im Gefolge dieser Analysen wurde weitgehend angenommen, daß die Wahrnehmung seit der Mitte des neunzehnten Jahrhunderts grundsätzlich durch die Erfahrung der Fragmentierung, des Schocks und der Zersplitterung geprägt sei. Meine These ist jedoch, daß die moderne Zerstreuung nur durch ihre reziproke Beziehung zum Aufkommen bestimmter Normen und Praktiken der Aufmerksamkeit verstanden werden kann. Was ich erforschen will, ist die seit dem späten neunzehnten Jahrhundert auf vielerlei Weisen präsente paradoxe Überschneidung zwischen einem innerhalb der disziplinären Organisation von Arbeit, Erziehung und Massenkonsum geltenden Imperativ konzentrierter Aufmerksamkeit und einem Aufmerksamkeitsideal, das ein konstitutives Element der kreativen und freien Subjektivität ist. Natürlich läßt sich einwenden, daß ich qualitativ verschiedene Begriffe von Aufmerksamkeit vergleiche: daß es zum Beispiel zwischen dem kultivierten Betrachter, der sich in ein bedeutendes Kunstwerk versenkt, und dem Fabrikarbeiter, der sich auf die Ausführung seiner Tätigkeit konzentriert, keine oder kaum eine Gemeinsamkeit gibt. Ich werde jedoch zeigen, daß eben die Möglichkeit von Konzepten einer reinen ästhetischen Wahrnehmung im späten neunzehnten Jahrhundert von jenem Modernisierungsprozeß nicht trennbar ist, durch den das Problem der Aufmerksamkeit in den neuen institutionellen Konstruktionen einer produktiven und lenkbaren Subjektivität eine zentrale Stellung einnahm. Ich werde verfolgen, auf welche Weise die modernen Erfahrungen von sozialer Separation und subjektiver Autonomie beide sowohl mit den glanzvollen Möglichkeiten als auch den ambivalenten Grenzen und dem Versagen aufmerksamer Individuen verflochten sind.

In diesem Buch wird also versucht, einige Umrisse einer Genealogie der Aufmerksamkeit seit dem neunzehnten Jahrhundert nachzuzeichnen und ihre Rolle bei der Modernisierung der Subjektivität genauer zu fassen. Ich werde, konkreter gesagt, untersuchen, wie im späten neunzehnten Jahrhundert parallel zur Emergenz neuer technologischer Formen von Spektakel, Schaustellung, Bildprojektion, Attraktion und Registrierung auch die Vorstellungen von Wahrnehmung und Aufmerksamkeit transformiert wurden. Ich werde zu beschreiben versuchen, auf welche Weise das neue Wissen vom Verhalten und der Ausstattung des Subjekts mit sozialen und ökonomischen Verschiebungen, mit neuen Darstellungspraktiken und einer umfassenden Reorganisierung der visuellen und akustischen Kultur einherging. Wenn ich in diesem Buch einen eher ungewöhnlichen Standpunkt einnehme, dann in der Absicht, eine umfassende, in den achtziger und neunziger Jahren des neunzehnten Jahrhunderts stattfindende Krise der Wahrnehmung in den Blick zu bekommen und auf diese Weise angeben zu können, warum der umstrittene Begriff der Aufmerksamkeit für eine Reihe von sozialen, philosophischen und ästhetischen Problemen dieser Jahre – und damit indirekt auch für bestimmte Entwicklungen im zwanzigsten Jahrhundert – eine Schlüsselrolle spielte.

Es gibt mehrere gewichtige Gründe, warum ich das Problem der Aufmerksamkeit als Rahmen gewählt habe, um eine bestimmte Gruppe von Gegenständen in dieser historischen Periode zu untersuchen. Zunächst ist die Aufmerksamkeit, als eine Konstellation von Texten und Praktiken, weit mehr als eine Frage des Blicks, des Sehens, des bloßen Zuschauer-Subjekts. Der Begriff der Aufmerksamkeit ermöglicht es, das Wahrnehmungsproblem aus einer allzu leichten Gleichsetzung mit den Fragen der Visualität herauszulösen, und ich werde nachweisen, daß das moderne Problem der Aufmerksamkeit eine Reihe von Begriffen und Positionen einschließt, die nicht einfach im Sinn von Optizität verstanden werden können. Das Sehen ist in den letzten Jahren innerhalb der sich ausweitenden Forschungen zur Visualität oft als ein autonomes und sich selbst begründendes Problem verstanden worden. Mit dieser Privilegierung der Kategorie der Visualität läuft man jedoch Gefahr, die Kräfte der Spezialisierung und Separierung zu übersehen, durch die ein solcher Begriff überhaupt erst zu dem uns heute begrifflich zugänglichen Konzept hat werden können. Ein Großteil dessen, was ein Bereich des Visuellen zu sein scheint, ist lediglich der *Effekt* von andersartigen Kräften und Machtverhältnissen. Zugleich droht der Begriff der »Visualität« im Sinn eines Wahrnehmungs- und Subjektivitätsmodells verstanden zu werden, das von dem inhaltsreicheren und historischeren Begriff der »Verkörperung«, in dem ein leibliches Subjekt den Ort für die

Operationen der Macht und zugleich das Potential des Widerstands bildet, abgeschnitten ist. Die Zentralität oder »Hegemonie« des Sehens in der Moderne des zwanzigsten Jahrhunderts zu betonen, ist zum gegenwärtigen Zeitpunkt sinn- und inhaltslos. Meine These ist, daß die spektakuläre Kultur nicht auf der Notwendigkeit aufbaut, ein Subjekt *sehen* zu machen, sondern auf Strategien, die Individuen isolieren und separieren und sie *Zeit* in einem Zustand der Ohnmacht erleben lassen. Dementsprechend sind Gegenformen der Aufmerksamkeit weder ausschließlich noch wesentlich visuell, sondern vielmehr als andersartige Temporalität, als andersartiger kognitiver Zustand konstituiert – so in der Trance oder im Wachtraum.

In meinem Buch *Techniken des Betrachters* habe ich unter anderem zeigen wollen, daß die historischen Transformationen der Vorstellungen vom Sehen untrennbar sind von einer umfassenderen Umformung der Subjektivität, die nicht nur optische Erfahrungen, sondern auch Modernisierungs- und Rationalisierungsprozesse mit einschloß. Im vorliegenden Buch, in dem ein durchaus andersartiges Feld von Ereignissen untersucht wird, geht es mir dagegen unter anderem um den Nachweis, daß das Sehen lediglich eine Schicht in einem Körper darstellt, der von einer Reihe externer Techniken ergriffen, geformt oder kontrolliert werden kann, der jedoch auch imstande ist, sich einem institutionellen Zugriff zu entziehen und neue Formen, Affekte und Intensitäten zu erfinden. Ich glaube nicht, daß ausschließlich visuelle Begriffe wie »Blick (*gaze*)« oder »Betrachtung (*beholding*)« als solche bereits Objekte historischer Erklärung sein können.[1] Den problematischen Terminus »Wahrnehmung« gebrauche ich vor allem, um auf ein Subjekt hinzuweisen, das nicht bloß einsinnig durch die Modalität des Sehens, sondern auch durch Gehör und Tastsinn und vor allem auch die unentwirrbar *gemischten* Modalitäten definierbar ist, die den »Visual studies« zwangsläufig ganz oder weitgehend aus dem Blick geraten. Gleichzeitig möchte ich zeigen, wie die im späten neunzehnten Jahrhundert angestellten Forschungen zur Wahrnehmung eindeutig darauf abzielten, diesem Begriff etwas von dem Sinn des »Ergreifens« oder des »Gefangennehmens«, der in dem lateinischen Ursprungswort *perceptio* anklingt, zurückzugeben, und zwar selbst dann noch, als die Unmöglichkeit einer solchen Fixierung oder Besitzergreifung klar wurde. Tatsächlich wurde um 1880 die Wahrnehmung weitgehend als Synonym verstanden mit einem »Aufmerken auf Empfindungen«.[2]

Das historische Problem der Aufmerksamkeit ist unter anderem deshalb so wichtig, weil es ein Scharnier bildet, das die Probleme, die in den einflußreichsten modernen Reflexionen über Sehen und Wahrnehmung aufgeworfen werden (so bei Jacques Derrida, Maurice Blanchot, Georges Bataille und Jacques Lacan), mit der Forschung über die modernen Effekte der Macht, über die sozialen und institutionellen Konstruktionen von Erfahrung und Subjektivität (etwa bei Michel Foucault oder Walter Benjamin) verbindet. Der erstgenannten Kategorie gemeinsam ist, ganz allgemein, ein transhistorisches Insistieren auf einer fundamentalen Absenz im Herzen des Sehens, auf der Unmöglichkeit einer Perzeption der Präsenz oder eines unvermittelten visuellen Zugangs zu einer Fülle des Seins. Ich behaupte jedoch, daß die Aufmerksamkeit nur aufgrund der *historischen* Tilgung der Möglichkeit, die Idee der Präsenz in der Wahrnehmung zu denken, zu einem spezifisch modernen Problem wird; erst im Gefolge dieser Tilgung wird die Aufmerksamkeit zu einer Simulation von Präsenz und zugleich zu einem Notbehelf, zu einem pragmatischen Ersatz angesichts von deren Unmöglichkeit. In *Techniken des Betrachters* habe ich gezeigt, wie das Aufkommen der physiologischen Optik im frühen neunzehnten Jahrhundert Modelle des Sehens, die auf einer Selbstpräsenz der Welt für den Betrachter und auf der unmittelbaren und atemporalen Natur der Wahrnehmung beruhten, verdrängte. In diesem Buch untersuche ich einige der *Folgen* dieser Verschiebung: insbesondere wie die Aufmerksamkeit zum Modell für die Weise wird, wie ein Subjekt eine praktische und kohärente Vorstellung von der Welt aufrechterhält, zu einem Modell, das nicht primär optisch oder auch nur wirklichkeitsgetreu ist.[3] Die normativen Erklärungen der Aufmerksamkeit waren ein direktes Produkt der Einsicht, daß ein voller Zugriff auf eine mit sich selbst identische Wirklichkeit nicht möglich war und daß die von physikalischen und psychologischen Temporalitäten und Prozessen konditionierte menschliche Wahrnehmung allenfalls eine provisorische, gleitende Annäherung an ihre Gegenstände erlaubte.

Im neunzehnten Jahrhundert bewirkt also die Grundannahme, daß Wahrnehmung nicht als Unmittelbarkeit, Präsenz und Punktualität gedacht werden kann, eine gewaltige soziale Umformung des Betrachters. Ein Großteil der neueren, von einer inzwischen stumpf gewordenen Kritik der Präsenz sich herleitenden Arbeiten hat nicht begriffen, daß die Frage nach einem der Wahrnehmung möglichen direkten Zugang zur Selbstpräsenz innerhalb der modernen disziplinären und spektakulären Kultur vollkommen irrelevant ist. Was die institutionelle Macht seit dem Ende des neunzehnten Jahrhunderts interessiert, ist einfach ein Funktionieren der Wahrnehmung in dem Sinn, daß das Subjekt produktiv, lenkbar, kalkulierbar und darüber hinaus sozial integriert und anpassungsfähig wird. Die Erkenntnis, daß die Aufmerksamkeit Grenzen hatte, jenseits und unterhalb derer Produktivität und sozialer Zusammenhalt bedroht waren, führte dazu, daß sich die Trennlinien zwischen neu benannten »Pathologien« der Aufmerksamkeit und kreativen, intensiven Zuständen von »Absorption«, von tiefer Versunkenheit und Wachtraum verwischten. Aufmerksamkeit war, wie ich zeigen werde, unumgängliches Ingrediens einer subjektiven Konzeption des Sehens: mittels der Aufmerksamkeit kann ein individueller Betrachter diese subjektiven Grenzen überwinden und die Wahrnehmung zu *seiner eigenen* machen. Zugleich ist Aufmerksamkeit jedoch ein Verhalten, durch das der Wahrnehmende sich der Kontrolle und Vereinnahmung durch externe Instanzen aussetzt.

Damit ist einiges von der theoretischen Reichweite dieses Projekts angedeutet. Seine konkreten Parameter sind jedoch begrenzter. Obwohl ich eine Epoche von etwa fünfundzwanzig Jahren, von 1879 bis kurz nach 1900, herausgreife, geht es mir in keiner Weise darum, etwas wie eine Geschichte oder eine Übersicht von den in dieser Zeit vorherrschenden Ideen oder Praktiken der Wahrnehmung zu liefern.

Vielmehr werde ich, beginnend mit dem ersten Kapitel, zeigen, warum die Aufmerksamkeit im neunzehnten Jahrhundert zu einem völlig neuartigen, sich dem hergebrachten historischen Verständnis gänzlich entziehenden Problem wurde und warum dieses Problem sich als untrennbar von der philosophischen, psychologischen und ästhetischen Erforschung der Wahrnehmung erwies. Desgleichen werde ich skizzieren, warum die zahlreichen, oftmals gegenläufigen Bemühungen, die Aufmerksamkeit empirisch zu erklären und manipulierbar zu machen, letztlich erfolglos blieben. Die folgenden Kapitel werden einige vorläufige Schemata zum Verständnis dieser letzten Jahrzehnte des neunzehnten Jahrhunderts entwerfen, Schemata, die aus der lokalen Analyse einer relativ kleinen Anzahl von Objekten, an denen das Problem der Wechselbeziehung von Wahrnehmung und Modernisierung abgelesen werden konnte, gewonnen wurden. Obwohl die Abfolge der Kapitel chronologisch ist und mit Objekten aus der Zeit um 1879 beginnt, ist meine Darstellung diskontinuierlich, insofern ich drei relativ autonome Analysen durchführe, die das historische Kontinuum zerschneiden.

Jedes meiner Kapitel präsentiert eine Konstellation von Objekten, die einige der Möglichkeiten deutlich werden lassen, welche Form die Probleme einer kontingenten modernisierten Wahrnehmung innerhalb der umfassenderen Transformation der westlichen kulturellen Praxis im späten neunzehnten und frühen zwanzigsten Jahrhundert annehmen konnten. Jede dieser Konstellationen schließt, spezifischer, auch einige jener wichtigen Formen des maschinellen Sehens und der Techniken zur Simulation kontinuierlicher Bewegung mit ein, die bei vielen Neukonzeptualisierungen der Wahrnehmung offenkundig eine Rolle spielten und zugleich zentrale Bestandteile einer beginnenden Transformation der Massenkultur waren. Seit langem wird die Frage gestellt, inwiefern Film und moderne Kunst einen gemeinsamen historischen Ort einnehmen. Ich habe versucht, jedwede generalisierende Spekulation mit sehr spezifischen Analysen konkreter Praktiken und Objekte aufzuwiegen, ohne diese jedoch für eine »Illustration« in Dienst zu nehmen oder mit ihnen irgendeine These, die den von mir untersuchten historischen Prozeß betrifft, beweisen zu wollen. Die wichtigste Entscheidung, die ich hinsichtlich meiner Darstellung getroffen habe, dürfte wohl darin bestehen, daß ich jeweils ein einzelnes Kunstwerk, das dem Kapitel gewissermaßen als Achse dient, in den Vordergrund gestellt habe. Diese Werke sind: Manets Gemälde *Im Wintergarten* von 1879, Seurats *Parade de cirque* von 1887-1888 und Cézannes um 1900 entstandenes Bild *Kiefern und Felsen;* jedes Kapitel bietet eine mehr oder weniger synchronische Darstellung von Objekten, die auf der diachronischen Achse dieses Buchs durch Intervalle von etwa zehn Jahren segmentiert sind (siehe Bildtafel am Ende des Buches).

In *Techniken des Betrachters* hatte ich die gängigen Thesen, die die moderne Malerei der siebziger und achtziger Jahre in vielfacher Hinsicht als einen epochalen Wendepunkt in der historischen Verfassung des Betrachters und der Praxis des Sehens verstehen, in Frage gestellt. Ich werde diesen Standpunkt auch hier einnehmen, womit ich ausdrücken möchte, daß das moderne Sehen innerhalb eines *bereits neu konfigurierten Felds* von Techniken und Diskursen, die die Visualität und das betrachtende Subjekt betreffen, Gestalt annahm. Das heißt natürlich nicht, daß diese Kunstwerke nicht untersucht werden müßten. Sie sind Objekte, an denen ich den *Konsequenzen* und Reflexen nachgehe, die das Aufkommen von subjektiven und physiologischen Modellen des Sehens im frühen neunzehnten Jahrhundert zur Folge hatte. Sie nehmen sowohl im Hinblick auf die von diesen historischen Transformationen eröffneten neuen schöpferischen Horizonte als auch als Ausdruck der durch sie bedingten Zwänge eine zentrale Stellung ein. Allerdings nehmen die Kunstwerke in meinem Projekt nicht deshalb einen so prominenten Platz ein, weil ihnen in irgendeiner Weise ein ontologisches Privileg eingeräumt würde. Meinem Buch liegt vielmehr die gegenteilige Ansicht zugrunde: ich gehe der Frage der Aufmerksamkeit nach, um zu prüfen, welche Relevanz der Isolierung einer ästhetisch determinierten Kontemplation oder Absorption zukommt. Das Feld der Aufmerksamkeitspraktiken stellt sich als eine einzige heterogene Oberfläche dar, auf der diskursive Objekte, materielle Praktiken und darstellende Artefakte keinen qualitativ verschiedenen Schichten angehören, sondern alle gleichermaßen in die Hervorbringung von Machteffekten und neuen Typen von Subjektivität involviert sind. Daher bin ich nicht daran interessiert, eine in diesen Werken irgendwie immanente primäre oder »authentische« Bedeutung aufzudecken, sondern hoffe vielmehr, durch meine Untersuchung etwas von ihrer *äußeren Umgebung* rekonstruieren und die Verbindungen zu dieser Umgebung vermehren zu können – dabei stets eingedenk des »Pluralen« dieser Bilder, in denen »alles ohne Unterlaß und mehrere Male« signifikant ist.[4]

Ich habe jedoch nicht die Absicht, etwa ein Werk von Seurat als von irgendeinem der von mir herangezogenen diskursiven Objekte oder institutionellen Räume determiniert, als ein bloßes Symptom hinzustellen. Ich bestehe darauf, daß bestimmte Werke und die spezifischen ästhetischen Praktiken, auf denen sie aufbauen, *konstitutive* Elemente eben dieses Feldes von Vorgängen, daß sie *originäre* Ausformungen verwandter Probleme sind. Es ist also nicht bloße Willkür, wenn Manet, Seurat und Cézanne ausgewählt wurden, um mit ihrer Hilfe gewisse in diese Zeit fallende Entwicklungen neu zu durchdenken. Jeder von ihnen hat sich auf eine einzigartige Konfrontation mit den Brüchen, den Leerstellen und den Rissen innerhalb eines Wahrnehmungsfelds eingelassen; jeder von ihnen machte völlig neuartige Entdeckungen, die einerseits die Undeterminiertheit einer aufmerksamen Wahrnehmung, aber andererseits auch die Tatsache betrafen, daß diese Instabilität zur Grundlage einer Neudefinition perzeptueller Erfahrung und darstellender Praktiken werden konnte. Monet, und in geringerem Maß auch Degas, hätten miteinbezogen werden können; verzichtet wurde auf sie im Interesse der Überschaubarkeit des Projekts. Warum ich gerade diese Maler gewählt habe, wird im Lauf der Diskussion klar werden; was sie in jedem Fall gemein haben, ist ihre Beschäftigung mit einem allgemeinen Problem der perzeptuellen Synthesis sowie mit der Wechselseitigkeit von bindenden und desintegrativen Möglichkeiten von Aufmerksamkeit. Zugleich interessiere ich mich dafür, warum diese Raum-entleerten (aber schwerlich flachen) Bilder untrennbar sind vom Aufkommen maschineller Formen von »Realismus« und optischer Wirklichkeitstreue.

Ich brauche sicher nicht zu unterstreichen, daß es in diesem Buch weniger um Kunst geht als um ein Neudenken und eine Rekonstruktion der Wahrnehmung, eine Rekonstruktion, in der die Praktiken der Kunst eine signifikante, aber keineswegs eine ausschließliche oder die Hauptrolle spielen. Demgemäß habe ich versucht, die Bilder mehr oder weniger aus ihrem vertrauten kunsthistorischen Rahmen herauszulösen; »vertikale« Erklärungen von Kunstwerken im Sinne ihrer Beziehung zu Brüchen oder Kontinuitäten, die einer linearen historischen Abfolge von Bewegungen und Stilen entsprechen, habe ich ausgeklammert. Betont habe ich statt dessen mit Gilles Deleuze und anderen die transversalen Verbindungen zwischen Objekten verschiedener Art an sehr verschiedenen Orten. Der Satz von Deleuze, daß »Philosophie, Kunst und Wissenschaft in Beziehungen wechselseitiger Resonanz und in Austausch [treten], aber jedes Mal aus immanenten Motiven«, verweist darauf, wie die simultane, aber autonome Koexistenz disparater kultureller Artefakte jenseits mechanischer oder biographischer Vorstellungen von Einfluß und jenseits abgegriffener Unterscheidungen zwischen »Ernst« und »Unterhaltung« in der Kultur zu denken wäre.[5]

Der amerikanische Originaltitel meines Buchs – *Suspensions of Perception: Attention, Spectacle, and Modern Culture* – ist sowohl evokativ als deskriptiv: worauf es mir ankommt, sind verschiedene Bedeutungsmöglichkeiten, die im Wort *suspension* mitschwingen. Zunächst möchte ich einen gewissen Zustand andeuten, ein Zusehen oder Zuhören, das so versunken ist, daß es eine Ausnahmesituation gegenüber den Normalbedingungen darstellt und zu einer suspendierten Zeitlichkeit wird, zu einem Hinausschweben aus der Zeit. Im Wort *attention* wiederum schwingt etwas von einer »Spannung«, von »Gestrecktwerden« und auch von »Warten« mit. Es schließt die Möglichkeit einer Fixierung ein, die Möglichkeit, etwas in einem Zustand des Staunens und der Kontemplation festzuhalten, in dem das aufmerksame Subjekt unbeweglich ist und zugleich des Halts ermangelt. *Suspension* ist jedoch auch eine Tilgung oder Unterbrechung, womit ich auf eine Störung, ja auf eine Negation der Wahrnehmung selbst hindeuten möchte. Ich verfolge das ganze Buch hindurch die Idee einer Wahrnehmung, die *sowohl* eine Versunkenheit, eine Absorption, *als auch* eine Absenz oder ein Aufschub sein kann. Diese widersprüchliche Zusammensetzung der Wahrnehmung ist es, die ich hier untersuchen will, nicht indem ich sie ominös als einer ewigen List des Sehens zugehörig definiere, sondern indem ich die Möglichkeitsbedingungen ihres Auftretens erforsche. Daß die Archäologie dieser Bedingungen mit der Vorgeschichte unserer Gegenwart mit ihren technisch-institutionellen Welten für mich synonym ist, brauche ich wohl kaum zu sagen.

I. Die Moderne und das Problem der Aufmerksamkeit

Die *beständige Kontinuität* des Prozesses, das ungehinderte und flüssige Übergehn des Wertes aus einer Form in die andre, oder einer Phase des Prozesses in die andre, erscheint als Grundbedingung für die auf das Kapital gegründete Produktion.

Karl Marx, *Grundrisse der Kritik der politischen Ökonomie*

Die philosophischen Probleme nehmen jetzt wieder fast in allen Stücken dieselbe Form der Frage an, wie vor zweitausend Jahren: wie kann Etwas aus seinem Gegensatz entstehen, zum Beispiel Vernünftiges aus Vernunftlosem, Empfindendes aus Totem, Logik aus Unlogik, interesseloses Anschauen aus begehrlichem Wollen, Leben für Andere aus Egoismus, Wahrheit aus Irrthümern?

Friedrich Nietzsche, *Menschliches, Allzumenschliches*

Zu den wichtigsten Entwicklungen, die im neunzehnten Jahrhundert in der Geschichte der Wahrnehmung stattfanden, gehört die Emergenz von Modellen des subjektiven Sehens, die sich relativ unvorbereitet in der Zeit von 1810 bis 1840 in zahlreichen Disziplinen bemerkbar machte. Innerhalb weniger Jahrzehnte vollzogen die vorherrschenden Diskurse und Praktiken des Sehens den Bruch mit einem klassischen Regime der Visualität und suchten die Wahrheit des Sehens statt dessen in der Dichte und Materialität des Körpers.[1] Diese Verschiebung brachte es unter anderem mit sich, daß die Funktion des Sehens von seiner komplexen und kontingenten Ausübung durch den Betrachter abhängig wurde, einer Ausübung, die das Sehen fehlerhaft, unzuverlässig und, wie man manchmal sagte, willkürlich machte. Noch vor der Mitte des Jahrhunderts waren wichtige Strömungen in den Wissenschaften, in Philosophie, Psychologie und Kunst auf verschiedenen Wegen zu dem Ergebnis gekommen, daß weder das Sehen, noch irgendein anderer Sinn noch auf essentielle Objektivität oder Gewißheit Anspruch erheben könne. Durch das wissenschaftliche Werk von Hermann von Helmholtz, Gustav Theodor Fechner und vielen anderen waren um 1860 die Konturen einer allgemeinen epistemologischen Unsicherheit sichtbar geworden, in der die Wahrnehmungserfahrung jene Garantien, die einst ihre privilegierte Beziehung zu den Fundamenten des Wissens begründet hatten, verloren hatte. Einige der Komponenten dieses kulturellen Umfelds, in dem die mit der Perzeption verbundenen Wahrheiten und Unsicherheiten auf die Probe gestellt und neu konstruiert wurden, sollen in diesem Buch untersucht werden – im Hinblick sowohl auf eine visuelle Moderne als auch auf eine neuartige, seit den späten 1870er Jahren entstehende visuelle Massenkultur.

Die Idee eines subjektiven Sehens – die Vorstellung, daß unsere perzeptuelle und sensorische Erfahrung weniger von der Natur eines externen Reizes als von der Zusammensetzung und dem Funktionieren unseres sensorischen Apparats abhängig ist – gehört zu den Bedingungen für das historische Auftreten eines autonomen Begriffs vom Sehen, will sagen für die Abtrennung (oder Befreiung) der perzeptuellen Erfahrung von einer notwendigen Beziehung zur Außenwelt. Nicht weniger wichtig ist, daß die rapide anwachsenden Kenntnisse über die Arbeit eines leiblichen Betrachters auch Möglichkeiten für Prozeduren einer Normalisierung, Quantifizierung und Disziplinierung des Sehens in Aussicht stellten. Wenn die empirische Wahrheit des Sehens im Körper lag, konnte das Sehen (ebenso wie die anderen Sinne) auch von externen Techniken der Manipulation und Stimulation annektiert und kontrolliert werden. Dies war der entscheidende Schritt, den um die Jahrhundertmitte die Psychophysik vollzog, die, indem sie die Sinneseindrücke meßbar zu machen schien, die menschliche Wahrnehmung im Gebiet des Quantifizierbaren und Abstrakten verankerte. So verstanden, wurde das Sehen einerseits mit vielen anderen Modernisierungsprozessen kompatibel, andererseits aber eröffnete es die Möglichkeit einer Seherfahrung, die wesentlich nicht rationalisierbar war und sich allen Prozeduren der Normalisierung entzog. Diese Entwicklungen gehören zu einem in der zweiten Hälfte des neunzehnten Jahrhunderts erreichten kritischen Wendepunkt, an dem jedwede signifikante qualitative Differenz zwischen Leben und Technik sich zu verflüchtigen beginnt. Die Auflösung einer fraglosen Unterscheidung zwischen Innen und Außen wird zur Voraussetzung für die Entstehung einer modernen Kultur des Spektakels und für eine dramatische Erweiterung der ästhetischen Erfahrungsmöglichkeiten. Die Verortung der Wahrnehmung (im Sinne von Prozessen und Funktionen, die bislang als »geistig« galten) in der Dichte des Körpers war eine Vorbedingung für die Instrumentalisierung des Sehens als Bestandteil maschineller Arrangements, aber gleichzeitig bildet sie auch den Hintergrund für den erstaunlichen Aufschwung der visuellen Erfindung und des visuellen Experimentierens in der europäischen Kunst der zweiten Jahrhunderthälfte.

Spezifischer noch hat die kapitalistische Moderne seit dem späten neunzehnten Jahrhundert und insbesondere seit dessen letzten zwei Jahrzehnten eine ständige Erneuerung der Bedingungen sensorischer Erfahrung hervorgebracht, was man eine Revolutionierung der Perzeptionsmittel nennen könnte. Seit hundert Jahren befinden sich die Modalitäten der Wahrnehmung in einer kontinuierlichen Transformation oder auch, wie manche sagen, in einem Zustand der Krise. Wenn es im zwanzigsten Jahrhundert ein bleibendes Charakteristikum des Sehens gibt, dann das, daß ein solches Charakteristikum fehlt. Statt dessen unterliegt es der Adaptierbarkeit an neue technologische Beziehungen, neue soziale Konfigurationen und neue ökonomische Zwänge. Das, was in unserem Alltag der Film, die Photographie und das Fernsehen darstellen, sind vorübergehende Elemente innerhalb einer immer mehr sich beschleunigenden Abfolge von Verschiebungen und Abnutzungen, sind Stationen im Fieberwahn des Modernisierungsprozesses.

Als das Kapital mit seiner dynamischen Logik begann, jedwede stabile oder dauerhafte Struktur der Wahrnehmung zu unterminieren, war diese Logik jedoch gleichzeitig darauf aus, ein disziplinäres Regime der Aufmerksamkeit durchzusetzen. Im späten neunzehnten Jahrhundert wird in den Humanwissenschaften und insbesondere in der entstehenden wissenschaftlichen Psychologie das Problem der *Aufmerksamkeit* zu einem Grundanliegen.[2] Seine Bedeutsamkeit stand in direkter Beziehung zur Emergenz eines sozialen, urbanen, psychischen und industriellen Feldes, das in wachsendem Maß mit sensorischem Input gesättigt war. Insbesondere im Kontext der neuen Formen industrieller Großproduktion begann die Unaufmerksamkeit den Charakter einer Gefahr, eines ernsten Problems anzunehmen, auch wenn es oft genug eben die modernen Arbeitsbedingungen waren, die Unaufmerksamkeit hervorbrachten.[3] Man kann durchaus in einer ständigen Krise der Aufmerksamkeit einen entscheidenden Aspekt der Moderne sehen, insofern die wechselnden Konfigurationen des Kapitalismus, mit ihrer endlosen Abfolge von neuen Produkten, Reizquellen und Informationsströmen, Aufmerksamkeit und Zerstreuung ständig über neue Grenzen und Schwellen zwingen und dann mit neuen Methoden des Managements und der Regulierung von Aufmerksamkeit reagieren. Gianni Vattimo hat bemerkt, »daß die Intensivierung der kommunikativen Phänomene, das Anwachsen des Informationsflusses ... für den Modernisierungsprozeß nicht nur einen Aspekt unter anderen darstellt, sondern gewissermaßen dessen Zentrum und Bedeutung«.[4] Gleichzeitig aber ist die Aufmerksamkeit als historisches Problem nicht auf die Strategien der sozialen Disziplin reduzierbar. Ich werde zeigen, daß die Artikulation eines Subjekts über das Vermögen der Aufmerksamkeit zugleich ein Subjekt aufdeckte, das sich solchen disziplinären Imperativen entzog.

Seit Kant hat es zum epistemologischen Dilemma der Moderne gehört, innerhalb der Fragmentierung und Atomisierung eines kognitiven Felds ein Vermögen zur Synthesis zu finden. In der zweiten Hälfte des neunzehnten Jahrhunderts, als man, von der massenhaften Verbreitung des Stereoskops um 1850 bis hin zu den Frühformen des Kinos um 1890, immer neue Techniken zur Durchsetzung spezifischer Arten von perzeptueller Synthesis entwickelte, wurde dieses Dilemma besonders fühlbar. Das neunzehnte Jahrhundert mußte den fortschreitenden Zusammenbruch von Kants transzendentalem Standpunkt und seinen synthetischen Apriori-Kategorien, die er in der ersten Kritik dargelegt hatte, zur Kenntnis nehmen. Kant hatte angenommen, daß jede mögliche Wahrnehmung ein sich selbst begründendes, ursprüngliches und synthetisches Vereinheitlichungsprinzip, das grundsätzlich über empirischen Sinneserfahrungen wie dem Sehen stehe, zur Voraussetzung habe. »Einheit der Synthesis in empirischen Begriffen würde ganz zufällig sein und, gründeten diese sich nicht auf einen transzendentalen Grund der Einheit, so würde es möglich sein, dass ein Gewühle von Erscheinungen unsere Seele anfüllte ... Alsdann fiele aber auch alle Beziehung der Erkenntnis auf Gegenstände weg, weil ihr die Verknüpfung nach allgemeinen und notwendigen Gesetzen mangelte.«[5] Nachdem die philosophischen Garantien jedweder apriorischen kognitiven Einheit entfallen waren (oder nachdem die Möglichkeit eines Ich, das der Welt seine Einheit aufprägt, im nachkantischen Idealismus unhaltbar geworden war), wurde das Problem der »Aufrechterhaltung der Wirklichkeit« mehr und mehr zur Funktion eines kontingenten und nur noch psychologischen Vermögens zur Synthesis oder Assoziation.[6] Schopenhauers Ersetzung der kantischen transzendentalen Einheit der Apperzeption durch den Willen ist ein Ereignis, das zahlreiche Erschütterungen nach sich zog, denn es bedeutete, daß die wahrgenommene Ganzheit der Welt nicht länger das apodiktische Produkt des Gesetzes war, sondern von einem potentiell variablen *Kräfteverhältnis* abhing, das auch externe, sich der subjektiven Kontrolle entziehende Kräfte einschloß.[7] Denker jeder Art sahen sich unweigerlich vor die Aufgabe gestellt, herauszufinden, welche Vermögen, Operationen oder Organe die komplexe Kohärenz des bewußten Denkens produzierten oder ermöglichten. Die Störung, das oft als Bewußtseinsspaltung beschriebene Versagen der Fähigkeit zur Synthesis, wurde im späten neunzehnten Jahrhundert oft mit der Psychose und anderen mentalen Pathologien verbunden. Aber was oft als regressive oder pathologische Auflösung der Wahrnehmung etikettiert wurde, war in Wirklichkeit nur der Ausdruck einer fundamentalen Verschiebung, die im Verhältnis eines Subjekts zu einem visuellen Feld stattfand. Die neuen Modelle der Synthesis bei Bergson zum Beispiel involvierten die Bindung der unmittelbaren sensorischen Wahrnehmungen an die schöpferischen Kräfte des Gedächtnisses. Wilhelm Dilthey diskutierte ausführlich die kreativen Formen von Synthesis und Verschmelzung, die für die Tätigkeit der menschlichen Vorstellungskraft spezifisch sind. Und für Nietzsche war die Synthesis nicht länger die Verfassung der Wahrheit, sondern eine veränderliche Anordnung von Kräften mit endloser Kreativität und Wandlungsfähigkeit.[8]

Der amerikanische Psychologe G. Stanley Hall stellte 1883 pessimistische Reflexionen über die Auswirkungen an, die ein Akzeptieren dieser Kontingenz als Bedingung des Wissens zur Folge haben müßte: »Kultiviert das Leben den Geist nur in Form von Flecken oder Knotenpunkten, und sind diese nur so unvollkommen durch assoziative und apperzeptive Prozesse verbunden, daß eine besondere Konzentration auf einen davon nur zu gesteigerter Isolierung führt, bis schließlich die Kraft zur Selbststeuerung verlorengeht und allmählich Entartung und Auflösung eintreten?«[9] Für die institutionalisierte Psychologie in den Jahren um 1880 und 1890 war die Fähigkeit, Wahrnehmungen synthetisch zu einem Ganzen zu verbinden und so die Gefahr der Bewußtseinsspaltung oder das kantische »Gewühle von Erscheinungen« abzuwehren, ein Teil der seelischen Normalität. Wenn es eine solche Fähigkeit nicht gäbe, so betonte der deutsche Psychologe Oswald Külpe, »so wäre unser Bewußtsein den äußeren Eindrücken preisgegeben, es könnte keine Gedankenthätigkeit in lauter Umgebung stattfinden u. s. f..«[10] Die Operation des Sehens selbst hatte mit all ihren Idiosynkrasien und Inkonsistenzen zu wenig von einem Gesetz, um ohne eine für den Zusammenhalt der Sinnesdaten »juridisch« intervenierende Aufmerksamkeit zuverlässig funktionieren zu können.[11]

Der Anti-Modernist Max Nordau war von den Autoren, die ein Versagen der Aufmerksamkeit mit soziopathischem Verhalten in Zusammenhang brachten, einer der am meisten gelesenen, aber der soziale Determinismus in seinen Diatriben war von dem, der auch dem Werk von nüchterner und wissenschaftlicher denkenden Autoritäten wie Théodule Ribot zugrunde lag, gar nicht weit entfernt:

»Die Hirnthätigkeit der Degenerirten und Hysteriker, nicht überwacht und gezügelt von der Aufmerksamkeit, ist eine willkürliche, plan- und ziellose. Die Vorstellungen werden durch das Spiel der uneingeschränkten Ideen-Assoziation ins Bewusstsein gerufen und können sich frei darin tummeln. Sie erwachen und erlöschen automatisch, und der Wille greift nicht ein, um sie zu verstärken oder zu unterdrükken . . . Das Fehlen oder die Schwäche der Aufmerksamkeit führt also zunächst zu falschen Urtheilen über die Welterscheinung, über die Eigenschaften der Dinge und ihrer Beziehungen zu einander. Das Bewusstsein erlangt ein verzerrtes und verschwommenes Bild der Außenwelt . . . Die Gesittung, die Herrschaft über die Naturkräfte sind einzig das Ergebniß der Aufmerksamkeit, alle Irrthümer, aller Aberglaube eine Folge ihres Mangels.«[12]

Aufmerksamkeit war für Nordau, wie in nicht so extremer Weise für viele andere auch, eine repressive und disziplinäre Verteidigung gegen alle potentiell zersetzenden Formen freier Assoziation. Vielleicht sind die Worte des britischen Psychologen James Cappie aus den achtziger Jahren noch typischer: »Auf die psychologische Wichtigkeit dieser Funktion weiter einzugehen, erübrigt sich. Man kann sagen, daß sie jedem anderen geistigen Vermögen zugrunde liegt. Sie ist gleichbedeutend mit der Ausrichtung des Bewußtseins auf einen bestimmten Schwerpunkt . . . ohne sie würde bedeutungslose Träumerei an die Stelle kohärenten Denkens treten.«[13] Auf diese Weise wurde die Aufmerksamkeit zu einer ungenauen Bezeichnung für die relative Fähigkeit eines Subjekts, gewisse Inhalte eines sensorischen Felds auf Kosten anderer im Interesse des Festhaltens an einer geordneten und produktiven Welt selektiv zu isolieren.

*

Der Begriff der Aufmerksamkeit geht auf Augustinus und noch ältere Autoren zurück; er kommt also schon lange vor dem neunzehnten Jahrhundert in den verschiedensten Zusammenhängen vor, so daß selbst ein bloß summarischer Abriß seiner Geschichte den Rahmen meines Vorhabens sprengen würde.[14] Ich werde hier lediglich zeigen, wie die Aufmerksamkeit in der zweiten Hälfte des neunzehnten Jahrhunderts im Rahmen der Modernisierung der Subjektivität zu einem fundamental neuen Gegenstand wurde. Vor dem neunzehnten Jahrhundert hatte Aufmerksamkeit zumeist eine lokale Bedeutung im Zusammenhang von Erziehung, Selbsterziehung, Etikette, von pädagogischen und mnemo-technischen Praktiken

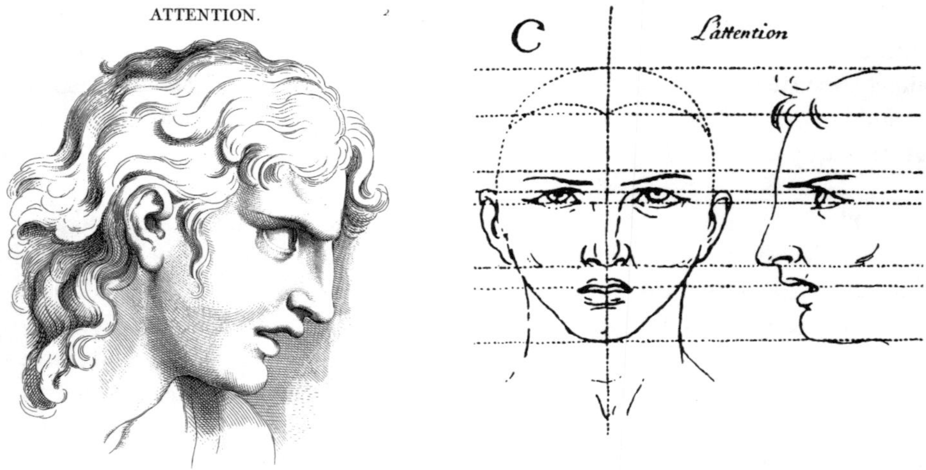

Abb. 1 »*Aufmerksamkeit*«. Aus einer Ausgabe von Charles Le Bruns Traktat über den Ausdruck der Leidenschaften. Spätes achtzehntes Jahrhundert

oder wissenschaftlicher Forschung innegehabt.[15] Selbst für die philosophische Reflexion blieb die Aufmerksamkeit ein marginales, bestenfalls sekundäres Problem innerhalb von Erklärungen des Geistes und des Bewußtseins, in denen sie entweder keine konstitutive Rolle spielte oder einer Konstellation von gleich signifikanten und wechselseitig voneinander abhängigen Vermögen angehörte.[16] In der Epistemologie Condillacs zum Beispiel kommt Aufmerksamkeit vor, aber nur als ein Element, das zusammen mit anderen zur notwendig *einheitlichen* Operation des geistigen Lebens beiträgt, während die Aufmerksamkeit in der von mir untersuchten Periode eine wesentliche, aber prekäre Verpflichtung zu Kohärenz und Klarheit in Hinsicht auf die zerstreuten Bewußtseinsinhalte darstellt.[17] Gleichzeitig war die Aufmerksamkeit für Condillac eine Angelegenheit der *Kraft,* die eine Empfindung hat, war die Wirkung eines subjektexternen Ereignisses. Damit unterscheidet er sich nicht allzusehr von der britischen Philosophie des achtzehnten Jahrhunderts, die den Geist als einen passiven Empfänger von Empfindungen auffaßte und die auf die Idee der Aufmerksamkeit verzichten konnte (bei Locke, Hume und Berkeley ist das Wort, wenn überhaupt präsent, nur von marginaler Wichtigkeit). So wie das späte neunzehnte Jahrhundert sie konzipierte, ist die Aufmerksamkeit von der Auffassung des achtzehnten, das die geistige Tätigkeit als Matrize oder Gußform ansah, die die Konstanz der Objekte irgendwie fixiert oder festhält, radikal verschieden.[18] In der historischen Diskussion des Aufmerksamkeitsproblems stößt man oft auf die Annahme, daß es zwischen der modernen psychologischen Kategorie der Aufmerksamkeit und den Begriffen der Apperzeption, die in jeweils verschiedener Weise für Leibniz und Kant von Wichtigkeit waren, Kontinuität gebe.[19] In Wirklichkeit liegt zwischen dem Problem der Aufmerksamkeit in der zweiten Hälfte des neunzehnten Jahrhunderts und dem Ort, den es im europäischen Denken älterer Zeiten einnimmt, ein entscheidender und unübersehbarer Bruch.

Wie ich schon angedeutet habe, hatte das Auftreten der Aufmerksamkeit als zentrales Problem im Zusammenhang der Subjektivität zwei Voraussetzungen. Die erste war der Zusammenbruch der klassischen Modelle des Sehens und des stabilen, punktuellen Subjekts, das diese Modelle voraussetzten; die zweite, daß die apriorischen Lösungen epistemologischer Fragen sich als unhaltbar erwiesen hatten. Das hatte den Verlust aller permanenten oder bedingungslosen Garantien der mentalen Einheit und Synthesis zur Folge. In den ersten Jahrzehnten des neunzehnten Jahrhunderts suchte man vielerorts nach Antworten auf diese Fragen. So demonstriert das Werk des Philosophen Maine de Biran, wie Fragen der Subjektivität untrennbar mit der Instabilität und Ungewißheit physiologischer Sachverhalte verbunden sind. Seine Bemühungen, aus der fortdauernden Erfahrung einer aktiven, willensmäßigen Anstrengung in Bezug auf den Körper ein *fait primitif* der Selbstheit, der individuellen Freiheit und schließlich der Möglichkeit der Seele abzuleiten, bezeichnen die Richtung, die die späteren epistemologischen, ja sogar die ethischen Debatten nehmen sollten.[20] Jan Goldstein hat ausgeführt, wie wichtig in der Zeit nach 1820 das Problem der Einheit des Ich auch für Victor Cousin war, wenn er den Grundsatz »Charakter ist Einheit« hochhielt. Der Eklektizismus Cousins »verband ein eingeschränktes Vertrauen auf den Sensualismus mit einem apriorischen Glauben an das Ich oder *moi,* das eine durch Introspektion bekannte Quelle selbstinitiierter geistiger Tätigkeit und des freien Willens war«.[21] Besonders in der Zeit zwischen 1840 und der Mitte der sechziger Jahre gab es eine Vielzahl systematischer und oft gewundener Versuche, neue Prinzipien zu finden, aus denen eine wirkliche Einheit des Geistes oder des Denkens abgeleitet werden könnte. Gemeinhin unter die Kategorie des »Assoziationismus« subsumiert, verweigerte diese Strömung jedoch – genannt seien hier die Namen von John Stuart Mill, Hermann Lotze und dem frühen Alexander Bain – der Aufmerksamkeit eine signifikante Rolle.[22] Nach George Herbert Mead hat »die Assoziationspsychologie niemals erklärt, warum die eine Assoziation statt der anderen dominierte«.[23] Wenn es um das Problem geht, auf welche Weise für den Wahrnehmenden eine praktikable und erkennbare Welt von Gegenständen entsteht, wird der Aufmerksamkeit vor den siebziger Jahren keine entscheidende Rolle zugeschrieben. Vor 1850 wäre eine so apodiktische Feststellung, wie Henry Maudsley sie in den frühen achtziger Jahren getroffen hat, kaum denkbar gewesen: »Wie immer [die Aufmerksamkeit] ihrem Wesen nach beschaffen ist, sie ist unstreitig die essentielle Bedingung für die Bildung und Entwicklung des Geistes.«[24] Ich möchte auf diesem Punkt nicht weiter insistieren oder eine genaue historische Trennlinie behaupten, sondern nur auf das Dokument verweisen, welches das hochbedeutende Werk des Physiologen William B. Carpenter darstellt, eines Gelehrten, der nicht nur in England, sondern auch in Europa und Nordamerika von den vierziger Jahren bis in die achtziger die maßgebende Autorität war. In der Ausgabe von 1853 dieses Standardwerks wird die Aufmerksamkeit in einem einzigen Paragraphen und als eine geistige Fähigkeit von vielen, wie Beobachtung, Reflexion und Introspektion, abgehandelt; in der Ausgabe von 1874 werden diesem Thema, auf das auch sonst an vielen Stellen Bezug genommen wird, über fünfzig Seiten gewidmet. 1853 war die Aufmerksamkeit fast beiläufig erwähnt worden als »der Zustand, in dem das Bewußtsein sich aktiv auf eine sensorische Veränderung richtet«; 1874 jedoch hat die Aufmerksamkeit Auswirkungen auf »jede Grundform geistiger Aktivität« und ist unentbehrlich »für den systematischen Erwerb von Wissen, die Kontrolle der Leidenschaften und Gefühle und für die Steuerung des Verhaltens«.[25] Mehr noch, erst seit den 1870er Jahren wird die Aufmerksamkeit in Europa und Nordamerika zu einem Problem, das mit einem ausgedehnten sozialen und kulturellen Feld zu tun hat und in dem neben sozialen und ökonomischen nicht zuletzt jene psychologischen und philosophischen Fragen miteinander verknüpft sind, die in den bedeutendsten Abhandlungen über die Natur der menschlichen Subjektivität eine entscheidende Rolle spielten. Edward Bradford Titchener, der in Großbritannien geborene Schüler Wilhelm Wundts und zugleich einer der führenden Importeure der deutschen Experimentalpsychologie in Amerika, äußerte in den neunziger Jahren, daß das »Problem der Aufmerksamkeit ein wesentlich modernes« sei, obwohl er nicht angeben konnte, wie das wahrnehmende Einzelsubjekt, das zu zeichnen er mithalf, zu einem zentralen Bestandteil der institutionellen Moderne hatte werden können.[26]

Im letzten Viertel des neunzehnten Jahrhunderts macht sich das spezifisch moderne Problem der Aufmerksamkeit vielerorts bemerkbar.[27] Innerhalb der in den Geistes- und Humanwissenschaften stattfindenden Diskurse und Verfahren wurde die Aufmerksamkeit in weitem Umfang zum Bestandteil eines dichten Netzwerks von Texten und Techniken, um die herum die Wahrheit der Wahrnehmung organisiert und strukturiert wurde.[28] Es waren die neuen Imperative der Aufmerksamkeit, durch die der wahrnehmende Körper – sei es als Gelehrter, als Arbeiter oder als Konsument – entwickelt, produktiv und berechenbar gemacht wurde. Mit dem Beginn der siebziger Jahre ist ein explosionsartiges Anwachsen der Forschungen und Diskussionen zu diesem Thema zu verzeichnen – so in den einflußreichen Werken von Gustav Theodor Fechner, Wilhelm Wundt, Edward Bradford Titchener, Theodor Lipps, Carl Stumpf, Oswald Külpe, Ernst Mach, William James und vielen anderen, die den empirischen und epistemologischen Status der Aufmerksamkeit untersuchten. Die Pathologie einer als normativ angenommenen Aufmerksamkeit war auch ein wesentlicher Bestandteil der bahnbrechenden Arbeit, die in Frankreich Forscher wie Jean-Martin Charcot, Alfred Binet und Théodule Ribot leisteten, und in den neunziger Jahren wurde die Aufmerksamkeit auch für Freud, den das Problem unter anderem zur Aufgabe seines »Entwurfs einer Psychologie« und zur Hinwendung zu neuen psychischen Modellen veranlaßte, zu einer zentralen Frage. In meinem Buch geht es jedoch nicht darum, ob ein empirisch identifizierbares mentales oder neurologisches Vermögen der Aufmerksamkeit existiert oder nicht. Ein solches Vermögen ist Gegenstand nur insofern, als eine massive Häufung von *Behauptungen* und konkreten sozialen *Praktiken* in einer bestimmten historischen Periode seine Existenz und seine Wichtigkeit voraussetzten. Ich gebrauche den Begriff der Aufmerksamkeit nicht, weil ich diese zu einem realen Gegenstand hypostasieren will, sondern um auf das Feld dieser Behauptungen und Praktiken und das von ihnen hervorgebrachte Netzwerk von Wirkungen zu verweisen.[29] Ich bestätige also, daß die Aufmerksamkeit ein zentraler wissenschaftlicher Gegenstand und ein soziales Problem war, betone jedoch auch, daß die achtziger und neunziger Jahre eine weitgespannte Vielzahl von oftmals sich widersprechenden Versuchen zu seiner Erklärung hervorbrachten.[30] Im nächsten Abschnitt dieses Kapitels werde ich auf einige wichtige Bestandteile und Konsequenzen dieser letztlich erfolglosen Versuche zu sprechen kommen, womit ich allerdings nicht sagen will, daß es nur ein einziges oder ein dominantes Modell des aufmerksamen Betrachters gab. Die Aufmerksamkeit war nicht Teil eines bestimmten Regimes der Macht, sondern Teil eines Raums, in dem bestimmte neue Bedingungen der Subjektivität artikuliert wurden, und mithin ein Raum, in dem die Effekte der Macht operierten und zirkulierten. Damit ist gesagt, daß die neuen Konstruktionen der Aufmerksamkeit im neunzehnten Jahrhundert innerhalb umfassenderer Umformungen von Subjektivität stattfanden, und wie wir aus den Studien über Wahnsinn und Sexualität in derselben Epoche wissen, waren diese umfassenden Umformungen immer eine Frage der wechselnden Relationen zwischen der diskursiven/institutionellen Macht auf der einen Seite und einem Kompositum von Kräften, die sich der Stabilisierung und Kontrolle inhärent widersetzten, auf der anderen.

Weil das Studium der Aufmerksamkeit damals zu rationalisieren versuchte, was sich, wie ich zeigen werde, als letztlich nicht rationalisierbar erwies, sind die von ihm aufgeworfenen Fragen am Ende wichtiger als die empirischen Schlüsse. Eine der allgegenwärtigen Grundfragen lautete wie folgt: Warum wählt die Aufmerksamkeit gewisse Empfindungen aus und nicht andere? Was ist es, was die Operation der Aufmerksamkeit als Verengung und Konzentration der bewußten Wahrnehmung determiniert? Welche Kräfte oder Bedingungen veranlassen ein Individuum, sich auf bestimmte Aspekte der äußeren Welt zu konzentrieren und nicht auf andere? Wie viele Ereignisse oder Gegenstände sind der Aufmerksamkeit simultan zugänglich, und für welche Zeit (i. e., wo liegen ihre quantitativen und physiologischen Grenzen)? In welchem Maß ist die Aufmerksamkeit ein automatischer oder ein Willensakt; in welchem Maß involviert sie motorische Anstrengung oder psychische Energie? Für die meisten Autoren implizierte die Aufmerksamkeit irgendeinen perzeptuellen oder mentalen Organisationsprozeß, in welchem eine begrenzte Zahl von Objekten oder Reizen von einem umfassenderen Hintergrund möglicher Anziehungspunkte isoliert wird. Exemplarisch sind die Ausführungen John Deweys in seinem Handbuch von 1886, in denen er optische Metaphern benutzt: »Wie die Linse das gesamte einfallende Licht sammelt und es, statt ihm eine gleichmäßige Verteilung zu erlauben, in einem Punkt großer Helligkeit und Hitze konzentriert, so fokussieren wir bei der Aufmerksamkeit den Geist. Statt es über alle ihm vorliegenden Elemente zu verteilen, veranlaßt der Geist das Bewußtsein, sich ganz auf irgendeinen ausgewählten Punkt zu richten, der sich dann durch besonderen Glanz und besondere Deutlichkeit auszeichnet.«[31] Aber ganz unabhängig davon, wie sie beschrieben wurde – als Organisation, Selektion oder Isolation –, implizierte die Aufmerksamkeit die unvermeidliche Fragmentierung eines visuellen Felds, in dem die einheitliche und homogene Kohärenz der klassischen Modelle des Sehens nicht möglich war. Das Camera-obscura-Modell des Sehens beschrieb im achtzehnten Jahrhundert eine ideale, zwischen Betrachter und Welt bestehende Relation der Selbstpräsenz. Die Aufmerksamkeit verstand jedoch als Selektionsprozeß die Wahrnehmung notwendig als eine Aktivität der *Ausschließung*, als teilweises Außerachtlassen eines Wahrnehmungsfelds.[32] Die kulturellen und philosophischen Konsequenzen dieser Neukonzeptualisierung warfen ihrerseits eine Reihe von Fragen auf und führten zu bestimmten Lehrmeinungen, die sich grob gesagt in drei Kategorien einteilen lassen. Einmal gab es den Standpunkt, der die Aufmerksamkeit als bewußten Willensausdruck eines autonomen Subjekts und ihre auf freier Wahl beruhende Tätigkeit als einen Teil der für das Ich konstitutiven Freiheit verstand. Dann gab es die Meinung, wonach die Aufmerksamkeit vor allem eine Funktion biologisch determinierter Instinkte und unbewußter Triebe sei, ein Rest unseres archaischen evolutionären Erbes, das, wie Freud und andere annahmen, unsere gelebte Beziehung zur Umwelt unvermeidlich prägt.[33] Und es gab die, die meinten, ein aufmerksames Subjekt könne – mittels der Kenntnis und Kontrolle von externen Stimulationsprozeduren und durch eine umfassende Technologie der »Attraktion« – produziert und manipuliert werden.[34]

Die Aufmerksamkeit ist nämlich nicht bloß einer der vielen von der Psychologie des späten neunzehnten Jahrhunderts experimentell erforschten Topoi, sondern sie ist die Grundvoraussetzung ihres Wissens.[35] In fast all ihren Forschungsgebieten – Reaktionszeiten, sensorische und perzeptuelle Empfindlichkeit, mentale Chronometrie, bedingte Reflexe – wurde ein Subjekt angenommen, dessen Aufmerksamkeit Ort der Beobachtung, der Klassifizierung und der Messung und also das Zentrum war, um das herum sich Kenntnisse diverser Art akkumulierten. Fechners berühmte Maßeinheit, der »eben noch merkliche Unterschied«, wurde erst durch eine experimentelle Praxis möglich, bei der eine Testperson sich auf wechselnde Größen sensorischer Reizung zu konzentrieren und dann zu beurteilen hatte, auf welcher Ebene Differenzen zwischen den Reizen wahrnehmbar waren.[36] Fechners Begriff der Reiz-»Schwelle« implizierte jedoch auch, wie William James und andere erkannten, die flüchtige und inhomogene Beschaffenheit der Wahrnehmung. So wie sein Werk einerseits die gewaltigen rationalisierenden Möglichkeiten der Psychometrie eröffnete, so deckte es andererseits die qualitative Diskontinuität auf, welche die scheinbar uniforme Textur der Wahrnehmungserfahrung unvermeidlich zerstückelte (so bei den Grenzverschiebungen von bewußter Wahrnehmung einer Empfindung hin zu Unbewußtheit oder Unempfindlichkeit oder bei einer Lustempfindung, die durch Steigerung der Lustreize zu einer Schmerzempfindung wird).[37] Wenn die Aufmerksamkeit bei Fechner ein Ort der Quantifizierung war, dann bot sie sich zugleich als der Ort subjektiver Repressions- und Anästhesierungsoperationen an, Operationen, die für Freud und andere von erheblicher Wichtigkeit sein sollten.[38]

Das Modell des aufmerksamen Beobachters, das in den empirischen Wissenschaften seit den achtziger Jahren dominierte, ging auch mit einer radikal veränderten Vorstellung davon einher, was die Sensation für den Menschen bedeutet.[39] Die Sinneseindrücke wurden in der immer mehr verfeinerten Umgebung des Laboratoriums zu einem Effekt oder einer Abfolge von Effekten, die technologisch produziert und zur Beschreibung eines Subjekts benutzt wurden, das mit diesen technischen Bedingungen kompatibel war. Die Empfindung hörte auf, ein »inneres« Vermögen zu sein und wurde statt dessen zu einer Quantität oder einer Menge von Wirkungen, die von außen gemessen oder beobachtet werden konnten. Besonders die Aufmerksamkeit wurde als Reaktion auf einen maschinell erzeugten Reiz untersucht, der oftmals elektrischer Art und inhaltlich abstrakt war und eine quantitative Bestimmung der sensorischen Fähigkeiten eines wahrnehmenden Subjekts erlaubte.[40] In diesem umfangreichen Projekt wurde ein älteres Modell der Empfindung als etwas, das zu einer Person *gehört,* irrelevant. Empirische Bedeutung hatte die Empfindung jetzt nur noch als Größe, die einerseits einer spezifischen Quantität von Energie (z. B. Licht) und andererseits meßbaren Reaktionszeiten und anderen Formen performativen Verhaltens entspricht. Es kann gar nicht genug hervorgehoben werden, daß die klassische Idee der Empfindung in den Jahren seit 1880 aufhört, im kognitiven Bild der Natur ein signifikanter Bestandteil zu sein.[41]

So wie das Aufkommen der Psychometrie (also der Bestrebungen, mentale Prozesse zu quantifizieren oder zu messen) in den Humanwissenschaften den Stellenwert der subjektiven Sensation verminderte oder veränderte, so stellt das Werk von Denkern wie James, Nietzsche, Bergson und Charles S. Peirce, aber auch, wie ich zeigen werde, das von Seurat und Cézanne, einen weiteren Angriff auf den klassischen Begriff der Empfindung dar. Besonders James und Bergson stellten den Begriff einer reinen oder einfachen Empfindung, auf dem der Assoziationismus aufbaute, ausdrücklich in Frage. Beide behaupteten, daß jede Empfindung, wie elementar sie auch scheinen mag, eine Verbindung von Gedächtnis, Begehren, Wille, Antizipation und unmittelbarer Erfahrung sei.[42] Gleichzeitig aber fand die Idee einer »reinen« oder autonomen ästhetischen Wahrnehmung in ihrem Werk kaum eine Stütze. Auch Peirce wandte sich gegen die Vorstellung von »unmittelbaren« Empfindungen, die er statt dessen für irreduzible Komplexe aus Assoziation und Interpretation hielt.[43] Ernst Mach fuhr fort, das Wort »Empfindung« zu gebrauchen, deutete es aber um im Sinn von psychischen »Elementen«, die kein Wissen von einer »wahren« äußeren Welt vermittelten.[44] Wichtig war in dieser hier nur eben angedeuteten Reorganisation der perzeptuellen Erfahrung der Streit um die

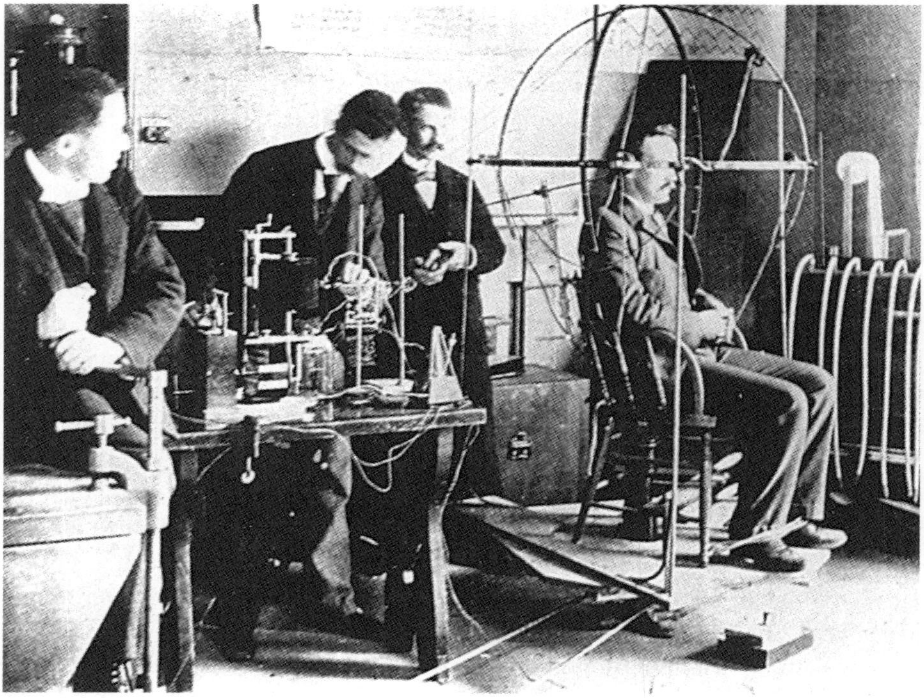

Abb. 2 Experiment über die Aufmerksamkeit bei der Lokalisierung von Geräusch, 1893.

Frage, auf welche Weise Empfindung und Reiz interpretiert wurden, wie man ihnen die Aufmerksamkeit zuwandte und wie sie nutzbar gemacht wurden.

Es ging also beim Problem der Aufmerksamkeit nicht um neutrale, zeitlose Tätigkeiten wie Atmen oder Schlafen, sondern um die Emergenz eines spezifischen Verhaltensmodells mit historischer Struktur – eines Verhaltens, das in sozial determinierten Normen artikuliert war und der Herausbildung eines modernen technologischen Milieus angehörte. Jeder, dem die Geschichte der modernen Psychologie vertraut ist, weiß, von welcher symbolischen Wichtigkeit das Jahr 1879 ist, als Wilhelm Wundt an der Universität Leipzig das weltweit erste psychologische Laboratorium einrichtete.[45] Unabhängig von den spezifischen Zwecken, die Wundt verfolgte, wurde dieses Labor mit seinen neu kodifizierten Forschungsverfahren und seinen sorgfältig kalibrierten Apparaten[46] zum Vorbild für die gesamte soziale Organisation einer modernen Experimentiertätigkeit, die zentriert war um einen Beobachter, der einer umfangreichen Skala künstlicher Reize ausgesetzt wurde. Wundts Laboratorium ist, um Foucault zu paraphrasieren, einer jener praktischen und diskursiven Räume in der Moderne gewesen, »in denen das Menschenwesen das, was es ist, was es tut, und die Welt, in der es lebt, ›problematisiert‹«.[47]

Entwickelt und formuliert wurde dieses Problem innerhalb eines sich heraus-

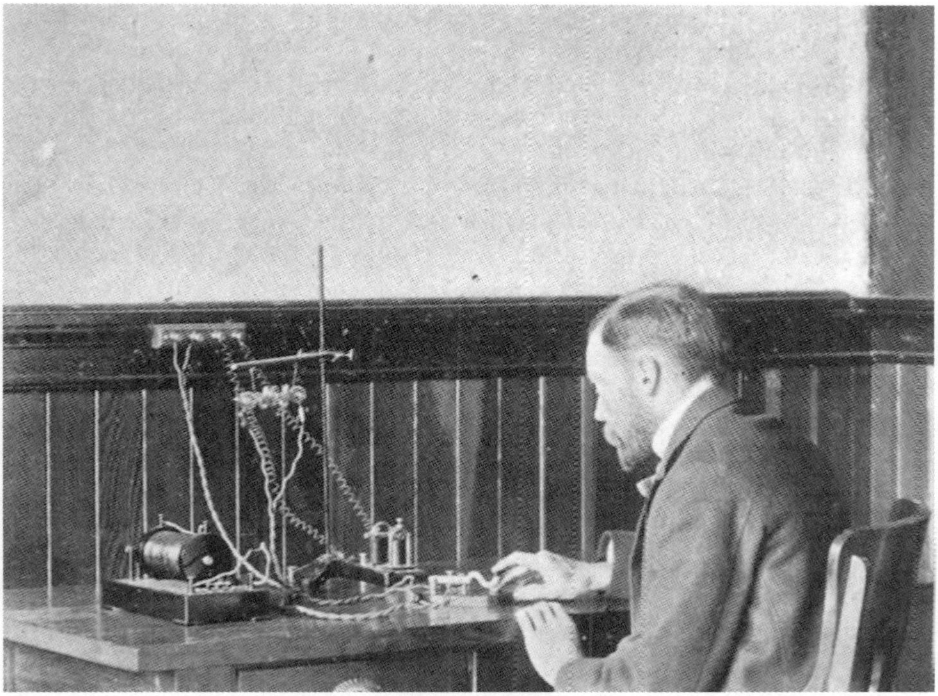

Abb. 3 Messung der Aufmerksamkeit auf elektrische Funken, 1890er Jahre. Das im Photo gezeigte Experiment wurde im Dunkeln vorgenommen.

bildenden ökonomischen Systems, das seinen Angehörigen innerhalb und außerhalb der Produktion zahlreiche neuartige, mit Aufmerksamkeit verbundene Aufgaben abverlangte, dessen interne Bewegung jedoch die Grundlage einer jeden disziplinarischen Aufmerksamkeit ununterbrochen zersetzte. Es gehört zur kulturellen Logik des Kapitalismus, daß wir die schnelle Verschiebung unserer Aufmerksamkeit von einem Ding aufs andere als *natürlich* akzeptieren.[48] Als Beschleunigung von Tausch und Zirkulation produzierte das Kapital beim Menschen notwendig perzeptuelle Anpassungsfähigkeit und wurde dabei zu einem Regime, in dem Aufmerksamkeit und Zerstreuung in einem reziproken Wechselverhältnis standen. In seiner Darstellung des subjektiven Sehens in der *Physiologischen Optik* setzte Helmholtz die Wahrheit eines Beobachters mit der angeborenen Kompatibilität mit eben dieser Organisierung der Erfahrung gleich: »Der natürliche ungezwängte Zustand unserer Aufmerksamkeit ist herumzuschweifen zu immer neuen Dingen, und so wie das Interesse eines Objektes erschöpft ist, so wie wir nichts Neues mehr daran wahrzunehmen wissen, so geht sie wider unseren Willen auf anderes über. Wollen wir sie an ein Objekt fesseln, so müssen wir eben an diesem selbst immer Neues zu finden suchen, besonders wenn andere kräftige Sinneseindrücke sie abzulenken streben.«[49] Im Gegensatz zu den bisherigen Ordnungen der Visualität wurden Mobilität, Neuheit und Zerstreuung als konstituierende Elemente der Wahrnehmungserfahrung identifiziert.[50] Selbst einige der eifrigsten Befürworter des technologischen Fortschritts mußten jedoch zugeben, daß die subjektive Anpassung an die neuen perzeptuellen Geschwindigkeiten und die sensorische Überlastung Schwierigkeiten mit sich bringen würden. Nordau sagte folgendes voraus: »Das Ende des zwanzigsten Jahrhunderts wird also wahrscheinlich ein Geschlecht sehen, dem es nicht schaden wird, täglich ein Dutzend Geviertmeter Zeitungen zu lesen, beständig an den Fernsprecher gerufen zu werden, an alle fünf Welttheile zugleich zu denken, halb im Bahnwagen oder Flugnachen zu wohnen ... Es wird inmitten der Millionenstadt Behagen zu finden wissen.«[51] Ihm und anderen entging freilich, daß die Modernisierung nicht aus einer Anzahl einmaliger Veränderungen, sondern aus einem andauernden und stets sich verändernden Prozeß bestand, der der individuellen Subjektivität keinerlei Pause gönnt, in der sie ihn »einholen« und sich auf ihn einstellen könnte.

Wie bereits angedeutet, erwies sich die Aufmerksamkeit im späten neunzehnten Jahrhundert als ein Problem, das von der spezifischen systematischen Organisation von Arbeit und Produktion durch den industriellen Kapitalismus offensichtlich untrennbar war. Aber auch heute, nachdem der globale Kapitalismus im Lauf des zwanzigsten Jahrhunderts in seine postindustrielle, auf Information und Kommunikation basierende Phase eingetreten ist, erweist sich die Aufmerksamkeit in mancher Hinsicht immer noch als ein subjektives und soziales Problem. Zur Konkretisierung dieser These sei an einen von den Schauplätzen erinnert, wo ein einflußreiches Modell eines aufmerksamen Subjekts konstruiert und einige Bestandteile eines modernen Systems perzeptueller Transformation und Anpassungsfähigkeit formuliert wurden: das Werk Thomas Alva Edisons. Edisons Tätigkeit ist ein deutliches Zeichen für den Übergang zum zentralisierten korporativen Kapitalismus (auch wenn seine Unternehmungen in manchen Aspekten vorindustriellen Praktiken verhaftet blieben, während andere auf eine auf Information und Kommunikation basierende Ökonomie vorauswiesen). Es ist diese Verschiebung, in der wir seine Abkehr von den im frühen neunzehnten Jahrhundert dominierenden Techniken von Schaustellung, Ausstellung und Konsum zugunsten von Paradigmen, wie sie im zwanzigsten Jahrhundert vorherrschen sollten, verorten können. Edisons Bedeutung liegt nicht in irgendeinem bestimmten Verfahren oder einer Erfindung, sondern in der Rolle, die er in einem sich etwa seit 1870 herausbildenden neuen System von Quantifizierung und Distribution spielte.[52] Raymond Williams setzt die Ursprünge dieses Systems später an, bei Radio und Fernsehen, aber seine Analyse ist weitgehend auch auf Edison übertragbar: Edison schuf ein System, das »primär für eine Weitergabe und Rezeption im Sinn von abstrakten Prozessen entworfen war, bei nur geringer oder fehlender Definition eines vorgängigen Inhalts«.[53] Das Kino zum Beispiel hatte für Edison als solches gar keine eigene Bedeutung – es war lediglich ein potentiell unendlich ausbaufähiges Vehikel, um einen Raum der Konsumtion und Zirkulation zu dynamisieren und zu aktivieren.[54] Für

Abb. 4 Edisonscher Telegraph, 1869.

Abb. 5 Edisons Kinetoskop, 1895. Der Schnitt zeigt den etwa vierzehn Meter langen Film und die Sehvorrichtung.

Edison war der Markt durch die Möglichkeit definiert, einerseits Bilder, Töne, Energie oder Information zu meß- und distribuierbaren Waren zu machen, und andererseits ein soziales Feld von Individuen zu immer stärker separierten und spezialisierten Konsumtions-Einheiten umzuformen.[55] Die Logik, die dem Kinetoskop und dem Phonographen zugrunde lag – nämlich die Strukturierung der Wahrnehmungserfahrung im Sinne eines vereinzelten statt eines kollektiven Subjekts –, findet heute ihre Entsprechung in der wachsenden Wichtigkeit des Computerbildschirms als dem primären Werkzeug der Distribution und Konsumtion elektronischer Unterhaltungsware.

Gleichzeitig koinzidierte das frühzeitige Verständnis, das Edison für die ökonomische Beziehung zwischen Hardware und Software bewies (Maschinen zum Machen von Filmen, Maschinen zum Ansehen von Filmen und die Filme selbst), mit den sich abzeichnenden vertikalen (und dauerhaften) Integrationsmustern dieser Produktionsbereiche in einer einzigen Körperschaft.[56] Edisons erstes technologisches Produkt in den frühen siebziger Jahren, eine Art hybrider Telegraph, ist paradigmatisch, weil es auf die späteren Technologien, einschließlich der des zwanzigsten Jahrhunderts, vorausdeutet: zwischen Information und visuellen Bildern wird nicht unterschieden, und eine quantifizierbare und abstrakte Strömung wird zum Gegenstand aufmerksamen Konsums.[57] Daß Edison einiges von den systematischen Zügen, die der Kapitalismus in den 1880er und 1890er Jahren entwickelte, verstanden hat, unterstreicht die abstrakte Natur der von ihm »erfundenen« Produkte; seine Tätigkeit war untrennbar von der kontinuierlichen Erzeugung neuer Bedürfnisse und der anschließenden Neustrukturierung des Beziehungsnetzwerks, in dem diese Produkte konsumiert würden.[58] Spätere Erneuerer des Korporationswesens wie Stephen Jobs, Bill Gates und Andrew Grove nehmen immer noch aktiv am selben historischen Projekt ständiger Rationalisierung und Modernisierung teil. Im späten zwanzigsten ebenso wie im späten neunzehnten Jahrhundert hängt das Management der Aufmerksamkeit davon ab, daß ein Beobachter sich den ständigen Umformungen der Art, wie die sensorische Welt konsumiert werden kann, anzupassen fähig ist. Im gesamten Wechsel der Produktionsweisen ist die Aufmerksamkeit jedoch stets sowohl eine disziplinäre Immobilisierung als auch eine subjektive Anpassung an Veränderung und Neuerung geblieben – weil der Konsum von Neuerungen innerhalb repetitiver Formen stattfindet.

Das Problem der Aufmerksamkeit hat seit dem späten neunzehnten Jahrhundert mehr oder weniger im Zentrum der institutionalisierten empirischen Forschung gestanden und ist zugleich im Herzen des Funktionierens einer kapitalistischen Konsumenten-Ökonomie lokalisiert geblieben.[59] Zwar könnte man strenggenommen einwenden, daß die Aufmerksamkeit während der Herrschaft des Behaviorismus, also seit dem frühen zwanzigsten Jahrhundert und besonders in den zwanziger und dreißiger Jahren, zusammen mit der Vorstellung eines »mentalen Prozesses« als expliziter Gegenstand der Forschung ausgeschieden oder marginalisiert worden ist, aber ungeachtet der terminologischen Polemiken basierte das gesamte Schema der mit Reiz und Reaktion arbeitenden Forschung auf dem Vermögen der Aufmerksamkeit beim Menschen (oder sogar beim Tier). So hat man gesagt, daß es nicht zuletzt Probleme im Zusammenhang mit dem effizienten Einsatz neuer Technologie im Zweiten Weltkrieg waren, die eine neue Welle der Aufmerksamkeitsforschung ausgelöst haben: zum Beispiel gab es das Problem der »Wachsamkeit«, das bei der dauernden Kontrolle von Radarschirmen durch menschliche Operateure auftrat.[60] Im Kontext einer dramatischen Umstrukturierung des Wissens und der neurologischen Forschung in den letzten Jahrzehnten trifft man auch immer wieder auf Behauptungen wie die von Popper und Eccles, der einheitliche Charakter des selbstbewußten Geistes sei untrennbar von Aufmerksamkeit.[61] Der Neurologe Antonio Damasio hat neuerdings geäußert, daß »ohne basale Aufmerksamkeit und Arbeitsgedächtnis keine Aussicht auf eine kohärente mentale Tätigkeit besteht«.[62] Viele Gelehrte betrachten heute die Aufmerksamkeit nicht bloß als ein psychologisches Problem, sondern halten sie auch auf neuronaler Ebene für nachweisbar, während sie für andere nach wie vor ein schwer faßbares Phänomen bleibt.[63] Aber welchen relativen Wert die verschiedenen Theorien auch haben mögen, die Aufmerksamkeit hat sich im allgemeinen disziplinären Kontext der Sozial- und Verhaltenswissenschaften als ein bemerkenswert konstantes Problem erwiesen.[64]

Daß die Aufmerksamkeit nach wie vor eine normative Kategorie der institutionalisierten Macht ist, ist uns in den letzten Jahren durch die dubiose Etikettierung einer bestimmten Störung, von der schwierige Schulkinder und andere betroffen sein sollen, als »Attention deficit disorder« (oder ADD) vor Augen geführt worden. Von der Frage der sozialen Konstruktion von Krankheit überhaupt ganz abgesehen, fällt hier auf, wie die Aufmerksamkeit nach wie vor als eine normative und implizit natürliche Funktion angenommen wird, deren Verminderung eine Anzahl von Symptomen und Verhaltensweisen hervorruft, die auf verschiedene Weise den sozialen Zusammenhalt zerreißen.[65] »Was gestört ist, ist die Verhaltenskontrolle durch Regeln«, erklärt eine neuere Studie zu ADD und spricht damit aus, um was es eigentlich geht.[66] In der Literatur über ADD trifft man, insbesondere bei der Aufzählung der Symptome, regelmäßig auf die Ausdrucksweise und die Bewertungen von Ribot und Nordau aus der Zeit um 1890.[67] Kinder mit ADD »können sich nicht konzentrieren, können nicht zuhören, sind unaufmerksam und halten sich nicht an Regeln ... Sie können nicht stillsitzen, schwätzen ständig und ungefragt, zappeln herum und stören jedes Gespräch mit sinnlosen Bemerkungen.«[68] Anders als vor einem Jahrhundert aber versichert man uns natürlich, daß ADD nichts mit Willensschwäche zu tun habe und es keine persönliche Verantwortung dafür gebe. Obwohl sie zugeben müssen, daß eine ADD-Diagnose in keiner Weise experimentell oder empirisch überprüft werden kann, versteigen sich jedoch die Verfasser eines Bestsellers zum Thema zu folgender Tirade: »Denken Sie daran, daß es sich um eine neurologische Veranlagung handelt. Sie ist genetisch bedingt. Sie ist biologisch verursacht, hängt davon ab, wie das Gehirn geschaltet ist. Es ist *keine* Krankheit des Willens, keine moralische Verfehlung oder eine Art Neurose. Behandelt werden kann ADD nicht durch Appell an den Willen, durch Bestrafungen, durch Verzicht oder durch Schmerz. Denken Sie immer daran. Vielen Leuten mit ADD fällt es sehr schwer zu akzeptieren, daß das Syndrom seine Wurzeln nicht in einer Charakterschwäche, sondern in der Biologie hat.«[69] Andere Forscher, die vorsichtiger sind, geben zu, daß es schwierig ist, irgendein brauchbares Kriterium für diese Veranlagung anzugeben und sprechen statt dessen von einer »schwer faßbaren Störung in der Kindheit«.[70]

Die heutigen »Experten« belehren uns darüber, daß dieser Zustand durch »Impulsivität, geringe Aufmerksamkeitsspannen, niedrige Frustrationstoleranz, Zerstreutheit, Aggressivität von verschiedener Heftigkeit und Hyperaktivität« gekennzeichnet sei.[71] Bei Erwachsenen verbindet sich die Diagnose von ADD zunehmend mit dem Gefühl der Minderleistung, so daß praktisch jede Art ökonomischen Zurückbleibens oder sozialer Unsicherheit als eine mißlungene Anpassung an die ideologisch bestimmten »Leistungs«-Standards verstanden werden kann. In einer Kultur jedoch, die so schonungslos auf kurzfristiger Aufmerksamkeit, auf der Logik des Zusammenhanglosen, auf perzeptueller Überbeanspruchung, auf der verallgemeinerten Ethik des »Vorwärtskommens« und dem Kult der Aggressivität beruht, ist es sinnlos, diese Verhaltensformen zu pathologisieren oder in der Neurochemie, der Anatomie des Gehirns und der genetischen Veranlagung nach den Ursachen für diese imaginäre Erkrankung zu suchen.[72] Natürlich gibt es unter den

ADD-Forschern auch solche, die verstehen, wie das Individuum zwischen den subjektiven Erschütterungen der Modernisierung und den Imperativen der Produktivität und der institutionalisierten Disziplin zerrissen ist, was bedeutet, daß das als ADD etikettierte Verhalten lediglich eine von den vielen Manifestationen dieses kulturellen Double bind ist, der ununterbrochen kontradiktorische Formen des Verhaltens und des Denkens verlangt oder fördert. Ein Paradox, zu dem ein Autor spöttisch bemerkt, daß »viele, wenn nicht alle hyperaktiven Kinder in Situationen starken Interesses, wie bei Fernsehshows oder bei Videospielen, durchaus imstande sind, ihre Aufmerksamkeit eine erhebliche Zeitspanne hindurch aufrechtzuerhalten«.[73]

Viele von den systematischen Maßnahmen, die heute zum Zweck eines wirksamen Aufmerksamkeits-Managements eingesetzt werden, erweisen sich jedoch als bestenfalls unzureichend. Die mit der Verbreitung des Personal Computers einhergehenden Weisen der Fixierung, der Sedentarisierung und der erzwungenen Aufmerksamkeit mögen allerdings – in der Produktion der von Foucault so genannten gelehrigen Körper – einiges von ihren disziplinären Zielen erreicht haben. Zwar garantiert die Verbreitung von elektronischen und kommunikationstechnischen Produkten, daß diese Fügsamkeit stets mit verstärkter Konsumtion verbunden ist, aber der soziale Zerfall, der (etwa in Gestalt der lernunwilligen Kinder) dieses neue Regime begleitet, hat Formen angenommen, die für das herrschende System unerträglich werden. Und wie der Aufmerksamkeits-Diskurs in den Institutionen zeigt, sehen wir uns heute – in Form der zunehmend im Sinne einer Strategie des Verhaltensmanagements eingesetzten neurochemischen Medikamente – einem weiteren dramatischen Expansionsschub disziplinärer Technologie gegenüber. Zugleich erweist sich das flüchtige und unsichere Phänomen der Schizophrenie als eine der äußeren Grenzen des Kulturproblems der Aufmerksamkeit.[74] Eines der dominierenden Modelle der schizophrenen Erfahrung ist im zwanzigsten Jahrhundert das einer Wahrnehmung mit reduzierter oder zerstörter Fähigkeit zu selektiver Aufmerksamkeit gewesen. Der Schizophrene achtet auf ein überwältigendes Feld von Wahrnehmungsdaten und verkörpert damit gewissermaßen das moderne Paradigma der sensorischen Überlastung auf extreme Weise. Der Schweizer Psychiater Eugen Bleuler, auf den der Ausdruck Schizophrenie zurückgehen soll, beschreibt eine derartige Störung wie folgt: »Die Auslese, die die normale Aufmerksamkeit unter den Sinnesdaten trifft, kann bis auf Null herabgesetzt sein, so daß fast alles registriert wird, was den Sinnen zugeht. Die bahnende wie die hemmende Eigenschaft der Aufmerksamkeit ist also in gleicher Weise gestört.«[75]

Das Thema der Hemmung ist ein integraler Bestandteil von vielen einflußreichen Theorien der Aufmerksamkeit gewesen, so zum Beispiel auch im Werk Wilhelm Wundts, das für die Ersetzung der kantischen transzendentalen Einheit der Apperzeption durch lediglich psychologische Prozesse der Synthese und Integration exemplarisch ist. Die selektive Aufmerksamkeit war für Wundt wegen ihrer essentiellen (aber nicht apriorischen) Funktion bei der Herstellung einer wirklichen Einheit

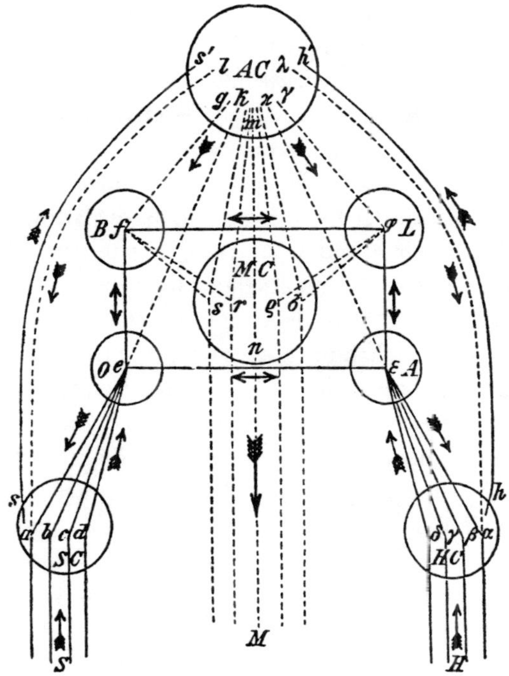

Abb. 6 Wundts schematische Darstellung des Gehirns.
Oben das Aufmerksamkeitszentrum, 1880.

des Bewußtseins und der Wahrnehmung die bei weitem wichtigste psychische Kategorie. Besonders einflußreich war sein Postulat eines in den vorderen Gehirnlappen lokalisierten Aufmerksamkeitszentrums.[76] Nach seiner Auffassung, in die viel von den sozialen Grundannahmen des Evolutionsdenkens der siebziger und achtziger Jahre eingegangen ist, gehört die Aufmerksamkeit (anders als die automatischen Funktionen des niederen Gehirns und der Spinalnerven) zu den höchsten integrativen Funktionen innerhalb eines ausgesprochen hierarchisch strukturierten Organismus.[77] Wundts Modell der von ihm praktisch mit dem Willen gleichgesetzten Aufmerksamkeit basierte – noch bedeutsamer – auf dem Gedanken, daß verschiedene sensorische, motorische und mentale Prozesse notwendig *gehemmt* werden mußten, damit diese begrenzte, auf einen Brennpunkt eingeschränkte Klarheit, die für die Aufmerksamkeit charakteristisch ist, erreicht würde.[78] Diese Formel kehrt als Grundannahme in den achtziger und neunziger Jahren in vielen Variationen wieder.

Der Gedanke, daß Hemmung und Betäubung konstitutive Bestandteile der Wahrnehmung sind, ist ein Anzeichen für eine dramatische Neuordnung der Visualität, in der sich die statt auf einer Optik der Repräsentation auf einer Ökonomie der Kräfte basierenden Modelle durchsetzten. Freuds Aussagen über das Verhältnis von Wahrnehmung und Verdrängung (vom »Entwurf« von 1895 bis zu dem Essay über psychogene Sehstörungen 1910) sind lediglich die bekanntesten Ergebnisse von Spekulationen und Forschungen, die in den siebziger und achtziger Jahren vielerorts stattfanden.[79] Charles Féré und Alfred Binet beschrieben »das einfache Faktum der Aufmerksamkeit« als eine »Konzentration des ganzen Geistes auf einen einzelnen Punkt, die zu einer Intensivierung der Wahrnehmung an diesem Punkt führt und ringsum eine Zone der *Betäubung* schafft; die Aufmerksamkeit stärkt die Kraft bestimmter Sensationen und schwächt dafür andere«.[80] Sie benannten die »negativen Effekte der Aufmerksamkeit«. Janet beschrieb, wie die Aufmerksamkeit die Inhalte des Bewußtseins »unterdrückte« und eine Schrumpfung des Sehfelds bewirkte.[81] All dies sind Zeichen für die nunmehrige Irrelevanz eines Sehens nach dem Modell der Camera obscura, in dem ein idealer Betrachter die Fähigkeit hatte, die unbearbeiteten Inhalte eines Sehfelds unmittelbar aufzufassen. Das späte neunzehnte Jahrhundert begann also, einen normativen Betrachter nicht nur im Hinblick auf die isolierten Gegenstände der Aufmerksamkeit zu konzeptualisieren, sondern zugleich auch im Hinblick auf das nicht oder nur undeutlich Wahrgenommene, die Streuungen, Ränder und Peripherien, die aus einem Wahrnehmungsfeld ausgeschlossen sind. Wie ich im vierten Kapitel näher ausführen werde, war dieses neue disjunktive Modell des Sehens teilweise mit der physiologischen Entdeckung der nichthomogenen Natur des Auges selbst verbunden, der kleinen Zone fovealer Klarheit inmitten eines weit größeren Felds peripherer Undeutlichkeit. Allerdings war es die *metaphorische* und nicht die empirische Wirkung dieses Modells, die für die modernen Umdeutungen des Betrachters wichtig werden sollte.

Man darf jedoch nicht meinen, daß die Thematisierung der Hemmung, der Ausschließung und der Peripherie notwendig ein freudianisches Modell eines Unbewußten, das der bewußten Wahrnehmung aktiv gewisse Inhalte entzieht, gestützt hätte. Jonathan Miller hat kürzlich ausgeführt, daß in einer alternativen europäischen Tradition des neunzehnten Jahrhunderts das Unbewußte als Teil eines Systems angenommen wurde, in dem *automatisches* Verhalten mit den wechselnden Erfordernissen bewußter Tätigkeit, einschließlich der Aufmerksamkeit, reziprok verflochten war. Viele Psychologen des neunzehnten Jahrhunderts verstanden das Unbewußte im Gegensatz zur freudianischen »Wächter«-Interpretation als »aktiv die Prozesse generierend, die für das Funktionieren von Gedächtnis, Wahrnehmung und Verhalten unentbehrlich sind. Seine Inhalte sind nicht unzugänglich, weil sie, wie in der psychoanalytischen Theorie, in mühsamer Präventivhaft gehalten werden, sondern weil – interessanter – die erfolgreiche Ausführung von Kognitions- und Verhaltensmustern verstehendes Bewußtsein gar nicht *verlangt.* Im Gegenteil, wenn das Bewußtsein die psychologischen Aufgaben, für die es am besten geeignet ist, ausführen soll, ist es tunlich, ein Großteil der psychischen Tätigkeit automatischer Kontrolle zu überlassen; wenn die Situation ein Entscheidungsmanagement auf hohem Niveau verlangt, wird das Unbewußte dem Bewußtsein die benötigte Information ohne weiteres liefern.«[82] Helmholtz zum Beispiel glaubte an ein quasi-utilitaristisches Funktionieren des Geistes, bei dem sensorische Information, die wahrscheinlich nicht nützlich oder notwendig ist, unwillkürlich vernachlässigt wird. Eine solche Information zu bemerken, verlangt (wie beim blinden Fleck im Sehfeld) eine besondere Anstrengung zur Neuorientierung der Aufmerksamkeit.

Durch Darwin, der in ihr einen Überlebensmechanismus sah, wurde der Glaube an die Wichtigkeit der Aufmerksamkeit in der menschlichen Evolution zum Allgemeingut: »Kaum dürfte für den intellektuellen Fortschritt des Menschen eine Fähigkeit wichtiger sein als die der *Aufmerksamkeit.* Tiere bekunden deutlich dieses Vermögen, so die Katze, wenn sie vor einem Loche kauert, bereit auf ihre Beute zu springen. Wilde Tiere werden zuweilen hiervon dermaßen in Anspruch genommen, daß man sich ihnen leicht nähern kann.«[83] Eine gewisse Art von reaktiver Aufmerksamkeit galt als wesentlicher Teil der menschlichen biologischen Ausstattung, als der, der eine systemkonforme Reaktion auf neuartige Reize visueller, olfaktorischer oder akustischer Art auslöste und so den Organismus befähigte, augenblicklich seine motorische Aktivität einzustellen (oder zu hemmen) und zugleich seine mentale Anstrengung ausschließlich auf die relevanten Reize, die gewöhnlich mit einer Beute oder einer Gefahr durch Raubtiere zu tun hatten, zu konzentrieren. Eine Parallele zum Werk Wundts in den siebziger Jahren bilden die neurologischen Forschungen des schottischen Arztes Sir David Ferrier, der die Idee einer Lokalisierung der Gehirnfunktionen vertrat. Er entwickelte die Hypothese vom Bestehen inhibitorischer Zentren in bestimmten Gehirnteilen, die die eigentliche physiologische Basis von Wille und Aufmerksamkeit bilden, und wies nach, daß Aufmerksamkeit und Wille von der physiologischen *Unterdrückung* von Bewegung abhingen, also paradoxerweise davon, wie bestimmte Formen sensomotorischer Aktivität andere motorische Aktivitäten behinderten.[84] Ein aufmerksamer Beobachter konnte also bewegungslos scheinen, konnte sich scheinbar in einem Zustand gefrorener Immobilität befinden und doch in Wirklichkeit eine Stätte gärender physiologischer (und motorischer) Geschehnisse sein, von denen diese relative »Stasis« abhing.[85] Dieser Zustand erhöhter Wachsamkeit und intensiver Konzentration auf eine begrenzte Zone eines sensorischen Feldes konnte auf vielerlei Weise verstanden werden, konnte zum Beispiel vom tierischen Bereich bloßen Überlebens auf die biologische Anpassung des Organismus an die disziplinierte und produktive Arbeit in einem sozialen Zusammenhang übertragen werden. Als Ausschließen und Filtern konnte die Aufmerksamkeit jedoch auch als Modell eines nietzscheanischen Vergessens, als eine wesentliche Voraussetzung nicht nur für die Subsistenz, sondern auch für die Bestätigung des Ich durch *Handlung* verstanden werden.[86] Aufmerksamkeit hat hier weniger mit einem Modell des Bewußtseins zu tun als mit einem ideo-motorischen Netzwerk von *Kräften.* Das, was immobilisiert, ist als Teil des biologischen Erbes dennoch auf paradoxe Weise untrennbar von Mobilität.

Im Zuge der umfassenden physiologischen Umdeutung der Subjektivität, die im neunzehnten Jahrhundert stattfand, galt die Aufmerksamkeit, in fast all ihren verschiedenartigen Interpretationen, als von physischer Anstrengung, von Bewegung oder Aktion untrennbar. Sie war in der von mir untersuchten Epoche generell synonym mit einem voll verkörperten Beobachter, für den die Wahrnehmung mit physiologischer und/oder motorischer Aktivität zusammenfiel. Genauer gesagt gab es drei besonders wichtige Modelle, in denen Aufmerksamkeit als Bewegung verstanden wurde. Gelegentlich überschnitten sich diese Modelle in Teilbereichen, aber im allgemeinen waren sie relativ inkompatibel. (1) Die Aufmerksamkeit gilt als *reflexartiger* Prozeß, ist Teil der mechanischen Anpassung eines Organismus an Reize in einer Umwelt. Für diese Auffassung ist das evolutionäre Erbe der Aufmerksamkeit besonders wichtig, ihre Ursprünge in *unwillkürlichen* und instinktiven Wahrnehmungsreaktionen. (2) Die Aufmerksamkeit ist durch die Operationen verschiedener *automatischer* oder unbewußter Prozesse oder Kräfte determiniert; dieser Standpunkt wurde, angefangen mit Schopenhauer, Janet, Freud und vielen anderen, auf vielerlei Weisen artikuliert. (3) Die Aufmerksamkeit ist eine entschlossene, *willentliche* Aktivität des Subjekts, ist Ausdruck von dessen autonomer Kraft, eine wahrgenommene Welt aktiv zu organisieren und zu prägen. Aber auch die Vertreter der letztgenannten Position wie James und Bergson räumten bereitwillig ein, daß willentliche Aufmerksamkeit und automatische oder willenlose Zustände nicht weit voneinander entfernt und ihre Grenzen fließend waren.

In den 1880er Jahren war die Ähnlichkeit zwischen Wille und Aufmerksamkeit ein beliebtes und vielfach behandeltes Thema, an dem sich zugleich ablesen ließ, wie weit sich das psychologische Denken bereits von Mills Assoziationismus und seiner »psychischen Chemie« oder von dem Spencer der fünfziger Jahre, für den die Aufmerksamkeit die *passive* Reaktion auf einen äußeren Zustand gewesen war, entfernt hatte. William James begann seine richtungweisende Diskussion des Themas damit, daß er Spencer und die Mills wegen ihrer Unterdrückung oder Umgehung des Problems angriff: »Der Grund für dieses Übergehen des Phänomens der Aufmerksamkeit ist offensichtlich. Diese Autoren wollen unbedingt zeigen, daß die höheren Vermögen des Geistes bloße Produkte der ›Erfahrung‹ sind, und die Erfahrung wird als etwas einfach *Gegebenes* angenommen. Die Aufmerksamkeit, die eine bestimmte reaktive Spontaneität mit einschließt, könnte möglicherweise Gefahr laufen, den Zirkel der bloßen Rezeptivität zu durchbrechen ... die Kreatur als ganz und gar passiver Ton, der der Erfahrung ausgesetzt ist.«[87] In den 1870er Jahren findet somit ganz allgemein eine Verschiebung statt von einer *strukturalen* Psychologie des Assoziationismus hin zu verschiedenen Arten von *funktionalen* psychologischen Auffassungen.[88] Dieser Wechsel rührte nicht zuletzt von den neuen und wichtigen Einsichten her, die das physiologische Verständnis der menschlichen Person eröffnet hatte. Nachdem man sich weitgehend auf ein Subjekt geeinigt hatte, das ein aktives Zentrum strebenden Verhaltens und ein Kompositum von sich in der Zeit entfaltenden Prozessen ist, wurde die Armut und Inadäquatheit der assoziationistischen Theorien offenkundig.

Die Aufmerksamkeit blieb also ein stimulierendes Problem, selbst dann, als von den Denkschulen, in denen es figurierte, mehrere obsolet wurden. So assoziierten oder identifizierten zum Beispiel in den siebziger und achtziger Jahren viele Sozialphilosophen und Psychologen die Aufmerksamkeit mit dem Willen. Andererseits bündelten sich, wie die Historikerin Lorraine Daston überzeugend gezeigt hat, in der in den neunziger Jahren an Dynamik und institutioneller Verankerung gewinnenden Bewegung für eine strenger »wissenschaftliche Psychologie« eben jene Kräfte, die einen »Feldzug gegen Bewußtheit, Willen, Introspektion und andere distinktive Merkmale des Geistes« führten. Um die Jahrhundertwende »sollte die Theorie des Willens zur gemeinsamen Zielscheibe für eine von diversen Schulen der amerikanischen und britischen Psychologie ausgehenden Kritik werden«.[89] Aber auch wenn der Wille, der Geist und die Introspektion als entbehrliche Elemente galten, blieb die Aufmerksamkeit eine unabdingbare Komponente in einer institutionellen Konstruktion der Subjektivität. Beispielhaft für dieses Überbordwerfen eines jeden Begriffs von aktivem Willen sind Hugo Münsterberg und James McKeen Cattell (dessen Werk ich im vierten Kapitel diskutiere), während zugleich die Aufmerksamkeit in ihren diversen Bestrebungen, die Psychologie auf die Strategien der sozialen Kontrolle auszurichten, nach wie vor ein wichtiges Problem darstellt. Heute ist die Aufmerksamkeit für die institutionellen Diskurse und Techniken des Subjekts in ähnlicher Weise als Kategorie unentbehrlich, nicht nur bei sozialen Phänomenen wie der Debatte um ADD, sondern auch in dem sich rasch ausbreitenden Feld der Kognitionswissenschaften, und zwar selbst dann, wenn die Existenz von »Geist« oder »Bewußtsein« auf diesem Gebiet bestritten wird. Sowohl »Aufmerksamkeit« als auch »Bewußtsein« sind historisch konstruierte Begriffe, und im neunzehnten Jahrhundert standen sie in wechselnder und unabhängiger Beziehung zueinander: im Rahmen einer Theorie der Subjektivität ist Aufmerksamkeit nicht notwendig synonym mit Bewußtsein.[90]

Diese Nichtkoinzidenz von Aufmerksamkeit und Bewußtsein ist hier entscheidend. Von einem gewissen Standpunkt her könnte, wenn das Problem der Aufmerksamkeit als Grundlage für eine Untersuchung der Moderne im späten neunzehnten Jahrhundert dient, der Anschein entstehen, als ob die Arbeit der gesamten neueren Kritik ignoriert würde, denn auf den ersten Blick scheint die Aufmerksamkeit als Ausgangspunkt mit einer Rückkehr zu traditionellen Problemen epistemologischer Natur gleichbedeutend zu sein, zu Problemen also, die durch die moderne, von Richard Rorty als eine »Bewegung von der Epistemologie zur Hermeneutik« gekennzeichnete Verschiebung zu semantischen oder semiotischen Zusammenhängen radikal transformiert oder ihrer Relevanz beraubt wurden.[91] Lebhaftesten Ausdruck findet diese Verschiebung beispielsweise im parallelen Werk von Mallarmé, Nietzsche und Peirce (und später von Wittgenstein und Heidegger): von Denkern, die unter der Voraussetzung operieren, daß es nicht mehr darum geht, wie ein bereits konstituiertes Subjekt um die Objektivität einer äußeren Welt weiß oder diese wahrnimmt, sondern wie ein Subjekt durch die Sprache und andere

Systeme von sozialer Bedeutung und Wertigkeit provisorisch konstruiert wird. Innerhalb dieser syntaktisch-semantischen Umformung der Epistemologie wurde die Untersuchung verschiedenartiger seelischer *Vermögen* in wachsendem Maß irrelevant. Ich meine allerdings, daß das Auftreten der Aufmerksamkeit als Beschreibungs- oder Erklärungsmöglichkeit des wahrnehmenden Subjekts in Wirklichkeit ein Anzeichen eben dieser allgemeinen epistemologischen Krise ist, daß es auf das Ende der diversen Analysen des Bewußtseins und auf die wachsende Irrelevanz der dualistischen Modelle hindeutet, mit denen die klassische Epistemologie gearbeitet hatte. Als der Betrachter durch die essentielle Subjektivität des Sehens definiert wurde, wurde die Aufmerksamkeit zu einem konstitutiven (und destabilisierenden) Bestandteil der Wahrnehmung. Gerade die Ungewißheit und Unklarheit, die hinsichtlich der Natur der Aufmerksamkeit herrschte, war ein Zeichen für das Veralten traditioneller Wahrnehmungstheorien. Der Begriff der Aufmerksamkeit schloß ein, daß die Kognition nicht mehr von der unmittelbaren Gegebenheit von Sinnesdaten ausgehend konzipiert werden konnte. Durch sie wurde, um es mit Peirce zu sagen, aus einem dyadischen System von Subjekt und Objekt ein triadisches, dessen drittes Element eine »Interpretationsgemeinschaft« bildete: ein wechselnder und vermittelnder Raum von sozial artikulierten physiologischen Funktionen, institutionellen Imperativen und einer langen Reihe von Techniken, Praktiken und Diskursen, die sich auf die Wahrnehmungserfahrung des Subjekts in der Zeit beziehen. Eine solche Aufmerksamkeit ist nicht mehr auf die Aufmerksamkeit *für* etwas reduzierbar. Mithin ist die Aufmerksamkeit in der Moderne durch diese Formen der *Äußerlichkeit* konstituiert, nicht durch die Intentionalität eines autonomen Subjekts. Sie ist nicht das Vermögen eines bereits geformten Subjekts, sondern ein Zeichen – nicht so sehr für das Verschwinden des Subjekts als für seine Unsicherheit, Kontingenz und Substanzlosigkeit.

Zwar ist es naheliegend und richtig, die weit gefächerten Forschungen zur Aufmerksamkeit innerhalb der Forderungen zu verorten, die von umfassenderen disziplinären und administrativen Apparaten an das Management und die Kontrolle des Subjekts gestellt wurden, aber es muß noch auf eine andere, damit verwandte Dimension des Wissens, das im neunzehnten Jahrhundert in den neu konfigurierten Humanwissenschaften akkumuliert wurde, hingewiesen werden. Michel Foucault hat auf den von ihm so genannten großen eschatologischen Traum des neunzehnten Jahrhunderts aufmerksam gemacht, der darin bestand, »diesem Wissen vom Menschen eine solche Existenz zu geben, daß der Mensch dadurch von seinen Entfremdungen befreit werden könnte, befreit von all den Bestimmungen, deren Herr er nicht war, so daß er dank dieses Wissens von sich selbst wieder oder überhaupt erst zum Herrn und Eigentümer seiner selbst werden könnte. Man machte, mit anderen Worten, den Menschen zum Objekt des Wissens, damit er zum Subjekt seiner eigenen Freiheit und seiner eigenen Existenz werden könne.«[92] Der Versuch, die empirischen und praktischen Bedingungen zu bestimmen, unter denen ein wahrnehmendes Subjekt die Welt am schärfsten wahrnehmen oder die Inhalte und Beziehungen in dieser Welt durch die Ausübung eines aufmerksamen und souveränen Willensakts stabilisieren und objektivieren konnte, wäre dann auch als ein Anspruch zu verstehen, den dieses Subjekt als der potentielle Herr und Organisator dieser wahrnehmbaren Welt auf den Besitz seiner selbst erhebt.[93] Die wissenschaftliche Psychologie hat es aber nie geschafft, das Wissen zu sammeln, das imstande gewesen wäre, das wirksame Funktionieren eines aufmerksamen Subjekts zwingend zu belegen oder die volle Kopräsenz von Welt und aufmerksamem Beobachter zu garantieren.[94] Je mehr man forschte, desto mehr zeigte es sich statt dessen, daß die Aufmerksamkeit in sich die Bedingungen für ihre eigene Auslöschung enthielt – sie erwies sich als kontinuierlich übergehend in Zustände der Zerstreuung, des Wachtraums, der Bewußtseinsspaltung und der Trance. Sie koinzidierte mitnichten mit dem modernen Traum von Autonomie.

*

Diese physiologischen Konzeptionen der Aufmerksamkeit waren es, denen im späten neunzehnten und frühen zwanzigsten Jahrhundert zahlreiche ästhetische Theorien zu entkommen versuchten, indem sie verschiedene von den körperlichen Prozessen und Aktivitäten radikal abgeschnittene Modi von Betrachtung und Sehen postulierten.[95] Das ganze neukantianische Erbe einer interesselosen ästhetischen Wahrnehmung hatte, von Konrad Fiedler, T. E. Hulme und Roger Fry bis hin zu neueren »Formalismen«, seinen Ursprung in dem Wunsch, sich der körperlichen Zeit mit ihren Launen zu entziehen. Für Hulme zum Beispiel, der eine ästhetische Aufmerksamkeit entwarf, die vom Physiologischen »emanzipiert« ist, war der Künstler jemand, »bei dem die Natur vergessen hatte, das Vermögen der Wahrnehmung mit dem der Handlung zu verbinden«.[96] Ein Großteil der modernen Kunst- und Musiktheorie arbeitete mit dualistischen Wahrnehmungssystemen, in denen eine entrückte, zeitlose Präsenz der Wahrnehmung mit niederen, mundanen oder alltäglichen Formen des Sehens oder Hörens kontrastiert.[97] Rosalind Krauss stellt im Hinblick auf die bildenden Künste fest, daß die Moderne zwei Ordnungen annimmt; eine, die es mit dem »empirischen Sehen«, mit dem »Gegenstand, wie man ihn ›sieht‹, dem von seinen Umrissen begrenzten Gegenstand zu tun hat, der zugleich der ist, den die Moderne verschmäht; und eine zweite, welche die der formalen Möglichkeitsbedingungen des Sehens selbst ist, die Ebene, auf der die ›reine‹ Form als Koordinations-, Einheits- und Strukturprinzip operiert: sichtbar aber nicht gesehen«; und sie zeigt, wie die Zeitlichkeit notwendig aus dieser Ordnung ausgeschlossen ist.[98] Das »Alles-auf-einmal« des modernen Sehens, behauptet sie, beruht auf der Tilgung der empirischen Bedingungen des Sehens, einschließlich der Erfahrung der Sukzessivität.

Was, wenn auch oft verleugnet, in der weitgefächerten Forschung zur Aufmerksamkeit zutage trat, war, um welch unbeständigen Begriff es sich handelte und wie unvereinbar dieser mit irgendeinem Modell einer anhaltenden ästhetischen Kontemplation war. Immer enthielt die Aufmerksamkeit in sich die Bedingungen für ihre eigene Auflösung, war sie heimgesucht von der Möglichkeit ihres eigenen Übermaßes – an die wir immer erinnert werden, wenn wir etwas zu lange zu betrachten oder wenn wir zu lange zu lauschen versuchen.[99] Die Aufmerksamkeit kommt, auf welchem Weg auch immer, unvermeidlich an eine Schwelle, an der sie zusammenbricht. Gewöhnlich ist dieser Punkt der, an dem die perzeptuelle Identität ihres Gegenstands zu verschwimmen und manchmal sogar (wie bei bestimmten Tönen) ganz und gar zu schwinden beginnt. Es kann auch eine Grenze sein, an der die Aufmerksamkeit unversehens in einen Zustand der Trance oder sogar der Selbsthypnose übergeht. In gewissem Sinne war die Aufmerksamkeit das Kennzeichen eines produktiven und sozial anpassungsfähigen Subjekts, aber die Grenze, die eine sozial nützliche Aufmerksamkeit von einer gefährlich absorbierten oder zerstreuten Aufmerksamkeit trennte, war höchst nebulös und nur durch performative Normen beschreibbar. Aufmerksamkeit und Zerstreuung waren nicht wesentlich verschiedene Zustände, sondern gehörten einem einzigen Kontinuum an, und die Aufmerksamkeit war, wie man mehr und mehr anzunehmen begann, ein dynamischer Prozeß, der in einer unbestimmten Menge von Variablen sich intensivierte und abnahm, anstieg oder fiel, kam und ging.[100] Der Philosoph Alfred Fouillée faßte das Problem wie folgt zusammen: »Die Konzentration des Willens und der Aufmerksamkeit auf irgend etwas führt zur Erschöpfung der Aufmerksamkeit und zu einer Paralyse des Willens.«[101] In diesem Sinn hatte die Aufmerksamkeit gewisse thermodynamische Qualitäten, insofern eine bestimmte Kraft mehr als eine Form annehmen konnte.[102] Die Untrennbarkeit von Aufmerksamkeit und Zerstreuung hat, im Rahmen einer Diskussion der der Wahrnehmung inhärenten Blindheit, Emile Durkheim in seinen epistemologischen Schriften der neunziger Jahre explizit gemacht. Ständig befinden wir uns »in einem gewissen Zustand der Zerstreutheit, da die Aufmerksamkeit den Geist, indem sie ihn auf eine kleine Anzahl von Objekten konzentriert, von einer größeren Anzahl anderer ablenkt; jede Zerstreutheit aber hat zur Folge, daß psychische Zustände vom Bewußtsein ferngehalten werden, die, da sie Wirkungen ausüben, dennoch real sind«.[103]

In diesem Sinn knüpfe ich in meinem Buch an einige Annahmen an, die schon lange Teil einer Kritik der Moderne sind. Besonders Georg Simmel, Walter Benjamin, Siegfried Kracauer, Theodor W. Adorno und andere vertraten die Ansicht, daß eine zerstreute Wahrnehmung für eine Theorie der Subjektivität in der Moderne in jedem Fall zentral ist.[104] Das deutsche Wort *Zerstreuung* figurierte in zahlreichen kritischen Analysen, die einer kantischen Theorie des Wissens verpflichtet waren. Es bezog sich auf eine Zersplitterung von Wahrnehmungen, die von keinerlei Synthesis erfaßt werden und mithin »nichts als ein blindes Spiel der Vorstellungen, d.i. weniger als ein Traum« sind.[105] Ein bleibendes Erbe dieser Theorien sind die Auffassungen, die die Moderne als einen Prozeß der Fragmentierung und Zerstörung begreifen, einen Prozeß also, in dem die vormodernen Formen von Ganzheit und Vollständigkeit durch technologische, urbane und ökonomische Neuorganisation unwiederbringlich zerbrochen und depraviert werden. Eine Diagnose der »Verkümmerung« des Wahrnehmungsvermögens gehörte auch zu den Prämissen von Fiedlers Essay *Über die Beurteilung von Werken der bildenden Kunst* (1876), einem Text, der, als ein frühes Beispiel generalisierter historischer Annahmen, die vormodernen Weisen des Sehens und Hörens implizit oder explizit als reicher, tiefer und wertvoller einschätzt.[106] Zweifellos stand eine solche Bewertung hinter Fiedlers Versuch, eine »objektivistische« Ästhetik zu begründen, in der die »Präsenz« der reinen sichtbaren Form nur einem aufmerksamen, von sämtlichen subjektiven psychologischen Vorbedingungen freien »Sehen« zugänglich ist.[107] Georg Simmel hatte um die Jahrhundertwende exemplarisch dargestellt, wie »der rasche und ununterbrochene Wechsel äußerer und innerer Eindrücke« mit dem »langsameren, gewohnteren, gleichmäßiger fließenden Rhythmus ihres sinnlich-geistigen Lebensbildes« kontrastiert.[108] Eine verwandte Auffassung sah in der Fragmentierung, die mit der Moderne einherging, die Zerstörung einer ganzen Reihe traditioneller künstlerischer und kultureller Werte, verstand aber die Zerstreuung als einen notwendigen Teil des Prozesses zur Überwindung der bankrotten bourgeoisen Ästhetik. Nichtsdestoweniger wurde die Zerstreuung weitestgehend als das Ergebnis eines »Verfalls« oder einer »Verkümmerung« der Wahrnehmung im Rahmen eines umfassenderen Verfalls der Erfahrung verstanden. Adorno zum Beispiel beschreibt die Zerstreuung als »Regression«, als die ästhetische Wahrnehmung »Regredierter, auf infantiler Stufe Festgehaltener«, die zu keiner echten Konzentration mehr fähig seien.[109] Für Rilke war im frühen zwanzigsten Jahrhundert authentische Aufmerksamkeit das kostbare und seltene Überbleibsel eines verlorenen Ideals. Dieses Ideal ist das des handwerklichen Aufgehens in der Arbeit, das sich in einer mechanisierten und von Routine bestimmten Welt an den Rand gedrängt findet. Verkörpert findet Rilke dieses Ideal in Auguste Rodin. Rodin ist »der Aufmerksame, dem nichts entgeht, der Liebende, der beständig empfängt, der Geduldige, der seine Zeit nicht zählt und nicht daran denkt das Nächste zu wollen. Immer ist ihm das, was er schaut und mit Schauen umgibt, das Einzige, die Welt, auf der alles geschieht ... Und diese Art zu schauen und zu leben steht so fest in ihm, weil er sie als Handwerker gewann.«[110]

Ich bin dagegen der Auffassung, daß es sich bei der modernen Zerstreuung *nicht* um die Zerstörung von stabilen oder »natürlichen« Arten vertiefter, werthaltiger Wahrnehmung handelt, die seit Jahrhunderten existiert hatten, sondern um einen *Effekt* und in vielen Fällen auch einen konstituierenden Bestandteil der zahlreichen Versuche, bei menschlichen Subjekten Aufmerksamkeit zu produzieren.[111] Das Problem der Zerstreuung, das im späten neunzehnten Jahrhundert auftaucht, ist von der parallel dazu auf den verschiedensten Gebieten stattfindenden Konstruktion eines aufmerksamen Beobachters nicht zu trennen. Obwohl Benjamin gelegentlich die Zerstreuung positiv wertet (weil der dem im Schock und in der Zerstreuung inhärente Bruch die Möglichkeit neuer Perzeptionsweisen bereithält), hält er gleichwohl an einer fundamentalen Dualität fest, in der die gesammelte, von der

Abb. 7 Fernand Khnopff, *Beim Hören Schumannscher Musik*, 1883.

modernen Reizüberflutung gereinigte Kontemplation den Gegenbegriff bildet.[112] »Zerstreuung und Sammlung stehen in einem Gegensatz«, erklärt Benjamin in seiner bekannten Diskussion von Architektur und Film als zweier Paradigmen der »Rezeption in der Zerstreuung«.[113] Ich behaupte dagegen, daß Aufmerksamkeit und Zerstreuung nicht außerhalb eines Kontinuums gedacht werden können, in dem beide, als Teile eines sozialen Felds, in dem dieselben Imperative und Kräfte diese wie jene stimulieren, unablässig ineinander übergehen.

Zu den vielen Faktoren, die Benjamins Historisierung der Wahrnehmung beeinflußt haben, gehört das Werk des Wiener Kunsthistorikers Alois Riegl. In seinem Buch *Das holländische Gruppenporträt* von 1902 entwarf Riegl ein Gegenmodell der Aufmerksamkeit, das sich nicht so sehr gegen die zeitgenössischen Formen der Zerstreuung als gegen die modernisierten Formen der Subjektivität richtete, die durch die Absorption in einer physiologisch begründeten Wahrnehmung charakterisiert waren. Riegl war zwar mit den Forschungen Wundts und anderer vertraut, aber seine besondere Auffassung von Aufmerksamkeit zielte darauf ab, jenes einheitliche Ich, das die wissenschaftliche Psychologie gerade zu demontieren im Begriff war, erneut zu festigen. Die von Wundt und anderen nachgewiesene transitorische und provisorische Natur von mentalen Zuständen und perzeptuellen Erfahrungen war mit Riegls Postulat eines Subjekts, dessen Integrität von einer reziproken Beziehung zwischen einer unbeirrten subjektiven Aufmerksamkeit und einer kohärenten objektiven Welt abhing, unvereinbar. Für Riegl definierte sich das Individuum durch die Ausübung einer zielgerichteten Konzentration, die über den Bereich bloßer Psychophysiologie hinausging. In *Das holländische Gruppenporträt* machte er deutlich, daß sein Modell des individuellen Beobachters – im Gegensatz ebenso zu den modernen Formen von Innerlichkeit, Absorption und seelischer Isolierung wie zur Auflösung dieser gemeinschaftlichen Welt, die sich für ihn im allgemeinen Kulturphänomen des »Impressionismus« ausdrückte – ein Ideal aufmerksamer *Intersubjektivität* voraussetzte. Die holländischen Gruppenporträts des siebzehnten Jahrhunderts lieferten also am Beginn des zwanzigsten das utopische Bild einer Welt wechselseitiger Kommunikation (ein säkulares Äquivalent religiöser Erfahrung), einer Welt, in der die Kunst von einer imaginären demokratischen Harmonie zwischen Individuum und Gemeinschaft untrennbar ist. Riegl sagt von dieser Malerei, daß sie »durch Darstellung des selbstlos Psychischen (der Aufmerksamkeit) eine Brücke zwischen den Figurenkörpern schlagen sollte, wodurch diese Einzelpsychen im Bewusstsein des betrachtenden Subjekts zu einem Ganzen zusammen verschmolzen ...«[114] Die moderne Zerstreuung konnte eine solche Möglichkeit nur untergraben. Für Riegl existierte der Traum von Gemeinschaft, von schweigenden Momenten seelischer Kommunikation, wie sie etwa Rembrandts *Staalmeesters* darstellten, als eine ästhetische Konstruktion, die vom Individuum als einsamem Betrachter erfaßt werden mußte. Riegl, dessen Ideal auf eine rückwärtsgewandte und elitäre Wunschvorstellung einer vormodernen und ethisch akzentuierten Aufmerksamkeit hinauslief, hätte an den neuen, mit dem Kino verbundenen kollektiven Rezeptionsformen, die sich um 1900 im Massenpublikum konkretisierten, zweifellos keinen Gefallen gefunden.[115]

Die Aufmerksamkeit figuriert in vielen Theorien zur modernen Subjektivität als ein Produkt der westlichen Moderne überhaupt, weit über den Rahmen des späten neunzehnten Jahrhunderts hinaus. Ferdinand Tönnies kennzeichnet in seiner einflußreichen Unterscheidung zwischen *Gemeinschaft* und *Gesellschaft* die Aufmerksamkeit als typisch für letztere, als ein Charakteristikum der modernen Formen von Isolation und Fragmentierung, die an die Stelle der vormodernen Gemeinschaftsbeziehungen getreten sind. Die auf bewußter Überlegung beruhenden Umgangs- und Verkehrsformen in der »Gesellschaft« sind von der sozialen Kultivierung eines Verhaltens abhängig, das Tönnies beschreibt als »die Application des Geistes oder die Apprehension des Gewünschten oder die willkürliche, d.i. mit Gedanken verbundene Aufmerksamkeit, eine Form, welche allen übrigen willkürlichen Thätigkeiten zu Grunde liegt: man richtet gleichsam sein Teleskop auf die Sache, und die eigene Selbst-Erkenntnis in Bezug auf das, was man erstreben will, das

Verständnis des eigenen Interesses, ist hiermit gleichbedeutend. Darüber kann aber jeder aufgeklärt werden, ein Berathender wird ihm den Vortheil zeigen, welchen er selber nicht sieht, ›öffnet ihm die Augen‹, ›macht ihn aufmerksam‹.«[116] Auch bei Nietzsche finden sich immer wieder verwandte Thesen über die moderne Kultur, in denen die Schärfung der Aufmerksamkeit zentral ist. Wie ich schon angedeutet habe, enthielt für Nietzsche die Aufmerksamkeit auch die Möglichkeit einer Absorption, eines Vergessens, das eine Vorbedingung für die lebensbejahende Tat sein konnte und sogar als gleichbedeutend gesetzt wurde mit dem Erreichen von Ewigkeits-Augenblicken im Fluß der menschlichen Zeit.[117] In ihrer gängigeren und degradierten Form sieht er allerdings, nicht anders als Tönnies, nur eine Beschränkung auf den gegenwärtigen Moment: »Jetzt ist nur eine Art von Ernst in der modernen Seele übrig geblieben, er gilt den Nachrichten, welche die Zeitung oder der Telegraph bringt. Den Augenblick benutzen und, um von ihm einen Nutzen zu haben, ihn so schnell wie möglich beurtheilen! – man könnte glauben, es sei den gegenwärtigen Menschen auch nur Eine Tugend übrig geblieben, die der Geistesgegenwart.«[118] Nietzsche deutet bereits das Dilemma an: eine absorbierte Aufmerksamkeit ist einerseits wesentlich für die schöpferische Überschreitung der Individualitätsgrenzen und gleichzeitig ein notwendiger Bestandteil des individuellen Funktionierens in einer modernen Welt ökonomischer Fakten und Quantitäten.

Dieser allgemeine Befund über die moderne Subjektivität findet sich im zwanzigsten Jahrhundert vielerorts. So schrieb zum Beispiel Max Horkheimer 1941 von der in der modernen Kultur bestehenden Notwendigkeit zur Aneignung automatenhafter Reaktionsweisen: »Das Individuum hat nicht mehr die Zukunft zu überblicken, es muß bloß bereit dazu sein, sich einzufügen, jedem Wink zu genügen, jeden Hebel zu bedienen, immer Verschiedenes und immer Dasselbe zu tun. Die Zelle der Gesellschaft ist nicht mehr die Familie, sondern das soziale Atom, das Individuum allein ... Mehr noch als der Muskeln freilich bedarf der Einzelne heute der Geistesgegenwart. Es entscheidet rasche Reaktionsfähigkeit, Affinität zu jeder Art Maschine, technischer, sportlicher, politischer.«[119] Nach dem Zweiten Weltkrieg entwickelte David Riesman sein Charaktermodell der »außen-geleiteten« Person nicht zuletzt im Sinne der sensorischen Überlastung und perzeptuellen Beschleunigung eines sozialen Felds, in dem »Arbeit und Muße miteinander verflochten« sind. Dieses neue kosmopolitische Individuum ist das Produkt einer Umgebung, die seine Aufmerksamkeit herausfordert: »Der außen-geleitete Mensch ... muß in der Lage sein, Signale von nah und fern zu empfangen, es gibt viele Sender und häufigen Programmwechsel. So ist es nicht erforderlich, einen Kodex von Verhaltensregeln, sondern jenes hochempfindliche Gerät, womit er diese Nachrichten empfangen und gelegentlich an ihrer Verbreitung teilnehmen kann, zu verinnerlichen. Gegenüber Kontrollen durch Schuld oder Furcht vor Schande, wenngleich diese selbstverständlich weiter existieren, besteht ein wesentlicher Beweggrund für den außen-geleiteten Menschen in einer diffusen Angst. Der Kontrollmechanismus wirkt jetzt nicht in der Art des Kreiselkompasses, sondern wie eine Radar-Anlage.«[120]

Ich schließe diesen Abschnitt, indem ich an einige der grundsätzlichen Reflexionen erinnere, die Hannah Arendt in *Vita Activa* anstellt. Für sie bedeutet Modernität nicht einfach eine Umkehrung des Verhältnisses von *vita contemplativa* und *vita activa,* der relativen Wertigkeit von Denken (*theoria*) und Tun, sondern in Wirklichkeit die Zerstörung der Kontemplation im ursprünglichen Sinn überhaupt. Durch die moderne Privilegierung des Tuns und des Herstellens wird die Idee der Kontemplation als Anschauung der Wahrheit bedeutungslos. »Als nämlich Sein und Erscheinung in dem Sinn sich geschieden hatten, daß der Wahrheit gleichsam gar nicht mehr zugemutet werden konnte, in Erscheinung zu treten, bzw. sich dem inneren Auge eines Betrachters zu zeigen und zu offenbaren«, da erwies sich das Aufkommen moderner Formen von Betrachtung und Aufmerksamkeit als untrennbar von der Auflösung alles Fixierten, Bleibenden oder Ewigen.[121] Die Aufmerksamkeit kann im Sinne Hannah Arendts als eine Form des Sehens verstanden werden, die kompatibel damit ist, »daß Austauschbarkeit und damit Relativierung den ›Wert‹ aller Gegenstände bestimmen«.[122]

*

Zu den Werten, die nach Hannah Arendt in der Moderne allmählich an die Stelle des traditionellen Glaubens treten, gehört auch das »Prinzip des Lebens« selbst. Als Denker, die Leben und Sein gleichsetzen, nennt sie Marx, Nietzsche und Bergson. Für diese hat das Leben Vorrang vor dem Problem des Bewußtseins, das zu sehr an ein älteres, statisches Modell von Kontemplation und Wahrheit gebunden ist. Allerdings, so wendet Hannah Arendt ein, hat die Moderne keineswegs »ein irdisches, jetziges Leben für ein jenseitig-künftiges gewonnen; sie ist bestenfalls auf es zurückgeworfen. Die Weltlosigkeit, die mit der Neuzeit einsetzt, ist in der Tat ohnegleichen. Was in ihr an die Stelle der Welt getreten ist, ist das nur der Selbstreflexion zugängliche Bewußtsein, in dessen Felde die höchste Tätigkeit das Formelspiel des Verstandes ist und die intensivste Erfahrung die Begierden, die Lust- und Unlustempfindungen sind, die, körperlicher Natur, sich ›irrational‹ gebärden, weil man ihnen mit Vernunftgründen nicht beikommen, d. h. nicht mit ihnen rechnen kann, und die daher für Leidenschaften gehalten werden ... Was schließlich ... als einzig fester Bezugspunkt übrig blieb, war das Leben selbst, und zwar der potentiell unvergängliche Lebensprozeß des Menschengeschlechts ...«[123] Ein früher Schauplatz dieses turbulenten Übergangs von einer Philosophie des Bewußtseins (und der Form) zu einer Philosophie des Lebens, in der der irrationale und dynamische Charakter der Subjektivität für die Wahrheit konstitutiv wird, ist das Werk Schopenhauers, der zu den ersten wichtigen Denkern des neunzehnten Jahrhunderts zählt, die sich mit der instabilen und spezifisch *temporalen* Natur der Wahrnehmung befassen.[124] In einem Passus aus dem Jahr 1844 verweist er auf den unweigerlich fragmentarischen und zerstreuten Charakter der subjektiven Erfahrung:

»Der Intellekt apprehendirt nämlich nur successiv und muß, um das Eine zu ergreifen, das Andere fahren lassen, nichts, als die Spuren von ihm zurückbehaltend, welche immer schwächer werden. Der Gedanke, der mich jetzt lebhaft beschäftigt, *muß* mir, nach einer kurzen Weile, ganz entfallen seyn ...

Theils nämlich dringen äußere Sinneseindrücke störend und unterbrechend auf dasselbe [mein Denken] ein, ihm jeden Augenblick das Fremdartigste aufzwingend, theils zieht am Bande der Association *ein* Gedanke den *andern* herbei und wird nun selbst von ihm verdrängt; theils endlich ist auch der Intellekt selbst nicht ein Mal fähig sich sehr lange anhaltend auf *einen* Gedanken zu heften: sondern wie das Auge, wenn es anhaltend auf *einen* Gegenstand hinstarrt, ihn bald nicht mehr deutlich sieht, indem die Umrisse ineinander fließen, sich verwirren und endlich Alles dunkel wird; so wird auch, durch lange fortgesetztes Grübeln über *eine* Sache, allmälig das Denken verworren, stumpft sich ab und endigt in völliger Dumpfheit.«[125]

Schopenhauer gehört zu den ersten, die die Verbindung zwischen Aufmerksamkeit und perzeptueller Desintegration erfassen, und er vergleicht die »mangelhafte« und »fragmentarische« Natur der subjektiven Aufmerksamkeit mit »einer Laterna magica, in deren Fokus nur ein Bild zur Zeit erscheinen kann und jedes, auch wenn es das Edelste darstellt, doch bald verschwinden muß, um dem Heterogensten, ja Gemeinsten Platz zu machen«.[126] Es gehört zu Schopenhauers kultureller Modernität, daß er die Zeitlichkeit selbst als eine Quelle subjektiven Schmerzes identifizierte. Die Menschen müßten, meinte er, »Wesen höherer Art, deren Intellekt nicht die Zeit zur Form und deren Denken daher wahre Ganzheit und Einheit hätte, seltsam und erbärmlich erscheinen«.[127] Die Zeit ist hier ihrer kantischen Charakteristika entblößt: die Geordnetheit der Bewußtseinsinhalte ist durch nichts mehr garantiert, und ein Fenster öffnet sich auf das kognitive Chaos der Moderne, gegen das zu Feld zu ziehen die Aufmerksamkeit beschworen wird. Schopenhauer beschreibt »das so höchst heterogene Gemisch der Vorstellungs- und Denkfragmente jeder Art, welche sich beständig in unserem Kopfe durchkreuzen«.[128] Zwar war die Frage der Zeit von Anfang an ein Teil des europäischen epistemologischen Denkens, neu in den Jahren um 1830 war jedoch die mit der rapide anwachsenden empirischen Erforschung des menschlichen Körpers einhergehende allgemeine Anerkennung der *physiologischen* Voraussetzungen des Wissens. Das Problem des Bewußtseins wird von dem der physiologischen Temporalität und ihrer Prozesse untrennbar.[129] Mit Schopenhauer angefangen gibt es bis ins frühe zwanzigste Jahrhundert mit Bergson und Whitehead eine Reihe von Versuchen, epistemologische Positionen zu formulieren, die der Prozeßhaftigkeit eines physiologischen Subjekts, das praktisch mit dem ununterbrochenen Pulsieren und Leben des Körpers zusammenfällt, Rechnung tragen. Es war nämlich die spezifische Zeitlichkeit des Körpers, die die Möglichkeit subjektiver *Reflexion* im cartesischen Sinne zunichte machte und die allmählich auch diejenigen Wahrnehmungstheorien unterminierte, die auf dem Prinzip der *Assoziation* diskreter Elemente basierten. Wann, so lautete die skeptische Frage der Vertreter der physiologischen Optik, hat jemals ein Beobachter nachweisbar eine stabile oder diskrete »Perzeption« erlebt? Ernst Cassirer erwähnt in diesem Zusammenhang Schopenhauers Werk abschätzig als das erste moderne philosophische Projekt, das »nicht auf begrifflicher Reflexion und Analyse beruht, sondern kraft einer ursprünglichen genialen Anschauung das Ganze der Welt und ihren letzten Grund aussprechen will«.[130]

Eine der signifikantesten Bewegungen, die Schopenhauers Werk vollzieht, ist die Ablehnung von Kants Begriff der transzendentalen synthetischen Einheit der Apperzeption als Erklärung dafür, wie eine Welt sich uns darstellt und wie sukzessiv aufeinanderfolgende Wahrnehmungen intellektuell kohärent werden. Statt eines apriorischen Einheitsprinzips ist es für Schopenhauer einzig der Wille, der alle Vorstellungen zusammenhält. Natürlich *ist* der Wille in gewissem Sinn Schopenhauers Vereinheitlichungsprinzip, aber er versetzt uns in eine Welt, die mit der Kants kaum mehr etwas gemein hat. Wenn die Wahrnehmungserfahrung bei Kant durch die synthetische Einheit der Apperzeption einen apodiktischen oder absoluten Charakter erhielt, dann koinzidiert der Wille mit einer ursprünglichen Abwesenheit von jeder Vernunft, Logik oder Bedeutung hinter den Erscheinungen. Der Wille bei Schopenhauer ist, wie Terry Eagleton bemerkt, »als eine Art Zweckmäßigkeit ohne Zweck eine grausame Travestie der kantischen Ästhetik«.[131] Die chaotische Sukzessivität der Wahrnehmung ist nur durch die unmotivierte und blinde Bewegung des Willens bestimmt. Die meisten Individuen erfahren den Willen direkt in Gestalt ihres eigenen Körpers; die unmittelbarste objektivierte Form des Willens ist mithin die instinkthafte Begehrensökonomie der eigenen physischen Existenz.[132] Unsere Beziehung zur sinnlichen Mannigfaltigkeit der Welt ist also nicht durch die strukturierende Prägung apriorischer Formen determiniert, sondern durch die unergründlichen Launen ziellos-unbewußter, oftmals primär sexueller Triebe und Kräfte. Dennoch war es diese Auffassung, die Schopenhauer dazu trieb, die Möglichkeit eines Sehens, einer purifizierten Wahrnehmung zu postulieren, die ein Heraustreten aus der Zeit und der Ökonomie des Körpers wäre – eine Möglichkeit, die am Ende des Jahrhunderts zu einer Fata Morgana der Moderne werden sollte.

So gesehen bedeutet Schopenhauers Werk nicht nur das Umstoßen eines kantischen Modells der Synthesis, sondern kann als ein früher und entscheidender Angriff auf die Möglichkeit einer Bewußtseinsphilosophie überhaupt verstanden werden. Zerstreuung und Vergeßlichkeit (die bereits an Sublimierung und Verdrängung denken lassen) wurden für Schopenhauer zu machtvollen Komponenten innerhalb der fließenden Ökonomie der seelischen Erfahrung. All jene mentalen Zustände (wie Schlaf, Trance, Ohnmacht, Wachtraum und Bewußtseinsspaltung), die das klassische Denken marginalisiert oder aus seinen Erkenntnistheorien verbannt hatte, spielten jetzt eine Hauptrolle als Bestandteile der psychologischen Auffassungen von normativer Subjektivität. Eine Erweiterung des historischen Rahmens läßt erkennen, wie sich die von Descartes zu Kant führende epistemologische Tradition, für die das Bewußtsein oder das Cogito die Grundlage alles Wissens und der

Gewißheit ist, auflöst. Denn die Aufmerksamkeit taucht erst dann als Problem auf, wenn das Bewußtsein keine fraglose Grundlagenpriorität mehr hat – wenn ein Subjekt nicht mehr synonym ist mit einem Bewußtsein, das sich wesentlich selbst präsent ist, wenn keine unvermeidliche Kongruenz mehr besteht zwischen Subjektivität und einem »Ich denke«. Freud zum Beispiel hat zur Kenntnis genommen, wie bedeutsam der Satz von Maudsley war, »daß Bewußtsein und Seele nicht Begriffe von gleicher Ausdehnung sind«.[133] Unzweifelhaft ist das Bewußtsein nach wie vor vielerorts ein zentrales Thema, aber daß die Aufmerksamkeit als einer seiner konstitutiven Züge betont wird, ist ein Zeichen für seinen mehr und mehr provisorischen und problematischen Charakter.

Am Ende des neunzehnten Jahrhunderts war die Temporalität, die für Schopenhauer ein Problem gewesen war, zu einem integralen Bestandteil einer breiten Skala von psychologischen und epistemologischen Positionen geworden.[134] Wilhelm Dilthey hielt an seinem Begriff von subjektiver Erfahrung als »kontinuierlichem Fluß« auch dann noch fest, als er die Einheit des Bewußtseins behauptete. In einer Sprache, die mit der Herbartschen Psychomechanik noch nicht ganz gebrochen hat und doch bereits auf filmische Überblendungstechnik vorausweist, schrieb Dilthey: »So kann die Linie des psychischen Lebens, wie sie durch den Zeitverlauf beschrieben wird, immer nur ein Bezogenes verschwinden und ein anderes Bezogenes auftreten machen.« Wie viele andere auch stand Dilthey vor dem Dilemma, gleichzeitig über die Unfaßbarkeit der gelebten subjektiven Erfahrung und über das Individuum als aktives und schöpferisches Subjekt innerhalb des objektiven historischen Prozesses Rechenschaft geben zu müssen. Dilthey setzte darauf, daß es einen Nexus gab, in dem die beiden Kategorien der Zeitlichkeit sich überschnitten: »Sonach ist die Kontinuität unseres psychischen Lebens durch die Tatsache gegeben, daß in dem kleinsten Zeitmoment, sagen wir in jeder Gegenwart, eine Synthesis im Bewußtsein sich vollzieht, deren Glieder rück- und vorwärts einem objektiven Zusammenhang angehören, in dem wir uns erkennend und handelnd befinden.«[135]

Dilthey dachte auch darüber nach, in welcher Beziehung die selektive und abgegrenzte Natur der Aufmerksamkeit zur relativen Enge des Bewußtseins stand. Er lehnte den Begriff des Unbewußten entschieden ab und versuchte, die Probleme, die sich aus diesem Dualismus für sein freies Subjekt gelebten Wissens und gelebter Erfahrung ergaben, zu umgehen. Er stellte sich das Bewußtsein als ein ungeheures Gebiet vor, das nur in sehr kleinen Zonen vom Lichtstrahl der Aufmerksamkeit erhellt wurde, und sprach in diesem Zusammenhang von Vorstellungen, Prozessen und psychischen Akten, die zwar bewußt seien, »aber nicht zum Gewahrnehmen, zur Beachtung, zum Innewerden gelangten«. Für ihn ist die Aufmerksamkeit ein »Energiequantum«, das den Bereich der aufmerksamen Wahrnehmung umso mehr verengt, je zielgerichteter es eingesetzt wird. »Wenn ich, aus dem Fenster blickend, eine Landschaft gewahre, so verbreitet sich möglicherweise ein gleiches Licht über die ganze Landschaft. Sobald ich jedoch einen einzelnen Baum oder gar Zweig mit größter Genauigkeit aufzufassen versuche, wird die Bewußtheit, welche ich der übrigen Landschaft zuwende, geringer.«[136] Wie viele andere wandte sich Dilthey Mitte der achtziger Jahre gegen assoziationistische Erklärungen mentaler und perzeptueller Prozesse, die die Gegenstände des Bewußtseins oder der Wahrnehmung als fixe Quantitäten oder Vorstellungen begriffen.[137] Die Aufmerksamkeit wurde Bestandteil seiner Neukonzeptualisierung der seelischen Erfahrung im Sinn von neuen »Lebenskategorien«, in denen das temporale Kontinuum der individuellen Existenz und die Historizität der Kultur ineinander verflochtene Prozesse waren. »Der ganze *erworbene Zusammenhang* des Seelenlebens ... verändert und gestaltet an den Wahrnehmungen, Vorstellungen und Zuständen, die sich gerade im Blickpunkte der Aufmerksamkeit befinden, denen also die stärkste Bewußtseinserregung zuteil wird ... So bleibt eine beständige Wechselwirkung zwischen dem Selbst und dem Milieu äußerer Wirklichkeit, in dem es sich findet, und in ihr ist unser Leben.«[138]

Im Werk von Charles Sanders Peirce nimmt die Aufmerksamkeit eine zentrale Stellung ein. 1868 hatte er summarisch erklärt: »Die Empfindung und das Abstraktionsvermögen oder die Aufmerksamkeit können in gewissem Sinn als die alleinigen Bestandteile allen Denkens gelten.« Aber er trennt die Aufmerksamkeit von allem, was eine Fülle der Präsenz oder eine direkte Perzeption der Welt einschließt. Zwar ist Aufmerksamkeit für Peirce ein Akt der Selektion, jedoch nicht im Sinne eines Blicks, der einen Gegenstand zum Zweck der Kontemplation oder Prüfung aussondert. »Die Kraft der Aufmerksamkeit akzentuiert eines der objektiven Elemente des Bewußtseins mit besonderem Nachdruck.«[139] Aber sie hat nichts zu tun mit dem regulativen Begriff der »Erstheit« bei Peirce, der die Idee der aller Synthesis und Differenzierung vorhergehenden absoluten Präsenz und Selbstunmittelbarkeit bezeichnet. Für Peirce war die menschliche Wahrnehmung von Natur aus unfähig zu einer solchen Direktheit, einer solchen Nichtreferentialität. Eine wahrhaft unmittelbare Perzeption müßte für Peirce einen gewissen zeitlosen, unwandelbaren Charakter haben. Die Aufmerksamkeit aber war unweigerlich temporal verfaßt, war in dem konstituiert, was er »Zweitheit« nannte. Die Aufmerksamkeit ist »eine Sache von kontinuierlicher Quantität ...; denn kontinuierliche Quantität führt sich, soweit wir sie kennen, in letzter Analyse auf die Zeit zurück«. Aufmerksamkeit ist »das Vermögen..., durch das das Denken zu einer Zeit mit dem Denken zu einer anderen Zeit verbunden und in Beziehung gebracht wird«. Aufmerksamkeit, so behauptet er, ist ein Akt der Induktion. In unserem Zusammenhang besteht die Wichtigkeit des Peirceschen Standpunkts in seinem anti-optischen Charakter, in der Ablehnung der visuellen Modelle, die den Kern des traditionellen epistemologischen Denkens ausmachen.[140]

Es war William James, ein weiterer philosophischer Einzelgänger, der eines der einflußreichsten dynamischen Modelle der mentalen Tätigkeit aufstellte, das mit dem Begriff des »Gedankenstroms« arbeitete. James ersetzte das »Bewußtsein« durch den mehr aktorientierten Begriff des »Denkens« und gebrauchte das Bild des Stroms zur Kennzeichnung der grundsätzlich *transitorischen* Natur der subjektiven

Erfahrung – die für ihn aus einem ständig wechselnden, aber kontinuierlichen Fluß von Bildern, Empfindungen, Gedankensplittern, Körperwahrnehmungen, Erinnerungen und Wünschen besteht, den er der älteren und auch noch zeitgenössischen Auffassung, wonach das Bewußtsein diskrete Inhalte und Elemente besitzt, entgegenstellte. Ein Baudelairesches Bild modifizierend, spricht James von einem »sich gleichmäßig drehenden Kaleidoskop«, um auf diese Weise das Gehirn als ein Organ zu beschreiben, »dessen inneres Gleichgewicht sich in einem ständigen, alles betreffenden Wechsel befindet«.[141] Gleichzeitig aber steht der Strom bei James wohlgemerkt für eine unmögliche Harmonie: eine Harmonie, in der der instabile, kinetische und fragmentierte Charakter des modernen subjektiven Lebens anerkannt, aber zugleich als grundsätzlich kontinuierlich aufgefaßt wird, als das, was der Subjektivität eine irreduzible Einheit verleiht, all jenen Dissoziationen, Betäubungen, Halluzinationen und Persönlichkeitsspaltungen, die James so eingehend studiert hatte, zum Trotz. Bei seiner Ablehnung der spatialen oder klassischen, szenischen Modelle des Geistes zugunsten temporaler, spielt die Idee des Gedankenstroms eine zentrale Rolle. »Zweifellos ist es oft bequem«, heißt es in einem bekannten Passus, »mentale Tatsachen atomistisch zu formulieren und die höheren Bewußtseinszustände zu behandeln, als ob sie allesamt auf bleibenden und einfachen Ideen aufgebaut wären ... Aber ... in der Natur gibt es nichts, das unseren Worten entsprechen würde. Eine permanente ›Idee‹ oder ›Vorstellung‹ [dt. i. O.], die periodisch im Rampenlicht des Bewußtseins ihren Auftritt hat, ist eine nicht weniger mythologische Entität als der Pik-Bube.«[142] Trotz der weitgehenden Besonderheit von James' Denken und trotz der bleibenden Versuchung, seinen »Gedankenstrom« mit dem zu assoziieren, was man einmal für einen Joyce-Bergsonschen Modernismus hielt, darf man jedoch nicht übersehen, daß sein Werk in die Nachbarschaft eines umfassenden institutionellen Felds gehört, in dem die wissenschaftliche Psychologie ganz allgemein die *elementaren* Konzeptionen von Bewußtsein zugunsten operationaler oder funktionaler Modelle aufgab.[143] Gleichzeitig stimmten, wie Franco Moretti gezeigt hat, die in den Frühformen der modernen Reklame angewandten Suggestionstechniken mit diesem Modell von seelischem Verhalten und ästhetischer Kreativität praktisch überein: »Hier finden wir genau jene Beliebigkeit, Diskontinuität, Unkontrollierbarkeit und Tiefe des Bewußtseinsstroms ... Die Assoziationen des Bewußtseinsstroms sind keineswegs ›frei‹. Sie haben eine Ursache, eine treibende Kraft *außerhalb* des individuellen Bewußtseins ... Das Fehlen von innerer Ordnung und von Hierarchien verweist darauf, daß sie eine Bewußtseinsform reproduzieren, die dem Prinzip der *Warenäquivalenz* unterworfen ist.«[144]

James ist von besonderem Interesse, weil er den Primat des »Stroms« betont und zugleich die Aufmerksamkeit, die diesen gewissermaßen gefrieren macht, als eine unentbehrliche Aktivität versteht, »ohne welche die Erfahrung ein schieres Chaos« wäre.[145] Die Aufmerksamkeit ist für James untrennbar von der Möglichkeit einer kognitiven und perzeptuellen Unmittelbarkeit, in der das Selbst aufhört, von einer Welt von Gegenständen getrennt zu sein, auch wenn es nie zu einer Stabilisierung dieser Gegenstände kommen kann.[146] Sie wird zum notwendigen Mittel, um die irreduzible Pluralität der Erfahrung zu bewältigen, und als solches stellt sie den Versuch dar, das Denken des Stroms mit dem der Immobilisierung zu versöhnen. James ist also bereit, die Unmöglichkeit epistemologischer Gewißheiten anzuerkennen, beeilt sich aber, die weitergehenden und beunruhigenden Konsequenzen dieser Unmöglichkeit abzuwehren.[147] Die Aufmerksamkeit hat eine besondere ethische Bedeutung: »Das praktische und theoretische Leben sowohl der gesamten Spezies als auch der Individuen resultiert aus der Auswahl, die die gewöhnliche Ausrichtung der Aufmerksamkeit mit sich bringt ... Durch die Art, wie er den Dingen Aufmerksamkeit schenkt, trifft jeder von uns im wörtlichen Sinn eine *Wahl*, welche Art Welt es sein soll, in der er leben will.«[148] In jedem Augenblick ist der Geist ein potentiell paralysierendes Chaos »von simultanen Möglichkeiten. Bewußtsein besteht darin, ... daß manche von ihnen ausgewählt werden und der Rest, durch die verstärkende und hemmende Tätigkeit der Aufmerksamkeit, unterdrückt wird.«[149] Er vergleicht den Beobachter mit einem Künstler: konfrontiert mit »dem ursprünglichen Chaos der Sensationen«, schaffen wir unsere subjektiven Welten, indem wir, wie ein Bildhauer, der an einem Steinblock arbeitet, auswählen und verwerfen. Aber diese quasi-ästhetische Dimension des aufmerksamen Ich geht auch mit ethischer Verantwortung einher. Daß wir alle eine gemeinsame Wahrnehmungswelt zu bewohnen scheinen, beruht für James nicht auf der apriorischen Struktur unseres Geistes, sondern auf der weitgehend deckungsgleichen Auswahl, die eine historisch sich entwickelnde Gemeinschaft freier Individuen getroffen hat.[150] Was wir jeweils in der Welt beachten, ist zwar nicht identisch, aber immerhin so ähnlich und so zweckmäßig, daß ein gemeinsames Reich von Kommunikation, Interaktion und Werten entsteht.[151]

James' Betonung der kreativen und pragmatischen Dimension, die die Aufmerksamkeit bei grundsätzlich jedem autonomen Subjekt hat, fällt jedoch mit der historischen Emergenz von immer stärkeren Technologien und Institutionen zusammen, die die Gegenstände, denen die Bevölkerungsmassen ihre Aufmerksamkeit schenken, *von außen* festlegen und durchsetzen.[152] William B. Carpenter, ein einflußreicher Gelehrter, mit dessen Arbeit James gut vertraut war, hatte in den siebziger Jahren die Umrisse dieses disziplinären Rahmens entworfen, in dem die Aufmerksamkeit als ein von außen zu formendes und zu kontrollierendes Element der Subjektivität konzipiert wird: »Das Ziel des Lehrers ist es, die Aufmerksamkeit des Schülers auf Gegenstände zu fixieren, die als solche vermutlich wenig oder keine Anziehung haben ... Die Gewohnheit der Aufmerksamkeit ist zunächst bloß automatisch, aber sie läßt sich durch kluges Training vom Willen des Lehrers, der sie durch die Auswahl passender Motive anregen kann, weitgehend lenken, wobei er jedoch den Geist des Kindes nicht durch zu langes Verweilen bei einem Gegenstand überanstrengen darf.«[153] Die Möglichkeit dieser Art des Lernverhaltens hatte im neunzehnten Jahrhundert Parallelen in vielen anderen neuen sozialen Formen der Selbstregulierung und Selbstkontrolle.

Darin, daß er einen relativ stabilen Begriff des Bewußtseins und irgendeine Form einer distinkten Subjekt/Objekt-Relation zu retten versuchte, ist James für einen Großteil des Aufmerksamkeits-Diskurses repräsentativ, aber was er beschrieb, war letztlich nur die flüchtige Immobilisierung eines »Subjekt-Effekts« und ein ephemeres Gerinnen einer wechselnden sensorischen Mannigfaltigkeit zu einer zusammenhängenden wirklichen Welt. Théodule Ribot beobachtete genau, daß »die Aufmerksamkeit ein abnormer, ein Ausnahmezustand ist, der nicht lange dauern kann, weil er im Widerspruch mit der Grundbedingung des physischen Lebens steht: dem Wechsel«.[154] Zuvor bereits hatte Helmholtz notiert: »Ein anhaltender Ruhezustand der Aufmerksamkeit ist ... kaum für einige Zeit zu unterhalten. Der natürliche ungezwängte Zustand unserer Aufmerksamkeit ist herumzuschweifen zu immer neuen Dingen.«[155] Um die achtziger Jahre waren diese Auffassungen Allgemeingut geworden, und die folgenden Bemerkungen des Psychologen und Ästhetikers Theodor Lipps haben typischen Charakter: »Immer wieder erleben wir es, daß ein Teil, den wir festhalten wollen und festzuhalten glauben, der Aufmerksamkeit entgleitet und anderes sich an die Stelle setzt. So kommt es schwer oder überhaupt nicht zur sicheren Auffassung und Heraushebung des Wahrgenommenen.«[156] Aufmerksamkeit war also das, was unsere Wahrnehmung daran hinderte, nur ein inkohärenter Strom von Empfindungen zu sein, sich aber im Licht der Forschung als unzuverlässige Waffe gegen diese Unordnung erwies. Die Aufmerksamkeit, die in der Industriegesellschaft des späten neunzehnten Jahrhunderts ein unentbehrlicher Bestandteil des »normalen« und »vernünftigen« Subjekts war, zeigte eine beunruhigende Nähe zu »pathologischen« und »irrationalen« Zuständen. Obwohl die Aufmerksamkeit für die Organisierung und Modernisierung von Produktion und Konsum hochwichtig war, ging aus den meisten Arbeiten doch hervor, daß sie die Wahrnehmungserfahrung in einen gewissen labilen, ständig wechselnden Zustand versetzte, der schließlich in Auflösung überging.[157] War die Aufmerksamkeit im klassischen Modell der mentalen Wahrnehmungsstabilisierung eine fixierte Prägung gewesen, so wurde sie im neunzehnten Jahrhundert zu einem Kontinuum der Variation, zu einer temporalen Modulation, und mehrfach wurde ihr ein rhythmischer oder wellenartiger Charakter zugeschrieben.[158] Obwohl sie die Möglichkeit des Aufbaus von stabiler und geordneter (wenn auch nicht notwendig wahrer) Erkenntnis zu garantieren schien, enthielt sie zugleich jene unkontrollierbaren Kräfte, die diese organisierte Welt aufs Spiel setzten. In der allgemeinen epistemologischen Krise des späten neunzehnten Jahrhunderts wurde die Aufmerksamkeit zu einem Notbehelf, zur unzulänglichen Simulation eines archimedischen Punkts der Stabilität, von dem aus das Bewußtsein die Welt erkennen konnte. Statt perzeptuelle Stabilität und Gewißheit der Präsenz zu liefern, mündete sie in Fließen und Absenz, in einen Raum, in dem Subjekt und Objekt nur noch eine versprengte und provisorische Existenz hatten.[159]

*

Vielleicht ist der ambivalente Status der Aufmerksamkeit im späten neunzehnten Jahrhundert nirgends so sichtbar wie im sozialen Phänomen der Hypnose. Mehrere Jahrzehnte lang galt der Hypnotismus in irritierender Weise als ein extremes Modell der Aufmerksamkeitstechnologie. Aber auch dort, wo er neue klinische Möglichkeiten und medizinischen Nutzen zu bieten schien, ließ er die verstörenden Umrisse eines Subjekts erkennen, das aufgrund seiner unsicheren Beschaffenheit imstande war, sich dem intellektuellen wie dem institutionellen Zugriff zu entziehen.[160] Weil sie die Unsicherheit und Formbarkeit dessen, was als Bewußtsein gegolten hatte, so dramatisch vor Augen führte, stellte die Hypnose in noch nicht dagewesener Weise die Trennbarkeit psychologischer, physiologischer und sozialer Faktoren in Frage.[161] Im späten neunzehnten Jahrhundert schienen Experimente vieler Art zu zeigen, daß die Grenze zwischen einer fokussierten, normativen Aufmerksamkeit und hypnotischer Trance fließend war. Oft wurde die Hypnose (ein Wort, das zugleich einen psychischen Zustand und spezifische Verfahren zu dessen Erzeugung bezeichnet) als eine intensive, zugleich von einer Hemmung der motorischen Reaktionen begleitete Konzentration und Verengung der Aufmerksamkeit beschrieben. Beginnend mit James Braid in den vierziger und fortfahrend mit Auguste Liébeault in den sechziger Jahren, hatte sich die Forschung mit der offensichtlichen und paradoxen Nähe sowohl von Hypnose als auch von Aufmerksamkeit zum Schlaf befaßt.[162] Solche Beobachtungen warfen irritierende Fragen auf: wie konnte die Aufmerksamkeit, das Bollwerk gegen Dissoziation, die Garantie des kohärenten Bewußtseins und seiner Beziehung zur Welt, ein Werkzeug der Produktivität, in eine solch unmittelbare Nachbarschaft zu Zuständen geraten, die den Verlust der Selbstbeherrschung und der bewußten Kontrolle von Affekten und Tun mit sich brachten?

Im späten neunzehnten Jahrhundert nahm man allgemein an, daß die Hypnose an einem Ende eines Aufmerksamkeitskontinuums stehe und eine Intensivierung fokaler Konzentration bei gleichzeitiger relativer Aufhebung der peripheren Wahrnehmung einschließe. Typisch ist G. Stanley Halls 1883 getroffene Feststellung, daß »die meisten Phänomene, die wir Hypnotismus nennen«, nicht von mesmerischen Kräften verursacht seien, »sondern nur von einem ungewöhnlichen Maß an ›konzentrierter Aufmerksamkeit‹, die in vielfacher Weise suggestiv gelenkt wird«.[163] Man erkannte, daß das unter Hypnose Wahrgenommene deutlich und detailliert, der Wahrnehmungsbereich jedoch äußerst eng war. Tatsächlich erzielte man hypnotische Trancezustände zumeist durch eine Form der Fokalisierung, d. h. jemand hatte seine Aufmerksamkeit auf ein bestimmtes Objekt zu richten, das oft ein heller, leuchtender Punkt, oft aber auch irgendeine Vorstellung oder einfach der Rhythmus des eigenen Atems oder Herzschlags war. Die Aufmerksamkeit erwies sich also als das Tor zu einem Zustand, den man nicht genau verstand, der sich aber von dem, was man sich unter Bewußtsein vorgestellt hatte, qualitativ unterschied.[164] Daher die bekannten Debatten der achtziger Jahre, was dieser rätselhafte Zustand bedeute: war er, wie Jean-Martin Charcot und seine Anhänger an der Salpêtrière meinten, das Anzeichen für eine zugrundeliegende somatische Störung, oder handelte es sich, worauf Hippolyte Bernheim und andere bestanden, um die Steigerung eines ganz normalen Zustands der Suggestibilität?

Das Werk Auguste Liébeaults, von dem in den achtziger Jahren die sogenannte Schule von Nancy ausging, postulierte die Aufmerksamkeit als das wichtigste und kreativste Element des Seelenlebens; sie galt als die mobile und dynamische Kraft, die aller Wahrnehmung und motorischen Aktivität zugrunde lag. Nach Liébeault rief die hypnotische Induktion einen schlafartigen Zustand hervor, in dem die Aufmerksamkeit immobilisiert oder isoliert wurde. Dieser von ihm *somnambulisme provoqué* genannte Zustand bestand für ihn in einer drastischen Umorientierung der Aufmerksamkeit, die durch eine Anzahl relativ einfacher Techniken herbeigeführt werden konnte. Die Bernheimsche Fortentwicklung von Liébeaults Ansatz zu einer mehr systematischen klinischen Praxis schloß eine Induktionsmethode ein, die »fixierte Aufmerksamkeit« genannt wurde und in der das anhaltende Starren auf einen bestimmten Punkt oder Gegenstand zu einer dramatischen Reorganisierung des Bewußtseins führte. Die bleibende Leistung der Schule von Nancy bestand darin, daß sie die hypnotischen Phänomene, statt sie als Krankheits- oder Schwächesymptome zu bewerten, auf dem Terrain der *normalen* Perzeption verortet hatte. »Ich habe zu zeigen gesucht«, stellte Hippolyte Bernheim mehr als einmal fest, daß »die Hypnose in keinem Sinne einen neuen Zustand schafft, dass im künstlichen Schlafe nichts vorgeht, was nicht auch ausser demselben – bei Vielen nur andeutungsweise, bei Einigen aber fast ebenso deutlich – im Wachen sich ereignen kann.«[165]

An der Hypnose zeigte sich auch, daß Aufmerksamkeitszustände im Sinn von Absorption, Bewußtseinsspaltung und Suggestibilität verstanden werden konnten. Die Verbindung zwischen Aufmerksamkeit und Bewußtseinsspaltung ist insofern besonders bezeichnend, als sie verständlich machen kann, daß die Aufmerksamkeit, im Jargon heutiger Forschung, in einer »mentalen Trennung von Erfahrungskomponenten« besteht, »die sonst zusammen verarbeitet werden«.[166] Diese Trennung kann zu verschiedenen Arten von Diskontinuität zwischen motorischen, sensorischen und psychologischen Erfahrungen führen. Auch William James gehörte zu den zahlreichen Gelehrten, die sich in den achtziger Jahren mit den in absorbierten oder hypnotischen Zuständen möglichen Bewußtseinsspaltungen, in denen zwei distinkte mentale Prozesse simultan ablaufen konnten, beschäftigten.[167] Vielleicht von noch größerer Bedeutung ist die Entdeckung der bereits mit Mesmer einsetzenden und das ganze neunzehnte Jahrhundert hindurch anhaltenden Forschung auf diesem Gebiet, daß die Hypnose, genau wie sie eine Verengung der Aufmerksamkeit involvierte, paradoxerweise auch eine *Ausweitung* der Wahrnehmung ermöglichte, daß sie es ermöglichte, *mehr* zu sehen und zu erinnern (was nicht zuletzt auch die moderne Polizei begriffen hat).[168] Sie bewährte sich immer wieder beim Zurückholen von Erinnerung, und man braucht sich nicht zu wundern, daß die Psychoanalyse, mit ihren starren und anspruchsvollen zeitlichen Rahmenbedingungen, an ihr solchen Anstoß nahm.

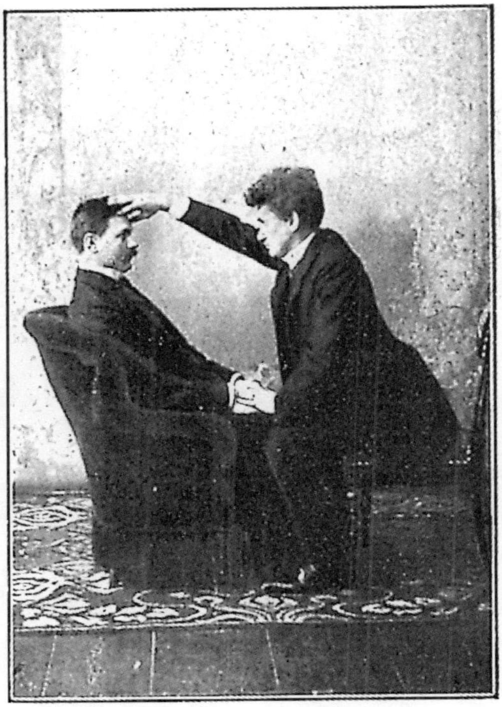

Abb. 8 Demonstration von Bernheims Methode der hypnotischen Induktion, 1890er Jahre.

Als historisches Phänomen muß die Hypnose auch in einem weiteren Zusammenhang von Rationalisierungsprozessen gesehen werden. So wie die photographischen und kinematischen Innovationen der achtziger und neunziger Jahre für eine Automatisierung der Wahrnehmung richtungweisend waren, so war auch die Hypnose (ungeachtet der von ihr aufgedeckten Paradoxien) eine Technologie, die zumindest die Phantasie zuließ, man könne ein gleichzeitig automatisches und voraussagbares Verhalten herstellen.[169] Ihrer tiefen Zweideutigkeit zum Trotz sah man in der hypnotischen Trance das suggestive Bild einer Fügsamkeit, die mit Hilfe bestimmter psycho-medizinischer Verfahren erzielt wurde. Zu Beginn des zwanzigsten Jahrhunderts verschwand die Hypnose jedoch plötzlich aus dem Mainstream der institutionalisierten Praxis und Forschung. Daß Freud, Bernheim und andere sich ängstlich von der Hypnose abwandten, ist nur ein Anzeichen von vielen für diese Verschiebung.[170] Gegenüber ihrer großen Zeit in den achtziger Jahren, als man in Europa und Nordamerika in der Hypnose eine Therapie mit grenzenlosen Möglichkeiten gefunden zu haben glaubte, hatte um die Jahrhundertwende ein erstaunlicher kultureller Umschwung stattgefunden, so daß sie ihren einstigen Befürwortern nur noch peinlich war.[171] Die 1886 gegründete *Revue de l'Hypnotisme* ex-

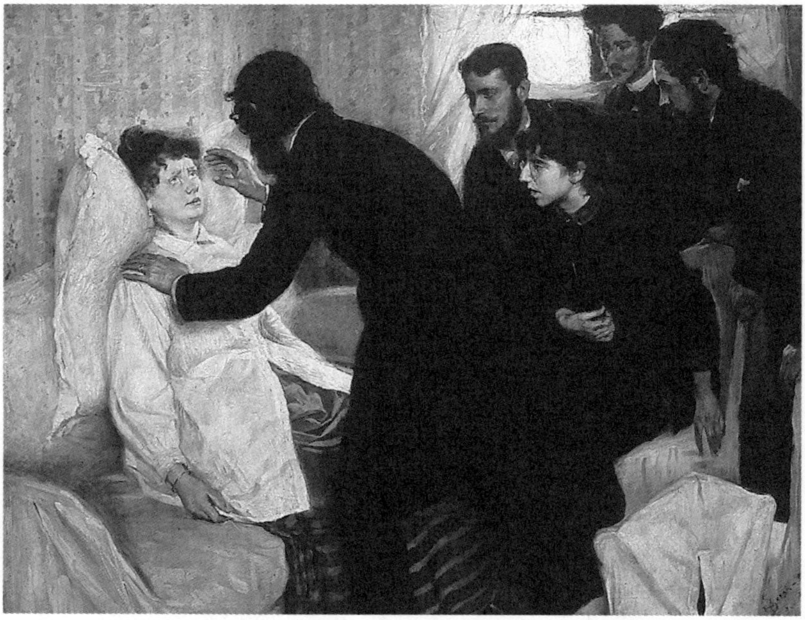

Abb. 9 Sven Richard Bergh, *Hypnotische Séance*, 1887.

périmental hatte zu Beginn des neuen Jahrhunderts ihren Namen in *Revue de Psychothérapie et de Psychologie appliquée* abgeändert.

Die Hypnose schien die exzessiven Möglichkeiten perzeptueller und kognitiver Kontrolle, ungeachtet ob sie empirisch erwiesen waren oder nicht, in solchem Maß zu verkörpern, daß sie mit den humanistischen Grundannahmen über den autonomen und voluntaristischen Charakter der menschlichen Subjektivität zwangsläufig in Konflikt geriet (auch der Psychoanalyse sollte auf andere Weise ein solcher Konflikt bevorstehen).[172] Es dauerte nicht lange, und Hypnose und Suggestion wurden als Praktiken verhöhnt, die, statt als rationale Verfahren an die bewußte Mitarbeit des Patienten und seine Willenskraft zu appellieren, auf automatische (also niedere, mehr instinktive und der Animalität benachbarte) Prozesse abzielte. Bernheims Charakteristik der Hypnose als »mentale Enthauptung« war typisch für die Bilder, die diese Ängste später hervorbringen sollten.[173] Es gab auch zahlreiche, publizistisch stark ausgeschlachtete (wenn auch meist klar manipulierte) Kriminalfälle, in denen Personen behaupteten, wider Willen durch Hypnose zu einem bestimmten sexuellen oder zu kriminellem Verhalten gezwungen worden zu sein.[174] Nicht daß die Forschung über eine mögliche Kontrolle der menschlichen Person aufgehört hätte, das keineswegs, aber ideologisch konnten diese Gebiete nicht als ein konstitutiver Bestandteil der Wissenschaften vom Menschen anerkannt werden. Die Verdammung der Hypnose geschah trotz eines gewaltigen klinischen Beweismaterials, aus dem hervorging, daß die hypnotisierten Personen sehr wohl in essentieller

Weise ihre Freiheit bewahrten. Auch nach Freuds Abkehr von ihr ist die Hypnose ein kulturell beunruhigendes Phänomen geblieben, nicht weil sie, wie oft behauptet, einen »Anschlag auf die Würde des Patienten« darstellt, sondern weil sie der wissenschaftlichen Kontrolle oder Rationalisierung widersteht.[175] Als Modell von Machtverhältnissen ist die Hypnose hoffnungslos naiv, und gerade in seiner partiellen Übereinstimmung mit den frühen kinematischen Bildern von Caligari und Mabuse und später mit den angeblichen Fähigkeiten realer Despoten erwies es sich als nachgerade nutzlos und lächerlich. Die meisten Trancezustände sind mit dem Funktionieren von produktiven oder regulierenden Institutionen in Wirklichkeit tief unvereinbar. Eben die Lächerlichkeit, die dem hypnotischen Modell in seiner übertriebenen Form anhing, führte jedoch dazu, daß die Analyse von weniger extrem gearteten Machtverhältnissen und Machteffekten (einschließlich des Problems der Aufmerksamkeit) verhindert oder entmutigt wurde, führte zur Stigmatisierung kritischer Positionen, die damit rechnen, daß willentliches menschliches Handeln in gewisser Weise von äußeren Kräften modifiziert werden kann.[176]

Insbesondere das Fernsehen hat sich in zahlreichen Formen als allgegenwärtiges und höchst effizientes System für das Management von Aufmerksamkeit erwiesen und ist zugleich derartig zum festen Bestandteil des sozialen und subjektiven Lebens geworden, daß bestimmte Arten von Aussagen darüber (z.B. hinsichtlich Suchtverhalten, Gewöhnung, Beeinflussung und Kontrolle) in gewisser Weise einfach nicht möglich und aus dem öffentlichen Diskurs verbannt sind. Im Zusammenhang mit heutigen Kollektivsubjekten von Passivität und Beeinflussung zu sprechen, ist noch immer gleichbedeutend mit Anathema.[177] Nicht nur ist, wie Paul Virilio bemerkt hat, auch nur die Möglichkeit einer »Manipulation von Massen« zu erwähnen, taktlos und indiskret, sondern es ist auch, »als verriete man ein Staatsgeheimnis, das durchaus mit einem militärischen Geheimnis vergleichbar« wäre.[178] Gewöhnlich geht man a priori von der stillschweigenden Annahme aus, daß die Fernsehzuschauer eine hypothetische Gemeinschaft rationaler und freier Subjekte bilden. Es ist jedoch genau die gegenteilige Position – nämlich daß die Menschen gewisse psychophysiologische Fähigkeiten und Funktionen haben, die dem technologischen Management unterworfen werden können –, die seit mehr als hundert Jahren den institutionellen Praktiken und Strategien (von der Frage von deren relativer Effizienz ganz abgesehen) als Grundlage dient, selbst wenn die sogenannten Kritiker dieser Institutionen es nicht wahrhaben wollen.[179]

*

Wenn die Aufmerksamkeit das ganze vorige Jahrhundert hindurch ein bleibendes Problem war, dann heißt das jedoch keineswegs, daß die Formen der Machtausübung oder der Kontrolle (mit denen die Aufmerksamkeit in ambivalenter Weise verflochten ist) unverändert geblieben sind. Einer der Gründe für die anhaltende Aktualität des Aufmerksamkeitsproblems besteht im Gegenteil darin, daß der das ganze zwanzigste Jahrhundert anhaltende Wandel in den Organisationen der Macht und die sich ändernden Modelle der Subjektbildung auf der anderen Seite eine reziproke Umformung des Aufmerksamkeitsverhaltens verlangten. Es wäre eine über die Zielsetzung dieses Buchs hinausgehende Aufgabe, die wechselnden Beziehungen nachzuzeichnen, die zwischen der Aufmerksamkeit und den jeweiligen Systemen, Institutionen und maschinellen Apparaturen bestehen, und aussagekräftige Kontinuitäten zwischen dem neunzehnten Jahrhundert und unserer Zeit herauszuarbeiten. Dies würde auch eine Untersuchung der sehr verschiedenen Weisen einschließen, wie die Aufmerksamkeit zugleich eine Kontrollstrategie und ein Ort des Widerstands und Sichentziehens oder öfter noch ein Amalgam von beidem gewesen ist. In diesem Buch kommt es mir darauf an, einigen von den Elementen nachzuspüren, die die Frühzeit dieser größeren Geschichte, die zu verstehen wir alle ein Interesse haben, ausmachen.

Ich habe schon angedeutet, wie die Aufmerksamkeit in ihrer Beziehung zum Management und zur konkreten Organisation von Erziehung und Arbeit als Gegenstand Gestalt annahm. In diesem Sinn ist sie untrennbar von dem, was Foucault als »disziplinäre« Institutionen beschrieben hat, allerdings in Umkehrung seines panoptischen Modells, in dem das Subjekt ein *Objekt* von Aufmerksamkeit und Überwachung ist. Das heißt, daß sich im modernen Aufmerksamkeitsbegriff eine Neukonfiguration dieser disziplinären Mechanismen ausdrückt. Wenn die disziplinäre Gesellschaft sich ursprünglich um Prozeduren herum konstituiert hatte, durch welche der Körper im wörtlichen Sinn eingesperrt, physisch isoliert und reglementiert oder an eine Arbeit gefesselt wurde, dann zeigt Foucault, daß dies nur die ersten, relativ plumpen Experimente innerhalb eines anhaltenden Prozesses zur Perfektionierung und Verfeinerung solcher Mechanismen waren. Seit dem frühen zwanzigsten Jahrhundert ist das aufmerksame Subjekt nämlich Bestandteil einer *Interiorisierung* disziplinärer Imperative, in denen die Individuen auf direktere Weise für ihre eigene effiziente oder profitable Verwendung in diversen sozialen Konfigurationen verantwortlich gemacht werden. Und die Versuche des späten neunzehnten Jahrhunderts, die Grenzen des »normativen« Aufmerksamkeitszustandes zu bestimmen, waren mit Sicherheit ein Teil dieser Transformation.

Aber ebenso wie sie in der spezifisch Foucaultschen Interpretation der westlichen Modernisierung situiert werden kann, scheint mir die Aufmerksamkeit auch in den Zusammenhang von Guy Debords Theoretisierung einer »Gesellschaft des Spektakels« zu gehören.[180] Zwischen Debord und Foucault scheint ein weiter Abstand zu liegen, und zweifellos vertraten beide sehr verschiedene Arten des Denkens, der Kritik und der politischen Intervention.[181] Obwohl Foucault jedoch die Relevanz der Idee des Spektakels für die Beurteilung der modernen Gesellschaft ausdrücklich ablehnte, gibt es zwischen den Modellen einer Gesellschaft der Disziplin und einer des Spektakels einige wichtige Gemeinsamkeiten. Debords Buch wird oft mit den gängigeren Bedeutungen, die sein Titel evoziert, verbunden, wobei aber ein essentielles Charakteristikum der Gesellschaft des Spektakels außer Be-

Abb. 10 Technologien der Separierung. Raum mit Telephonen auf der Exposition d'Electricité, Paris, 1881.

tracht bleibt: Debord betont nicht so sehr die Wirkung der Massenmedien und ihrer Bildwelt, als daß er (in angedeuteter Anknüpfung an Tönnies' *Gesellschaft*) darauf insistiert, daß sich im Spektakel die Entwicklung einer Technologie der Trennung manifestiert, welche wiederum die unvermeidliche Folge der durch den Kapitalismus geschehenden »Neustrukturierung ohne Gemeinschaftlichkeit« ist.[182] Debords Auffassung, daß das Spektakel aus vielfachen Strategien der Isolation besteht, entspricht der von Foucault in *Überwachen und Strafen*: es geht um die Produktion fügsamer Subjekte, oder genauer um die Zurückdrängung des Körpers als politischer Kraft. Und was hinter beiden Denkern steht, ist Max Webers Befund von der »inneren Vereinsamung des Individuums« als Grundlage der kapitalistischen Moderne.[183] Debord und Foucault sprechen auch beide von *diffusen* Mechanismen der Macht, mit deren Hilfe die Imperative der Normalisierung oder der Konformität die meisten Schichten sozialen Handelns durchdringen und durch die sie subjektiv internalisiert werden. In diesem Sinn hat das Management der Aufmerksamkeit, ob es nun durch die Formen der beginnenden Massenkultur des späten neunzehnten Jahrhunderts oder später durch das Fernsehen oder durch den Computerbildschirm geschieht, zumindest in seiner überwältigenden und omnipräsenten Form kaum etwas mit dem auf diese Weise verbreiteten visuellen Inhalt, aber sehr wohl mit einer umfassenden Strategie des Individuellen zu tun.[184] Beim

Spektakel geht es nicht primär um das *Anschauen* von Bildern, sondern um die Herstellung von Bedingungen, die den einzelnen individualisieren, immobilisieren und separieren, gerade in einer Welt, in der Mobilität und Verkehr allgegenwärtig sind.[185] Auf diese Weise wird die Aufmerksamkeit zum Schlüssel für die Ausübung zwangloser Formen der Macht. Darum ist es nicht abwegig, scheinbar verschiedenartige optische oder technologische Objekte gleichzusetzen: sie gleichen sich in dem, was die Verteilung der Körper im Raum, was die Techniken der Isolation, der Zellenbildung und vor allem der Trennung angeht. Das Spektakel ist keine Optik der Macht, sondern eine Architektur. Das Fernsehen und der Personal Computer sind, gerade wenn sie heute dabei sind, in einem einzigen maschinellen Funktionieren zu verschmelzen, antinomadische Verfahren, die fixieren und *Kerbungen* vornehmen. Sie sind Methoden des Aufmerksamkeitsmanagements, die mit Teilung und Sedentarisierung arbeiten und die Körper zugleich kontrollierbar und nützlich machen, gerade wenn sie die Illusion der Auswahl und der »Interaktivität« verbreiten.

Natürlich soll damit nicht die Notwendigkeit einer historischen Analyse der spezifischen und lokalen Schnittstellen von Menschen und Maschinen in Frage gestellt werden. Eine der überzeugendsten Einschätzungen der diversen Komposita aus Mensch und Maschine bietet das Werk von Gilles Deleuze und Félix Guattari. Die Autoren unterscheiden mehrere dominierende historische Modelle der Herstellung solcher Schnittstellen, mehrere Modelle dessen, wie menschliche Wesen »Maschinen oder maschinellen Systemen unterworfen wurden«. In der Phase des mit dem neunzehnten Jahrhundert beginnenden industriellen Kapitalismus wurde der menschliche Operateur als äußeres Objekt mit der Maschine verbunden. Bei den neueren kybernetischen und informationsverarbeitenden Maschinen dagegen beruht »die Beziehung zwischen Mensch und Maschine ... auf wechselseitiger, innerer Kommunikation, und nicht mehr auf Benutzung oder Tätigkeit«.[186] Deleuze hat auch selbst vermutet, daß die disziplinären Gesellschaften Foucaults sich in den letzten beiden Jahrzehnten zu »Kontrollgesellschaften« verwandelt haben, in denen die Kombination von globalem Markt, Informationstechnologie und dem unwiderstehlichen Imperativ der »Kommunikation« permanente und unbegrenzte Kontrollwirkungen hervorbringt.[187] Ich meine aber auch, daß die Aufmerksamkeit, wie immer wir die historischen Verschiebungen oder sozialen Transformationen während des vergangenen Jahrhunderts auch benennen und charakterisieren, für die für einen weiten Bereich von sozio-technischen Maschinen produzierten Subjekte unabdingbar geblieben ist, auch wenn sie gleichzeitig fortfährt, im Hinblick auf das effiziente Funktionieren dieser Maschinen ein potentieller Ort des Zusammenbruchs oder der Krise zu sein. Es erweist sich immer mehr, daß in vielen sozialen Bereichen heute ein Zusammenwirken von panoptischen Techniken und Imperativen der Aufmerksamkeit stattfindet.[188] Insbesondere das Videodisplay-Terminal kann für die tatsächliche Fusion von Überwachung und Spektakel stehen, denn der Bildschirm ist dabei sowohl Objekt der Aufmerksamkeit als auch andererseits selbst imstande, das Aufmerksamkeitsverhalten zu Produktivitätszwecken zu überwachen, zu speichern und in neue Bezüge einzuordnen, oder sogar, zum Zweck der Sammlung von Daten über die jeweiligen Pfade, die Verweildauer und die Fixpunkte des visuellen Interesses im Hinblick auf einen Bilder- und Informationsfluß, die Augenbewegungen zu verfolgen. Vor jeder Art von Bildschirm ist das Aufmerksamkeitsverhalten in wachsendem Maß ein Teil eines kontinuierlichen Prozesses von Feedback und Anpassung innerhalb dessen, was Foucault »ein ständiges Beobachtungsnetzwerk« nennt.[189]

Gleichzeitig führt jede Mutation in der Konstruktion von Aufmerksamkeit parallel dazu zu Veränderungen in der Form der Unaufmerksamkeit, der Zerstreuung und den Zuständen von »Geistesabwesenheit«. Ständig tauchen neue Schwellen auf, an denen eine institutionell kompetente Aufmerksamkeit in etwas Unstetes, Unbestimmtes, auf sich selbst Zurückgewendetes umschlägt.[190] Weil so viele Formen disziplinärer Aufmerksamkeit, vor allem seit dem frühen zwanzigsten Jahrhundert (von Film, Radio und Fernsehen bis hin zum Cyberspace), das kognitive »Verarbeiten« eines Stroms von heterogenen Reizen verlangt haben, hat das jeweilige Umkippen in Unaufmerksamkeit parallel dazu immer mehr Dissoziationserfahrungen hervorgebracht, Zeitlichkeitserfahrungen, die mit den kapitalistischen Mustern von Leistung und Obsoleszenz nicht nur keine Ähnlichkeit hatten, sondern grundsätzlich mit ihnen inkompatibel waren. Der Wachtraum, der ein integraler Bestandteil des Aufmerksamkeitskontinuums ist, ist immer schon ein hochwichtiger, aber unbestimmter Bereich der Politik des Alltagslebens gewesen. Im zwanzigsten Jahrhundert sind Film und Fernsehen jedoch, wie Christian Metz und andere ausgeführt haben, in eine »funktionale Konkurrenz« mit dem Wachtraum eingetreten.[191] Auch wenn seine eigentliche Geschichte auf immer ungeschrieben bleiben wird, ist der Wachtraum innerhalb eines jeden Routine- oder Zwangssystems eine Domäne des Widerstands. Und die institutionellen Modelle der Aufmerksamkeit, die auf den Imperativen des Erkennens, der Identität und Stabilisierung basieren, sind niemals ganz losgelöst von nomadischen Aufmerksamkeitsmodellen, die Neuheit, Differenz und Instabilität generieren.

Ein Zug allerdings, den viele zeitgenössische technologische Arrangements gemein haben, ist die Durchsetzung einer dauernden Aufmerksamkeit auf niedrigem Niveau, das in wechselndem Maß in vielen Bereichen des Lebens im Wachzustand aufrechterhalten wird. Das späte neunzehnte Jahrhundert sah den Beginn einer rastlosen Kolonisierung der Muße oder »Freizeit«. Ihre Wirkungen blieben anfangs ziemlich disparat und partiell und ließen noch ein gewisses Oszillieren zwischen spektakulärer Aufmerksamkeit und dem freien Spiel subjektiver Absorption zu. Am Ende des zwanzigsten Jahrhunderts jedoch hat das maschinelle Netzwerk, das elektronische Arbeit, Kommunikation und Konsum lose miteinander verbindet, nicht nur das Wenige, was vom Unterschied zwischen Muße und Arbeit noch verblieben war, beseitigt, sondern hat es in weiten Bereichen des sozialen Lebens im Westen sogar geschafft, die Weise des Lebens in der Temporalität selbst zu determinieren. Die telematischen und Informationssysteme täuschen die Möglichkeit des Mäandrierens und der Ziellosigkeit vor, aber in Wirklichkeit konstituieren sie Weisen der Sedentarisierung und Trennung, in denen durch die Rezeption von Reizen und die Standardisierung der Reaktionen eine präzendenzlose Mischung von diffuser Aufmerksamkeit und einem Quasi-Automatismus entsteht, die bemerkenswert lange aufrechterhalten werden kann.[192] Es ist fraglich, ob es in solchen technologischen Umgebungen überhaupt sinnvoll ist, zwischen bewußter Aufmerksamkeit für das eigene Handeln und mechanischen, sich selbst regulierenden Verhaltensmustern zu unterscheiden. In den sechziger Jahren schrieb Arthur Koestler über die durch die Erfahrung der Wiederholung in homogenen sensorischen Milieus erzeugte »Trübung der Wahrnehmung« und stellte fest, daß »automatisierte Routinehandlungen, weil ihre Strategie automatisch durch Feedbacks von ihrer Umgebung gelenkt ist, ohne daß Entscheidungen auf höhere Ebenen bezogen werden müßten, sich selbst regulieren. Sie operieren in geschlossenen Feedback-Schleifen.«[193] Aber was einst Träumerei geheißen haben mag, findet heute zumeist in Übereinstimmung mit vorgefertigten Rhythmen, Bildern, Geschwindigkeiten und Kreisläufen statt, die die Irrelevanz und Vernachlässigung all dessen, was nicht mit ihren Formaten vereinbar ist, noch steigern. Die Frage, ob und wie schöpferische Zustände von Trance, Unaufmerksamkeit, Wachtraum und Fixierung in den Lücken zwischen diesen Kreisläufen noch gedeihen können, geht über die Grenzen der vorliegenden Arbeit hinaus. Worauf es jetzt ankommt, ist, zu bestimmen, welche kreativen Möglichkeiten inmitten neuer technologischer Formen des Stumpfsinns generiert werden können.[194]

Ich möchte jetzt, nachdem ich kurz auf einiges von dem eingegangen bin, worum es bei der gegenwärtigen Konstruktion aufmerksamer Wahrnehmung geht, zum neunzehnten Jahrhundert zurückkehren und mich einer lokal viel begrenzteren Untersuchung der Paradoxien zuwenden, die in einer neu modernisierten Aufmerksamkeit enthalten sind. Anhand einer Reihe von Gegenständen, die sich von den in diesem Kapitel behandelten stark unterscheiden, werde ich verfolgen, wie normative Konzeptionen von Aufmerksamkeit mit Problemen kognitiver und perzeptueller *Synthesis* zusammenhingen. Gleichzeitig werde ich untersuchen, wie sich – in Form von versagender Wahrnehmung oder von Dissoziationen infolge von anhaltender oder fixierter Aufmerksamkeit – die Begriffe von subjektiver Aufmerksamkeit mit denen eines *automatischen* Verhaltens oder Funktionierens erstmalig zu überschneiden begannen. Die Frage des Automatischen ist innerhalb des spezifisch modernen Problems der Aufmerksamkeit entscheidend, weil dieser Begriff die Vorstellung des absorbierten Zustands nicht mehr im Zusammenhang einer *Verinnerlichung* des Subjekts, will sagen einer Intensivierung eines bestimmten Gefühls von Selbstheit, bestimmt. Die Innerlichkeit dessen, was Hegel Romantik nannte, wird hier weniger überwunden, als paradox von innen nach außen, in einen Zustand der Veräußerlichung gewendet: als tiefenlose Schnittstelle simuliert und verschiebt die Aufmerksamkeit, was vielleicht einmal ein autonomer Status der

Selbstreflexion oder ein *sens intime* gewesen ist. Was die Logik des Spektakels vorschreibt, ist die Produktion von separierten und isolierten, nicht aber von introspektiven Individuen.

II. 1879: Die Befreiung des Sehens

> Mit einem Blick die keusche Abwesenheit in dieser weiten Einsamkeit umfassen und, wie man zur Erinnerung an eine Stätte eine der zauberhaft geschlossenen Seerosen pflückt, die unvermittelt aufsteigen und mit tiefem Weiß das Nichts eines unberührten Traums umschließen, eines Glücks, das es nie geben wird, und mit aus Furcht vor einer Erinnerung angehaltenem Atem mit ihm davonfahren ...
>
> Stéphane Mallarmé, »Die weiße Seerose«

> Schon zwei- oder dreimal hatten wir in dem Restaurant in Rivebelle, wenn die ersten Leute bereits gingen, gesehen, wie sich ein Mann von großer Gestalt, mit kräftiger Muskulatur, regelmäßigen Zügen und graumeliertem Bart an einen Tisch setzte, jedoch darauf bedacht blieb, daß sein nachdenklicher Blick ins Leere ging. Eines Abends fragten wir den Wirt, wer dieser unbekannte, einsame, späte Abendgast sei. »Wie? Sie kannten den berühmten Maler Elstir nicht?« fragte er zurück.
>
> Marcel Proust, *Im Schatten junger Mädchenblüte*

Daß sich die Wahrnehmung von einem Modell der Innerlichkeit ablöst, ist ein wesentlicher Aspekt des Werks von Edouard Manet, und in seinem *Balkon* von 1868 wird dieser Aspekt unübersehbar evident. Obwohl das Werk kurz vor der Epoche liegt, auf die sich dieses Buch konzentriert, zeigt es bereits einige der wichtigen Veränderungen, die im Status des Betrachters seit der Mitte des neunzehnten Jahrhunderts vorgegangen waren. Aber es ist noch mehr enthalten in diesem rätselhaften Bild, und wenn wir es als tief »modern« ansehen können, dann eben wegen seiner Oberflächlichkeit, wobei dieses Wort hier nichts mit Seichtigkeit zu tun hat, sondern mit *Äußerlichkeit.*[1] Durch den Balkon findet sich der Betrachter metaphorisch in einer Position außerhalb des klassischen Sehmodells verortet; die wechselseitige Notwendigkeit einer subjektiven Innerlichkeit auf der einen und der Objektivität einer Außenwelt auf der anderen Seite zerbricht. Das optische System ist hier nicht mehr so beschaffen, daß die Welt dem Ich als Spiegelung, Korrespondenz oder Repräsentation gegenwärtig wäre. Das Auge hört auf, ein Fenster zu sein, das mit den Eigenschaften der Transparenz und der Durchlässigkeit begabt ist. Statt dessen ist das ruhige Kreisen der rezeptiven Antizipation in der Epiphanie dieses Bildes untrennbar verbunden mit der Möglichkeit, mit dem Traum von einer neuen und modernen *Unmittelbarkeit.* Die Öffnung der Fenstertüren, das Heraustreten aus dem Schatten des Inneren hinaus auf den Balkon zeigt die klare Frische eines Sehens, das

Abb. 11 Edouard Manet, *Der Balkon*, 1868.

direkten Zugriff auf die Welt zu haben scheint; ein Ort wird proklamiert, von dem aus die Welt, die zu einer modernen wird, aufgrund ihrer unmittelbaren und ungebrochenen Selbstpräsenz für diese drei Betrachter neu geschaffen werden könnte. Und was die drei Gestalten bei alledem erkennen lassen, ist eine ganz leichte Spur von Verlegenheit, ist eine noch unsichere Etikette – als ob sie einen gut empfohlenen, aber noch unbekannten Gast zum ersten Mal empfingen.

Als Mallarmé von der »Jungfräulichkeit« und der »unmittelbaren Frische« von Manets Auge sprach, dachte er nicht an die Unschuld irgendeines ursprünglichen natürlichen Sehens (und damit auch des Selbst), sondern an ein Auge, das die Last einer historischen Vergangenheit mit all ihren Kodes vergessen, wenn auch nicht notwendig abgeschüttelt hat.[2] Die offenen Türflügel von Manets Balkon künden von einer Welt, in der das Künstliche die Erinnerung ans »Natürliche« in Beschlag genommen und in der das Sehen ganz und gar auf die Feinheiten und Texturen dieser ständig neu modernisierten Gegenwart abgestimmt ist.[3] Aber eine solche Unmittelbarkeit wird im Werk Manets – wie auch in dem Mallarmés – immer nur eine Virtualität bleiben. Lokalhistorisch gesehen, steht der Balkon natürlich zwischen zwei Aspekten des von Haussmann umgebauten Paris: zwischen dem häuslichen Interieur des neuen Wohnblocks einer- und der nach außen auf die Boulevards gerichteten Fassade andererseits. Sicherlich ist die Haussmannisierung, als frühes Beispiel dessen, was zu einer ununterbrochenen Abfolge von Zerstörung und Modernisierung des urbanen Raums werden sollte, eine entscheidende Komponente des von mir erwähnten Regimes perzeptueller Anpassung. Baudelaire hat um 1860, als er den Vers von der Stadt schrieb, die »schneller als ein Menschenherz sich wandelt«, die beschleunigte Temporalität klar erfaßt.[4] Das Gemälde verbildlicht also die unter diesem Vorzeichen geschaffene Aufmerksamkeit: eine Aufmerksamkeit, die, während sie die Präsenz des Unmittelbaren sucht, von der im Prozeß der kapitalistischen Rationalisierung impliziten Absenz und Tilgung, für die die Haussmannsche Stadterneuerung ein Hauptbeispiel wäre, umgelenkt wird.

Die Welt ist jetzt etwas Flüchtigeres, ihre Substantialität unwiderruflich diskreditiert. Gleichzeitig inszeniert das Gemälde auch das Verschwinden einer zusammenhängenden, kollektiv wahrgenommen Umwelt. Ein Verlust, der für Manet jedoch kein Unglück ist: hier wie überhaupt in seinen mehrfigurigen Bildern determiniert jeder von diesen drei nichtkommunizierenden Blicken jeweils eine »perspektivische« Welt im Sinne Nietzsches. Was wir in dieser diskret zusammengefügten Architektur der Einsamkeit und Trennung vor uns haben, sind drei heiter-fragile Räume einer auf neue Weise modernen individuellen Autonomie, ist also nichts, was einfach als Anomie oder Entfremdung zu etikettieren wäre. Man ahnt die Nichtkoinzidenz des eigenen In-der-Welt-Seins mit dem jedes anderen, und dies wiederum ist untrennbar von einem souveränen Innewerden der persönlichen Einzigkeit und schöpferischen Wandelbarkeit des Ich.[5] Allerdings konnte Manet an dieser Interpretation, an dieser affirmativen Grundhaltung nicht allzu lange festhalten, und fünfzehn Jahre später werden wir in Gestalt der *Bar aux Folies-Bergère* mit

Abb. 12 Fassade und Grundrisse eines Wohnhauses des Second Empire, Paris, späte 1850er Jahre.

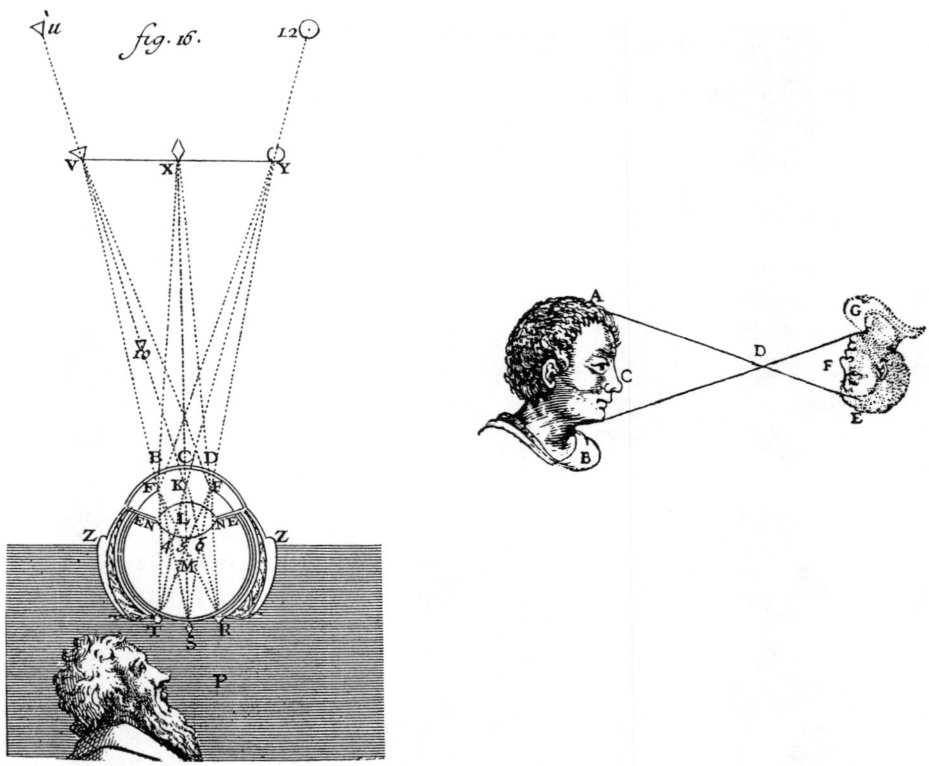

Abb. 13 Darstellungen aus einer aus dem achtzehnten Jahrhundert stammenden Ausgabe von René Descartes' *La dioptrique*.

ihrer Vereinzelung, mit ihren ausweichenden Blicken, ein ganz anderes Modell der sozialen und kognitiven Isolierung des wahrnehmenden Subjekts vor uns haben.

Zu den auffälligsten Zügen des *Balkon* gehört die Geometrie jenes metallenen Geländers, das die untere Bildhälfte abschirmt und in der Gesamtkomposition von größter struktureller Wichtigkeit ist. Sein dekoratives Linienmuster ist hier von besonderem Interesse: es liegt auf einer mit der Bildfläche parallelen Ebene und stellt nicht nur irgendein beliebiges Stück Industrie-Design dar, sondern erinnert auch an gewisse elementare Diagramme eines klassischen optischen Systems, an vertraute Darstellungen, wie sie in jeder Enzyklopädie oder normalen Descartes-Ausgabe zu finden waren. In diesem Sinne würde die zentrale Scheibe in dem Geländermuster dem monokularen Auge der Descartes-Illustrationen entsprechen, aus dem ein dreieckiges (oder konisches) Strahlenbündel austritt. Aber natürlich ist es nicht so einfach: setzt man diese Lektüre fort, dann nimmt die mittlere Scheibe eine janusartige Umkehrbarkeit an, und das optische Strahlenbündel tritt – übereinstimmend mit der psychologischen Ambivalenz der zwischen Innen und Außen unsicher situierten Figuren – an zwei entgegengesetzten Seiten aus. Zugleich läßt dieses Muster auch an zwei *binokulare* Blicke denken, die sich an einem zentralen Konvergenzpunkt treffen; die oberen und die unteren Ecken des Rechtecks würden die Position der Augen angeben, deren umgekehrt verlaufender Sehkegel in der zentralen Scheibe aufgelöst wäre. Diese Lektüre würde, vielleicht nicht ohne Ironie, genau jenes Ideal eines *reflexiven* Sehens andeuten, das das Charakteristikum eines als geometrischer Punkt gedachten Subjekts ist und das durch die Zweideutigkeit und die Desorganisation der intersubjektiven Beziehungen des Bildes zerrissen wird.[6] Gleichzeitig aber kann das Geländer auch als eine Bestätigung der Insularität und Inkongruenz der drei mit den Figuren verbundenen Sehfelder gelesen werden: so wird der Blick der sitzenden Frau links (der Malerin Berthe Morisot) von den beiden parallelen, nach links unten führenden Diagonalen des Geländers, die die Blickrichtung andeuten, gewissermaßen verlängert; und andererseits würden die beiden nach rechts unten führenden Diagonalen der visuellen Orientierung der männlichen Figur in der Mitte entsprechen. So wäre es möglich, jeden Abschnitt des Geländers mit seiner Mittelscheibe als eine sich selbst genügende modulare Einheit der Visualität zu verstehen und zugleich in den parallelen Diagonalen ein System zu sehen, das dieses andere Modell selbstreflexiver Autonomie durchquert und sich mit ihm verwebt. Trotz dieser Möglichkeiten würde ich jedoch sagen, daß die Wichtigkeit dieses Liniensystems letztlich in seiner Nichtverstehbarkeit liegt, darin, daß es die Vergeblichkeit und sogar die Absurdität einer rationalisierbaren räumlichen Auffassung vom Sehen andeutet. Denn wenn die Geometrie des Geländers wirklich eine Landkarte des Sehens ist, dann nur als eine Demonstration seiner vertrackten Paradoxien, seiner Umkehr- und Austauschbarkeiten, seiner Loslösung von der kohärenten Ordnung der geometrischen Optik. »Es gibt«, um es mit Lacan zu sagen, »nicht eine einzige Teilung, nicht eine einzige der doppelten Seiten, die die Funktion des Sehens aufweist, die sich uns nicht als ein Labyrinth darstellen würde.«[7]

Manets Gemälde nimmt uns aus einem stabilen Kreislauf der Visualität heraus, um uns dafür in ein Arrangement zu versetzen, in dem weder das Auge noch die Dinge in der Welt im Sinn von fixierten Positionen oder Identitäten verstanden werden können. Die Schwelle liegt hier nicht zwischen dem Balkon und der Welt, sondern zwischen einer Aufmerksamkeit, die die fühlbare Unmittelbarkeit einer modernisierten Gegenwart ergreifen und bewohnen will, und der Auflösung dieser Aufmerksamkeit in einer ungebundenen Selbst-Absorption.[8] So gesehen, ist die nebulöse Dunkelheit hinter den Figuren ebenso ein Teil ihrer psychologischen Undefinierbarkeit wie die unklare Beschaffenheit des Außenraums vor ihnen. Wir finden hier eine frühe Andeutung dessen, was Simmel mehrere Jahrzehnte später als Inkommensurabilitität zwischen objektiver und subjektiver Kultur verstanden hat, auch wenn der Riß hier nicht im Sinne von Schock, Überreizung und indifferenter Reserviertheit dargestellt ist. Statt dessen scheint der *Balkon* eine neue seelische Durchlässigkeit und Mobilität zu entwerfen, in der die Aufmerksamkeit zu einer

Abb. 14 Edouard Manet, *Die Leserin*, 1877.

fluktuierenden Membran wird, zu einem delikat abgestimmten Verhaltensmuster des Sichzurückziehens und des Sichöffnens auf die Welt hin. Diese repetitive und nichtlineare Temporalität findet sich im Bild immer wieder bekräftigt: die vertikalen, an ein Auge oder den Verschluß einer Kamera erinnernden Fenstertüren, der Fächer, der Regenschirm und sogar die Blüten der Topfpflanzen – sie alle verweisen auf einen gelebten Rhythmus des Sichöffnens und Sichverschließens. Manet imaginiert hier die soziale Zersplitterung der Moderne als eine schweigende Ergebung in die leidenschaftslose Selbstgenügsamkeit des individuellen Betrachters. Vielleicht ist es eben diese Undeterminiertheit, das unmeßbare, aber merkliche Pulsieren eines unbestimmt zwischen einer funktionalen Operation des Sehens und den zeitlosen Mäandern der Träumerei schwebenden Moments, das Georges Bataille zu seiner extravaganten Bewertung veranlaßte, die Annäherung an dieses Bild vermittle »das Gefühl, ein tiefes Geheimnis aufzudecken: die Schönheit und Dichte des Lebens selbst«.[9]

In den siebziger Jahren sollte Manet an vielen der epistemologischen und die Repräsentation betreffenden Probleme, die im *Balkon* enthalten waren, weiterarbeiten. Zu seinen wichtigsten Anliegen in dieser Zeit gehörte die Erforschung der schöpferischen Möglichkeiten, die sich aus einem vertieften Verständnis der desintegrativen Grenzen des Sehens ergaben. Eine Anzahl von Kritikern ist der Meinung, daß eine von Manets entscheidenden formalen Errungenschaften dieser Jahre in der versuchsweisen Trennung von figuralen, die Darstellung betreffenden Fakten

Abb. 15 Edouard Manet, *Selbstporträt mit Palette*, 1877.

von solchen, die die autonome pikturale Substanz betrafen, bestand, eine Spaltung, die sich in seinen avancierten Werken einer Bruchstelle der »Formlosigkeit« angenähert habe.[10] In Werken wie *Vor dem Spiegel*, *Selbstporträt mit Palette*, *Porträt George Moore* und *Die Leserin* riskierte er zwischen 1876 und 1879 eine tänzerische Annäherung an diese mögliche Bruchstelle. In solchen Bildern, die offen und lokker, mit virtuoser Unbekümmertheit, aber auch mit einer tief vertrauensseligen *Unaufmerksamkeit* hinsichtlich des Gegenstands und seiner Kohärenz gemalt sind, finden wir wieder, was Bataille meinte, als er von Manets »grandioser Indifferenz« sprach.[11]

Ich will mich jedoch mit einem Bild ganz anderer Art aus den späten siebziger Jahren beschäftigen, nämlich mit *Im Wintergarten* von 1879 (siehe Bildtafel am Ende des Buches). Dieses Werk wird heute wie damals als eine Art Rückzug von den Positionen seines »ehrgeizigeren« Stils angesehen. Als es im Salon von 1879 ausgestellt wurde, löste es bei der Mainstream-Kritik vielsagende Reaktionen aus. Jules-Antoine Castagnary gab sich im *Siècle* ironisch-überrascht: »Was soll das heißen? Gesichter und Hände sind sorgfältiger gezeichnet als sonst. Macht Manet etwa Konzessionen ans Publikum?«[12] Andere Stimmen verwiesen auf die relative »Sorgfalt« oder »Geschicklichkeit«, mit der Manet dieses Werk ausgeführt habe. In der Lawine der neueren Manet-Forschung hat das Bild verhältnismäßig wenig Beachtung gefunden, während zugleich an seiner Bewertung als irgendwie konservativ festgehalten wurde.[13] Man zählt es im allgemeinen zu Manets Darstellungen des eleganten Lebens seiner Zeit, den Darstellungen der *vie moderne,* und es gilt als ein Werk, das von der formalen Kühnheit der *Bar aux Folies-Bergère* von 1881 noch sehr weit entfernt ist. Manche Kommentatoren haben auf die »konservativere Technik« und auf die im Vergleich zu Manets sonstigen Werken aus diesen Jahren »festeren Umrisse« verwiesen.[14] Ich glaube aber nicht, daß es weiterführt, wenn man sagt, daß dieses Bild einfach einen Schritt zurück zu einem konventionellen Naturalismus bedeutet oder daß Manet, nach einigen schmerzhaften Zurückweisungen im Salon in den Jahren zuvor, in der Hoffnung auf den Beifall der Kritik seinen Stil änderte, denn die Eigenart des Bilds wird auf diese Weise nicht berührt. Michael Fried hat *Im Wintergarten* prägnant als »ein geradezu exzessiv ›fertiges‹ Bild« bezeichnet.[15] In diesem Sinn einer *exzessiven,* überkompensierenden Vollendung glaube ich in der Tat hier einen ängstlichen Versuch zu erkennen, jenes zusammenhängende Sehfeld wiederherzustellen, an dessen Auflösung Manet sich an prominenter Stelle bereits beteiligt hatte. Es ist das unmögliche Unternehmen, narrative Inhalte, die sich der Vereinheitlichung oder Immobilisierung ihrem Wesen nach widersetzen, zusammenzuführen und zu begründen. Diese Wiederzusammenfügung, die auf optischer Ebene simuliert ist, hat in der Evokation eines trügerisch versöhnten »irdischen Paradieses« (in Gestalt des Gewächshauses) ihre symbolische Parallele.

Ich werde dieses Bild jetzt im Zusammenhang der sozialen/institutionellen Räume untersuchen, in denen die Aufmerksamkeit mehr und mehr zur Garantie gewisser perzeptueller Normen und zu einer synthetisierenden, zentripetalen Kraft erklärt wurde, die gegenüber den diversen Gefahren sensorischen oder kognitiven Scheiterns eine »wirkliche Welt« zusammenhält. Neben Manet wird dieses Kapitel (anhand des Werks von Klinger, Muybridge und anderen) das größere Problem des Realismus um 1880 behandeln, in dem der Realismus nicht mehr eine Frage der Mimesis ist, sondern von einer empfindlichen Beziehung zwischen perzeptueller Synthesis und Dissoziation abhängt. Wenn Manet also in diesem Bild einen »Wirklichkeitseffekt« erzielt, dann aufgrund einer Anstrengung, etwas zusammenzuhalten, die Dinge zu »bändigen« oder Desintegrationserfahrungen abzuwehren. Das Bild ist eine komplexe Auseinandersetzung mit den Zweideutigkeiten der visuellen Aufmerksamkeit, die Manet aus eigener, tiefer Erfahrung instinktiv bekannt waren. Nicht weniger bedeutsam, drückt der *Wintergarten* auch einen Grundkonflikt zwischen mächtigen Tendenzen aus, die in der perzeptuellen Logik der Moderne am Werk sind. Die eine besteht in einer Bindung des Sehens, in einem obsessiven Zusammenhalten der Wahrnehmung, das die Lebensfähigkeit einer funktionalen, wirklichen Welt aufrechterhalten soll. Die andere, kaum gebändigte oder verdrängte, besteht in einer Dynamik von psychischem und ökonomischem Tausch, von Äquivalenz und Substitution, von Fließen und Streuung, die die scheinbar stabilen Positionen und Grenzen, die Manet scheinbar mühelos arrangiert hat, aus ihrer Verankerung zu reißen droht.

Für diese bindende Energie gibt es im Bild viele Zeichen, von denen das auffälligste wohl das sorgfältig gemalte Gesicht der Frau darstellt. Schon die zeitgenössische Kritik sah in diesem Gesicht ein offenkundiges Symptom für eine Veränderung in Manets Arbeitsweise, und tatsächlich steht im Mittelpunkt des spezifisch Manetschen Modernismus weitgehend das Problem dessen, was Deleuze und Guattari »Gesichthaftigkeit« nennen.[16] Das Gesicht ist bei Manet in seiner zufälligen Formlosigkeit vielfach zu einer Fläche geworden, die keinerlei Innerlichkeit oder Selbstreflexion mehr ausdrückt, zu einem beunruhigenden Ort von malerischen Effekten, die sich in den nächsten zwei Jahrzehnten bis in die späten Porträts von Cézanne hinein verfolgen lassen werden (genannt sei das thematisch verwandte Porträt *Madame Cézanne im Wintergarten*).[17] In der Moderne des neunzehnten und zwanzigsten Jahrhunderts aber »ist das Gesicht die Ausdruckssubstanz des Signifikanten par excellence ... Die kapitalistische Gesichthaftigkeit existiert immer im Dienst einer signifikanten Formel; durch sie übernimmt der Signifikant die Kontrolle, mit ihrer Hilfe organisiert er einen gewissen Modus individualisierter Subjektivierung und den kollektiven Wahnsinn einer Maschine ohne jeden Inhalt.«[18] Mit Sicherheit spürte Manet schon früh die Unbeständigkeit dieser Region und verstand, daß eine Störung ihrer Kohärenz gleichbedeutend mit einem Abreißen und Ablenken normativer Aufmerksamkeit war. Aber im *Wintergarten* ist noch etwas ganz anderes am Werk, und es ist sicherlich mehr als bloß eine Straffung dessen, was konservative Kritiker seinen »unsauberen, gebrochenen Duktus« oder seine »unbestimmten und schlampigen Flächen« genannt hatten. Worum es sich handelt, ist eine *Rückkehr* zu einer strafferen Ordnung von »Gesichthaftigkeit«, zu einer Ordnung, die die gegliederte Hierarchie eines sozialisierten Körpers festzuhalten scheint.[19] Es ist, als ob die relative Integrität des Gesichts für Manet einen umfassenderen Modus der Konformität mit einer dominanten Wirklichkeit definieren (oder sich ihm zumindest annähern) würde, einer Konformität, die so oft in seinem Werk umgangen oder demontiert wird.

Was diese verhältnismäßig kohärente Gesichthaftigkeit unterstützt und was für die Wirkung des ganzen Bildes entscheidend ist, ist die korsettierte, gegürtete, behandschuhte, beringte und armbandgeschmückte Gestalt der Frau. Wie dieser Körper selbst (und wie die gekrümmte, in sich gekehrte Gestalt des Manns), so ist Manets Gemälde deutlich von einem System von Druck und Zwang gekennzeichnet.[20] Diese Symptome der Körper-Zügelung koinzidieren mit anderen Arten von Zwang und Unterwerfung, die für die Konstruktion einer organisierten und gehemmten Körperlichkeit notwendig sind. Die Blumentöpfe und Vasen etwa führen eine verwandte Art von Umfassung und Bändigung vor: sie dienen der Domestizierung und beschränken zumindest teilweise die die Figuren üppig umwuchernde Vegetation. Selbst in den gedrechselten vertikalen Stäben der Bank klingt etwas wie ein Echo der geschnürten Frauengestalt nach, als ob das Holz, wie eine formbare Masse, in der Mitte von einer Klammer gequetscht wäre (womit zugleich die mechanische Wiederholbarkeit der sitzenden Figur angedeutet ist). Dieses Bild ist eine Aktion der Fesselung, ein gewaltsames Zurückdrängen von expansiven oder fleßenden Komponenten in den Anschein einer fixierten pikturalen und sozialen Organisation. Herausgekommen ist dabei allerdings ein disjunktes, zusammengepreßtes und unräumliches Feld, in dem die beiden Figuren und die Bank aufeinanderprallen und in dem der von ihnen eingenommene Bereich auf dem Boden hoffnungslos überfüllt ist. Die Bank selbst hat eine fast völlig zweidimensionale Form, die für die Hüften der Frau kaum Platz läßt. Der ganze Raum scheint an manchen Stellen sich gleichsam zu wölben und zu kräuseln, besonders bei dem ungeschickten Gegentakt der beiden Vasen links unten mit ihrer unklaren Figur-Grund-Relation. Die Thematik des Pressens und des Drucks ist auch in *Dans la serre,* Manets eigenem Titel für sein Werk, angedeutet – natürlich heißt das Wort *serre* Gewächshaus, aber ursprünglich bedeutete es einfach »geschlossener Ort«; es leitet sich vom Verb *serrer* her, das greifen, packen, pressen und spannen heißt. Es gibt jedoch, wie Joris-Karl Huysmans in seiner Besprechung des Salons von 1879 bemerkt hat, *zwei* Prozesse, die in diesem Bild untrennbar am Werk sind. Huysmans kennzeichnet die sitzende Frau mit der ungewöhnlichen Wortverbindung »un peu engoncée et rêvante«.[21] Er verbindet also die Vorstellung eines verkrampften, gefesselten Zustands (der sich in der beengenden Kleidung ausdrückt) mit dem schweifend-ungebundenen Prozess des Träumens, und das ist es auch, was in diesem Bild zutage kommt: die reziproke Beziehung, die zwischen den Anforderungen einer immobilisierenden Aufmerksamkeits-Synthesis einerseits und dem psychischen Fließen und der perzeptuellen Zersplitterung, die mit der Bewußtseinsspaltung verbunden ist, andererseits besteht.

*

Zu dieser Zeit – in den späten siebziger und den frühen achtziger Jahren des neunzehnten Jahrhunderts – läßt sich eine bemerkenswerte Überschneidung von Problemen feststellen, die einerseits gewisse Arbeitsweisen der visuellen Moderne betreffen, andererseits die empirische Erforschung von Wahrnehmung und Kognition und insbesondere die in Frankreich und Deutschland beginnende Erforschung der Pathologien von Sprache und Wahrnehmung. Während bestimmte Tendenzen der modernen Kunst und der empirischen Wissenschaften um 1880 sich beide mit der Erforschung eines Wahrnehmungsfelds beschäftigten, das sich neuerdings in diverse abstrakte Empfindungseinheiten und verwandte Möglichkeiten der Synthesis aufgelöst hatte, beschrieb die damalige Forschung über die neu erfundenen nervösen Störungen, ob sie nun Hysterie, Abulie, Psychasthenie oder Neurasthenie hießen, in jedem Fall bestimmte Schwächungen oder ein Versagen der integralen Wahrnehmung und ihr Kollabieren in zusammenhanglose Fragmente.[22] Parallel zur Entdeckung der unter der Kategorie der *Aphasie* zusammengefaßten Sprachstörungen wurde eine Reihe von verwandten visuellen Ausfallerscheinungen durch den tönenden Begriff *Agnosie* beschrieben.[23] Die Agnosie gehörte zu den primären *Asymbolien* oder Schwächungen einer hypothetischen symbolischen Funktion. Im wesentlichen bezeichnete dieser Begriff eine rein visuelle Wahrnehmung eines Gegenstands, ein Mißlingen des Erkennens, einen Zustand, in dem die visuelle Information als etwas völlig Fremdes erfahren wird. In dem späteren, in den zwanziger Jahren entstandenen klinischen Werk Kurt Goldsteins zu diesem Thema wird der Agnosie ein Status zugeschrieben, in dem die Gegenstände innerhalb eines Wahrnehmungsfelds ihre Integration in eine praktische oder pragmatische Plastizität, in dem sie ihre intentionalen oder gelebten Koordinaten verloren haben.[24] Goldsteins Vetter, der Philosoph Ernst Cassirer, verstand die »agnostischen Erscheinungen« als »Störungen im ›repräsentativen‹ Charakter, in der Darstellungsfunktion der Wahrnehmung. Die Wahrnehmung bleibt sozusagen flächenhaft: sie ist nicht mehr nach der Tiefendimension des ›Gegenstandes‹ hin bestimmt und auf diesen hin dirigiert.«[25] Aber was derart als pathologisches Verhalten etikettiert wurde, konnte auch als eine Art Weigerung verstanden werden, die Welt in einer produktiven oder sozial nützlichen Weise zu konsumieren, als Ablehnung habitueller oder konventioneller Muster, die Wahrnehmungsinformation zu organisieren. Alle Erfahrungen oder ästhetischen Praktiken, die eine Demotivierung und Entsymbolisierung der Wahrnehmung einschlossen, standen jetzt in problematischer Beziehung zu normativen Verhaltensmodellen.

So wie das Studium der Aphasie mit den modernen Neukonfigurationen der Sprache einherging, so brachte das der Agnosie und anderer visueller Störungen eine Reihe von neuen Paradigmen zur Erklärung der menschlichen Wahrnehmung hervor.[26] Vor dem neunzehnten Jahrhundert galt der wahrnehmende Mensch generell als passiver Empfänger von Reizen, die von äußeren Objekten ausgingen und Wahrnehmungen hervorbrachten, die diese äußere Welt abspiegelten. Was dagegen in den letzten zwei Jahrzehnten des neunzehnten Jahrhunderts Gestalt annahm, war ein Konzept von Wahrnehmung, bei dem das Subjekt als dynamischer psychophysikalischer Organismus – durch einen geschichteten Komplex von sensorischen und kognitiven Prozessen, von höheren und niederen zerebralen Zentren – die Welt um sich herum aktiv konstruierte. Mit dem Beginn der achtziger und während der neunziger Jahre wurden, besonders von John Hughlings Jackson und Charles Sherrington, verschiedene Modelle holistischer und integrierender neuraler Prozesse entwickelt, die den lokalisierenden und assoziationistischen Modellen den Kampf ansagten.

Der französische Psychologe Pierre Janet postulierte in den späten achtziger Jahren das Bestehen der von ihm so genannten »Realitätsfunktion«. Er glaubte, daß diese Funktion als ein Vermögen zur Synthesis von mehreren Ideen oder Wahrnehmungen in einem größeren Komplex bei jeder »normalen« geistigen Tätigkeit präsent sei. Janet sah wiederholt Patienten, deren *synthetische* Fähigkeiten geschwächt zu sein schienen, d. h. Patienten, bei denen die sensorischen Reaktionssysteme fragmentiert waren und deren Zustand er als vermindertes Anpassungsvermögen an die Wirklichkeit beschrieb. Eines der Schlüsselsymptome für diesen Verlust der Realitätsfunktion war ein Versagen oder eine Schwächung des normativen Aufmerksamkeitsverhaltens, wobei Janet unter Aufmerksamkeit »die Kraft zur geistigen Synthese« verstand, »die Fähigkeit eines Menschen zu einer neuen Erkenntnis, die Fähigkeit, ein Urteil zu bilden, Erinnerung und Gewohnheiten zu haben«.[27] Er beschrieb dieses Versagen durchgängig im Sinne einer umfassenderen systematischen Schwäche, eine These, der Freud und Josef Breuer jedoch Anfang der neunziger Jahre entgegentraten. Bewußtseinsspaltung und Störung der Synthesis beruhten nach ihrer Ansicht nicht auf einer Schwäche, sondern im Gegenteil auf einer »Überleistung« beim Zergliedern mentaler oder perzeptueller Inhalte.[28] Für Freud bestand das Problem nicht in einem Versagen der Aufmerksamkeit, sondern in einer Umgruppierung ihrer Funktionen: er bestand darauf, daß die Aufmerksamkeit untrennbar verbunden sei mit der dynamischen Tätigkeit der Verdrängung. Freud und Breuer bemängelten auch, daß die Daten, auf denen Janets Forschungen basierten, von Patienten in Anstalten und Hospitälern stammten, im Gegensatz zu ihrer eigenen, sozial höhergestellten (und vermutlich somatisch gesünderen) Klientel.

Ungeachtet der Anfeindungen jedoch, die es wegen seiner »Inkorrektheit« gegenüber der Hysterie erfahren hat, liegt der besondere Wert von Janets Werk in seiner *formalen* Beschreibung verschiedener Typen perzeptueller Dissoziation – womit nicht sein oft übertriebenes Klassifizieren verschiedenartiger Neurosen gemeint ist, sondern seine Charakterisierung der gemeinsamen Symptome, die bei ganz verschiedenen Arten von Patienten auftraten: diverse, von ihm »désagrégation« genannte Formen der Aufspaltung und Fragmentierung von Kognition und Wahrnehmung, erheblich variierende Kapazitäten zur Herstellung perzeptueller Synthesis, Disjunktion zwischen den verschiedenen Formen sensorischer Reaktion oder deren Isolierung.[29] Immer wieder zeichnete er Symptomkonstellationen auf, die perzeptuelle und sensorische Störungen enthielten und zugleich so geartet waren, daß die autonomen Empfindungen und Wahrnehmungen eben aufgrund ihres fragmentierten Charakters einen höheren Grad von Intensität gewannen. Neben Janet entdeckten noch zahlreiche andere Forscher (unter ihnen Freud), wie flüchtig das perzeptuelle Feld sein konnte, und, was vielleicht noch wichtiger ist, sie wiesen nach, daß ein dynamisches Oszillieren des perzeptuellen Bewußtseins und leichte Formen von Bewußtseinsspaltung ein Teil dessen waren, was als normales Verhalten galt.[30] Ich will also in keiner Weise einer »Pathologisierung« der Moderne das Wort reden, sondern darauf hinweisen, daß sich aus dem empirischen Studium von Wahrnehmung und Kognition (deren sogenannte pathologische Manifestationen eingeschlossen) machtvolle *normative* Subjektivitätsmodelle entwickelten. Eine Gesellschaft erkennt sich selbst und ihre eigene Positivität durch die krankhaften und pathologischen Formen, die sie identifiziert oder erfindet.[31]

Implizit war in solchen dynamischen Theorien von Kognition und Wahrnehmung die Vorstellung von einer Subjektivität enthalten, die nur noch ein provisorisches Ensemble aus beweglichen und wandelbaren Komponenten ist. Expliziter war vielleicht die Annahme, daß die tatsächliche Synthesis einer »wirklichen Welt« weitgehend gleichbedeutend war mit einer *Anpassung* an eine soziale Umwelt. So äußerte sich innerhalb der diversen Studien zur Aufmerksamkeit das ständige, aber nie ganz erfolgreiche Bestreben, zwischen zwei Formen der Aufmerksamkeit zu unterscheiden: zwischen einer bewußten oder willentlichen Aufmerksamkeit, die gewöhnlich zielorientiert war und vielfach mit höheren, entwickelteren Verhaltensweisen verbunden wurde, und einer automatischen oder passiven Aufmerksamkeit, zu der aus der Sicht der wissenschaftlichen Psychologie die Gebiete des gewohnheitsmäßigen Tuns, des Wachtraums, der Träumerei und anderer absorbierter oder leicht somnambuler Zustände gehörten. Der Punkt, an dem diese beiden Zustände jeweils in eine sozialpathologische Obsession umschlagen konnten, wurde nie genau ermittelt und konnte nur anläßlich einer klaren Abweichung vom sozial erwünschten Verhalten evident werden. Hippolyte Bernheim sprach in den frühen achtziger Jahren diese Probleme direkt an. Wenn »das Gehirn in die Beschäftigung mit einer einzigen Vorstellung oder Wahrnehmung versinkt«, wenn die Aufmerksamkeit sich »auf die Selbstbetrachtung einengt«, tritt »eine Art von passivem Somnambulismus bei solchen Personen auf, dessen Passivität übrigens nur auf seiner Ungestörtheit beruht. Zur Richtigkeit dieser Auffassung stimmt es durchaus, dass so viele Somnambulen auch im Wachen suggestionsanfällig sind.«[32]

Vor dem Hintergrund dieser Probleme stellt sich die kritische Frage, wie man den Status der sitzenden Frau im *Wintergarten* charakterisieren will. Offenkundig läßt sie sich mit vielen anderen Figuren und Gesichtern in Manets Werk in Verbindung bringen. Ist sie also nur ein weiteres Beispiel jener oft bemerkten psychologischen »Leere« oder Distanziertheit bei Manet? T. J. Clark behandelt ausführlich die Beziehung der sozialen Klasse zu dem was er, im Sinn von Georg Simmels Begriff von Unpersönlichkeit und »Blasiertheit«, das »Modegesicht« nennt.[33] Außerdem fällt es schwer, vor diesem Bild nicht an das Wort Benjamins zu denken, die moderne Öffentlichkeit sei dadurch gekennzeichnet, daß die Menschen zum ersten Mal systematisch daran gewöhnt sind, den Blick des anderen *nicht* zu erwidern. Aber diese Leseweisen können, wie ich meine, noch verdeutlicht und weiter getrieben werden. Jean-Jacques Courtine und Claudine Haroche behaupten, daß im neunzehnten Jahrhundert ein neues Regime der »Gesichthaftigkeit« Gestalt annimmt.[34] Nach fast drei Jahrhunderten, in denen seine Bedeutung (so in Charles Le Bruns Traktat von 1698 über den Ausdruck) in rhetorischen oder sprachlichen Begriffen erklärt wurde, sollte im neunzehnten Jahrhundert die Position des menschlichen Gesichts ungewiß werden: es gehörte zu einem menschlichen Wesen sowohl in dessen Eigenschaft als physiologischer Organismus als auch als privates, sozialisiertes individuelles Subjekt. Charles Darwins 1872 publiziertes Buch *Der Ausdruck und die Gefühle bei Mensch und Tier* gehört für Courtine und Haroche einer Welt an, die mit der Le Bruns keine Verbindung mehr hat. Darwins Werk verweist auf den gespaltenen Status, den das Gesicht jetzt einnimmt: es ist Symptom für das anatomische und physiologische Funktionieren eines Organismus *und zugleich,* mit seiner relativen Undurchdringlichkeit, das Zeichen für den erfolgreichen oder mißlungenen Prozeß der Selbstbeherrschung und Kontrolle, der in der sozialen

Abb. 16 Manet, *Im Wintergarten*, Detail.

Konstruktion eines normativen Individuums enthalten ist.[35] Besonders auf dem neuen Feld der mentalen Pathologie mit seinen Analysen von Hysterien, Obsessionen, Manien und Ängsten wurde das Gesicht mit all seiner ihm eigenen Beweglichkeit zum Zeichen einer beunruhigenden Kontinuität zwischen dem Somatischen und dem Sozialen.

Denkt man an ein solches Kontinuum, dann ist es, meine ich, möglich, die Haltung der Frau, wie sie insbesondere in den Augen und im Gesicht sich ausdrückt, als eine öffentliche Selbstdarstellung zu verstehen, als ein unbeirrtes Sich-Zusammennehmen (bestehend vielleicht in einem Akt der Neukomposition des Ich als Reaktion auf eine verbale Bemerkung oder einen Antrag von Seiten des Mannes), das jedoch koexistiert mit einem Ergriffensein von irgendeinem ganz normalen unwillkürlichen oder automatischen Verhalten. Manet selbst, der dieses Gesicht mit einer untypischen Genauigkeit gemalt hat, erlaubt uns so spezifische Fragen. Hängt sie ihren Gedanken nach, oder überläßt sie sich einer leeren Versunkenheit oder jener Form von stillgestellter (oder abgelenkter) Aufmerksamkeit, die an Trance grenzt?[36] Kann es sein, daß sie sich, wie Freuds Anna O. (die 1880 erkrankte), einer Anzahl von erlernten sozialen Erwartungen fügt und sich *zugleich* dem »Privattheater« ihres eigenen Tagtraums hingibt?[37] Man hatte entdeckt, daß in somnambulen ebenso wie in hypnotischen Zuständen Empfindungen, Wahrnehmungen und Bestandteile des Unterbewußten sich aus ihrer bindenden Synthesis lösen und zu lose flottierenden Elementen werden konnten, die für neue Verbindungen frei waren. Die räumliche Beziehung zwischen den beiden Figuren in diesem Bild hat eine seltsame Ähnlichkeit mit einer jener frühen Formen therapeutischer Praxis, die unter dem Einfluß von Charcot, Janet und anderen in den frühen achtziger Jahren an der Salpêtrière entstanden waren: während die sogenannten hysterischen Patienten mit sich selbst beschäftigt waren und ihre Umgebung nicht zu beachten schienen, stand jemand hinter ihnen und flüsterte ihnen zu, so daß es wirklich möglich schien, mit dem abgespaltenen Element einer fragmentierten Subjektivität zu kommunizieren. Die Bewußtseinsspaltung war in solchen Fällen mit einem extrem verengten Aufmerksamkeitsfeld verbunden.[38]

Die wachsbildhafte Leblosigkeit dieser Frau wird man schwerlich bei einer anderen Manetschen Figur wiederfinden. Wir haben es in gewissem Sinn mit einem Körper zu tun, dessen Augen weit offen sind, aber nicht sehen – die nichts festhalten, nichts fixieren oder sich in praktischer Weise ihre Umwelt aneignen. Diese Augen verraten einen momentanen Zustand, in dem die normative Wahrnehmung suspendiert ist.[39] Dabei handelt es sich, noch einmal, weniger um eine Frage des Sehens, eines betrachtenden Blicks, als um ein umfassenderes perzeptuelles und körperliches Engagement in einer sensorischen Mannigfaltigkeit (oder, in diesem Fall, um eine Lösung daraus). Wenn man hier von Trance sprechen kann, dann einfach im Sinn eines Vergessens mitten im Wachsein, eines unbestimmten Vorhaltens vorübergehender Tagträumerei. In den späten siebziger Jahren hatte die Forschung gezeigt, daß derartige, scheinbar belanglose und alltägliche Zustände sich in eine Selbsthypnose verwandeln konnten. Für den belgischen Psychologen Joseph Delbœuf war die Träumerei ein Zustand, in dem eine potentiell gefährliche Schwächung der perzeptuellen Normen eintreten, in dem Halluziniertes sich mit »determinierten Wahrnehmungen« vermischen konnte.[40] William James, der selbst eine Zeitlang Maler war, beschreibt in seinen 1878 begonnenen *Principles of Psychology*, wie solche Zustände vom aufmerksamen Verhalten untrennbar sind:

»Dieser seltsame Hemmungszustand kann mindestens für ein paar Augenblicke willentlich hervorgerufen werden, indem man die Augen ins Leere richtet ... Monoton-mechanische, automatisch ausgeübte Tätigkeit neigt dazu, ihn herbeizuführen ... Die Augen sind ins Leere gerichtet, die Geräusche der Welt verschmelzen zu einem wirren Einerlei, die Aufmerksamkeit wird zerstreut, so daß man den ganzen Körper gewissermaßen zugleich empfindet, während der Bewußtseinsvordergrund, wenn überhaupt von etwas, dann von einer Art feierlicher Hingabe an das leere Verfließen der Zeit eingenommen wird. Undeutlich wissen wir im Hintergrund unseres Geists, was wir zu tun hätten: wir müßten aufstehen, uns anziehen, dem Menschen, der mit uns gesprochen hat, antworten ... Aber irgendwie können wir nicht anfangen. Jeden Augenblick meinen wir, der Bann müsse gebrochen werden, denn wir wissen keinen Grund, warum er dauern sollte. Aber er geht weiter, Pulsschlag für Pulsschlag, und wir fließen mit ihm.«[41]

James beschreibt hier, was der Neurologe John Hughlings Jackson als ein »zeitweises Nachlassen unserer Objektbewußtheit« gekennzeichnet hatte, bei dem wir, »einfacher ausgedrückt, unsere Umgebung nicht mehr klar wahrnehmen«, ein Zustand, der für Jackson gleichbedeutend war mit »Träumerei«.[42] Was dabei stattfand, war eine Desintegration der höchsten und komplexesten Operationen des Nervensystems und die Aktivierung von tieferstehenden, mehr automatischen Funktionen. Obwohl diese Auflösung für Jackson nur eine Regression auf einfache und elementarere Verhaltensmuster darstellte, war sie dennoch zugleich ein Kollaps jener Arrangements, mit denen eine subjektive Welt als Bollwerk gegen die Bewußtseinsspaltung zu einem einheitlichen Milieu verbunden wurde. Der *Wintergarten* kann als ein partiales und letztlich ineffektives System solcher bindenden Arrangements verstanden werden. Wenn Manet in diesem Gemälde, wenn auch zögernd, innerhalb eines »Realitätsprinzips« operiert, dann ist dies eine »Realität«, die nur durch ihre reziproke Beziehung zu den schöpferischen Prozessen der Bewußtseinsspaltung lesbar ist. Gaston Bachelard zeigt einen Weg, sich dieser Ambivalenz bei Manet anzunähern: »Die Forderungen unserer Wirklichkeitsfunktion gehen dahin, uns der Wirklichkeit anzupassen, uns selbst als Wirklichkeit zu konstituieren und Dinge herzustellen, die Wirklichkeiten sind. Aber liegt es nicht im Wesen der Träumerei, daß sie uns von der Wirklichkeitsfunktion befreit? ... Die Träumerei legt Zeugnis ab von einer normalen, nützlichen *Unwirklichkeitsfunktion,* die die menschliche Seele von der Brutalität eines feindlichen und fremden Nichtich abgrenzt.«[43]

Abb. 17 Edouard Manet, *Chez le Père Lathuille*, 1879.

Manets Gemälde verrät, gerade wenn es an der Oberfläche an einer Einheitlichkeit festhält, eine umfassende Dissoziations-Erfahrung. Man sehe, wie die Augen des Mannes gemalt oder, genauer, angedeutet sind. Diese Figur unterscheidet sich dramatisch etwa von dem jungen Mann mit den intensiv aufgerissenen, allesverschlingenden Augen in dem im selben Jahr entstandenen (wenn auch erst 1880 im Salon ausgestellten) Bild *Chez le Père Lathuille,* mit dem der *Wintergarten* oft assoziiert worden ist. Der geradezu maßlos aufmerksame Blick des Mannes und die reziproke Geste seines linken, um die Frau herumgeführten Arms sind es, die im erstgenannten Bild das Paar konstituieren. Sie erwidert den Blick nicht und enthält sich überhaupt jeder am Blick ablesbaren Reaktion. Die Beziehungen im *Wintergarten* dagegen sind ganz anders beschaffen. Die Art, wie der Mann, auf die Lehne gestützt, sich der Frau zuwendet und zugleich reserviert bleibt, wie sich seine Augen der Frau zuwenden und doch abgewandt zu sein scheinen, läßt eine tiefe Ambivalenz erkennen. Manet liefert in seinem Bild – so ließe der narrative Gehalt sich zusammenfassen – ein Beispiel für das Phänomen des modernen Flirts, von dem Georg Simmel sagen sollte, daß in ihm »das Versagen, das Sich-Entziehen . . . mit dem

Aufmerksam-Machen, Sich-Darbieten, in einem unteilbaren Akt verschmolzen« ist.[44]

Noch bedeutsamer ist jedoch die tiefe Zweideutigkeit, die Aufmerksamkeit und Zerstreutheit hier bei Manet annehmen: denn beim Mann ist die Punktualität des Sehens offenkundig noch weit stärker zerrissen als bei der Frau. (Angesichts seiner Ähnlichkeit mit vielen erhaltenen Bildern von Manet sollte auch die Möglichkeit eines gewissen Selbstporträt-Effekts nicht ausgeschlossen werden.)[45] Anders als im *Père Lathuille* wird hier keine visuelle Herrschaft ausgeübt, keine okulare Potenz bewiesen. Im Zuge einer gewissen angedeuteten »Deformierung« zeigt Manet die beiden Augen in einem asymmetrischen, dissoziierten Verhältnis. Das rechte, anscheinend offene Auge scheint leicht über die Frau hinwegzublicken; vom linken sehen wir nichts als das gesenkte Lid mit den Wimpern. Die gewollte Widersprüchlichkeit und Unbestimmtheit nicht nur der Richtung, sondern auch der Effizienz dieses Blicks gehört zu den eindrucksvollsten Zügen des Bilds.[46] Vielleicht betrachtet er den Regenschirm der Frau, vielleicht die behandschuhte Hand mit dem Handschuh, den sie hält, vielleicht die Falten ihres Kleids oder gar den Ring an ihrem Finger. Aber was diese schieläugige Figur auch sieht (falls sie überhaupt etwas sieht), es ist in jedem Fall ein ungleichartiges Feld mit *zwei disparaten optischen Achsen.*[47] Vielleicht indizieren die Augen den Moment, da die Aufmerksamkeit in die von Janet beschriebene »éclipse mentale« oder jene Geistesabwesenheit übergeht, in der, nach Breuer, die Wahrnehmung der unmittelbaren Umgebung undeutlich wird. Genauso plausibel wäre es, wenn dieser Blick verwirrt, ja außer Funktion gesetzt worden wäre angesichts der vielfachen Orte libidinaler oder fetischistischer Fixierung, ihrer instabilen und veränderlichen Valenzen. Das aufmerksame Ich ist hier ein Teil dessen, was Paul Ricœur die »Offenheit der Zeichenwelt« nennt, in der wir »dem unaufhörlichen Hin und Her zwischen der Sphäre des Eros und derjenigen der Semantik ausgesetzt« sind. »Das Symbol schöpft seine Kraft aus dem Doppelsinn, dem Modus, in dem sich die List des Wunsches ausdrückt.«[48] Auf diese Weise können »Symbole« wie der Handschuh, der Regenschirm und die spitzblättrige Pflanze in all ihrer überladenen semiotischen Banalität für die irreduzibel diffuse Aufmerksamkeit stehen, die in dieser komprimierten, reversiblen Treibhauswelt ständig abgelenkt, ständig durch Blicke fehlgeleitet wird.[49]

Wenn im *Balkon* das Geländer etwas von den in diesem Bild enthaltenen visuellen Zweideutigkeiten und Instabilitäten festhielt, dann dürften die parallelen vertikalen Stäbe der Bank im *Wintergarten* eine vergleichbare Funktion erfüllen. Was sich in ihnen darstellt, ist die unkonzentrierte und uneinheitliche Art der Wahrnehmung, die in diesem Bild durchweg am Werk ist: ihr Parallelismus drückt ein Prinzip der *Nichtkonvergenz* aus, in dem die Binokularität des Sehens nicht vereinheitlicht oder auf einer bestimmten Ebene oder einen bestimmten Punkt hin synthetisiert ist.[50] Sie bilden das Diagramm eines Sehens, das das willentliche Vermögen, eine für eine normative Aufmerksamkeit unentbehrliche optische Konvergenz herzustellen, verloren oder preisgegeben hat. Statt dessen suggerieren die parallelen optischen Achsen, ihrer scheinbaren Rigidität zum Trotz, ein Zersplittern: die Binokularität wird von einem Sog erfaßt, der sie jedem Imperativ, eine zusammenhängende Welt von fokussierter Klarheit zu schaffen, entfremdet. Und eine solche unaufgelöste binokulare Disparität situiert zwangsläufig die Differenz und die Nichtidentität inmitten der Wahrnehmung.

Es ist dabei mehr im Spiel als die Frage, wie die Augen des Mannes genau dargestellt sind. Das Zerreißen der nahtlosen binokularen Synthesis ist auch für uns, vom Standpunkt des Betrachters, evident. So erscheint etwa die rechte Seite der Sitzfläche der Bank als von oben, aus einer stehenden Position gesehen. Die linke Seite, von der ein kleines Stück genau unter der rechten Hüfte der Frau erkennbar ist, scheint dagegen mehr auf Kopfhöhe zu liegen, als ob wir ihr gegenüber säßen. Die vom vorderen oberen Rand der Sitzfläche gebildete, zum Bildrand parallele Horizontale stimmt nicht mit der entsprechenden Linie links überein, so als ob dasselbe Objekt von zwei nichtkoordinierten Augen gesehen würde. Die Nachbarschaft der zylindrischen Schenkel des Mannes zu den parallelen, fast gleichfarbigen Zylindern der Töpfe rechts unten verursacht ein seltsames Gefühl der Verschiebung – es ist, als ob eine Art Brechung, als ob eine fehlerhafte optische Auflösung die Unterschenkel des Mannes entfernt hätte. Gleichzeitig signalisiert die unsichere Stellung der beiden Töpfe links unten ein Mißlingen – ein Mißlingen der binokularen Konstruktion von kohärenten Tiefen- und Distanzrelationen.

So treffen wir innerhalb eines Werks, das zwei, wie es scheint, aufmerksame Figuren verbildlicht, auch auf zwei verschiedene Arten von Zerstreutheit, in deren Umkreis Stabilität und Einheitlichkeit des Bildes zu erodieren beginnen. Diese Überschreitung oder dieser Kollaps der normativen Aufmerksamkeit als Selbsthypnose oder leicht tranceartiger Zustand schuf jedoch auch die Voraussetzungen für neue und flüchtige Synthesen, und das Bild zeigt eine ganze Reihe von Assoziationsketten, die einer die bindende Logik des Werks überschreitenden Libidoökonomie angehören. Besonders für Freud war mit dem Zustand direkt vor dem Einschlafen und mit der Hypnose eine unwillkürliche, bewegliche Aufmerksamkeit verbunden.[51] Zwischen der Zigarre, den Fingern, den Ringen an den Fingern, dem geschlossenen Regenschirm, dem beringten Handgelenk und der rebusartigen Kette von rosa Blumen, die zu Ohren, Augen, Lippen und wieder zu Blumen werden, findet eine metaphorische Verschiebung, findet ein Gleiten statt. Auch die Fingerspitze des Manns ist wie die grünen, schmalen Blätter hinter ihm seltsam gelängt, und zwischen den Blättern der verschlingenden Pflanze rechts und den Falten des Frauenrocks ist ein Spiel von Ähnlichkeiten spürbar. Was Rockfalten und geschlossener Regenschirm als Einschließung und Unzugänglichkeit definieren, bietet die in ihrer Erotik geradezu überwältigende Pflanze als offen und zugänglich an, jedoch außerhalb des Blickfelds der Figuren. »Wir haben es also«, um es mit Julia Kristeva zu sagen, »mit dem Prinzip von Metonymie und Metapher zu tun, die beide von der sie umgreifenden Triebökonomie nicht zu trennen sind«, wobei es geboten scheint, »auch solche (eventuell topologisch darstellbaren) Relationen zu berück-

Abb. 18 Manet, *Im Wintergarten*, Detail.

sichtigen, die einerseits die Zonen des zerstückelten Körpers untereinander und andererseits diese Zonen mit den ›äußeren‹ ›Objekten‹ und ›Subjekten‹ verbinden«.[52] Dies sind einige der Wege, auf denen sich die Aufmerksamkeit als selektive oder, wie manche sagen würden, verdrängende Funktion verliert, wobei sie die Kohäsion des Werks aufbricht und zersprengt. Gleichzeitig aber muß man sich darüber klar sein, daß die Wegstrecke, die beim nahtlosen Übergang von einer normativen Aufmerksamkeit zu Auflösung und Zerstreutheit durchlaufen wird, die Voraussetzung ist für ihre erneute Sammlung und Einbindung in die repetitiven Gesetze des Unbewußten.

Ein anderes unübersehbares Zeichen für die bindende Energie dieses Werks sind die beiden Ringe (Trauringe?), die sich knapp neben der Bildmitte nebeneinander befinden. Manets Ambivalenz gegenüber dieser wichtigen Zone des Bilds zeigt sich unter anderem in der anatomisch anomalen Form der linken Hand der Frau. Sie scheint nur aus dem Daumen und drei Fingern zu bestehen, wodurch der genaue Ort (und die Bedeutung) ihrer Ringe in Frage gestellt wird. Seit der ersten Ausstellung des Bildes hat man spekuliert, ob Manet Eheleute zeigen wollte (und um solche handelte es sich bei Monsieur und Madame Guillemet, die die Modelle des Bilds sind) oder das unerlaubte Rendezvous eines jeweils mit einem anderen Partner verheirateten Paares. Diese Unbestimmtheit ist für mich allerdings ein wesentlicher Teil des Werks. In ihr zeigt sich Manets gespaltene Beziehung zu seinem Thema – es handelt sich um ein Bild eines Ehepaars und zugleich eines Ehebruchs.[53] Die Trauringe und die damit implizierte Verbindung verweisen auf ein Feld von festen Positionen, von Grenzen, von zurückgehaltenem und kanalisiertem Begehren, auf ein System, in welchem das Paar eine bindende Stasis darstellt.[54] Eine der ursprünglichen Bedeutungen des deutschen Worts *Bindung* bezieht sich auf das Zusammenhalten eines Fasses, das Zurückhalten von Flüssigkeit. Der gebundene, korsettierte Torso der Frau wäre Ausdruck dieses obsessionellen Zusammenhaltens.[55] Die französische Übersetzung der Freudschen *Bindung* lautet aber – kurioserweise und vielleicht auch nur marginal von Bedeutung – *liaison.*[56] Wenn die »Liaison« das ist, was die Dinge psychisch zusammenhält, dann ist die Darstellung einer ehebrecherischen Liaison in diesem Bild auch das, was die Bindung unterminiert.[57] Im Kontext der Modernisierung hat der Ehebruch seinen transgressiven Status verloren und ist zu dem geworden, was Tony Tanner »einen Zynismus der Formen« nennt, zu nichts weiter als einem der Effekte, die – für Manet nur indirekt kontrollierbar – ein herrschendes System von Tausch, Zirkulation und Äquivalenz hervorbringt.[58] Die den Mann charakterisierende perzeptuelle Gespaltenheit entspricht einer umfassenderen subjektiven Verwirrung und Differenzierung, in der Simmel nicht nur das Element einer »männlichen« objektiven Kultur, sondern eben die Voraussetzung der Untreue sah: nämlich das Vermögen, sich selbst zu zerlegen in eine Vielheit von unterschiedlichen wesenshaften Neigungen, das Loslösen des Äußeren vom Zentrum und das Ablösen der Interessen und Tätigkeiten von ihrem inneren Zusammenhang.[59] Bei Manet treten diese Züge jedoch jenseits der Grenzen eines normativen sozialen Funktionierens auf und jenseits einer bloß mechanisch vollzogenen Untreue.

Wie in vielen seiner wichtigen Bilder beschäftigt sich Manet hier mit dem ambivalenten Status des Weiblichen. Die kulturelle Aushöhlung der Ehe ist nur ein Teil einer allgemeinen Auflösung der vormodernen Positionen von Mann und Frau. Christine Buci-Glucksmann hat beschrieben, wie »die gewaltsame Einfügung der Frau in den Prozeß der Warenproduktion die traditionellen Unterschiede zerstört, seien sie material (differentielle Verortung) oder symbolisch. Wenn Arbeit und Gesellschaft Massencharakter annehmen, werden die Frauen selbst ›Massenartikel‹ und verlieren ihre ›natürlichen‹ Qualitäten (in denen das Wesen des Weiblichen durch die Reproduktion des Lebens bestimmt ist) ebenso wie ihre poetische Aura ... Zwingend verlangte diese gesellschaftliche Dynamik die Neudefinition der symbolischen Züge, die das Weibliche vom Männlichen unterscheiden.«[60] Manets Werk kann einerseits als ein Versuch angesehen werden, mit dem der Maler Mann und Frau auf stabile und lesbare Positionen festlegen und die moderne Weiblichkeit metonymisch durch die partielle Deckungsgleichheit von Mode, Körper und pflanzlichem Leben »naturalisieren« wollte; andererseits aber situiert Manet dieses Bild in einer Welt, in der diese Differenzen und Positionen durch eine Logik der Austauschbarkeit zerstört sind. Die unsichere Form des Gewächshauses selbst mit seiner Zerrüttung von Kulturellem und Natürlichem, seiner Vermengung von Innen und Außen, Öffentlichem und Privatem, deutet bereits auf die Auflösungs- und Destabilisierungseffekte hin, die das Bild durchziehen.[61]

Ein paar Jahre früher können wir beobachten, wie Manet mit einem anderen Ensemble optischer Möglichkeiten arbeitet, das dem System von Zwängen, die den *Wintergarten* definieren, fernsteht. *Vor dem Spiegel* (1876) zeigt ein ausgesprochen

Abb. 19 Edouard Manet, *Vor dem Spiegel*, 1876.

»gelöstes« Sehfeld, in dem die Aufmerksamkeit sich von jeglicher Forderung, ihre Objekte zusammenzuhalten, dispensiert hat. Die Figur befindet sich, ob sie sich nun an- oder auszieht, in einem Zustand der Ungezwungenheit, wobei die Geöffnetheit des Korsetts untrennbar ist von einer entsprechenden Ablösung der visuellen Aufmerksamkeit von jeder bindenden Fixierung.[62] Sowohl der Blick, den die Frau auf sich selbst im Spiegel wirft, als auch der nominell voyeuristische Blick des Betrachters auf die Szene sind zerstreut und zersprengt über jedes punktuelle oder koordinierte Arrangement hinaus. Mit der Auflösung sämtlicher klassischer Operationen des Spiegels (als da sind: eine Optik der Identität, der Reflexion und der mimetischen Entsprechung) ist auch die Möglichkeit einer normativen, als sozialer Effekt organisierten Aufmerksamkeit, wie sie in der binären, konjugalen Organisation des *Wintergartens* explizit war, zunichte gemacht.[63] Wir können, im Sinne von Julia Kristevas Analyse der französischen Poesie des späten neunzehnten Jahrhunderts, *Vor dem Spiegel* ganz allgemein als ein Signifikantensystem verstehen, das von der symbolischen Ordnung der Wirklichkeitstreue, der Räumlichkeit, der Temporalität und der figürlichen Darstellung wegdrängt und statt dessen auf instinkthafte, bewegliche, amorphe Vorgänge verweist, das die Signifikanz sprengt und sich öffnet auf »eine *jouissance,* die dem Objekt die Besetzung entzieht und zum autoerotischen Körper zurückkehrt«.[64] In *Vor dem Spiegel* kommt eine plurale sensorische Aufmerksamkeit ins Spiel, die den Zugriff des Ichs auf eine Objektwelt lockert und Grenzlinien und Fixiertheiten aller Art überwindet. Vielleicht sind die Intensitäten des Rhythmus und der nichtreferentiellen Farbe bei Manet nirgends überschwenglicher eingesetzt als in diesem Bild.

Wenn wir zum *Wintergarten* zurückkehren, dann ist es, als ob das Fließen und die Vibration, von dem *Vor dem Spiegel* erfüllt war, versteinern würden.[65] Die leblose Schwere, die das Werk erfüllt, geht nicht zuletzt von den beiden Händen in der Mitte aus, die sich fast, aber nur fast, berühren: dies ist ein zentrales Nicht-Ereignis. Die Starre, die auf dem Bild lastet, ist die Konsequenz jenes fundamentalen Entzugs der *gestischen* Möglichkeiten, der nach Giorgio Agamben einem spezifisch modernen Versagen des Ethos, des Charakters angehört.[66] Diese Hände lassen nicht nur einen Zustand der Gezwungenheit erkennen, sondern auch den einer umfassenderen *Untauglichkeit,* einer betäubten Hemmung. Was diese Hände in ihrer unbestimmten Schlaffheit zeigen, ist ein Verzicht auf *potentia* (worunter Spinoza die Fähigkeit des Affiziertwerdens verstanden hatte), auf jedwede Form von praktischem Leben. Sie drücken einen Tastsinn aus, der anästhesiert, wenn nicht gelähmt ist, und die Nähe, in der sich die von dem Mann gehaltene Zigarre zur Hand der Frau befindet, läßt, mit ihrem angedeuteten Sadismus, auf die Intensität der Empfindung schließen, die hier vonnöten wäre, um eine taktile Reaktion hervorzurufen. Die Hände gehören zu einer allgemeinen Verschiebung, zu einer Kluft, die sich zwischen verschiedenen perzeptuellen Systemen auftut, zu einem Nachlassen der wechselseitigen Kenntnisnahme der Sinne voneinander – in diesem Fall von Sehen und Riechen.[67] Während die Augen des Mannes kaum erkennbar sind und sein Mund in der seltsamen Konkavform seines Barts verschwindet, deutet seine prominente Nase auf ein Dominieren des Geruchssinns hin. Man darf darin wohl einen visuellen Hinweis auf eine olfaktorische Aufmerksamkeit von der Art sehen, wie sie Freud in jenem Brief an Fließ beschrieb, in dem er den Charakter des Blumendufts als Produkt ihres sexuellen Stoffwechsels hervorhob.[68]

Der deutlichste Hinweis auf eine Disjunktion oder Beschädigung der sensorischen Reaktionsschichten findet sich jedoch im Zentrum des Bildes, wo wir die eine Hand der Frau behandschuht oder betäubt, die andere dagegen nackt und verwundbar antreffen, bereit, Zärtlichkeit zu empfangen oder zu geben. Es muß jedoch gesagt werden, daß beide Hände hier zugleich entkörperlicht und exzessiv fleischlich sind. Sie tauchen aus den Ärmeln oder Manschetten auf wie störende, lästige Körperteile, wie Anhängsel, die den Kontakt vermeiden, aber aggressiv ihre Fleischlichkeit herauskehren. Keine Reproduktion ist imstande, die rohe, deckfar-

Abb. 20 Caravaggio, *Die Wahrsagerin*, ca. 1594.

benhafte und gewollt anstößige Art wiederzugeben, mit der Manet, in ausgesprochenem Gegensatz zur Glätte des Gesichts, die gesprenkelten Flächen dieser beiden Hände aufgetragen hat. Indirekt zeigen diese Hände die ganze seelische Auflösung und das Unbehagen, das Manet in diesen ostentativ selbstbeherrschten Figuren zu verdrängen und zu versiegeln versucht hat. Die Frau hat etwas von der emaillierten Teilnahmslosigkeit eines Porträts von Bronzino, und es liegt nahe, in die erstaunliche Kontorsion ihrer Hand, in ihre schlaffe Lässigkeit, etwas wie eine neomanieristische Stilisierung des Körpers hineinzulesen. Jeder Versuch aber, den Körper in die Sphäre des bloß Dekorativen einzuschließen, überschneidet sich beunruhigend mit einer anderen Zeichenebene: die rechtwinklige Beugung ihres Handgelenks ist ein anatomischer Extremfall vergleichbar denen, wie sie viele zeitgenössische Bilder hysterischer Verkrampfung zeigen.[69] Die erstaunliche Krümmung der Finger deutet auf einen Zustand von Spannung und zugleich Kraftlosigkeit. Der Geste als Form des Austauschs und des Selbstausdrucks widerfährt hier ihre Unwirksamkeit in dem historischen Moment, da die Zeichen pathologischen Versagens und des Defizits mit dem Erstarren des Körpers zu einer gepanzerten, ästhetisierten Fassade zusammenfallen. Man vergleiche, um Manets Werk genauer zu verorten, sein Bild mit einem anderen, verwandten, das ihm zweifellos vertraut war, mit Caravaggios *Wahrsagerin* im Louvre. Ich sage »verwandt«, weil die meisten Elemente, die im

Wintergarten eine Rolle spielen (Aktivierung von Augen, Händen, Körpern, die Handschuhe und der Ring) auch dort präsent sind, jedoch in umgekehrter Form: bei Caravaggio findet ein intensiver optischer und taktiler Kontakt statt, ein reziprokes Engagement im Handlungs-, im *transaktionalen* Charakter der Begegnung, das vom Wechselspiel sozialer, libidinaler und ökonomischer Differenz erfüllt ist. Die auffälligste Übereinstimmung zeigt wohl der junge Edelmann, der die eine Hand entblößt hat und mit der anderen, bekleideten, den Handschuh hält. In der *Wahrsagerin* bietet dieser hitzige Jüngling seine Handfläche einer Frau dar, für welche die Hand zu einem Feld wird, auf dem ein Leben von Begehren und Verlust schicksalhaft eingeschrieben ist.[70] Die entgegengesetzte Wirkung des Manetschen Bildes dagegen rührt daher, daß es zwei Menschen zeigt, für die auch nur die Möglichkeit des Schicksalhaften historisch nicht mehr sinnvoll ist.

Um im *Wintergarten* doch noch etwas wie Gestik oder wenigstens deren Simulation zu finden, sollten wir mit der linken Hand des Mannes beginnen. Sie scheint, wenn auch zögernd, im Sinn eines verweisenden Fingers so gestaltet zu sein, so als ob die Möglichkeit einer solchen verweisenden Geste durch ihre tausendfache und jahrhundertelange Benutzung in der europäischen Kunst verkümmert wäre. Aber wenn die Hand von der Last dieser Geschichte getrennt werden kann, können wir sie vielleicht als ein konstitutives Element in der in diesem Bild stattfindenden Streuung der Wahrnehmung verstehen. Der weisende Finger, der einen Aufmerksamkeitsschwerpunkt vorgibt, der von dem des selbst bereits ambivalenten Blicks abweicht (und der gegen die Richtung deutet, die der Regenschirm unserem Auge vorschreibt), bekräftigt ein weiteres Mal die Unmöglichkeit einer direkten Perzeption, einer Aufmerksamkeit, die ein unmittelbares Besitzen ihres Objekts war, eines verlorenen theologischen Schemas, in dem der weisende Finger einst die Funktion hatte, eine transzendente Ebene zu denotieren. Die Hand des Mannes und, wenn auch in geringerem Maß, der Regenschirm der Frau gehören zum Kern eines Systems der Ablenkung, in dem das Sehen in ein Beziehungsfeld eingebunden ist, innerhalb dessen jeder Fixationspunkt ein Aufschub und ein Verweis auf einen anderen ist.[71]

Ein Jahrzehnt zuvor hatte Charles S. Peirce damit begonnen, von der Unmöglichkeit einer direkten Anschauung und von den *interpretativen* Prozessen, durch die allein Realität verstanden werden kann, systematisch Rechenschaft zu geben. Zu den Kerngedanken des Peirceschen Anticartesianismus gehörte es, daß Kognition und Wahrnehmung nur indirekt stattfinden können, durch Gedanken, die Zeichen sind. Im Zentrum von Manets Bild erinnert die linke Hand des Mannes an das Beispiel, das Peirce wiederholt zur Beschreibung des indexikalischen Zeichens gebrauchte. »Wir stellen fest, daß neben allgemeinen Begriffen zwei andere Arten von Zeichen bei jedem Denkvorgang unentbehrlich sind. Eine davon ist der *Index,* der wie ein weisender Finger oder ein Hypnotiseur eine reale physiologische Macht über die Aufmerksamkeit ausübt und sie zu einem bestimmten Sinnesobjekt hinlenkt.«[72] Daß Peirce den Index mit Hypnose assoziiert, ist im Kontext von Manets *Wintergarten* mit seinen absorbierten oder tranceartigen Zuständen ganz besonders

Abb. 21 Nicolas Poussin, *Die arkadischen Hirten*, 1636.

von Interesse. Für Peirce wirken die indexikalischen Zeichen auf das Nervensystem ein und »lenken die Aufmerksamkeit mit blindem Zwang auf ihre Gegenstände ... Ein Klopfen an der Tür ist ein Index. Alles, was die Aufmerksamkeit fokussiert, ist ein Index. Alles, was uns erschreckt, ist ein Index, denn es bezeichnet die Verbindungsstelle zwischen zwei Bereichen der Erfahrung.«[73] Der von Peirce gebrauchte Ausdruck »blinder Zwang« ist ein deutlicher Hinweis auf die nichtoptische Operation eines aufmerksamen Bewußtseins, das etwas in der Wahrnehmung Abwesendes gedanklich vergegenwärtigen kann. Zeigt die männliche Figur gerade auf die seltsam entkörperlichte linke Hand der Frau, oder verweist sie vielleicht auf das Ausziehen des Handschuhs (Alfred Binet, Richard von Krafft-Ebing und andere bemerken in den 1880er Jahren besonders bei Männern die Häufigkeit von Hand- und Handschuh-Fetischismus)?[74] In jedem Fall koexistiert der gefrorene Charakter der Szene oder was wir ihr System von Fixation und Hemmung nennen könnten, mit einer anderen Logik des *Schweifens*, mit dem Umherirren eines sensorischen Körpers, der auf der Suche nach Auswegen aus Bindungsverhältnissen jeder Art ist.

*

Zu den Faltungen im Bild, an denen konkret wird, wie die Aufmerksamkeit ihre eigene Auflösung produziert, gehören die Plissees am Kleid der Frau, das ihr fast das Aussehen einer beinlosen, auf einer Treibhausbank gestrandeten Meerjungfrau verleiht; eine Stelle, die Licht wirft auf eine neue, umfassende ökonomische Organisation der Zerstreuung, mit der ein Großteil von Manets Spätwerk verflochten ist. Der Maler zeigt uns hier ziemlich eindeutig ein Bild dessen, was klar als eine Mode vom Spätjahr 1878 erkennbar ist, ein Ausgehkleid im »Prinzessinnen«-Stil, der, indem er eine mindestens zeitweilige Obsoleszenz des Gesäßpolsters erzwang, die weibliche Silhouette dramatisch verschlankt hatte. Charakteristisch für diesen Stil ist das zweischichtige Kleid (die Plissees gehören zur unteren Schicht), die knapp sitzende, hüftlange, »küraßartige« Jacke mit den schwarzen Knöpfen vorn in der Mitte, die Passe aus schwarzen Litzen und die knappen Ärmel mit den am Handgelenk leicht gebauschten Spitzenmanschetten. Es handelt sich nicht um »Haute Couture«, sondern um das Tageskleid einer stilbewußten, kultivierten Dame der Mittelklasse, das in diesem Jahr wegen seiner relativen Schlichtheit vielleicht eher ungewöhnlich war. Interessant ist an dieser Ausstattung auch der unübliche Gürtel: Manets Dame ist noch fester geschnürt, als die Konvention es damals verlangte. Wenn die Warenwelt sich der Mode bemächtigt, kommt die Kurzlebigkeit der Aufmerksamkeit verstärkt als produktive Komponente der Modernisierung ins Spiel, und der hier als Armatur der Ware zur Schau gestellte Körper ist ein momentanes Gerinnen des Sehens, eine zeitweilige Immobilisierung innerhalb einer dauerhaft installierten Ökonomie von Attraktion und Zerstreuung. Die Mode will die Aufmerksamkeit an ihre Pseudo-Einheit binden, aber ihr grundsätzlich transitorisches Wesen unterminiert zugleich Manets Versuch, sie in den Anschein eines zusammenhängenden Bildraums zu integrieren, und trägt zur Desorientierung der über dessen Oberfläche schweifenden visuellen Aufmerksamkeit das Seinige bei.

Kurz nach der Entstehung von Manets Bild tritt im visuellen Status der Modeartikel eine Wende ein: 1881, also zwei Jahre später, läßt Frederic Ives sein Halbton-Druckverfahren patentieren, das es ermöglicht, Photographie und Buchdruck auf derselben Seite unterzubringen. Damit sollte ein neues, den Massen gemäßes virtuelles Feld der Ware als Bild entstehen, im Gleichklang mit neuen Rhythmen der Aufmerksamkeit, welche wiederum mehr und mehr zu Formen von Arbeit, von Arbeit als visuellem Konsum, werden sollten. Manet deckt in diesem Werk auf elegante Weise auf, was Benjamin schonungslos in seinem Passagen-Werk artikulieren sollte: nicht nur ist dies ein Bild dessen, was Benjamin die »Inthronisierung der Ware« genannt hat, sondern es illustriert auch die Beobachtung, daß die Mode ihrem Wesen nach »im Widerstreit mit dem Organischen« steht: »Sie verkuppelt den lebendigen Leib der anorganischen Welt. An dem Lebenden nimmt sie die Rechte der Leiche wahr. Der Fetischismus, der dem Sex-Appeal des Anorganischen unterliegt, ist ihr Lebensnerv.«[75] Trotz Manets Spiel mit dem Bild der geschmückten Frau als Blume unter Blumen oder der Mode als einem glanzvollen, phänomenalen Aufblühen des Neuen gehört die Ware also jener bildlichen Gesamtorganisation an,

Abb. 22 Abbildung aus *La Mode illustrée*, November 1878.

Abb. 23 Edouard Manet, *Frühling*, 1881.

die geradezu erstickend wirkt.[76] Die hier zur Schau gestellte Frau wird mit ihrer Starrheit, mit ihren Augen, die keine Welt mehr spiegeln oder ein Inneres projizieren, zu eben dem Objekt, das dem petrifizierenden Blick eines neuen Betrachter-Konsumenten angemessen ist.[77] Allerdings gilt auch, daß die Mode im späten neunzehnten Jahrhundert, wie Georg Simmel bemerkt hat, »auch nur eine der Formen [ist], durch die die Menschen, indem sie das Äußere der Versklavung durch die Allgemeinheit preisgeben, die innere Freiheit um so vollständiger retten wollen«.[78] In diesem Sinne wäre die Mode dann ein Schutzschild aus Signifikanten, eine reflektierende Rüstung, sorgfältig ausgewählt zum Schutz eines Kerns sozialer und seelischer Verwundbarkeit. Dieser Ironie der Mode im Bild entspricht die Spaltung zwischen einer sozial normativen, einer öffentlichen Außenwelt zugewandten Aufmerksamkeit und einem subjektiven Sich-Zurückziehen, entspricht die Weise, wie Unaufmerksamkeit und Träumerei zum strategischen Notbehelf von Freiheit und Widerstand werden können.[79]

Im Jahr 1874 brachte der Dichter Stéphane Mallarmé aus eigenem Antrieb mehrere Nummern eines Magazins namens *La Dernière Mode* heraus, für das er selbst Beiträge verfaßt hatte.[80] Dieses Projekt gehörte insofern voll der sich herausbildenden Welt der Konsumentenkultur an, als es von den etwa ein Dutzend oder mehr allein im damaligen Frankreich zirkulierenden Modezeitschriften nicht auf Anhieb zu unterscheiden war. Gleichzeitig war Mallarmés Magazin vielleicht die früheste selbstreflexive Erforschung dieser neuen Arena von Objekten und Ereignissen, die die Untrennbarkeit der verdummenden von den emanzipatorischen Effekten bei der Mode zutage brachte.[81] Einen prominenten Platz nahmen Diskussionen über Damenkleidung und Schmuck ein; daneben behandelte jede Nummer einen Themenbereich, der Theater, Oper, Tanz, Musik sowie Ausstellungen und Veranstaltungen aller Art, aber auch Fragen der Küche, der Etikette, der Innenarchitektur und des Tourismus umfassen konnte. Die Seiten von *La Dernière Mode* wurden zu einem Kaleidoskop der Dekomposition und der Verschiebung bei eben den Objekten und Ereignissen, die sie in all ihrem Glitzern präsentierten. Trotz ihres Zaubers stimmt Mallarmés Welt überein mit jener rastlosen Bewegung, in der neue Produkte, Veranstaltungen und Erfahrungen nur auftreten, um von anderen ersetzt zu werden: und in dieser Welt wäre, an einem Gegenstand allzulange festzuhalten, mit ruinöser Unbeweglichkeit gleichbedeutend. Leo Bersani hat bemerkt, daß die Aufmerksamkeit sich bei Mallarmé ständig von ihren Gegenständen entfernt und so jede Möglichkeit einer voll realisierten Präsenz vereitelt.[82] Der Text von *La Dernière Mode* ist ein bewegliches System von Ablenkungen, in dem der Glanz eines jeden Dings sich in den grenzenlosen Spiegelungen auf den vervielfachten und gebrochenen Oberflächen, die ihm benachbart sind, verliert. Die im Entstehen begriffene Welt der Modeartikel und das um das Zentrum ihres Konsums strukturierte Leben offenbarten Mallarmé eine Gegenwart, die nicht in den Griff zu bekommen war, eine substanzlose Welt, die mit seiner eigenen sublimen Verleugnung des Unmittelbaren übereinzustimmen schien. Zugleich beweist *La Dernière Mode,* in der titelgebenden Konzeption des Magazins wie auch in der inneren Bewegung des Texts, seine Komplizität mit einer Naturalisierung der Mode zu einer neuen jahreszeitlichen und zyklischen Organisation der Erfahrung, in der Früh und Spät ihre Bedeutung ändern.[83] Mallarmé beginnt den Modeteil der ersten Nummer folgendermaßen: »Zu spät, um über den Stil vom Sommer, zu früh, um über den vom Winter (oder auch bloß den vom Herbst) zu sprechen.«[84] Die Fülle der aufgezählten materiellen Gegenstände und Erfahrungen bietet letztlich keinen Schutz gegen eine im Herz dieser unmöglichen Gegenwart herrschenden Angst und Leere. In diesem Universum kommt man unvermeidlich entweder zu früh oder zu spät, und für den, der den Stil nicht trifft oder »aus der Mode« kommt, ist der Tod nicht fern.

DEUXIEME LIVRAISON DIMANCHE 20 SEPTEMBRE 1874

PARIS
Un an. . . . . . 24 f.
Six mois 13

DIRECTEUR :
MARASQUIN
9, Rue de Chateaudun, 9

FRANCE
Un an. . . . . 26 f.
Six mois . . . 14

PARAIT

LE 1ᵉʳ ET LE 3ᵉ DIMANCHE DU MOIS

AVEC LE CONCOURS

DES GRANDES FAISEUSES, DE TAPISSIERS-DÉCORATEURS, DE MAITRES QUEUX
DE JARDINIERS, D'AMATEURS DE BIBELOTS ET DU SPORT

NOUVELLES & VERS

DE THÉODORE DE BANVILLE, LÉON CLADEL, FRANÇOIS COPPÉE, ALPHONSE DAUDET,
LÉON DIERX, ERNEST D'HERVILLY, ALBERT MÉRAT, STÉPHANE MALLARMÉ
CATULLE MENDÈS, SULLY PRUDHOMME, YÉON VALADE, AUGUSTE VILLIERS DE L'ISLE ADAM,
ÉMILE ZOLA, ETC.

MUSIQUE

PAR LES PRINCIPAUX COMPOSITEURS

TOILETTES DE PROMENADE

Abb. 24 Titelseite von *La Dernière Mode*. 1874.

Bevor er *La Dernière Mode* herausbrachte, hatte Mallarmé eine bescheidene, aber gleichwohl erhellende Exkursion in die Konsumentenkultur unternommen, die möglicherweise als Beschleunigungsfaktor für sein Projekt wirkte. Als er im Sommer 1871 und 1872 in England war, schrieb er unter Pseudonym eine Reihe kurzer Artikel über die ersten beiden der vier Internationalen Londoner Ausstellungen (1871-1874).[85] Die direkte und offensichtlich verwirrende Konfrontation mit einer solchen Veranstaltung, insbesondere mit den Produkten in der neu erbauten Royal Albert Hall, ließ ihn einen neuen Raum entdecken, in dem die Grenzen zwischen Kunst und Industrie zusammengebrochen waren. Zwar handelt Mallarmé über die Massenanfertigung der ausgestellten Waren im Rahmen des historischen Problems der »Dekadenz«, aber man findet keine Spur von Ruskins Verachtung des fabrikmäßigen Schunds oder von Handwerks-Nostalgie in seinem Bericht. Statt dessen will Mallarmé die »Doppelseitigkeit« der modernen Warenwelt erforschen: nämlich das Paradox, daß schnell fabrizierte, fabrikmäßige Massenartikel insgesamt eine Aura besitzen, die nicht weniger suggestiv ist als die der einzigartigen und seltenen Objekte der Vormoderne. Statt über die Auflösung älterer Authentizitätsmodelle zu jammern, sieht Mallarmé in der Versammlung von wie im Delirium angehäuften hybriden und historisch eklektischen Produkten – als da sind Uhren, Lehnstühle, Tapisserien, Lampen, mechanische Spielsachen, Kandelaber, Geschirr, Parfümbrenner, Klaviere und sogar lebende exotische Tiere – eine verführerische Erfahrungsoberfläche.[86] »Ich sage voraus: das Wort *authentisch,* das viele Jahre lang der sakramentale Begriff der Antiquare war, wird künftig keinerlei Bedeutung mehr haben.« Welch eine Freude, fährt er fort, daß die »große Kunst« durch »die unwiderstehliche Kraft der Dekoration selbst« aus unserem häuslichen Lebensbereich entfernt worden ist.[87] Das Meer von Plunder, das er auf den Londoner Ausstellungen gesehen hatte, und das Panorama der Modeartikel, das er in *La Dernière Mode* ausbreitete, waren Teil einer kompensatorischen, dekorativen Tünche, die die absolute Leere im Herzen des Alltagslebens verbarg und zugleich kenntlich machte. Die *zerstreute* Qualität dieses unverständlichen Nebeneinanders von Stilen, Kulturen und Formen war für Mallarmé etwas wie ein vorläufiger Aufschub einer primären Intuition von Absenz. Inmitten der Implosion der transzendentalen Signifikanten der Religion oder des klassischen Modells des Kunstwerks gibt die Vergeblichkeit des Versuchs, irgend etwas Festes oder Einzigartiges zu lokalisieren, den Weg frei für ein Eintauchen in die Oberflächlichkeit moderner Moden und Dekorationen. Sogar das polychrome Äußere der Albert Hall war für Mallarmé das Zeichen einer entmaterialisierten, ihrer Fundamente beraubten Architektur, die der maßlosen Unwirklichkeit der Produkte, die sie beherbergte, angemessen war. (Bemerkenswerterweise verglich er die optische Wirkung des Baus mit den neuen industriellen Techniken der Farblithographie.)

Mallarmés Eintauchen in die Betriebsamkeit der Ausstellungen, die mit ständiger Ablenkung und Zerstreuung der Aufmerksamkeit verbunden war, führte schließlich zu einer Affirmation eben dieser Leere. In seinem Bericht von der Londoner

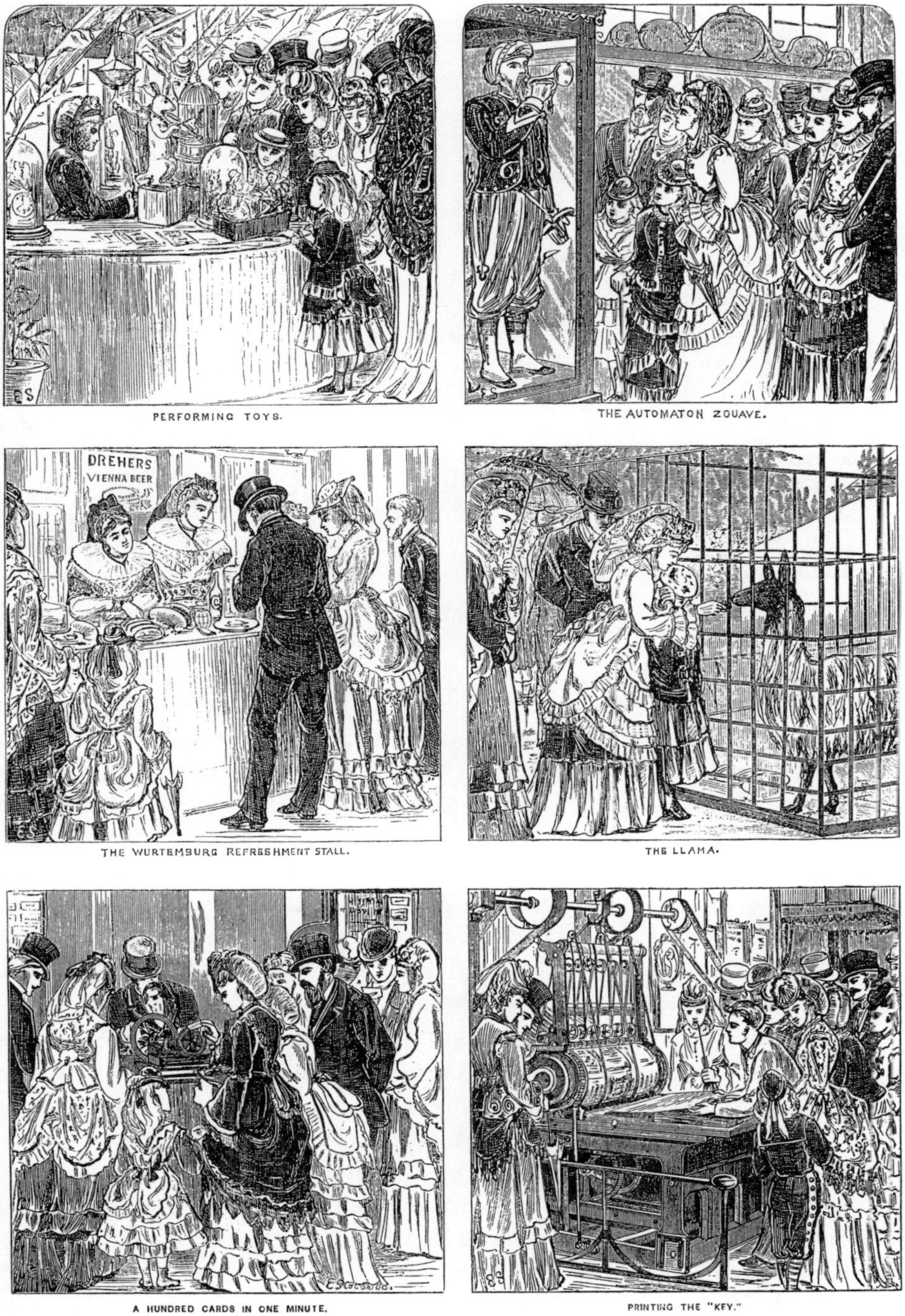

SKETCHES IN THE INTERNATIONAL EXHIBITION.

Abb. 25 Szenen aus der Londoner Ausstellung von 1871, aus *The London Illustrated News.*

Abb. 26 Die Albert Hall bei der Eröffnung der Londoner Ausstellung von 1871.

Ausstellung erwähnt er, wie die Zeitungsjungen Broschüren mit dem Titel »How to See the Exhibition in One Visit« verkauften, und gesteht seine eigene Unfähigkeit, von dem Ereignis und seiner ästhetischen Inkohärenz einen mehr als fragmentarischen Bericht zu geben. In *La Dernière Mode* präsentiert er ein ähnliches Übermaß von möglicher Unterhaltung, von Vergnügungen und Show-Veranstaltungen. Für Nietzsche ist Dekadenz synonym mit der perzeptuellen Anpassungsbereitschaft, die die Kultur des Spektakels verlangt: »Man verliert die *Widerstands*-Kraft gegen die Reize, – man wird bedingt durch die Zufälle: man vergröbert und vergrössert die Erlebnisse ins Ungeheure.«[88] Sowohl für Mallarmé wie auch für Nietzsche zerstört die Dekadenz vielleicht eine bestehende Fähigkeit zur Tat, zum Leben, ist zugleich aber eine wesentliche Vorbedingung für das Auftreten neuer Formen des Lebens und des Schöpferischen. Für Nietzsche ist »die *décadence* ... Nichts, *was zu bekämpfen wäre*: sie ist absolut notwendig und jeder Zeit und jedem Volk eigen.«[89] Das Pseudo-Festival der europäischen Ausstellungen war für Mallarmé ebenso wie das kosmopolitische Milieu von *La Dernière Mode* ein Teil des »Interregnums«, jenes öden Bodens, aus dem vielleicht das von ihm erhoffte, kultische öffentliche Theater der Zukunft sowie, als implizite Konsequenz einer solchen kulturellen Reform, ein in unmöglicher Weise aufmerksamer Zuschauer-Akteur erwachsen würden.[90] In der Zwischenzeit betätigte sich Mallarmé jedoch als Chronist seiner mutlosen Gegenwart, einer Zeit, der »fernzubleiben« er dem Dichter empfahl; allenfalls eine »Visitenkarte« sollte er dort gelegentlich abgeben. Die erste Nummer von *La*

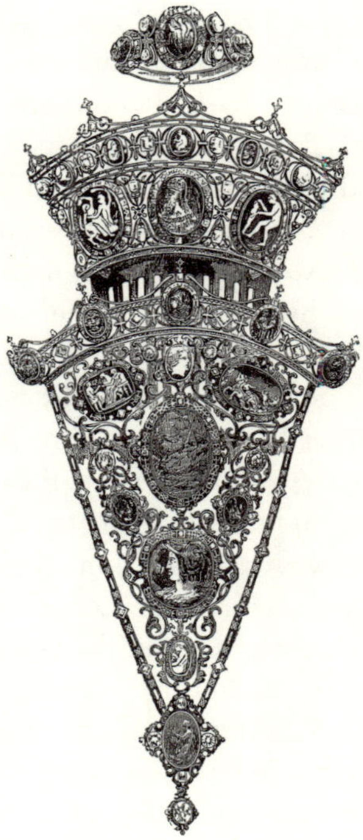

Abb. 27 Schmuckstück aus britischer Produktion, ausgestellt auf der Londoner Ausstellung 1872, aus *Gazette des Beaux-Arts*, September 1872.

Dernière Mode begann mit einer temporalen Charakterisierung, die für das Projekt als ganzes stehen könnte: »In dieser Zeit des Urlaubs.«[91] Die bourgeoisen Ferien im Spätsommer 1874 waren für Mallarmé eine Art Fenster, das den Blick auf den metaphysischen Zustand der Leere und die mit ihm einhergehende historische Trägheit freigab.

Der intersubjektive Raum im *Wintergarten* ist eine verwandte Offenbarung einer Leere inmitten der Wahrnehmung. Manet hatte in seiner direkten Präsentation der Modeartikel sichtbar gemacht, was für Mallarmé noch eher diffus blieb; aber auch hier wird das Produkt von dem heimgesucht, was Guy Debord als seine unvermeidliche Entfernung aus dem Zentrum des Beifalls und die Zurschaustellung seiner »wesentlichen Armut« beschreibt.[92] In diesem neuen System von Objekten, das auf der ständigen Produktion des Neuen gegründet war, wurde die Aufmerksamkeit, wie die Forscher herausfanden, von der regelmäßigen Einführung von Neuheit aufrechterhalten und gesteigert.[93] Dieses Aufmerksamkeits-Regime war synonym mit dem, was Nietzsche als den modernen Nihilismus beschrieben hat: eine

Erschöpfung der Bedeutung, ein Verfall der Zeichen. Wenn die Aufmerksamkeit zum notwendigen Bestandteil von Subjektivitätstheorien wurde, dann weil sie angesichts der Prozesse von Austauschbarkeit und Äquivalenz ein Mittel zur Rettung oder zur Simulation von Einzigkeits- und Identitätserfahrungen zu sein schien.

In einem weiteren Sinn ist das Bedürfnis nach kognitiver Stabilität, Fixierung und Selektion ein Anzeichen dafür, wie unsicher die Position eines kohärenten Subjekts war, und Manets Werk demonstriert die Unmöglichkeit zum Beispiel des Janetschen Ideals einer normativen Synthesis, in welcher die Sehoperation die vereinheitlichte Tätigkeit des Ich wirksam aufrechterhält.[94] Der *Wintergarten* befindet sich an einer Grenze, jenseits derer ein funktionales Sehen in einer Auflösung von Verständlichkeit und Organisiertheit zusammenbrechen würde. Manet wußte instinktiv, daß das Auge kein fixiertes Organ ist, daß es von Polyvalenz geprägt ist, von wechselnden Intensitäten und nichtfestgelegten Operationen, und daß ein anhaltendes Starren auf irgend etwas das Sehen von seinem fixierten Charakter entlastet – niemals kann das Auge einen »bindenden Zugriff« ausüben. Statt dessen deckt Manets Werk unbeirrt jene Dissoziation auf, die von nun an mit einer modernen Wahrnehmung – gleichgültig ob als normal oder als pathologisch geltend – synonym sein wird. Manet verstand als erster moderner Künstler, was für das Spätwerk Cézannes entscheidend werden sollte: wie eine optische Aufmerksamkeit die Welt auflösen und desorganisieren kann und daß eben dies deren Rekonstruktion von Grund auf durch den Künstler erforderlich macht. Gilles Deleuze meint anläßlich des von ihm so genannten »besonderen Bezugs der Malerei zur Hysterie«, daß für den Hysteriker die Dinge allzu präsent seien; ein Übermaß an Präsenz mache die Repräsentation unmöglich, und der Maler habe, wenn er nicht eingeschränkt sei, die Fähigkeit, Präsenzen aus der Repräsentation herauszulösen.[95] Für Deleuze ist das klassische Modell der Malerei eine Abwehr jener Hysterie, die ihrem Herzen so nahesteht.

Im Wintergarten zeigt also Manets Versuch, etwas von dieser klassischen Unterdrückung und Beschränkung, etwas von einem obsoleten Modell der Synthesis zurückzuholen.[96] Aufgrund seines eigenen Wissens um die wahrnehmungsinhärenten Störungen mußte dieser Versuch tief ambivalent und disjunktiv ausfallen. Das auffälligste Motiv des Gemäldes, das diesem Zustand der Einschließung, diesem Gefangensein im »Griff« oder »dans la serre« entkommt, ist vielleicht das wirre Geschlinge von Grün hinter den Figuren.[97] Läßt sich die gegenüberliegende Seite in diesem Raum ebenso als mögliches Objekt der Aufmerksamkeit oder der Zerstreuung für die Frau sehen? Manet hat das Pigment bei der Vegetation um die Figuren so dick aufgetragen, daß eine Art übergreifender Wulst um sie herum entstanden ist und wir das Grün physisch näher vor Augen haben als die Figuren selbst. Diese turbulente Zone der Farbe und der Üppigkeit überwindet ihre symbolische Domestizierung und hört auf, als Teil einer Figur-Grund-Relation zu funktionieren. Hier deutet sich eine perzeptuelle Ordnung an, die den Beziehungen, die Manet um die beiden Figuren herum einzufrieren oder zu stabilisieren versucht hat, fremd ist. Es

Abb. 28 Max Klinger, *Ort. Handschuh-Zyklus*, 1879, Detail.

ist ein Ort, an dem die Aufmerksamkeit von ihrer eigenen Auflösung durchtränkt ist, an dem sie von einem gebundenen in einen beweglichen Status übergehen kann. Entlang der gleitenden Kontinuität zwischen diesen beiden Zuständen kann das Sehen aus den Koordinaten seiner sozialen Determinanten herausgehoben werden. Und das ist es, was von Manets Zugriff nur unvollkommen in Schach gehalten wird – eine Aufmerksamkeit, die sich außerhalb solcher Unterscheidungen verliert.

*

Der größere Zusammenhang, in dem Manets Werk 1879 erscheint, ist ein Umfeld, in dem Unsicherheit und Formbarkeit der Aufmerksamkeit einem Test unterzogen wurden und andere Organisationen perzeptueller Bindung und Synthesis Gestalt annahmen. Man nehme Max Klingers Zyklus *Ein Handschuh*, ein Werk, das mehr oder weniger denselben narrativen Hintergrund besitzt wie Manets Gemälde: die unsicheren öffentlichen Interaktionen und Selbstdarstellungen modisch gekleideter Männer und Frauen in einer neuen Freizeit-Umwelt.[98] Allerdings ist dieses Werk von einer ganz anderen libidinalen Struktur determiniert und gehört als Bilderzyklus offensichtlich einer anderen Kategorie perzeptueller Streuung an. Eine Einzelheit im ersten Blatt der Folge zeigt jedoch eine analoge Konfiguration in Gestalt einer sitzenden Frau, um die sich eine männliche Figur bemüht. Der fallengelassene Handschuh dieser Frau setzt die im Zyklus erzählte seelische Odyssee in Gang. Die Handschuhe, die bei Manet der Dame auf der Bank gehören, sind jedoch (ebenso wie andere potientielle Orte der Fixierung im *Wintergarten*) weit entfernt von der überfrachteten Besetzung des Handschuhs bei Klinger, wo die Aufmerksamkeit jede normative Synthesis hinter sich läßt und ausschließlich von einem einzigen Inhalt bestimmt wird. In orthodoxer psychoanalytischer Terminologie könnte man vielleicht den *Wintergarten* als ein »neurotisches« Bild bezeichnen, das die Kehrseite der »Perversion« des *Handschuh*-Zyklus wäre. In den späten 1870er Jahren war, wie Michel Foucault gezeigt hat, der Fetischismus exemplarisch für alle Perversionen geworden.[99] Während bei Manet jede offene Fixierung des Begehrens fehlt, wird in der Klingerschen Folge klar ausgesprochen, was die Neurose unterdrücken würde.[100] Obwohl das Sehen bei Klinger geradezu zwanghaft gebunden und auf das herausgelöste Element des Handschuhs konzentriert wird, franst es zugleich aus in serielle und metamorphische Bewegungen. Es bahnt sich einen beweglichen Pfad von Bild zu Bild, entlang jener im Entstehen begriffenen sozialen Landschaft, in der die Ströme des Begehrens und die Zirkulation von Waren sich unablässig überschneiden werden. Auf diesem Pfad sind die Grenzen zwischen Traum, Halluzination und »normaler« Wahrnehmung aufgehoben. Die Aufmerksamkeit, die auf die von dem Handschuh denotierte Absenz, also »auf den Behälter statt auf den Inhalt« gerichtet ist, weitet sich wahnhaft aus zu einem dynamischen und produktiven Prozeß.[101] Klinger nimmt einige der Hypothesen aus der *Traumdeutung* vorweg, in der Freud noch dabei ist, seine für den »Entwurf einer Psychologie« zentrale Gleichsetzung von seelischer Energie und »beweglicher Aufmerksamkeit« zu erproben.[102] Klinger und Freud bestätigen in ihrem Werk beide, daß die Aufmerksamkeit sowohl vom Prozeß des Träumens wie auch von der ästhetischen Produktion untrennbar ist.

Gilles Deleuze bemerkt in seinem Buch über das Kino in einem kurzen historischen Exkurs, daß die Krise der Wahrnehmung im späten neunzehnten Jahrhundert mit dem Zeitpunkt koinzidiert, an dem es nicht mehr möglich war, eine sichere Position einzunehmen, und verweist auf die zahlreichen Faktoren, die immer mehr Bewegung ins psychische Leben brachten.[103] Es ist sicher nicht von ungefähr, daß die beiden ersten Bilder des *Handschuh*-Zyklus eine Rollschuhbahn zeigen: der Betrachter findet sich als kinetischer, sehender Körper in Bewegung versetzt, um sozial und zeitlich nicht vorgezeichnete Bahnen zu durchlaufen. Zum bleibenden Reiz des berühmtesten Blatts der Folge gehört eben diese kinästhetische Qualität, die der physischen Bewegung der umhergleitenden Rollschuhläufer verführerisch etwas unwillkürlich Fließendes, Schlafwandlerisches verleiht, so daß ein spannungslos-traumhafter Raum entsteht, der von der dichten und unwirklich üppigen Vegetation hinter den Rollschuhläufern versiegelt wird und von allen Schock- und Brucherfahrungen des zeitgenössischen Großstadtlebens unberührt bleibt.[104] 1877 hatte Manet in seinem Bild *Eislaufen* in Gestalt der Eisbahn an der Rue Blanche eine ähnliche Vergnügungsstätte dargestellt. Das öffentliche Gewächshaus und die Roll-

Abb. 29 Max Klinger, *Handlung. Handschuh-Zyklus.*

Abb. 30 Klinger, *Ort. Handschuh-Zyklus.*

schuhbahn waren wie die von Benjamin so genannten »Traumhäuser« neue soziale Arenen, die auf ambulante visuelle Konsumtion hin angelegt waren und Möglichkeiten für bis dato unbekannte libidinale Begegnungen und Ausflüge boten.

»Ort«, das erste Blatt aus Klingers Folge, dürfte wohl auch das inhaltsreichste sein. Wenige Bilder aus dieser Zeit vermitteln so viel von der alltäglichen Beklemmung, der Erwartung, der ungreifbaren Ungewißheit einer sich modernisierenden städtischen Umwelt, in der sich das Individuum gleichsam auf eine glattpolierte Fläche ohne jede dauerhafte Markierung versetzt findet. Überall wird die scheinbare Stasis unterlaufen, nicht nur durch das deutliche Symbol der Rollschuhe und das kleine Mädchen, das gestürzt ist, sondern auch durch das Netzwerk von Blikken und Gesten, in denen die Auflösung sexueller und sozialer Gewißheiten und die damit verbundenen Capricen antizipiert, ja bereits vollzogen werden. Homoerotisches Begehren äußert sich, und das verbindliche Modell des heterosexuellen Paars wird verdrängt durch die Aussicht auf neue, flüchtige Beziehungen (die in dem zweideutigen Trio von Läufern im zweiten Blatt der Folge explizit Gestalt annehmen). Klinger ist es hier unter anderem gelungen, unter Beibehaltung der naturalistischen Oberfläche des Bildes ein Ausdrucksmittel für die Wirkungen sozialer Fragmentierung und psychischer Dissoziation zu finden.[105] Die Fenster in der Rückwand sind jeweils so angeordnet, daß in den einzelnen Scheiben kein erkennbares Bild der davorliegenden Szenerie zustande kommt. Statt dessen werden die unentzifferbaren Reflexe in den Fenstern zu einer irritierenden Ansammlung von isolierten und zusammenhanglosen Spiegelungen einer Zone, die von Figuren mit Bewegungsprothesen bevölkert ist. Zugleich wird die additive Anhäufung von Figuren durch Bewegungen und Interaktionen verfremdet, die zeitlich versetzt und aus dem Zusammenhang gerissen sind. Zwischen Aktion und Reaktion, dem verstohlenen Blick und dem Reiz ist eine gewisse Lücke erkennbar, die die Uneinheitlichkeit des Bildes verstärkt.[106]

Für das zweite Blatt seiner Folge hatte Klinger zunächst den alternativen Titel »Sachverhalte« erwogen. Der quasi-amtliche Klang dieses Worts (der mehr an die bürokratisch-juridische Rationalität des Deutschland der 1870er Jahre erinnert als an einen »Fall« im medizinisch-psychiatrischen Sinn) gibt das Bild als Teil einer Detektivgeschichte zu erkennen, als eine Art Kriminalroman, in dem man zielbewußt nach Hinweisen oder Spuren sucht. Das erste Blatt, das den französischen Alternativtitel »Préambule« hatte, zeigt das Milieu, in dem die Suche stattfindet: eine wirre und anscheinend zufällige Ansammlung von Individuen, deren Beziehungen es zu entziffern gilt, und von bedeutsamen Dingen, die sich irgendwo perzeptuell isoliert befinden. Wechselt man vom ersten zum zweiten Blatt, so ist das inhaltliche Feld plötzlich durch die selektive Tätigkeit der Aufmerksamkeit verengt. Der Rollschuhläufer (Klinger selbst), der sich nach dem fallengelassenen Handschuh bückt, verkörpert die partiell identischen Figuren des Detektivs, des Sammlers, des Konsumenten und des Fetischisten. Die Nähe dieser Rollen und die in ihnen sich äußernde spezifisch moderne Form der Obsession wirft ein Licht auf die Zweideutigkeit der Grenzen, die eine intensiv konzentrierte Aufmerksamkeit von Monomanie, *idées fixes,* Fetischismus oder allen möglichen anderen »pathologischen« Störungen der Aufmerksamkeit trennen.[107] Gleichzeitig wird die »Perversion« evident, von der eine Suche nach den Fakten und nach der Wahrheit im Innersten beseelt ist. In »Ruhe«, einem der nächsten Blätter der Folge, finden wir den Handschuh auf einem reich verzierten Tisch als Teil einer prunkvollen Schaustellung, in der er anscheinend ein Sammlungs- oder Fetischobjekt oder eine Luxusware darstellt. Der *Handschuh*-Zyklus beruht jedoch auf einem *monoidéisme,* der die normative Aufmerksamkeitsanpassung, die zur Inganghaltung der Konsumentenkultur benötigt wird, überschreitet. Die Fixierungen bei Klinger sind ins Maßlose gesteigert und mithin »soziopathisch« – im Gegensatz zu einer begrenzten Aufmerksamkeitsspanne, die sich ständig neu sammelt und sich auf das endlose Erscheinen von neuen Produkten und spektakulären Konsumobjekten reorientieren kann. Klinger zeigt auch, in Übereinstimmung mit Freuds *Traumdeutung,* daß der Akt der Abspaltung einen *produktiven* Prozess initiieren kann, wenn die Aufmerksamkeit einen bestimmten Inhalt aus einem kognitiven Feld isoliert. Schließlich aber stimmt die Serialität von Klingers Zyklus strukturell mit der Textur einer im Entstehen begriffenen visuellen Massenkultur und ihren zahlreichen Formen von fabrikmäßig hergestelltem »Realismus« überein.

Zwei Jahre nach dem Erscheinen des Zyklus *Ein Handschuh* im Jahr 1881 erlebte

Abb. 31 Max Klinger, *Ängste. Handschuh-Zyklus.*

die Stadt Berlin die Eröffnung einer neuen visuellen Attraktion in der Passage »Unter den Linden«, die das Modell einer anderen allgegenwärtigen Erfahrung imaginärer Produktion darstellte. August Fuhrmann, ein optischer Unternehmer und einstiger Wissenschaftler, hatte einen mechanischen Apparat namens »Kaiserpanorama« erfunden, um seine riesige Sammlung von Glasplatten mit stereoskopischen Photographien öffentlich (und profitabel) vorführen zu können.[108] Daß Fuhrmann für sein Etablissement den Namen »Panorama« wählte, hat einige Historiker dazu verleitet, dieses Unternehmen mit der Entwicklung und Schaustellung der Panoramamalerei im neunzehnten Jahrhundert in Verbindung zu bringen. Abgesehen von seiner kreisrunden Form hatte es jedoch mit dem eigentlichen Panorama weder technisch noch hinsichtlich der Seherfahrung, die es ermöglichte, etwas zu tun. Fuhrmann wählte das Wort zweifellos, weil es mit der sehr populären und seit langem etablierten Attraktion dieses Namens verbunden wurde, aber auch aufgrund einer anderen Bedeutung, die es im Lauf des neunzehnten Jahrhunderts annahm: der einer überwältigenden, allumfassenden Ansicht (auch wenn es sich hier um eine Sukzession vieler Ansichten handelte). Stephan Oettermann hat gezeigt, daß das Kaiserpanorama (oder Weltpanorama, wie es nach dem Ersten Weltkrieg hieß) ein hybrider Apparat war, der vor allem eine stereoskopische Peep show bot. Es war praktisch eine vielbildrige Version des seit den 1850er Jahren beliebten geschlossenen Stereoskops nach dem Brewster-Modell. Durch den Gebrauch von transparenten und gefärbten Gläsern erzielte Fuhrmann jedoch (im Kleinformat) auch einiges von den Wirkungen, die man mit dem ursprünglichen Diorama Daguerres assoziierte: illusionäre dreidimensionale Szenen, deren Wirklichkeitseffekt durch versteckte Beleuchtung und transparente Bilder gesteigert wurde. Fuhrmann war bald imstande, sein Kaiserpanorama massenweise zu produzieren, so daß schließlich nicht weniger als zweihundertfünfzig solcher Etablissements vor allem in den Städ-

Abb. 32 Max Klinger, *Ruhe. Handschuh-Zyklus.*

ten Deutschlands und Österreichs existierten. Nicht alle hatten das Format des Originals in Berlin; einige faßten nicht mehr als sechs Besucher.

In gewisser Hinsicht gehört die Geschichte des Kaiserpanoramas zu der des Stereoskops und der Peep show, seine eigentümliche Struktur deutet jedoch auf das voraus, was Edison in den frühen neunziger Jahren in Gestalt des Kinetoskops einrichtete, nämlich einen öffentlich zugänglichen Ort, an dem der individuelle Konsument gegen Bezahlung eine mechanisierte Folge von photographischen Bildern betrachten konnte. Das Kinetoskop ist vor allem durch die Bewegung der von ihm gezeigten Bilder historisch bedeutsam; was beide Apparaturen jedoch gemeinsam hatten, war eine spezifische Konzeption davon, wie ein Publikum so organisiert werden konnte, daß es zu einer individuellen Zwiesprache mit der Maschine und überdies zu einer ökonomischen Konsumtion bereit war, in welcher Hard- und Software das Eigentum eines Operateur-Unternehmers waren. Das erste Kaiserpanorama hatte einen Durchmesser von etwa 4,5 Metern und konnte fünfundzwanzig Besucher aufnehmen, die gleichzeitig von fünfundzwanzig kleinen Lampen beleuchtete stereoskopische Bilder betrachteten. Im Inneren befand sich ein Motor, durch den die Bildplatten ungefähr alle zwei Minuten von einem Betrachter zum nächsten gedreht wurden. Wenn der Konsument wollte, konnte das Erlebnis also bis zu fünfzig Minuten dauern – eine lange Zeit des Eintauchens in diese Welt von scheinbar dreidimensionalen Ansichten naher und ferner Szenerien, die durch Bildlegenden ergänzt waren.[109] Allerdings baute Fuhrmann in den neunziger Jahren seine Apparate um, indem er an jeder Station einen Münzschlitz anbringen ließ, so daß der Konsument die Dauer und die Kosten seines optischen Engagements selbst bestimmen konnte.

Im Gegensatz zu der libidinal determinierten Mischung aus Fixierung und Mäandrieren bei Klinger und den von ihr ausgelösten Transformationen gehörte

Abb. 33 Max Klinger, *Rettung. Handschuh-Zyklus.*

das Kaiserpanorama zu den zahlreichen visuellen Apparaturen, mit denen die Aufmerksamkeit, bei gleichzeitiger Einführung externer Variationsmöglichkeiten, *mechanisch* aufrechterhalten werden sollte. Das Kaiserpanorama ist einer der vielen Orte, an denen wir mit Grund eine »Industrialisierung« der visuellen Konsumtion lokalisieren können: es ist ein Raum, in dem die physische und temporale Abstimmung von Körper und Maschine dem Rhythmus der Fabrikarbeit entsprechen und zugleich der Weise, wie Abwechslung und Unterbrechung in die Fließbandarbeit eingeführt wurden, um ein Abdriften der Aufmerksamkeit in Trance und Wachtraum zu vermeiden. Außerdem tritt an ihm eine Strukturierung der Erfahrung auf, die es mit vielen präkinematischen Apparaturen der achtziger und mit vielen kinematischen der neunziger Jahre gemein hat, in denen die apparaturbedingte Fragmentierung der Wahrnehmung zugleich in Form eines mechanisch produzierten Kontinuums, das die Disjunktionen »naturalisiert«, präsentiert wird. (Welche Logik zeitlicher Abfolge oder räumlicher Kontinuität liegt einem im 120-Sekunden-Rhythmus erfolgenden Wechsel von den Papstgemächern in Rom zur Chinesischen Mauer und von da zu den italienischen Alpen zugrunde?) Um welche Art psychologischer Besetzung es sich subjektiv auch handeln mag (Begehren, Traum, Wachtraum oder Faszination), das Kaiserpanorama ist nicht trennbar von einem maschinellen Tempo, innerhalb dessen die Idee eines Einschaltens der Aufmerksamkeit als notwendig und unvermeidlich erscheinen muß. Es ist ein Irrtum, eine Vorrichtung wie das Kaiserpanorama unproblematisch mit einer Kategorie von leicht konsumierbarem »Realismus« zu verbinden. Vielmehr gehört es zu den zahlreichen Or-

Abb. 34 Max Klinger, *Entführung. Handschuh-Zyklus.*

ten, an denen eine *Automatisierung* der Wahrnehmung erfolgt, an denen die Synthesis obligatorisch ist, eine Automatisierung, die heute auf anderen Wegen unvermindert fortschreitet.[110]

*

Eine verwandte und noch folgenreichere Umformung der Wahrnehmung findet in den 1878–1879 vorgenommenen Experimenten statt, in denen Eadweard Muybridge seine ersten sequentiellen Photographien der Fortbewegung von Pferden gelangen. Was Muybridge um 1879 erreichte, war eine Reorganisation und Aufspaltung der Wahrnehmung, die den Akzent nicht auf die Natürlichkeit des Sehens setzte, sondern, wie Noël Burch und andere gezeigt haben, auf dessen systematischen und konstruierten Charakter.[111] Die ersten, 1878 in Palo Alto entstandenen Bilder geben eine Vorstellung von dieser ursprünglichen Zerrissenheit und sind möglicherweise verstörender als sämtliche Arbeiten von Etienne-Jules Marey. Anders als Muybridges Verfahren beruhte das von Marey auf einer reziproken Operation von Dekomposition und erneuter Vereinheitlichung: seine im Rahmen eines einzigen visuellen Felds stattfindende Analyse der Bewegung hielt an einem Vektor räumlicher und temporaler Kohärenz fest und versah die Bewegung, wenn auch mit Hilfe neuartiger Darstellungspraktiken, mit einer *neuen Form* von Lesbarkeit und Rationalität. Die Weise, wie Muybridge die scheinbaren Kontinuitäten von Bewegung und Zeit dekonstruiert, ist viel intransigenter und weniger ausdifferenziert, und seine Arbeit ist ein Beispiel für eine umfassende Entkopplung der empirischen Übereinstimmung mit der Wirklichkeit vom »Wirklichkeitseffekt«. Seine Bilder setzten auch der ästhetischen Aneignung einen größeren Widerstand entgegen als die Mareys. Kein notwendiges Kausalverhältnis verbindet die sequentiell präsentierten Positionen oder Abschnitte, nur ein ungenaues und unsicheres Gefühl von Vorher und Nachher. Wenn man Muybridge vorwirft, er sei, weil er die Variable der Zeit vernachlässigt habe, weniger »fortgeschritten« als Marey, legt man ein ärmliches Zeitmodell zugrunde. Der Durchbruch, den Muybridges Werk im Jahre 1878

Abb. 35 Zwei Ansichten des ursprünglichen Kaiserpanoramas ...

bedeutete, bestand darin, daß er sich maschineller Hochgeschwindigkeit bediente, um perzeptuelle Einheiten jenseits der Kapazitäten des menschlichen Sehens herzustellen und sie anschließend ganz unabhängig von jeder subjektiven Erfahrung wieder verbinden zu können.[112] Muybridge macht mit seiner modularen Segmentierung von Bildern die Möglichkeit einer »wahren« Syntax zunichte und erstellt mit seinen aggregathaften Darstellungen ein atomisiertes Feld, das kein Beobachter nahtlos zusammenfügen kann. Diese offenkundige Nichthomogenität und Segmentierung, die seine Arbeit charakterisiert, ist jedoch in Wirklichkeit eine Öffnung hin zu einer abstrakten Ordnung von Kontinuitäten und ununterbrochenen Kreisläufen.

Die Begleitumstände von Muybridges frühen Bewegungsstudien sind untrennbar verbunden mit der Person Leland Stanfords, des innovativen und skrupellosen kalifornischen Finanzmanns.[113] Es war der ehemalige Gouverneur und reiche Rennstallbesitzer Stanford, der als erster die erwähnten Experimente vorschlug, mit denen Muybridge fast nur aus Zufall zu tun bekam. Als Gründer und Direktor der Central Pacific Railroad ist Stanford mit einem Kernstück der kapitalistischen Modernisierung im mittleren neunzehnten Jahrhundert verbunden: der Einrichtung von Eisenbahn- und Schiffahrtslinien als Teil einer bestimmten historischen Phase in der Reduzierung von Zeit und Kosten der *Bewegung*, will sagen der Beschleunigung im Fluß des zirkulierenden Kapitals und des Imperativs, »die Zeit, die

... Berlin, 1880er Jahre.

die Bewegung von einem Ort zum andren kostet, auf ein Minimum zu reduzieren«.[114] »Das Kapital«, so betonte Marx, »treibt seiner Natur nach über jede räumliche Schranke hinaus. Die Schaffung der physischen Bedingungen des Austauschs – von Kommunikations- und Transportmitteln – wird also für es in ganz andrem Maße zur Notwendigkeit – die Vernichtung des Raums durch die Zeit.«[115] Die Identifizierung der *Kommunikationsmittel* ist hier entscheidend; Marx bezieht sich offensichtlich auf die frühen Formen der Telekommunikation wie Post und Telegraphie, die dann im zwanzigsten Jahrhundert zur Allgegenwart von instantanen Kommunikationsformen führen sollten.[116] In der Modernisierung dieser Formen ist jedoch auch die parallele Erneuerung von Wahrnehmung und Information eingeschlossen, wie sie in den photographischen Experimenten von Stanford und Muybridge zum Ausdruck kommt. Diese Experimente konstituieren einen der Orte, an denen jene verwandte Reduzierung der Wahrnehmungszeit stattfindet, in deren Folge die Visualität mit den Geschwindigkeiten und Zeitlichkeiten sowohl der Zirkulation als auch der Telekommunikation zusammenfallen sollte. Nur ein paar Jahre später, in den frühen achtziger Jahren, begann Ernst Mach mit seinen experimentellen Photographien einer mit Überschallgeschwindigkeit fliegenden Patrone. Mach gelang es nicht nur, ein Bild des Projektils auf seiner Schußbahn zu isolieren, sondern auch gleichzeitig die ihm *vorhergehenden* Schockwellen aufzuzeichnen, wodurch sich etwas von den radikalen Umformungen perzeptueller

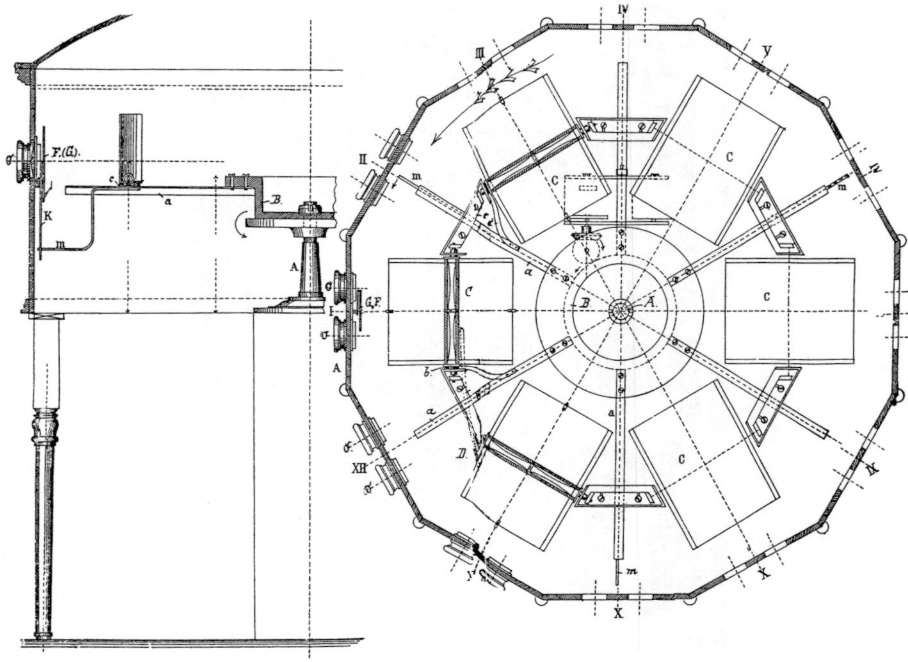

Abb. 36 Das Kaiserpanorama, Grundriß und Schnitt. Aus Fuhrmanns Gesuch um ein britisches Patent, 1890.

»Wahrheiten« ankündigte, die von maschinell erzeugten Geschwindigkeiten ermöglicht wurden. Derartige Photographien stießen die konventionellen Annahmen über Ursache und Wirkung in der Kognition um und nahmen dem sichtbaren Anschein eines physischen »Ereignisses« seine Vertrautheit.

Die Segmentierung bei Muybridge ist nicht bloß als Aufbrechen eines Wahrnehmungsfelds zu verstehen, sondern auch als die Proklamation einer Augenblicklichkeit des Sehens, aus der der Raum getilgt ist. In ihr kündigt sich ein Sehen an, das mit der glatten Oberfläche eines globalen Markts und seinen neuen Wegen des Tauschs kompatibel ist. Auf den ersten Blick scheint Muybridge einem klassischen tabularen Schema zu folgen, aber was hier in Reihen und Kolumnen angeordnet ist, hat mit der unveränderlichen Identität, die die Intelligibilität einer Tafel ausmacht, nichts mehr zu tun.[117] *The Horse in Motion* muß als eine Entwurzelung der Wahrnehmung, eine Lösung aus sämtlichen stabilen Raum-Zeit-Koordinaten verstanden werden. Muybridges Werk ist ein signifikantes Beispiel dessen, was Deleuze und Guattari als Prozeß der kapitalistischen Deterritorialisierung und Dekodierung beschrieben haben – eine Terminologie, die vielleicht nicht sehr glücklich ist, aber zum Ausdruck bringt, daß alles mit einer stabilen Verortung im Raum Versehene in ein System von Tausch und Zirkulation eingefügt zu werden untauglich ist und daß alles, was Teil eines Kodes ist (ein traditionelles oder feststehendes Verhaltens- oder

Abb. 37 Gefärbte Glasplatten mit stereoskopischen Photographien für das Kaiserpanorama. Die Niagara-Fälle, japanische Frauen und Londoner Straßenszene.

Repräsentationsmuster), sich einer Verteilung auf abstrakte Beziehungsnetzwerke verweigert. Die Geschichte des Kapitalismus ist die Geschichte der Überwindung dieser Hindernisse zugunsten seines effektiven Funktionierens. Das Ideal einer instantanen und automatischen maschinellen Wahrnehmung, das sich in Muybridges schnellen Kameraverschlüssen zumindest andeutete, war ein Ensemble von Fähigkeiten, die weit über die ärmlichen Grenzen menschlichen Sehens und menschlicher Aufmerksamkeit hinausgingen. In den achtziger Jahren stellte sich, wie François Dagognet formuliert, die Aufgabe, »die menschliche Vermittlung als einen Schirm, der den Zugang zur Wirklichkeit verkomplizierte, verzerrte und vereitelte, zu eliminieren«.[118] Allerdings pflegte man die menschliche Person trotz ihrer perzeptuellen »Unzulänglichkeiten« nichtsdestoweniger in wachsendem Maß im Sinn solcher Modelle zu definieren, zum Beispiel beim Studium und der Messung der Reaktionszeit als Teil einer Bestimmung der Verhaltensnormen. Und das Pferd, das viele tausend Jahre das primäre Fortbewegungsmittel in den menschlichen Gesellschaften gewesen ist, wird symbolisch zerlegt – in quantifizierte und leblose Einheiten von Zeit und Bewegung.

Um die Temporalitäten der Wahrnehmung, zu denen Muybridge 1878 einen Zugang eröffnete, in einem größeren Zusammenhang zu verstehen, sollte man jedoch auch einige seiner weniger bekannten Photographien, die nur ein paar Jahre früher entstanden waren, in Betracht ziehen. Die gerade von dem Finanzmann Jay Gould erworbene Pacific Mail Steamship Company hatte Muybridge 1875 mit einer ausgedehnten photographischen Reise durch Zentralamerika beauftragt.[119] Was die Gesellschaft erwartete, waren Reklamebilder, die »den Zentral- und Südamerikahandel stimulieren und das Interesse von Kapitalisten und Touristen am Besuch dieser Länder« wecken sollten; daneben sollte Muybridge Photographien von den Kaffeeplantagen in Guatemala anfertigen, um die Bereitschaft zu neuen Investitionen in die Kaffeeindustrie zu erhöhen.[120] In dem anschließend entstandenen Album sind Bilder von produktiver Arbeit mit Darstellungen vermischt, in denen Zentralamerika als »irdisches Paradies« erscheint. Auf eines von den vielen bemerkenswerten Bildern, die Muybridge in Guatemala herstellte, möchte ich näher eingehen: es zeigt Arbeiter, die unter mittäglichen Wolken in den Hügeln der Plantage von Las Nubes Kaffeebohnen ernten und verpacken.[121] Was wir hier sehen, ist ein trügerisch homogenisiertes und statisches Bild von Elementen (Körper und Land), die in Wirklichkeit quantifizierbarer und austauschbarer Teil eines instabilen, sich der Immobilisierung entziehenden Systems geworden sind; ist die antinomische Koexistenz von lebendiger Arbeitskraft (mit ihren irreduziblen existentiellen Zeitlichkeiten) und der Tendenz des Kapitals zur »Zirkulation ohne Zirkulationszeit«.[122] Die Gewaltsamkeit und die soziale Verwüstung, die dieser Distribution menschlicher Wesen überall in dieser scheinbar vormodernen Landschaft mit ihrer üppigen Vegetation zugrunde liegt, ist die Konsequenz derselben Modernisierungsimperative, die hinter Muybridges Experimenten in Palo Alto standen und die eine rastlose Analyse der Möglichkeiten einleiteten, wie der Körper und seine

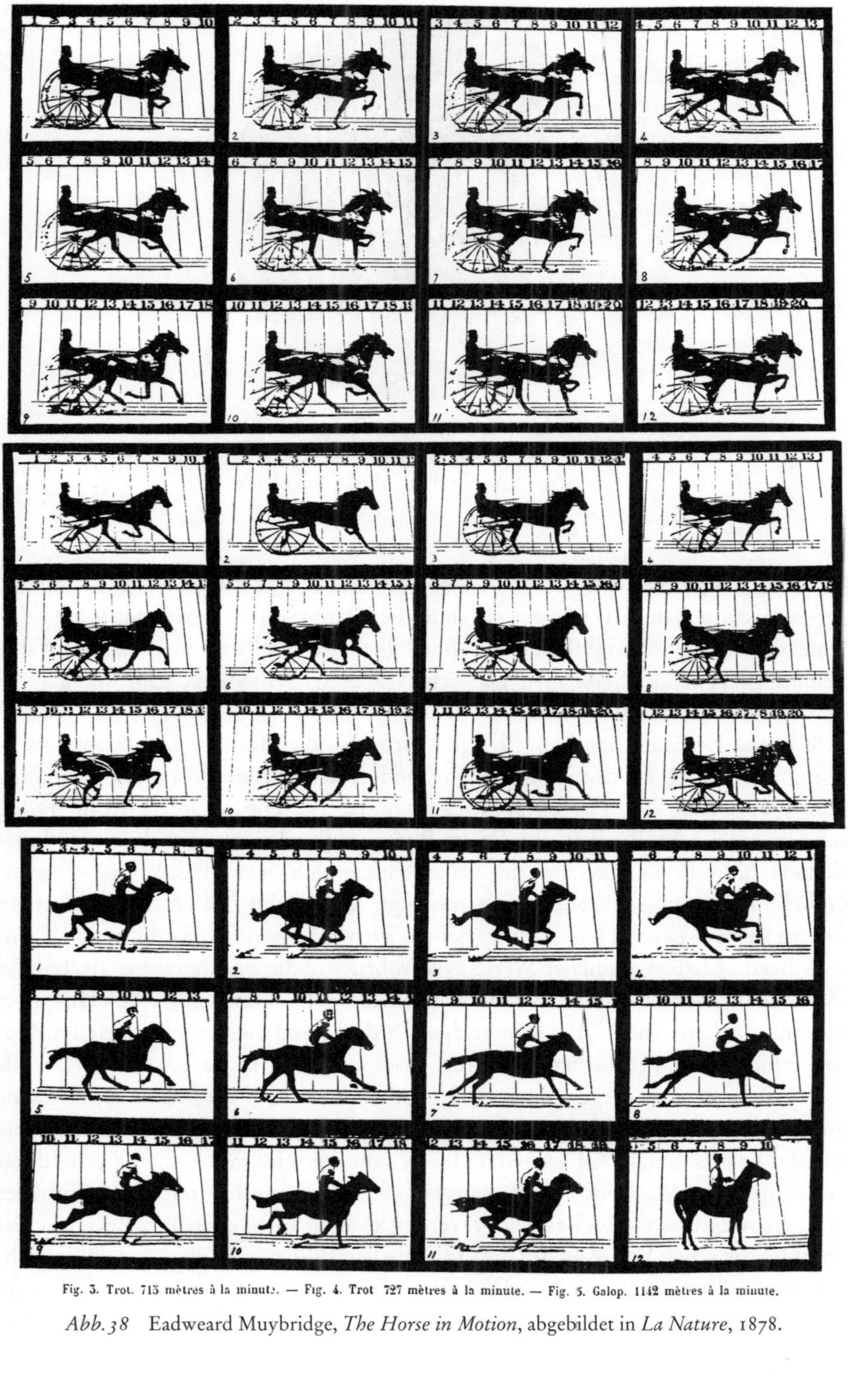

Fig. 3. Trot. 715 mètres à la minute. — Fig. 4. Trot 727 mètres à la minute. — Fig. 5. Galop. 1142 mètres à la minute.

Abb. 38 Eadweard Muybridge, *The Horse in Motion*, abgebildet in *La Nature*, 1878.

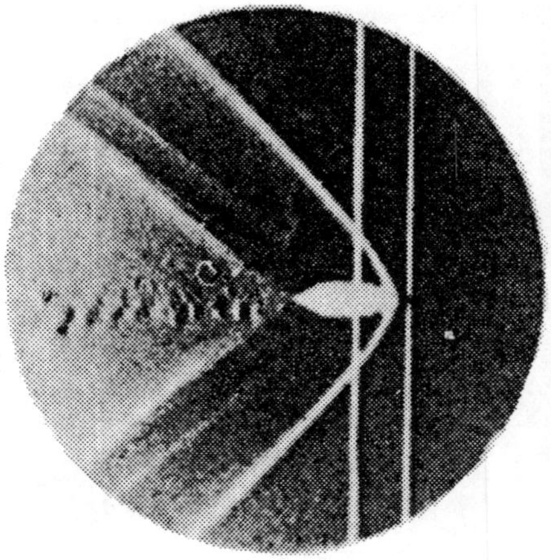

Abb. 39 Ernst Mach, Photographie eines Geschosses, das mit einer Geschwindigkeit von 520 m pro Sekunde fliegt, Mitte 1880er Jahre.

Bewegungen produktiv gemacht werden könnten. Dieses Bild von Zentralamerika ist wie das von Stanfords Pferden ein statischer Schnitt durch Bewegungen und Abläufe, die in ihrer Abstraktheit und Schnelligkeit gleichfalls die menschliche Wahrnehmungskapazität übersteigen. Das Schicksal dieser Arbeiter ist ganz und gar von denselben Prozessen bestimmt.

Siegfried Kracauer hat darauf hingewiesen, daß die moderne Geschichtsschreibung, wie sie sich im neunzehnten Jahrhundert herausbildete, von der Erfindung und Verbreitung der Photographie untrennbar ist. Die »Kamera-Realität«, so schrieb er, »die Art Realität, auf die der Photograph oder Filmemacher seine Linse richtet«, hat »alle Kennzeichen der *Lebenswelt* an sich. Sie umfaßt leblose Objekte, Gesichter, Massen, Leute, die sich mischen, leiden und hoffen; ihr großartiges Thema ist das Leben in seiner Fülle, Leben, wie wir es gemeinhin erfahren.«[123] Roland Barthes hat in ähnlicher Weise ausgeführt, wie die Photographie als Teil des »Wirklichkeitseffekts«, von dem die Wahrscheinlichkeit des historischen Diskurses abhängt, wirken kann.[124] Bei Muybridge allerdings sind diese Funktionen der Photographie zunichte geworden.[125] Natürlich ist *The Horse in Motion* das beweiskräftige Residuum eines vergangenen Ereignisses, aber es ist nicht in eine syntaktische und semantische Organisation eingebunden, die die historische Narration unterstützt. Die maschinelle Objektivität, die hier am Werk ist, läßt keinen Raum für einen subjektiven Standort, von dem aus ein »So ist es gewesen« oder ein Gefühl des »Dabeigewesenseins« noch *verbürgt* werden könnte. Sie ist ein frühes Beispiel einer kombinatorischen Logik, in der die individuellen Bilder, auch wenn sie unübersehbar zu einer linearen Sequenz und Syntax gehören, eine neue, autonome und flottierende Identität haben. Ihre Immobilisierung und Grundlosigkeit ist auch die Be-

Fig. 1. — Cheval au pas. — 108 mètres à la minute.

Fig. 2. — Petit galop. — 200 mètres à la minute. (Reproduction par l'héliogravure de photographies instantanées.)

Abb. 40 Muybridge, *The Horse in Motion*, abgebildet in *La Nature*, 1878.

dingung für ihre in einem »Dekodieren« der Wahrnehmungserfahrung geschehende Sonderung aus allen bindenden Kontinuitäten oder Abläufen. Offensichtlich erschloß Muybridges Werk Möglichkeiten zur Rationalisierung und Quantifizierung von Bewegung und Zeit, zur Mechanisierung des Körpers; es postulierte aber auch eine nicht weniger wichtige plurale Streuung der Aufmerksamkeit und die Möglichkeit unverhoffter Synthesen außerhalb aller disziplinären Imperative. Ei-

Abb. 41 Eadweard Muybridge, *Kaffee-Ernte in Las Nubes, Guatemala*, 1875.

nerseits sollten sich diese Bilder wegen ihrer Grundlosigkeit und veränderlichen Temporalität als ein integraler Faktor für die moderne Produktion einer umfassenden historischen Amnesie erweisen; andererseits deuteten Muybridges Segmente zumindest die Möglichkeit neuartiger sozialer oder historischer Intuitionen an, die »aufblitzen«, wenn angenommene Kontinuitäten zerrissen werden oder die Selbstgenügsamkeit eines autonomen Bildes erschüttert wird.

Eines der grundsätzlichen Probleme, das sich im Zusammenhang mit diesen disparaten Artefakten der Zeit um 1879 stellt, besteht in der Aktivierung von zwei inkompatiblen Modellen individuellen Verhaltens. Sowohl das Kaiserpanorama als auch Muybridges Arbeiten stellen jeweils eine der zahlreichen Möglichkeiten dar, die Selektivität und den Rhythmus von Aufmerksamkeitsreaktionen durch extern kontrollierte Variablen zu bestimmen. Entscheidend ist hier, wie diese Automatisierung der Wahrnehmungserfahrung neue Erfahrungen der Dissoziation hervorbrachte – etwa in Gestalt der industrialisierten Sequenz zusammenhangloser Bilder im Kaiserpanorama oder der repetitiven, aber disjunkten Folgen in Muybridges frühen Arbeiten. Eben zum selben historischen Zeitpunkt aber, als die aufmerksame Wahrnehmung in der technologischen Kultur zunehmend automatische Formen annahm, wurden als »automatisch« geltende menschliche Verhaltensweisen als pathologisch und als sozial gefährlich identifiziert: womit Symptomkonstellationen gemeint waren, die repetitive Handlungsweisen und dissoziierte Wahrnehmungen mit sich brachten und mithin von den synchronischen Operationen einer einheitlichen Persönlichkeit abgetrennt zu sein schienen.[126] So untersuchte zum Beispiel Alfred Maury im Jahr 1878 Schlaf, Traum, Somnambulismus, Trance und hypnagogische Zustände und befand, daß »automatische Bewegung« und »mechanische Wiederholung« ihnen allen gemein seien.[127] Bewußte und willentliche Entscheidung war, wie er betonte, innerhalb dieser Funktionsweisen nicht möglich. In dem strenger angelegten Werk von John Hughlings Jackson, das ein paar Jahre später erschien, wurde automatisches Verhalten mit einem rückläufigen Evolutionsprozeß gleichgesetzt, mit einem »Prozeß der Rückentwicklung ... einem Instückegehen«, das mit einem Verlust der höchsten Tätigkeiten des »Geistesorgans«, zu denen Jackson »Gedächtnis, Emotion, Verstand und Willenskraft« zählte, verbunden war.[128]

Trotz ihrer offensichtlichen Unterschiede sind die Folgen von Muybridge und Klinger hinsichtlich der in ihnen stattfindenden temporalen Entfaltung der Aufmerksamkeit in ein Umkehrungsverhältnis eingebunden: in ersterer herrscht eine starre, metrische Redundanz der Position, in letzterer läuft ein sich selbst transformierender Prozeß seelischer Destabilisierung ab. Im frühen zwanzigsten Jahrhundert sollten diese beiden Pole jedoch (der technologische und der traumhafte) zu teilweise deckungsgleichen Elementen innerhalb einer generalisierten Organisation des Spektakels werden, innerhalb deren ein systematisches Verständnis der perzeptuellen Synthesis eine Voraussetzung für die technologische Produktion von *gelenkten* und konsumierbaren Formen der Dissoziation bildet. Der Beginn einer rationalisierten Produktion traumartiger Zustände beim Publikum, einer Produktion, die im Tonfilm fünfzig Jahre später eine neue Stufe der Perfektionierung erreichen sollte, kann in der Aufführung von Wagners Spätwerken in Bayreuth in den siebziger Jahren gesehen werden.

Es ist also klar, daß die Konditionen der menschlichen Wahrnehmung schon vor der eigentlichen Erfindung des Kinos in den neunziger Jahren sich in einem Zustand der Umstrukturierung befanden. Immer wieder wird jetzt das Sehen als ein dynamischer, temporaler und kompositer Vorgang verstanden – seit dem frühen neunzehnten Jahrhundert wird so der punktuelle, lokal verankerte klassische Betrachter mehr und mehr durch jenes instabile aufmerksame Subjekt verdrängt, dessen wechselnde Konturen ich hier nachzuzeichnen versucht habe. Dieses Subjekt ist imstande, gegenüber der wuchernden Vielfalt von »Wirklichkeitseffekten« ebenso als Konsument wie Agent aufzutreten, und es wird zur Zielscheibe der ganzen Fülle von Forderungen und Verlockungen werden, die die technologische Kultur des zwanzigsten Jahrhunderts bereithält. Aber wenn in der Standardisierung und Regulierung der Aufmerksamkeit der Weg in die digitalen und kybernetischen Imperative unserer Gegenwart vorgezeichnet ist, dann verkörpert die der Aufmerksamkeit inhärente dynamische Verwirrung, die bei Manet zutage zu treten beginnt, einen anderen Weg der Erfindung, der Auflösung und der kreativen Synthesen, der über die Möglichkeiten von Rationalisierung und Kontrolle hinausgeht.

III. 1888: Illuminationen der Entzauberung

Keiner ist einfach Maler; alle sind Archäologen, Psychologen, In-Scene-Setzer irgendwelcher Erinnerung oder Theorie.

Friedrich Nietzsche, *Nachgelassene Fragmente*

Ein »Geheimnis« läßt sich nicht in der leeren Region des Geistes errichten, dort, wo nur Worte, die dem Leben fremd sind, überleben. Es kann nicht aus einer Verwechslung der Dunkelheit mit der abstrakten Leere hervorgehen. Die Dunkelheit eines »Geheimnisses« ist von der Art der Bilder, die eine Art luzider Traum dem Reich der Masse entnimmt: manchmal an den Tag bringend, was das schlechte Gewissen in den Schatten verbannt hat, manchmal Gestalten, die gewöhnlich *gar nicht beachtet* werden, eine kapitale Bedeutung verleihend.

Georges Bataille, »Der Obelisk«

Als das Werk Manets sich in den späten siebziger Jahren unvorhersehbar zwischen einer verblüffenden Befreiung des Sehens und einer versuchten Restauration oder Simulation alter Bindungen hin und her bewegte, wirkte es durch seine wechselnde Festlegung im Sinne einer Diskreditierung pikturaler Praktiken, die mit einem älteren Regime der Wahrnehmung verbunden waren. In einem knapp ein Jahrzehnt später entstandenen Werk von Georges Seurat geht es dagegen nicht so sehr um die Unterminierung traditioneller Darstellungskodes als um die kalkulierte Konstruktion neuer semantischer und kognitiver Modelle. In *Parade de cirque* (vollendet und erstmalig ausgestellt 1888) sind diese neuen Modelle mit der beschleunigten Reorganisierung der Wahrnehmungserfahrung im späten neunzehnten Jahrhundert verflochten und gehören in den Zusammenhang einer im Entstehen begriffenen sozialen Umwelt, die um die Aufmerksamkeitskapazität sowohl des individuellen als auch des kollektiven Subjekts strukturiert war (siehe Bildtafel am Ende des Buches).[1] Seurat gelangte zu einem echten Verständnis der synthetischen und der desintegrativen Prozesse, die in der Aufmerksamkeit am Werk sind, und seine Kunst ist untrennbar von dem Versuch, diese potentiell desorganisierenden Züge der Wahrnehmung zu kontrollieren und zu rationalisieren. Aber dieses Projekt der Beherrschung gerät ins Schwanken und bricht zusammen, und was *Parade de cirque* in diesem Scheitern zum Ausdruck bringt, ist die Enthüllung und zugleich die Verdrängung der historischen Kategorie des individuellen Subjekts als modernisierter Betrachter.

In diesem Gemälde ist der antinomistische Charakter von Seurats Denken an eine letzte, produktive Grenze getrieben, an einen Punkt, an dem die scheinbare Rigidität (und Banalität) seiner dualistischen Schemata ein Objekt hervorbringt, das sich ihrer logischen Kontrolle entzieht. Mit antagonistischen Kräften geladen, negiert *Parade de cirque* unbarmherzig die Möglichkeit der ästhetischen Illusion, einer Schließung, die die Aufmerksamkeit erreichen könnte, selbst wenn das Bild heftig danach strebt, seine eigene interne Formel für eine unwiederholbare perzeptuelle Präsenz und Einheit zu generieren. Egal wie oft man im Metropolitan Museum vor *Parade de cirque* hintritt, immer stellt sich die Erfahrung der Disjunktion ein: von weitem hat man den Eindruck eines gedämpften, fast antichromatischen Nebels, als ob unter den vibrierenden Van Goghs und Cézannes eine trübe Schiefertafel hinge; bei näherem Hinsehen aber wird die Bildfläche zu einem schillernden Feld aus weichen Rosa-, Grün- und Blautönen. Das Werk operiert innerhalb eines unablässigen Spiels von Enthüllung und Verbergung, zwischen dem Ideal einer atemporalen Fixierung der Aufmerksamkeit und einer unwiderruflichen Streuung der Wahrnehmung. Die Simulation zeitloser Reglosigkeit verdeckt nur mit Mühe die historischen Kräfte des Fließens und des Tauschs, die dem Werk äußerlich und doch zugleich ganz und gar immanent sind.[2] Vielleicht wird in keinem anderen Gemälde dieser Zeit die Erfahrung der modernen Entzauberung derartig eindrucksvoll ausgespielt. In seiner Darstellung einer geisterhaften städtischen Nachtwelt entspricht das Bild dem, was Frederic Jameson die »magische Narration« in der Literatur des neunzehnten Jahrhunderts genannt hat.[3] Seurats Werk ist mithin ein Index für die unerbittliche Durchdringung der ästhetischen Sphäre durch rationalistische Prozeduren und zugleich ein Versuch, diesen Zwängen durch Effekte von magischer oder quasi-revelatorischer Qualität zu entkommen. *Parade de cirque* ist ein Musterbeispiel für jene von Jameson so genannte »werdende Moderne«, »die den Ort des Phantastischen als eine determinierte, gekennzeichnete Absenz im Herzen der profanen Welt definiert«, einer »Dingwelt, die auf immer am Rand des Sinns in der Schwebe bleibt, die sich immer bereit hält, jene Offenbarung des Bösen oder der Gnade zu empfangen, die niemals eintrifft«.[4]

Parade de cirque, behaupte ich, schwankt rätselhaft zwischen der Evokation oder dem Versprechen von chromatischer Unmittelbarkeit und der unerbittlichen Demaskierung der Absenz, der Leere der Erscheinung innerhalb einer verdinglichten, quantifizierbaren Welt. Zustande gekommen sind diese Möglichkeiten des Werks nur durch Seurats Verständnis der instabilen physiologischen Bedingungen des menschlichen Sehens. Bei Seurat besteht (wie in gewissen entstehenden Formen des Spektakels) zwischen dem Ideal eines Betrachters, der in der leuchtenden Präsenz des Werks absorbiert ist, und dem Modell eines individuellen Subjekts, dessen affektive Reaktionen durch eine kalkulierte Organisation externer Reize determinierbar sind, kein Widerspruch. Denn neben der methodischen Herstellung neuer chromatischer Wirkungen besteht einer der bemerkenswertesten Züge von Seurats späten Bildern in der permanenten Arbeit an einer Rationalisierung der emotionalen Reaktion, einer Arbeit, die sich aus seiner Vertrautheit mit einer Anzahl zeitgenössischer (wissenschaftlicher und ästhetischer) Werke über die subjektiven Effekte spezifischer Formelemente und Relationen herleitet. In seiner Übereinstimmung mit Modellen technologischer Beherrschung kündet *Parade de cirque* von einer kollektiven Entfremdung vom Traum einer instinktiven Ganzheit, und das gerade weil sich in Seurats obsessivem Engagement für seine »Methode« eine extravagante Suche nach einem harmonischen Utopia der Sinne ausdrückt, das zwar nicht außerhalb einer verwalteten und dissonanten Welt, aber doch jenseits der Zeitlichkeit und der Katastrophe der Geschichte selbst fortbestand. Die Wichtigkeit des Gemäldes im Verhältnis zu dem von mir untersuchten historischen Feld besteht also in folgendem: einerseits postuliert es eine chromatische Aufmerksamkeit, die sich selbst genügt und subjektiv bestimmt ist und mithin ein provisorisches Reich der Freiheit für einen individuellen Betrachter konstituiert; andererseits fällt das Streben des Bildes nach einer lenkenden Kontrolle der Reaktion mit jenen damals wuchernden Diskursen zusammen, in denen das aufmerksame Subjekt als seelischer Automat figuriert, dessen Handeln nichts weiter ist als eine im Zustand eingeschränkter Wahrnehmungsfähigkeit erfolgende Reaktion auf äußere Reize. Letzten Endes aber nimmt *Parade de cirque* eine psychische, soziale und imaginäre Position ein, die weder mit den Träumen von subjektiver Freiheit noch mit den Effekten der Macht übereinstimmt. Es stellt eine bewegliche Pluralität von Momenten, Zentren und Blickpunkten dar, durch die die Aufdeckung von Illusionen möglich wird – der Illusionen der ästhetischen Autonomie als auch der der Herrschaft.

*

Wenn es im neunzehnten Jahrhundert irgendeinen Künstler gibt, dessen Werk untrennbar mit den Konsequenzen der sich herausbildenden Modelle des subjektiven Sehens verbunden ist, dann ist es Seurat. Zur Begründung meiner Aussage möchte ich zunächst nicht ein Gemälde, sondern eine schriftliche Äußerung Seurats heranziehen – einen Satz aus einem der wenigen dokumentierten Selbstzeugnisse, die seine eigene Kunstpraxis betreffen. In einem bekannten, an einen Freund gerichteten Brief von 1890 hat Seurat in orakelhafter Kürze die Prinzipien auszudrücken versucht, die dem, was er seine »Ästhetik« und seine »Technik« nannte, zugrunde lagen. In dem »Technik« betitelten Abschnitt lautet die erste Zeile: »Angesichts der Phänomene der Dauer der Lichtimpression auf der Netzhaut ist die Synthese ein zwingendes Ergebnis.«[5] In diesem kargen Satz findet sich eine Folge von Begriffen konzentriert, die sich nicht nur für eine Betrachtung der *Parade de cirque,* sondern auch zur Erklärung einiger ihrer Entstehungsbedingungen anbietet. Zunächst wird betont, daß das Sehen eine Dauer hat. Das Erfassen eines Bildes geschieht in der Zeit und nicht als Teil eines punktuellen oder fixierten Ensembles von Beziehungen. Die Wahrnehmung ist ein *Prozeß,* der aus distinkten physikalischen Ereignissen besteht und den als »Dauer« anzuerkennen einer impliziten Leugnung der stabilen Identität sowohl des Bildes als auch des Betrachters gleichkommt. Der von Seurat gebrauchte Plural »phénomènes« deutet auf eine unbestimmte Anzahl visueller Temporalitäten hin. Zweitens findet eine Privilegierung der Netzhaut statt. Sie steht hier metonymisch für den sehenden Körper in all seiner physiologischen Dichte und verweist auf dessen zweideutige Stellung innerhalb der neuen Konzeptionen vom Sehen. Der Körper figuriert für Seurat nicht als ein vereinheitlichter Empfänger geordneter Repräsentationen, sondern als ein kompositer Apparat, auf dem externe Reize vorübergehend lichtartige und chromatische Wirkungen hervorrufen können. Helmholtz' Darstellung eines Querschnitts durch die Schichten der Retina ist ein exemplarisches Dokument dieses neuen Regimes der Visualität. Anders als die Diagramme des achtzehnten Jahrhunderts, in denen das Auge dargestellt ist, als ob das Licht wie durch eine transparente Linse einträte, um das Bild weiterzugeben, stellt die Helmholtzsche Zeichnung klar, daß das Eintreten des Lichts ins Auge alles andere als unvermittelt ist. Wenn das Licht in diesen opaken »Apparat« eindringt, dann nicht länger als Teil einer geometrischen Optik, also in Form geradliniger, sich von einem Punkt zum anderen fortpflanzender Strahlen, sondern als eine Form lichtartiger Energie, die auf ein dichtes Mosaik von Rezeptoren auftrifft und dabei in diesem Organverbund einen Komplex von Prozessen auslöst, die in visuellen Wahrnehmungen kulminieren.[6] Seurats Äußerung über die »Dauer einer Lichtimpression auf der Netzhaut« ist mit diesem physiologischen Regime des Sehens deckungsgleich, selbst wenn *Parade de cirque,* wie ich jetzt zeigen will, auf ein tiefes Verständnis und auf eine kalkulierte Subversion der auf der Renaissance basierenden pikturalen Ordnung hindeutet.

So weit, könnte man sagen, handelt es sich bei Seurat lediglich um ein knappes Resümee der Konditionen des Sehens, wie sie, beginnend mit der physiologischen Optik von Thomas Young und Goethe, die dann von Johannes Müller, Helmholtz und anderen weiterentwickelt wurde, im frühen neunzehnten Jahrhundert bestimmt worden waren. Aber Seurat geht über diese früheren Lehrmeinungen klar hinaus, insbesondere wenn er den Begriff der »Synthese« einführt. Natürlich bezieht sich das Wort in gewissem Sinn auf seine berühmte Verwendung der »optischen Mischung«, aber dieses Problem ist nicht trennbar von einer tieferen intellektuellen Unsicherheit über das Wesen der kognitiven und perzeptuellen Einheit überhaupt. Ein spezielles Dilemma in Seurats Werk, das sich in *Parade de cirque* deutlich verschärft, ist sein Oszillieren zwischen der Vorstellung einer Synthesis, die von außen kontrolliert und durchgesetzt wird (also einer Rationalisierung der ästhetischen Reaktion), und solchen Synthesen, die die freie Erfindung eines aktiven, autonomen Subjekts sind. Der Begriff »Synthese« war damals bei sehr verschiedenartigen, einst ungenau als »Symbolisten« klassifizierten Künstlern und Schriftstellern im Schwang, die damit Formen von ästhetischer Einheit, die der fragmentierten oder lediglich agglomerationsartigen Alltagserfahrung überlegen waren, benennen wollten.[7] Wenn nun Seurat mit solchen Positionen sei es auch nur am Rande in Verbindung stehen sollte, dann in dem Sinn, daß in seiner kulturellen

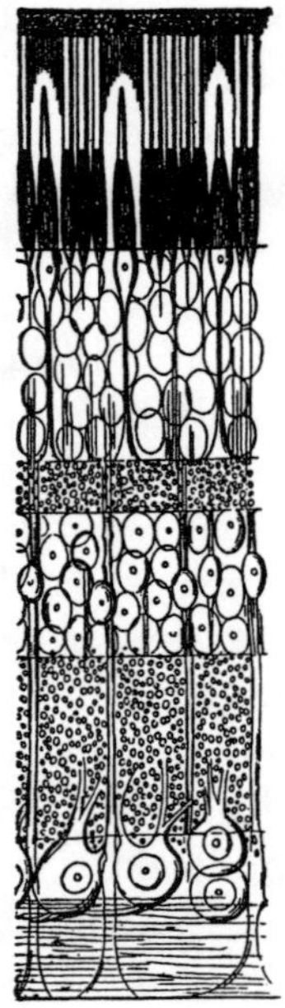

Abb. 42 Optische Opazität.
Schnitt durch die menschliche Netzhaut,
aus Helmholtz,
Handbuch der physiologischen Optik.

Umgebung, nach dem Ausscheiden apriorischer Lösungen, die Frage nach den Ursachen, Mechanismen, Grenzen und Schwächen der psychischen und perzeptuellen Synthesis debattiert wurde. Seine knappe Stellungnahme zeigt jedoch deutlich, daß sein Werk unvermeidlich jene Grundbedingungen voraussetzt, die ich für das Hervortreten des Aufmerksamkeitsproblems im späten neunzehnten Jahrhundert benannt habe, als da sind: (1) ein leiblicher Betrachter; (2) die als prinzipiell *dauernd* verstandene Wahrnehmung; (3) eine Gesamtmenge an aktiv verarbeiteter Information. Wir werden sehen, daß die Synthesis bei Seurat wohl kaum ein »zwingendes« Ergebnis ist.

Die Bedeutsamkeit des Seuratschen Neoimpressionismus besteht also nicht zuletzt darin, daß er die Frage nach der perzeptuellen Organisation stellt. Nach dem Zusammenbruch des Camera-obscura-Modells des Sehens und dem Aufkommen der physiologischen Optik wurde es immer klarer, daß es in der Wahrnehmung nicht um den relativ passiven *Empfang* eines Bildes von einer äußeren Welt ging, sondern daß die Ausstattung und die Fähigkeiten eines Betrachters zur *Herstellung* der Wahrnehmung beitrugen. Dieser Gedanke ließ jedoch entscheidende Fragen offen. War die perzeptuelle Organisation mechanistisch erklärbar, konnte sie quantifiziert und wie ein Reiz-Reaktions-Kreislauf vorausgesagt werden? Oder war sie

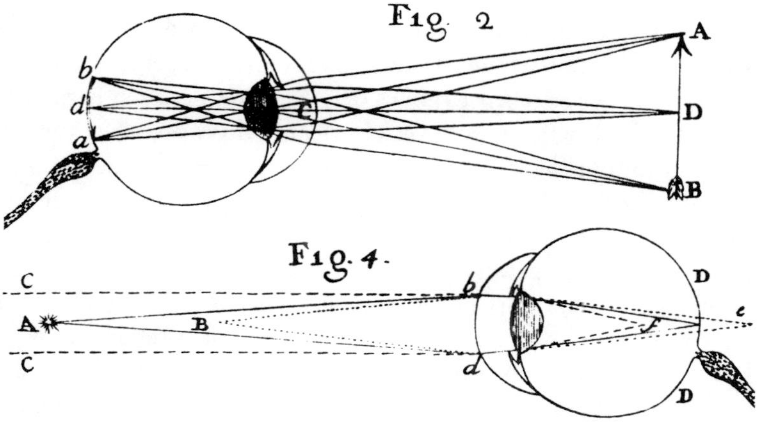

Abb. 43 Optische Transparenz. Darstellung der Lichtstrahlen und des menschlichen Auges in Diagrammen aus dem achtzehnten Jahrhundert.

eine dynamische Interaktion zwischen der Aufmerksamkeit eines aktiven, auswählenden Individuums und einer ständig sich ändernden Lebenswelt? In diesem Sinn ist also Seurats Werk in den späten achtziger Jahren von den Debatten um den relativ holistischen oder atomistischen Charakter der sensorischen Wahrnehmung untrennbar. In einem weiteren Sinn ist es ein wichtiges kulturelles Produkt jener epistemologischen Krise, deren Auswirkungen in den frühen achtziger Jahren sichtbar zu werden begannen, als die mehr und mehr inadäquaten positivistischen, psychophysikalischen und assoziationistischen Modelle von Kognition und Wahrnehmung durch eine breite Skala neuer Formulierungen ersetzt wurden. Wenn ich über Seurats Kunst und das Problem der Aufmerksamkeit spreche, dann überschneiden sich meine Ausführungen also unweigerlich mit dem weit größeren, Ende der achtziger und Anfang der neunziger Jahre auftretenden historischen Problem, das durch die Konstruktion von nichtreferentiellen Wahrnehmungsmodellen sowie durch die Annahme von neuen, einem betrachtenden Subjekt zugeschriebenen interpretierenden und pragmatischen Funktionen aufgeworfen wird.[8]

1890 veröffentlichte der österreichische Psychologe Christian von Ehrenfels seinen einflußreichen Aufsatz »Über Gestaltqualitäten«, der am Anfang jener Debatte über das Wesen der *Form* steht, die sich mit der modernen Krise der Wahrnehmung verbindet.[9] Nach Ehrenfels, der für einen Großteil der Gestalttheorie des zwanzigsten Jahrhunderts ein Vorläufer gewesen ist, haben gewisse Formen Qualitäten, die zu denen ihrer jeweiligen sensoriellen Bestandteile ohne Beziehung sind. Das Formproblem nimmt hier einige seiner spezifisch modernen Züge an, und wie viele Spätere versucht er, »Gesetze« zu formulieren, die der Wahrnehmung etwas wie den Anschein jener voraussetzungslosen Garantien zurückgeben könnten, die das Sehen innerhalb des klassischen Regimes der Visualität besessen hatte. Ehrenfels' Aufsatz ist der Kristallisationspunkt verschiedener zeitgenössischer Vorstellungen, wonach eine Form unabhängig von ihren Teilen existiert und die Wahrnehmung wesentlich eine Tendenz besitzt, sich der Atomisierung und Fragmentierung zu entziehen. Da sein Bildungshintergrund musikalisch war (er war Schüler des Komponisten Anton Bruckner gewesen und war auch von Carl Stumpfs Arbeiten über die Tonpsychologie beeinflußt), bezog er einige seiner Hauptbeispiele aus der Musik.[10] Er verwies darauf, daß eine Melodie auch dann identisch bleibt, wenn sie in eine andere Tonart übertragen wird, will sagen, daß eine bestimmte formale Identität, auch wenn die einzelnen Noten nicht mehr dieselben sind, bestehen bleibt. Charakteristisch für Gestaltqualitäten sei es, »daß sie einen von der Grundlage abhängigen, aber doch von ihr zu unterscheidenden Vorstellungsinhalt bilden«.[11] Die Analyse fand also nicht so sehr im Hinblick auf Einzelelemente statt, sondern es kam darauf an, die Bedeutung der wechselseitigen *Beziehungen* von Empfindungen herauszuarbeiten. Ehrenfels interessierte sich sowohl für temporale als auch für spatiale Formqualitäten sowie für die Weise, wie die Form und andere plastische Qualitäten von den Bestandteilen, aus denen sie sich zusammensetzten, unabhängig waren – wenn zum Beispiel dieselbe Silhouette, ungeachtet ihrer Größe und Farbe und ob sie gezeichnet, gemalt, als Relief dargestellt oder photographiert ist, sofort wiedererkannt wird.[12]

Der Aufsatz von Ehrenfels ist hier nicht deswegen von Interesse, weil er zur Klärung von Seurats künstlerischer Praxis beitragen würde, sondern weil sich hier wie dort die neue Wichtigkeit von Fragen der perzeptuellen und kognitiven Synthesis bemerkbar macht, die auf vielen Gebieten in der visuellen Kultur des späten neunzehnten Jahrhunderts, einschließlich des Kinos, eine zentrale Stelle einnehmen. Denn *Parade de cirque* wirft die Frage auf, wie es möglich ist, daß die darstellenden Elemente des Bilds (die Figuren, der architektonische Rahmen) selbst bei Nahsicht eine Wahrnehmungskohärenz besitzen, die mit den einzelnen Farbflecken, aus denen sie bestehen, keinen Zusammenhang hat. Die Flecken aus Orange, Blau und Gelborange, aus denen die drei Musiker links im Bild bestehen, haben mit der Seherfahrung von diesen Figuren, in der sie in glitzernd-dunstiges Violett getaucht sind, nichts gemeinsam. Die violette Farbe wäre, was Ehrenfels eine »Gestaltqualität« nannte, behauptete er doch in der Tat, »daß in dem gleichzeitigen (wenn auch nicht gleichräumlichen) Gegebensein verschiedener Farben und Lichtintensitäten eine genügende Grundlage für Gestaltqualitäten vorhanden wäre ... Tatsächlich empfangen wir von dem gleichzeitigen Nebeneinander verschiedener Farben einen Eindruck, dessen Verwandtschaft mit der Harmonie schon die Sprache (durch die

Benennung Farbenharmonie) ausdrückt . . . so glauben wir auch . . . die Farbenharmonie als Gestaltqualität betrachten zu können, – ob sie sich gleich durchgängig mit der Veränderung ihrer Grundlage auch selbst verändern mag.«[13]

Anders als im zwanzigsten Jahrhundert Köhler, Wertheimer und andere war Ehrenfels der Meinung, daß die Gestaltqualitäten nicht notwendig einer privilegierten Ordnung von Sinnesdaten angehörten und daß sie zeitweilig einer Wahrnehmung von elementareren Empfindungen Platz machten. Die spätere Gestalttheorie sollte jedoch auf dem essentiellen Primat und sogar dem ethischen Wert des *Ganzen* bestehen und behaupten, daß einzelne Einheiten oder Empfindungen der Gestalt subsumiert würden. In gewisser Weise blieb Ehrenfels (ebenso wie der geistesverwandte Ernst Mach) näher an etwas für die Wahrnehmungslogik des Hochkapitalismus Wesentlichem. Sie verstanden, daß die atomistische Assoziation und der Holismus der Gestalt keine unversöhnlichen Gegensätze, sondern zwei verschiedenartige und koexistierende Weisen der Aufmerksamkeit waren, durch die die Wahrnehmungserfahrung geformt, kodifiziert oder verstanden wurde, und daß jeweils beide in bestimmten Situationen ihren Nutzen und ihren Wert haben konnten.[14] Auch Seurats Werk operiert in einem unbestimmten Oszillieren zwischen diesen beiden Polen.

Im späten neunzehnten und im frühen zwanzigsten Jahrhundert gab es eine breite Skala von Werken über die Wahrnehmung, die sich in mannigfacher Weise gegen die im Behaviorismus, im Biologismus, in der Reflexlehre und anderen angeblich »reduktionistischen« Annäherungen enthaltenen atomisierenden Tendenzen wandten und die den Betrachter als ein autonomes, intentionales Subjekt zu zeichnen versuchten, bei dem die Organisation der Wahrnehmung das Ergebnis einer gelebten, situationsbezogenen und dynamischen Tätigkeit ist. So war es mehr oder weniger derselbe Typ von Betrachter, der in der Einfühlungstheorie, in der deutschen Formpsychologie und vor allem in Bergsons *Zeit und Freiheit* von 1889 und in William James' *Principles of Psychology* von 1890 Gestalt annahm. Ein solcher Betrachter wurde vielerorts konstruiert, um den Ansprüchen einer antihumanistischen Reiz-Reaktions-Psychologie oder dem Behaviorismus Einhalt zu gebieten – ein Betrachter, der statt Anhäufungen disjunkter Empfindungen organisierte Strukturen wahrnimmt und der durch angeborene formgebende und formwahrnehmende Fähigkeiten charakterisiert ist. Diese Strömung artikulierte sich in den zwanziger Jahren in der Gestalttheorie und der Phänomenologie in einer Anstrengung, die menschliche Wahrnehmung mit einer inhärenten Bedeutung, Kohärenz und sogar Ordnung inmitten ihrer ständigen Mutation, Instrumentalisierung und Dekomposition in der spektakulären Kultur des zwanzigsten Jahrhunderts auszustatten. Allgemein behauptete man, es sei nicht das aufmerksame Subjekt, das die Form identifiziert oder aus einem umfassenden Hintergrund heraushebt, sondern umgekehrt die »gute« Form, die die Fähigkeit habe, im Subjekt Aufmerksamkeit hervorzubringen.[15]

Seurats Distanz zu einem solchen Betrachtermodell spiegelt sich in seiner ambivalenten Stellung in der traditionellen Kunstgeschichte. Sein Status als moderner Meister beruht zum Teil darauf, daß sein Werk, auch wenn es an zentraler Stelle einem bestimmten modernistischen Bruch angehört, mit den großen Meistern der Vergangenheit (Phidias, Piero, Leonardo, Holbein) im Dialog steht, mithin »zeitlose« formale Werte und damit auch eine ästhetische Kontinuität bestätigt, die die anti-ästhetische Komponente seines Werks zu einem gewissen Grade domestiziert. Aber diese Reverenz vor Seurats aufpoliertem Klassizismus geht in der Regel mit einem Unbehagen hinsichtlich dessen einher, was als sein allzu großes Vertrauen auf »Systeme« empfunden wird.[16] In ihrer vulgären Form äußert sich dieser Vorbehalt als Mißtrauen gegenüber einer mechanischen Anwendung wissenschaftlicher Theorien auf das Herstellen von Kunst und gegenüber einer Technik, die als ein beklagenswerter Verzicht auf ästhetische Meisterschaft gilt.[17] Verbreiteter ist jedoch die stillschweigende Annahme, daß der Seuratsche Neoimpressionismus als Technik und Idee letztlich kein voller Erfolg gewesen und seine historische Bedeutung mehr oder weniger in der transitorischen und vorbereitenden Rolle zu suchen sei, die er für das eigentliche Aufblühen der modernen Kunst, der Seurat selbst nicht angehöre, gespielt habe. Wenn man in vielen der üblichen Darstellungen zwischen den Zeilen liest, ist die Bedeutung des Neoimpressionismus vor allem eine didaktische, weil er zur visuellen Erziehung einiger großer moderner Meister, allen voran Matisse, Kandinsky und Mondrian, denen er das ungeheure und noch unerschlossene Potential der reinen autonomen Farbe offenbart habe, einen Beitrag leistete. Damit wird indirekt gesagt, daß die konkrete Praxis des Divisionismus keine ästhetische Leistung von demselben Rang ist wie die reifen Visionen jener Künstler, für die er nur eine vorübergehende und relativ frühe Phase war, und daß die methodische, systematische Textur des Seuratschen Werks nicht die optische Fülle und Präsenz etwa eines Matisse nach 1905 zu bieten hat. Eine solche Auffassung der Kunst des frühen zwanzigsten Jahrhunderts verdrängt aber, was Marcel Duchamp und andere bei Seurat erkannt hatten: nämlich daß er den modernen Mythos von der »Befreiung« der reinen Farbe *ablehnte.*[18] Für Seurat, was auch immer seine letzten ästhetischen Zielsetzungen gewesen sein mögen, war die Erfahrung der Farbe niemals etwas Gegebenes oder Unvermitteltes. Farbe war für ihn vielmehr wie für Helmholtz und später für Charles Sanders Peirce immer eine Konstruktion, ein komplizierter Schluß. Tatsächlich enthält Peirces Kritik der direkten und unmittelbaren Wahrnehmung einige epistemologische Gedanken, die zum Verständnis der Seuratschen Kunstpraxis wesentlich sind: »Niemand kann wissen, wie ein Eindruck als solcher aussieht ... Manchmal wird als Beispiel für einen Eindruck die Farbe genannt. Das ist jedoch ein schlechtes Beispiel, denn schon die einfachste Farbe ist fast so kompliziert wie ein Musikstück. Die Farbe hängt von den *Beziehungen* zwischen verschiedenen Teilen des Eindrucks ab; daher sind die Unterschiede zwischen Farben solche zwischen Farbharmonien, und die Voraussetzung für das Sehen dieses Unterschieds sind die elementaren Eindrücke, deren Beziehung die Harmonie ausmacht. Farbe ist also kein Eindruck, sondern ein Schluß.«[19]

Zur gleichen Zeit unterminierte Seurat mittels seiner Dekomposition der Lokalfarbe die Identität auch noch der letzten Art von »natürlichen« Zeichen, die dem Künstler zur Verfügung standen: der »unnatürliche« oder konstruierte Charakter des einzigen Zeichens, das noch innerhalb einer Logik der Ähnlichkeit zu operieren den Anschein gehabt haben mochte, war aufgedeckt.[20]

Zwar lobt die Kritik seit vielen Jahren das strukturelle Gleichgewicht von Seurats »Klassizismus«, aber in Wirklichkeit ist die Tatsache, daß eine stabile optische Aufmerksamkeit vor dem Werk vereitelt wird, weit wichtiger. Das Oszillieren, das ein Bestandteil der Art ist, wie Seurats divisionistische Technik erfahren wird, macht eine einheitliche durchgängige Organisation des Bilds in der Wahrnehmung unmöglich; statt dessen herrscht in ihm ein unsicheres Verhältnis zwischen den Kompositionselementen und einer niemals ganz abgeschlossenen Verschmelzung. Der Rhythmus des Hin und Her zwischen diesen beiden Polen entspricht einem neuen Verständnis von Aufmerksamkeit, wonach diese *sowohl* bindend *als auch* auflösend ist, sich also der Fixation entzieht. Wesentlich ist nicht bloß das Offenkundige, nämlich daß das Bild (wie andere Gemälde auch) gegenständlich und darstellend und immer *zugleich* ein Mosaik aus farbigen Flecken ist, sondern daß die Ubiquität und die homogene Verteilung der Seuratschen Mosaikfläche die Wahrnehmung als etwas postuliert, das einer visuellen Organisation im Sinn von Figur und Grund vorhergehen oder sogar ganz aus ihr herausfallen kann. Die Gestalttheorie sollte in vielen ihrer Formen zu einer Art Disziplin werden, in welcher ein Imperativ an die Aufmerksamkeit erging, bei einer normativen Organisation des sensorischen Feldes haltzumachen oder zur Ruhe zu kommen.[21] Man träumte davon, daß sich die Einheit des individuellen Subjekts und die vereinheitlichten Gegenstände der Wahrnehmung gegenseitig bestätigen würden. Seurats Praxis entspricht keiner dieser beiden Erwartungen, und der Anschein struktureller Klarheit wird in *Parade de cirque* von Spaltungsprozessen unterminiert, die weit stärker sind.

Wenn der Seuratsche Neoimpressionismus eine endgültige Verschmelzung verweigert oder vielmehr auf dem bloß provisorischen Charakter einer Fusion, die von der physiologischen Ausstattung und der physischen Mobilität des Betrachters abhängt, insistiert, dann sind damit die Aufmerksamkeit ebenso wie die perzeptuelle Organisation als fließend und reversibel vorausgesetzt.[22] Zu den offenkundigsten Weisen, das Werk zu erleben, gehört unsere eigene physische Bewegung – vor und zurück, von einer Position der Nahsicht, in der die einzelnen Farbflecke unterscheidbar sind und die Konstruiertheit der Bildfläche mithin evident ist, zu einem entfernteren Punkt, an dem die Oberfläche sich zu einem schimmernden Bild einer erkennbaren Welt vereinigt. Natürlich ließe sich einwenden, daß wir eine solche Erfahrung auch bei älterer Kunst machen, etwa bei Rembrandt oder Velázquez, aber Seurat zeigt ein reflektiertes und systematisches Bewußtsein der Rolle, die der Betrachter bei der Erschaffung des Bildes spielt. Man kann annehmen, daß er sich über die jeweilige Wirkung der Bildfläche aus verschiedenen Abständen durchaus Gedanken gemacht und folglich seine Kunst für einen mobilen Betrachter, der eine

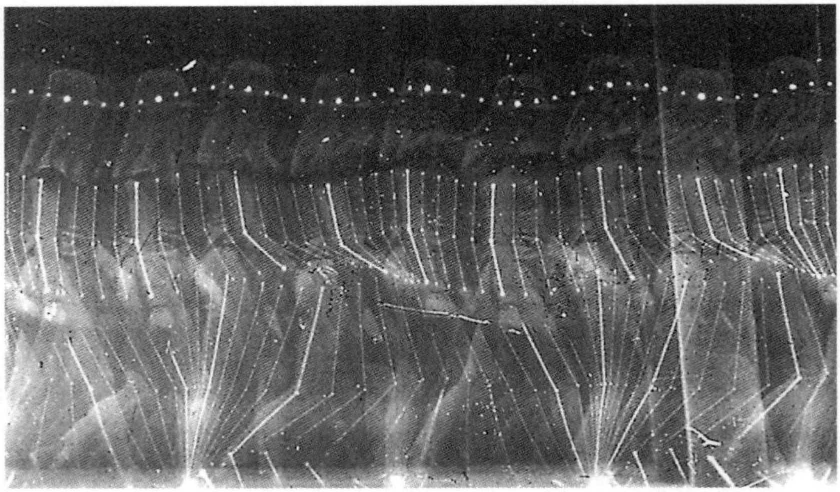

Abb. 44 Etienne-Jules Marey, Chronophotographie eines gehenden Menschen, späte 1880er Jahre.

Vielzahl von Blickpunkten einnehmen sollte, bestimmt hat.[23] Wie viele andere damals hat Seurat die Grenzen und Möglichkeiten eines Betrachters getestet, der einer Heterogenität und Simultaneität sensorischer Daten ausgesetzt ist. In diesem Sinn kann seine Erforschung neuer Wahrnehmungsmodalitäten mit den auf physiologischer Basis von Etienne-Jules Marey durchgeführten Arbeiten verglichen werden. Auch die Bilder Mareys, insbesondere die aus den späten achtziger Jahren mit ihren sich überlappenden Transparenzen, sind eine Zurückweisung der perzeptuellen Fusion, denn sie konstituieren ein Sehfeld, in dem der Betrachter sich zwischen verschiedenen Ebenen der Organisation hin und her bewegt – zwischen einer holistischen Wahrnehmung eines einzelnen temporalen Vektors und einer aggregathaften Erfassung isolierter Positionen.

Vielleicht kann Ernst Machs sehr behelfsmäßiger Gebrauch des Begriffs Empfindung die zweideutige Stellung zu verstehen helfen, die er auch im Werk Seurats einnimmt. Mach gebrauchte das Wort »Empfindung«, ohne ihm irgendeinen letzten Wahrheitswert zuzuschreiben, so wie er auch die Vorstellung von wirklich existierenden Atomen verworfen hatte. Für Mach war es höchst *nützlich* anzunehmen, daß die Welt aus »Farben, Tönen, Wärmen, Drücken, Räumen und Zeiten« besteht, die er jedoch lieber »Elemente« nannte. Diese Elemente »sind in mannigfacher Weise miteinander verknüpft; und an dieselben sind Stimmungen, Gefühle und Willen gebunden. Aus diesem Gewebe tritt das relativ Festere und Beständigere hervor, es prägt sich dem Gedächtnisse ein und drückt sich in der Sprache aus. Als relativ beständiger zeigen sich zunächst räumlich und zeitlich verknüpfte *Complexe* von Farben, Tönen, Drücken usw., die deshalb besondere Namen erhalten und als *Körper* bezeichnet werden. Absolut beständig sind solche Complexe keineswegs.«[24] Mach und Seurat verzichten beide gleichermaßen auf jeden Versuch, ein objektives Bild der Welt zu geben; statt dessen suchen sie nach provisorischen und praktischen Möglichkeiten, diverse Komplexe von Elementen darzustellen, denen eine wesentliche Substanz oder Permanenz abgeht. Was als distinkter Körper oder Gegenstand erscheint, ist in Wirklichkeit eine »Oeconomie des Vorstellens«. Ein entscheidender Punkt ist bei beiden die Nützlichkeit von multiplen Blickpunkten und Darstellungssystemen. Seurat begreift die Wahrnehmungserfahrung simultan im Sinne eines schematischen Realismus, einer Dekomposition der Eigenschaften von Lichtphänomenen und als Analyse der chromatischen Sensibilität der menschlichen Netzhaut. Keine von diesen Ebenen hat irgendeinen Vorrang. Auch Mach gab zu erkennen, daß er den naiven Realismus weder ablehnte noch bejahte, ihn vielmehr als eine Weltsicht verstand, die in vielen Fällen von Nutzen sein konnte, auch wenn er glaubte, daß sie der wissenschaftlichen Erkenntnis nicht besonders günstig sei. Ian Hacking sieht die frühen 1890er Jahre als die Zeit, in der die westliche Wissenschaft die Vorstellung akzeptiert, es könne »verschiedene Weisen geben, dieselben Fakten darzustellen«, und nennt als emblematisch für diesen Wendepunkt das 1894 erschienene Buch *Prinzipien der Mechanik* des Physikers Heinrich Hertz, in dem der Verfasser »drei Bilder der Mechanik [entwirft], drei verschiedene Weisen, die damals vorhandenen Kenntnisse über die Bewegung von Körpern darzustellen«.[25] Für Mach wie für Hertz war die Physik grundsätzlich eine Frage der *Wahrnehmung*. Anders als Hertz glaubte jedoch Mach (ebenso wie Nietzsche, Bergson, Richard Avenarius, Hans Vaihinger und andere), daß die wissenschaftliche Rationalität letztlich im Dienst des Lebens stehen müsse. Der Wert einer wissenschaftlichen Aussage bemaß sich danach, inwieweit sie die biologischen Bedürfnisse des Menschen befriedigte, inwieweit sie zur Steigerung des Lebens beitrug.

Die Frage, ob eine Darstellung der Welt in irgendeiner Weise lebenssteigernd sein könne, beschäftigte das ästhetische ebenso wie das philosophische Denken dieser Zeit. Seurat gehört insbesondere wegen seiner Nachforschungen, wie durch visuelle Reize körperliche und seelische Zustände, und zwar auch Glücksgefühl und Ruhe, erzeugt werden könnten, in diesen Zusammenhang. Er beschäftigte sich mit vielen, zum Teil längst anerkannten Theorien zur Kontrolle der Gefühlsreaktionen, aber am bedeutsamsten war sein Interesse an jenen relativ neuen Ideen, die mit den Begriffen »Dynamogenie« und »Hemmung« arbeiteten.[26] Wir werden niemals mit Sicherheit wissen, wie Seurat diese Gedanken genau verstand, und die Frage, ob seine Malerei eine versuchte »Anwendung« einer Theorie auf eine künstlerische Praxis darstellt, ist ebenfalls unergiebig, obwohl außer Zweifel steht, daß er sich zur Zeit der Vorbereitung von *Parade de cirque* für diese Ideen zu interessieren beginnt.[27] Wenn sich aber die Seuratsche Kunstpraxis tatsächlich in geistiger Nachbarschaft zu diesem Wissenskomplex befindet (und es gibt kaum Anlaß, es zu bezweifeln), dann kommt es darauf an, das Wesen jener wirkungsmächtigen institutionellen Diskurse zu verstehen, in denen diese Ideen entstanden waren und wirkten, sowie die Weise, wie diese Ideen mit den widerstreitenden Zielsetzungen von *Parade de cirque* verbunden waren.

Die Seuratsche Praxis überschneidet sich mit einem Modell des menschlichen Subjekts, das sich in dieser Zeit in verschiedenen Bereichen immer mehr durchsetzte und ganz allgemein erhebliche kulturelle Auswirkungen hatte. Der Begriff »Dynamogenie« entstammt jener vor allem in den fünfziger und sechziger Jahren geleisteten hochbedeutsamen experimentellen physiologischen Forschungsarbeit, die Modelle für das Reflexverhalten des menschlichen Nervensystems konstruierte und die Natur der menschlichen Reaktion auf externe Reize untersuchte. Viele Kunsthistoriker nahmen lange Zeit fälschlicherweise an, diese Gedanken seien das geistige Eigentum von Seurats Freund, dem Bibliothekar und Quasi-Wissenschaftler Charles Henry; in Wirklichkeit aber waren sie Teil eines weitverzweigten und kollektiven psychologischen und neurologischen Denkens, das gegen Ende der achtziger Jahre sehr verbreitet war und großen Einfluß ausübte.[28] Innerhalb dieser Forschungen wurde an einer detaillierten Neukonfiguration des menschlichen Subjekts gearbeitet, die noch bis ins zwanzigste Jahrhundert für zahlreiche Modernisierungsprojekte im Westen von entscheidender Bedeutung sein sollte und in der es insbesondere um ein neues Inventar der Kapazitäten und Funktionen eines aufmerksamen Betrachters ging.

Die Hauptfigur, die in die frühe Verbreitung (und wohl auch die Prägung) des Begriffs »Dynamogenie« involviert ist, ist der französisch-amerikanische Physiologe Charles-Edouard Brown-Séquard (1817-1894).[29] Ein Großteil seiner Forschungsarbeit galt der Verbindung zwischen der Empfindung und den Reflexbewegungen, und er klassifizierte eine Vielzahl normaler und pathologischer Funktionen des Nervensystems im Sinne dieser Beziehung. Wie andere vor ihm bemerkte er die Wirkungen der »Hemmung«: nämlich daß gewisse Arten der Irritation oder Reizung eines Nervenzentrums (durch Geräusch, durch Licht, durch Elektrizität oder Berührung) die Tätigkeit eines anderen, entfernten Zentrums durch Erzeugung einer Art von Anästhesie dämpfen oder vermindern konnten. Théodule Ribot sollte sich bei seiner Behauptung, die Aufmerksamkeit hänge von der Fähigkeit des Körpers zur Hemmung bestimmter motorischer Zentren ab, auf sein Werk berufen.[30] In den späten siebziger Jahren beschäftigte sich Brown-Séquard vor allem mit den entgegengesetzten Eigenschaften, durch die die Reizung eine Erhöhung oder Steigerung der Funktion bewirkte, die gewöhnlich von einem in einem anderen Teil des Nervensystems stattfindenden, von ihm »Dynamogenesis« genannten Blutandrang begleitet war.[31] Sein Modell des menschlichen Organismus hatte um 1885 gewisse thermodynamische Züge: »Ich brauche kaum zu sagen, daß es sich in beiden Fällen [Dynamogenie und Hemmung] um eine Frage der Kräfteumwandlung oder -verschiebung handelt, denn die Kräfte selbst können weder zerstört noch geschaffen werden.«[32] Was sich hier insgesamt durchsetzte, war eine *ökonomische* Auffassung der organischen Funktion, eine Auffassung, welche nicht zuletzt den späteren, dynamischen psychologischen und neurologischen Theorien den Weg bahnen sollte. Obwohl das Wort »Dynamogenie« nur relativ kurz, etwa fünfundzwanzig Jahre, üblich war, wurde es in den 1880er und den frühen 1890er Jahren mehr oder weniger im Sinn von »Erregung« gebraucht. Das schließliche Veralten des Begriffs (oder sein Ursprung in den Besonderheiten der Brown-Séquardschen Auffassung des Nervensystems) sollte also nicht den Blick auf die kulturelle Signifikanz der Gedanken verstellen, auf die er wenn auch nicht ganz deutlich, so doch nachdrücklich verwies. Der *Hemmung* oder *Inhibition* sollte dagegen eine andere und weit dauerhaftere Karriere als Signifikant bevorstehen. Bei Hughlings Jackson und anderen wurde die Hemmung außerhalb jeder Dualität als eine integrative Kraft privilegiert, die, indem sie niedere und instinkthafte Prozesse »hemmte«, die Auflösung höherer, organisierter mentaler Funktionen verhinderte.

Auch andere Forscher fuhren in den achtziger Jahren und danach fort, sich dieser Ausdrücke zu bedienen, wenn sie verwandte Phänomene bezeichnen wollten. Den Gebrauch, den Charles Henry von diesen Ideen machte, will ich hier beiseite lassen, und statt dessen auf eine bekanntere Figur eingehen, deren Werk Seurat ebenfalls zugänglich war.[33] Charles Féré, der der persönliche Assistent und dann der Kollege von Charcot gewesen war, führte Experimente an Menschen durch, bei denen er die physiologische Reaktion auf verschiedene Arten von Reizen maß und die relative Stärke oder Schwäche von dynamogenen oder inhibitorischen Wirkungen zu quantifizieren versuchte. Er und andere benutzten an der Salpêtrière und im Hospital von Bicêtre eine Dynamometer genannte Vorrichtung, die den vom Griff einer Versuchsperson ausgeübten Druck maß, wenn diese Person diversen Reizen (auf die sie besonders achten sollte) ausgesetzt wurde. Das Resultat war eine (*dynamographe* genannte) graphische Aufzeichnung der Zu- und Abnahme des muskulären Drucks im Verhältnis zu externen Variablen.[34] Die für uns relevantesten von den zahlreichen Demonstrationen Férés waren seine optischen Experimente, insbesondere diejenigen, die mit Farbe arbeiteten. Féré beschrieb die physiologischen Wirkungen von Lichtimpressionen und zeigte in diesem Zusammenhang, daß Orange und Rot bei »normalen« wie bei »hysterischen« Personen verstärkte physische Reaktionen erzeugten.[35] Blau und Violett riefen eine Verringerung der meßbaren physischen Reaktion hervor, hatten also einen inhibitorischen Effekt. Am bedeutsamsten in Férés Arbeit war vielleicht der Schluß, daß die Aufmerksamkeit selbst dynamogene Züge annehmen konnte: daß nämlich der Zustand erhöhter Wachsamkeit, Anstrengung und Spannung im Nervensystem die Voraussetzungen für verstärkte Reaktionen besonders auf Geräusch und Farbe schuf.[36]

Mehrere Punkte sind hervorzuheben. Zunächst, daß das Modell des aufmerksamen Subjekts hier entschieden ein nichtoptisches ist. Das heißt, das Subjekt ist hier nicht eines, das vor allem sieht, sondern eines, das vor allem für die von Féré so genannte »psychomotorische Induktion« empfänglich ist. Es ging hierbei, wie Charcot sich ausdrückte, um »den dynamogenen Einfluß des visuellen Zentrums auf das motorische«.[37] Die Farbe als Lichtenergie von bestimmter Wellenlänge wirkt nicht auf eine autonome optische Sensibilität des Sehenden ein, sondern auf den Körper

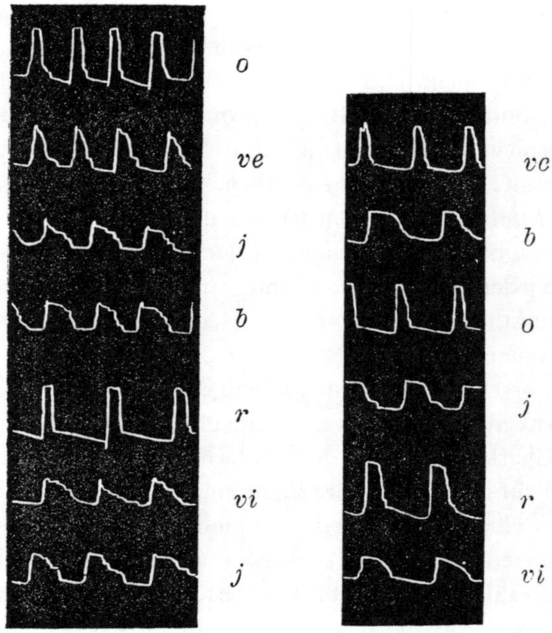

FIG. 19 et 20. — Contractions sous l'influence du rouge *r*, de l'orangé *o*, du jaune *j*, du vert *ve*, du bleu *b*, du violet *vi*. (Les tracés se lisent de droite à gauche)

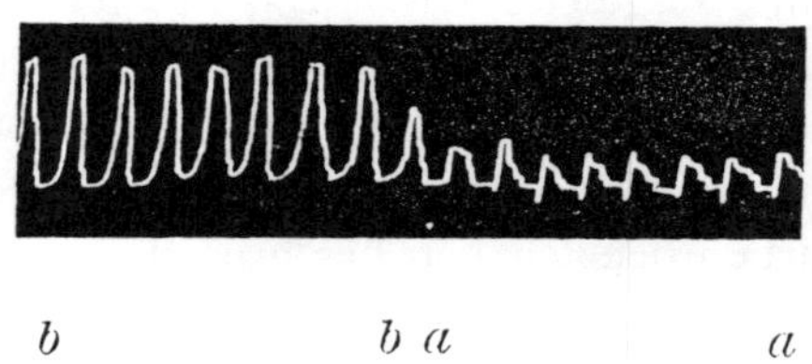

FIG. 18. — *aa*, contractions normales; *bb*, contractions sous l'influence des rayons rouges. (Le tracé se lit de droite à gauche.)

Abb. 45 Graphische Darstellung der dynamogenen Reaktion auf Farbe, aus Charles Féré, *Sensation et mouvement*, 1887.

als komplexen nervlichen und motorischen Organismus. »Wenn unsere Augen von Strahlen aus rotem Licht getroffen werden«, so lautet die von Féré gewagte Formulierung, »dann sieht *unser ganzer Körper* Rot, wie die dynamometrischen Reaktionen zeigen.«[38] Die in diesem bemerkenswerten Satz enthaltene Ablehnung eines klassischen optischen Modells faßt konzis eine der folgenreichsten Umformungen zusammen, die das neunzehnte Jahrhundert am Sehen vornahm. Férés Dynamographien, die an die graphischen Methoden von Mareys physiologischen Studien anknüpfen, belegen, daß das, was man sich einst als visuelle Repräsentation vorgestellt hatte, nunmehr nichts anderes war als die abstrakten und quantifizierten Reaktionen eines als komposites Ensemble von physischen Systemen gedachten Körpers.[39] Weit entfernt, irgendwelche »natürlichen« Funktionen zu entdecken, gehören die Arbeiten Férés zu einer umfassenden *instrumentalen* Neuverortung eines vordem als entkörperlichtes und punktuelles Bildersystem gedachten Sehens in einem Wechselspiel von Kräften und motorischen Reaktionen, in dem die Repräsentation keine relevante Rolle mehr spielt. Die Wahrheit des Sehens verlagert sich ganz und gar auf nichtoptisches Terrain. Die Netzhaut ist jetzt mit einem neuromotorischen System verbunden, das von außen in Gang gesetzt wird. Sensation und Bewegung werden zu einem einzigen Ereignis. Es ist nicht mehr die Rede von einem einzelnen, distinkten Sinn, sondern von Sinnen, die austauschbare Wirkungen und Reaktionen erzeugen, und von sensorischen Reizen, die trotz ihrer Verschiedenartigkeit in dieselben Bewegungen oder Spannungen »übersetzt« werden.

Die Dynamogenie stammt aus einem Wissensbereich, in dem die Bedeutungen des Wortes »Empfindung« sich von den im frühen neunzehnten Jahrhundert und davor gültigen fast bis zur Unkenntlichkeit entfernt haben. Die Empfindung hat aufgehört, Element eines psychischen Prozesses zu sein, durch den eine mentale oder visuelle Repräsentation der Welt zusammengestellt wird.[40] Sie ist jetzt Teil einer Sequenz von Ereignissen, an deren Endpunkt nicht ein innerer Zustand wie Wissen oder Wahrnehmung steht; sie ist vielmehr das, was in Bewegung kulminiert, egal ob es sich um eine willentliche oder eine automatische, eine innere oder eine äußere Bewegung handelt. Seit der Jahrhundertmitte etwa bemühten sich Naturwissenschaftler ebenso wie Philosophen vielfach darum, die fundamentalen Beziehungen zwischen Empfindung und motorischem Verhalten zu konzeptualisieren.[41] Von den Rationalisierungstendenzen bei Seurat geht einiges direkt oder indirekt auf diese neuen funktionalen Modelle zurück, die annahmen, daß sensorische Reize beim Wahrnehmenden einen *motorischen* Ausdruck hervorrufen. Dabei basiert diese Reaktion interessanterweise auf einer völligen *Umgehung* des bewußten Denkens, wodurch wiederum die hergebrachte Vorstellung von Seurats Kunst als intellektueller Konstruktion, die sich an die Rationalität des Betrachters wendet, erheblich erschüttert wird. Was ihre sonstigen Ambitionen auch gewesen sein mögen, Seurats Methode (die, mit welchem Erfolg auch immer, versuchte, diverse emotionale und physische Reaktionen zu induzieren) verfolgte das *Ziel,* weit mehr als das bloß optische Bewußtsein des Individuums anzusprechen und auf unwillkürliche oder sogar automatische Weise Effekte zu erzeugen. Ungeachtet der Frage ob dieses Subjekt letztlich »aktiv« oder »reaktiv« ist, stellte Seurats Projekt in jedem Fall den privilegierten Status eines *bewußten* Betrachters in Frage.[42]

Solche Ideen waren Mitte der siebziger Jahre, also längst vor den Versuchen Henrys, zu zentralen Bestandteilen auch des vorherrschenden ästhetischen Denkens geworden. Die vielgelesene *Esthétique* von Eugène Véron zum Beispiel beschrieb das ästhetische Verhalten im Sinn von Reflexbewegung, Erregung und Muskelkontraktion, und sprach von bestimmten Linien und Farben, die vorhersehbare physiologische Reaktionen auslösten. In seiner Eigenschaft als Redakteur der konservativen Zeitschrift *L'Art* handelte Véron über »die Übertragung von Erregung von einem Teil des Nervensystems auf einen anderen« und befand, daß solche Effekte »absolut willensunabhängig« seien. Das Interessante daran sind die Konsequenzen für den Status der Wahrnehmung: es handelt sich um ein Modell, in dem, was zuvor (egal ob als Lichtstrahlen, Lichtwellen oder lichtartige Energie) ausschließlich dem Bereich des Optischen angehört hatte, jetzt Teil eines ganz anderen Systems von Wirkungen und Verhältnissen ist.[43] In gewissem Sinn ist dies ein neues metaphorisches Verständnis, »ein vollständiges Überspringen von einer Sphäre mitten in eine neue und ganz andere«.[44] Das Licht führt nicht mehr primär zur Entstehung von Bildern, sondern zu Veränderungen im Körper, zur Umverteilung von Energie innerhalb eines aktiven, beweglichen Subjekts.

William James hat die Dynamogenie in seinen *Principles of Psychology* diskutiert und so zur Verbreitung des Terminus sowohl beim großen Publikum als auch unter den Spezialisten in Europa und Nordamerika beigetragen. James vertrat dieselbe holistische Auffassung des Nervensystems wie Brown-Séquard, dessen Vorlesungen er in den späten 1860er Jahren in Harvard gehört hatte.[45] Beide gehörten dem Lager derer an, die im Nervensystem nicht bloß eine Ansammlung von lokalen Reflexen und Schaltungen sahen, sondern betonten, daß wegen der ungeheuren Zahl von Verbindungen wechselseitige Beeinflussungen und Rückwirkungen von einem Teil auf einen anderen immer eine Rolle spielen würden. Für James war die Dynamogenie also lediglich ein Beispiel dafür, wie das kinästhetische Empfinden, statt nur ein lokales physisches Ereignis zu sein, das gesamte schöpferische Verhalten und den emotionalen Status des Individuums beeinflußte. Einflußreich einfach aufgrund seiner großen Leserschaft war auch das zweibändige *Handbuch der Psychologie* des Amerikaners James Mark Baldwin. Der Autor entwarf darin ein »Gesetz der mentalen Dynamogenesis«, wonach »jeder Bewußtseinszustand dazu tendiert, sich in einer ihm entsprechenden Muskelbewegung zu realisieren«.[46] Die weit verbreitete Pseudo-Psychologie von Herbert Spencer enthielt ebenfalls eine allgemeine »Ästho-Physiologie«, in der Emotionen und Bewußtseinszustände als »Simulationen und Entladungen von nervlicher Kraft, die auf das gesamte Nervensystem zurückwirken«, erklärt wurden, was mit der Idee der Dynamogenie durchaus vereinbar war.[47] In den späten achtziger Jahren hatte dieser Begriff bereits eine gewisse umfassendere kulturelle Bedeutsamkeit gewonnen, insofern man ihn mit jeder Art von Reizen oder Ereignissen verband, die eine allgemeine Welle von lebenssteigernden Gefühlen hervorriefen. So beschreibt Max Nordau (längst vor Marinetti und Ernst Jünger), wenn er vom modernen Krieg spricht, die vom Sieg hervorgerufene Wirkung: »Der Triumph ist eines der höchsten Lustgefühle, die ein Menschenhirn empfinden kann, und die krafterzeugende (›dynamogene‹) Wirkung dieses Lustgefühls ist wohl geeignet, den zerstörenden Einflüssen der Kriegs-Eindrücke entgegenzuarbeiten.«[48] Was damit angedeutet ist, ist die Möglichkeit der Verhaltenssteuerung, indem man, um die Gegenwirkung gewisser Reize zurückzudrängen, »Steigerungen« erzeugt, die die Erfüllung von gewissen Leistungs-Parametern garantieren sollen. Gleichzeitig lassen die Einzelheiten gewisser Theorien der Dynamogenie darauf schließen, daß es ein auf den ganzen Organismus bezogenes Modell der sexuellen Reaktion war, das dazu diente, vielerlei Arten nervlicher Aktivität zu beschreiben: eine plötzliche Verstärkung der Sensation oder der Spannung, verbunden mit Blutandrang in bestimmten Körperzonen.[49] Außerdem aber kam in diesem Begriff eine reduktive und instrumentale Weise zum Ausdruck, die potentielle Unordnung eines Körpers, dessen verschiedene Zonen von Energieströmen von wechselnder Intensität durchquert wurden, zu konzeptualisieren und zu kontrollieren. Seurats Werk ist, wie ich in diesem Kapitel noch zeigen werde, das Modell einer Reaktion, die zwar dem Versprechen oder dem Traum einer nichtentfremdeten, instinkthaften ästhetischen Erfüllung verpflichtet blieb, die aber gedacht werden konnte nur mittels der ärmlich systematisierenden Überführung des Triebs oder Affekts in eine steuer- und quantifizierbare Ökonomie der Erregung innerhalb eines »organisierten« und kontrollierbaren Körpers.

Diese Dimension von Seurats Werk hat man lange Zeit mit diversen in diese Zeit fallenden Manifestationen von »biologischer Romantik« oder Vitalismus assoziiert, einschließlich Art nouveau und Einfühlungstheorie.[50] Eine der bemerkenswertesten (und ambivalentesten) Antworten auf eben diesen Ideenkomplex stellt neben der Malerei Seurats jedoch das Spätwerk Friedrich Nietzsches dar. Obwohl Nietzsche experimentalistische, evolutionistische oder andere »reduktionistische« Formen des Wissens mehr oder weniger verachtete, war er gleichwohl in der zeitgenössischen wissenschaftlichen Literatur erstaunlich bewandert.[51] Ein Buch, auf das er vermutlich gegen Ende des Jahres 1887 kurz nach seinem Erscheinen stieß, war Charles Férés *Sensation et mouvement.* Er las es zweifellos im Rahmen seiner Meditationen über das Schicksal der europäischen Kultur, im Lichte seiner eigenen Ungewißheit darüber, ob die »Friedlosigkeit« und »Verworrenheit« des späten neunzehnten Jahrhunderts die Vorbedingung für einen kulturellen Wiederaufstieg sei oder eher Ausdruck pathologischer Erschöpfung (sicherlich spielte auch Besorgnis über seine eigene »Überreizung« und deren Auswirkung auf seine labile Gesundheit eine Rolle). Obwohl er die ursprüngliche »Wirklichkeit unserer Triebe« erkannt und ein Tun oder Zustände gepriesen hatte, die sich einem rationalen Ich entzogen und einen stark automatischen Charakter besaßen, beklagte Nietzsche paradoxerweise den automatischen oder reflexhaften Charakter der zeitgenössischen Existenz (Leben als Anpassung, Dekadenz als physiologische Verfassung).[52] Nietzsche konnte ohne Zögern zwischen Formen des *Denkens,* die er aktiv oder reaktiv nannte, unterscheiden; es fiel ihm jedoch schwerer, bei den konkreten Formen des materiellen Lebens und der Kultur, die Europa ein neues Gesicht gaben, eindeutige Bewertungen vorzunehmen (so war er unsicher, welche zeitgenössischen Formen der Illusion lebensbejahend seien und welche minderwertig und trivial). Wie reagierte er also auf Férés Theorie der »psychomotorischen Induktion«? Natürlich ist diese Formel für Nietzsche grobschlächtig, vielleicht aber erinnerte sie ihn auch an seine eigene Forderung nach einer Kunst, die nicht auf Repräsentation beschränkt wäre, sondern »als Suggestion auf die Muskeln und Sinne« wirken und statt Gedanken Bewegungen mitteilen würde.[53]

In diesen späten Notizen finden sich blitzhafte Einsichten, die in den Zusammenhang eines ästhetischen Traktats gehören, der nie vollendet werden sollte, obwohl kaum ein Zweifel daran besteht, daß Nietzsche immer wieder auf einer ästhetischen Erfahrung im Sinne gesteigerter Energie und Fülle bestand.[54] Er greift auf ein Bild zurück, das er bereits ein paar Jahre zuvor artikuliert hatte: »Vor allem will etwas Lebendiges seine Kraft *auslassen*.«[55] Im *Willen zur Macht* benennt er die dem Künstler eigenen physiologischen Zustände: »Man muss sich diesen Zustand zunächst als Zwang und Drang denken, durch alle Muskelarbeit und Beweglichkeit die Exuberanz der inneren Spannung loszuwerden: sodann als unfreiwillige *Coordination dieser Bewegung* zu den inneren Vorgängen (Bildern, Gedanken, Begierden), – als eine Art Automatismus des ganzen Muskelsystems unter dem Impuls von Innen wirkender starker Reize –; Unfähigkeit, die Reaktion zu *verhindern*; der Hemmungsapparat gleichsam *ausgehängt*. Jede innere Bewegung (Gefühl, Gedanke, Affekt) ist begleitet von *Vaskularveränderungen* und folglich von Veränderungen der Farbe, der Temperatur, der Sekretion.«[56] Wenn er von »Bewegung« und »inneren Vorgängen« spricht, so versucht er eine Kraft zu benennen, die nicht mechanistisch verstanden werden kann, eine Kraft, die sich durch ihren inneren Dynamismus selbst initiiert und durchsetzt. Nietzsches »Physiologie« hat hier mit den dürren biometrischen Zwängen von Féré nicht viel gemeinsam; dennoch war das binäre System von Dynamogenie und Hemmung eine deutliche Vorwegnahme jener reicheren (und nicht meßbaren) Energien, die Nietzsche im Subjekt am Werk sah.[57] Es war lediglich ein anderes Bild von jenen *zwei Typen von Kraft*, die Nietzsche endlos variierte im Sinn von Aktiv und Reaktiv, Stark und Schwach, aufsteigendem Leben und Dekadenz, Vergessen und Erinnerung. Zentral für sein spätes Denken war jedoch die Unterscheidung zwischen den zeitgenössischen *mechanistischen* Auffassungen von Kraft und seinem eigenen dynamischen Modell eines »Willens zur Macht«, in dem das Spiel der Kräfte eine innere Dynamik bildete, die zur Schöpfung, zu einem neuen Beginn fähig war. Wenn nach Féré dynamogene Lustempfindungen von einem Gefühl der Macht untrennbar sind, dann sieht Nietzsche lediglich von einem anderen (minderen) Standpunkt her seine These bestätigt, daß der »Lustzustand, den man *Rausch* nennt, ... exakt ein hohes *Macht*gefühl [ist] ... die ›intelligente‹ *Sinnlichkeit* –; die *Stärke* als Herrschaftsgefühl in den Muskeln, als Geschmeidigkeit und Lust an der Bewegung«.[58] Gleichzeitig weist Nietzsche verächtlich die reduktiven Behauptungen Darwins zurück, daß instinktives Verhalten im Sinne einer bloßen Erhaltung oder eines Überlebens des Organismus verstanden werden müsse.

Wenn wir von Seurat (über Féré) eine Diagonale zu Nietzsche ziehen können, dann letztlich, weil es bei beiden in der Frage der Bedeutung von Kunst nicht um die Darstellung ging, sondern um ein Kräfteverhältnis, und weil für beide die Kunst keine Semiologie war, sondern eine Physik. Für Seurat war die Farbe nichts, was einem souveränen Blick als Zeichen zugänglich war, sondern eine Deutung, die der Körper vornahm, war ein Beispiel für das, was Nietzsche meinte, als er von den Trieben schrieb, »die die Welt auslegen«.[59] Für Seurat wie für Nietzsche ist Erfahrung niemals etwas Einheitliches, sondern immer eine Vielheit widerstreitender Impulse, und die Qualität dieser Erfahrung ist lediglich ein Differential der Quantität zweier Kräfte. Seurats schwer faßbares Ziel der Harmonie war in den späten achtziger Jahren mit der Frage des relativen Kräftegleichgewichts gleichbedeutend, war niemals, wie so oft behauptet, eine fixierte Anordnung von formalen oder binären Relationen. Natürlich scheint die ganze Rhetorik von Reizung und Dynamismus, von den Macht- und Kraftgefühlen Henrys und Férés, mit der scheinbaren Gelassenheit und dem »Klassizismus« von so vielen seiner Bilder, sei es *Parade de cirque* oder seien es die späten Seestücke aus Gravelines, nicht viel zu tun zu haben.[60] Aber Seurat mag sehr wohl wie Nietzsche gefühlt haben, daß es etwas gab wie die »*extreme Ruhe gewisser Rauschempfindungen* (strenger: die Verlangsamung des Zeit- und Raumgefühls)«; hätte vielleicht Nietzsche zugestimmt, wenn er sagte: »*das höchste Gefühl der Macht* ist concentrirt im classischen Typus. Schwer reagiren: ein grosses Bewusstsein: kein Gefühl von Kampf ... Die logische und geometrische Vereinfachung ist eine Folge der Krafterhöhung: umgekehrt erhöht wieder das *Wahrnehmen* solcher Vereinfachung das Kraftgefühl.«[61]

Die Frage nach dem Wesen des menschlichen Subjekts, das Seurats Kunstpraxis zur Voraussetzung hat, entzieht sich jeder definitiven Antwort. Inwieweit können wir dieses Subjekt, in Nietzsches Worten, als bloß *reaktiv* bezeichnen? Einerseits arbeitet Seurat mit zweifelloser Selbstverständlichkeit innerhalb eines Diskurses, der von der empirischen Forschung über das abgeleitet ist, was im wesentlichen Reiz-Reaktions-Mechanismen waren, eine Anordnung von Techniken für die externe Steuerung der ästhetischen Reaktion, eine Art quantifizierender Technik des Gefühls. Ist der Betrachter bei Seurat ein Wesen, auf das man einwirkt, das in gewisser Weise einem vorbestimmten Programm von Wirkungen »gehorcht«? Oder ist dieses physiologische Subjekt ein Körper, der schafft, erfindet und bejaht? Solche Fragen setzen jedoch ein Subjekt voraus, das eine Einheit ist und einen bewußten Willen hat, der überwunden werden muß. Ist ein Werk wie *Parade de cirque* lediglich eine Aktivierung von Kräften, deren Wirkung von dem besonderen und veränderlichen Gleichgewicht von physischen Reaktionen beim jeweiligen Betrachter abhängt? Und gehörte zu diesem freien Spiel die Produktion »des gesteigerten Lebens; – eine Erhöhung des Lebensgefühls«?[62]

*

Parallel zu dem hypothetischen individuellen Betrachter, der das Objekt von Seurats Methode ist, enthält *Parade de cirque* eine schematische Darstellung einer kollektiven, offenbar von automatischen Verhaltensweisen geprägten Subjektivität, deren Aufmerksamkeit von der Leere des Spektakels untrennbar ist. So gesehen, sind die Zuschauer am unteren Bildrand weit mehr als bloß pikturale Surrogate für einen externen Betrachter, sondern stehen hier als potentielle Objekte von Techniken, die die Kontrolle und Steuerung von Wahrnehmung und Aufmerksamkeit zum Ziel haben. Soviel machen die meisten von Seurats Hauptwerken klar: wie eine sensorische Welt auseinandergenommen, wieder synthetisiert und dargestellt wird, ist untrennbar von dem Problem, wie eine Welt von Objekten, Individuen und sozialen Beziehungen sich selbst organisiert. Seine Bilder sind Sammlungen von Hypothesen darüber, wie Elemente oder Dinge kombiniert, wie diverse Aggregate von verschiedenen formalen Operationen produziert (oder aufgelöst) werden. Was Seurat hinsichtlich der einzelnen Farbflecke ebenso wie der Bilder von menschlichen Figuren interessiert, ist eine Spannung zwischen Kohäsion und Auflösung. Dies ist gleichermaßen evident, wenn es darum geht, wie diverse Reize versuchsweise zu einer kohärenten Konstellation »gebunden« werden, oder darum, wie auf eine soziale Welt referierende Inhalte verschmolzen oder in ein Beziehungsnetzwerk integriert werden. Die Wirkung, die *Parade de cirque* ausübt, ist von der Bewegung zwischen diesen beiden schematischen Ebenen nicht zu trennen.

Seurat gehört zu den vielen, die damals in ihrer Arbeit die Verbindung erforschten, die zwischen der relativen Einheit der subjektiven Erfahrung und der Integrität sozialer Institutionen und Prozesse besteht. Für Figuren wie Charles Henry und Charles Féré waren die Phänomene der Reflexreaktion und die Operationen des Nervensystems keineswegs ausschließlich ein Gegenstand physiologischen Wissens. Ihr Hauptanliegen war vielmehr die Aufrechterhaltung der sozialen Ordnung und des sozialen Gleichgewichts, und ein Übermaß an sensorischer Reizung war potentiell zerstörerisch oder pathologisch. Für Henry und andere schien eine wissenschaftliche Ästhetik die Produktion von »angenehmen« nervlichen und seelischen Zuständen, die mit sozialer Ruhe und ökonomischer Produktivität vereinbar waren, zu ermöglichen. Féré gehörte zu den vielen, denen das damalige soziale Phantasma der »Solidarität« am Herzen lag, und er warnte vor den Gefahren kollektiver Überreizung, soziopathischer Erschöpfung und letztlich der Degeneration, die die Gesundheit und funktionale Einheit der Solidarität bedrohten.[63] Eine andere in diesem Zusammenhang bedeutsame Figur war Jean-Marie Guyau, der in den späten achtziger Jahren untersuchte, wie die physiologische Natur der individuellen Wahrnehmung das Funktionieren sozialer Kollektivgebilde beeinflußte. Féré wiederum sah im Werk Guyaus eine Bestätigung für die soziale Bedeutung einer dynamogenen Erklärung ästhetischer Lust: für Féré und andere durfte die individuelle Lust nicht die Grenzen überschreiten, die durch das langzeitige evolutionäre Interesse des Kollektivs gesetzt waren.[64] Die neuere Forschung hat gezeigt, daß ein gewichtiger Teil der französischen Ästhetik sich seit den frühen achtziger und in den neunziger Jahren in

Abb. 46 Georges Seurat, *Der Kanal bei Gravelines, Abend*, 1890.

wachsendem Maß der Natur der Massensubjektivität und der Beziehung zwischen ästhetischer Wahrnehmung und sozialer Integration zuwandte.[65]

Seurat war also in einem Umkreis von Ideen tätig, die im selben Maß, wie sie »physiologisch« oder ästhetisch waren, auch eine soziale Resonanz hatten. Es wäre jedoch ein schweres Mißverständnis, sein Werk als Teil eines kalkulierten Projekts zur Erzeugung »angenehmer« seelischer Zustände bei den Betrachtern im Interesse des sozialen Zusammenhalts zu verstehen. Statt dessen sollte man berücksichtigen, daß Seurats Ausgleich zwischen dynamogenen und inhibitorischen Effekten in *Parade de cirque* mindestens theoretisch ein harmonisches Gleichgewicht der psychisch-kinästhetischen Reaktion hervorrief, das sich in gewisser Weise als eine utopische Projektion einer – innerhalb des Mißklangs der zeitgenössischen europäischen Kultur nicht möglichen – sensorischen Ganzheit und Erfüllung verstehen läßt. Sicherlich scheinen die Arbeiten aus Port-en-Bessin und Gravelines großenteils für eine solche Möglichkeit zu sprechen: die fein abgewogenen Hafenszenen könnten mit ihrer Evokation einer vormodernen Beziehung zwischen Natur und Kultur eine gewisse visionäre soziale Potenz haben.[66] Aber selbst wenn eine solche

Abb. 47 Georges Seurat, *Ein Sonntagnachmittag auf der Île de la Grande Jatte*, 1884-1886.

Erklärung in Betracht kommt, bleibt sie unvereinbar mit dem Problem, daß die Forschung, auf der Seurat aufbaute, auch ein integraler Bestandteil eines institutionellen, auf die externe Kontrolle subjektiven Verhaltens und Reagierens gerichteten Wissens war. Sie sagt auch nichts darüber aus, warum eine solche Darstellung von Harmonie (»die Analogie der Gegensätze«) teilweise deckungsgleich ist mit dem ausgesprochen zweideutigen und sogar verstörenden sozialen Gehalt von *Parade de cirque* (und auch von *Cirque*).

Diese Bewegung zwischen dem Sensorischen und dem Sozialen hat Affinitäten im Werk von Emile Durkheim, der ein nahezu exakter Zeitgenosse Seurats war. Seurat und Durkheim sind, ungeachtet der Verschiedenheit ihres Arbeitsgebiets, miteinander verwandt als Erfinder kraftvoller *imaginärer* sozialer Gebilde. Nicht nur teilen sie den Glauben, daß die Wissenschaft eine Form der Wahrnehmung ist, sondern auch den, daß wissenschaftliche Verfahren auch Methoden zur Schaffung neuer Gedanken und Formen liefern, und sie stehen beide für eine Abkehr des Denkens von den elementaren Einheiten zugunsten einer Hinwendung zum Studium ihrer Kombinationsregeln.[67] Beide erforschen, wie sich soziale und sensorische Elemente verbinden oder wie sie interagieren, um verschiedene Arten von Aggregaten zu erzeugen, und beide beschäftigen sich damit, wie diverse Synthesen *qualitative* Transformationen der betreffenden Elemente – seien es soziale Vorstellungen oder sensorische Eindrücke – hervorbringen. Bei beiden ist dies eine Frage des Blickpunkts, von dem aus die signifikanten Manifestationen einer *Organisation* wahrnehmbar werden.

Im Hinblick auf Seurat sind diese Fragen nicht neu, und die Kritik hat, angefangen mit Meyer Schapiro und Ernst Bloch, seine Bilder in diesem Sinne gesehen und das Wesen der von ihm zusammengestellten sozialen Aggregate beurteilt.[68] Seine Handvoll Hauptwerke, auch *La Grande Jatte* und *Cirque*, registrieren, je nach dem eingenommenen politischen Standpunkt, verschiedene Arten von sozialer Kohäsion oder Auflösung. Insbesondere *La Grande Jatte* kann, in Durkheimscher Terminologie, als ein zweideutiges Puzzle über die problematische Natur der sozialen *Verbindung* verstanden werden. Ist die hier dargestellte Versammlung ein Bild der Harmonie, um ein von Durkheim wie von Seurat gern benutztes Wort zu gebrauchen, der fast schon erreichte Zustand des solidarischen Gleichgewichts zwischen Individuen, die in »soziale Wesen« transformiert sind? Oder handelt es sich um eine statistische Verteilung von isolierten und kategorisierten Einheiten, um das Ergebnis eines bloß additiven Prinzips des formalen Nebeneinander, in dem unter dem trügerischen Anschein sozialer Eintracht entleerte und anomische Beziehungen dominieren?

In den neunziger Jahren interessierte sich Durkheim für die neuen holistischen Modelle der Assoziation, welche die inflexiblen und mehr und mehr veraltenden assoziationistischen Theorien verdrängen sollten. Er gelangte zu einer Ablehnung der bloßen Juxtaposition und faßte die Synthesis als dynamischen und sich selbst organisierenden Prozess auf. Es gibt durchaus Aspekte bei Durkheim, die sich mit der frühen Gestalttheorie in Verbindung bringen lassen: »Ein Ganzes ist eben nicht mit der Summe seiner Teile identisch; es ist ein Ding anderer Art, dessen Eigenschaften von denen der Teile, aus denen es zusammengesetzt ist, verschieden sind... [Die Assoziation ist] im Gegenteil die Quelle aller neuen Erscheinungen, die im Laufe der allgemeinen Entwicklung des Lebens entstanden sind.«[69] Er zog Analogien zwischen physiologischer Wahrnehmung und der Wahrnehmung von sozialen Gegenständen und bestand darauf, daß auf beiden Ebenen eine Tendenz nicht zu atomisierten Elementen, sondern zu Aggregaten und Ganzheiten vorherrscht.[70] Durkheims Methode war mit einer Neuorientierung der Aufmerksamkeit weg von isolierten oder individuellen Einheiten und hin zur Erfassung größerer Gebilde gleichbedeutend, und seine Ablehnung einer Individualpsychologie zugunsten einer »Gesellschaftswissenschaft« ist durch eben diese Verschiebung bedingt.[71]

Die Moderne ist für Durkheim eine qualitativ neue Phase in der Geschichte der menschlichen Existenz; aber was sie besonders auszeichnet, ist die Emergenz von neuartigen sozialen Aggregaten im Sinne neuer Manifestationen von Komplexität. Wie auf seine Weise Seurat versucht Durkheim, die modernen Formen des sozialen Zusammenhalts zu erfassen – indem er fragt, was eigentlich die diversen Bestandteile einer Gesellschaft, angesichts des Fehlens relativ starrer traditioneller Formen

Abb. 48 Georges Seurat, *Einsame Gestalt*, 1883.

wie Religion, Mythos und Blutsverwandtschaft, noch verbindet. Die Antworten auf diese Frage sind von der Weise, wie sowohl *Parade de cirque* als auch *Cirque* historisch bedeutsam sind, nicht zu trennen. Die »organische Solidarität« hat (anders als die »mechanische Solidarität« der traditionellen Gesellschaft) die Flexibilität eines lebendigen Systems, in dem eine Vielzahl von differenzierten, auf viele Subsysteme verteilten Individuen in einem einzigen, kompliziert funktionierenden Organismus zusammenhängen. Die Individuen überwinden Entfremdung und Isolation, indem sie die Notwendigkeit ihrer Integration in sich selbst regulierende, ineinander verschachtelte Feedback-Schleifen verstehen. Durkheims Auffassung vom Zustand der Industriegesellschaft ist jedoch im Hinblick auf den im späten neunzehnten Jahrhundert Gestalt annehmenden Hochkapitalismus von trügerischer Harmonie, und er versucht, einem verhältnismäßig stabilen und domestizierten Bild von der Dynamik und Destruktivität des Kapitals Geltung zu verschaffen. Obwohl Wachstum und Entwicklung für ihn Grundzüge des sozialen Organismus sind, ist es ein Zustand des »Gleichgewichts«, der in seiner Auffassung der Moderne im Vordergrund steht. Die von ihm postulierte »organische Solidarität« der

Moderne war ein solcher harmonischer Gleichgewichtszustand, in dem mittels gesetzlicher Regeln, sozialer Konventionen, beruflicher Organisationen und letztlich des Staates menschliche Wesen mit Hilfe von Zustimmung und wechselseitigem Verzicht interagieren, war eine stabile weltliche Ordnung, wie sie zuvor schon Auguste Comte zu entwerfen begonnen hatte. Wie François Ewald gezeigt hat, implizierte der Begriff »Solidarität« als neue Ordnung moralischer Imperative die Pflicht, ein »soziales Wesen« zu werden und sich im Hinblick auf einen weiten Bereich von Institutionen *sozialisieren* zu lassen.[72]

In den neunziger Jahren versuchte Durkheim zu erklären, wie die Arbeitsteilung, die er im Hinblick auf die soziale Vitalität und die moralische Ordnung für unabdingbar hielt, gleichzeitig zu negativen und pathologischen Wirkungen führen konnte. Die Arbeitsteilung war ein Prozeß, der nicht zu weit getrieben werden durfte, »ohne eine Quelle der Desintegration zu werden«.[73] Für sein Vokabular zur Beschreibung der Effekte der Anomie – Dekomposition, Zerstreuung, Auflösung, Begriffe, die alle das Zerreißen der Netzwerke der sozialen Organisation benennen – griff Durkheim auf Comte zurück.[74] Die so verstandene Anomie ist ein *formaler* Begriff. Die Anomie bezeichnet dann den Zusammenbruch eines organisierten Ensembles von Verbindungen und Umgebungen und stört einen normal regulierten Fluß von Kommunikation und Feedback: »Man kann a priori sagen, daß der Anomiezustand überall dort unmöglich ist, wo die solidarischen Organe in hinreichendem und genügend langem Kontakt miteinander stehen.« Wenn »die Arbeitsteilung nicht die Solidarität erzeugt«, dann muß der Grund dafür nach Durkheim darin zu suchen sein, daß »die Beziehungen der Organe nicht geregelt sind«.[75] Anomie tritt ein, so heißt es in einem berühmten Passus, wenn das Individuum »keine lebende Zelle eines lebendigen Organismus mehr [ist], die ständig im Kontakt mit den Nachbarzellen schwingt, die auf diese einwirkt und ihrerseits auf deren Einflüsse antwortet, die sich je nach Bedürfnissen und Umständen ausdehnt, zusammenzieht, sich anpaßt und wandelt. Es ist nur mehr ein träges Rädchen, das eine äußere Kraft in Bewegung setzt und das sich immer in derselben Richtung und auf dieselbe Weise bewegt.«[76]

Natürlich bemühte sich Durkheim sehr darum, eine solche soziale Auflösung als Teil einer *Übergangsphase* und nicht als permanenten Zug eines Systems darzustellen, das sich von Natur aus immer im Übergang befindet. Weil die Umbrüche der Modernisierung mit solcher Schnelligkeit erfolgt waren, »hatten die widerstreitenden Interessen keine Zeit gehabt, ein Gleichgewicht herzustellen«.[77] Sein Modell der modernen organischen Solidarität ist ebenso an die gesunde Komplexität eines höheren Organismus wie an das annähernde Gleichgewicht eines thermodynamischen Systems gebunden. Im Rahmen der Thermodynamik können Anomie und Solidarität als zwei verschiedene Arten statistischer Information über größere Aggregate von Elementen angesehen werden. So wie James Clerk Maxwell eine dynamische oder »historische« Auffassung von der Aktion individueller Moleküle ablehnte, so verzichtete Durkheim zugunsten kollektiver Ordnungen auf das Individuum als Untersuchungseinheit.[78] Anomie ist dann gleichbedeutend mit einer statistischen Verteilung von Elementen, in der ein Mangel an Kontakt oder Nachbarschaft das Fließen von Botschaften oder Information innerhalb des Systems als ganzem verhindert.[79] Ohne diesen Vergleich zu strapazieren oder die Homologien zwischen Anomie und Entropie weiter zu verfolgen, könnte man sagen, daß Durkheim die Übermittlung von Botschaften als Maß der relativen Organisation oder Desorganisation einer Gesellschaft ansah.[80] Wenn die Anomie, als eine systemweite Vermehrung von lokalen Zonen der Auflösung und der Desintegration, mit einem Mißlingen der Feedback-Prozesse zu tun hat, dann erinnert das oben beschriebene anomische Individuum in seinem Funktionieren an einen Roboter, bei dem an die Stelle der elastischen Anpassungsfähigkeit eines lebenden Organismus das repetitive Muster eines maschinellen Verhaltens getreten ist.[81] An dieser Stelle erweisen sich die isolierenden und quasi-automatischen modernen Formen der Aufmerksamkeit als verflochten mit dem, was Durkheim als »Anomie« zu erklären versucht hat.

Wenn Durkheim eine Krise der sozialen »Desaggregation« diagnostizierte, dann beschäftigte er sich andererseits nur desto intensiver mit den Formen der Bindung und der Kohäsion, so wie Pierre Janet und andere die psychische Desaggregation und daneben die Mechanismen der kognitiven und perzeptiven Synthesis studierten. Aber Durkheims angenehme Vision einer (künftigen) gut funktionierenden Gesellschaft von Individuen, die in staatlich dominierten korporativen Entitäten kooperativ zusammenarbeiten, hatte mit den wirklichen Pseudo-Solidaritäten, die in diesen Jahren Gestalt annahmen, wenig zu tun. Was Durkheims Werk in dieser Phase zugrunde lag, war die Notwendigkeit, die allgegenwärtigen, von der Modernisierung hervorgerufenen Trennungen und Segmentierungen zu verbergen oder zu unterdrücken.[82] In gewisser Hinsicht war Durkheims Anspruch, in einer Übergangsperiode über eine Krise der sozialen Kohäsion zu schreiben, berechtigt; aber eine der Weisen, wie das System auf diese Krise aktuell reagierte (und eine, die in mehreren von Seurats Hauptwerken ihre Schatten vorauswirft), nahm gerade zu seinen Lebzeiten Gestalt an – in der Herstellung einer Gesellschaft, deren effektive Einheit auf der Ubiquität der spektakulären Konsumtion durch Massenmedien und Illusionstechnologien gegründet war. Wenn die Religion die eigentliche »Kollektivvorstellung« innerhalb Durkheims vormoderner mechanischer Solidarität war, dann sollte das Spektakel als ein »Pseudo-Heiliges« zur primären Simulation von Zusammenhalt und Vereinheitlichung innerhalb der Moderne des zwanzigsten Jahrhunderts werden.[83] Debords *Gesellschaft des Spektakels* kann für die schließliche Implosion und das Zerfallen der von Durkheim ausgehenden soziologischen Tradition in den sechziger Jahren des zwanzigsten Jahrhunderts stehen, da er darauf bestand, daß die einzige Solidarität, die der Kapitalismus hervorbringt, eine Einheit von Subjekten eben in ihrer Getrenntheit ist.

Wenn man Seurats künstlerische Gesamtproduktion überblickt, die Gemälde ebenso wie das weit umfangreichere Corpus der Zeichnungen (besonders die, die

Abb. 49 Georges Seurat, *Place de la Concorde, Winter*, 1882-1883.

nicht eindeutig Studien für größere Werke darstellen), dann ist man unweigerlich frappiert von der unaufhörlichen und sogar systematischen Bewegung zwischen den großen, genau konstruierten Darstellungen von sozialen Kollektivgebilden (oder Massen) und den weit zahlreicheren Bildern der Isolierung und Separierung. Genauso wie die Einheit seiner optischen Figurationen immer eine ephemere subjektive Konstruktion war, die den abstrakten und segmentierten Status seiner Flekken niemals objektiv veränderte, so ändert sein Zusammenstellen provisorischer sozialer Aggregate niemals etwas an dem verstockt insularen Charakter ihrer individuellen menschlichen Komponenten. Aber auch wenn seine »Soziologie« unlösbar mit gewissen technischen und durch Regeln gesteuerten Verfahren zusammenhängt, nimmt Seurat nichtsdestoweniger hinsichtlich der Möglichkeit positiven Wissens über die »soziale Wirklichkeit« eine düsterere und skeptischere Position ein als Durkheim. Seine Werke sind also weniger Darstellungen von Anomie oder von Klassenkonflikten, als daß sie von einem Gefühl für die Ungreifbarkeit und Flüchtigkeit des Sozialen selbst bestimmt sind.

Man hat oft angenommen, daß das Auftreten einer »Wissenschaft« der Soziologie in den neunziger Jahren insbesondere in Frankreich eine Art Reaktion auf die großen sozialen Katastrophen des neunzehnten Jahrhunderts ist, ein kompensatorisches Produkt der Ängste, die sich aufgrund der Revolution, der Ereignisse von 1848, der Commune von 1871 und anderer Erhebungen bei der Bourgeoisie gebildet hatten. Wie Seurats Antwort auf dieses aufrührerische Erbe aussah, zeigt verstörend die etwa 1883 entstandene Zeichnung *Place de la Concorde, Winter.* Eine öde, entvölkerte Nachtwelt wird hier zum eindringlichen Negativbild jener Revolution, die so eng mit diesem Ort in Paris verbunden ist. Keine Architekturfassade ist in dieser winterlichen Verlassenheit zu sehen, und der im Zentrum dieses urbanen Raums befindliche, von mnemonischer Bedeutsamkeit schwere Obelisk ist aus dem Blickfeld verbannt. Statt dessen ist die Szene an einem banalen Laternenpfahl festgemacht, und die Nord-Süd-Achse, auf der der monumentale Obelisk steht, ist nur eben am linken Rand durch die partielle Silhouette von einem der beiden Hittorfschen Brunnen angedeutet. Der Wagen rechts, ein gewöhnlicher Fiaker, zeigt mit seiner physischen Separierung von Kutscher und Passagier die Klassentrennung, die der unerträglichen Leere der Szene zugrunde liegt. *Place de la Concorde* zeigt den Alptraum, zeigt den Orientierungsverlust einer Gegenwart, in der die kollektiven Träume von *égalité* und *bonheur* nicht einmal mehr Erinnerung sind. Ein gutes Jahrzehnt nach der Commune geht es nicht mehr nur darum, ein Feld von Hoffnungen und Antizipationen zu unterdrücken, sondern das Terrain, das einst die Stätte ihrer symbolischen Darstellung gewesen sein mochte, leerzuräumen.[84] *Place de la Concorde* deutet zurück auf ein älteres Modell des politischen Theaters, das durch die modernisierten Formen des Spektakels, die in den letzten Jahren von Seurats kurzem Leben aufkommen, verdrängt wird.[85]

*

Die konzeptuellen, technischen und darstellungsbezogenen Strategien von Seurats spätem Werk sind Antizipationen derjenigen Objekte und Kräfte, die in den neuen Operationen der sozialen Macht im frühen zwanzigsten Jahrhundert Schlüsselrollen spielen sollten.[86] Bei Seurat wird sichtbar, wie Individuen in ihrer Eigenschaft als Betrachter zu neuen Pseudo-Solidaritäten, sei es als Masse oder als Publikum, versammelt werden können, und zwar unter Beibehaltung ihrer tatsächlichen Isolation. Das Gemälde wiederholt auf inhaltlicher Ebene, was es durch sein technisches System produziert: das Werk ist ein Ansuchen um Aufmerksamkeit. Die Sideshow (die vor und außerhalb der eigentlichen Vorstellung etwa eines Zirkus stattfindet und dazu dient, das Publikum anzulocken, A. d. Ü.) ist mit ihren Musikern und Darstellern ein Verfahren der *Attraktion,* das die Aufmerksamkeit der städtischen Bummler anziehen und sie dazu bringen soll, eine Eintrittskarte für die in dem Zelt vor ihnen spielende »Haupt«-Attraktion zu erwerben. Aber es ist eine Attraktion, die ihnen, die uns auf immer vorenthalten bleiben wird, denn dieses Gemälde ist grundsätzlich um die Annullierung und Aufhebung dessen, was es zu enthüllen verspricht, entworfen. Der Betrachter dieses Bilds findet sich, als Individuum

Abb. 50 Photographie eines Zirkuszelts mit Sideshow, Paris, späte 1880er Jahre.

ebenso wie als Teil einer kollektiven Subjektivität, unausweichlich in ein ständiges Spiel von Attraktion und Absenz verstrickt.

Zu den wichtigsten Zügen von *Parade de cirque* (siehe Bildtafel am Ende des Buches) zählt die Art, wie die formale Organisation des Bildes die Position und die Identität des angenommenen Betrachters destabilisiert. Im Zentrum dieser Organisation steht Seurats Tilgung der *szenographischen* Voraussetzungen des Werks, obwohl er ihr Fortbestehen vortäuscht. Die vorgebliche Thematik des Bilds ist in mehr als nur einer Weise potentiell *szenisch*: nicht nur wird eine quasi-theatralische Darbietung gezeigt, sondern der Betrachter wird als Teil eines Publikums vor einem dem Anschein nach bühnenartigen Raum positioniert.[87] Das Bild mimt also einen klassisch verstandenen theatralischen Raum, während es uns in Wirklichkeit die wesentlichen Elemente eines solchen Signifikanzmodells vorenthält: eines Modells, das im Prinzip eine illusorische Welt errichtet, die sich an der Trennungslinie des Proszeniums vom Betrachter hinweg nach hinten erstreckt, die aber gleichwohl reziprok auf den Blickpunkt des Betrachters bezogen ist. Zu den auffälligsten strukturellen Zügen von *Parade de cirque* gehört jedoch die radikale Verbannung der Orthogonalen und das daraus resultierende Auseinanderfallen des Bildes in eine Ansammlung disjunkter Flächenelemente.[88] Daß Seurat auf alle Orthogonalen, daß er fast gänzlich auf Verkürzungen oder sonstige Indikatoren verzichtet, die uns beim Konstruieren der räumlichen Beziehungen im Bild behilflich sein könnten, hat zur Folge, daß die »Bühnen«-Zone über den Zuschauern zu einem einzigen patchworkartigen Schirm wird und mögliche Wege, die das Auge ins Bild hinein führen könnten, abgeriegelt werden. Es ist, als ob Seurat in *Parade de cirque* David Sutters Diagramm von der perspektivischen Beziehung zwischen einem Betrachter

F. 12.

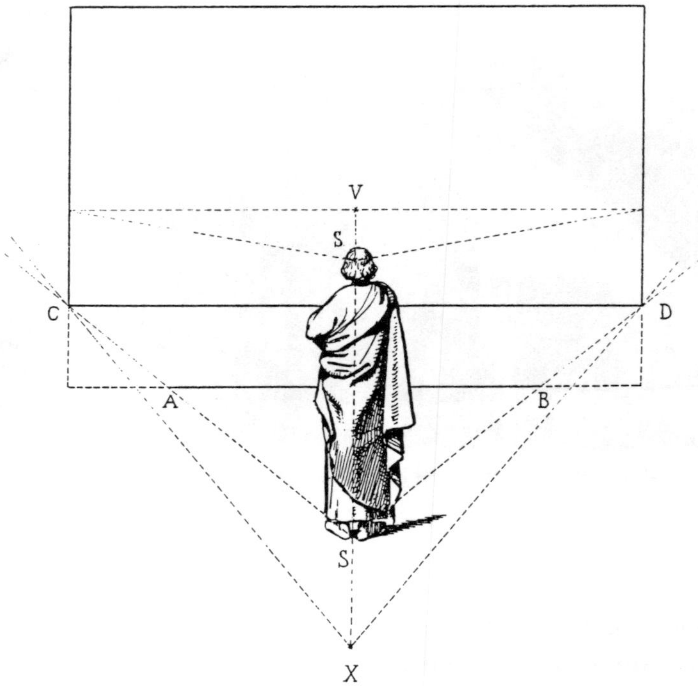

Abb. 51 Abbildung aus David Sutter,
Nouvelle théorie simplifiée de la perspective, 1859.

und einem rechteckigen Tableau nachgeahmt, aber zugleich das klare System von Orthogonalen, durch das es erst intelligibel wird, getilgt hätte.[89] Gleichzeitig verhindert diese formale Entscheidung das Auftreten von Ebenen oder Flächen, die senkrecht zur Bildoberfläche stehen. Damit wird uns eines der Schlüsselelemente, die die Kohärenz der klassischen Szenographie bestimmten, verweigert: wir können den tatsächlichen Ort der Figuren auf der Bühnenfläche oder dem »Schachbrettboden« der perspektivischen Malerei nicht ausmachen. Keine von den Figuren der *Parade de cirque* ist in für das Auge lesbarer Weise »begründet«. Das gilt besonders für den Posaunenspieler in der Mitte, dessen Füße befremdlicherweise unsichtbar bleiben.

Zu den wenigen Elementen, die an die Transversalen der klassischen Darstellung erinnern, gehört die Diagonale in der unteren Bildmitte hinter dem Posaunenspieler. Es ist das Geländer einer Treppe, die vom Straßenniveau ins Innere des Zirkus führt. Der Eingang in dieses unsichtbare Innere liegt von uns aus gesehen dort, wo die beiden Flächen rechts neben der Zentralfigur auf einer Ebene aneinanderzustoßen scheinen und damit die Möglichkeit eines visuellen »Eingangs« von unserem Blickpunkt her ausschließen. Diese Diagonale, ein residuales Fragment eines aufge-

Abb. 52 Raphael Morghen, Kupferstich nach Leonardos *Abendmahl*, 1800.

gebenen Schemas von Transversalen, wird als Einheit einer Oberfläche, die nicht so sehr durch Flachheit als durch Undurchdringlichkeit und Opazität charakterisiert ist, wiederverwendet. Die Fläche wird zu einem *tabularen* Feld mit Zeilen und Kolumnen, wodurch eine punktuelle oder Punkt-zu-Punkt-Relation zwischen Betrachter und Bild unmöglich wird.[90] Was hier stattfindet, ist die Subversion der wesentlichen Erwartungen, die mit einem theatralischen Projekt verbunden sind – durch den Kollaps der Tiefe und das Verschließen eben der Örtlichkeit, zu welcher die Sideshow uns hinlockt. *Parade de cirque* schwebt also, mit Martin Jay zu reden, zweideutig zwischen zwei skopischen Regimes: zwischen dem metrischen und homogenen Tableau, das ungefähr synonym mit dem klassischen Raum ist, und einem dezentrierten und destabilisierten perzeptuellen Regime mit einem beweglichen und inkorporierten Betrachter.[91] Die Evokation eines szenographischen Arrangements ist ein Schleier, der über die dissoziierte, nichthomogene und additive Konstruktion des Werks gelegt ist.[92] Freilich heißt das nicht, daß *Parade de cirque* die Manifestationen der Flachheit in der Malerei des zwanzigsten Jahrhunderts vorwegnähme; vielmehr ließe sich seine Strategie mit manchen Zügen des frühen Kinos in Verbindung bringen. Der Filmhistoriker Tom Gunning hat überzeugend ausgeführt, daß trotz der in ihm vorherrschenden Frontalität und der durch Rahmung hergestellten Einheit das sogenannte »primitive« Kino weniger mit einer Fortsetzung theatralischer Traditionen oder mit der Rahmung durch den Proszeniumsbogen zu tun hat als mit einer Gegentradition der Vorführung von Zaubertricks und von hinter der Szene stattfindenden optischen Manipulationen.[93] Dieser abgeschlossene, antiszenische Raum ist mit volkstümlichen Darbietungen wie dem Schattenspiel, dem Puppentheater oder anderen Formen verwandt, die den »Kubus« einer Theaterbühne nur simulieren oder evozieren. In diesem Sinn ist die besondere Verteilung der Figuren über diesen flachen Raum hinweg also ein gewollter Archaismus, der allerdings weniger ein Fries nach Art der klassischen Antike zum Vorbild hat als die prozessionsartige Organisation des religiösen Theaters und der Mysterienspiele des Mittelalters.[94]

Nach dem, was ich über den antiszenographischen Charakter von *Parade de cirque* gesagt habe, möchte ich noch kurz einen Vergleich mit einem Bild anstellen, das für das neunzehnte Jahrhundert ein exemplarisches Modell für eben diese szenographischen Werte war und überdies ein paar bedeutsame Affinitäten mit Seurats Gemälde besitzt: mit Leonardos *Abendmahl.*[95] Ich stelle diese beiden Werke nicht bloß deswegen nebeneinander, weil das *Abendmahl* lange Zeit als eine vollendete Demonstration der Ein-Punkt-Perspektive gegolten hat, sondern auch, weil Seurats Werk, ebenfalls ein Gruppenbild, in gewisser Weise eine unbarmherzige, ja satirische Verneinung der Leonardos Gemälde zugrunde liegenden Annahmen ist.[96] Es ist im übrigen auch fast unmöglich, auf die Beziehung zwischen Kunst und Wissenschaft in den Jahren um 1880 näher einzugehen, ohne das Wiederaufleben und die Neuorientierung des Interesses an Leonardo zu Beginn dieses Jahrzehnts zu berücksichtigen.[97] Es geht nicht darum, ob Seurat seine Berufung als Künstler-Wissenschaftler mit der Leonardos identifiziert hat, sondern darum, daß seine intellektuelle Entwicklung begleitet war von der modernen Entdeckung der ganzen Reichweite von Leonardos Interessen (so wurden in den achtziger Jahren die Notizbücher ins Französische übersetzt und mit zahlreichen Analysen und Kommentaren versehen).[98] Die kulturelle Valenz Leonardos nahm in diesen Jahren zahlreiche widersprüchliche Formen an, die einige der Paradoxien von Seurats Karriere widerspiegeln. Seurat hätte Gabriel Séailles, als er 1888 Leonardo paraphrasierte, bestimmt nicht widersprochen: »Die Kunst ist nicht, wie sich manche vorstellen, ein mechanischer oder rein technischer Prozeß, sondern ist etwas Geistiges, ist *cosa mentale.*«[99]

Beide Bilder behandeln, so könnte man sagen, die Enthüllung eines Geheimnisses: hier das Geheimnis des Meßopfers, das mit der luziden Wahrnehmung einer unendlichen Ausdehnung koinzidiert; dort die Sichtbarmachung des »Geheimnisses« der entzauberten und quantitativen Ordnung des kapitalistischen Tauschs und des mit ihm verbundenen Schwunds der Homogenität ebenso wie der Lesbarkeit des Raums. Wie im *Abendmahl* ist in *Parade de cirque* eine Reihe von dreizehn Figuren über eine horizontale Fläche ausgebreitet, aber es ist kein Erlöser darunter. Das Publikum scheint mehr oder weniger zerstreut mit sich selbst beschäftigt oder schenkt seine Aufmerksamkeit den Akteuren der Sideshow. Diese buntscheckige Menge wohnt keiner heiligen Messe bei, sondern Ritualen der Moderne. Zu den Schlüsselpartien von *Parade de cirque* gehört die marginale Vignette rechts: zwei Figuren, vielleicht Mutter und Tochter, kaufen Eintrittskarten, um das Spektakel sehen zu können, für das die Musiker werben und das hinter dem Bühnenvorhang, der die ganze Breite des Bildes einnimmt, stattfindet oder gleich stattfinden wird.

Abb. 53 Seurat, *Parade de cirque*, Detail.

Zwischen der Rolle des Konsumenten und der des aufmerksamen Zuschauers herrscht hier volle Übereinstimmung. Dieses Tauschverhältnis, diese Bewegung abstrakter Quantitäten rückt die *geschäftliche* Dimension des Werks in den Vordergrund und situiert die Frage des *Wertes* in seinem Zentrum. Das kleine Kassenfenster, das als einzige Öffnung die flächige Wand hinter den Akteuren durchbricht, ist eine sardonische Erinnerung an verlorene Transparenz, ein Überbleibsel, das vom Zusammenbruch des klassischen Modells der Bildfläche als Fenster geblieben ist. Georg Simmel hat früh erkannt, wie der Gebrauch des Geldes in der Moderne dazu führte, daß der zwischenmenschliche soziale Charakter des Tauschs verlorenging und zu einer unpersönlichen Transaktion wurde, zu einem Tausch per Distanz.[100] Seurats Verbildlichung des Kassenfensterchens wird zu einem konzentrierten Bild der akkumulierten Erfahrung sozialer Separation, des depersonalisierten Tauschs. Letztlich ist der Tauschakt das, was an die Stelle des Wunders der Transsubstantiation bei Leonardo tritt: hier ist es die Konvertierbarkeit jedes Dings, jeder Erfahrung, jeder Wahrnehmung in eine Form universaler Äquivalenz.[101]

Abb. 54 Georges Seurat, *Ein Laden und zwei Figuren*, ca. 1882.

Ungefähr fünf Jahre früher hatte Seurat an einem verwandten Bild gearbeitet, in dem wir ebenfalls die angenommene Transparenz einer scheinbaren Attraktion, eines Fensters, in einer Weise verschlossen finden, daß sie zu einem opaken, leuchtenden Schirm wird. Diese bemerkenswerte Farbzeichnung, *Ein Laden und zwei Figuren*, ist etwa 1882 entstanden und hat mit *Parade de cirque* eine gewisse allgemeine strukturelle Ähnlichkeit. Auch sie ist »szenisch«, insofern sie, in Gestalt des Männerkopfs, der quasi als Vertreter der Zuschauer im späteren Bild am unteren Rand auftaucht, durch die Position eines Betrachters bestimmt ist, der ebenfalls einer Ebene aus rechtwinkligen Elementen gegenübersteht, hier der Fassade und den gläsernen Fenstern eines Geschäfts. Aber Seurat verweigert jede lesbare Information über die zum Kauf angebotenen Dinge und liefert statt dessen das Schema der formalen Bedingungen von Ausstellung und Attraktion, bei dem die spezifische Identität der Ware unerheblich ist. Auch hier fehlen die Orthogonalen, und das symmetrische Format ist aufgebrochen durch eine Vertikale links, die an den Baum in *Parade de cirque* erinnert. Ich erwähne diese Zeichnung als Bestätigung dessen, daß *Parade de cirque* ebenfalls eine (wenn auch offensichtlich voll entwickelte) Meditation über die Leere eines modernen Verhältnisses von Schaustellung und Konsum darstellt. Auch *Parade de cirque* zeigt das explizit ökonomische Milieu von *Ein Laden und zwei Figuren*, zeigt die Allgegenwart des subjektiven »Shopping«-Erlebnisses und seine Konstruktion als Spektakel.[102] Besonders interessant ist in dieser Zeichnung die Farbverteilung. Die beiden Figuren, die Fensterrahmen und die An-

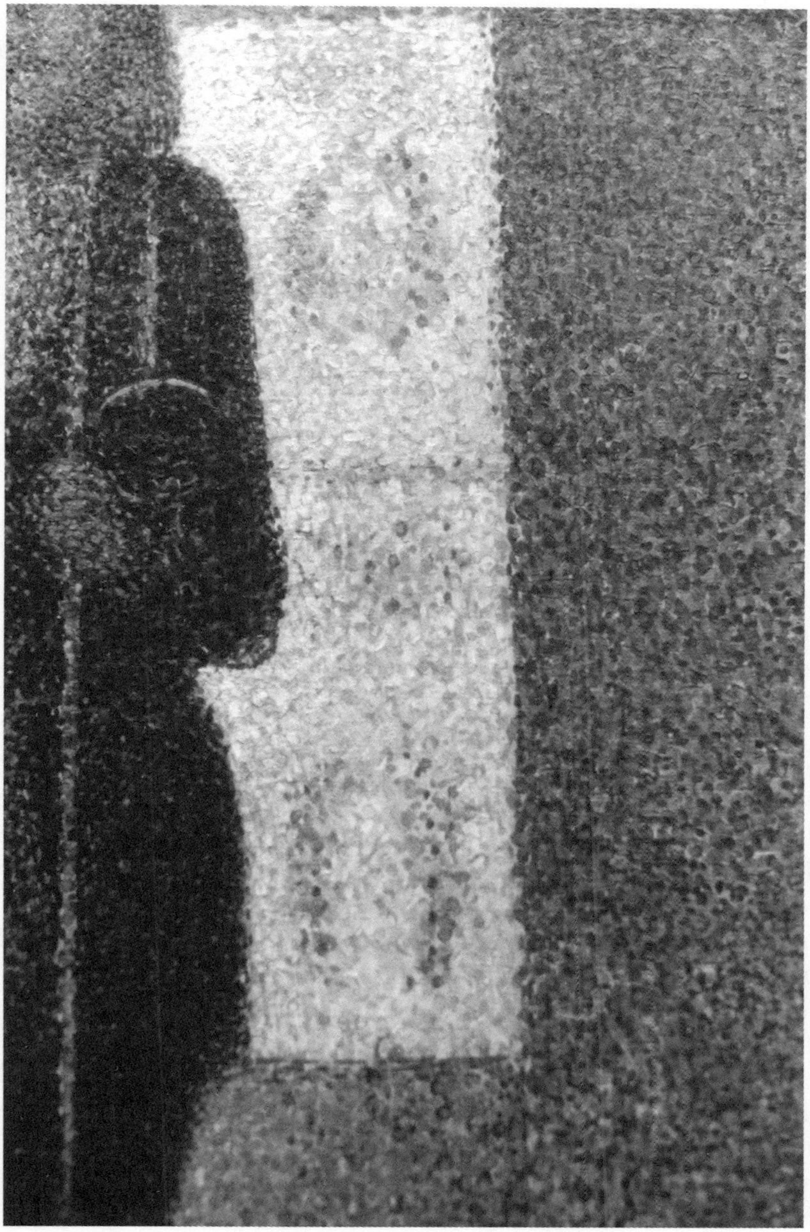

Abb. 55 Georges Seurat, *Parade de cirque*, Detail.

deutungen der Straße und der Umgebung sind dunkelviolett gegeben; die Schaufenster selbst dagegen zeigen lebhafte Farbkontraste: Blau-Gelb, Orange-blau und reines Gelb. Zwischen der monochromen Welt der Straße und der Passanten und den leuchtenden Zonen der Attraktion in Gestalt der glitzernden, vielfarbigen Welt der Auslagen ist eine klare Opposition hergestellt.

Wenn im Zentrum des *Abendmahls* der Kopf Jesu mit dem Fluchtpunkt und dem zentralen, sich auf einen unendlichen Himmelsraum öffnenden Fenster in Übereinstimmung gebracht ist, dann ist vielleicht auch von Bedeutung, wie die entsprechende Zone in *Parade de cirque* gefüllt ist – mit dem großen Schild nämlich, das die zweifach gestuften, in Centimes ausgedrückten Eintrittspreise angibt, das aber von der Zentralfigur teilweise verdeckt ist, so daß wir nur zwei Nullen davon sehen (und ein Fragment der Ziffer bei der oberen Null, vielleicht eine »3«, die auf 30 Centimes hinweist). In seiner Tilgung aller Anklänge an Transzendenz könnte man es gewissermaßen als einen der Fluchtpunkte der Moderne verstehen – das in all seiner Abstraktheit zur Schau gestellte Preisschild, das für die Erschöpfung der Illusion von Referenz oder Stabilität steht.[103] Es indiziert eine neue Grenze der Rationalisierung und Entzauberung in der Kunstpraxis. Die immobile Erscheinung des Bildes hebt sich von eben dem Prozeß der Zirkulation und der Konvertierbarkeit ab, der dargestellt ist. Zugleich ist die Simulation, die dem wirklichen Spektakel inhärent ist, von dem »Schein« untrennbar, der das Preisschild ist. Für Marx ist der Preis das »Zeichen seiner selbst«; seine Realität ist »nur eine verschwindende ... eine, die bestimmt ist, beständig zu verschwinden, aufgehoben zu werden, nicht als definitive Realisation zu gelten, sondern fortwährend nur als intermediäre, vermittelnde«, die daher nur »in dieser beständigen Bewegung existiert«. Die Realität des Geldzeichens besteht nicht darin, »daß es der Preis ist, sondern daß es ihn *vorstellt,* sein Repräsentant ist; gegenständlich vorhandner Repräsentant des Preises, also seiner selbst, und als solcher des Tauschwerts der Waren«.[104] Die buchstäbliche Ambivalenz des Preisschilds hier in *Parade de cirque* wird zu einem Schlüssel für die allgemeine Problematisierung symbolischer Praktiken im Bild als ganzem.[105] Ob Farbe oder Geld, Seurat situiert seine Kunstpraxis in einem Regime von Zeichen, die nur Symbole von Wert sind, statt selbst von irgendeinem echten Wert besessen zu sein. Diese Problematik ist es, innerhalb derer das Werk für jede Erörterung der Frage des »Symbolismus« in der Kultur des späten neunzehnten Jahrhunderts entscheidend ist.

Von noch größerer Relevanz ist es vielleicht, daß das Preisschild (in dem uns die beiden unterschiedlichen Ziffern an die Klassenbedingtheit des Konsums erinnern) neben seinem kommerziellen Charakter auch eine gewollte Verortung des mathematischen Null-Zeichens im Kernbereich des Werks bedeutet. Dieses Schild mit den Eintrittspreisen (wobei der Eintritt, wie gesagt, visuell unmöglich ist) wird zum Zeichen eines Zeichens, das im Bild entscheidende Wichtigkeit gewinnt. Brian Rotman hat darauf hingewiesen, daß es »der Doppelaspekt der Null, als Zeichen innerhalb des Zahlensystems und als Meta-Zeichen, als Zeichen für Zeichen außerhalb des Systems ist, der der Null erlaubt hat, als Ort einer Zweideutigkeit zwischen einer leeren Ziffer (deren versteckte Geheimqualität im Zusammenhang zwischen ›Chiffren‹ und Geheimkodes fortlebt) und einer Chiffre der Leere zu dienen, als Symbol, das nichts bedeutet«.[106] Im Kontext meiner Lektüre des Werks ist es schwierig, der essentiell nihilistischen Gewalt dieses Symbols, das die Leere und Absenz ankündigt, in die das ganze Bild getaucht ist, zu entkommen. Rotman verweist einleuchtend darauf, daß zwischen dem jeweils in der Renaissance sich durchsetzenden Gebrauch des Fluchtpunkts in der bildlichen Darstellung, dem der Null beim Rechnen und dem des abstrakten Geldes beim ökonomischen Tausch ein Isomorphismus besteht. Allerdings geht diese These nicht auf Erwin Panofsky ein, der darauf hinweist, daß der Fluchtpunkt eine Darstellung der Koinzidenz von Transzendentem und Empirischem war. Panofsky sagt von der »eigentlichen Zentralperspektive mit ihrer unendlich ausgedehnten und in einem beliebig angenommenen Augenpunkt zentrierten Räumlichkeit«, daß sie zum »Begriff einer nicht nur in Gott vorgebildeten, sondern auch in der empirischen Realität tatsächlich verwirklichten Unendlichkeit« führte.[107] Das *Abendmahl* ist eines der besten Beispiele für Panofskys These, daß zwar »die perspektivische Anschauung der religiösen Kunst die Region des Magischen« verschließt, ihr aber andererseits »als etwas ganz Neues die Region des Visionären« öffnet, »innerhalb derer das Wunder zu einem unmittelbaren Erlebnis des Beschauers wird, indem die übernatürlichen Geschehnisse gleichsam in dessen eigenen, scheinbar natürlichen Sehraum einbrechen«.[108]

All diese Effekte des Fluchtpunkts, seien es die Orthogonalen oder sei es eine postulierte Unendlichkeit, sind in *Parade de cirque* abwesend, sind zunichte gemacht (während sie in der locker trapezoiden Struktur von *La Grande Jatte* oder in *Une baignade, Asnières* mit seinen Anspielungen auf das Quattrocento noch spürbar waren).[109] Wenn, wie vielfach behauptet, die klassische Repräsentation ein System fixierter Relationen ist, in dem die Subjektivität als mit einem quantifizierbaren Blickpunkt zusammenfallend gedacht wird, dann hat hier eine Befreiung von der bindenden Ordnung dieses Systems stattgefunden. Für Seurat aber sollte diese Befreiung immer ambivalent bleiben, und die Nullen machen eine Organisation von Zeichen und Werten sichtbar, in der Identität und Referenz zugunsten von Austauschbarkeit und Fließen marginalisiert sind, eine Organisation, die auch die molekularen Schichten der Komposition beherrscht.[110] Die Null funktioniert, wie Lévi-Strauss und andere bemerkt haben, als »flottierender Signifikant«, gerade weil sie die Existenz der Struktur bestätigt, in der praktisch »bedeutungslose« Zeichen zirkulieren.

In *Parade de cirque* hält diese Struktur zwar noch immer einen Ort für einen transzendentalen Signifikanten bereit, aber diese Stelle kann jetzt eine Kette leerer Zeichen als Ersatz einnehmen. »Egal wie radikal diese Umkehrung sein mag«, sagt Kojin Karatani dazu, »festzuhalten ist, daß der flottierende Signifikant oder das Nullzeichen die Strukturalität der Struktur garantiert und mithin lediglich als Stellvertreter Gottes oder des transzendentalen Ich existiert«.[111] Zwischen Seurats

»Fleck«, der atomisierten Markierung, die die Bedeutung von bloßer Präsenz und sonst nichts in sich trägt, und diesen zentralen graphischen Zeichen – Schleifen, Ringe, Kreise –, die durch die Teilung des Raums in Innen und Außen die Absenz verbildlichen, besteht eine Beziehung reziproker Wechselseitigkeit.[112] Bemerkenswerterweise verzichtet Seurat darauf, eine einzelne Null zu präsentieren, die vielleicht, wie in anderen Traditionen der mystische Buchstabe der Kabbala, das Ei oder der Uroboros, ein ursprünglicheres Bild des Nichts abgegeben hätte. Statt dessen wird die Null durch ihre Verdoppelung entmystifiziert und innerhalb einer Logik mechanischer Wiederholbarkeit zerstreut, nicht anders als zwei aufeinanderfolgende Bilder eines Films oder wie die Musikanten links, die unterschiedslos aneinandergereiht sind wie Arbeiter am Fließband. In einem System, in dem selbst das Nichts verdoppelt werden kann, können diese Zeichen keinen Punkt des Ursprungs darstellen. Vielleicht ist es auch möglich, sich die beiden Nullen als potentielle Bestandteile des aus zwei Schleifen bestehenden mathematischen Symbols für Unendlich zu denken, eines Symbols (Charles Henry hatte darüber geschrieben), das hier demontiert und in die Spuren seiner Negation und seines Verlusts verstreut wird; das die von Derrida so genannte »positive Fülle des klassischen Unendlichen« hinter sich läßt.[113]

Die von den Nullen signalisierte Thematik der Absenz und des Tauschs ist vom Gesamtinhalt des Bilds untrennbar. Dieser besteht in der Evokation eines Spektakels, zu dem uns der visuelle Zugang ausdrücklich verwehrt wird, das uns aber dennoch anzieht und erregt. Noch die Virtualität und die Abstraktion, die einem Fluchtpunkt eigen sind, werden negiert.[114] Das Gemälde ist eine weitere Offenbarung jener unheilbaren Leere, die Mallarmé in der Londoner Ausstellung aufgefallen war und die letzten Endes der eigentliche Gegenstand spektakulärer Aufmerksamkeit ist. Wenn das *Abendmahl* sich symbolisch auf eine noumenale Welt hin öffnet, dann tilgt *Parade de cirque* diese Öffnung und setzt an ihre Stelle eine Fassade der Erscheinung und des Scheins. *Parade de cirque,* ein Bild, das erstmalig ausgestellt wurde, als Nietzsche seine *Götzendämmerung* schrieb, ist auf seine Weise gleichfalls eine Meditation über die Verflüchtigung einer wahren Welt, über ihre Unerkennbarkeit, ihre Unerreichbarkeit, ihre Unbeweisbarkeit. Am vielleicht bedeutsamsten aber ist, daß *Parade de cirque* darauf besteht, daß die Einsicht in die Nichtigkeit der wahren Welt untrennbar ist von der in die Zerbrechlichkeit und Substanzlosigkeit der scheinbaren.[115] Und zugleich ist dieses Bild eine Aufdeckung der in der klassischen Repräsentation impliziten Opazität und Täuschung, der Obsoleszenz der ablesbaren Position, die dieses System dem Betrachter einst angewiesen haben mochte.[116]

Natürlich sind es nicht bloß die Nullen, die für die Operation des Werks wesentlich sind. Wichtig in dieser Hinsicht ist vielmehr nicht zuletzt das Rätsel, das die Zentralfigur aufgibt. Seit mehr als hundert Jahren haben Kunsthistoriker, Kritiker und andere das Modell oder die Quelle für diesen ominösen Musikanten durchweg im vormodernen Bereich gesucht – sei es in Form eines ägyptischen Priesters, eines

Abb. 56 Seurat, *Parade de cirque*, Detail.

mittelalterlichen Zauberers, babylonischen Schlangenbeschwörers, Häuptlings, Scharfrichters oder eines anderen Typs eines esoterischen, kultischen Adepten oder Magiers.[117] In wie ungenauer Weise auch immer hat man also diese ikonenhafte und zweideutige Figur als Vertreter einer älteren sozialen Welt empfunden, in der das Heilige, das Okkulte und das Kunstmachen noch weit mehr miteinander zu tun hatten, die aber, da ihr Repräsentant zu einer Art Clown geworden ist, nur noch in residualer, abgesunkener Form oder als Parodie weiterlebt. Aber der Anklang an den Magier steht auch emblematisch für eine modernisierte Ordnung des Spektakels, für das Massen-Management der Aufmerksamkeit und deren Verwandlung in Ware. Die Magie ist hier die rationalisierte einer Technologie der Attraktion, die ihre eigene synthetische Konstruktion und ihre flüchtige Substanzlosigkeit verbirgt. In diesem Sinn überschneiden sich in der Zentralfigur paradox die beiden Seiten der Weberschen Opposition von charismatischer und bürokratischer Herrschaft. Sichtbar wird, wie das prophetische oder mit Sehergabe ausgestattete Individuum und die mit ihm verbundene »instabile« Herrschaft an die verwaltete und rationalisierte Ordnung einer Geldwirtschaft assimiliert wird. Weber spricht von einer »Kastrierung des Charismas«, um den unvermeidlichen Abstieg und die »Veralltäglichung« zu beschreiben, die diesem Individuum beim Aufkommen permanenter institutioneller Strukturen bevorsteht.[118] Auf allgemeinere Weise elidiert das Gemälde die Effekte von Religion und Spektakel, insofern beide durch Prozesse der Isolierung und Symbolisierung operieren. Der »priesterliche« Status des Posaunenspielers bedeutet (innerhalb der hierarchischen und pseudo-szenischen Struktur des Werks) ein Pathos und eine Metaphysik der *Distanz*, während gleichzeitig die essentielle Trennung zwischen Wirklichkeit und Schein, von der eine priesterliche Ordnung abhing, vom Gemälde selbst destruiert wird. Es ist jedoch unmöglich, das Beunruhigende dieser Sideshow von ihrer Übergangsstellung zu trennen – nämlich der zwischen der Aktivierung eines gebrochenen kollektiven Gedächtnisses auf der einen und der Durchsetzung des modernen Vergessens auf der anderen Seite.

Der Ausdruck »Veralltäglichung« trifft besonders auf das öde Bild eines kollektiven Musikerlebnisses zu, das darauf hindeutet, daß Seurat den Begriff Harmonie hier nur ironisch gemeint haben kann.[119] Die Musik wird von Seurat als sozialisierte Aktivität dargestellt, indem er auf eine an ihrer Oberfläche kollektive, aber nunmehr aller sozial erlösenden und utopischen Möglichkeiten beraubte Rezeption verweist und die Unmittelbarkeit eines Publikums zeigt, das aus in ihrer Privatheit befangenen, isolierten Konsumenten besteht. Die vier Musikanten links sind die heruntergekommenen und höhnischen Reste dessen, was einst die lebendige dionysische Wirklichkeit des antiken Chors gewesen sein mochte. Zugleich ist ihre verbissene Monotonie auch weit entfernt von jenem Ideal des frühen neunzehnten Jahrhunderts, das der Musiker als quasi-sexualisierter Virtuose verkörperte. Zu individuellen Produzenten geworden, werkeln sie unlustig innerhalb eines größeren Ensembles, stumpfsinnig wie eine drittklassige Militärkapelle.[120] Jacques Attali nimmt an, daß sich die Organisation der Musik nach 1850, als sie sich den Rationalisierungsimperativen der Industrieproduktion anzupassen begann, in Europa erheblich veränderte. »Die Musiker – die anonym, hierarchisch gestuft und zumeist bezahlte, rentable Arbeitskräfte sind – führen einen externen Algorithmus aus, eine ›Partitur‹, die tut, was ihr Name sagt: sie gibt jedem seinen Part. Manche haben ein gewisses Maß an Freiheit, ein paar Fluchtwege aus der Anonymität. Aber sie sind das Bild der programmierten Arbeit in unserer Gesellschaft. Jeder von ihnen produziert nur einen Teil des Ganzen, der als solcher ohne Wert ist.«[121] Natürlich entspricht ein solcher isolierter, wert- und sinnloser Part der leeren kombinatorischen Logik der gezeigten Nullen, und er entspricht auch der Operation von Seurats Chromatik, in der die individuelle farbliche Markierung oder Einheit ohne eigenen Wert ist.

Die Wirkung des Gemäldes ist jedoch ohne Zweifel eng mit den in ihm abgelagerten historischen Sedimenten verbunden: es bewahrt Anklänge an den szenischen Raum, selbst wenn es ihn annihiliert; es hält eine Andeutung von Ritual und kollektiver Partizipation fest, selbst wenn es deren Leere aufdeckt; es evoziert die in der Musik und in geometrischen Formen implizierten harmonischen Beziehungen und vormodernen Mysterien, selbst wenn sie der modernen Abstraktheit zum Opfer gefallen und im Bild einer ganz und gar verwalteten Welt verschwunden sind.[122] Das Werk läßt, so könnte man sagen, ganz allgemein etwas vom ambivalenten Schicksal der Kategorie des Heiligen in der industriellen Gesellschaft deutlich werden. »Es geschieht gerade in einer solchen Gesellschaft«, bemerkt Georges Bataille, »(oder in jeder Gesellschaft, die sich tendenziell auf Homogenität reduziert), daß die Elemente des Heiligen generell einen subversiven Charakter annehmen ... In einer authentischen Gesellschaft begründet, was der Natur des Heiligen angehört, die soziale Bindung, neigt aber zu deren Zerstörung in einem Gebilde, das nicht mehr auf einer sakralen Bindung, sondern auf persönliche Interessen gegründet ist.«[123] Schon in den 1870er Jahren hatte Gustav Theodor Fechner versucht, die ästhetische Wirkung des Goldenen Schnitts durch den Nachweis zu rationalisieren, daß dessen Verhältnisse lediglich die seien, die statistisch einer Mehrheit von Betrachtern zusagten.[124] Unmittelbarer relevant für Seurat war Charles Henrys Behauptung, die Proportionen des Goldenen Schnitts hätten besondere dynamogene Eigenschaften.[125] Wenn man jedoch von einem »Pythagoreismus« bei Seurat sprechen kann (ein hartnäckiger historischer Gemeinplatz über diesen Künstler), dann nur im Sinn einer tiefen Ambivalenz. Die eigentümliche Gestaltung von Maßen, Quantitäten und Verhältnissen in *Parade de cirque* verweist auf eine Krise der Werte, jene Krise, die in Nietzsches zeitgenössischer Diagnose einer Entwertung des Lebens und der Welt ihre Entsprechung findet.[126] Sollte Seurat wirklich 1888 gegenüber Gustave Kahn bemerkt haben, er wolle ein modernes Äquivalent zu Phidias' Panathenäen-Fries schaffen, dann wäre eine solche Äußerung wohl nur im Sinne einer Negation und Umkehrung sinnvoll, einer sarkastischen Widerlegung jener Art von Neo-Antike, die Puvis de Chavannes und andere propagiert hatten. Dennoch ist auch die Frage des Pythagoreismus ein vielversprechender Zugang zu einem sowohl mit Musik als auch mit Mathematik eng verbundenen Bild.[127] Eine der provokantesten Erklärungen, die Seurat (in dem 1890 an Maurice Beaubourg gerichteten Brief) zu seinem eigenen Werk abgab, hat unmißverständlich pythagoreische Implikationen: »Kunst ist Harmonie. Harmonie ist die Analogie zwischen Gegensätzen.«[128]

Vielleicht ist es möglich, jene Evokation der Entzauberung, des Verlusts von transzendenten Signifikanten, die das Bild leistet, als Teil einer bewußten Ablehnung oder Herabsetzung pythagoreischer Werte zu verstehen. *Harmonia* und Zahl, die Aristoteles als die konstitutiven Bestandteile des pythagoreischen Kosmos benannt hatte und die beide auch für Seurats Denken zentral sind, finden sich in eine Welt bloß empirischer Beziehungen versetzt, sind abgeschnitten vom Unendlichen (Verlust des Fluchtpunkts) sowie vom Licht der Sonne und des Mondes (was die Szene beleuchtet, ist Gaslicht).[129] Wenn die Musik in der pythagoreischen Tradition Heilkräfte hatte und den sozialen Zusammenhalt stärkte, dann scheint sie in *Parade de cirque* zugleich narkotisch und ein Element der modernen Anomie zu sein.[130] Gleichzeitig könnte die Spekulation über Seurats politische Neigungen, über seinen »Anarchismus«, in jedem Fall nur gewinnen angesichts jenes Hauptzugs der pythagoreischen Soziallehre, den die platonische Tradition als die »besondere Lebensweise« der Pythagoreer überliefert hatte. Im französischen Kontext nach 1871 ist dies ganz einfach ein etwas ängstlicher Euphemismus für primitiven Kommunismus, für die diversen Berichte, daß die Pythagoreer »ihren Besitz gemeinsam hatten«.[131]

Besonders bedeutsam für diese mögliche Lesart ist jedoch der zentrale Posaunenspieler und der genaue Ort seines Instruments. Die linke Röhre der Posaune ist die vertikale Mittelachse des Bildes; sie nimmt also eine mathematische Zweiteilung des rechteckigen Bildes vor und reflektiert mithin die historische Bedeutung, die in einer solchen Bildteilung akkumuliert ist.[132] An diesem Angelpunkt des Werks finden wir also eine Linie, die den Mund der Figur mit ihrem Schritt verbindet und die ein fundamental vom Atem abhängiges Instrument bezeichnet. Im pythagoreischen Denken war der Atem ein primäres kosmogonisches Prinzip: die Respiration mit ihrem binären Rhythmus von Ein- und Ausatmen war die ursprüngliche Zeugungskraft, war wie der Geschlechtsakt selbst die wechselseitige Interaktion von Gegensätzen, war die Vereinigung des Begrenzten mit dem Unbegrenzten. Diese beunruhigende Figur kann also eine schwere, aber nicht ungerechtfertigte Interpretationslast tragen. Ihre Verortung hat eine mathematisch bestimmte Identität, durch die sie eine Kongruenz von Musik, Zahl und Harmonie verkörpert. In ihrer realen Operation steht die Posaune für eine teilweise Deckungsgleichheit der kosmischen Zeugungskräfte der Zahlen (als musikalischer Verhältnisse), des Atems und des sexuellen Verkehrs.[133] Dennoch bleibt die Frage: sind diese Elemente parodistisch und ironisch eingesetzt, oder drücken sie Verzweiflung aus?

Bemerkenswert ist auch die unsichere Geschlechtszugehörigkeit des Posaunenspielers: eine seltsame Mischung und Verwischung von konventionell männlichen und weiblichen Zügen, mit zweideutig ausgebildeten Schenkeln, Beinen und Hüften sowie quälend nebulösen Gesichtszügen und augenlosen Augenhöhlen.[134] Seine gebieterische Zentralstellung paßt wenig zu seiner schmalen, ja dürren Silhouette. Die ursprüngliche orphische Anschauung von der doppelten, aber vereinheitlichten Natur der menschlichen Existenz (die die Pythagoreer in männliche und weibliche Zahlen transformierten) kommt hier in einer einzigen, sexuell zweideutigen Figur zum Ausdruck.[135] Die sichtliche Androgynie dieser Figur ist angesichts der gut lesbaren und sozial kodierten geschlechtlichen Identität fast aller anderen Individuen im Bild nur umso überraschender. Dieses verstörende Faszinationsobjekt im Zentrum und vormaligen Fluchtpunkt des Bildes macht die Ambivalenz des Werks evident: sowohl seine destabilisierende sexuelle Konfusion als auch seinen Willen, das einstmals Geteilte (Farbe in Komplementärwerte, Sexualität in Geschlechter, das Sehen in Figur und Grund), erneut zu vereinigen.[136] Androgynie ist aber, wie zahlreiche Autoren gezeigt haben, keine objektive Verfassung; sie existiert als subjektive Projektion auf sozial konstruierte Wahrnehmungsinhalte.[137] Seurats »Inszenierung« einer historischen Krise des Werts und der Repräsentation koinzidiert mit einer anderen Inszenierung, der eines subjektiven sexuellen Konflikts. Der (durch die zahlreichen vormodernen Anspielungen gegebene) Archaismus hat seine Parallele in einer psychischen Regression in Form einer selbstgenügsamen, historisch sedimentierten Figur, die älter ist als Trennung und Teilung und die auch von der undifferenzierten Autoerotik der frühen Kindheit untrennbar ist (in der Posaune selbst konkretisiert sich das Sichüberschneiden von phallischen und oralen Impulsen). Psychisches Material genauer zu bestimmen (etwa als ödipal oder was auch immer), dürfte hier weniger gefordert sein, als einfach das Bild als phantasmatische Produktion anzuerkennen und ein paar Begriffe zu finden, die über die endlos wiederholten Charakterisierungen von *Parade de cirque* als traumartig hinausgehen. Laplanche und Pontalis sprechen sich für eine scharfe Unterscheidung zwischen Phantasie und Traum aus, insofern die Phantasie immer mehr oder weniger eine sekundäre, im Wachzustand erfolgende Bearbeitung unbewußter Inhalte ist. Phantasie bedeutet für sie, daß »einem rohen Material, das der unbewußte Mechanismus von Verschiebung, Kondensierung und Symbolismus geliefert hat, ein Minimum an Ordnung und Kohärenz gegeben, daß diese heterogene Ansammlung mit einer Fassade, mit einem Szenario versehen wird, das ihr eine relative Kohärenz und Kontinuität verleiht«.[138] Relevant für eine Lektüre von *Parade de cirque* ist hier die Vorstellung der Fassade, sowohl als gitterartiges Ordnungsprinzip wie auch als Schirm, der eine andere, unartikulierbare, nicht wahrnehmbare Szene verbirgt. Gleichzeitig kann auch der Schirm selbst als dem Phantasma angehörend gesehen werden, und die in dem Posaunenspieler verkörperten Operationen psychischer Kondensation bilden mit ihren vielfachen Anklängen an Verführung, Autorität oder Exhibitionismus eine weitere wichtige Formation, auf der das Bild ein Schema beklemmender, sozialer ebenso wie individueller Ungewißheit im Hinblick auf Herrschaft, Attraktion und Macht aufzeichnet.[139]

Die Aufmerksamkeit ist hier ganz anders organisiert als in Manets *Wintergarten,* wo ihre simultanen Bindungen und Streuungen durch die zweideutigen Positionen und Relationen des männlich-weiblichen Paars determiniert sind. Diese Streuung, dieses Wandern der Aufmerksamkeit wäre mit der Wahrnehmungslogik von *Parade de cirque* nicht vereinbar gewesen. Die phantasmatischen Qualitäten dieses Werks beruhen weitgehend auf der Darstellung eines undifferenzierten Wesens, das seinerseits die ganze Komposition hierarchisiert und immobilisiert. Es ist Teil eines Versuchs, eine Wahrnehmung zurückzugewinnen, die vor jedem »Divisionismus« liegt. Die imaginäre Neuverbindung männlicher und weiblicher Charakteristika hängt aufs engste mit der Suche nach einer Leuchtkraft von unauflöslicher Ganzheit zusammen, nach dem, was Seurat eine »spektrale Reinheit« nannte, die die spektrale Teilung und Dekomposition, auf der das Werk aufgebaut war, transzendieren würde.[140] Nach Victor Burgin und anderen arbeitet die Phantasie mit Hilfe einer Stabilisierung oder einem »Anhalten«, das die aufsässigen Regungen des Begehrens domestiziert. Auf diese Weise bringt sie jene hieratischen und tableauartigen Formen hervor, die wir auch in *Parade de cirque* finden und welche die »anderenfalls formlosen Unbestimmtheiten, Streuungen und Verschiebungen des individuell-subjektiven Begehrens« organisieren.[141]

Hier ist mehr involviert als die Rigidität einer geometrischen Komposition, die als »gekerbter« psychischer Zwang dient. Was wir vielmehr begreifen müssen, ist die Interdependenz, die zwischen dieser phantasmatischen Darstellung und Seurats Vorliebe für das binäre Schema von Dynamogenie und Hemmung besteht, ist die Arbeit einer umfassenderen Strategie von Immobilisierung und Kontrolle. Man muß also fragen, warum dieses System so eng mit *Parade de cirque* verbunden ist, enger noch als mit den in *Chahut* und *Cirque* offenkundig vorgeführten »dynamogenen« Demonstrationen. Man muß die Wichtigkeit verstehen, die für Seurat eine Tafel von Gegensätzen, von Dualitäten, hatte, die dank ihrer vollendeten Handhabung durch ihn die utopischen Möglichkeiten von Harmonie zumindest andeuten würden. (Für solch ein Denken war der Pythagoreismus in den 1880er Jahren nicht mehr als ein historisch verbrauchter Name.) Seurats Kunst ist weniger im Sinne der einzelnen »Gegensätze«, mit denen er arbeitete (Farben, Linien, Kräfte, Geschlechter, Zahlen), zu beurteilen, als im Sinne des abstrakten Funktionierens solch einer binären Logik und ihrer Beziehung zur formalen Idee der *Versöhnung*, selbst wenn *Parade de cirque* gleichzeitig die eigenen Versöhnungsintentionen desavouiert. Seurats Pythagoreismus geht unvermeidlich auch mit dem technokratischen Traum einer quantifizierbaren, von einer maschinellen Welt installierten oder wiederhergestellten Harmonie Hand in Hand.

Was innerhalb des größeren Problems von Seurats Verleugnung des Begehrens zur Debatte steht, ist, daß er von einer physiologisch begründeten Theorie der Erregung fasziniert war, die zumindest die Möglichkeit postulierte, die elementaren Impulse der eigenen Subjektivität konzeptuell zu beherrschen. Die intellektuelle Begründung des Affekts (oder des Begehrens) in der mechanischen Ökonomie des Nervensystems, in einer topographischen Verteilung von Energie, bot für ansonsten unerträgliche, in Wirklichkeit an anderer Stelle konstruierte Wünsche, die mit einem solchen trügerischen, dualistischen System völlig unvereinbar waren, eine Rationalisierungsmöglichkeit an.[142] Was in *Parade de cirque* entscheidend ist, ist die Kongruenz zwischen der scheinbaren Vereinigung der Gegensätze in der Zentralfigur und der spezifischen formalen Anwendung des dynamogen-inhibitorischen Systems. Die dominierenden Horizontalen und das fast völlige Fehlen von Diagonalen lassen ebenso wie die »neutrale« chromatische Organisation erkennen, daß in diesem Werk weder eine dynamogene (freudige) noch eine inhibitorische (traurige) Wirkung angestrebt wird, sondern eine *Neutralisierung* dieser beiden Pole. So sind auch die beiden Nullen zu lesen – als ein quantitativer Ausdruck der affektiven Operation des Systems. Null durch Null, $^0/_0$: dieser verblüffende Quotient ist am Ende die stärkste Evokation jener starren »Harmonie«, die Seurat gesucht hat. Die Annullierung der konstruierten Kategorien von Männlich und Weiblich und die Tilgung der beiden entgegengesetzten Weisen nervlicher Energie sind parallele Verweise auf die »Ruhe«, ein Wort, mit dem Seurat die Auflösung der Gegensätze zu benennen pflegte. Ruhe (oder die aus dem Griechischen kommende *Ataraxie*) ist emphatisch ein Abbau von Spannungen, ein Abbau bis an eine Null-Schwelle, bis an den Punkt, den Freud das »Nirwanaprinzip« oder das Aufhören aller Triebe nannte. Der semantische und ökonomische Nihilismus dieser Ziffern ist einer anderen und vielleicht stärkeren Auflösungsoperation benachbart, die Freud »als die herrschende Tendenz des Seelenlebens, vielleicht des Nervenlebens überhaupt« beschreibt und als welche er »das Streben nach Herabsetzung, Konstanterhaltung, Aufhebung der inneren Reizspannung« begreift, um mit der Feststellung zu schließen: »das ist ja eines unserer stärksten Motive, an die Existenz von Todestrieben zu glauben.«[143] Natürlich soll die Signifikanz von *Parade de cirque*, wenn das Werk mit einer solchen Schicht schicksalhafter Fatalität in Verbindung gebracht wird, nicht in den abgründigen Anklängen von Freuds problematischem Gedanken verankert werden, aber es ist nicht abzustreiten, daß die »Homöostase«, die Seurat anstrebte, von verstörender Multivalenz war.[144] Das Ideal einer Spannungsminderung, einer »Konstanz« der Affekte operiert hier sowohl als eine Regression auf eine noch nicht individuierte Einheit als auch als utopische Projektion in die Zukunft einer sozialen Harmonie, in der Teilung und Trennung überwunden sein werden, auch wenn es die reglose einer Nekropole ist. Der implizite Effekt dieses »Theaters« des Gleichgewichts ist die Beseitigung der individuellen und historischen Zeitlichkeit. Es ist ein Traum, der, mindestens in der Form, die er im neunzehnten Jahrhundert annehmen sollte, bei Schopenhauer beginnt, der Traum von einer Aufmerksamkeit, die vom Fließen und vom Spiel der Differenz erlöst wäre, von einer Wahrnehmung, die zu einer Suspendierung des Willens wird, zu einer Unterwerfung unter die gefrorene phantasmatische Logik der Vereinheitlichung. Es handelt sich, wie Jean-Jacques Nattiez gesagt hat, um die Illusion, »der Menschheit sei ein fester Punkt erreichbar, an dem keine Widersprüche mehr existieren und die Zeit angehalten werden kann ... Aus diesem Grund treten Androgynie und Tod so oft zusammen auf, führen soziale Utopien zu Massakern und endet die strukturalistische Utopie einer allumfassenden, auf die Ströme der binären Oppositionen zurückführbaren Erklärung der Menschheit im Nichts.«[145]

Aber diese Projektion der Triebneutralisierung arbeitet in *Parade de cirque* sowenig gemäß einer nahtlosen internen Logik wie in *Cirque* und *Chahut* die simulierte *Erregung* der Reaktion. Die Hauptfigur, das »Null-durch-Null«-Gleichgewicht, die geometrische Organisation – sie alle sind in *Parade de cirque* letztlich weder statisch noch stabilisiert.[146] Sowenig wie es auf molekularer Ebene der Fall war, gibt es in diesem Bild eine »Gestalt«, die imstande wäre, das Werk zu ordnen. Die androgyne Bedeutung der Zentralfigur ist – gewissermaßen am »Kreuzweg« des Bildes – in eine kreuzartige Struktur eingebunden: seine oder ihre Position ist bewußt so gewählt, daß sie auf dem hypothetischen Schnittpunkt der Horizontalen mit der vertikalen Zweiteilung des Bildrechtecks liegt. Wenn das Rohr der Posaune mit der Mittelvertikalen zusammenfällt, liegt der Schnittpunkt mit der Horizontalen mitten im Unterleib der Figur. Das formale Zentrum des Bildes ist der Punkt, wo das phallische (wenngleich auch doppelgeschlechtliche) Musikinstrument mit dem anatomischen Ort des Schoßes koinzidiert. In einem abstrakteren Sinn ist diese bedeutungsschwere Stelle dann jedoch die symbolische Darstellung einer Matrix.[147]

Die Idee der Matrix scheint hier von der generativen Kosmogonie des vorsokratischen Denkens sehr weit entfernt zu sein. Die Nullen neben der Figur haben wenig von Zeichen wie etwa dem mythischen Weltei, sondern deuten, wie der dürre Baum links, in einer Weise, die gewisse Themen des frühen zwanzigsten Jahrhunderts vorwegnimmt, darauf hin, daß im Zentrum dieser öden und archaisierten Stadtlandschaft Embleme der Sterilität und Impotenz zu finden sind.[148] Die Posaune ist zwar sexualisiert, aber im Sinne einer unproduktiven und mechanisierten Autoerotik. Wichtiger ist jedoch, daß die Nullen nur der sichtbare Teil der Tafel mit den Eintrittspreisen sind; zusammen mit den unsichtbaren ganzen Zahlen ergeben sie eine quadratische Konfiguration, in der die beiden Nullen die rechte Kolumne und die unsichtbaren Zahlen die linke bilden. Dies ist eine mathematische Grund-»Matrix« (die erstmalig in den 1850er Jahren unter diesem Namen in der Rechenpraxis auftritt), und sie steht für eine quantitative Konzeption der gesamten Bildstruktur. Eine Matrix ist »eine rechteckige Anordnung von mathematischen Elementen, die mit ähnlichen Anordnungen, die eine geeignete Anzahl von Zeilen und Kolumnen haben, zur Erzeugung von Summen und Produkten kombiniert werden können« – die etwas erzeugt, das ebenfalls, »besonders in seiner rechtwinkligen Anordnung, das Aussehen einer mathematischen Matrix hat«.[149] Auch wenn die Anordnung nur aus Nullen bestünde, würde sie als funktionale Matrix fortbestehen.[150] Man kann also in der matrixartigen Struktur von *Parade de cirque* nicht nur ein bloßes Gitter sehen (wie es die moderne Kritik wiederholt getan hat), sondern auch ein tabulares Feld, das von seinen *enumerativen* Bestandteilen mit ihren spezifischen generativen Möglichkeiten untrennbar ist. Es würde sich dann um eine moderne Version von Dürers magischem Quadrat handeln, dessen schöpferische Möglichkeiten allerdings auf eine rein funktionale Signifikanz eingeschränkt sind und bei dem, gemäß der modernen Logik kapitalistischer Akkumulation, das Reich des bloß Quantitativen niemals verlassen wird. Die Matrix wäre es also auch, die das Seuratsche System der Triebe sowohl aus der figürlichen Darstellung wie aus der Szenographie herausnehmen und im formlosen, abstrakten Fluß des kapitalistischen Tauschs verorten würde. Wie Rosalind E. Krauss und Jean-François Lyotard gezeigt haben, bezeichnet der Begriff der Matrix, in seiner vom psychoanalytischen Diskurs geprägten Fassung, nicht eine intelligible Organisation von stabilen Positionen und Werten, sondern einen Prozeß jenseits der Sichtbarkeitsschwelle, in dem Identitäten und Bedeutungen in ihr Gegenteil verkehrt werden.[151] Vielleicht ist jetzt klarer, warum die Eliminierung der Orthogonalen hier so entscheidend ist, begründet sie doch eine entschieden moderne Ordnung von Begehren und Tausch, in der jedweder geometrische Anschein von Stabilität eine Maske ist, die eine übermächtige Streuung und Zirkulation der Affekte verdeckt. Die in den Kolumnen dieser Matrix dargestellte »Annullierung« der Differenz verankert unsere Aufmerksamkeit keineswegs in einer zeitlosen, stillgestellten Präsenz, sondern mündet in eine schwindelerregend unaufhörliche Differenzierung. Die Kongruenz des Signifikanten mit der Geldform enthüllt einen ständigen Aufschub des Begehrens, der Unmittelbarkeit, der Präsenz. Die Wahrnehmung sieht sich fatal eingeholt von den annihilierenden Zeitlichkeiten und Substitutionen der kapitalistischen Repräsentation – in einem System, in dem, wie Marx wußte, die Erscheinung nicht anders denn als Verschwinden gedacht werden kann.[152]

Ich habe zu zeigen versucht, daß der Kollaps des szenischen Raums in *Parade de cirque* von einer neuen Organisation des ökonomischen Tauschs und von einer regressiven Phantasie primärer Unmittelbarkeit gleicherweise untrennbar ist. Sollen die damit gestellten Ziele erreicht werden, so muß eine klassische Trennung zwischen Subjekt und Objekt, in der diese im Sinne von stabilen und räumlich bestimmbaren Positionen definiert sind, überwunden werden. Eine Einzelheit scheint in dieser Hinsicht besonders bedeutsam: der Baum links. Ich vermute, daß er neben seinem unzweifelhaften referentiellen Status noch einen weiteren Hinweis enthält: den auf eine vollständige Verbindung von Auge und Welt, auf eine imaginäre Fusion von Subjekt und Objekt. Um dieser Möglichkeit nachzugehen, sind wir allerdings genötigt, einen kurzen Blick auf den wissenschaftlichen Diskurs über das Auge in der Mitte des neunzehnten Jahrhunderts zu werfen. Wie ich anderenorts ausgeführt habe, findet zwischen 1810 und 1830 eine entscheidende Verschiebung von der geometrischen Optik des siebzehnten und achtzehnten Jahrhunderts, die auf den Eigenschaften des Lichts und seiner Brechung und Reflexion basierte, hin zu einer physiologischen Optik statt, die ihre erste Formulierung in den Werken von Goethe, Purkinje, Johannes Müller und anderen fand.[153] Diese Verschiebung kulminierte in der Publikation der drei Bände von Helmholtz' *Handbuch der physiologischen Optik* zwischen 1856 und 1866, die nicht nur Helmholtz' eigene weit ausgreifende Studien zum menschlichen Sehen, sondern auch eine Zusammenfassung der von anderen Gelehrten geleisteten bisherigen Forschungsarbeit enthielten.[154] Helmholtz' vielgelesenes Werk hatte unter anderem zur Folge, daß die Lehre vom Auge als transparentem Organ bald in jeder Hinsicht diskreditiert war

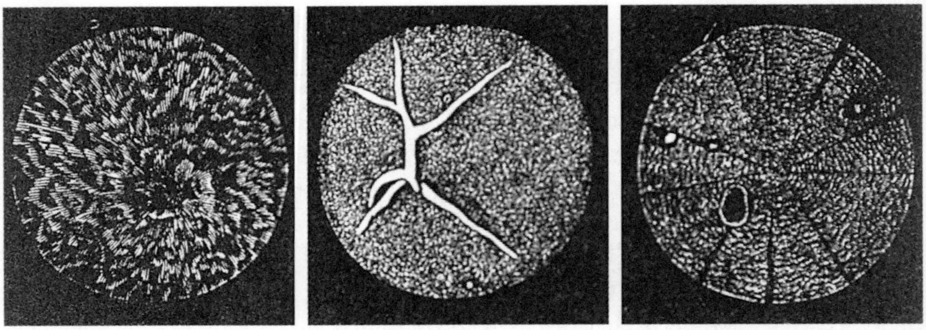

Abb. 57 Entoptische Phänomene, aus Helmholtz, *Handbuch der physiologischen Optik.*

und an deren Stelle eine umfassende Auffassung vom Sehen in all seiner anatomischen und funktionalen Komplexität trat. Der Apparat des Auges figuriert in diesem Text nicht als makellos, sondern kennt bei seiner Verarbeitung der visuellen Information eingebaute Abweichungen, Irrtumstendenzen und Unregelmäßigkeiten. Nachdrücklich wird das Auge bei Helmholtz in die Dichte und Opazität des Körpers eingebettet.

Helmholtz stößt die Vorstellung von der Transparenz des Auges unter anderem dadurch um, daß er nachweist, wie unter gewissen Umständen *innerhalb* des Auges Objekte sichtbar werden können. Diese Wahrnehmungen sind das, was er und andere Forscher *entoptische* Phänomene nannten und von denen er mehrere Kategorien beschreibt. Der einfachste Typus sind die schon seit Jahrhunderten von den Autoren, die über das Sehen schrieben, gelegentlich bemerkten Partikel, Flecken und winzigen Gebilde, die in der Glasflüssigkeit des Auges zu schweben scheinen und die oft *fliegende Mücken* oder *mouches volantes* genannt wurden.[155] Für William James sind die entoptischen Phänomene ein Schulbeispiel dafür, wie die selektive Aufmerksamkeit Sensationen aus dem Bewußtsein ausschließt, wenn sie nichtreferentiell, wenn sie für die Kenntnis der Welt irrelevant sind. »Die tiefste Unaufmerksamkeit gilt den im strengen Sinn subjektiven optischen Empfindungen, also denen, die in keiner Weise Zeichen für äußere Dinge sind.«[156] Helmholtz vertrat weitgehend denselben pragmatischen Standpunkt, wenn er sagte »dass wir auf unsere Sinnesempfindungen nur so weit leicht und genau aufmerksam werden, als wir sie für die Erkenntniss äusserer Objecte verwerthen können«.[157] Um die subjektiven Komponenten der Perzeption wahrzunehmen, brauchte man neben spezifischen Techniken ein bewußtes Training der Aufmerksamkeit.

Das dramatischste Beispiel eines entoptischen Phänomens lieferte Helmholtz jedoch, als er zeigte, wie man die Blutgefäße seiner eigenen Netzhaut sehen kann. Um die Mitte des Jahrhunderts hatten Forscher herausgefunden, daß die retinalen Venen aufgrund ihrer Position unter bestimmten Lichtbedingungen auf der Rückwand der Netzhaut Schatten werfen konnten. Helmholtz beschreibt drei Metho-

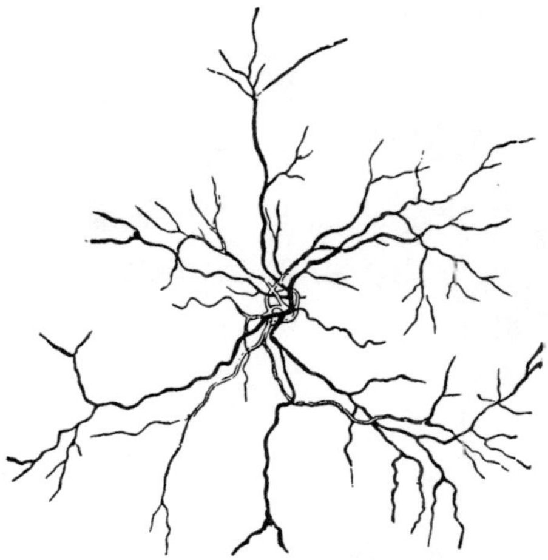

Abb. 58 Retinale Adern oder »Gefäßbaum«, aus Helmholtz, *Handbuch der physiologischen Optik*, 1867.

den, um das Einströmen des Lichts ins Auge so zu regeln, daß diesem *seine eigenen* Blutgefäße sichtbar werden. Nachdem er seine Anweisungen gegeben hat, bemerkt Helmholtz: »Wenn dabei das Auge auf ein dunkles Gesichtsfeld blickt, wird dieses ihm jetzt rot-gelb erscheinen und darin ein Netz baumförmig verteilter Gefäße erscheinen ... Wenn der Brennpunkt auf der Sclerotica hin und her bewegt wird, bewegt sich auch der Gefäßbaum hin und her, und zwar bewegen sich beide gleichzeitig nach oben, oder beide gleichzeitig nach unten, oder beide nach rechts und links. Bei solchen Bewegungen ist der Gefäßbaum deutlicher zu sehen, als wenn man längere Zeit den Brennpunkt der Linse auf einer Stelle beharren läßt.« Diese Baum-Metaphorik war in der wissenschaftlichen und medizinischen Literatur über das Auge in den 1880er Jahren sehr verbreitet und ist es bis heute.[158]

Vielleicht ist es also möglich, an dem Baum links in *Parade de cirque* noch eine weitere Bedeutung abzulesen. Er könnte dann einfach ein Baum sein und zusätzlich eine Anspielung auf den retinalen Baum als Zeichen dafür, wie der Körper sich selbst auf ein perzeptuelles Feld einschreibt, wie das physische Auge mit der Struktur einer sichtbaren Welt verbunden ist. In Helmholtz' Buch hätte Seurat eine Kartographie des Sehens finden können, in der das Sehen niemals von seinen subjektiven körperlichen Voraussetzungen abgelöst wird (und die Möglichkeit, daß Seurat sich mit dem renommiertesten und einflußreichsten Buch, das 1887 erhältlich war, schöpferisch auseinandergesetzt hat, ist kaum abzustreiten).[159] Damit ist eine weitere Problematisierung dessen möglich, was das Werk »darstellt«: die Selbstwahrnehmung des Auges von seiner eigenen Tätigkeit, die schematischen Inhalte einer objektiven Welt, oder beides. Die physiologische Optik hatte gezeigt, daß die

Abb. 59 Perspektivischer Kubus, aus Charles Blanc, *Grammaire des arts du dessin*, Auflage von 1880.

Lichtrezeptoren im menschlichen Auge an der Rückwand der Retina, hinter den Blutgefäßen plaziert sind, so daß die Blutgefäße zwischen dem Organ des Sehens und dem, was wir sehen, buchstäblich intervenieren. Dies ist eine weitere Dramatisierung des Unterschieds zwischen diesem neuen Schema des Auges und dem von ihm verdrängten Modell – dem des idealen, ungehinderten Funktionierens der Camera obscura. Die körnige Mikrostruktur in *Parade de cirque* mit ihrer Farbteilung entspricht der produktiven Tätigkeit der Stäbchen und Zapfen in der Netzhaut, die Helmholtz als ein äußerst dichtes »Mosaik« von sensitiven Rezeptoren beschrieb, und das Auftreten des aderartigen Baums würde an die physische Dichte des Auges erinnern, die das Licht zwingt, ein Netzwerk von Blutgefäßen und Schichten von Nervenfasern zu durchdringen, um den Sehnerv zu erreichen. Ich glaube, daß *Parade de cirque* als unauflösliche Mischung eines abstrakt mathematisch konstruierten Raums *und* einer physiologischen Wahrnehmung gewertet werden muß, die subjektiver determiniert ist als alles, was sich Riegl je hätte vorstellen können. Diese plurale Oberfläche von *Parade de cirque* ist eine Fusion von Gegensätzen, ist ein kühner Versuch, die Teilung zwischen Subjekt und Objekt zu überwinden und sich jenem uranfänglichen (oder infantilen) Traum von der Vereinheitlichung und einer

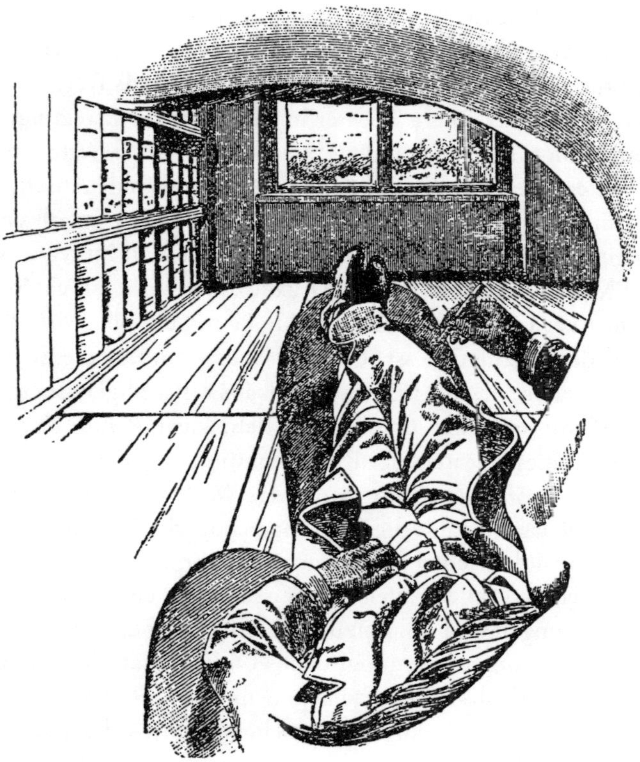

Abb. 60 Ernst Mach, Illustration aus *Beiträge zur Analyse der Empfindungen*, 1885.

unangreifbaren Unmittelbarkeit anzunähern.[160] Die Äste des Baums wären dann zu lesen als »die Adern ..., über die der Bereich des Sehens in das Feld des Begehrens integriert worden ist«.[161] Auch dies ist eine Weise, wie *Parade de cirque* sich von einer *Szene* der Repräsentation abkehrt und phantasmatische Ereignisse behauptet, die sich auf der Oberfläche von Körpern abspielen.[162]

Nach Jean-François Lyotard wäre es ein Irrtum, dem szenographischen Modell der Repräsentation eine bestimmte historische Identität, die irgendwie abgelöst worden wäre, zuzuschreiben. Für ihn hat die Figur des Kubus, hat das Theater, hat die volumetrische Schließung der Repräsentation eine bleibende Funktion in der Ökonomie des Trieblebens. Dieser Kubus, diese Box kann, als Ergebnis einer eigentümlichen (reaktiven) Konfiguration libidinaler Energie oder einer eigentümlichen Immobilisierung und Objektivierung des Körpers, überall und jederzeit auftreten. Die eigentliche Wahrheit des Körpers besteht für Lyotard darin, daß er eine Oberfläche und mithin das ist, was er ein mit einer variablen Geometrie versehenes »Band« nennt, eine Möbius-Haut ohne Innen oder Außen, auf der eine *Position* einzunehmen unmöglich ist.[163] Dieses Band oder diese Fläche ist es jedoch, die ständig zu einem Repräsentationsschema von Präsenz und Absenz, Innerlichkeit und Äußerlichkeit umgeformt werden kann.[164] In Lyotards Revision eines Freudschen Schemas nimmt das innere Theater im Gefolge von Erregungen Gestalt an, die sich verlangsamen und »gebunden« werden und so fixierte Positionen und Identitäten erhalten. Wenn in *Parade de cirque* der trapezoide Anschein des Kubus zerstört ist, dann weil der Körper als Oberfläche postuliert wird, als eine Netzhaut, die ein heterogenes Feld von Empfindlichkeiten ist, als ein Nervensystem, das Intensitäten und Kräfte verbreitet und alle Organe durchwirkt, als ein System, das die Möglichkeit relativer Gleichgewichtszustände kennt, das aber vor allem eines des Übergangs und der Oszillation ist. Und für Seurat sind es die Strömungen und Oberflächen dieses Körpers, die bewirken, daß aus zeitweiligen Energieverbindungen Bilder und Phantasmen hervorgehen und daß, wie in *Parade de cirque*, der täuschende Anschein eines Theaters der Repräsentation entsteht.[165]

Aber wenn man *Parade de cirque* durch das Werk von Helmholtz lesen kann, dann nicht nur, weil das Gemälde die Wirkungen oder die Operation eines subjektiven, von den physiologischen Grenzen des Körpers determinierten Sehens aufzeichnet, sondern vor allem, weil das Wissen über einen ganzen Bereich von subjektiven Bedingungen und Begrenzungen seinen Teil dazu beiträgt, eine Reorganisation des Status von epistemologischer »Objektivität« herbeizuführen. Eine Illustration in Ernst Machs 1886 erschienenem Werk *Beiträge zur Analyse der Empfindungen* gibt das durch ein Auge gesehene Sehfeld des Autors wieder, ein Feld, das seine Nase, den Schnurrbart, die Augenlider und die untere Hälfte des Körpers einbezieht. So wie man kaum je entoptische Phänomene wie die retinalen Blutgefäße bemerkt, so ist man sich bei der gewöhnlichen Seherfahrung auch selten dessen bewußt, wie der Körper in der eigenen visuellen Wahrnehmung zwar ständig präsent ist, aber beharrlich aus ihr entfernt wird. Die klassische Repräsentation definiert sich mit Alberti angefangen grundsätzlich dadurch, daß der Körper bei der Konstitution eines visuellen Felds subtrahiert wird und daß, in verwandter Weise, eine intellektuelle Unterscheidung zwischen Betrachter und Objekt stattfindet.[166]

Mach versuchte die Übereinstimmung aufzudecken, die zwischen gewissen Sehgewohnheiten und bestimmten philosophischen Vorurteilen besteht, und seine fortdauernden Attacken gegen den philosophischen Dualismus hatten den Zweck, die klassischen Unterscheidungen zwischen »inneren« und »äußeren« Phänomenen, zwischen dem Physischen und dem Psychischen zu überwinden. Das Material der physiologischen Erfahrung war bei seinem Nachweis der gegenseitigen Durchdringung dieser Sphären für ihn von entscheidender Bedeutung. Obwohl er einen monistischen Standpunkt einzunehmen vermied, war jedes beliebige Phänomen für Mach ein unauflösliches Kompositum von Eigenschaften, die dem Beobachter angehörten, und solchen, die vom beobachteten Objekt herrührten, und sicherlich könnte dasselbe auch mehr oder weniger von Seurats Werk um die Mitte der achtziger Jahre gesagt werden: für beide war die Welt »eine zusammenhängende Masse von Empfindungen«.[167]

*

Wie wäre nun, nach diesen Spekulationen, Seurat einzuordnen? Es wären dazu meine früheren Bemerkungen über das Instrumentale seiner Methode im Verhältnis zu den »antiquarischen« Seiten seines Projekts noch einmal zu durchdenken. Selbstverständlich muß Seurat, nicht anders als etwa so verschiedene Figuren wie Sergej Eisenstein, László Moholy-Nagy und Arnold Schönberg, als ein Künstler angesehen werden, der intensiv an der Modernisierung und Rationalisierung der perzeptuellen und ästhetischen Reaktion gearbeitet hat. Eine der überzeugendsten Kennzeichnungen von Seurats Leistung durch einen Kunsthistoriker stammt überraschenderweise von André Chastel, der den Maler mit dem fiktiven Komponisten Adrian Leverkühn aus Thomas Manns *Doktor Faustus* vergleicht, jenem Roman also, der die in den Nationalsozialismus einmündende kulturelle Krise behandelt. Seurats Methode, so heißt es, war »eine Untersuchung von archetypischen Formen (Linien, Farben, Richtungen), die ein doppeltes und bewußt zweideutiges Ziel verfolgte, war archaische Regression und zugleich wissenschaftliche Reduktion. Der Maler schuf mit seiner Arbeit einen Schnittpunkt, an dem eine alte hieratische Kunst mit der rationalen Disziplin der Zukunft zusammentraf«.[168] Das Bedeutsame an dieser Affiliation besteht darin, daß sie das Problem Seurat mitten in den beunruhigendsten Fragen verortet, die die Moderne und ihre Rationalität betreffen. Indem Chastel auf eine kulturell reaktionäre Komponente von Seurats Projekt hinweist, fordert er jene Auffassungen heraus, die, wie die von Meyer Schapiro seit den dreißiger Jahren vertretene, Seurats wissenschaftliche Interessen brav und reduktionistisch als notwendig mit progressiven sozialen und politischen Positionen verbunden sehen wollen. Thomas Manns Leverkühn, den »das uralte Verlangen« treibt, »das magische Wesen der Musik in menschliche Vernunft aufzulösen«, und der behauptet, »interessantere Lebenserscheinungen« hätten »wohl immer dieses Doppelgesicht von Vergangenheit und Zukunft«, seien immer »progressiv und regressiv in einem« und zeigten auf diese Weise »die Zweideutigkeit des Lebens selbst«, ist jedoch sicherlich weit näher an der Wahrheit über diesen Maler.[169] Auf dem Gebiet der Formen und Farben trägt Leverkühns Ehrgeiz, nach Chastel, »den Namen Seurat«.[170] Und zwar nicht so sehr, weil er sich der wissenschaftlichen Forschung seiner Zeit bediente, als weil er überall (ob in den Theorien von Henry oder denen von Humbert de Superville, in der ägyptischen, der griechischen Kunst oder bei Delacroix) nach Bestätigung für die Idee einer Universalformel suchte, die die Wirkungen von Farbe und Form rational und kontrollierbar machen würde. Es war durchaus berechtigt, daß Ernst Bloch auf die beunruhigende Ambivalenz des Pythagoreismus hinwies. Dieser gehörte einer animistischen, vormodernen und magischen Weltsicht an und war doch tief eingesenkt in die essentielle moderne Annahme, daß alles in der Natur durch Zahlen ausdrückbar sei: es gibt »noch nicht einmal einen deutlichen Unterschied zwischen diesem mythischen Erbe und dem neuen mathematisch-quantitativen Kalkül« des modernen Denkens.[171] Alle späten Gemälde Seurats, insbesondere *Parade de cirque,* müssen unter dem Aspekt dieses unlösbaren Problems gesehen werden – die Idee des Universalen im Sinne ästhetischer Absoluta *und* zugleich im Sinne der unerbittlichen Universalität des modernen Tauschs und der modernen Zirkulation zu denken. Man sollte also die angebliche Opposition zwischen einem sozialen Erbe symbolischer Praktiken einerseits und den ökonomischen Imperativen des Hochkapitalismus andererseits hinter sich lassen und statt dessen einige Gedanken von Norman O. Brown und anderen Historikern in Betracht ziehen. Für Brown ist »der Komplex des Geldes, der archaische oder der moderne, vom Symbolismus untrennbar; und der Symbolismus ist, anders als Simmel glaubte, nicht das Kennzeichen der Rationalität, sondern des Heiligen ... In jedem Fall muß der Historiker zu dem Schluß kommen, daß der Idealtyp der modernen Ökonomie im Kern die Strukturen des archaischen Heiligen bewahrt. Wieder einmal erweist sich die undialektische Disjunktion zwischen Heilig und Profan als inadäquat.«[172] Die Kunsthistoriker haben sich bei Seurat allzu lange auf empirische Analysen beschränkt, in denen seine Methode objektiv befragt und dann entweder als Erfolg oder als Mißerfolg gewertet wurde. Zahlreiche neuere Arbeiten haben sinnlose, oft unlesbare Nachweise geliefert, daß er diese oder jene wissenschaftliche Theorie »mißverstanden« habe. Nur selten wird die tiefe Irrationalität seines Projekts beim Namen genannt, die Maßlosigkeit, Besessenheit, sexuelle Konfusion und paranoide Heimlichkeit, von der das ganze Unternehmen erfüllt ist und wofür die Oberfläche von Kontrolle, Distanz und logischer Strenge lediglich eine notwendige Maske ist.[173] (Sein starres und unliebenswürdiges Wesen erinnerte Degas an einen »Notar«, während Emile Verhaeren ihn mit einem »stillen, nachdenklichen Mönch« verglich.) Was die Betrachter seit über einem Jahrhundert abgestoßen hat, was in seinem Werk als hölzerne, mechanische Zusammenstellung von nie ganz integrierten Bestandteilen empfunden wird, ist nicht das Ergebnis einer übertrieben logischen oder bloß falsch verstandenen Anwendung von Theorien. Die verstörende (wenn auch scheinbar gefällige) Textur seines Werks leitet sich vielmehr zuallererst davon her, daß Seurat intuitiv erkannt hatte, daß der Kunst die Unmittelbarkeit verlorengegangen war; und seine unermüdlichen Anstrengungen, Ersatz für diese verlorene Präsenz zu finden, resultieren aus der hierzu parallelen Einsicht, daß das, was vielleicht einst Kontemplation gewesen, zur bloßen Aufmerksamkeit geworden war. Der instrumentale Charakter von Seurats Kunst ist leicht erkennbar, aber das heißt nicht, daß sie einfach im Sinne irgendeines einfachen Modells sich verstärkender technokratischer Imperative im späten neunzehnten Jahrhundert zu verstehen wäre. Seurat steht für die tragische Unterordnung von Zielen unter die Zwänge eines technischen Systems, dessen rationale Ausdehnung sich unablässig durch sich selbst rechtfertigt. Somit ist die Aufmerksamkeit bei Seurat letztlich nur auf ihre Immanenz innerhalb dieser Operation oder die Durchsetzung eines Systems abgestimmt, auch wenn sie sich mit leuchtenden oder spektakulären Flächen maskiert und möglicherweise von den fluktuierenden Spannungen und Lockerungen des Körpers ununterscheidbar ist.

In Seurats Werk konkretisiert sich, anders gesagt, das moderne Dilemma des Verschwindens der Aura akuter als in jeder anderen Kunstpraxis. Man kann mit Fug behaupten, daß seine Gemälde den ersten Versuch darstellen, rational eine Aura herzustellen, und seine »Theorien« den Versuch, deren Formel zu destillieren.[174]

Wenn er in die Mechanik des Sehens eintauchte, ging es ihm darum, ein Leuchten zu schaffen, das kein direktes materielles Substrat hatte, eine chromatische Entfaltung, die unabhängig von der bloßen Objektivität des Werks existierte und erst in einer subjektiven, ja »interpersonalen« Beziehung zu ihm »erschien«. Aber schon der bloße Versuch, einen solchen Leuchteffekt zu schaffen, ist gleichbedeutend mit einem Rückgriff auf die Formen der Rationalisierung, die die Aura in erster Linie zunichte machten.[175] Es ist also nicht von ungefähr, daß Seurats letzte wichtige Gemälde Experimente sind, mit denen er verschiedene Formen künstlicher Beleuchtung simuliert, und daß er Künstler und Betrachter in eine Welt versetzt, die kein »natürliches« weißes Licht mehr kennt und wo der Unterschied zwischen Tag und Nacht aufgehoben ist. Das Gaslicht am oberen Rand von *Parade de cirque* (dessen gesamte chromatische Organisation sich im Prinzip darauf bezieht) ist trotz der Nachahmung des antiken Akanthusmotivs selbst eine Art Verbindung, mit der all seine Leuchteffekte symbolisch an die größeren Netzwerke der Quantifizierung und Zirkulation angeschlossen werden.[176] Das horizontale Rohr, das die Lampen miteinander verbindet, konkretisiert gewissermaßen die Linie, die aus dem nächtlichen Reich des Bildes hinaus und in die ökonomischen Ströme des urbanen Raums hineinführt, bis hin zu jenen riesigen Gasometern in den Vororten von Paris, die Seurat gut kannte und die Paul Signac ein paar Jahre zuvor gemalt hatte.

Parade de cirque ist selbst ein Feld von verschiedenen Arten künstlichen Lichts: der Gaslampen, der nimbusartigen Aura um die Figuren und der photochemischen Interaktion von Seurats Pigmenten. Natürlich hat man oft behauptet, daß Seurats divisionistische Technik mit dieser oder jener technologischen Neuerung Ähnlichkeit habe, von den Verfahren des Dreifarben-Drucks in den 1880er Jahren bis zum Mosaik der photoelektrischen Zellen beim Farbfernsehen.[177] Welchen Wert derartige Einzelvergleiche auch haben mögen, wichtig ist vor allem, daß seine Experimente bei der Suche nach einem chromatisch gesättigten Bildschirm jener größeren Entwicklung angehören, die Paul Virilio als den Verlust des direkten Sehens beschrieben hat, als den Schwund des »Wahrnehmungsglaubens«, der eintritt, wenn die optische Erfahrung in maschinelle und synthetische Operationen, die außerhalb des sehenden Subjekts ablaufen, neu konfiguriert wird.[178] Eine der Paradoxien seiner Farbdekomposition besteht darin, daß sie etwas von der Faszination eines alchimistischen Prozesses behält. Seurat steht außerhalb der heute beliebten, aber abwegigen Polarität zwischen einer romantisch-goetheanischen (nord- und osteuropäischen) Tradition der expressionistischen Farbtheorie und einer modernen, angeblich in Frankreich vorherrschenden und sich von Chevreul herleitenden quantitativen. Seurat als Repräsentanten dieser letzteren darzustellen, heißt übersehen, daß das methodische Programm seiner Technik ein Versuch ist, den mit ihm parallelen (allerdings hoffnungslosen) Ehrgeiz einer alchimistischen Transsubstantiation zu verschleiern, den Ehrgeiz, die Opazität und Materialität des Pigments zu überwinden, um das archaische Ziel der, mit Toulmin und Goodfield zu sprechen, »Erlösung der Materie« zu erreichen.[179] Eines der zentralen Probleme bei Seurat betrifft die Frage, in welchem Maß die Formen der Synthese (der optischen Mischung) eine *qualitative* Veränderung hervorbringen. Die rein additiven und akkumulativen Funktionen industrieller Verfahren, die indirekt die elementarsten Formen moderner sozialer Reproduktion in sein Werk einführen, sind heimgesucht vom Fortleben dessen, was Bloch einen vorbürgerlichen, nicht-quantitativen Naturbezug nennt, für welchen die Farbe als autonome Erfahrung oder als separates und spezialisiertes Wissen nicht existierte.[180] Man muß einsehen, daß Seurats zweideutige Suche nach einer Axiomatik der Aura und sein Streben nach einer leuchtend-faszinierenden Oberfläche in Wirklichkeit die Konsequenzen aus einer ungeheuren *Enttäuschung* über die Unmöglichkeit der Unmittelbarkeit und über die historische Unerfüllbarkeit des Traums von einer rituellen oder magischen Kunstpraxis sind. Die Gründlichkeit, mit der das Werk die Präsenz verleugnet, setzt die Suche nach einer anderen Art von Unmittelbarkeit in Gang: der Verschmelzung von Auge und Bild als Versuch, die im Werk vorgeführte Absenz zu überwinden. Natürlich können wir Seurat noch in einem uns vertrauten Feld von Malern mit ihren Zielen und Problemen verorten, als einen Anhänger dessen, was Valéry den »Kult des Lichts« nannte; wichtiger aber ist, daß sich sein Werk einer Stelle nähert, die außerhalb einiger althergebrachter Annahmen über die Künste liegt; daß sich bei ihm eine Preisgabe der Idee andeutet, daß die Kunst ein Medium für die Enthüllung wesentlicher Wahrheiten sei. Preisgegeben ist in *Parade de cirque* auch, obwohl ich das mit gewissen Vorbehalten sage, ein gewisser mit der Kunst verbundener Erlösungsoptimismus: das Bild ist ein Werk, in dem der apollinische Schleier, an dem Seurat in anderen Werken entschlossen festhielt, unbarmherzig beiseite gezogen wird, um eine glitzernde, aber bedrohliche Leere dahinter freizugeben.

*

Ich möchte jetzt meine Diskussion von *Parade de cirque* mit gewissen Weisen der Umformung, welche Aufmerksamkeit und Wahrnehmungsreaktion in den institutionellen und sozialen Räumen zu erfahren im Begriff waren, näher in Verbindung bringen. Zu diesem Zweck kehre ich zu dem endlos vieldeutigen Posaunenspieler und seiner ambivalenten Konstruktion zurück. Nachdem ich seine Position innerhalb eines Systems des Begehrens, das von den Operationen der Rückbindung und

Abb. 61 Georges Seurat, *Praxitelische Figur*, frühe 1880er Jahre.

der Immobilisierung abhängt, angedeutet habe, möchte ich die Dissonanz dieser Figur unter dem Aspekt untersuchen, daß sich Seurat einer Sprache der unaufgelösten Gegensätze bedient und sich nicht zuletzt anhaltend mit dem Problem des *Kontraposts* beschäftigt hat. Seine gedankliche Annäherung an die Darstellung des Körpers war in der Auseinandersetzung mit diesem Formprinzip erfolgt und in den späten siebziger Jahren durch seine Studien nach antiken Werken, nach Ateliermodellen und durch Kopien nach Ingres, aber auch durch die Lektüre diverser ästhetischer und wissenschaftlicher Schriften geprägt worden. Wie David Summers gezeigt hat, berief sich das Renaissance-Ideal des Kontraposts auf einen metaphysischen Dualismus, der in rhetorischen Verfahren des Kontrasts und der Antithese seinen Ausdruck fand. Der vertraute Begriff des skulpturalen Kontraposts wurde ebenso wie der des Chiaroscuro (Farbkontrast) unter das umfassende Ideal der *Entgegensetzung* subsumiert. Nach Summers konnte der »Kontrapost dekorativ oder strukturell sein ... Gerechtfertigt wurde er letztlich durch die Lebhaftigkeit und Klarheit, mit der die Kunst durch direkten Kontrast Gegensätze evident machen oder harmonisieren konnte. Auf dieser Ebene berührte die Antithese sich mit basalen Prinzipien, und zwischen der Natur oder unserem Wissen von ihr und der

Kunst bestand eine Kontinuitätsbeziehung.«[181] Aber so wie Seurat die Strukturbedingungen der klassischen Szenographie zerstörte, selbst wenn er an ihren Effekten bis zu einem gewissen Grad noch festhielt, so leugnete er auch selbstbewußt die Möglichkeiten des klassischen Kontraposts, selbst wenn er die Zentralfigur im Sinne eines »Kontrast«-Prinzips präsentierte, denn ihre dissonante Bildung ist von jeglicher harmonischen Kontinuität zwischen Natur und Kunst weit entfernt.

Der Kontrast, den der Posaunenspieler verkörpert, provoziert zwei inkompatible Arten der Wahrnehmungsreaktion. Die obere Hälfte der Figur, die bei der Wahrnehmung des Werks mehr oder weniger dominiert, ist durch die frontale und hieratische Zeitlosigkeit der archaischen Kunst definiert.[182] Sie hat eine verzückte, erstarrte Aufmerksamkeit zur Voraussetzung, die von der magischen Anziehungskraft des Gegenstands ergriffen ist.[183] Die untere Körperhälfte jedoch, mit ihrer eigenwilligen, aber ziemlich lässigen Abweichung von einer symmetrischen Relation zur Mittelachse, mit ihrer angedeuteten Verschiebung der Hüften und der Verlagerung des Gewichts aufs linke Bein, scheint ein »Erwachen« aus dem »archaischen Zauber« anzudeuten und die Figur in die dynamische Zeitlichkeit einer autonomen Bewegung zu verpflanzen. So zumindest, nämlich im Sinn eines »lebendigen, von eigenem Willen kontrollierten Organismus, einer Person, die zu spontanem Handeln fähig ist«, wurde der Kontrapost in der klassischen Kunst oft verstanden.[184] Aber Seurat weist dieses klassische Bild des Körpers als Ausdruck eines sich selbst bestimmenden Gleichgewichts innerer Kräfte entschieden zurück. In der unteren Körperhälfte ist kein einheitlicher, autonomer Wille mehr spürbar, und die Beine sind wie unter einer äußeren Einwirkung weit nach links von der Mittelachse verschoben, so daß dem teilnahmslosen Oberkörper die Stütze zu fehlen scheint. Die Unterschenkel haben etwas von freischwebenden Holzpflöcken, als ob die Figur eine geschickt gehandhabte Marionette wäre, die nur eben den Boden berührt.[185] In einem allgemeineren Sinn scheinen diese Glieder mehr Teile eines mechanischen Apparats zu sein, als den Ablauf einer menschlichen Bewegung zu vollziehen. Meyer Schapiro hat etwas für unser Verständnis von Seurat Wesentliches gesehen, als er auf die Nähe des Malers zu einer Reihe von modernen technologischen Praktiken und insbesondere auf das verwies, was er »eine Vorliebe für immer schematischer werdende Bewegung« nannte.[186] Ich meine, daß diese Aussage genauer im Sinne einer ebenso mechanischen wie automatischen Bewegung verstanden werden kann, was mich wiederum zur Frage der *Dissonanz* dieser Figur zurückführt. Die Figur ist nicht so sehr ein zusammenhangloses Kompositum aus der Frontalität der archaischen Kunst und den harmonischen Oppositionen der klassischen, sondern suggeriert mit der maschinenhaften Leblosigkeit automatenartigen Verhaltens die regressive Unbeweglichkeit der Trance.[187]

Seurats Spätwerk ist eine Erforschung des subjektiven Sehens und seiner epistemologischen Konsequenzen, fällt aber auch mit der Einsicht zusammen, daß Wahrnehmung und Aufmerksamkeit genuine Teile eines sozialen Felds kollektiver Reaktionsweisen sind. Seine Darstellungen der Masse (oder der Masse als Figur des Sozialen) entstanden in jenem kurzen historischen Moment, als Hypothesen und Stellungnahmen über Hypnose, Suggestibilität und automatisches Verhalten (bei Individuen wie auch bei Kollektivsubjekten) gestattet, ja sogar weit verbreitet waren.[188] Die Flüchtigkeit der Hypnose als kultureller und wissenschaftlicher Gegenstand hatte, wie schon gesagt, ihre Ursache in ihrem doppelten Status als potentielle Kontrolltechnik und als Ensemble rätselhafter Phänomene, die sich intellektueller Beherrschbarkeit und dualistischen Konzeptionen widersetzten. Um diese ambivalente Dualität historisch einzuordnen, sollte man sich daran erinnern, daß die Hypnose wohl am stärksten im Zentrum institutioneller Aufmerksamkeit stand, als jenes symbolische Ereignis stattfand, das der vom 8. bis zum 12. August 1889 in Paris abgehaltene Erste Internationale Hypnose-Kongreß darstellt.[189] Der Kongreß fiel also ins selbe Jahr wie die große Weltausstellung, was in mehrerer Hinsicht von Bedeutung ist. Erstens zeigt sich darin die Übereinstimmung zwischen der öffentlichen Versammlung der (aus ganz Europa und Nordamerika angereisten) Hypnoseforscher und den ideologischen Rationalisierungsimperativen der jungen Dritten Republik, Imperativen, die sich in Organisation und Planung der Ausstellung konkretisierten und die ihre Wurzeln »im Glauben der Aufklärung an die grenzenlosen Möglichkeiten des Menschen zur Beherrschung seiner Umwelt« hatten.[190] Der Hypnosekongreß verfolgte offensichtlich parallele Ziele: die meisten Teilnehmer sahen in diesem Verfahren optimistisch einen höchst effektiven Zugang zu bislang versperrten Gebieten und Vorgängen des menschlichen Seelenlebens und zugleich ein Mittel, dieses Terrain zu erforschen, zu studieren und zu bemeistern, um für geistige und körperliche Krankheiten des Menschen neue Heilungs- und Behandlungsmöglichkeiten zu finden. Zweitens war die Ausstellung von 1889 durch ihre noch nicht dagewesene Präsentation von kolonialen Völkern und Lebensweisen als Gegenstand des Spektakels neuartig. Nachgemachte »Dörfer«, die von Kongolesen, Javanern, Neukaledoniern, Senegalesen und anderen bewohnt waren, wurden zu Bestandteilen eines imaginären imperialen Raums, von denen man annahm, daß sie an die rationalisierende »Taxinomie« des Organisationsschemas der Ausstellung assimilierbar wären.[191]

Diese Ereignisse im Sommer 1889 waren emblematisch für jenen historischen Moment, als die Hypnose ebenso wie das materielle Leben der Kolonialvölker – kurz vor ihrer Marginalisierung, ihrer Assimilierung oder ihrem Verschwinden – eine öffentliche, genauer gesagt eine *zur Schau gestellte* Existenz annahmen. Zweifellos handelt es sich um sehr verschiedene historische Gegenstände, aber beide, sowohl die Hypnose (mit ihren nicht dechiffrierbaren Trancezuständen) wie die primitiven Kulturen (mit ihren sonderbaren Formen des Tauschs, ihren Werten und Machtrelationen), waren mit den dominierenden Formen des westlichen Rationalismus radikal unvereinbar. Was in ihnen nicht assimilierbar war, wurde zumindest zeitweilig umgedeutet als das Fortleben (oder die Simulation) einer früheren Entwicklungsstufe, als ein niederer, regressiver oder kindlicher Geistes- oder Kultur-

Abb. 62 Koloniales Dorf auf der Exposition Universelle, Paris, 1889.

zustand. In den neunziger Jahren machten die Forscher die beunruhigende Entdeckung, daß die Hypnose die vertrauten Vorstellungen von individueller Identität zur Disposition stellte. »In Suggestion und Hypnose hat der Westen immer seine spezifische Antithese gesehen ... In anderen Kulturen ist das kaum der Fall; individuelle oder kollektive Trancezustände werden als ein Sichöffnen und als Teilhabe verstanden.«[192]

Kurz gesagt, die Hypnose hatte, nicht anders als die Kolonialdörfer auf der Ausstellung von 1889, ihre eigene *spektakuläre* Identität. Längst vor Charcots »Vorführungen« an der Salpêtrière in den achtziger Jahren war die Hypnose im neunzehnten Jahrhundert schon eine verbreitete und volkstümliche Form der Unterhaltung gewesen, wobei sie vielfach den Charakter einer quasi-wissenschaftlichen Vorlesung oder Demonstration hatte, also eine zeittypische Form didaktischer Unterhaltung darstellte.[193] Oft war die Darbietung eines »Magnetiseurs« auch eine Art Spektakel, das im Rahmen einer Zauber-Show, in Varieté- und Vaudeville-Theatern stattfand.[194] Viele bedeutende Forscher, die sich im neunzehnten Jahrhundert mit Hypnose beschäftigten, unter ihnen Braid, Charcot, Freud und der amerikanische

Abb. 63 Illustration aus *La Nature*, 1889. Die originale Bildlegende lautet: »Mann, Frau und Kind aus der auf der Pariser Ausstellung gezeigten Gruppe von Angolanern«.

Psychologe G. Stanley Hall, kamen zum ersten Mal bei solchen »theatralischen« Vorstellungen mit hypnotischen Praktiken in Berührung, Vorstellungen, die sie bemerkenswerterweise in der Überzeugung verließen, es sei etwas Wichtiges und Echtes an der Sache, das ein weiteres Studium lohne.[195] Einer der bekanntesten Show-Hypnotiseure war der Däne Carl Hansen, dessen Auftritte zwischen 1879 und 1884 in ganz Europa zu sehen waren und zu dessen Publikum neben anderen zeitweilig Bernheim, Freud, Wundt und Krafft-Ebing zählten.[196] Zu Hansens Vorstellungen gehörte es ebenso, die Versuchspersonen zum Einnehmen von katalepti-

Le gladiateur

Abb. 64 Hypnotisierte Personen. Einer hält sich für einen Gladiator, ...

schen Stellungen zu zwingen, wie sie »zu absurden Pantomimen zu veranlassen, bei denen sie aufstanden, sangen, im Glauben, es sei eine Birne, eine rohe Kartoffel aßen, oder aus echten Gläsern imaginären Champagner tranken und sich danach wie betrunken benahmen«.[197] Wesentlich ist hier die Inkommensurabilität eines von außen *als Spektakel* erscheinenden hypnotischen Vorgangs, zu dem die Herrschaft über die Passivität zu gehören scheint, mit der inneren oder subjektiven Wirklichkeit eines Seelenzustands, der in Wirklichkeit auch Widerstand und Umgehung äußerer Autorität enthalten konnte.[198] Die historische Wichtigkeit der öffentlichen Demonstrationen des »Magnetismus« hat nichts damit zu tun, ob sie, wie manchmal bei Charcot und anderen, inszeniert oder simuliert waren (in den meisten Fällen ist Betrug jedoch auszuschließen); sie bestand vielmehr darin, daß die hypnotische Erfahrung aufgrund der eindrucksvollen Bilder, die diese Demonstrationen lieferten, als ein Ereignis oder ein Gegenstand definiert wurde, aus dem eine Wahrheit objektiv und von außen extrahiert werden konnte. In gleicher Weise stellten die diversen Schaustellungen und Abbildungen von »Primitiven« die außereuropäischen Völker als Objekte der Faszination und zugleich als solche der Beherrschung und Klassifizierung dar. Die Ausstellungen des neunzehnten Jahrhunderts waren Teil einer Welt, in der die Menschen »als Touristen oder Anthropologen zu leben begannen und in der sie eine Welt von Objekten als die end-

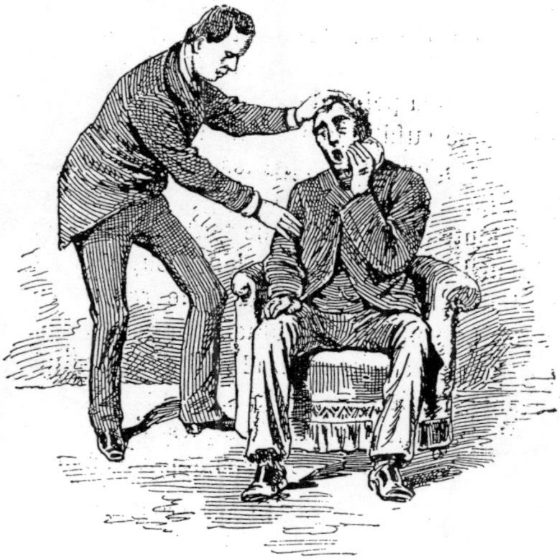

der andere meint Zahnschmerzen zu haben. Späte 1880er Jahre.

lose Darstellung irgendeiner anderen Bedeutung oder Wirklichkeit ansahen ... Unter *Wirklichkeit* versteht man, so stellt sich heraus, das, was repräsentiert werden kann, was sich selbst als Ausstellungsstück vor einem Beobachter repräsentiert. Die sogenannte wirkliche Welt draußen ist etwas, das nur als eine Serie von weiteren Repräsentationen erfahren und erfaßt wird, als eine erweiterte Ausstellung.«[199]

Parade de cirque selbst zeigt uns jedoch eine andere zeitgenössische Form von Schaustellung und Unterhaltung. In neueren kunsthistorischen Arbeiten wird betont, daß das Bild höchstwahrscheinlich den Cirque Corvi darstellt, der 1887 mehrere Monate lang auf dem Messegelände an der Place de la Nation zu sehen war.[200] Diese Identität darf aber nicht dazu führen, das Offenkundige zu verkennen: nämlich daß sich Seurat ausdrücklich aller Anspielungen auf bestimmte Örtlichkeiten enthalten hat, und zwar zugunsten eines generellen Bilds von einem Zirkus auf einem städtischen Messegelände in der zweiten Hälfte des neunzehnten Jahrhunderts, einer Volksbelustigung, die in dieser Form am Ende eines langen Prozesses der Domestizierung und der Kommerzialisierung steht. Damit ist jedoch mehr angesprochen als nur die Verdinglichung der Volkskultur. Manche Kritiker haben darauf hingewiesen, daß Karneval und Volksfest im neunzehnten Jahrhundert nicht einfach verschwanden, sondern in diversen »fragmentierten, marginalisierten und

Abb. 65 Hypnose als Theatervorführung, späte 1880er Jahre.

unterdrückten Formen« weiterlebten.[201] In diesem Sinn ist der Ort von *Parade de cirque* sehr »gemischt«: einerseits steht er für die Kommerzialisierung dessen, was einst eher nomadische oder populäre Formen waren, andererseits ist er ein »enklavenartiger Ort für die kontrollierte Entfesselung der Gefühle«, wo Erwachsene in einer Arena »geordneter Unordnung« »sich wieder wie Kinder benehmen dürfen«.[202] In *Parade de cirque* haben wir also ein soziales Territorium vor uns, auf dem Techniken der Faszination und Attraktion, des Scheins und der Täuschung imstande sind, einen Betrachter oder ein Publikum zu überwältigen, gerade auch in Form psychologischer Regression. Seit den späten achtziger Jahren boten solche Plätze auch neue kinästhetische Erlebnisse an wie Riesenräder, Achterbahnen, Rutschbahnen und Schiffsschaukeln. Innerhalb dieser »kontrollierten« Umstände war die Erregung von dynamogenen Körperempfindungen etwa auf einem Karussell mit einer fragmentarischen und mechanischen Rückgewinnung karnevalesker Energien gleichbedeutend.[203] Unnötig zu erwähnen, daß in den nächsten anderthalb Jahrzehnten auf eben diesem sozialen Terrain der Kirmes eine andere kinematische Form der visuellen Faszination Wurzel schlug. Das Kino sollte die Überbleibsel vormoderner Formen wie Zirkus radikal verdrängen, aber andererseits selbst als eine verwandte »Enklave« für diverse Arten von Regression und Phantasie auftreten.[204]

Wir können jetzt damit beginnen, die Frage genauer zu fassen, ob das Bild auch auf der Ebene der Darstellung eine Figuration eben der Operationen ist, die es (mindestens prinzipiell) auf molekularer Ebene durch die psychomotorischen Wirkungen gewisser chromatischer und richtungsbedingter Reize durchführt.[205] Ich habe schon erwähnt, daß ein Aspekt des aus Dynamogenie und Hemmung bestehenden Systems seine Beziehung zur Hypnose war. Brown-Séquard verwies ausdrücklich darauf, daß das Werk von James Braid (mit dem die moderne Erforschung der Hypnose beginnt) für seine eigenen Formulierungen dieser Gedanken entscheidend war. Braid hatte die bei hypnotisierten Personen bestehende Fähigkeit des Nervensystems beschrieben, die motorische Aktivität in bestimmten Körperzonen ganz plötzlich zu erhöhen.[206] Für Brown-Séquard war die Hypnose exemplarisch dafür, wie dynamogene Wirkungen weite Funktionsbereiche einer Person hemmen konnten, während gleichzeitig gewisse eng begrenzte Zonen stimuliert wurden.[207] Hippolyte Bernheim zitiert in seinem Werk zustimmend Brown-Séquards Folgerung, die Hypnose bestehe »im wesentlichen aus einem Zusammentreffen verschiedener Hemmungs- und Bahnungswirkungen [d. h. dynamogener Wirkungen]«; und Charles Henry sah in der Hypnose den eindeutigen Beweis dafür, daß die Wahrnehmung grundsätzlich unbewußt sei und aus unwillkürlichen Reaktionen auf Reize bestehe.[208] Besonders im Hinblick auf Seurats Verhältnis zu solchen Ideen ist es wichtig, daß hier grundsätzlich *kein Unterschied* gemacht wird zwischen dem Automatismus einer hypnotisierten Person und der Wahrnehmungserfahrung eines sogenannten »normalen« Menschen.

Die Frage bleibt also: was bedeutet es, wenn man diese Darstellung von Publikum und Spektakel mit Hilfe der zeitgenössischen sozialen Phänomene von Suggestion und Somnambulismus liest? Zweifellos operiert *Parade de cirque* auf mehreren Ebenen damit, daß »der kritische Apparat« beim Betrachter »nicht zu Worte kommt«.[209] Die Seuratsche Praxis fördert eine radikale und *kalkulierte* Disparität zwischen der rationalen Konstruktion eines Bildes und der subrationalen Reaktion des Betrachters zutage. Etwa gleichzeitig schrieb auch Bergson über die Nähe von Kunst und Hypnose: »In den Verfahrungsweisen der Kunst werden wir in abgeschwächter Form, verfeinert und gewissermaßen vergeistigt, die Verfahrungsweisen wiederfinden, durch die gewöhnlich der hypnotische Zustand erzielt wird ... Die plastischen Künste erzielen eine Wirkung derselben Art durch den Stillstand, den sie mit einem Male ins Leben bringen, und den eine Vermittlung physischer Natur auf die Aufmerksamkeit des Betrachtenden überträgt.«[210] In den späten achtziger und in den neunziger Jahren gab es zahlreiche Diskurse über die Möglichkeit externer Kräfte und Verfahren, auf individueller und kollektiver Ebene Einfluß oder Kontrolle auszuüben. Man hat oft bemerkt, daß in Frankreich so verschiedene soziologische Denker wie Emile Durkheim, Gabriel de Tarde und Gustave Le Bon sich in der Vorstellung, die Grundtatsache des sozialen Lebens bestehe in irgendeinem Kontroll- oder Zwangssystem, das dem Individuum auferlegt ist, einig waren. Wir sprachen davon, daß Seurats Kunstpraxis in mancher Hinsicht von einem physiologischen Wissen über die Produktion bestimmter emotionaler Reaktionen geprägt ist. In seinen letzten Werken jedoch, mit ihren Darstellungen von Zuschauer-Gruppen, verbindet sich die Beschäftigung mit den visuellen und chromatischen Mechanismen von Reiz und Hemmung mit einem Interesse an der Dynamik von sozialen Räumen, die für andere Kontrolltechniken in Frage kamen. Mehr als ein Jahrzehnt bevor Simmel seinen berühmten Essay über die Großstadt und das Geistesleben veröffentlichte, stellte Gabriel de Tarde die folgenden, für *Parade de cirque* und *Cirque* direkt relevanten Beobachtungen über die modernen Formen der Aufmerksamkeit an:

»In solch einem besonderen Zustand angespannter Aufmerksamkeit, erregter und dabei passiver Imagination, erliegen diese betäubten und fiebrigen Wesen dem unwiderstehlichen magischen *Zauber* ihrer neuen Umgebung; sie glauben alles, was sie sehen, und sie verbleiben lange in diesem Zustand. Mit dem eigenen Kopf zu denken ist immer anstrengender als mit dem von anderen. Im übrigen gilt für jeden Menschen, der in einer abwechslungsreichen Umgebung lebt, in der ein intensives und vielgestaltiges soziales Leben herrscht, das ihm immer neue Veranstaltungen und Konzerte, Konversationen und Lektüren bietet, daß er sich allmählich von jeder geistigen Anstrengung dispensiert; durch diese gleichzeitige Erschlaffung und Überreizung aber wird sein Geist, ich wiederhole es, zu dem eines Somnambulen. Dieser Geisteszustand ist für viele Großstadtbewohner typisch. Der Betrieb und der Lärm auf den Straßen, die Auslagen der Geschäfte, die ganze Zügellosigkeit, Aufgeregtheit und Impulsivität ihrer Existenz, all das wirkt auf sie, als ob sie von einem Magnetiseur betastet würden. Aber ist denn das Großstadtleben nicht das soziale Leben in konzentrierter und aufs äußerste gesteigerter Form?«[211]

Das Publikum in *Parade de cirque,* so heißt es manchmal, hat die Merkmale einer zerstreuten Masse, einer großstädtischen Masse, die kurzzeitig und fast zufällig sich vor der Sideshow zusammenfindet. Sicherlich finden wir bei Seurat keine Zuschauergruppe, die durch ungeteilte Aufmerksamkeit charakterisiert wäre, aber zumindest die sechs Figuren, deren Silhouetten mehr oder weniger frontal sind, sind direkt der Bühne zugekehrt. Von diesen sechsen, die als aufmerksam in Frage kommen, ist die markanteste die fünfte Figur von links. Vom Rest der Menge unterscheidet sich dieser Mann durch seine erhöhte Position, die wiederum seine starre Frontalität hervorhebt. Gleichzeitig besteht zwischen ihm und den Musikern links auf der Bühne sowohl in der Kleidung wie in der Haltung etwas wie eine Identität (falls man bei derartig unspezifischen und allgemeinen Figuren davon sprechen kann). Man kann diese Figur als bewegungslos und tief versunken lesen, als ob sie im Bann einer stummen privaten Kommunion stünde, als ob sie ein Eingeweihter wäre, der mit seinen Partnern auf der Bühne im Bunde steht.[212] Mitten in der Anonymität der Großstadt macht er den Eindruck, etwas Besonderes, ja sogar etwas zu sein wie das, was Mikkel Borch-Jacobsen schonungslos als jenen »homo democraticus oder ›Mann ohne Eigenschaften‹ und ohne eigene Identität« beschreibt, »den der Rückzug der großen transzendenten politischen und religiösen Systeme brutal enthüllt hat, der kein Subjekt mehr ist ... das panisch erschrockene, entindividualisierte, suggestible, hypnotisierbare Wesen in der einsamen Masse«.[213] Wenn eine solche Lesart der Figur möglich ist, dann ist nicht einzusehen, warum sie nicht auch auf die anderen Bestandteile dieser Menge, etwa die Frau mit dem hohen Hut, also die vierte von rechts, oder vielleicht auch auf den Mann im Profil in der Ecke links unten anwendbar sein soll.

Gleichzeitig ist die Beziehung dieser Figur zu den Musikern jedoch auch ohne weiteres als eine der »Imitation« lesbar, in dem Sinn, wie Tarde in den achtziger Jahren diesen Begriff in seinem Werk gefaßt hat. Tardes Erklärungsschema für das Phänomen der sozialen Kohäsion wich bekanntlich von dem Durkheims erheblich ab. Im Zentrum seines Denkens stand die Vorstellung, daß »die Gesellschaft nicht existieren, sich verändern oder auch nur einen Schritt vorwärts tun könnte, wenn sie nicht einen Vorrat an Nachäfferei und unauslotbarem Schafsgehorsam besäße, der sich über Generationen angesammelt hat«.[214] »Soziale Selbstorganisation« fand nach Tarde nicht aufgrund von Gesetzen oder staatlichen Institutionen statt, sondern aufgrund von imitativen Wiederholungsprozessen: »Gesellschaft kann definiert werden als eine Ansammlung von Wesen, die sich gegenseitig imitieren.«[215] Die Triebkraft dieses »sozialen Mysteriums« der Imitation war auf molekularer Ebene der Einfluß von einer Person auf die andere, will sagen das Phänomen der Suggestion. Ohne Zögern setzte Tarde die soziale Existenz mit Somnambulismus gleich, also mit einem Status, der durch erhöhte Suggestionsempfindlichkeit gekennzeichnet ist. Le Bon und andere bemerkten zwar die hypnotischen Aspekte im Leben der Massen, aber Tarde ging noch viel weiter: »Ich sehe keine Übertreibung darin, den sozialen Menschen als Somnambulen zu betrachten ... Der soziale Zustand ist wie der hypnotische nur eine Art Traum.«[216] Er verfolgte die historische Entwicklung von verschiedenen Regimes der Imitation und Suggestion, von der despotischen, mittels Prestigeeffekten operierenden Autorität, die er »la suggestion prestigieuse« nennt, bis zu modernen Gesellschaften, in denen die Konformitäts- und Suggestionsoperationen sich vervielfacht und weit über den einen Kreislauf zwischen charismatischem Herrscher und fügsamen Untertanen hinaus erweitert haben.[217] Neue Medien und Massenkommunikationsmittel waren zentrale Gegenstände seiner Forschung.[218]

Tarde stellte ständig funktionale Parallelen her zwischen individuellem Verhalten und dem Handeln großer sozialer Kollektivgebilde, aber eine seiner suggestivsten Analogien war visuell. Um zu zeigen, daß ein Individuum einen Großteil seiner sensorischen Erfahrung grundsätzlich nicht beachtet, berief er sich auf Helmholtz' Beschreibung der entoptischen Phänomene: »Jeden Augenblick werden wir von okularen Empfindungen wie den *mouches volantes* bedrängt und verwirrt, die, wenn unser Ich sie ins Bewußtsein vordringen ließe, jedes örtliche Urteil oder jede systematische Organisation der Netzhauteindrücke verhindern würden.«[219] Wir hören auch nicht das ständige leise Summen in unseren Ohren und merken auch nicht, daß wir ständig von Empfindungen aller Art durchquert werden. Soziales Bewußtsein, sagt er, ist weitgehend dasselbe: es operiert nach einem verwandten Prinzip von verengter Aufmerksamkeit und Ausschließung, durch das ein Großteil an sozialen Erfindungen, Erinnerungen und Entdeckungen, wenn es aus dem Zentrum der »sozialen Netzhaut« verschwindet, der Vergessenheit anheimfällt.[220]

Tardes Aussage ist auch auf *Parade de cirque* anwendbar, wo gewissermaßen eine Überschneidung einer individuellen physiologischen Netzhaut mit einer sozialen stattfindet. Man nehme zum Beispiel die Beziehung zwischen der erwähnten aufmerksamen Figur und den vier Musikern links, eine Verbindung, die nicht bloß darin besteht, daß ein Zuschauer die Ausführenden beobachtet, sondern die auch etwas wie eine *imitative* Beziehung erkennen läßt, den Umriß eines einfachen sozialen Konformitätsmechanismus. Solche Nachahmungsbeziehungen, die auf einer angeborenen Neigung des Nervensystems zur Mimikry beruhten, bildeten für Tarde den Kern des sozialen Zusammenhalts. Bisweilen sprach er von »intercérébration«, um das Verhältnis zwischen zwei Gehirnen zu beschreiben, »von denen eines das andere fasziniert«; diese Beziehung besteht in einer gewissen in letzterem stattfindenden »Polarisierung zwischen der Überzeugung und dem Begehren, die in jedem seiner Bestandteile gespeichert sind«.[221] Auch andere Operationen der »sozialen Netzhaut« lassen sich in *Parade de cirque* beobachten, etwa an der Reihe der Zuschauer unten: an dieser Folge von Köpfen wäre die diffuse Natur der imitativen sozialen Mechanismen, also der von Tarde so genannten »magnétisation-mode«, der »Mode-Suggestion«, ablesbar. Damit sollte beschrieben werden, wie halbbewußte Beobachtung und sogar bloße physische Nähe eine *funktionale* soziale Homogenität produzieren, die sich hier in den ausgetauschten Blicken oder in der Redundanz einer begrenzten Anzahl von Hutformen und Frisuren äußert, von der oberflächlichen gemeinsamen Faszination durch das Spektakel ganz abgesehen.[222] Es ging darum, daß der moderne soziale Zusammenhalt im wesentlichen aus zahllosen »kontagiösen« Übertragungsprozessen bestand, so daß Tarde feststellen konnte, »daß die Wirkung des Zivilisationsprozesses darin besteht, daß er die Unterwerfung unter die Imitation zugleich *persönlicher* und *rationaler* macht«.[223] Damit ist vielleicht auch eine Möglichkeit angedeutet, die rätselhafte Behandlung der Zuschauer in *Cirque* ein paar Jahre später zu lesen: vielleicht sollte die reduktive, fast karikierende Darstellung dieses Publikums auf die Prozesse von Imitation und Mimikry hinweisen, die sowohl inner- wie außerhalb der sozialen Klassenunterschiede wirksam sind.[224] Längst hat man bemerkt, daß diese Figuren aus dynamogenen Elementen aufgebaut sind (die Diagonalen und V-Formen bei Haar, Kleidung, Augen und Schnurrbärten): Seurat hat also in seine Darstellungen der Masse seine eigenen Mechanismen zur Erzeugung »kontagiöser« emotionaler Effekte eingebaut. Zugleich kann man sich bei der vertikalen Schichtung der Zuschauer nach sozialen Klassen an das erinnert fühlen, was Tarde »Kaskaden sukzessiver Magnetisierung« nannte: »Wenn jede Gesellschaft eine Hierarchie ist, dann weil jede Gesellschaft die *Kaskade,* von der ich gesprochen habe, aufweist und ohne sie nicht stabil sein könnte.«[225] Sowohl in *Cirque* wie auch in *Parade de cirque* läßt sich jedoch eine diffuse und reziproke, innerhalb der Masse wirkende Suggestibilität erkennen; beide Bilder zeigen auch die symbolische Präsenz einer zentralen, vielleicht kontrollausübenden Figur, jenes »grand magnétiseur« vielleicht, der nach Tarde gelegentlich in den modernen Gesellschaften auftritt. Tarde glaubte zweifellos an solche »atavistischen Phänomene«, will sagen an das kollektive Fortleben archaischer Formen des Sozialverhaltens. Der moderne, individualistische Mensch sei im Irrtum, wenn er sich gegen die ältesten »Effekte von Gehorsam und Nachahmung durch Faszination« immun glaube. »Besteht die Wirkung des Gehorsams und der durch *Faszination* bewirkten Nachahmung«, fragt Tarde, »nicht in einer genuinen Neurose, in einer Art unbewußter *Polarisierung* zwischen Liebe und Glauben?«[226] Aufmerksamkeit, hatte er behauptet, hätte grundsätzlich nichts zu tun mit einem empirischen Sehakt; vielmehr sei sie eine Umformung der Empfindung durch Anstrengung und Wunsch: die Aufmerksamkeit »ist der Wunsch nach einem Anwachsen der gegenwärtigen Überzeugung«.[227]

Le Bons *Psychologie der Massen* (1895) ist das bekannteste einer ganzen Anzahl von Werken über die Massenpsychologie aus den späten achtziger und den neunziger Jahren, das von vielen Kommentatoren ausführlich diskutiert worden ist.[228] Seltener wurde jedoch bemerkt, wie Le Bon die Masse als eine bestimmte Modalität der Wahrnehmung zeichnet, als ein spezifisches soziales Arrangement, das die

Grenzen der Wahrnehmungserfahrung festlegt. Dieses Interesse an den Grenzen der menschlichen Wahrnehmung spielte auch bei seiner späteren, dilettantischen Beschäftigung mit den Röntgenstrahlen und anderen Formen von Strahlung außerhalb der sichtbaren Wellenlängen des Spektrums eine Rolle.[229] In den frühen neunziger Jahren stellte Le Bon die moderne Masse als eine Art Sehmaschine dar, die, entweder durch interne Tätigkeit oder durch äußere Manipulation veranlaßt, imstande sei, »kollektive Halluzinationen« zu generieren. Le Bons Kollektiv ist ein generalisierter Ort, an dem die im neunzehnten Jahrhundert mit der sozialen Revolte verbundenen Ängste und Hoffnungen zu einer abstrakten und inhaltslosen Masse kollabieren, auf die jede beliebige Art von Traumwelt projiziert werden kann. Für ihn ist die Masse Ort des Konsums von Illusionen.

Zu den Charakteristika der Masse gehört es nach Le Bon, daß ein einmal von ihr ergriffenes Individuum »unfähig zur Beobachtung« wird; die »Fähigkeit richtigen Sehens geht verloren«.[230] Gleichzeitig besteht er jedoch darauf, daß die Masse »in Bildern« denkt: »Sie nimmt die Bilder, die in ihrem Bewußtsein auftauchen und oft nur eine sehr entfernte Ähnlichkeit mit der beobachteten Tatsache haben, für Wirklichkeit«.[231] Der politische Denker Le Bon erfaßt intuitiv jenes Wesen der modernen spektakulären Kultur, das Guy Debord sieben Jahrzehnte später so kennzeichnen sollte: »Überall, wo es unabhängige *Vorstellung* gibt, baut sich das Spektakel wieder auf.«[232] Ein Begriff wie »Beobachtung« bezieht sich für Le Bon auf ein kognitives Modell, das auf einem arbeitsfähigen Begriff von objektiver Wirklichkeit basiert und mithin ein mehr oder weniger klassisches epistemologisches Modell darstellt, das jedoch innerhalb eines von Illusion und Halluzination gesättigten Feldes, innerhalb ganzer Simulations-Industrien zu verfallen beginnt. Der von Le Bon vorgeschlagene Begriff der Masse ist flexibel und keineswegs eng. Entscheidend ist für ihn nicht die physische Ansammlung einer großen Anzahl von Menschen an einem bestimmten Ort, sondern daß Personen, die räumlich sehr weit voneinander entfernt sein können, dennoch eine wirkliche *psychologische* Einheit bilden. Sein »Gesetz der seelischen Einheit der Massen« nimmt offenkundig jene Kollektivgebilde vorweg, die die telekommunikativen und televisionären Apparate des zwanzigsten Jahrhunderts heraufbeschwören werden. »Tausende von getrennten Einzelnen«, schreibt Le Bon, »können im gegebenen Augenblick unter dem Einfluß gewisser heftiger Gemütsbewegungen, etwa eines großen nationalen Ereignisses, die Kennzeichen einer psychologischen Masse annehmen.«[233] Manchmal aber, so fährt er fort, »kann ein halbes Dutzend Menschen eine psychologische Masse ausmachen«, eine Beobachtung, die bei der Analyse von *Parade de cirque* zweifellos von Nutzen sein kann. Le Bon sieht erstmals in der Idee der Masse die Möglichkeit zur Identifizierung und Erklärung neuer Formen von sozialer Komposition und weist, anders als Durkheim, darauf hin, wie instabile und potentiell gefährliche soziale Aggregate zum Zweck ihrer Lenkung zusammengehalten werden.[234]

Höchst bedeutsam ist es, wenn Le Bon hervorhebt, daß sich die Masse per definitionem »in einem Zustand gespannter Erwartung« befindet, »der die Beeinflussung begünstigt«.[235] Wie viele andere Forscher im späten neunzehnten Jahrhundert räumt Le Bon hier die unsichere und fließende Beziehung zwischen Hypnose und Aufmerksamkeit ein. Wichtig und neu ist die Annahme, daß die Aufmerksamkeit nicht notwendig mit einer objektiven optischen Beobachtung der Welt verbunden ist und auch außerhalb dessen fortbestehen kann, was Le Bon die Fähigkeit richtigen Sehens nennt. Le Bon war ein einflußreicher Vertreter jener Tradition der Massenpsychologie, die an das Erklärungsmodell der »Regression« glaubte und in der Masse analog zu Infantilismus oder Unzivilisiertheit eine Tendenz zu einer primitiveren Ordnung des Bewußtseins, eine Verschiebung hin zu »niederen« zerebralen Funktionen sah. Zu diesem Prozeß gehört unter anderem auch der Rückzug der Aufmerksamkeit von der Umwelt und ihre anschließende Konzentration auf irgendeine wirkliche oder symbolische Figur (für Le Bon und später für Freud die charismatische Person oder der Führer), mit der das Individuum eine fundamentale Beziehung (der Hingabe) eingeht.[236] Im Kontext der sich vermehrenden Formen des Spektakels in den neunziger Jahren, zu denen auch das frühe Kino gehörte, ist es jedoch interessant festzustellen, daß für Le Bon das Theater die stärksten Mittel zur Kontrolle der Masse besitzt: »Nichts erregt die Phantasie des Volkes so stark wie ein Theaterstück. Alle Versammelten empfinden gleichzeitig dieselben Gefühle.«[237] Auch Nietzsche hatte eine derartige Beobachtung über das Wesen des modernen Publikums angestellt: »In das Theater bringt Niemand die feinsten Sinne seiner Kunst mit, auch der Künstler nicht, der für das Theater arbeitet . . . da unterliegt noch das persönlichste Gewissen dem nivellirenden Zauber der ›grössten Zahl‹, da wirkt die Dummheit als Lüsternheit und Contagion, da regiert der Nachbar, da *wird* man Nachbar.«[238] Le Bons Text ist also lediglich eines jener Anzeichen dafür, daß das Bild des Theaters nicht auf seinen hergebrachten Platz unter den Modellen der mimetischen Relation beschränkt blieb, sondern als spatiale Metapher für neue Effekte der Subjektbildung diente. Auch Seurat greift auf den Begriff des Theaters als eine Metapher zurück, die imstande ist, sowohl die von ihm direkt in seinen Gemälden wiedergegebenen öffentlichen und kollektiven Erfahrungen zu beschreiben als auch die individuellen, die von einer auf ein Einzelsubjekt ausgerichteten Wahrnehmungslenkung produziert werden.

*

Das bedeutsamste Kulturphänomen, das in der zweiten Hälfte des neunzehnten Jahrhunderts im Schnittpunkt von Problemen des Theaters, des Schauspiels und psychischer Kontrolltechniken steht, ist vielleicht das Opernwerk Richard Wagners.[239] Noch nach seinem Tod 1883 war Wagners ästhetische Erbschaft sowohl von Problemen der perzeptuellen Aufmerksamkeit wie von solchen der sozialen Kohäsion gleichermaßen untrennbar.[240] Es gab damals keinen Künstler, ob auf literarischem oder visuellem Gebiet, für den nicht das Werk Wagners ebenso wie die extravaganten Ansprüche, mit denen es einherging, das darstellte, was Mallarmé

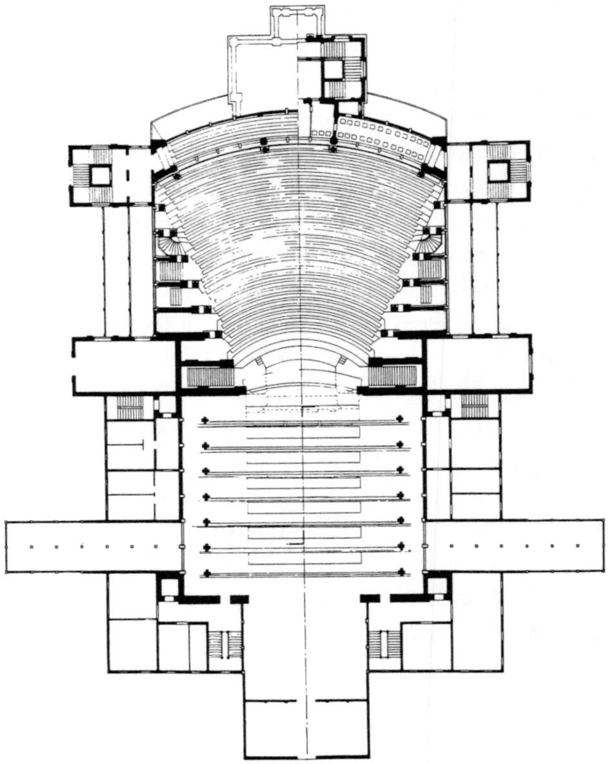

Abb. 66 Grundriß des Bayreuther Festspielhauses, 1876.

eine »einzigartige Herausforderung« nannte. Wagners Beispiel stellte nicht nur den Vorrang der individuellen Künste der Poesie und der visuellen Darstellung in Frage, sondern ließ auch die Umrisse eines kollektiven kulturellen Erlebnisses erkennen, das Wagner selbst mit dem festlichen Theater der griechischen Antike verglich. Wagners Sozialkritik, die in den vierziger Jahren beginnt und sich den Rest seines Lebens auf konfuse Weise fortsetzt, war im Rahmen jener vielfältigen Anklagen, die das neunzehnte Jahrhundert gegen die Auswirkungen der sozialen und ökonomischen Modernisierung erhob, nicht wirklich originell. Das Besondere bei Wagner ist sein spezifisches Programm zur sozialen Reintegration und sein Glaube an die transformierenden Wirkungen der *kollektiven* Erfahrung des als rituelles Gemeinschaftserlebnis aufgeführten und produzierten Musikdramas.[241] Vor dem Hintergrund des Problems der sozialen Aggregate und Solidaritäten bei Durkheim und Seurat ist es wichtig zu verstehen, wie eng Wagners Werk mit dem Problem der Gemeinschaftsbildung, der Verschmelzung von Individuen zu einer sozialen Einheit mittels der Durchsetzung einer einheitlichen Wahrnehmungs- und Reaktionsweise verbunden war, auch wenn es sich um die Einheit einer »völkischen« Homogenität handelte.[242] Marc Weiner hat darauf hingewiesen, daß das Sehen für Wagner eine Vorrangstellung hatte. Die mit der griechischen Tragödie wetteifernde Oper war für ihn ein Spiegel, in dem eine Gemeinschaft ihr eigenes Bild erblicken konnte. »Die optische Metapher des Theatererlebnisses beruht also auf der Vorstellung, daß der Gesichtssinn dazu dient, den Platz, den man im sozialen Ganzen einnimmt, zu festigen.«[243]

Bereits um die Jahrhundertmitte standen die Fragen von Aufmerksamkeit und Zerstreuung mehr oder weniger im Mittelpunkt der Wagnerschen Kulturkritik. Gewisse im frühen zwanzigsten Jahrhundert geführte Debatten über die Auswirkungen der Massenkultur, in denen die Zerstreuung als Gegenbegriff zu einer selbstbewußt-kontemplativen Wahrnehmung fungierte, vorwegnehmend, beklagte Wagner die Allgegenwart von zerstreuten Weisen der kulturellen Konsumtion.[244] Auf musikalischem Gebiet unterschied er zwischen »höheren« (konzentrierten) und »niederen« (zerstreuten) Formen des Hörens und nahm eindeutig für die ersteren Partei, weil sie eine gereinigte und ethisch höherstehende Form der Wahrnehmung darstellten. An der französischen und besonders an der italienischen Oper mißfiel ihm, daß die Werke nur um ein paar glanzvolle Arien, die das Publikum kurzzeitig fesselten, komponiert seien, während der Rest der Aufführung nur ungenau wahrgenommen wurde oder man sonst irgendwie abgelenkt war. Wagners Konzeption der deutschen Oper postulierte ein Publikum, das während einer ganzen Vorstellung zu einer angespannten, *kontinuierlichen* Aufmerksamkeit fähig sein würde.[245] Wagner nahm bei der großen Oper und beim Theater der Mitte des neunzehnten Jahrhunderts besonders Anstoß daran, daß sich das Publikum einer Vielzahl von Attraktionen gegenübersah.[246] Er war unzufrieden mit der traditionellen Theaterarchitektur, die es den Zuschauern lange Zeit ermöglicht hatte (oder sie sogar ermutigte), sich gegenseitig oder das Orchester zu betrachten oder sich mit der sozialen Textur des Theaters zu beschäftigen (wie es auch bei den varietéartigen Formen des frühen Kinos der Fall war).[247] Die Anlage des Bayreuther Festspielhauses drückte unter anderem Wagners Wunsch aus, die Aufmerksamkeit des Publikums besser zu kontrollieren, sie dem Willen des Künstlers zu unterwerfen und eine kollektive Aufnahmebereitschaft zu schaffen, die einer Kunst mit solchen sozialen Ambitionen würdig wäre.[248]

Zu den »Reformen«, die in dem Entwurf für Bayreuth verwirklicht wurden, gehörte auch die Umbildung des damaligen Theaters im Sinne einer Konstruktion der Sichtbarkeit, die mit einer strengeren Strukturierung der Wahrnehmungserfahrung verbunden war. Was Wagner wollte, war ein »theatron«, ein »Ort des Sehens«, und der kollektive Akt des Sehens war es, durch den der Anschein einer Gemeinschaft ins Leben gerufen werden sollte.[249] Als erstes ließ Wagner die lateralen Ansichten des alten Theaters beseitigen, um jeden Zuschauer auf eine frontale Beziehung zur Bühne festzulegen. Weiter sorgte er dafür, daß durch nahezu vollständige Dunkelheit im Zuschauerraum die Lichteffekte auf der Bühne stärker zur Wirkung kamen und periphere Ablenkung unmöglich wurde. Die Vervielfachung der Proszeniums-

Abb. 67 Rheintöchter in Wagners *Das Rheingold*, gesehen aus dem Zuschauerraum ...

bögen sollte zusammen mit der tiefen Dunkelheit dafür sorgen, daß die beleuchtete Bühne mit dem Rest des Opernhauses in keiner lesbaren Beziehung mehr stünde. Wagners Bestehen auf einer Unsichtbarmachung des Orchesters gehört ebenfalls zu dem von Adorno und anderen diskutierten phantasmagorischen Charakter seines Werks, wobei mit »phantasmagorisch« hier die systematische Verschleierung und Mystifizierung des Produktionsprozesses gemeint ist. Durch diese Unsichtbarkeit des Orchesters war die Quelle der Musik nicht mehr auszumachen und vom Schleier des Geheimnisses umgeben.[250]

Es ist wichtig, diese Elemente der Wagnerschen Illusionsmaschinerie im Zusammenhang mit einer umfassenden Geschichte der visuellen Veranstaltung im neunzehnten Jahrhundert zu sehen. Die Laternenprojektionen etwa, die 1876 in den ersten Aufführungen des *Rheingold* eingesetzt wurden, haben ihren Platz in einer langen Tradition populärer, seit Jahrzehnten praktizierter und weit verbreiteter Zauberkunststücke. Wagner verachtete Panorama und Diorama als diejenigen massentauglichen Formen der Naturtreue, die er in seinen Produktionen vermeiden wollte, aber es war eben diese Art volkstümlicher Attraktionen, mit der er den Wettbewerb aufnehmen mußte. Das Diorama, das den Gipfel seiner Popularität in den späten dreißiger und den frühen vierziger Jahren erreicht hatte, arbeitete nach Prinzipien, die den später in Bayreuth zur Anwendung kommenden durchaus verwandt sind. Die Wirkung des Dioramas (das nicht von ungefähr aus Daguerres erfolgreicher Tätigkeit als Theatermaler hervorgegangen war) beruhte auf einer ganz

... und von der Rückseite, späte 1870er Jahre.

ähnlichen Aufhebung einer intelligiblen Distanzbeziehung zwischen Betrachter und illusorischer Szene. Zahlreiche unmittelbare Berichte betonen die visuelle Desorientierung, die entstand, weil die konventionellen pikturalen Hinweise in Bezug auf die relative Entfernung der Dinge außer Kraft gesetzt worden waren. Auch die Trennung zwischen einer beleuchteten Bildwelt und einem verdunkelten Zuschauerraum gehörte zu den Mitteln, mit denen das Diorama die Aufmerksamkeit lenkte. Seiner archaisierenden Oberfläche zum Trotz steht Wagners Werk für den Willen, alle Aspekte des Spektakels einzusetzen, mit denen eine kalkulierte Produktion von regressiven Zuständen, von Faszination und Traum möglich wäre – von jener Art Aufmerksamkeit also, die ein halbes Jahrhundert später, mit der Einführung des synchronisierten Tons, Sache des Kinos werden sollte. Jedenfalls war Wagners Kontrolle über die emotionale Reaktion wirksam genug, um Nietzsche zu der Bemerkung zu provozieren, Wagner sei »das erste, nur zu verfängliche, nur zu gut gerathene Beispiel dafür, wie man auch mit Musik hypnotisirt«, und seine Musik sei eine, »deren Ehrgeiz nicht weiter geht als die Nerven zu überreden«.[251] Für Nietzsche handelte es sich um eine spezifisch moderne »Falschmünzerei der Transzendenz«.[252]

Schon bald nach den ersten Aufführungen in Bayreuth hat die französische Kritik die konkrete Umformung bemerkt, die Wagner am Erlebnis des Zuschauers vorgenommen hatte.[253] Eugène Véron schrieb 1878, Wagner richte alles so ein, »daß der Zuschauer ausschließlich mit dem Schauspiel beschäftigt ist und nicht von

Abb. 68 »Die modernen Gralsritter«, Karikatur. Richard Wagner mit Liszt und von Bülow, 1882. Abgedruckt bei Jullien, *Richard Wagner. Sa vie et ses œuvres*, 1886.

fremden Eindrücken abgelenkt werden kann ... nichts könnte die Aufmerksamkeit von dem Punkt, auf den sie sich zu konzentrieren hat, abziehen«. Es handle sich, meinte er, um eine Art traumartiger Hellsicht, die sich vom normalen Wachzustand unterscheide.[254] Ein Jahrzehnt später waren solche Ansichten über die Wagnerschen Aufmerksamkeitsstrategien Allgemeingut. In der Märzausgabe der *Revue wagnérienne* von 1887 beschrieben Charles und Pierre Bonnier scharfsinnig die Maßnahmen, mit denen Wagner in Bayreuth die Aufmerksamkeit kontrollierte, um die »bestmögliche Wahrnehmung« zu erreichen. Bemerkenswerterweise betonten sie, daß die visuellen Effekte bedeutsamer seien als die akustischen.[255] Nach diesen Autoren steht am Anfang der Wagnerschen »Optik«, daß die »Autonomie des Publikums abgeschafft wird«, indem man es »fesselt und beherrscht«. Sie berichten von einem Verfahren, das zweifellos Nietzsches Auffassung von Wagner als einem »Meister hypnotischer Griffe« bestätigt: es besteht in der »Isolierung der Aufmerksamkeit und der Fixierung des Blicks«, um die Theaterillusion zu stärken und die Wirkung der Musik zu intensivieren. Wagner erreicht seine Effekte teilweise durch einen Prozeß der optischen Desorientierung, der den konventionellen Raum des Theaters zerstört. Wenn sie von den bekannten Hilfsmitteln sprechen, die Wagner zur Herstellung seines »mystischen Abgrunds« benutzte – die Vermehrung der Proszeniumsbögen, die konvexe Krümmung des das Orchester verbergenden

»Dachs«, die Dunkelheit –, dann beschreiben die Bonniers eine Außerkraftsetzung der perspektivischen Konventionen, insofern keine rationalisierbare oder metrische Relation zwischen der Position eines Zuschauers und den Ereignissen auf der Bühne besteht. Es handelt sich um eine kalkulierte Verunklärung der Distanz, die den Zuschauer vom Schauspiel trennt, mit dem Ergebnis, daß die Figuren überlebensgroß scheinen und weitere Maßverzerrungen entstehen.[256] Verstärkt wird diese Spaltung zwischen Bühne und Publikum noch durch den extremen Kontrast zwischen der Helligkeit der Bühne und der Dunkelheit im übrigen Theater, der die Bühne wie ein »weit entferntes helles Rechteck« aussehen läßt. Diese isolierte Helligkeitszone, so betonen sie, bewirkt eine *Fixierung* aller Augen auf dieselben Punkte, so daß der Blick des Zuschauers »leicht beherrscht werden« könne. Die umfassende Organisation dieses »theatralischen Apparats«, schließen sie, »nötigt die Aufmerksamkeit und kontrolliert die sinnliche Wahrnehmung«.

Ein paar Jahre später sprach der Kunsttheoretiker Paul Souriau von der durch die Unsichtbarkeit des Orchesters in Bayreuth erzeugten »absoluten Illusion« und bemerkte, daß die Unmöglichkeit, die Herkunft der Musik festzustellen, deren magische und hypnotische Wirksamkeit erhöhe.[257] Souriau gehörte zu den ersten Kritikern, die Wagners Werk als spezifisch »phantasmagorisch«, als genealogisch nicht nur auf Oper und Musikpraxis, sondern auch auf Illusion und Suggestion zurückgehend charakterisierten, mit den phantasmagorischen Veranstaltungen und Spektakeln des späten achtzehnten Jahrhunderts angefangen. Schon nahe der Schwelle zum Auftreten des Kinos schreibend, erkannte er zugleich, daß die Effekte von Wagners Werk noch unerschlossene Möglichkeiten des technologischen Ausdrucks enthielten:

»Die Phantasmagorie müßte ihren Platz in der Rangordnung der Künste als eine der suggestivsten einnehmen. Wie oft haben wir beim Hören von Musik Bilder als Gegenstände der Betrachtung vor Augen; aber es sind leichte, bewegliche, fast immaterielle Bilder, die nur einen Schatten von Wirklichkeit haben, als ob sie die leuchtende, von der Musik hervorgerufene Projektion unserer Träumerei wären. Vielleicht wird bald ein neuer Wagner eine Oper für die Laterna magica schreiben – eine Oper mit traumartiger Musik und phantastischen, virtuell imaginären Bildern.«[258]

Dies führt uns schließlich wieder zu Seurat zurück, der diese Dimension der Wagnerschen Praxis, sei es durch Aufsätze wie den zitierten oder durch Freunde, die in Bayreuth gewesen waren, durchaus kannte.[259] Höchst bemerkenswert ist jedoch, daß Seurat, indem er mittels der am Rand seiner großen Bilder gemalten Rahmung einen verwandten Eindruck erzeugte, diesen explizit theatralischen Effekten in einem ganz anderen Medium gleichzukommen versuchte. »Seurat dachte daran«, schrieb sein Freund Emile Verhaeren, »daß das Theater in Bayreuth in völliger Dunkelheit lag, bevor die hellerleuchtete Bühne als einziges Zentrum der Aufmerksamkeit sichtbar wurde. Die Vorstellung von dieser Art Helldunkel-Kontrast war es, die ihn bewog, die Rahmen dunkler zu gestalten, auch wenn er bei seinen üblichen Komplementärfarben blieb.«[260] Damit bestätigt sich nicht nur, daß Seurat eine Lenkung der Aufmerksamkeit im Sinn hatte, sondern auch, daß er fähig war, in anderen Bereichen als den visuellen Künsten, insbesondere in den visuellen und theatralischen Dimensionen der Wagnerschen Oper, Vorbilder für seine eigene Praxis zu finden. Daß selbst indirekte, mündliche Berichte über Bayreuth solche Wirkungen haben konnten, beweist, welches Ausmaß Wagners Reputation in diesen Jahren hatte.[261]

Seurats Verhältnis zu Wagner war, wie das Mallarmés, höchst vieldeutig. (Auch Mallarmé hatte nur wenig direkte Kenntnis von Wagners Werk, aber seine kritischen Reaktionen darauf gehören zu den wichtigsten.) Seurat war zwar vielfältig interessiert an den möglichen Techniken zur Kontrolle und Steuerung der subjektiven Reaktion, aber seine letzten größeren Gemälde waren eine entschiedene Subversion der darstellerischen Prätentionen, die mit jeder Form von Naturalismus, sei es Salonmalerei, Photographie, Panorama oder irgendein anderes phantasmagorisches Produkt, einhergingen. Indem Seurats Malerei (auf mehreren Ebenen) die Illusion zu einem Teil des Werks selbst macht, bringt er deren konstruierte und künstliche Natur ans Licht – seine Malerei ist also in gewisser Weise eine Anti-Phantasmagorie. Sollte es jedoch in *Parade de cirque* etwas wie eine latente Kritik an Wagner geben, dann nicht, weil das Werk als Darstellung einer volkstümlichen, bescheidenen Straßenszene ein Gegenbild zur hochtrabenden Prätention seiner wagnerianischen Freunde wäre; selbst die klassenbewußtesten Kritiker haben hier nicht viel entdeckt, was nach einer Verherrlichung der städtischen Straßenkultur aussähe. Vielmehr kann *Parade de cirque* als eine erbarmungslose Demontage des wagnerianischen Modells des Spektakels gelesen werden, als eine boshafte Parodie und Entlarvung des in der Hauptperson inkarnierten Versuchs, Mythos und Musik als sozialen Ritus zu verbinden und das Kunstwerk als Figuration einer im Werden begriffenen Gemeinschaft aufzuwerten. In der Posaune hatte die volkstümliche Presse einen visuellen Bestandteil der Wagneraufführung ausgemacht, der die Karikatur herausforderte.[262] Seurats scharfem visuellen Witz dürfte auch die Identität zwischen der Null und der Form eines Rings nicht entgangen sein. Wenn der echte Ring in Wagners Tetralogie als Vehikel des Verfalls und als Ausgangspunkt für die zerstörerische Wirkung des Gelds fungiert, dann war der *Ring*-Zyklus insgesamt der letzte Ausdruck einer vom neunzehnten Jahrhundert gehegten Phantasie der Rückkehr von Tragödie und Mythos, war Ausdruck des Traums, die Kultur könne aus dem, was der Kapitalismus zerbrochen hat, wieder ein Ganzes machen. Zu dieser Phantasie gehört, wie Philippe Lacoue-Labarthe bemerkt hat, die beunruhigende Überzeugung, »daß es in einem Zeitalter, in dem die Transzendenz gestürzt und vernichtet ist, noch die Berufung der Kunst sein kann, eine alte Bestimmung zurückzuerobern und den Typus zu begründen, oder, wenn man lieber will, die mythologische Figur, in der die Menschheit (ein Volk zum Beispiel) sich wiedererkennen kann«.[263] Seurat läßt jedoch, trotz seiner Faszination durch das Phänomen Wagner und der Aufwertung des Theaters, keinen Zweifel an dem Unechten und Vertrockneten dieses Traums, wie aus der Banalität seiner »Panathenäen-Prozession« in *La Grande Jatte* eindeutig hervorgeht. Als Parteinahme für die Darstellung einer konkreten sozialen und historischen Wirklichkeit sollte sein Widerstand gegen Wagners Bilder freilich nicht verstanden werden. Michel Foucault hat anläßlich der *Ring*-Produktion von Boulez und Chéreau in den späten siebziger Jahren darauf hingewiesen, daß »das neunzehnte Jahrhundert voll von Bildern war, von Bildern, die den mythologischen Rekonstruktionen Wagners, von denen sie verwandelt und verdeckt wurden, zugrunde lagen . . . jene Bildwelt des neunzehnten Jahrhunderts, die Bakunin wohl mit Marx, Dickens, Jules Verne, Böcklin, den Architekten der bourgeoisen Fabriken und Villen, mit den Kinderbuchillustratoren und den Agenten des Antisemitismus geteilt haben dürfte«.[264] Auch die Malerei Seurats muß als Teil dieser eklektischen, kompositen Bildwelt des neunzehnten Jahrhunderts gesehen werden.

*

Ich möchte die Themen der Masse, des Theaters und der Phantasmagorie auf einer parallelen historischen Spur weiterverfolgen. *Parade de cirque* ist oft im Verhältnis zu einem anderen Werk diskutiert worden – nämlich zu *Cirque*, Seurats letztem, 1890–1891 entstandenen großen Gemälde, das er bei seinem Tod unvollendet zurückließ. *Cirque* kann sozusagen als Pendant des früheren Werks gelesen werden – das Bild zeigt in gewisser Weise das, was *Parade de cirque* vollkommen ausschließt. Es zeigt uns die Veranstaltung drinnen, für die Personen wie die Zuschauer im früheren Bild Eintritt bezahlt haben und der sie jetzt als Publikum beiwohnen. Wenn *Parade de cirque,* wie ich zu zeigen versucht habe, die Absenz im Herzen der modernen Formen von Spektakel und Wahrnehmung offenbarte, dann könnte man in *Cirque* vielleicht etwas sehen wie eine erneute Füllung dieser Leere, eine lebendige Öffnung auf eine Arena voller Licht und Handlung. Die starre und nächtliche Welt der raumlosen *Parade de cirque* scheint dem konkreten Anblick der Attraktionen (und der Ware Entertainment), die das Bild evoziert, aber zurückgehalten hatte, Platz zu machen. Das Verhältnis der beiden Bilder kann auch im Sinne von zwei grundverschiedenen Organisationen des theatralischen Raums ausgedrückt werden: hier die klassische oder italianisierende »Szenographie«, die *Parade de cirque,* wie ich oben gezeigt habe, voraussetzt (auch wenn Seurat sie demontiert); dort die weit ältere historische Form des Zirkus oder der Arena. Trotz dieser Unterschiede und scheinbaren Oppositionen jedoch findet in beiden Gemälden eine Auflösung dieser älteren Szenarien statt. Die Bedeutung von *Cirque* hat weniger mit irgendeiner bestimmten Zirkusveranstaltung im Jahre 1890 zu tun als mit einer Erforschung der *Bedingungen,* unter denen ein Individuum als aufmerksamer Betrachter aktiviert werden konnte.

Wenn Verhaerens Bemerkungen über Seurats indirekte Kenntnis von Bayreuth zutreffen, dann haben wir hier vielleicht – in Gestalt des dunklen und breiten Rahmens, der die Helligkeit des Bildes steigern soll – den offenkundigsten (und direktesten) Versuch des Malers vor uns, sein Wissen in die Praxis umzusetzen.[265] Gestützt auf Gespräche mit dem Künstler berichtet Gustave Kahn, Seurat habe von Wagner die Idee des Rahmens als »Mittel zur Isolation« übernommen.[266] Eine solche Konzeptualisierung des Rahmens manifestiert ein weiteres Mal den expliziten Verzicht sowohl auf den klassischen Status des Bildes als auch auf den, den es in der frühen Moderne angenommen hatte – weder ist es als eine fensterartige Ebene, die einen Sehkegel schneidet, gedacht, noch als eine von farbigen Flecken bedeckte Fläche. Seurat versucht, was seiner Meinung nach Wagner getan hatte, nämlich ein autonomes und lichterfülltes Attraktionsfeld mit einer gewollt zweideutigen räumlichen Identität herzustellen. Seurats Beschäftigung mit der Farbe ist weitgehend Ausdruck einer Obsession sowohl durch das Licht als auch durch die Techniken seiner Beherrschung. Bekanntlich glaubte er, er könne mit seiner optischen Mischung (separate reine Farben, die auf der Netzhaut kombiniert werden) Lichtwirkungen erzielen, die stärker wären als alles, was mit traditioneller Pigmentmischung erreichbar sei.[267] Dieser Aspekt von Seurats Werk läßt sich in einem sehr allgemeinen Sinn mit anderen im neunzehnten Jahrhundert praktizierten optischen Verfahren, die das Bild von jeder kontinuierlichen oder nachvollziehbaren Beziehung zur Position des Beobachters abschnitten, etwa dem Diorama oder dem Stereoskop, in Verbindung bringen. Der Erscheinungswert des Bildes ergibt sich im neunzehnten Jahrhundert vielerorts aus seiner Herauslösung aus einem größeren Sehfeld oder aus dessen Annullierung. Aber auch inhaltlich scheint sich dieses Bild, wie auch *Parade de cirque*, vorsätzlich von allen Ambitionen der wagnerianischen Ästhetik entfernt zu haben. Ich glaube, es ist besser, wenn man Seurats Interesse am »Bayreuth-Effekt« im Sinne seiner Nähe zu einem anderen kollektiven Seherlebnis bewertet – nämlich den präkinematischen Formen der beweglichen Bilder, der Projektion und der Animation.

Eine bekannte, aber marginalisierte Figur in der dichten und inhaltsreichen Vorgeschichte des Kinos ist Emile Reynaud, der von der Mitte der siebziger bis zur Mitte der neunziger Jahre kontinuierlich an verschiedenen Verfahren zur Simulation von Bewegung arbeitete.[268] In vielen reduktionistischen Geschichen der Kino-Technologie tritt Reynaud nur als eine Art technischer Neuerer auf. Man gesteht ihm zu, den Gebrauch eines fortlaufenden, durchsichtigen Streifens, der eine Abfolge von Einzelbildern trug, eingeführt zu haben; dieser Streifen wurde dann in regelmäßigen Abständen mit einem Loch perforiert, um eine Projektionsvorrichtung durchlaufen zu können. Sein Gebrauch des Zelluloids gilt jedoch in der üblichen Geschichte als nur einer von vielen Faktoren, die um die Mitte der neunziger Jahre zu den ersten entwickelten kinematischen Apparaten führen sollten. Bedeutsamer ist vielleicht, daß Reynauds kommerzielle, 1892 im Pariser Musée Grévin beginnende *Screenings*, wenn dieser Anachronismus erlaubt ist, allgemein als die ersten

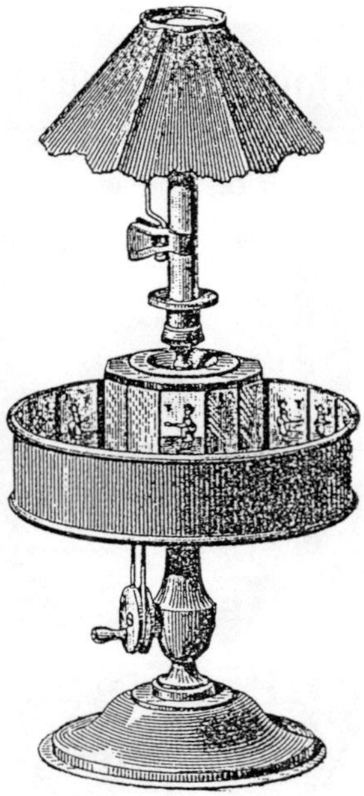

Abb. 69 Emile Reynaud, Praxinoskop, 1876.

öffentlichen Vorführungen von sich bewegenden, vom Film projizierten Bildern gelten (obwohl es sich nur um die Animation von Zeichnungen handelte). Worum sich Reynaud allerdings bis dahin *nicht* kümmerte, waren irgendwelche Strategien zur Arbeit mit *photographischen* Bildern, denn er verwendete fast ausschließlich handgefertigte Zeichnungen. Einerseits hatte er also etwas Wesentliches hinsichtlich der mechanischen Vorrichtungen, die zur Animation unbeweglicher Bilder benötigt werden, erfaßt, andererseits gilt er als Mann, der noch in alten, handwerklichen Produktionsweisen befangen war, der für seine kurzen Filmstreifen ganz einfach an ineffizienten Herstellungsmethoden festhielt – der Monate damit verbrachte, für eine Vorstellung, die allenfalls ein paar Minuten dauern würde, Hunderte von handkolorierten Bildern auf einen Filmstreifen zu malen. In seiner produktivsten Zeit zeigte er keinerlei Interesse daran, mit Bildern zu arbeiten, die mechanisch von einer photographischen Kamera erzeugt waren.[269]

Eine solche Auffassung ist aber weder angemessen noch weiterführend, und die Frage, warum Reynaud von der entscheidenden mimetischen Komponente des künftigen Kinematographen bewußt Distanz hielt, dürfte letztlich interessanter sein. Fangen wir damit an, daß Reynauds Laufbahn eine gewisse entfernte Ähnlichkeit mit der Edisons hat. Beide waren praktische Erfinder, die immer die Beziehung zwischen ihren technologischen Produkten, der Zusammensetzung ihres Publikums und der ökonomischen Realität des Markts im Auge hatten. Ständig bemühte

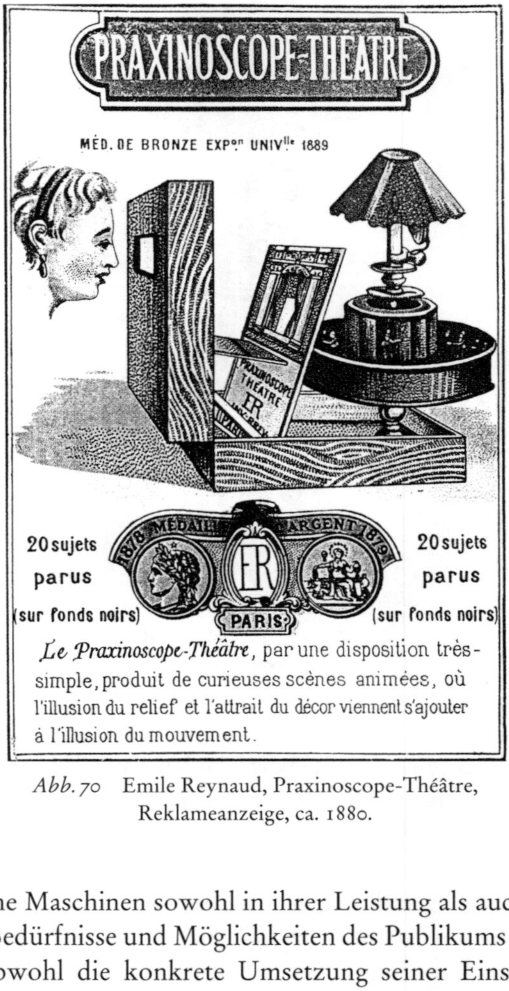

Abb. 70 Emile Reynaud, Praxinoscope-Théâtre, Reklameanzeige, ca. 1880.

sich Reynaud, seine Maschinen sowohl in ihrer Leistung als auch im Hinblick auf die wechselnden Bedürfnisse und Möglichkeiten des Publikums zu verbessern und zu verändern. Obwohl die konkrete Umsetzung seiner Einsichten bescheiden blieb, erfaßte Reynaud wie Edison die zwischen Hardware und Software bestehende Verbindung und stellte nur solche Seh- und Projektionsvorrichtungen her, für die er auch die visuelle »Software« lieferte. In dieser Hinsicht war er, auch wenn die Herstellung seiner Filmstreifen etwas Handwerkliches hatte, als Medienunternehmer, der sich die Logik der Modernisierung zu eigen machte, vielen seiner Zeitgenossen weit voraus (allerdings geriet er in den späten neunziger Jahren, als seine Versuche, ein marktfähiges Stereo-Kino zu entwickeln, fehlschlugen, ins Hintertreffen). Die von Reynaud hergestellten Ojekte lassen sich wohl kaum als marginal bezeichnen – angefangen mit seinem Praxinoskop, von dem zwischen 1876 und 1877 über 100 000 Exemplare verkauft wurden, bis zum Théâtre-Optique in den neunziger Jahren, das in den acht Jahren seiner öffentlichen Existenz über eine halbe Million Zuschauer anzog.

Das Praxinoskop war eine Abwandlung des Gedankens, der dem Zootrop zu-

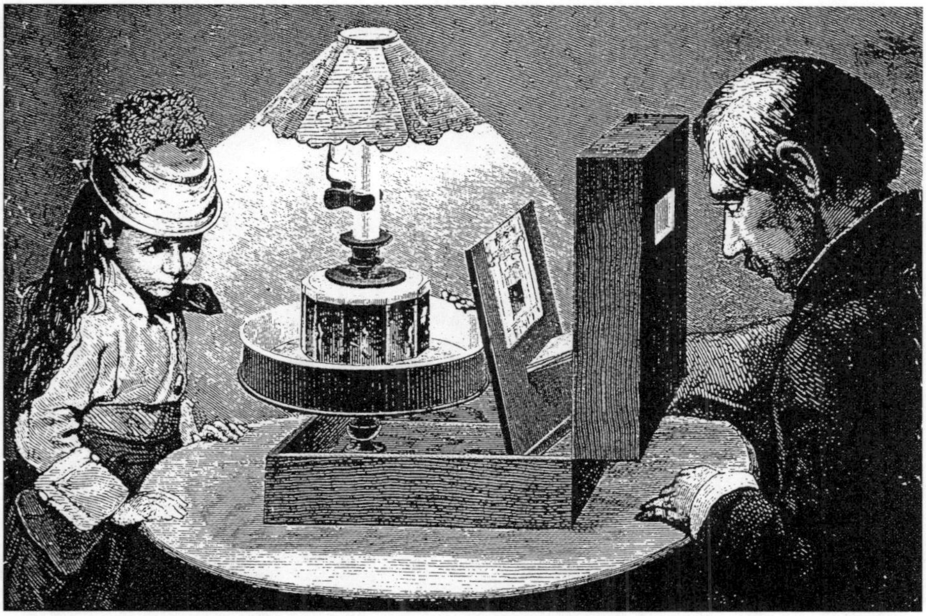

Abb. 71 *Das Praxinoscope-Théâtre*, 1879.

grunde lag, einer optischen Vorrichtung zur Vortäuschung von Bewegung, die in den späten 1830er Jahren zum ersten Mal gebaut wurde. Die von Reynaud vorgenommene Veränderung bestand im wesentlichen darin, daß er um einen zentralen, mit Spiegeln versehenen Zylinder eine offene drehbare Trommel konstruierte. An der Innenseite der Trommel konnten ohne Schwierigkeit Streifen mit Bilderfolgen ein- und wieder ausgebaut werden, so daß ein unbewegter Betrachter die *Spiegelbilder* des eingesetzten Streifens sah. Außerdem baute Reynaud in jedes Praxinoskop eine Lichtquelle ein, die direkt die Innenseite der Trommel beleuchtete (ich sage »baute ein«, aber man darf nicht vergessen, daß Reynauds Apparate nach seinen Entwürfen industriell hergestellt und in Warenhäusern vermarktet wurden). Wichtig ist vor allem, daß Reynauds Ziel bei der Verwendung von Lampen und reflektierenden Flächen unter anderem darin bestand, ein helleres Bild zu erreichen, als es mit dem einfachen Zootrop oder ähnlichen Maschinen möglich gewesen wäre.

Bei dem anfänglichen Modell des Praxinoskops wurde der Eindruck des sich bewegenden, leuchtenden und farbigen Bilds jedoch dadurch gestört, daß ein Betrachter mehr als ein reflektiertes Bild und überdies die realen Bilder auf der Innenseite der Trommel sehen konnte, denn die Maschine war für mehrere Zuschauer gleichzeitig gebaut. Indem er sein Arbeitsprinzip offen zeigte, lenkte der Apparat die Aufmerksamkeit ab; der Betrachter konnte durch das Glitzern und die Bewegung der Maschine insgesamt ebenso in Trance versetzt werden wie durch das Erscheinen eines einzelnen figürlichen Bildes. Darum nahm Reynaud 1879 eine Än-

Abb. 72 *Das Praxinoscope-Théâtre*, in Aktion, ca. 1880.

derung vor, die zwar den Mechanismus, mit dem das Praxinoskop die Bewegungsillusion erzeugte, unberührt ließ, aber die Erlebnisform des Betrachters dramatisch transformierte. Er entwarf, was als das Praxinoskop-Theater patentiert und verkauft wurde.

Bei diesem Apparat blieb das technische Funktionieren verborgen, denn das neue Design gestattete dem Betrachter, von der konstruierten Natur seiner Illusion abzusehen. Reynauds neue Maschine stand jetzt im Dienst der »Phantasmagorie« im Sinne Adornos – der »Verdeckung der Produktion durch die Erscheinung des Produkts«.[270] Das Praxinoskop-Theater versah die rotierende, sich spiegelnde Trommel mit einem architektonischen Rahmen und schuf so ein Seherlebnis für einen einzelnen und bewegungslosen Zuschauer. Die belebten Figuren werden jetzt nicht nur durch einen Proszeniumsbogen gesehen, sondern scheinbar auch »vor« diversen bühnenartigen Hintergründen, von denen sechs Teile des Zubehörs waren und wie die Streifen mit den belebten Figuren nach Belieben ausgewechselt werden konnten. Diese spärliche Software konnte der Konsument zu verschiedenen »Theateraufführungen« kombinieren. Sehr wichtig, und in Abwesenheit der realen Maschine schwer vorzustellen, ist die eigenartige Qualität des Bildes. Figuren, die sich in den vertrauten Rhythmen des Phenakistoskops oder des Zootrops bewegten, gewannen eine unheimliche Wirklichkeit. Vordem isoliert und hintergrundlos, waren sie jetzt ein aktiver Bestandteil eines räumlichen Täuschungsarrangements. Die Synthese aus beweglicher Figur und bühnenartigem Hintergrund führte zu einer

Abb. 73 Emile Reynaud, *Praxinoscope à projection*, 1882.

scheinbaren Dreidimensionalität, die aber nur aus einer Art räumlicher Verunklärung, aus der Überschneidung zweier disparater zweidimensionaler Systeme herrührte. Das Bild der belebten Figur im szenischen Dekor (ob es sich um das Pusten von Seifenblasen handelte, das Füttern von Hühnern, um Seilspringen, Jonglieren oder Holzsägen) ist in Wirklichkeit gespenstisch atopisch (es ist buchstäblich nicht da) und verdankt, wie ältere, im neunzehnten Jahrhundert beliebte Zaubertricks, gewisse Phantasmagorien oder die Illusion von »Pepper's Ghost«, seine scheinbare Präsenz nur einer Optik der Reflexion. Die Disjunktion zwischen den beiden Bestandteilen des Theaterbilds verstärkte sich noch durch die größere Helligkeit, durch die sich das reflektierte Bild von seiner Umgebung abhob. Um 1882 begann Reynaud mit der Vermarktung eines verwandten Apparats, den er »Praxinoscope à projection« nannte und der es ermöglichte, einem vielköpfigen Publikum dieselbe, auf eine Wand oder einen Schirm projizierte Synthese vorzuführen – die Synthese zweier Bilder, von denen eines den statischen Bühnenhintergrund, das andere die belebte Figur projizierte. Reynaud setzte seine technischen Modernisierungsbemühungen unvermindert fort, und im nächsten Jahr ließ er einen Projektionsapparat patentieren, der, obwohl er sein Lilliputaner-Theater ersetzte, doch einige wesentliche Züge der eben besprochenen Vorrichtung beibehielt.

Das optische Grundsystem, mit dem Reynaud von 1879 bis in die späten neunziger Jahre arbeitete, beruhte also auf dem kompositen und disjunkten Charakter des Illusionsbildes. Auch sein erfolgreichstes Projekt, das Théâtre-Optique, arbeitete

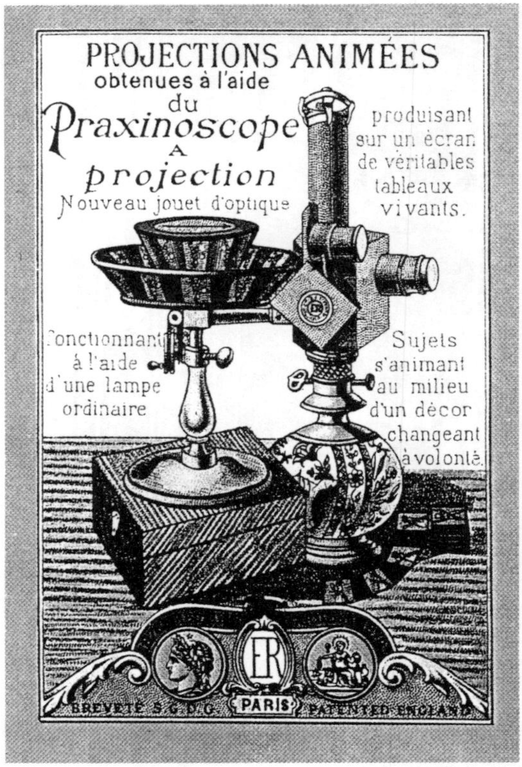

Abb. 74 Praxinoscope à projection, Reklameanzeige, ca. 1882.

mit zwei simultanen Projektionen. Die eine kam aus einem ziemlich konventionellen Lampenprojektor und projizierte ein statisches Bild eines Bühnenhintergrunds auf die Leinwand, während gleichzeitig der wesentlich kompliziertere Reflexionsapparat mit seinem beweglichen Filmstreifen die belebten Figuren auf die passende Stelle in der ersten Projektion projizierte. Die visuelle Erfahrung, die das Théâtre-Optique bot, entsprach also in wesentlichen Zügen einer Version des kleinen Praxinoskop-Theaters im Großformat. Die Zuschauer, die seit 1892 im verdunkelten Auditorium des Musée Grévin saßen, sahen Figuren, die sich nicht anders bewegten als die des früheren »Theaters«; die optischen Animationen des »Théâtre optique« waren eingebunden in einen szenischen Hintergrund und doch seltsam von ihm abgelöst.[271] Das Eindrucksvolle an diesen Figuren war, daß sie sich zwar bewegten, aber – buchstäblich – *unbegründet*.

Man kann verstehen, daß die traditionelle Geschichte des Films, die lange von einer photographisch determinierten Vorstellung des Wirklichkeitseffekts besessen war, Reynauds Werk einer marginalen und »primitiven«, dem Erlöschen und der Irrelevanz bestimmten experimentellen Traditionslinie zurechnete, wobei selbst ei-

Abb. 75 Emile Reynaud, *Théâtre-Optique*, 1892.

nige seiner Verteidiger diese Einschätzung teilten.[272] In den neunziger Jahren zog Reynaud jedoch, noch gut fünf Jahre nach dem Auftreten von Lumières Kinematograph und ähnlichen Veranstaltungen, mit seinen »Pantomimes Lumineuses« jede Woche über tausend zahlende Zuschauer an. Daraus muß man schließen, daß das zeitgenössische Publikum, das großenteils mit Lumières Filmen vertraut gewesen sein dürfte, Reynauds handgefertigte cartoonartige Streifen nicht als eine inadäquate oder unvollkommene Form des Kinos, sondern als eine eigenständige Attraktion mit ihren eigenen Reizen ansah, die nicht nach dem beurteilt werden darf, was sich als die durchsetzungsfähigere und historisch dauerhaftere Form erwies.

Reynaud war, als er im Oktober 1892 mit dem Musée Grévin einen Vertrag für das Screening seines Théâtre-Optique unterzeichnete, drei Jahre lang damit beschäftigt gewesen, die weit längeren Filmstreifen herzustellen, die bei dieser Gelegenheit öffentlich gezeigt werden sollten. Seit dem Spätjahr 1888 hatte er an drei handgemalten kurzen Filmen gearbeitet, die etwa zwischen sieben und vierzehn Minuten dauerten. Die Streifen, die er beim Praxinoskop benutzt hatte, enthielten um die zwölf Bilder, die neuen aber bestanden aus nicht weniger als siebenhundert verschiedenen handgezeichneten und handkolorierten Darstellungen. Daher der anhaltende Ruf von Reynauds Werk als einer abwegigen handwerklichen Hybridbildung, die in eine Ära der mechanischen Reproduktion nicht hineinpaßt. Man

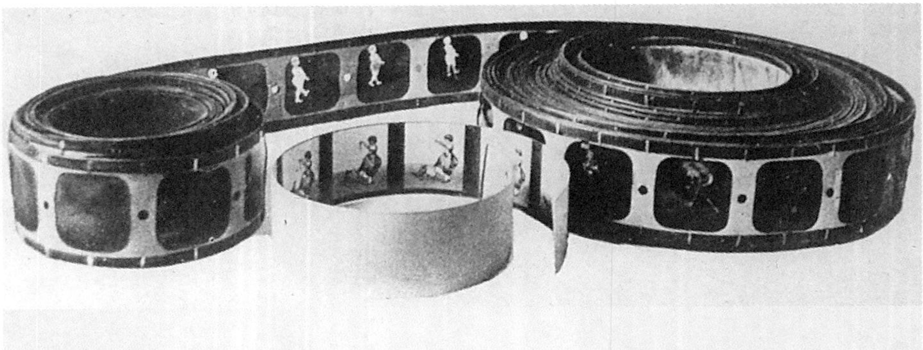

Abb. 76 . Emile Reynaud, Filmstreifen für das *Théâtre-Optique*; im Vordergrund ein kurzer Streifen für das Praxinoskop.

darf darüber aber nicht vergessen, daß Reynauds Arbeiten, besonders diese längeren Filme, intensive Analysen und Dekompositionen von Bewegung waren. Bereits 1877 hatte er einige der Studien von Muybridge für seine Praxinoskop-Streifen benutzt, und seit den frühen achtziger Jahren hatte er offenkundig auch von Mareys Arbeiten Notiz genommen. Durch den Gebrauch von Zeichnungen derselben Stellung für die Simulation sowohl der Vorwärts- wie der Rückwärtsbewegung erreichte seine Bewegungsanalyse in den späten achtziger und den frühen neunziger Jahren ein noch nicht dagewesenes Abstraktionsniveau. Tatsächlich verstand er es intuitiv, durch redundantes Kombinieren von Vor- und Rückbewegung – was wir Loops nennen würden –, den Gebrauch wechselnder Geschwindigkeiten und sogar den Stop der Projektion bei einem einzelnen Bild während der Vorstellung, die Bewegung von der Zeit zu trennen. In einer der ersten öffentlichen Darbietungen von projizierten beweglichen Bildern traf der Zuschauer also auf elastische und reversible Temporalitäten, die mit dem Begriff der »Echtzeit«, der für das frühe Kino der Lumières in den mittleren neunziger Jahren als zentral gilt, wenig zu tun hatten.

Wir können uns jetzt wieder Seurats *Cirque* zuwenden, einem Gemälde, das der Maler im Spätjahr 1890 begann und an dem er in den ersten Monaten des folgenden Jahrs weiterarbeitete. Jahrzehntelang hat man sich dabei vor allem für Seurats Verhältnis zur populären Kultur interessiert und in diesem Bild sowohl die Darstellung einer echten Zirkusvorstellung gesehen als auch eine Verwertung gewisser bildlicher Ideen aus Plakaten von Jules Chéret.[273] Vielleicht gibt es jedoch eine Lesart des Bildes, die ergiebiger ist und überdies auch sein Verhältnis zu *Parade de cirque* klarer werden läßt. Ich glaube, daß Seurat in irgendeiner Weise mit Reynaud vertraut war oder zumindest einen seiner Apparate gesehen hat, so wie er wohl auch mit dem Werk Mareys, einschließlich seines berühmten »photographischen Gewehrs«, vertraut war.[274] Man kann zumindest von der Möglichkeit ausgehen, daß Seurat Gelegenheit hatte, einige von Reynauds Arbeiten zu sehen. Insbesondere vermute ich, daß er einen bestimmten Filmstreifen (*bande*) mit Zirkusclowns kannte, der ir-

Abb. 77 Georges Seurat, *Cirque*, 1891.

Abb. 78 Bild aus Reynauds *Praxinoscope à projection.*

gendwann in den späten achtziger oder den frühen neunziger Jahren, aber in jedem Fall bevor Seurat mit der Arbeit an *Cirque* begann, im »Praxinoscope à projection« benutzt wurde.[275] Die Manege, die Verteilung der sitzenden Menge, vor allem aber die verblüffende Übereinstimmung bei der Figur des Clown-Akrobaten lassen darauf schließen, daß Seurat dieses Bild, vielleicht als isolierte (statische) Maquette ebenso wie bei Gelegenheit einer Projektion dieses Streifens, gesehen hat. Ich sage das mit einem gewissen Zögern, denn auch das Fehlen einer »nachweisbaren« Verbindung zwischen Seurats Werk und Reynaud würde an meinen Grundannahmen über den Maler nichts ändern.[276] Mich interessiert also, daß der Problembereich, der Seurat intellektuell beschäftigte, an ein weiteres Feld der perzeptuellen Modernisierung angrenzt, als gemeinhin angenommen wird, ja sogar mit diesem Feld übereinstimmt.[277]

Wie ich schon angedeutet habe, sind die Versuche, die Anziehungskraft, die der Zirkus auf Seurat ausübte, aus seiner Bedeutung als Phänomen des »wirklichen Lebens« zu erklären, nie besonders überzeugend gewesen.[278] Der Zirkus mit einer Einzelmanege war schon seit einem halben Jahrhundert üblich und bot, anders als oft in den Stellungnahmen zu diesem Gemälde angenommen wird, kein Bild irgendeiner zeitgenössischen »Modernität«.[279] Ich glaube vielmehr, daß die inhaltliche Signifikanz bei diesem Bild nicht zuletzt damit zu tun hat, daß dieser Inhalt – vor allem Pferd, Reiterin und Clown – Bestandteil eines bereits konstituierten Dar-

Abb. 79 Das Bildmaterial des Phenakistoskops, Mitte neunzehntes Jahrhundert.

stellungsraums ist. Bei diesem Raum handelt es sich um jenes plurale Feld, das im neunzehnten Jahrhundert sowohl von real sich bewegenden Bildern als auch von den späteren systematischen Bewegungsanalysen, wie sie das Werk von Marey und Muybridge bot, eingenommen wurde. Statt sich über die ikonographische Signifikanz des Clowns und des Akrobaten den Kopf zu zerbrechen, sollte man bedenken, daß diese Motive, ebenso wie die von Jongleuren, Tänzerinnen und Tieren, angefangen mit dem Phenakistoskop und dem Zootrop in den dreißiger bis hin zu zahllosen optischen Erfindungen in den neunziger Jahren, synonym waren mit einer neuen Erfahrung der Entwicklung der Form in der Zeit. Diese ebenso unerschöpflich faszinierenden wie repetitiven Erfindungen waren Orte der Aufmerksamkeit oder, nach Tom Gunnings, der »Attraktion«. Ihre Faszination hatte wenig mit der Figur oder dem Motiv selbst, umso mehr aber mit der Bewegungsillusion

Abb. 80 Schattenprojektionen in einer Vorstellung von »Les Ombres françaises«, hinter der Bühne, späte 1880er Jahre.

und ihrem Pulsieren zu tun, mit ihrer in endlosen, bald schnellen, bald langsamen Bewegungsschleifen sich vollziehenden Dehnung und Kontraktion. Die Wirkung dieser Vorführungen hatte, ganz unabhängig von der Beschaffenheit des Publikums, mehr kinematische als semantische Färbung. Das Pferd, das (trotz des Aufkommens der Eisenbahn) für das neunzehnte Jahrhundert ein ursprüngliches Bild der Fortbewegung und energetischen Bewegung war, gehörte demselben frühen Vokabular beweglicher Bilder und visueller Spielereien an und wurde schließlich, bei Muybridge und anderen, zum Objekt gründlicher, wenn auch selbst statischer Bewegungsanalysen.

Gleichzeitig dürften die beweglichen Bilder eine erhebliche Menge an möglichen Untersuchungen über die dynamogenen oder motorischen Eigenschaften der Sehreaktion angeregt haben, wobei wir erneut an Meyer Schapiros Bemerkung über Seurats Vorliebe für »schematische Bewegung« erinnern. Was Schapiro jedoch unberücksichtigt ließ, ist Seurats Nachbarschaft zu weit verbreiteten Formen des maschinellen Sehens, die eine lebendige Erfahrung solcher Bewegung ermöglichen konnten.[280] Es ist nicht sinnvoll, Seurat von dem, was Reynaud, Edison und viele andere in den achtziger und neunziger Jahren entwickelten, zu isolieren. Man kann darüber streiten, ob es sich dabei um »präkinematische« Experimente handelt; mit Sicherheit aber dürfen wir in ihnen Beispiele einer entstehenden »industriellen

Kunst« sehen. Seurat war nicht weniger als Reynaud, Muybridge oder Fuhrmann ein Hersteller dessen, was Jean-Louis Comolli »Sichtbarkeitsmaschinen« nennt, und sein Werk gehört in den Zusammenhang der Verschiebung von handwerklichen Produktionsformen hin zu repetitiven und standardisierenden, industriellen Weisen des Bildermachens.[281]

Es wäre also denkbar, daß *Cirque* nicht die Wiedergabe eines Zirkus wäre, sondern das erstarrte Intervall eines bewegten Bilds, das zufällig Zirkusakrobaten darstellt. Das Bild wird zu einem aus einem Kontinuum herausgelösten Fragment oder einer Sektion und deklariert damit seine Distanz zu den »natürlichen« Wahrnehmungsbedingungen. Der Akrobat, das Pferd und die Reiterin, sie alle sind wie durch die Ausübung einer nichtmenschlichen Wahrnehmung immobilisiert, als ob der Maler jene von Reynaud wirklich inaugurierte Praxis des angehaltenen Bildes oder des Stops simuliert hätte. Wenn sich Seurat zu Techniken wie der von Reynaud hingezogen fühlte, dann wohl nicht zuletzt deswegen, weil sich in der konstruierten und synthetischen Natur des maschinellen Sehens eine Übereinstimmung mit seiner eigenen Rationalisierung des Wahrnehmungsprozesses abzeichnete. Die drei von mir eben genannten Figuren haben ebenfalls jene grundlose, dissoziierte Beziehung zu ihrer Umgebung, die, aufgrund der Vermischung zweier disjunkter Projektionssysteme, bei Reynaud zu finden ist. Auch das Publikum in Seurats Bild erinnert an die statischen Hintergründe, die Reynaud in seinen Maschinen benutzte, aber *Cirque* zeigt darüber hinaus das gleichbleibende, unreflektierte, ja geradezu blinde Wesen des modernen Zuschauers. Dies ist eine Menge von Zuschauern in Permanenz, die ein fundamentaler Bestandteil dieser sozialen Welt sind, in der der eigentlich vorgeführte Inhalt in jedem Fall absolut folgenlos bleibt.

Ich hatte oben angedeutet, daß *Cirque* wie eine Umkehrung der antiszenischen Kargheit von *Parade de cirque* erscheinen kann (und auch wie eine Befreiung von ihr), als ob wir in das geräumige Innere eingelassen würden, in das uns die Fassade des früheren Bilds zwar einlud, zu dem sie den Zugang jedoch verbarg und versperrte. Nach dem Gesagten ließe sich aber auch annehmen, daß wir es hier mit einem Bild zu tun haben, das nicht weniger enträumlicht ist und in verwandter Weise eine Leere im Zentrum hat. Die Figur des Clowns am unteren Bildrand ist in dieser Lesart entscheidend. Auch wenn das Gemälde nicht ganz vollendet ist, deutet genug darauf hin, daß wir eine Figur sehen, die zwischen einem Lichtstrahl und einer planen Fläche steht, eine Figur, die ihren Schatten auf etwas wirft, was die *Projektion* eines Bildes auf eine zweidimensionale Fläche oder einen Schirm sein könnte. Es gibt sonst kaum eine nachvollziehbare Erklärung für die eigentümliche, halbschattenhafte Schattierung rund um die Schultern, den Nacken und den Hut des Clowns. Der Clown ist die Personifizierung des Magier-Ingenieurs, der hier mit seiner rechten Hand den Vorhang öffnet und den Blick auf eine erleuchtete und abstrakt komponierte Ebene visueller Stimulation freigibt.[282] Er erinnert auch an gewisse, in den späten achtziger und frühen neunziger Jahren häufige Reklameanzeigen für die Laterna magica, in denen Standardfiguren wie Zwerge oder Clowns

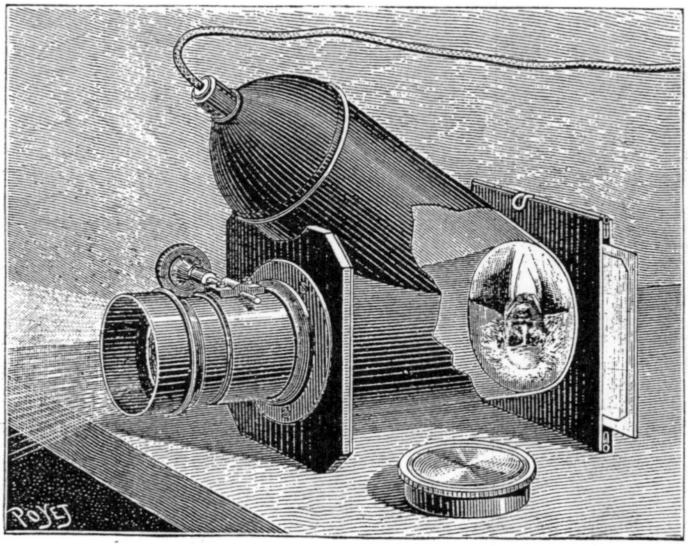

Abb. 81 Projektor zum Zeigen ...

einen Vorhang beiseite zogen, um das Schauspiel der Laterna-magica-Projektion zu zeigen. Ich will dieses Bild also keineswegs zu einer Vorform des Kinos abstempeln, sondern es als Produkt eines historischen Moments verstehen, in dem projizierte Bilder in vielen Formen, sei es als traditionelle Diapositive, als Schattenbilder oder in jenem weiten Bereich der Projektionsapparate, zu dem auch Reynauds Werk gehörte, ohne weiteres verfügbar waren. Ein Maler mit den Interessen Seurats hätte hier darauf stoßen können, daß ein immaterielles, atopisches und flüchtiges Bild mit den kraftvollen Wirklichkeitseffekten und -techniken der Attraktion kongruieren kann.

Wenn Seurat am Phänomen der beweglichen Bilder interessiert war, was, wie ich meine, eine sinnvolle Hypothese ist, dann nicht wegen ihres empirischen Wahrheitsgehalts. Reynauds Werk, etwa das »Praxinoscope à projection«, hätte ihm ein Modell der Animation gezeigt, das im Prinzip mit seinen eigenen kompositen und synthetischen Konstruktionen kompatibel war. Dieses Modell hatte keine notwendige Verbindung zum äußeren Anschein oder, spezifischer, zum Reich des Photographischen. In dem weißen Pferd links im Bild äußert sich (bei einem Maler, von dem man annimmt, daß er sein Tun mit wissenschaftlicher Objektivität verband) eine gewollte Mißachtung der Grenzen des empirischen Faktums. Nach einem Jahrzehnt internationaler Beschäftigung mit der tatsächlichen Beinstellung von Pferden in Bewegung, nach den neuen, im Gefolge von Muybridges Studien der späten siebziger Jahren zutage geförderten »Wahrheiten« über die Fortbewegung von Tieren, präsentiert Seurat sein Pferd in der anachronistischen *ventre à terre*-Haltung, also mit einer provozierenden »Inkorrektheit«, die geradezu eine Zu-

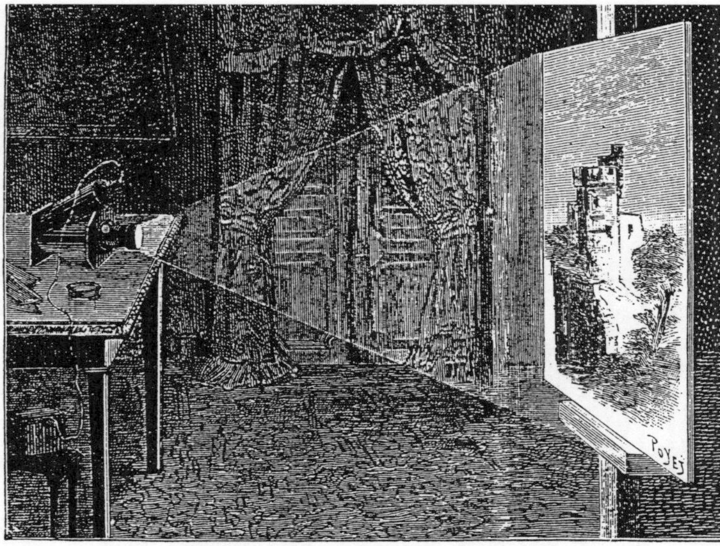

... nichttransparenter Photographien, 1888.

rückweisung der wissenschaftlichen Naturwahrheit ist, die man so oft (und mißverständlich) mit Muybridge verbindet.[283] Ebenso wie die erstaunliche Deformation des Akrobatenkörpers ist das Pferd ein Hinweis darauf, daß das Gemälde keine erneute Vergegenwärtigung irgendeines Ereignisses ist, das wirklich stattgefunden hat. Vielmehr demonstriert Seurat hier, wie eine Verbindung von Kunst (z.B. Reynauds Zeichnung) mit den Techniken der Wahrnehmungsmodernisierung einen autonomen Raum der Erfindung konstituiert, der dem Betrachter seine eigenen konstruierten Sehweisen und Wahrheiten auferlegt. Die Mechanisierung des Sehens war nicht notwendig mit Objektivität oder Naturtreue verbunden, sondern eher mit neuen Möglichkeiten der Simulation, der Illusion und der Beschwörung.

Zweifellos ist dies ein Bild, in dem Seurat mit der Handhabung der Aufmerksamkeit und mit Techniken der Attraktion experimentiert. Durch die Verwendung des dunklen, breiten Rahmens versucht er, analog zur Wirkung des autonomen hellen Felds in Reynauds projizierten Farbbildern, auf eigene Faust einen »Bayreuth-Effekt« zu erzielen. Gleichzeitig bedient er sich ganz offen der Tricks und der Abstraktion, die mit diesen Techniken verbunden sind. Der Schatten, den der Clown auf das Bild wirft, zerstört die scheinbare Einheit des vom Rahmen umschlossenen Raums. Die unmögliche Starrheit des Bildes erweist dieses als einen ablösbaren oder unverbundenen Bestandteil einer umfassenderen maschinellen Synthesis oder einer Einbindung von Bildern in die Simulation von Bewegung. Obwohl man in *Cirque* lange eine explizite, ja sogar übertriebene Demonstration dynamogener Wirkungen gesehen hat, produziert es eine Stasis, die nicht weniger stark ist als die

Abb. 82 Etikett von der Verpackung einer Laterna magica, 1890.

in *Parade de cirque.* Die ungefällige Sprödigkeit, mit der die »bewegten« Figuren und das Tier zum *Stillstand* gebracht sind, verweist darauf, daß »Präsenz« hier nichts ist, was dem menschlichen Sehen direkt zugänglich wäre, sondern nur das Produkt von technischen Simulationsverfahren sein kann. Der Zusammenbruch des szenographischen Raums in *Parade de cirque* ist nichts anderes als die Voraussetzung für jene unmögliche, dem Sehen nicht zugängliche Geistererscheinung, welche das Spektakel in *Cirque* ist. Die gesamte Bürokratisierung von Reaktion und Affekt bei Seurat ist, ungeachtet der von ihr implizierten physiologischen Reizung, mit der phantasmatischen Homöostase von *Parade de cirque* und mit einer Entzeitlichung der individuellen ebenso wie der kollektiven Erfahrung voll kompatibel.

Auch wenn *Cirque* als die Kehrseite oder das Innere von *Parade de cirque* gelesen werden kann, ist es nichtsdestoweniger eine abstrakte Konzeptualisierung der Wahrnehmungserfahrung. Die Möglichkeit des Spektakels wird in *Parade de cirque* aufgeschoben, verdrängt und verleugnet, aber das Bild des Spektakels, das in *Cirque* zur Schau gestellt wird, ist um nichts weniger der Wirklichkeit und der Präsenz beraubt. Die soziale Welt jedoch, deren Diagramm Seurat in beiden Bildern für uns festhält, ist eine, in der die Aufmerksamkeit des Betrachters Schauplatz von immer weiter spezialisierten Operationen der Macht ist. Die Solidaritäten, die Durkheim

Abb. 83 Théodore Géricault, *Epsom Derby*, 1821.

erhofft hatte, werden hier als kollektive Zustände gezeichnet, in denen ein abgegrenztes und manipuliertes Feld von Reizen einen zwielichtigen Zustand eingeschränkten Bewußtseins aufrechterhält, in dem die Autonomie des Individuums reduziert ist. Die Wichtigkeit von Seurats Werk besteht in den letzten Jahren seiner kurzen Laufbahn in der intuitiven Erkenntnis, daß der Kollaps des szenischen Raums die Möglichkeit neuer imaginärer Figurationen der Unmittelbarkeit eröffnete, einer regressiven Einheit, die auf dem körperlichen Engagement des Betrachters basierte. Mit als erster spürte er, was die Industrialisierung der Kontemplation betraf, etwas Fundamentales, und wie Wagner antizipierte er noch vor dem eigentlichen Auftreten des Kinos die Effekte des phantasmatischen leuchtenden Bildes, in dem der Schein das Wesen ersetzt hat.[284] Sicherlich setzt die formale Harmonie, mit der er sein Werk versehen wollte, eine Flucht in die psychologische Zeit voraus, nie aber verleugnet er vollständig ein gewisses Gefühl für die Unerbittlichkeit der historischen Umstände, aus denen sein Traum vom Gleichgewicht erwuchs. Anders als Wagner und andere widerstand Seurat der Versuchung der Phantasmagorie und des Mythos, sowohl durch die Offenlegung der technischen Voraussetzungen seines Werks als auch durch die hierzu parallele Subversion jeder stabilen »Formation« oder »Gestalt«, wie sie eine mythische Haltung unabdingbar verlangt.[285]

Abb. 84 Sideshow vor einem Kinematographen, späte 1890er Jahre (man beachte die Preistafel).

Zwar steht sein Werk mit umfassenderen Modernisierungsprozessen der menschlichen Wahrnehmung im Zusammenhang, aber es ist sicherlich nicht identisch mit ihnen. Als Kunstwerk ist *Parade de cirque,* in Adornos Worten, unvereinbar mit den Kräften, die es unterwerfen wollen. Mag es aus Mechanismen zur Herstellung subjektiver Reaktion zusammengebaut sein (wobei es irrelevant ist, ob sie effektiv sind oder nicht), es ist niemals auf sie reduzierbar. Gleichzeitig verhindert es durch seine Opazität, durch seine Feindschaft gegen Virtuosentum und Expressionismus, jedwede tröstende Verdunkelung des Selbst im Werk. Es hält seinen Betrachter in der Schwebe zwischen der Unterwerfung unter seine empirischen Operationen und der Antizipation einer lichterfüllten Verschmelzung all dessen, was in ihm unversöhnt ist.

IV. 1900: Die Neuerfindung der Synthese

> Aber die Freiheit bleibt immer dieser Blick, dieses Schweigen, in dem alle Stimmen nachklingen. Immer schafft die Aufmerksamkeit Zeit, gewinnt Zeit, damit all diese Stimmen je einzeln, will sagen in einer Abfolge, sprechen können.
>
> Paul Ricœur, *Le volontaire et l'involontaire*

Der Kunsthistoriker Meyer Schapiro hat das Werk Cézannes als eine »Kunst tiefer Aufmerksamkeit« charakterisiert. Schapiro hat diesen Ausdruck nicht von ungefähr gewählt und war sich der Paradoxien, die er einschließt, voll bewußt: »Es ist die Kunst eines Mannes, der bei seinen Wahrnehmungen verweilt, der in diese Welt des Auges eintaucht, obwohl er oft aufgewühlt ist. Weil diese Kunst von uns ein langes, konzentriertes Sehen fordert, gleicht sie als Erfahrungsmodus der Musik – nicht als eine Kunst der Zeit allerdings, sondern als eine Kunst, die jene tiefe Aufmerksamkeit verlangt, wie sie nur von bestimmten Werken der großen Komponisten hervorgerufen wird.«[1] Schapiro erläutert die Vorstellung eines »langen konzentrierten Sehens« also durch den Hinweis auf eine nichtoptische Erfahrung und sieht Cézannes anhaltende, außerhalb der Zeit stehende Aufmerksamkeit als eine Aufhebung der Wahrnehmung, als ein Schweben innerhalb eines sich hinziehenden Augenblicks, in welchem ein dynamisches Spiel von Beziehungen zu einer »Wiederherstellung der Dinge« führt. Die Frage, ob in Cézannes Spätwerk wirklich irgendeine »Wiederherstellung« stattfindet oder nicht, hat die wichtigsten Debatten über diesen Künstler beherrscht, und ich werde in diesem Kapitel untersuchen, wie die eigentümliche Neuerfindung der Synthese, die in seinem in der Zeit um 1900 entstandenen Werk stattfindet, einen Problemkomplex aufwirft, der von dem bei Manet und Seurat sehr verschieden ist. Der partielle Rückgriff dieser Künstler auf Strategien der Bindung, der Homöostase und der Fixierung ist für Cézanne keine Option mehr. Anhand von Cézannes Spätwerk werde ich – in einem weiten Bereich, der von Werken der damaligen Philosophie, der wissenschaftlichen Psychologie und dem frühen Kino bis hin zu Kunsttheorie und Neurologie reicht – dem unsicheren Status eines aufmerksamen Beobachters nachgehen. Mein Ziel ist dabei nicht, ein Ensemble von homologen Gegenständen zu identifizieren, sondern ein Schlaglicht auf die höchst *kontroverse* Natur der Probleme, die am Ende des Jahrhunderts Aufmerksamkeit und Wahrnehmung betrafen, fallen zu lassen. Diese Probleme nahmen im Umkreis von vielen, oftmals grundverschiedenen Standpunkten und Praxisformen, die sich auf die Möglichkeit der »reinen Wahrnehmung« und die Möglichkeit von »Präsenz« in ihr bezogen, Gestalt an. Ich werde der Frage nachgehen, wie unter dem Eindruck der neuen Konzeptualisierungen und Organisationen von Bewegung, Gedächtnis und Temporalität, einschließlich entstehender technologischer Arrangements, der Begriff der aufmerksamen Präsenz neu geprägt wurde. Die Möglichkeit selbst und der Wert eines anhaltenden Blickens, eines »fixierten« Sehens waren in den späten neunziger Jahren von den Effekten der dynamischen, kinetischen und rhythmischen Modalitäten von Erfahrung und Form untrennbar geworden.

*

Schapiros Bemerkungen können uns als Brücke zu einer weiteren »Aufmerksamkeitspraxis« dieser Zeit dienen oder zumindest zum diskursiven Entwurf einer solchen, wie ihn das Frühwerk von Edmund Husserl darstellt. In einer Anzahl gewichtiger Stellungnahmen wird das Werk Cézannes ganz allgemein mit bestimmten Aspekten der Phänomenologie in Verbindung gebracht. Was sie gemein haben sollen, ist, kurz gesagt, der Versuch, die akkumulierten kulturellen und allgemein üblichen Annahmen über die Welt, wie sie im Bewußtsein erscheint, zu umgehen, oder, mit Cézanne zu sprechen, »das Abbild der Dinge, die wir sehen, zu geben und dabei alles zu vergessen, was vor uns dagewesen ist«.[2] Die Annahme hierbei ist, daß das Cézannesche Wagnis des »Vergessens« dem Husserlschen Ziel der Isolierung einer »reinen« Form des Bewußtseins entspricht, die von allen Ablagerungen der Gewohnheit und der Sozialisation befreit wäre. Bekanntlich war Merleau-Ponty der Meinung, Cézanne habe ein Sehen gesucht, das »über die bestehende Menschheit hinaus bis zu den Wurzeln vordringt«, eines, das gegenüber der Welt einen Standpunkt einnimmt, der vor den Distinktionen liegt, die zwischen Geist und Körper, Denken und Sehen gemacht werden.[3] Cézanne, so schrieb er, »kehrt zu eben jener ursprünglichen Erfahrung zurück, der diese Begriffe entnommen und in der sie untrennbar sind«.[4] Cézannes Werk würde also, parallel zu Husserls Rückgriff auf ein visuelles Modell bei seinem Streben nach »Wesenserfassung«, einen gereinigten Zugang zu den Dingen als solchen bieten.[5]

Zunächst wollen wir feststellen, welchen Standpunkt Husserl selbst in diesen Fragen einnahm, beziehungsweise inwieweit es sich überhaupt um gemeinsame Probleme handelt. In den späten neunziger Jahren hat Husserl in den vorphänomenologischen *Logischen Untersuchungen* (einem Werk, das eine umfassende Theorie der Wahrnehmung enthält) seine Opposition gegenüber den vorherrschenden Begriffen von Aufmerksamkeit erklärt.[6] Es ging ihm statt dessen um eine Anschauung, die sich von einer Aufmerksamkeit, die lediglich ein erhöhtes Bewußtsein von einem verengten oder fokussierten Wahrnehmungsbereich war, fundamental unterscheiden würde. Nach Jacques Derrida verfolgte Husserl in den *Logischen Untersuchungen* das Ziel, Objektivitäten »in einer gewissen zeitlosen Fixierung«, die die »bestimmte Blickrichtung auf das Formale« mit sich brachte, zu beschreiben[7]. Man »spricht von der Aufmerksamkeit so«, schreibt Husserl in diesem Text, »als wäre sie ein Titel für Modi *bevorzugender Hebung*«.[8] Husserl wendet sich hier gegen allgemein anerkannte psychologistische Modelle der Aufmerksamkeit wie das von

Wundt, und die quasi-skulpturale Metapher geht von dem hergebrachten Begriff von Aufmerksamkeit als Akt der Selektion aus, in dem ein gegebenes Ensemble von Reizen, im Gegensatz zu seiner flacher wahrgenommenen Umgebung, gleichsam als dreidimensional erfaßt wird. Husserl fordert jedoch eine dramatische Neuorientierung dieses Begriffs und behauptet, Aufmerksamkeit habe weder mit empirischer Beobachtung noch mit traditioneller Introspektion zu tun, sei also keine Frage der bloßen Existenz eines Inhalts im Bewußtsein.[9] »Sicherlich hat hier nichts so sehr die richtige Erkenntnis verbaut wie die Verkennung des Umstands, daß die Aufmerksamkeit eine auszeichnende Funktion ist, die zu den Akten in dem oben präzisierten Sinne von *intentionalen* Erlebnissen gehört.« Das heißt, es muß »irgendein Akt zugrunde liegen . . ., in dem uns das, worauf wir aufmerksam sein sollen, im weitesten Sinne des Wortes gegenständlich, bzw. vorstellig wird«.[10] Trotz aller Forschung zur Aufmerksamkeit, die im neunzehnten Jahrhundert stattgefunden hatte, glaubte Husserl, als erster die Bedeutung der Verbindung zwischen Aufmerksamkeit und Intentionalität erfaßt zu haben.

Wie das von Cézanne so gehört auch das Werk Husserls zu den zahlreichen Orten, an denen im späten neunzehnten Jahrhundert eine Krise der Wahrnehmung diagnostiziert wird, aber es ist auch eine der authentischsten und unerbittlichsten Antworten auf eine solche Krise. Zu dem, was Husserl in den späten neunziger Jahren als »Psychologismus« angreift, gehören epistemologische Positionen, die auch von anderer Seite her attackiert wurden: die diversen psychophysikalischen, assoziationistischen, sensationalistischen und atomistischen Theorien von Wahrnehmung und Kognition.[11] Die mit seiner Theorie der unbewußten Schlüsse verbundene *Optik* von Helmholtz gehörte zu den Fundamenten jener im neunzehnten Jahrhundert auftretenden epistemologischen Positionen, die von *physiologischen* Prämissen her nachweisen wollten, daß lediglich »verläßliches« und »konsistentes« Wissen über die Welt möglich sei. Husserl fand die Idee von einem Bewußtsein, das nur ein Bündel von Empfindungen, von wiederholten Assoziationen oder Fusionen psychologischer Inhalte wäre, kläglich. Seine Antwort bestand aber nicht darin, daß er erneut ein wahrnehmendes Subjekt an einen privilegierten Blickpunkt gestellt hätte, von dem aus die Objektivität der Welt (wie in den klassischen Modellen des Sehens) würde erfaßt werden können, und er bestritt auch nicht irgendwelche die Wahrnehmung betreffenden empirischen oder physiologischen Behauptungen. Statt dessen postulierte er die Möglichkeit eines parallelen, alternativen Modells der Anschauung, eines Modells, das ein reines und fundamentaleres Verstehen der Natur der Erfahrung erlaubte und die unvermeidliche Verflechtung von Subjekt und Objekt aufdeckte. Wenn Fragen der kognitiven und perzeptuellen *Synthesis* für ihn nicht primär waren, dann weil er auf dem (für die Vertreter der Gestaltpsychologie bedeutsamen) Standpunkt stand, daß das Material der Wahrnehmung, zusammen mit einem Großteil seiner Ordnung und Organisation, direkt gegeben sei.

Wie immer man aber seine Anstrengung, erneut eine voraussetzungslose Basis für Logik und Wissenschaft zu schaffen, philosophisch auch bewertet – die etwas bescheidenere kulturelle Bedeutung von Husserls Werk muß darin gesehen werden, daß es (wie die Malerei Cézannes) zu einer Reihe von Versuchen zählt, aus den verdinglichten und gewohnten Wahrnehmungsmustern auszubrechen, die in vielerlei Hinsicht mit der kurz vor und um die Jahrhundertwende stattfindenden Rationalisierung der Erfahrung, mit ihrer Verwandlung in Ware, verbunden waren. Eines seiner Hauptprobleme (und ein mit den Anliegen Cézannes verwandtes) bestand darin, zu erklären, wie das Reich des Psychischen – das wesentlich eines von ständigen Modulationen und Fusionen, eines Kommens und Gehens von Inhalten ist – dennoch stabile, objektiv gültige Erkenntnisse liefern kann. Die Vorstellung von der Aufmerksamkeit als einer formbaren, entropischen und der Einwirkung von Ermüdung, Zerstreuung und externer Manipulation ausgesetzten Kraft wäre für Husserl unannehmbar gewesen. Die dynamische, kinetische, zerstreute Textur des modernen sensorischen Lebens war nur dann erträglich, wenn garantiert war, daß unter ihm, über ihm oder in ihm ein Zugang zur ursprünglichen Einheit des Bewußtseins fortbestand. Die Fragmentierung, die Dissoziation und die Fluktuation der normalen Wahrnehmungserfahrung verdeckte, was in diesen Wahrnehmungen invariant und für sie eigentlich konstitutiv war. Das im neunzehnten Jahrhundert weitverbreitete Interesse der Psychologie an optischen Illusionen wie dem reversiblen Necker-Würfel oder den scheinbar längeren und kürzeren Müller-Lyer-Linien warf beständig Fragen hinsichtlich der Relativität der individuellen Wahrnehmung auf, die sowohl nativistisch wie empiristisch beantwortet werden konnten. Für Husserl mußte eine solche Relativität aus der Frage nach der Logik der Bedeutung ausgeschieden werden.

Husserls Werk behauptet die Möglichkeit einer unpersönlichen, präindividuellen transzendentalen Sphäre, die von allem Empirischen und Raumzeitlichen frei ist und zu der die Aufmerksamkeit gehört. Seine Neufassung der Aufmerksamkeit ist eine Bewegung vom Empirischen zum Universalen, in der die Aufmerksamkeit aufhört, »natürlich« zu sein und zu einem intentionalen Akt mit absoluter Struktur wird. »Die sinngemäße Rede von der Aufmerksamkeit umfaßt die gesamte Sphäre des Denkens und nicht bloß die des Anschauens«, heißt es in den *Logischen Untersuchungen*, und: »Hat unser Urteil die Form *alle A sind B*, so gehört unsere Aufmerksamkeit diesem universellen Sachverhalt, es handelt sich um die Allheit und nicht um diese oder jene Einzelheit.«[12] So konzipiert, verbindet sich die Aufmerksamkeit mit einem Abstraktionsprozeß, in dem das Universale selbst »gegeben« ist. Es ist eine Aufmerksamkeit, die alles Nichtformale umgeht, so daß die rein formalen Aspekte der Welt aufgedeckt werden können.

Im folgenden Jahrzehnt entwickelte Husserl diesen Begriff der Aufmerksamkeit weiter zum Bild eines projizierten Lichtstrahls, eines Scheinwerfers, dem »aufmerkenden Strahl«, der nicht Gegenstände und empirische Beziehungen beleuchtet, sondern Wesenheiten und Noeme.[13] Als Scheinwerferstrahl wird die Aufmerksamkeit zur quasi-maschinellen Metapher für eine unerschütterliche Sicht auf den Akt des Sehens und damit für eine Suspendierung der »natürlichen Einstellung«.[14] Nach Michel Foucault und anderen Kritikern versucht Husserl, zusammen mit der Verwurzelung und Stabilität des Betrachters die Koordinaten der sogenannten »natürlichen Wahrnehmung« beizubehalten, einschließlich eines ursprünglichen Horizonts, vor welchem angeblich voraussetzungslose perzeptuelle Bedeutungen auftreten können. Gilles Deleuze bestand darauf, daß Husserl wie das phänomenologische Denken überhaupt nicht imstande sei, über im wesentlichen »vor-filmische Bedingungen«, in denen die Bewegung nur von der Verankerung in einer statischen »Pose« her gedacht werden könne, hinauszugehen.[15] Husserl will in einer Welt, in der ehemals stabile Bedeutungen, Zeichen und soziale Beziehungen dabei waren, entwurzelt, austauschbar und der Zirkulation unterworfen zu werden, an einem Nimbus absoluter Authentizität festhalten, der jedes Ding und jedes Ensemble von Beziehungen umgibt. Inmitten der dynamischen Auflösungsprozesse der Moderne vertritt er eine monolithische Technik der Aufmerksamkeit, die die zerstreutesten, zweideutigsten und kinetischsten psychischen Inhalte mit Einheit, Klarheit und Konsistenz versieht. Um die Authentizität einer subjektiven Lebenswelt zu retten, begab sich Husserl auf die hoffnungslose Suche nach ihrer *universalen* Struktur.[16]

Trotz aller offenkundigen Inkommensurabilität, die zwischen den Projekten von Cézanne und Husserl besteht, sind sie beide zu verstehen und zu verorten im Hinblick auf Prozesse der Rationalisierung und Modernisierung. Die Aufmerksamkeit trat, wie schon gesagt, in dem historischen Augenblick als ein diskursiver und praktischer Gegenstand auf, in dem Sehen und Hören in wachsendem Maß von den diversen historischen Kodes und Praktiken, die ihnen ein gewisses Maß an Sicherheit, Verläßlichkeit und Natürlichkeit gewährt hatten, abgeschnitten wurden. Je mehr die Sinne sich als inkonsistent, als körperbedingt und der drohenden Zerstreuung und Unproduktivität ausgeliefert erweisen, desto mehr wird die Norm des Individuums im Sinne objektiver und statistischer Aufmerksamkeitskapazitäten definiert, die die funktionale Kompatibilität der Person mit institutionellen und technologischen Umgebungen begünstigen. Trotz seiner relativen Ferne zu diesen Arenen von Produktion und Konsumtion bedeutete das Werk von Cézanne wie das von Husserl zweifellos eine Herausforderung und einen Versuch, die eben von diesen Apparaturen regulierten und standardisierten Wahrnehmungsmuster zu überwinden.

Wie also sollen wir nun Cézannes bekannten Willen zum Vergessen verstehen? Was, wenn überhaupt etwas, versuchte er »aufzuheben«? Man hat oft gesagt, daß Cézanne sich nie die *trucs* oder Atelierkunstgriffe zu eigen gemacht hat, daß er versucht hat, sich von vorgefertigten Schemata und traditionellen Lösungen für die Organisation des Bildes (etwa den historisch akkumulierten Praktiken, die mit der Linearperspektive verbunden waren) freizumachen. Aber wenn diese Auffassungen von Cézanne als einer Art von Primitivem, der alle vorgefertigten Interpretationen der Welt vermeidet, ihre Berechtigung haben, dann weil sie auf seine besondere Empfänglichkeit, sein ganz besonderes Eingehen auf Wahrnehmungserfahrungen verweisen, die innerhalb der älteren (klassischen) Organisationen des Wissens vom Sehen ignoriert oder marginalisiert worden waren oder sich mit ihnen als inkompatibel erwiesen hatten (und mithin keinen Ausdruck fanden). Statt zu versuchen, ihn in einer im neunzehnten Jahrhundert beliebten Mythologie vom »unschuldigen« oder kindlichen Auge zu verorten, sollte man sich Cézanne als einen Beobachter vorstellen, der gegenüber jedweder Anomalie in der Wahrnehmungserfahrung erstaunlich auf der Hut war. In seinem Spätwerk arbeitet er keineswegs mit einer perzeptuellen Tabula rasa, von der ausgehend die essentielle Struktur der Welt neu aufzubauen wäre, sondern hat gelernt, sich mit einer unharmonischen Außenwelt einzulassen, die auf ihn einwirkt und seinen Zugriff auf eine erkennbare Welt erschüttert.

Anfang der neunziger Jahre, nachdem er den vereinheitlichend-konstruktiven Stil seiner sogenannten dritten Periode (1878-1887) aufgegeben hatte, beginnt Cézanne mit einem Projekt völlig neuartigen Experimentierens (siehe Bildtafel am Ende des Buches).[17] Eine der Entdeckungen, die er im nächsten Jahrzehnt machte, ist die, daß die Wahrnehmung keine andere Form annehmen kann als der Prozeß ihrer Entstehung. Es geht nicht mehr darum, den flüchtigen Anschein der Welt registrierend festzuhalten, sondern sich der Instabilität der Wahrnehmung selbst zu stellen und sich in ihr aufzuhalten. Eindringlicher wohl als irgendeiner hat Cézanne durch ein Verständnis ihrer essentiellen *Differenz von sich selbst* die Paradoxien der Wahrnehmung aufgedeckt.[18] Was Manet teilweise intuitiv erfaßt hatte, wurde ein produktiver Teil von Cézannes Praxis – die schöpferische Entdeckung, daß das intensive Starren auf irgendein Ding gerade *nicht* zu einer volleren und inhaltsreicheren Erfassung seiner Präsenz, seiner Unmittelbarkeit führte, sondern zu seiner perzeptuellen Auflösung, seinem Verlust, zum Zusammenbruch seiner intelligiblen Form, und daß dieser Zusammenbruch den Weg bereitete für die Erfindung und Entdeckung neuer, bislang unbekannter Relationen und Organisationen von Kräften. Die Aufmerksamkeit war also Teil eines dynamischen Kontinuums, in welchem sie immer nur von begrenzter Dauer war und sich unvermeidlich in einen zerstreuten Zustand auflöste, in dem es sich als unmöglich erwies, den scheinbaren Zugriff auf ein Objekt oder eine Konstellation von Objekten aufrechtzuerhalten. In gleicher Weise geht die mit der intensiven Fixation des Sehens auf einen isolierten Punkt verbundene Klarheit kontinuierlich in die Auflösung dieser Klarheit über, die jede Fixation hervorbringt. Für Cézanne unterstützte die der Aufmerksamkeit inhärente Auflösung nicht nur seine radikale Entsymbolisierung der Welt, sondern schuf auch eine Schnittstelle mit einem in ständiger Modulation begriffenen Beziehungsgefüge zwischen jenen Ereignissen und Empfindungen, die einst als »äußere« gegolten hatte. Zu den ersten Opfern dieser Aufmerksamkeits-Umschulung gehörte also jedwede Annahme einer perzeptuellen Konstanz.

Wir werden niemals wissen, was Cézanne unter jenem »Ziel« verstand, das er ein paar Tage vor seinem Tod erwähnte. War es eine »Harmonie parallel zur Natur«, oder war es die »Realisierung seiner Empfindungen«? Vielleicht hat er wirklich, wie verschiedene Kritiker behauptet haben, anfangs geglaubt, es gehe ihm um eine gewisse »räumliche Einheit«. Aber sein Endziel lag irgendwo anders, nämlich notwendigerweise jenseits der unangemessenen Ausdrucksweise, die ihm für die verbale Klärung von Experimenten, die in ihrer Neuheit überwältigend waren, zur Verfügung stand. Sieht man sein Werk unter dem Aspekt des Aufmerksamkeitsproblems, dann zeigt sich, wie es über das Gebiet des Optischen weit hinausgeht und das Ergebnis eines umfassenderen körperlichen Engagements ist. Was war es also, dem Cézannes Aufmerksamkeit galt, wenn nicht ausschließlich die Aktivität des Auges, die visuelle Empfindung, die Wellenlänge des Lichts? Vielleicht wurde er wider Willen auf den Körper aufmerksam, auf sein Pulsieren, auf seine Temporalitäten und auf das Sichüberschneiden dieses Körpers mit einer Welt des Übergangs, des Geschehens und des Werdens. Offenkundig wurde er intuitiv der unzähligen Komplikationen gewahr, die mit dem subjektiven Sehen und den Weisen, wie alle sinnliche Erfahrung durch physiologische Grenzen konditioniert wird, zusammenhängen. Eine nützliche Hypothese hinsichtlich seines Spätwerks ist die, daß er in wachsendem Maß für diese diskontinuierliche Zusammensetzung des Sehfelds empfänglich wurde, insbesondere für dessen »konzentrischen« Charakter.[19] Bevor ich auf Cézannes Werk näher eingehe, möchte ich jedoch kurz auf die im späten neunzehnten Jahrhundert in den Institutionen stattfindenden weitreichenden Neubestimmungen des Sehens zurückkommen, die sich gleichfalls mit einigen dieser Probleme auseinandergesetzt hatten.

Im späten neunzehnten Jahrhundert bestätigte die Wissenschaft, was einer naiven Beobachtung schon immer zugänglich gewesen war und jetzt erstmalig zu einer umfassenden Beschreibung der menschlichen Wahrnehmung systematisiert wurde: die disjunkte Natur des Sehfelds, sowohl in physiologischer wie in subjektiver Hinsicht. Empirische Studien wiesen nach, daß die zentrale Zone der Netzhaut, die Fovea, dicht mit lichtempfänglichen Zellen besetzt, die peripheren Zonen jedoch wesentlich spärlicher damit versehen waren. Die kleine foveale Zone lieferte das detaillierteste und farblich intensivste Sehen, die peripheren oder Randzonen dagegen erbrachten nur undeutliche und farbschwache oder sogar verzerrte Eindrücke. Allerdings war die Peripherie höchst bewegungsempfindlich. Um 1850 begann die Wissenschaft damit, die Netzhaut in Zonen variierender Sensibilität einzuteilen.[20] Nach mehreren Jahrhunderten, in denen das Sehfeld als ein hinsichtlich seiner Klarheit und Entfernung homogener Schnitt durch einen Kegel aufgefaßt worden war, machte man sich jetzt mit der Vorstellung vertraut, daß das meiste, was wir in irgendeinem bestimmten Moment sehen, in einer unaufhebbaren Unbestimmtheit schwebte, in der eine Ablesung des Raums oder des Abstands nicht möglich war. Diese Verschiebung führte zu einer neuen Auffassung davon, wie sich ein subjektives Sehfeld bildete: nicht durch die instantane Aufnahme eines Bildes, sondern durch ein komplexes Aggregat von Augenbewegungsprozessen, die provisorisch den Anschein eines stabilen Bilds aufbauten.[21] Erst 1878 jedoch gelang es dem

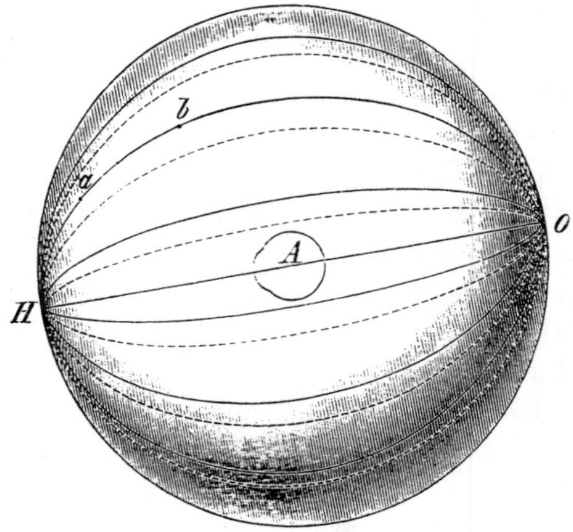

Abb. 85 Sphärische Darstellung des Sehfelds bei Wundt, *Grundzüge der physiologischen Psychologie*, 1880. Punkt H bezeichnet den *Blickpunkt*; die Projektionen der Meridiankreise bezeichnen die variable Ausdehnung des *Blickfelds*.

Franzosen Emile Javal (der auch Helmholtz' *Optik* ins Französische übersetzt hatte), die Erkenntnis zu formalisieren, daß das Sehen in kurzen, von ihm »Sakkaden« genannten Sprüngen stattfindet. Bemerkenswert ist bei diesem neuen physiologischen Schema eines disjunkten Feldes vor allem, daß es zum Bestandteil neuer *psychologischer* Modelle der menschlichen Person wurde. Wenn auch auf empirischer Ebene nicht mehr signifikant, kann es zweifellos als ein frühes Beispiel einer ganzen Reihe von im zwanzigsten Jahrhundert entwickelten Modellen gelten, in denen die Seherfahrung das *komposite* Produkt weitgehend isolierter, in der Netzhaut oder in der visuellen Großhirnrinde ablaufender Vorgänge ist.

Zu den einflußreichsten Beispielen dieser Forschung gehörte das Werk von Wilhelm Wundt, der in den achtziger Jahren das Bewußtsein mit dem Feld des Sehens verglich. Das Bewußtsein war für ihn eine Zone, in dem die Wahrnehmungsobjekte stufenweise von einer unbestimmten Peripherie einem zentralen Punkt der Klarheit zustrebten, an dem eine aufmerksame Apperzeption stattfinden konnte.[22] Wundts Schema basierte auf einer Unterscheidung zwischen dem, was er *Blickfeld* und dem, was er *Blickpunkt* nannte, zwischen einem visuellen Gesamtfeld auf der einen Seite und einem lokalisierten Fokalpunkt oder Punkt der Klarheit auf der anderen.[23] Dieses Modell sollte in den nächsten zwei Jahrzehnten auf diverse Konzeptionen, die die epistemologische, die perzeptuelle und die psychologische Subjektivität betrafen, einen ungeheuren Einfluß ausüben.[24] Das *Blickfeld* war für Wundt das Feld des Bewußtseins, der bewußten Wahrnehmung, der *Blickpunkt* dagegen der Bewußtseinsfokus, wo die praktisch mit der Aufmerksamkeit synonyme Apperzep-

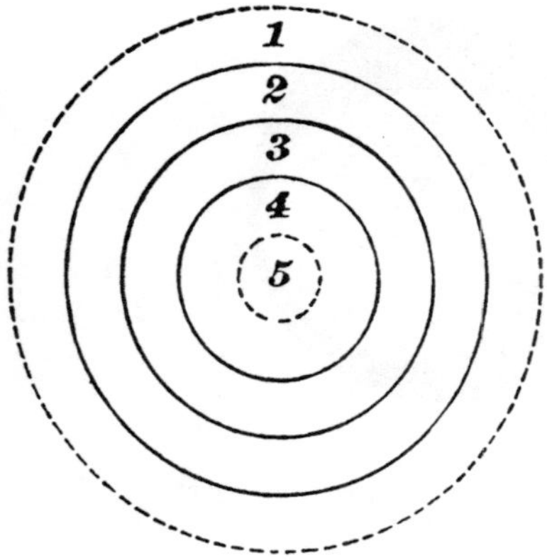

Fig. 33. Graphic representation of the field of consciousness. *1*, the unconscious (physiological); *2*, the subconscious; *3*, diffused, vague consciousness; *4*, active consciousness; *5*, the focal point of attention.

Abb. 86 Schematische Darstellung des Bewußtseins und seiner Peripherie, aus Baldwin, *Handbook of Psychology*, 1891.

tion stattfand. Der Begriff des Bewußtseins basierte hier auf einem optischen Modell, aber auf einem, das sich von dem der Camera obscura, das Locke, Descartes, Leibniz und andere benutzt hatten, grundsätzlich unterschied. Wundt arbeitete mit einem »topologischen« oder räumlich ausgedehnten Modell von Bewußtsein und Aufmerksamkeit, in dem ein kontinuierlicher Übergang von zunächst nur undeutlich im *Blickfeld* erfaßten Eindrücken hin zu ihrer klaren und aktiven Wahrnehmung im Aufmerksamkeits-*Blickpunkt* bestand. Jahrzehntelang war man in Wundts Laboratorium damit beschäftigt, den Unterschied zwischen der Zeit zu messen, die eine Person benötigte, um einen in das unbestimmte und allgemeine Feld eintretenden Reiz wahrzunehmen, und der Zeit, die derselbe Reiz in Anspruch nahm, um zum Gegenstand aktiver Aufmerksamkeit zu werden. Bei sogenannten normalen Personen betrug der Unterschied, so fand man heraus, ungefähr eine zehntel Sekunde. Weit entfernt, die Grundlage einer transzendentalen Subjektivität zu bilden, hat das Wort »Apperzeption« hier nur noch eine leere und redundante Verbindung mit dem Begriff, den Kant oder Leibniz benutzt hatten.

Obwohl es erhebliche Meinungsunterschiede darüber gab, warum manche Inhalte zum Gegenstand der Aufmerksamkeit wurden und andere nicht (aufgrund von Hemmung, Willen, Interesse, Gewohnheit, etc.), erfreute sich dieses verallgemeinerte topographische Modell großer Beliebtheit. Zum Beispiel lokalisierte eine vielbenutzte Version aus den neunziger Jahren die Aufmerksamkeit im Mittelpunkt von konzentrischen Kreisen abnehmender Wahrnehmungsbewußtheit und perzeptueller Fokussierung. Andere entwarfen ein verwandtes Schema, indem sie die Struktur des visuellen Feldes regelrecht zu kartographieren versuchten. Dem Beispiel Charcots folgend, unternahm es Pierre Janet, die wirkliche Ausdehnung des visuellen Feldes graphisch darzustellen und zu messen, eine Untersuchung, die im spezifischen Kontext seiner Bemühungen zur Bestimmung von Geistesschwäche

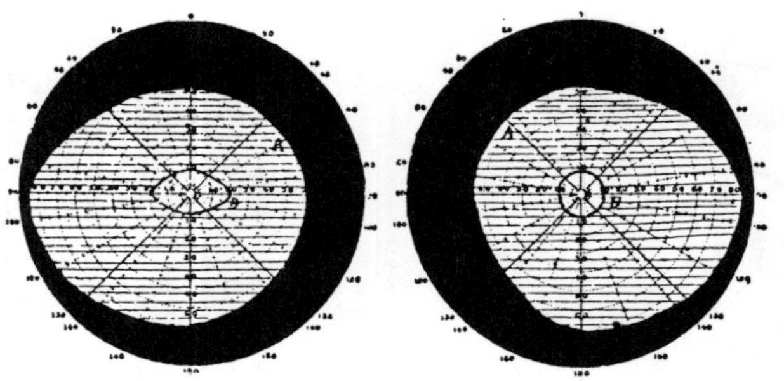

Fig. I. — Champ visuel de Vel. *A* limite du champ visuel sans effort d'attention. *B* limite du champ visuel au moment d'un effort d'attention pour additionner des chiffres placés au point central du périmètre. L'expérience faite successivement sur les deux yeux donne des résultats analogues.

Abb. 87 Diagramm des aufgrund schwacher Aufmerksamkeit verengten Sehfelds, aus Pierre Janet, *Névroses et idées fixes*, 1898.

oder Neurose von Bedeutung war.[25] Manche Arbeiten hielten auch das variierende Maß der Farbempfindlichkeit fest, wobei sie zeigten, daß Rot und Grün, anders als Blau und Gelb, dem peripheren Sehen unzugänglich waren. Dieses neue Wissen und diese Schemata wurden unzweideutig im Zusammenhang von Techniken zur externen Steuerung der Wahrnehmungserfahrung entwickelt; gleichzeitig verwiesen sie auf den Kollaps, den die Modelle einer vereinheitlichenden, homogenen Wahrnehmung erlitten hatten. Was in diesen achtziger und neunziger Jahren an vielen Stellen auftritt, ist ein subjektives Erfahrungsmodell, in dem das Bewußtsein keine fugenlose Sphäre ist, in der die Welt einem Subjekt in vollem Umfang selbstpräsent wäre, sondern ein disjunkter Raum, in dem sich Inhalte zwischen Zonen mit verschiedenen Abstufungen von Klarheit und Bewußtheit, Unbestimmtheit und Empfänglichkeit hin und her bewegen.[26]

Ein wichtiger Zug dieses Modells ist der ständig wechselnde Inhalt des *Blickpunkts,* ist die Bewegung dieses Inhalts vom Fokalpunkt zu den Rändern der Wahrnehmung und umgekehrt. Es könnte scheinen, als ob dieses »topographische« Modell des Auges das Sehfeld im Sinn von Figur und Grund, im Sinn einer Trennung zwischen fokussiertem Zentrum und peripherem Hintergrund organisierte, aber derartige Unterscheidungen waren instabil und nicht von Dauer. Die Wahrnehmung war ein Prozeß, in dem diese Größen ständig, in dauernden Umkehrungen und Verschiebungen, ineinander übergingen. Obwohl der foveale *Blickpunkt* sogar mit einem anatomischen *Zentrum* zusammenfiel, sind die kognitiven Modalitäten, um die es hier geht, nichtsdestoweniger ein Teil eines umfassenden modernen Prozesses der *Dezentrierung.* In den späten neunziger Jahren verstanden Charles Sherrington und andere im Zuge ihrer Erforschung des Nervensystems die Augenperipherie mit ihrer starken Fähigkeit zur Bewegungswahrnehmung als ein wichtiges Überbleibsel aus unserer biologischen Frühzeit, durch das wir die Fähigkeit behal-

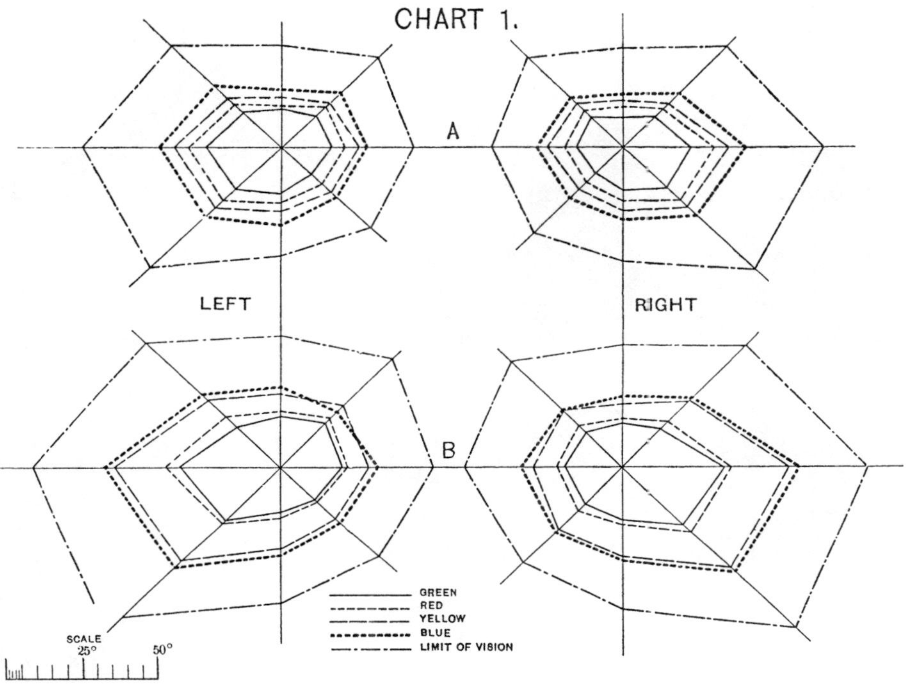

Abb. 88 Bereiche der Farbwahrnehmung im Verhältnis zum visuellen Zentrum und zur visuellen Peripherie, späte 1890er Jahre. Aus *American Journal of Psychology*, Januar 1895.

ten haben, gegenüber einem potentiellen Angreifer oder einer möglichen Beute augenblicklich in Aktion zu treten, was eine gemischte und simultane Verteilung der Aufmerksamkeit über dieses geteilte Sehfeld hinweg einschloß und überdies eine Figur/Grund-Unterscheidung irrelevant machte. Auch William James und andere waren der Meinung, daß von einer Sukzession immobiler Zustände oder Ansichten mit einem fixierten Verhältnis von Zentrum und Peripherie nicht mehr die Rede sein konnte, sondern nur noch vom Primat von *Übergangs*-Zuständen, in denen die sich verschiebenden Ränder der Wahrnehmung konstitutive Züge der psychischen »Wirklichkeit« waren.[27]

Das Problem von optischem Zentrum und optischer Peripherie, des gestreuten Funktionierens der sensorischen Reaktion, ist seit dem neunzehnten Jahrhundert in die anhaltende Modernisierung der Wahrnehmung miteinbezogen gewesen. Zwei damals omnipräsente Modelle der optischen Erfahrung machen teilweise deutlich, wie diese neuen Bedingungen zu verstehen sind. Zunächst das architektonische Modell des Panoramas, bei dem das 360 Grad umfassende Bild für die ständige Aktivierung der optischen Peripherie auf Kosten eines stabilen Zentrums fokussierter Aufmerksamkeit sorgt. Dann das Stereoskop, das für ein rivalisierendes (oder komplementäres) Modell visueller Konsumtion stand. Durch den entschiedenen *Aus-*

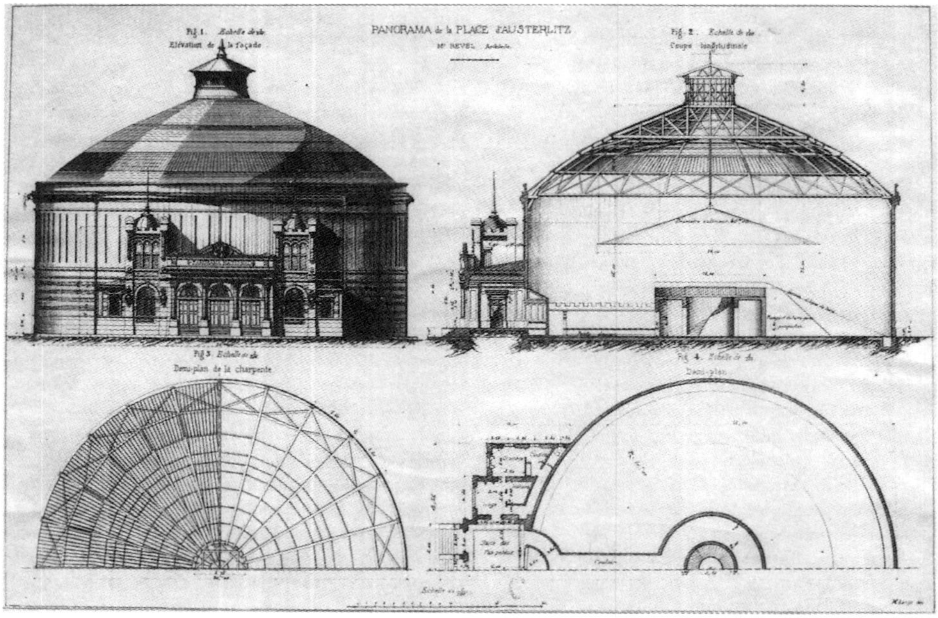

Abb. 89 Panorama und ...

schluß der Peripherie (besonders in dem Gerät von Holmes) kam ein dreidimensionales Illusionsbild zustande, das kaum über den Bereich der zentralen fovealen Klarheit hinausging, so daß – innerhalb des von mir beschriebenen optischen Modells – sich ein hypertangibles Bild ergab, das peripherielos, das Figur ohne Grund war. Was beim Panorama ebenso wie beim Stereoskop verlorengeht, ist nicht nur die Möglichkeit einer klassischen Figur/Grund-Beziehung, sondern auch die eines konsistenten und kohärenten Distanzverhältnisses zwischen Betrachter und Bild.[28] Diese Eigenschaften waren es auch, die dem deutschen Kritiker und Bildhauer Adolf von Hildebrand unangenehm auffielen und über deren Popularität er sich beklagte, als er in seiner Schrift über *Das Problem der Form* die rationalisierbaren räumlichen Werte verteidigte und ein Sehen auf physiologischer Grundlage ablehnte.[29]

Vielleicht beruht, wie einige Kritiker vermutet haben, das Fremdartige von Cézannes Spätwerk teilweise darauf, daß er versuchte, die peripheren Netzhautsensationen simultan und mit derselben Unmittelbarkeit und Intensität festzuhalten wie die der zentralen oder fovealen Zone des Auges.[30] Dabei wäre nicht die Herstellung eines einheitlichen, homogenen Sehfelds angestrebt gewesen, sondern das fixierte Auge hätte viele unzusammenhängende Zonen des Sehfelds auf einmal erfassen sollen, statt, wie wir sonst meist tun, die Peripherie zu unterdrücken. In gewisser Weise wäre damit etwas angestrebt, was als empirisch und subjektiv unmöglich gilt – etwa wenn Michael Polanyi davon spricht, daß »subsidiäre Wahrnehmung

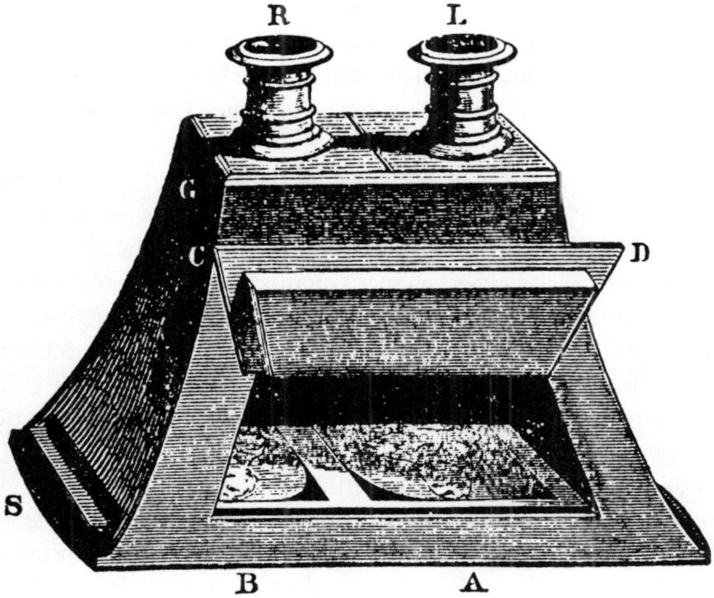

... Stereoskop, Mitte neunzehntes Jahrhundert.

und fokale Wahrnehmung sich gegenseitig ausschließen«.[31] Paradoxerweise entfiel jedoch in einem System, das auf der Unterscheidung zwischen Zentrum und Peripherie gründete, die Möglichkeit eines stabilen zentralen Punkts, um den herum die unzusammenhängenden Inhalte dieses Felds kohärent organisiert werden konnten. Vielleicht ist es das, was Rilke meinte, als er von Cézannes Malerei sagte, daß sie ständig »von einem neuen Zentrum aus« beginne.[32] Die diversen Kodes, die mehrere Jahrhunderte lang das Sehfeld territorialisiert hatten, werden verabschiedet, nicht um ein natürliches »wildes« Sehen freizugeben, sondern um das freie Spiel neu konstruierter *zentrifugaler* Kräfte innerhalb der Räume der Wahrnehmung zu ermöglichen. Ein Großteil seines Werks seit der Mitte der neunziger Jahre ist also ein radikales Neudurchdenken des Wesens der *Synthesis* – verstanden als rhythmische Koexistenz von radikal heterogenen und zeitlich gestreuten Elementen. Was Cézannes Werk postuliert, ist die Idee einer aufmerksamen Fixation, einer subjektiven Immobilisierung, die, statt die Inhalte der wahrgenommenen Welt zusammenzuhalten, in ihre unablässigen Destabilisierungsbewegungen einzutreten versucht. Die partiellen und ambivalenten, bei Manet und Seurat auftretenden Versuche, eine bindende Stasis durchzusetzen, sind im System von Cézannes Spätwerk nicht mehr möglich. Denn wir treffen hier auf eine Aufmerksamkeit, die, wenn sie über das Maß des Möglichen hinaus beibehalten wird, nicht in Träumerei oder Dissoziation umschlägt, sondern zu einer intensiveren Neuerschaffung einer subjektiven Schnittstelle mit der Welt führt. Weil die Aufmerksamkeit bei Cézanne nicht versuchte, die Präsenz einer identischen, wiedererkennbaren Welt festzuhalten, führten ihre Grenzen und Überschreitungen nicht zu Verlust und Absenz, sondern gaben zu verstehen, daß »jedes Ding, jedes Wesen seine Identität in der Differenz vernichtet sehen« muß und daß das Sehen »ein regelrechtes Theater bestehend aus Metamorphosen und Permutationen« war.[33]

Vielleicht hat es in den späten achtziger Jahren eine Zeit gegeben (mindestens können wir uns provisorisch eine solche vorstellen), in der Cézanne sich dem Glauben hingegeben hat, eine unerbittliche Aufmerksamkeit auf die Sinnesdaten würde die Inhalte eines visuellen Feldes zu einer »räumlichen Einheit« oder zu einem objektiven Gerüst von Beziehungen zusammenfügen. Doch was er vermutlich langsam und immer wieder zögernd entdeckte, war, daß diese Art fanatischer Aufmerksamkeit weder irgendeine ursprüngliche Struktur der Welt oder ein Reich von Wesenheiten aufdeckte, noch zu einer Kunst führte, die die Festigkeit von Rubens oder Poussin besaß, sondern vielmehr eine Auflösung der Einheit, eine Destabilisierung der Dinge sichtbar machte.[34] Sie öffnete sich auf ein Fließen, auf eine Streuung, und obschon die Aufmerksamkeit Auge und Körper mit der Welt zu vereinigen schien, machte sie doch auch die Unmittelbarkeit der Welt zunichte und versetzte den Körper in einen Strom des Wechsels und der Zeit.

Wenn es wahr ist, daß Cézanne es unternahm, die Zusammensetzung der visuellen Welt von neuem zu untersuchen, dann kann man nicht annehmen, daß er mit flüchtigen Blicken oder mit einem Hin und Her des Auges über das Sehfeld begann. Auf diese Weise erfährt man nichts Neues; was so zustande kommt, ist eine Welt, die durch Gewohnheit und Vertrautheit schon bekannt ist. Die prüfenden Bewegungen unserer Augen, ob willentlich oder unwillkürlich, werden von Erwartungen gelenkt, die durch das gewohnheitsmäßige Verarbeiten bekannter Signale in einer bestimmten Umwelt festgelegt sind. Nur wenn man anhaltend und geduldig bestimmte lokale Zonen des Sehfelds fixiert, beginnt man zu erkennen, wie unbekannt seine Textur ist, wie unauslotbar die Beziehungen seiner Teile untereinander, wird sich klar über die Ungewißheit, wie diese lokalen Bestandteile als dynamisches Feld interagieren.[35] Wenn man mit dem fixierten Auge willentlich einen leichten Positionswechsel vornimmt, dann geschieht durch diesen Ortswechsel, selbst wenn sich der Gegenstand oder die Zone lediglich vom Zentrum des Sehfelds an den Innenrand der Peripherie verlagert, eine Transformation: Farbe und Einzelheiten verlieren an Deutlichkeit, und überhaupt wird die betreffende Zone zu etwas anderem als zuvor, denn sie tritt in ein neues Verhältnis zu dem ein, was jetzt den *Blickpunkt* einnimmt. Die Wahrnehmungskonstanz ist ein Phantom, und die so gesehene Welt ist nicht mehr mit sich selbst identisch. Sie wird, wie vor langer Zeit bereits Lukrez wußte, zu einer endlosen Kaskade der Selbstdifferenzierung.

Paul Valéry zeigt in seinen Schriften aus den frühen neunziger Jahren ein geschärftes Bewußtsein für derartige Wirkungen einer fixierten Kontemplation, und wie Cézanne beschäftigte ihn das Problem, wie diese Intuition der »Zerbrechlichkeit der Welt« mit der Aufgabe der ästhetischen *Konstruktion* zu vereinbaren wäre.

Dies war eines der Themen seines bedeutenden Essays über die Methode Leonardos. Folgendermaßen formuliert Valéry das Dilemma einer aufmerksamen Wahrnehmung: Wenn man die Einzeldinge »lange Zeit ansieht und in Gedanken dabei ist, verändern sie sich; wenn man nicht mehr in Gedanken dabei ist, verfällt man in eine brütende Schläfrigkeit, die wie ein gleichmäßiger Traum haftet und beharrt«. Was hier zum Ausdruck kommt, ist ein Empfinden nicht sowohl für die Kontinuität zwischen Aufmerksamkeit und Träumerei, als für ihre Austauschbarkeit, die mögliche Bewegung vom einen zum anderen. Bei starrer Konzentration, so berichtet er, geschieht es, daß die Dinge im Zimmer um mich herum »*handeln* ... wie der Lampendocht: der Sessel verzehrt sich an Ort und Stelle, der Tisch beschreibt eine so rasche Drehung, daß er durch sie bewegungslos wird; die Vorhänge fließen endlos, fortwährend herab. Wir stehen vor einer unendlichen Verwobenheit: um in all der Bewegung der Körper, dem Kreisen der Umrisse, dem verknoteten Ineinander, den Bahnen, den Gefällen, den Wirbeln, dem Netz aus Geschwindigkeiten wieder zu uns selber zu kommen, müssen wir uns an unser großes Talent geregelten Vergessens wenden.«[36] Erst nach einem Gewahrwerden dieser instabilen Komplexität kann der Geist nach Valéry und Cézanne damit beginnen, Gedanken zu konstruieren und schöpferisch zu sein.[37] Und die Aufgabe der Konstruktion machte für beide auch ein radikales Neudurchdenken des Problems der Substanz notwendig.

In zahlreichen neueren theoretischen Abhandlungen ist die Idee des fixierten (und gewöhnlich monokularen) Auges als ein formatives Element des klassischen Repräsentationssystems, das durch ein Arretieren von Dauer und Wechsel im Interesse einer konzeptuellen Beherrschung der Phänomene funktionierte, dargestellt worden. Mir scheint jedoch der problematische und konträre Gedanke einleuchtender, daß es das fixierte und (innerhalb der physiologisch möglichen Grenzen) bewegungslose Auge ist, das eine scheinbare »Natürlichkeit« der Welt annihiliert und die provisorische und fließende Natur der Seherfahrung aufdeckt, während eben das mobile, flüchtige Auge den vorgefertigten Charakter der Welt beibehält. Dieses Auge ist es, das gewohnheitsmäßig und vertraut die Dinge liebkost und nichts anderes als schon vorhandene Beziehungen aus ihnen extrahiert. Sobald das Auge sich zu bewegen aufhört, tritt dagegen eine potentiell unbeständige Situation ein: das immobile Auge löst binnen kurzem eine Art Aufruhr aus – es ist die Schwelle zur Trance ebenso wie zu perzeptueller Desintegration.[38] Louis Sass hat viele Beispiele für dieses fixierte, »wahrheitsentziehende Starren« und die damit einhergehende »perzeptuelle Unheimlichkeit« in der Moderne des frühen zwanzigsten Jahrhunderts angeführt: ein Starren, das »rigid und fixiert, mithin passiv ist, das aber seinen Gegenstand durchbohrt, aufbricht oder vernichtet und die Physiognomie der Alltagswelt auflöst«.[39]

Wenn in der Diskussion von langer Fixation die Rede ist, dann meist nur im Verhältnis zu einem bestimmten normativen Begriff des Sehens, so bei Nelson Goodman, der das fixierte Auge »blind« nennt.[40] Andere analysieren die Fixation im Sinne ihrer »Verzerrungen«, als ob außer Frage stünde, was unter einer ursprünglichen unverzerrten Wahrnehmung zu verstehen sei. Zugleich werden die spezifischen Effekte (oder Verzerrungen) des fixierten Sehens zumeist so diskutiert, als ob es sich bei ihnen um stabile Gegenstände handeln würde, die einer objektiven Vergleichung und Bewertung zugänglich wären. Was bei Wolfgang Köhler und anderen nicht vorkommt, ist die Weise, wie lange Fixierung die Welt in Bewegung versetzt, wie Teile des visuellen Feldes zu vibrieren und oszillieren beginnen.[41] Ein fixiertes Sehen kann eine solche chromatische Instabilität, ein solches Nachvornstoßen entfernter Flächen in einem umfassenden Netz dynamischer Störungen hervorrufen, daß jede Diskussion darüber, ob ein Rechteck verzerrt erscheint oder nicht, gegenstandslos wird. Zwischen dem Ziel, die Welt zu stabilisieren, um sie analytisch betrachten zu können, und der Erfahrung, daß der physiologische Apparat zu einer solchen Stabilisierung unfähig ist, tritt ein unlösbarer Widerspruch auf.

Allerdings sollte man nicht, wie manche getan haben, die Effekte des fixierten Sehens heranziehen, um die Erscheinungsweise von Cézannes Malerei zu erklären. Dies würde einschließen, daß die sogenannten Verzerrungen bei Cézanne durch die Bemühung des Künstlers entstanden wären, seine subjektiven optischen Eindrücke getreu wiederzugeben. (Noch banaler ist die Behauptung, sein Spätwerk sei das Produkt einer mit dem Alter einsetzenden Verschlechterung der Sehkraft oder des grauen Stars und der Maler habe die Wirkungen dieser Leiden abgemalt.) Solche Vorstellungen versetzen Cézanne zurück in eine vertraute Problematik des »Perzeptualismus« – seine Gemälde würden in verschiedenem Grad eine Transkription der Welt, so wie sie ihm »erscheint«, involvieren. Ebenso wenig stellt Cézanne ein Mosaik her, in dem die Einzelansichten des fixierten Auges zu einer einzigen, integrierten Oberfläche zusammengesetzt wären. Vielmehr hatten ihm seine diversen Erfahrungen mit optischer Fixierung und Immobilisierung die Unzulänglichkeit konventioneller pikturaler Praktiken bei der Darstellung einer Welt offenbart, die im tiefsten Sinn keine vorgefertigte Integrität besaß, und ihm zu der Einsicht verholfen, daß eine Verbindung nur mit einer als ein Prozeß des Werdens aufgefaßten Welt möglich ist. Wenn Cézanne für die physiologischen Voraussetzungen des Sehens empfänglich war, dann nicht weil er in ihnen eine »natürliche« Weise der Wahrnehmung gefunden hätte, sondern weil er nach Wegen suchte, die durch sie gegebenen Beschränkungen zu überwinden und aus dem Auge eine neue Art von Organ zu machen. Dahinter stand sicherlich nicht der Wille, den Körper zu verleugnen und ein reines entkörperlichtes Sehen zu schaffen, sondern das Streben, neue kognitive und physische Beziehungen zur sensorischen Welt zu erschließen.

Cézannes Erklärung, es gebe in der Natur keine geraden Linien, ist ein Verzicht auf das, was Nietzsche als die phänomenale Welt identifizierte: »die zurechtgemachte Welt, die wir als real empfinden. Die ›Realität‹ liegt in dem beständigen Wiederkommen gleicher, bekannter, verwandter Dinge, in ihrem logisierten Charakter, im Glauben, dass wir hier rechnen und berechnen können«. Cézanne sowohl wie Nietzsche widersetzen sich diesem Prozeß, durch den »das Chaos des

Sinneseindrucks ... gleichsam logisirt« wird.[42] Bei Nietzsche lernen wir, daß die Antithese dieser phänomenalen Welt »die formlos-unformulierbare Welt des Sensationen-Chaos« ist; bei Cézanne erleben wir eine motorische und sensorische Aufmerksamkeit für das ununterbrochene Entstehen und Sichauflösen von Beziehungskonstellationen, zu deren konstitutiven Elementen das eigene Ich zählt.

*

Je mehr sich innerhalb der institutionellen Akkumulation des Wissens vom Menschen die zweideutige und problematische Natur der Aufmerksamkeit herausstellte, desto mehr erwies es sich als notwendig, experimentelle Bedingungen zu schaffen, unter welchen die Zweideutigkeit des Aufmerksamkeitsverhaltens auf ein Minimum reduziert war. Einige von diesen Bedingungen führten, bei wachsender Einsicht in die »transitive« und instabile Natur der Wahrnehmung, zur Herstellung anderer Arten »fixierten« Sehens. Als im späten neunzehnten Jahrhundert die moderne Psychologie entstand, »trat sie als eine Weise auf, wie man mit der Verlegenheit des Fehlens absoluter Gewißheit umgehen könnte; sie versprach, die Unbestimmtheit und Unvorhersagbarkeit der ›Subjektivität‹ in ein Ordnungsgefüge von Konstanten einzugliedern«.[43] Fechners Lehre von den »eben merklichen Unterschieden« oder das Frühwerk von Wundt waren weitgehend von subjektiv gewonnenen Einsichten oder sogar von rein introspektiv gewonnenen »Daten« abhängig gewesen. Wie aber konnten die Versuchsbedingungen im Sinne einer überzeugenden Quantifizierung der subjektiven Wahrnehmungserfahrung kontrolliert werden? Wie konnte man, wenn es darum ging, das Ausmaß der subjektiven Reaktion auf eine spezifische und begrenzte Gruppe von Reizen zu bestimmen, die Wahrnehmung dieser Reize isolieren und, wichtiger noch, ihre Einwirkung auf die Person *temporal* kontrollieren?

Das Tachistoskop, das in der ersten Hälfte der achtziger Jahre entwickelt wurde, war ein Ergebnis dieser Suche nach einer Elementareinheit des Aufmerksamkeitsverhaltens, die man zu benötigen glaubte, um diverse Formen perzeptueller und kognitiver Tätigkeit empirisch beobachten und bewerten zu können.[44] Das Tachistoskop ist »ein Instrument zur Präsentation visueller Reize – eines Bildes, eines Worts oder einer Gruppe von Symbolen –, wobei die Dauer der Reizeinwirkung extrem kurz ist. Das Auftreten und Verschwinden des ganzen Feldes geschieht praktisch instantan.«[45] Natürlich war dieses Augenblicklichkeitsideal, wie viele Forscher später zeigen sollten, eine Chimäre.[46] Nichtsdestoweniger war mit dem Tachistoskop der Anspruch verbunden, eine Untersuchung spezifischer physiologischer Kapazitäten zu ermöglichen, aus denen die Zeit als Variable praktisch ausgeschieden wäre. Es beruhte zumindest implizit auf der Annahme, daß die einzige für einen menschlichen Beobachter mögliche »Präsenz« notwendig eine mechanisch produzierte sei, und lieferte den Schein oder die Phantasie von einer diskreten, quantifizierbaren und von der gelebten Dynamik des Körpers abgelösten

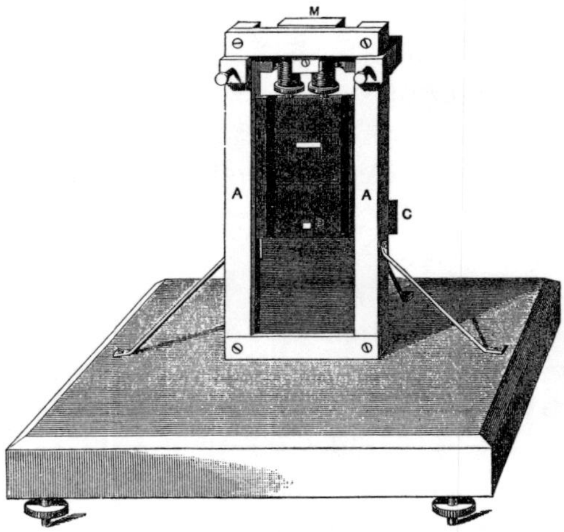

Abb. 90 Tachistoskop, späte 1880er Jahre.

Wahrnehmung, so wie in der gleichen Zeit Hermann Ebbinghaus versuchte, die Operationen des Gedächtnisses auf der Grundlage von sinnleeren Silben oder abstrakten verbalen Einheiten zu quantifizieren.[47] Friedrich A. Kittler verweist darauf, daß zu den entscheidenden Faktoren von Ebbinghaus' Projekt die Annahme gehörte, daß »gerade am reinen Unsinn ... Spezifitäten des Merkens« zutage treten, »die keine Hermeneutik auch nur ahnen kann«.[48]

Die tachistoskopischen Daten wurden von einer technologischen Anordnung erbracht, die Körper und Auge immobilisierte, d. h. die Geschwindigkeit des mechanischen Verschlusses überstieg die muskulären Fähigkeiten des Auges bei weitem. Bei diesem Verfahren mußte vor allem eine Anforderung erfüllt sein: es war (auch wenn dies ein hochproblematischer Begriff war) nur ein einziger Blick erlaubt, und die Augen durften keine Zeit haben, ihr Zentrum während der Messung zu verschieben, will sagen sie durften nicht die zeitliche Möglichkeit haben, zwei verschiedene Blicke auf dasselbe Feld zu werfen. Bereits 1906 gelang es, Augen bei der Beobachtung von tachistoskopischen Experimenten von weniger als einer hundertstel Sekunde Dauer zu photographieren, und tatsächlich konnte man keine nennenswerte Verschiebung der Fixation entdecken. Das Experiment gehört zu den zahlreichen im Kontext technologischer Modernisierung auftretenden Fällen, in denen erhöhte mechanische Geschwindigkeiten umgekehrt mit neuen Formen körperlicher Stasis verbunden sind.[49] Als im späten neunzehnten Jahrhundert die Aufmerksamkeit zu einem zentralen Problem wurde, wurde sie in den meisten Fällen als eine physische Modalität von (relativer) Bewegungslosigkeit verstanden, und zwar innerhalb einer Lebenswelt, die in wachsendem Maß durch die Erfahrungen von Geschwindigkeit und Mobilität geprägt war.

Auf praktischer Ebene erfüllte das Tachistoskop mit seinem Hochgeschwindigkeitsverschluß seinen Zweck: es konnte mechanisch Verhältnisse produzieren, unter denen sich das Auge verhielt, als sei es *bewegungslos* und nehme zugleich Reize »augenblicklich« war. Vorausgesetzt war dabei der Begriff der »inextensiven Sensationen«. In diesem Sinn produzierte das Gerät seine eigene, genau kontrollierte Form »fixierten Sehens«. So wollte man zum Beispiel herausfinden, wie viele Einzelelemente ein aufmerksamer Beobachter erfassen könnte, ohne die Augen von Punkt zu Punkt zu bewegen oder ohne einfache geistige Operationen anzustellen (wie Additionen oder andere Berechnungen). Dies nannte man den »Aufmerksamkeitsbereich«. Die Experimente, die mit Hilfe dieser frühen Laborausrüstung unter anderen von Wundt durchgeführt wurden, zeigten, daß es, anders als die Assoziationisten meinten, möglich war, verschiedene Dinge simultan aufzufassen.[50] Allerdings handelte es sich dabei nicht um die Wahrnehmung einer aus einer Handvoll separater Elemente bestehenden »Gestalt«. Das Bewußtsein konnte paradoxerweise selbst in einer Erfahrung, die der zeitlichen Dimension beraubt war, eine gewisse elementare Anschauung von Pluralität haben.

Das Tachistoskop wurde für ein gewisses Ideal experimenteller Kontrolle paradigmatisch. Um die Jahrhundertwende gab es Dutzende von Laboreinrichtungen, die auf ähnliche Weise erzeugte Daten lieferten, auf deren Basis ein quantifizierbares Bild der psychophysiologischen Kapazitäten des Subjekts möglich war. Zugleich war das Tachistoskop ein Modell dafür, wie man für dieses Subjekt äußere Reize (oder Erfahrungen) produzieren konnte. Die Versuchsperson wurde als ein *erwartungsvoller* Beobachter vor einem Schirm postiert, der mit einem mechanischen »Vorhang« bedeckt war. Wesentlich war, daß die Versuchsperson die kurze Öffnung dieses Vorhangs, die das Dahinterliegende in jedem Fall freilegen würde, im Geist antizipierte. Ihre Augen waren auf einen festgelegten Fixationspunkt gerichtet (dessen räumliche Lokalisierung mit der Ebene des noch verdeckten Bildschirms virtuell identisch war) und mithin schon im voraus konvergierend und fokussiert, wodurch wiederum die Temporalität des optischen Bewegungs- und Anpassungsvorgangs eliminiert wurde. Man achtete sorgfältig darauf, daß die Lichtwerte in diesem »Expositionsvorfeld« mit denen des Expositionsfelds übereinstimmten, so daß das Auge sich nicht auf neue Lichtverhältnisse einstellen mußte. Außerdem durfte die Tätigkeit des Verschlusses nicht wahrnehmbar sein, damit das Auge ihr nicht unwillkürlich folgen könnte, und sie mußte völlig geräuschlos vor sich gehen. Paradoxerweise zielten all diese Maßnahmen darauf ab, die Kontinuität und Selbigkeit der vom Beobachter gemachten subjektiven Erfahrung zu sichern, während die kurze Freilegung des Schirms diese gleichbleibende Identität gerade zerriß. Das Tachistoskop war Bestandteil eines umfangreichen Projekts zur Gewinnung von Kenntnissen, die eine Rationalisierung des wahrnehmenden Menschen und die Steuerung seiner Aufmerksamkeit gestatten sollten; dies aber mittels einer Fragmentierung des Sehens, die vielleicht noch einschneidender war als bei sämtlichen Frühformen des Kinos und der Hochgeschwindigkeitsphotographie. Dieser Apparat ist ein Beispiel dessen, daß die Produktion von »Schocks« zu den integra-

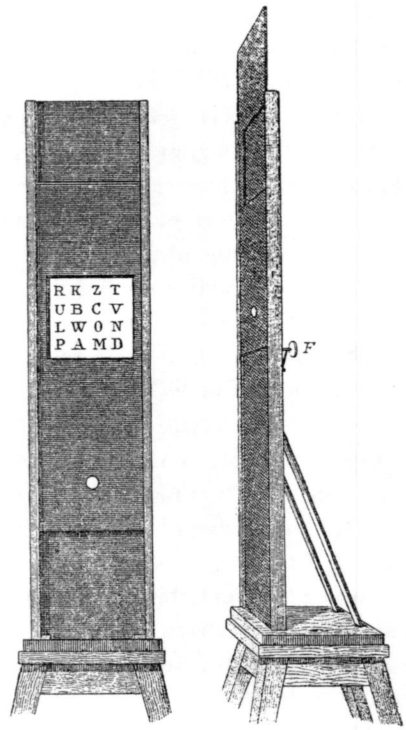

Abb. 91 Laborgeräte für Versuche zur instantanen visuellen Wahrnehmung, 1880er Jahre.

len Bestandteilen der institutionellen Bestimmung der Normen des menschlichen Verhaltens und Reagierens gehörte.[51] Statt eines visuellen Kontinuums, das den Zusammenhang der Welt aufrechterhält, wird der Abbruch oder die Unterbrechung des Sehens zum primären Element innerhalb der Wahrnehmungserfahrung, denn die Launen und Ungewißheiten des »normalen« Sehens lassen sich nur in der »Reinheit« des instantanen Abbruchs ausschalten.[52] Wie bei anderen neuen Technologien, die in diesem experimentellen Milieu Gestalt annahmen, wurde hier zumindest die Möglichkeit einer reinen Empfindung *ohne* Wahrnehmung postuliert.

Es ist bemerkenswert, daß das Tachistoskop in unmittelbarer zeitlicher Nachbarschaft zu den mechanischen Verschlüssen entwickelt wurde, die Muybridge in den späten siebziger Jahren für seine Momentphotographien benutzt hatte. Der doppelt wirkende Verschluß an Muybridges Gerät hat zahlreiche operationale und strukturale Parallelen mit dem Standard-Tachistoskop in den späten achtziger Jahren, und eine rein instrumentale Geschichte der technologischen Erfindung wäre zweifellos imstande, wesentliche Verbindungen zwischen ihm und anderen verwandten Geräten nachzuweisen. Wichtiger ist jedoch, daß beide Apparate neue mechanische Geschwindigkeiten in das Gebiet der menschlichen Wahrnehmung einführten. Muybridges Maschinen dienten größtenteils dazu, die Erscheinung durch die Produktion von *konsekutiven* Bildern zu rekonstruieren. Das Tachistoskop dagegen wurde benutzt, um nichtkonsekutive visuelle Reize zu erzeugen, die nicht in einem Zeitverlauf verarbeitet werden konnten. Um die Jahrhundertwende wurden, parallel zur Entwicklung gewisser kinematographischer Techniken, in manchen Laboratorien *Projektions*-Tachistoskope entwickelt. Mit ihren ultraschnellen »Schnitten« nehmen solche Experimente zweifellos die Effekte der Hochgeschwindigkeitsmontage im Kino vorweg, bei denen die Wahrnehmungsgrenzen erreicht sind und die Frage der unterschwelligen Bilder auftritt.

Zu denen, die schon früh das Tachistoskop einsetzten, gehört neben anderen James McKeen Cattell, eine der Hauptfiguren in der amerikanischen Psychologie des neunzehnten und frühen zwanzigsten Jahrhunderts.[53] Die Ursprünge von Cattells ungeheuer einflußreichen Arbeiten über Aufmerksamkeitsspanne und Reaktionszeit lassen sich bis in seine Leipziger Studienzeit unter Wundt in den frühen achtziger Jahren zurückverfolgen. Nach seiner Rückkehr nach Nordamerika an die Columbia-Universität wandte sich Cattell wie viele andere Psychologen seiner Generation von Wundts Bemühungen ab, die Charakteristika und das Funktionieren eines verallgemeinerten »Bewußtseins« zu bestimmen, und beschäftigte sich stattdessen mit der genauen Psychometrie des individuellen Verhaltens. Eine große Zahl von »mentalen Tests«, die das ganze zwanzigste Jahrhundert hindurch gebräuchlich waren, geht auf die von Cattell und anderen in den neunziger Jahren geleistete Arbeit zurück. Gleichzeitig steht sein Name für die Ablehnung zahlreicher Annahmen, die auf die Psychophysik und ihre Versuche, innere mentale Zustände mit externen physischen Reizen zu verbinden, zurückgingen. In dieser Interessenverschiebung von innerer oder introspektiver Erfahrung zugunsten von Daten, die durch objektive und extern kontrollierte Beobachtung gewonnen waren, nimmt Cattell in mancher Hinsicht den Behaviorismus des frühen zwanzigsten Jahrhunderts vorweg. Weit offener als die Psychologen der vorherigen Generation benannte Cattell die Ziele seiner Arbeit, indem er diese knapp als »die Anwendung systematischen Wissens zur Kontrolle der menschlichen Natur« charakterisierte.[54]

Cattell gehört in den Zusammenhang eines viel größeren Unternehmens zur Sammlung von Wissen über die Wahrnehmung, das es erlauben sollte, das subjektive Leben an maschinelle Operationen, Geschwindigkeiten und Zeitlichkeiten anzupassen, gerade so wie er in seinen eigenen Forschungen die Versuchspersonen vergleichbaren maschinellen Geschwindigkeiten und Bewegungen aussetzte. Man suchte innerhalb derselben perzeptuellen Instabilitäten, die auch Cézanne und andere erforschten, nach Konstanten und Gewißheiten. Cattell ging es darum, im Rahmen einer »Psychologie der menschlichen Fähigkeiten« die spezifischen Faktoren zu bestimmen und zu messen, die die *Leistung* eines Individuums verändern konnten.[55] Das Tachistoskop war wie andere chronometrische Vorrichtungen für ihn beim Quantifizieren diverser Typen von Leistungsverhalten von besonderer

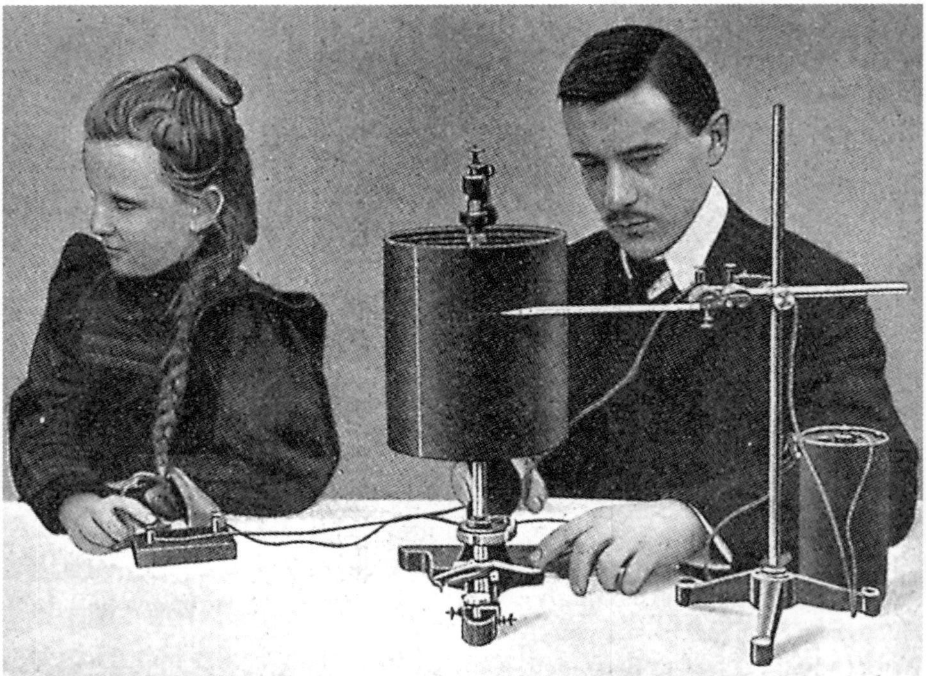

Abb. 92 Experiment zur Reaktionszeit bei akustischer Reizung, späte 1890er Jahre.

Wichtigkeit.[56] Vielleicht war die Reaktionszeit das bei weitem wichtigste Gebiet, auf dem er mit diesen Geräten, die bald zur Standardausrüstung der Laboratorien wurden, einen echten Durchbruch erzielte. Eine typische Frage war, wie es möglich wäre, die Schnelligkeit zu erhöhen, mit der ein Beobachter gewisse Objekte in einem visuellen Feld erkennen kann. Aber gegen Ende der achtziger Jahre hatte Cattell bereits Ziele, die über die Messung der »einfachen« Reaktionszeit, der Zeit, die für Reaktion, Unterscheidung oder Assoziation benötigt wurde, weit hinausgingen, denn er versuchte schon, signifikantere Komponenten der menschlichen Subjektivität, etwa »wie lange man braucht, um sich ein Urteil oder eine Meinung zu bilden«, zu messen.[57] Die Experimente erbrachten ein reiches Informationsmaterial: zum Beispiel, wie die Reaktionszeit bei anwachsender Reizintensität, etwa bei größerer Licht- oder Geräuschstärke, abnahm.[58] Man sammelte also Wissen darüber, wie in Situationen, in denen die Reaktionszeit eine Rolle spielte, eine Steigerung von Produktivität und Effizienz erzielt werden konnte. Gleichzeitig wurden, im Hinblick auf spezifische pathologische Störungen von Aufmerksamkeit und Reaktion, normative Modelle der Reaktionszeit aufgestellt.[59]

Die Reaktionszeit war jedoch nicht nur wegen ihrer Rolle innerhalb der Rationalisierung der Arbeit wichtig. Sie war, was von noch größerer Bedeutung war, Ausdruck einer grundsätzlichen Neuverortung des wahrnehmenden Menschen in einem *Unterwerfungs*-Verhältnis unter eine nunmehr in autonome und abstrakte Reize zerfallene objektive Welt.[60] Sie beschreibt eine generalisierte aufmerksame Erwartung und kinetische Anpassung an maschinelle Geschwindigkeiten und Rhythmen, die sich von denen des Körpers dramatisch unterscheiden. Diese sozial produzierte, wachsame Aufmerksamkeit und diese motorische Bereitschaft waren mit den damals neuen Mustern von Produktion und spektakulärer Konsumtion allerdings noch nicht völlig kompatibel. Es war besonders das Aufkommen des Automobils (und der von ihm generierten »prothetischen« Verhältnisse), durch das sich diese Muster herausbildeten, und sie bleiben in der gegenwärtigen digitalen Kultur, in der das Funktionieren einer maschinellen Schnittstelle zwischen Körper und Computertastatur eine verwandte temporale Prägung des Alltagslebens verkörpert, in intensivierter Form intakt. Der Gebrauch eines Computers schafft in den meisten Fällen ein psychisches Feld erwartungsvoller Aufmerksamkeit, innerhalb dessen man unvermeidlich trainiert, die Reaktionsgeschwindigkeit auf bestimmte Befehle und Funktionen so weit wie möglich zu steigern und am Ende vielleicht sogar ein wenig Befriedigung aus diesen gewohnheitsmäßigen mechanischen Tätigkeiten zu beziehen. Das Interesse an der Reaktionszeit war also, innerhalb der Gesamtheit spezifischen institutionellen Wissens und disziplinärer Praktiken, eine Konsequenz jener im neunzehnten Jahrhundert stattfindenden epistemologischen Verschiebung hin zu Theorien des subjektiven Sehens und verwandten physiologischen Paradigmen.

Es war besonders eine physiologische Entdeckung, die für die spätere Forschung über die subjektive Erfahrung von ungeheurer Tragweite sein sollte: die Messung der Nervenleitungsgeschwindigkeit, die Helmholtz 1850 gelungen war.[61] Zuvor hatte man allgemein angenommen, die Zeit, die ein Reiz für das Durchlaufen der Nervenbahn bis zum Gehirn brauchte, sei bis zur Unmeßbarkeit gering, und die Erfahrung des Reizes geschehe praktisch *simultan* mit dessen Einsetzen. Helmholtz' Berechnung der Zeit, die die Elektrizität zum Durchlaufen des menschlichen Nervensystems brauchte, erregte Erstaunen durch ihre *lange Dauer*: ungefähr siebenundzwanzigeinhalb Meter pro Sekunde. Diese Statistik schärfte das Gefühl der Disjunktion zwischen der Wahrnehmung und ihrem Gegenstand und schien darüber hinaus verblüffende Möglichkeiten zu eröffnen, in diese Kluft zwischen Reiz und Reaktion einzugreifen und ein Subjekt im Sinne dieses neuen experimentellen Gebiets der »Reaktionszeit« umzudefinieren. Es wurde deutlich, daß man das Sehen nicht mehr im Sinne der Augenblicklichkeit oder einer unproblematischen Präsenz denken konnte.

Zunächst hielt man die Reaktionszeit für eine Messung des Intervalls zwischen dem Einsetzen einer Reizung (visueller, akustischer oder taktiler Art) und der motorischen Reaktion eines Organismus. Die Forscher glaubten, sie seien dabei, die Zeit zu quantifizieren, die zwischen dem Erkennen eines äußeren Signals und dem Organisieren einer Reaktion darauf benötigt wird. Zu den epistemologischen Konsequenzen aus Helmholtz' Entdeckung gehörte jedoch die Erkenntnis, daß die von uns als gegenwärtig erfahrene Welt in Wirklichkeit die ist, die einen kleinen Sekundenbruchteil vorher da war – daß das scheinbar Gegenwärtige eigentlich das Vergangene ist.[62] Selbst das Tachistoskop, das den von Wundt so genannten »Präsenzzustand« der Wahrnehmung stabilisieren sollte, fand in Wirklichkeit innerhalb eines Ensembles von in der Zeit ablaufenden physiologischen Vorgängen Anwendung.

Wenn ich hier diese Probleme der Perzeptionsforschung im neunzehnten Jahrhundert diskutiere, dann kommt es mir auf den epistemologischen Status an, den die betreffenden Wissenschaften, ob Biologie, Physiologie oder Psychologie, überhaupt einnehmen. Foucaults These über die Bedeutung der Biologie und das schwer faßbare Problem des »Lebens« im neunzehnten Jahrhundert kommt hier besonderes Gewicht zu: das Wesen des menschlichen Lebens hört auf, im tabularen Raum der klassischen Repräsentation darstellbar zu sein, und wird statt dessen im Sinne seiner zeitlichen Existenz, im Sinne von Funktionen und Energien verstanden, die sich außerhalb der Unmittelbarkeit der klassischen Sichtbarkeit entfalten und entwickeln. Das »Leben« selbst wird »zu einer fundamentalen Kraft, die sich dem Sein entgegenstellt wie die Bewegung der Bewegungslosigkeit, die Zeit dem Raum ... Die Erfahrung des Lebens gibt sich also als allgemeinstes Gesetz der Wesen, als das Hervorbringen jener primitiven Kraft, von der her sie existieren. Sie funktioniert wie eine wilde Ontologie. . .«[63] Wenn aber, in der epistemischen Sprache Foucaults zu reden, im neunzehnten Jahrhundert das Sein durch das Werden ersetzt wird, dann ergibt sich für die quantitativen Wissenschaften das Problem, wie Untersuchungsgegenstände zu formalisieren wären, die sich in Form von Entwicklung, Wechsel, Wachstum oder Verfall darstellen. Das Problem war offenkundig nicht, daß die Wissenschaft die Temporalität ihrer Gegenstände leugnete, sondern es bestand darin, diese Zeit in Elemente zu übersetzen, die diversen (wenn auch nicht notwendig mathematischen) Formen von Kontrolle und Rationalisierung zugänglich wären.[64] Die Aufmerksamkeit verlangte als Gegenstand des Wissens die Anerkennung dessen, daß die Wahrnehmung wesentlich temporal und instabil, aber auch (wie das Beispiel des Tachistoskops bewies), bei entschlossenem und gründlichem Studium, manipulierbar und in gewissem Grade stabilisierbar war.

Zu den vielen Versuchen der Wissenschaft, das menschliche Leben zu formalisieren, gehört der im späten neunzehnten Jahrhundert formulierte Begriff des Reflexbogens. Eine Bestätigung erhielt die Hypothese des Reflexbogens paradoxerweise ebenso durch die Entdeckung der geringen Geschwindigkeit der Nervenübertragung wie durch die hohe Geschwindigkeit der Laboratoriumsapparatur. Der Reflex wurde zu einer diskreten Einheit, mit deren Hilfe das jetzt im Sinne von Verhalten, Funktionen oder Anpassung an eine Umwelt verstandene Leben analysiert werden konnte. Darüber hinaus aber wurde er auch von Bergson bis Merleau-Ponty fast bis zum Exzeß zur Zielscheibe für Angriffe, die von einer ganzen Reihe von Vitalismen, Lebensphilosophien, Phänomenologien und Gestaltpsychologien ausgingen. Immer wieder kritisierte man den Reflexbegriff als Teil eines Versuchs, Leben und

Verhalten auf einen dinglichen Status, das Komplexe aufs Einfache zu reduzieren. Als imaginäres topographisches Modell beschrieb der Reflexbegriff einen virtuellen Kreislauf oder eine Bahn von neuralen Ursachen und Wirkungen, und auf empirischer Ebene erwies er sich schließlich als unhaltbar. Nach Jean Laplanche ist er ein Schema, das »aus einer falschen, ja kindischen Physiologie abgeleitet ist«.[65] Nichtsdestoweniger erfüllte er innerhalb eines weit umfassenderen institutionellen Projekts, in dem die menschliche Person als Objekt von Techniken externer Steuerung und Kontrolle figurierte, nach wie vor seinen Dienst, und er sollte einen Begriff gebären, der, obwohl chimärisch, zu denen gehörte, die in der Einbildungskraft des Westens im zwanzigsten Jahrhundert eine einzigartige Rolle spielten: den bedingten Reflex.

Ich gehe hier auf diesen Begriff ein, weil er historisch eine der Weisen darstellt, wie die Aufmerksamkeit in der Wissenschaft vom menschlichen Verhalten verortet wurde. In bestimmten Denkschulen nahm die Aufmerksamkeit, als Bestandteil des zentralen zerebralen Prozesses, der durch den Beginn der Reizung ausgelöst wurde und dann die Vorbereitung einer motorischen Reaktion auf sie ermöglichte, einen mittleren Platz auf dem Reflexbogen ein. Der Reflexbegriff wurde angegriffen, weil er einen unantastbaren Zug des menschlichen Wesens zu ignorieren oder direkt aufzulösen schien, während er jenseits diverser Mythen von der organischen Ganzheit der Subjektivität oder des Unterschieds zwischen »natürlichen« und »künstlichen« Empfindungen auf konkrete Weise neue Formen sensorischer Erfahrung produzierte. Ebenso hartnäckig wie fälschlich unterstellte man den Verteidigern des Reflexbegriffs den Glauben, er habe eine einheitliche physiologische Identität (was eindeutig nicht der Fall war) oder das menschliche Leben sei buchstäblich nichts als eine Ansammlung von separaten Reiz-Reaktions-Kreisläufen, ohne zur Kenntnis zu nehmen, daß der Reflex in den Augen seiner diversen Theoretiker lediglich eine in *praktischer Absicht* vorgenommene Neukonfiguration des Verhaltens war, durch die es in einer Weise beschrieben wurde, die eine externe Intervention und Kontrolle zu erleichtern oder zumindest deren Möglichkeit zu postulieren geeignet war.

John Dewey lieferte in seinem 1896 erschienenen Essay »Der Begriff des Reflexbogens« eine der berühmtesten frühen Kritiken dieses Gedankens. Die von Dewey vorgetragenen Argumente sollten in der Folge noch oft zu hören sein, nicht zuletzt in der Gestalttheorie der zwanziger Jahre. Im wesentlichen behauptete er, das Verhalten könne nicht auf sinnvolle Weise in elementare Bestandteile zerlegt werden. »Der Gedanke des Reflexbogens, so wie er gewöhnlich benutzt wird, ist unzulänglich, weil er den sensorischen Reiz und die motorische Reaktion als distinkte physische Größen annimmt, während sie in Wirklichkeit immer koordiniert sind und ihre Signifikanz nur von dieser Koordination her beziehen.«[66] Dagegen setzte Dewey das Bild eines Subjekts, das als ständige sensorische Schnittstelle mit einer Welt funktioniert, die »eine ununterbrochene, kontinuierliche Umverteilung von bewegter Masse ist ... Es gibt nichts, was als Reiz isoliert werden kann, nichts, was reagiert, nichts, was Reaktion ist. Alles was es gibt, ist ein Wechsel im System der

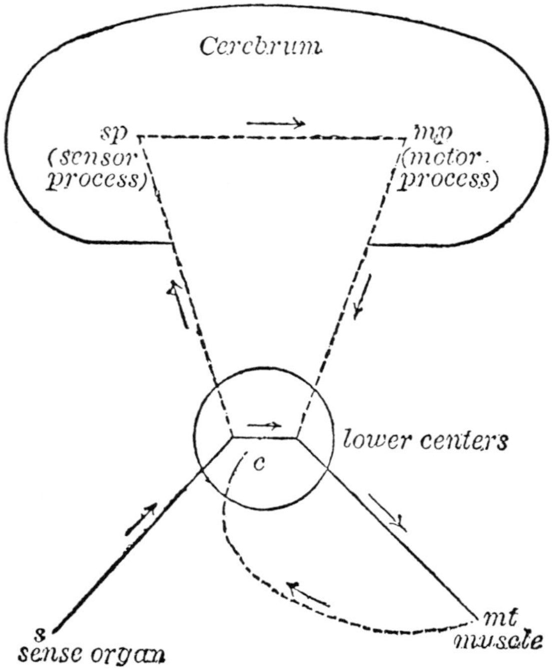

FIG. 10.

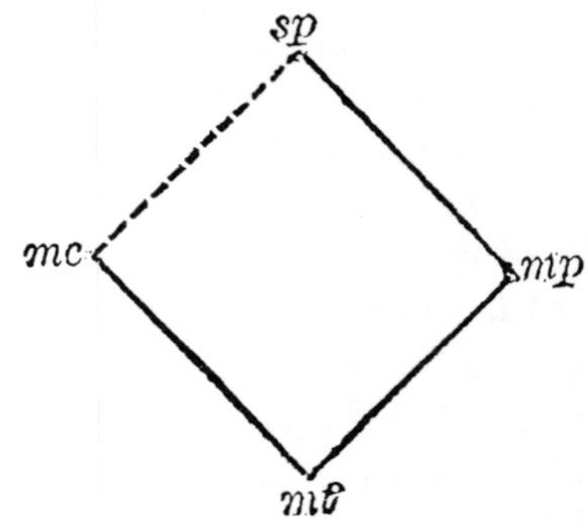

FIG. 11.

s, c, mt = reflex circuit (1. and 2. of text).
s, c, sp, mp, c, mt = voluntary circuit (3. of text).

Abb. 93 Darstellung des Reflexbogens aus einem Handbuch, Mitte 1890er Jahre.

Spannungen.«[67] Es kam ihm darauf an, daß der »Reiz« niemals vom *Gesamtzustand* des Organismus isoliert werden könne und daß das Individuum nicht auf irgendeine punktuelle Sensation reagiere, sondern auf seine eigene Totalverfassung, die eine Einheit von vielen Prozessen und Bewegungen ist. Zugleich bestand er darauf, daß menschliches Handeln immer eine teleologische Erklärung involviere, bestand darauf, »daß Organismen Sinn in die Welt bringen«.[68] Die Aufmerksamkeit war also für Dewey kein distinktes und diskretes Intervall in der Mitte einer linearen Sequenz von Reiz und Reaktion, sondern eine kontinuierliche und variable Tätigkeit, die ununterbrochen einer Reorganisation ihres Brennpunkts und ihrer Intensität unterzogen wurde. Er lehnte auch den Gedanken ab, es sei möglich, die Funktion eines einzelnen Sinns, etwa des Auges oder des Ohrs, zu isolieren, und behauptete statt dessen die konstante Mitwirkung einer multisensorischen Aktivität.[69]

Der denkwürdigste Teil von Deweys Kritik besteht vielleicht in seiner Charakterisierung des Reflexes als Idee, die, »statt die Einheit der Tätigkeit zu sehen«, Ganzheit und Kontinuität gleichermaßen auflöst und »uns nichts als eine Reihe von Stößen zurückläßt, wobei der Ursprung des Stoßes jedesmal außerhalb des Erfahrungsprozesses selbst zu suchen ist«.[70] Dieses Bild, das an diverse Arten von damals durchgeführten Experimenten erinnert, in denen bei Tieren durch elektrische Reizung unwillkürliche Bewegungen hervorgerufen wurden, steht für eine Schockerfahrung und für eine perzeptuelle Disjunktion, die mit Deweys Vision vom schöpferischen menschlichen Handeln unvereinbar war.[71] Tatsächlich war der »Stoß« – im Hinblick auf die industrielle Produktion, die spektakuläre Konsumtion oder die technologische Modernisierung – eine sprechende und zutreffende Metapher für viele Erfahrungsbereiche innerhalb einer urbanen kapitalistischen Lebenswelt in Nordamerika und Europa, für Erfahrungsbereiche, in denen weit mehr die automatische oder passive Reaktionsbereitschaft angesprochen wurde als das unterscheidende Bewußtsein, mit dem das Individuum schöpferisch auf seine soziale Umwelt antwortet. Deweys Zurückweichen vor dem »Stoß« ist ein Zeichen seiner Weigerung anzuerkennen, in welchem Ausmaß sein Ideal der rationalen, sozialen und steuernden Kontrolle unvermeidlich seine Hoffnung auf den individuellen Ausdruck irgendeiner natürlichen, sich selbst anpassenden »Koordinierung« einschränken, mit ihr in Konflikt geraten mußte.[72] Dewey gebrauchte in seiner Frühzeit das Bild von einem Subjekt, das sich isoliert in einem dunklen und völlig unbekannten Raum befindet, in dem in gewissen Intervallen ein elektrischer Funke zu sehen wäre.[73] Trotz dieser Annahme einer äußersten (an das Tachistoskop erinnernden) sensorischen Verarmung behauptete Dewey jedoch nichtsdestoweniger, daß das Individuum den atomisierten Charakter dieses reduzierten Wahrnehmungsfelds durch die apperzeptiven Erfahrungen von Antizipation, Gedächtnis und die Vorbereitung auf künftiges Handeln transzendiere. Das menschliche Leben ist für ihn niemals eine indifferente Abfolge von blitzhaften Augenblicken, sondern immer ein kontinuierlicher Prozeß existentieller Anpassung und Korrektur. Wie James den Begriff des Stroms, so gebraucht Dewey den der Kontinuität, um ein Ideal von Einheit und Ganzheit aufrechtzuerhalten, das er zu benötigen glaubte, um eine unannehmbare Desintegration der individuellen Erfahrung abwehren zu können.[74] Weder Dewey noch James zogen je die Möglichkeit in Betracht, daß abrupte Brüche oder schroffe Disjunktionen ebenfalls die Fähigkeit haben könnten, die Grenzen des Denkens oder der kognitiven Wahrnehmung mit Leben zu erfüllen oder zu erweitern. Der perzeptuelle Schock, der Stoß oder der Bruch, gehören jedoch, insbesondere in ihrer motorischen Komponente, zu den Formen des modernen Wissens, durch welche der zusammenhanglose Charakter der Wirklichkeit direkt sinnlich erfahren werden kann.

Die Debatten, die in den neunziger Jahren über die Perzeptionserfahrung geführt wurden, betrafen auch die Frage nach der wesentlichen Verfaßtheit der Wahrnehmung überhaupt. Obwohl Philosophie und Wissenschaft die Instabilität, Unzuverlässigkeit, Opazität und allgemeine Beschränktheit der menschlichen Sinne durchweg anerkannten, gab es dennoch, auch in den visuellen Künsten, diverse Anstrengungen, eine Kernfunktion oder -manifestation »reiner« Wahrnehmung zu definieren oder zu determinieren. Instrumente wie das Tachistoskop waren zweifellos Teil einer Bemühung, ein elementares und destilliertes Funktionieren von sensorischen Fähigkeiten zu isolieren und wenn möglich außerhalb eines Bereichs von Irrtum, Zerstreuung und vor allem Introspektion zu beobachten. Sehr wichtig ist, daß das Interesse an der Sinneserfahrung in Form reiner Wahrnehmung (in Wissenschaft, Philosophie oder Kunsttheorie) ein Interesse an einer Wahrnehmungserfahrung war, die der Erfassung eines eine Außenwelt repräsentierenden Bildes vorausging (oder sich von ihr unterschied).[75] Wenn das klassische Camera-obscura-Modell des Sehens und verwandte Formen des Empirismus kulturell dominant geblieben wären, wäre die Aufmerksamkeit niemals zu einem zentralen Problem geworden.

Aber was ist eine »reine Wahrnehmung«, wenn das Sehen die Welt nicht mehr direkt und als Einheit erfaßt? Was passiert, wenn Wahrnehmung nicht mehr notwendig synonym ist mit Präsenz? In den neunziger Jahren hat neben Cézanne vielleicht am intensivsten Henri Bergson über diese Frage nachgedacht. *Materie und Gedächtnis* (1896) ist ein Text, der mit weitgefächerten Debatten und Untersuchungen über die Natur von Wahrnehmung und Aufmerksamkeit durchsetzt ist. Indem er die Frage nach der »reinen Wahrnehmung« stellt, tritt er wie das Spätwerk Cézannes in eine Neubestimmung des Status ein, der dem Bild zukommt. Was Cézanne und Bergson bei dieser Neubestimmung teilen, ist die Erkenntnis, daß eine anhaltende perzeptuelle Erfahrung niemals etwas ergibt, was im traditionellen Sinn »rein« ist, daß die tiefsten Formen der Wahrnehmung irreduzibel »gemischt« und komposit sind.[76] Dennoch sind die Projekte von Cézanne und Bergson, wie ich zeigen will, in ihren Grundambitionen letztlich verschieden, wenn nicht gar unvereinbar.

Materie und Gedächtnis ist ein Buch, das für den Leser eine Anzahl von Schwierigkeiten bereithält. Es ist keine systematische begriffliche Darstellung, sondern folgt einer »genetischen Methode« – ist ein umherstreifendes Erforschen (und Ablehnen) von vielerlei Hypothesen und ein allmähliches Akkumulieren von Gedanken über die Natur von Wahrnehmung und Gedächtnis, bis es auf gewundenen Wegen schließlich bei seinen eigenen, einprägsamen Schlußthesen ankommt. Im Zentrum von Bergsons Unternehmen steht der Versuch, ein Wahrnehmungsmodell aufzustellen, das sich den diversen routineartigen und verdinglichten Formen der Wahrnehmungserfahrung innerhalb der im Westen herrschenden urbanen und wissenschaftlichen Kultur des späten neunzehnten Jahrhunderts widersetzen würde. Was die »reine« Wahrnehmung betrifft, so läßt er sie nicht einmal als Möglichkeit gelten, um dann schließlich spezifische Typen von Aufmerksamkeit als Arten der Wahrnehmung zu bewerten, denen höchste ethische und ästhetische Möglichkeiten innewohnen.

Für Bergson ist die reine Wahrnehmung ein Ideal, das »mehr dem Rechte als der Tatsache nach besteht, eine Wahrnehmung, die ein Wesen in meiner Lage haben würde, das lebte, wie ich lebe, das aber von der Gegenwart absorbiert und fähig wäre, durch Elimination des Gedächtnisses in allen seinen Formen von der Materie eine unmittelbare und rein momentane Anschauung zu haben«. Sie ist der Traum von einer inhumanen Unmittelbarkeit, von einer Äußerlichkeit – ist die Idee eines ursprünglichen und fundamentalen Perzeptionsakts, durch den wir »zur Wurzel unserer Kenntnis von den Dingen« vorstoßen, eine Wahrnehmung, die ein Bewußtsein voraussetzt, »welches ganz in der Gegenwart befangen, von jeder anderen Funktion ausgeschlossen und nur der Aufgabe hingegeben [wäre], sich rein nach dem äußeren Gegenstande zu formen«.[77] Für Bergson ist dieser Traum nur als Hypothese nützlich. Die Wahrnehmung, wie instantan sie immer scheinen mag, ist für ihn eine Dauer, die die Vergangenheit in die Gegenwart hinein verlängert und dabei, indem sie dieser einen kompositen Status mitteilt, unvermeidlich ihre »Reinheit« kontaminiert. Die Empfindungen, die das Tachistoskop produzierte, wären ein Beispiel für die Verarmung gewesen, die mit dem Versuch, die unmögliche Reinheit zu erreichen, einherging. (In den späten neunziger Jahren schreibend, zitiert Bergson Forschungsergebnisse, wonach »das kleinste Intervall der leeren Zeit, das uns zum Bewußtsein kommt ... zwei Tausendstel einer Sekunde« beträgt.[78]) Daneben verwirft Bergson die Vorstellung eines reinen Gedächtnisses oder einer reinen Erinnerung und identifiziert als das Hauptproblem, das ihn beschäftigen wird, die diversen Arten, wie Gedächtnis und Wahrnehmung sich gegenseitig durchdringen. Ein Ausgangspunkt sind für ihn unter anderem die Annahmen, die dem Gedanken des Reiz-Reaktions-Kreislaufs zugrunde liegen. Bergson macht auf das aufmerksam, was in einem solchen Modell ignoriert wird: die Komplexität dessen, was *zwischen* dem Gewahrwerden der Reizung und der Reaktion darauf passiert. Für ihn ist dieser Zwischenraum gleichbedeutend mit gelebter Erfahrung, und hier spielt die Aufmerksamkeit eine Schlüsselrolle. Die Weise, wie der aufmerksame Körper und der aufmerksame Geist die Empfindung verarbeiten, entscheidet nicht nur über das Wesen der Wahrnehmung, die man hat, sondern auch über den Grad von Freiheit der eigenen Existenz. Eine gewisse Ähnlichkeit mit Deweys Ideal der Koordination ist unverkennbar, wenn Bergson schreibt: »Die Aufgabe des Körpers war so, das Leben des Geistes gleichsam zu spielen, seine motorischen Ausdrucksbewegungen zu unterstreichen, ähnlich wie der Dirigent eines Orchesters durch seine Gesten mit der Partitur verfährt; das Gehirn hatte nicht nur die Aufgabe zu denken, sondern zu verhindern, daß das Denken sich in Träumerei verlor; es war ein Organ der *praktischen Reaktionsbereitschaft* [*attention à la vie*].«[79]

Materie und Gedächtnis zeigt, ganz kurz gesagt, daß die Aufmerksamkeit immer auf zwei Achsen operiert. Die eine ist eine Aufmerksamkeit auf den Fluß der äußeren Sensationen und Ereignisse, die andere ist ein Aufmerken auf die Weise, wie die Erinnerungen mit der »gegenwärtigen« Wahrnehmung koinzidieren oder von ihr abweichen. Das Maß an vitaler Autonomie, das ein Individuum besitzt, verhält sich proportional zur Nicht-Determiniertheit und Ungenauigkeit, mit der das Gedächtnis sich mit der Wahrnehmung überschneidet. Je »determinierter«, will sagen je habitueller und repetitiver meine perzeptuelle Reaktion auf meine Umgebung ist, desto weniger Autonomie und Freiheit besitzt meine individuelle Existenz. Wenn eine Handlung auf einen Reiz folgt, »ohne daß meine Persönlichkeit dabei interessiert wäre«, wird man »ein mit Bewußtsein ausgestatteter Automat«, und Bergson behauptet, daß die Mehrzahl unserer Alltagshandlungen »mit Reflexhandlungen viel Gemeinsames haben«.[80] Die reichsten und schöpferischsten Lebensformen finden in dem statt, was er beziehungsreich »eine Zone der Indeterminiertheit« nennt.

An seiner rhetorischen Oberfläche ist *Materie und Gedächtnis* ein friedfertiger Text, fern aller sozialen oder kulturellen Polemik; dennoch ist klar, worauf er abzielt. Bergsons Buch war, wie Walter Benjamin und ein paar andere erkannten, eine Antwort auf die allgemeine Standardisierung der Erfahrung und die Automatisierung der Wahrnehmungsreaktion um die Jahrhundertwende.[81] Die Art, wie die neuen Formen spektakulärer Konsumtion (besonders wenn sie als Neuheit auftraten) innerhalb einer Massengesellschaft grundsätzlich Redundanz und Gewohnheit zu produzieren schienen, verstörte Bergson offensichtlich.[82] Je konditionierter und voraussagbarer das menschliche Verhalten wurde, desto weniger sah er für das Gedächtnis an offenen Möglichkeiten, noch eine schöpferische Rolle darin zu spielen. Benjamin nannte Bergson einen herausragenden Vertreter der »Lebensphilosophie«, und man kann ohne falsche Vereinfachung sagen, daß *Materie und Gedächtnis* eine große Verteidigung der Fülle und Komplexität des menschlichen Lebens gegen das Eindringen »des Mechanischen« ist, wobei mit diesem Begriff nichts im konventionellen Sinn Technologisches gemeint ist (wie etwa bei Spengler), sondern wie bei Durkheim, der Bergsons Schulkamerad war, ein Fehlen von Komplexität.[83] Benjamin sah (trotz tiefer Vorbehalte), daß zwischen Bergsons Bestürzung angesichts der immer ärmlicheren Rolle des Gedächtnisses auf individueller Ebene und seiner eigenen Analyse des Verfalls der traditionellen Formen des kollektiven Gedächtnisses eine Verwandtschaft bestand.

Bergsons Darstellung der Person als potentielles »Zentrum der Indeterminiertheit« postuliert ein Subjekt, das fähig ist, die Gegenwart neu zu erschaffen, will sagen, einem in seinem Lebensmilieu herrschenden Zwangs- und Notwendigkeitsverhältnis zu entkommen. Das Buch wird durchzogen von gewissen evolutionären Grundannahmen: die höchsten und entwickeltsten Organismen (menschliche Wesen) haben potentiell die größte Unabhängigkeit gegenüber der triebbedingten Reaktion auf Umweltreize. »Mit einem Wort: je unmittelbarer die Reaktion sein muß, um so mehr muß die Wahrnehmung einer bloßen Berührung gleichen ... Aus dem Grade der Unabhängigkeit, über die ein Lebewesen verfügt, oder, wie wir sagen wollen, aus der Größe der Zone von Indeterminiertheit, die seine Aktivität umgibt, läßt sich a priori auf die Zahl und die Entfernung der Dinge, mit denen es in Berührung steht, schließen ... Diese Indeterminiertheit einmal als Tatsache genommen, konnten wir zu dem Schlusse kommen, daß es Wahrnehmungen geben muß, d.h. eine variable Beziehung zwischen dem Lebewesen und den mehr oder minder fernen Einflüssen der Gegenstände, die es beschäftigen.«[84] In gewissem Sinn versieht Bergson sein Modell einer »interesselosen«, ästhetischen Beziehung zur Welt mit einem evolutionären und biologischen Unterbau. Daß unsere Nervensysteme die

Reaktion auf einen Reiz nicht nur aufschieben können, sondern auch die Möglichkeit »variabler« Antworten haben, ist eine Voraussetzung für ein freies und autonomes Subjekt. Wichtig wird diese Variabilität vor allem aufgrund dessen, daß die Wahrnehmung von »tausend Einzelheiten aus unserer früheren Erfahrung« durchdrungen wird, und Bergson liefert einen ausführlichen Kommentar darüber, was zur Bestimmung der besonderen Qualität dieser »Verschmelzung« von Gedächtnis und Wahrnehmung beiträgt. Die Interaktion kann entweder auf schöpferische oder auf reaktive und gewohnheitsmäßige Weise stattfinden, aber er läßt keinen Zweifel, daß es letzteres ist, was häufiger stattfindet.

Eine ungenannte Zielscheibe in *Materie und Gedächtnis* ist das epistemologische Werk von Helmholtz, dessen Erklärung der Rolle, die das Gedächtnis in der Wahrnehmung spielt, mehrere Jahrzehnte lang von größtem Einfluß war. Dies war die umstrittene Theorie vom »unbewußten Schluß«. Helmholtz' Theorie der Wahrnehmung (die nicht nur seine eigenen Entdeckungen umfaßte, sondern auch eine Synthese der wichtigsten zeitgenössischen Arbeiten zur Optik, zur Physiologie und zur sensorischen Erfahrung war) trug im neunzehnten Jahrhundert entscheidend dazu bei, das Vertrauen in die Zuverlässigkeit von Sehen und Wahrnehmung zu erschüttern. Niemand vertrat entschiedener als er den Standpunkt, daß es keine direkte Übereinstimmung zwischen Sinneserfahrung und Gegenstand gebe. Seine gründliche Inventur der Physiologie des Sehens und des Hörens deckte jedoch nicht nur die Unzuverlässigkeit der Sinne auf, sondern legte auch den Grund für deren allmähliche Rationalisierung und Instrumentalisierung durch Übertragung ihrer Funktionen auf diverse Arten von maschinellen und technischen Prothesen. Aber so wie Helmholtz einerseits, wie ich an anderer Stelle gezeigt habe, für die tiefgehende Entwurzelung, für die Abtrennung des Sehens von den stationären Beziehungen eines klassischen Modells der geometrischen Optik steht, so unternimmt sein Werk auch umgekehrt eine »Reterritorialisierung« und Disziplinierung der Wahrnehmung. Die »Entwurzelung« und Destabilisierung ist evident in Sätzen wie den folgenden:

»Ich meine, dass es gar keinen möglichen Sinn haben kann, von einer anderen Wahrheit unserer Vorstellungen zu sprechen, als von einer *praktischen.* Unsere Vorstellungen von den Dingen *können* gar nichts anderes sein, als Symbole, natürlich gegebene Zeichen für die Dinge, welche wir zur Regelung unserer Bewegungen und Handlungen benutzen lernen. Wenn wir jene Symbole richtig zu lesen gelernt haben, so sind wir im Stande, mit ihrer Hilfe unsere Handlungen so einzurichten, dass dieselben den gewünschten Erfolg haben, d. h. dass die erwarteten Sinnesempfindungen eintreten.«[85]

Dieser Teil seines Werks hatte unbestreitbar nihilistische Implikationen. Seine Behauptung, daß es zwischen Empfindung und Referent keine notwendige Verbindung gebe, bedeutete offenkundig eine Gefährdung eines jeden kohärenten Bedeutungssystems. Um diesen Tendenzen entgegenzuwirken, flickte Helmholtz jedoch ein Ensemble von epistemologischen Positionen zusammen, welches das destruktive Potential, das sein empirisches Werk barg, zumindest der Wirkung nach dämpfte.[86]

Anders als Bergson, Nietzsche oder Cézanne fühlte sich Helmholtz der Expansion und Optimierung des produktiven Funktionierens einer sozioökonomischen Welt verpflichtet (speziell der des kaiserlichen Deutschland). Wie Anson Rabinbach und andere gezeigt haben, war sein richtungsweisendes Werk über die Prinzipien der Thermodynamik untrennbar von einer Sicht der kapitalistischen Industrialisierung, in der menschliche Wesen vor allem energieumwandelnde Maschinen waren.[87] Seine Formulierungen über die Erhaltung der Kraft lieferten nicht nur neue Modelle für das Verhältnis zwischen Energie und Arbeit, sondern bedeuteten auch eine wissenschaftliche Bestätigung der Austauschbarkeits- und Konvertierbarkeitsoperationen, die mit der kapitalistischen Modernisierung einhergingen. Die Forschungen von Helmholtz, aber auch die von Julius Mayer und Justus von Liebig, führten zu dem Schluß, daß »in der Natur alles von einer gewissen fundamentalen ›Äquivalenz‹ beherrscht wird«.[88] Gleichzeitig aber mußte die kognitive Beziehung der Individuen zu dieser Welt von bewegten Kräften und zur Transformierbarkeit der Materie noch so vorhersagbar sein, daß eine geordnete und effiziente soziale Umwelt garantiert blieb. Helmholtz' Epistemologie leitete sich also nicht von den instabilen Vorgängen der Thermodynamik ab, sondern von einer repräsentierenden und quasi-logischen Ordnung von Zeichen. Daher eine der schmerzhaften Spaltungen in seinem Werk: seine Ontologie ist Physik, seine Epistemologie Semiotik. Seine Theorie der unbewußten Schlüsse ist letztlich ein Versuch, trotz unserer Entferntheit von einer direkten Welterfahrung und trotz der Tatsache, daß die Zeichen aufgrund universaler Äquivalenz willkürlich geworden sind, ein reguliertes, differentielles System von Bedeutungen bereitzustellen. Helmholtz besteht darauf, daß wir ein stabiles und verläßliches Wissen, das eine referentielle Ordnung zumindest simuliert, haben können, und im praktischen Sinn dürfen wir an eben dieselbe Permanenz von Objekten glauben, die seine Physik und seine Physiologie des Sehens in Frage gestellt hatten. Helmholtz war wie Bergson und andere der Meinung, daß die Wahrnehmung immer durch Erinnerungen ergänzt wird, hatte jedoch eine ganz andere Vorstellung vom Potential des Gedächtnisses. Für Helmholtz wurden bei jeder Wahrnehmung motorische und sensorische Erinnerungen herangezogen, um die Konsistenz einer subjektiven Beziehung zu äußeren Ereignissen und Objekten zu vergleichen und zu bestätigen. Das Gedächtnis war wenig mehr als ein Reservoir oder eine Ansammlung von Gewohnheiten, die dem Geist halfen, kognitive Urteile zu fällen, will sagen den Grad der Identität oder der Differenz gegenüber vergangenen Erfahrungen zu bestimmen. Das Urteil der gewohnheitsmäßigen Wiederholung war ein Teil dessen, was eine geordnete soziale Welt aufrechterhielt und die Gültigkeit und Dauer der bestehenden Verhältnisse bestätigte.[89]

Für Bergson machten die Helmholtzschen »unbewußten Schlüsse« aus der Wahrnehmung etwas Mechanisches und Automatisches, machten sie kompatibel mit einem funktionalen Einswerden mit der Gegenwart. Bergson interessierte sich jedoch weniger für Bestätigungs- oder Anpassungsverhältnisse zwischen Gedächtnis und Wahrnehmung, als für den Riß, die *fissure,* die zwischen beiden auftreten kann, wenn eine Erinnerung eine gegenwärtige Wahrnehmung so verformt, daß sie von der Indienstnahme durch die Gegenwart befreit ist. Das »praktische, aufs Nützliche gerichtete Bewußtsein des gegenwärtigen Augenblicks« ist für ihn eine Blockierung der reicheren Funktionen des Gedächtnisses.[90] Diese Blockierung kann jedoch überwunden werden, und dazu ist das Vermögen der Aufmerksamkeit vonnöten. Allerdings nicht das ärmliche Aufmerksamkeitsmodell, das Ribot, Wundt und viele andere vertraten: das einer Aufmerksamkeit als Zustand motorischer Hemmung, in dem ausgewählte mentale Inhalte Klarheit gewinnen und zentral werden. Bergson bestritt nicht die Berechtigung dieser Aspekte, aber sie waren für ihn nur die Eröffnungsphase, waren eine »Vorbereitung« für die eigentliche Tätigkeit der Aufmerksamkeit.

Die Aufmerksamkeit kann durchaus mit dem beginnen, was Ribot und andere als einen Zustand relativer motorischer Stockung usw. beschrieben hatten, aber dann setzt eine entscheidende Verschiebung ein: die Aufmerksamkeit verzichtet darauf, »den Nutzfolgen der gegenwärtigen Wahrnehmung nachzugehen« und beginnt mit einer »Rückwärtswendung« des Geistes. Nachdem er jede Verräumlichung der Zeit abgelehnt hatte und an eine Koexistenz der Vergangenheit mit der Gegenwart glaubte, ist Bergsons Gebrauch des Wortes »Rückwärts« hier offensichtlich provisorisch. Bergson beschreibt eine Aufmerksamkeit, die diese Koexistenz oder Vielheit erfassen kann. Die Aufmerksamkeit würde also dem Gedächtnis erlauben, eine zugleich gestärkte und bereicherte gegenwärtige Wahrnehmung »aufs neue« zu schaffen. Und diese Operation der Aufmerksamkeit »kann sich ins Endlose fortsetzen: das Gedächtnis verstärkt und bereichert die Wahrnehmung, die ihrerseits, je mehr sie sich entwickelt, eine wachsende Zahl von Ergänzungsvorgängen an sich zieht«.[91] »Indem es uns in einer einzigen Anschauung vielfältige Momente der Dauer erfassen läßt, hebt [das Gedächtnis] uns heraus aus dem Flusse der Dinge, befreit uns vom Rhythmus der Notwendigkeit.«[92] Was Bergson zu beschreiben versuchte, ist die revelatorische Vitalität, ja der Schock des Augenblicks, in dem das Gedächtnis eine Wahrnehmung nicht mehr bloß bestätigt oder anpaßt, sondern statt dessen einen zurückstrahlenden Prozeß der »Endosmose«, der Umformung eines Wahrnehmungsgegenstands, der Erschaffung von etwas Neuem einleitet. »Aufmerksamkeit auf das Leben« ist für Bergson in *Materie und Gedächtnis* das hervorragende menschliche Vermögen: dasjenige, das statt der tristen Redundanzen der Vorstellung die Einmaligkeit anzuschauen erlaubt. »Es ist aber festzustellen«, merkt Deleuze an, »daß diese unendliche Fähigkeit zur Reflexion und zur Aufmerksamkeit die tatsächlichen Eigenschaften der Dauer ausmachen . . . Sie ist nicht bloße Sukzession, sondern eine eigene Art der Koexistenz und Gleichzeitigkeit von Strömen«, an denen der Körper stets Anteil hat.[93] Das Gewahrwerden dieser Koexistenz ist es, was ein Individuum in eine »Zone der Indeterminiertheit«, eine

Zone der Freiheit versetzt, die von der quasi-logischen Ordnung von Helmholtz' unbewußten Schlüssen radikal verschieden ist.[94]

Dennoch war die Aufmerksamkeit für Bergson auch mit bestimmten normativen Annahmen über die geistige und perzeptuelle Tätigkeit verbunden, die sich nicht zuletzt durch seine Kenntnisnahme von den parallelen Arbeiten Pierre Janets entwickelten.[95] »Der Grad unserer Aufmerksamkeit auf das Leben« wird für beide Denker zum fluktuierenden Indikator seelischer Gesundheit. »Was man gewöhnlich für eine Störung des seelischen Lebens selber, eine innere Unordnung, eine Erkrankung der Persönlichkeit hält, erscheint uns von unserem Standpunkt aus als ein Nachlassen oder Verderben des Bandes, das das seelische Leben mit einer motorischen Begleitung verbindet, als eine Stockung oder Schwächung unserer Aufmerksamkeit auf das äußere Leben.«[96] Wie für Janet war die Aufmerksamkeit für Bergson ein Zusammenbinden der Wirklichkeit, mit dem die perzeptuelle ebenso wie die seelische Desintegration abgewehrt wird, und er übernahm von Janet den Begriff der »Spannung«, deren Nachlassen auf eine pathologische Schwächung des Willens hinwies. »Man lockere diese Spannung oder hebe dieses Gleichgewicht auf, und alles wird so vor sich gehen, als ob die Aufmerksamkeit sich vom Leben abgewendet hätte. Traum und Wahnsinn scheinen nichts anderes zu sein.«[97] Bergsons Gebrauch von Janets »Wirklichkeitsfunktion«, zeigt, daß seine Vorstellung von einem immer weitergehenden Sichdurchdringen von Vergangenheit und Gegenwart nur auf der Grundlage einer sicheren psychischen und sensorisch-motorischen Verwurzelung in der eigenen Gegenwart möglich ist. »Ist es nun nicht wahrscheinlich, daß der Bruch des geistigen Gleichgewichts beim Wahnsinn ganz einfach von einer Störung der im Organismus hergestellten sensorisch-motorischen Beziehungen verursacht wird? Diese Störung würde ausreichen, eine Art psychischen Schwindels zu erzeugen und so Gedächtnis und Aufmerksamkeit den Kontakt mit der Wirklichkeit verlieren zu lassen.«[98] Im frühen zwanzigsten Jahrhundert war ein etwas unbestimmter klinischer Begriff namens »Gefühl der Nicht-Wirklichkeit« sehr beliebt, den man mit einem Versagen der apperzeptiven Aufmerksamkeit verband: ein solches Nichtwirklichkeitsgefühl entstand, wenn die gegenwärtigen Eindrücke sich nicht mehr mit den Gedächtnisassoziationen verbanden, so daß keine Vertrautheit mit den gegenwärtigen Objekten entstehen konnte.[99]

Wir haben also das Paradox eines Bergson, der die Wunder einer multidimensionalen Wahrnehmung ausmalt, die die Immanenz der Vergangenheit in der Gegenwart zu erfassen und schöpferisch zu verarbeiten imstande ist, und gleichzeitig eine quasi-normative, von Traum und Wahnsinn scharf abzugrenzende Perzeption vertritt. Die Aufmerksamkeit wird für Bergson auch zu einem Bollwerk gegen die Schwächung und Einengung des Handelns sowie gegen die Desintegration des Willens, die diese Zustände mit sich bringen. Man übersieht meist, wie wenig Bergsons ängstliche Behandlung von Wahn und Traum mit den Grundideen seines Werks zusammenpaßt. Er argumentiert unablässig gegen die Vorstellung von diskreten, separaten Zuständen des Geistes, gegen abgegrenzte Ereignisse, Erfahrungen und sogar Gegenstände, aber bei Wahn, Traum oder anderen Grenzzuständen endet seine Privilegierung der Verschmelzung, der Durchdringung und der Kontinuität: er zögert nicht, sie von einem normativen Modell des Bewußtseins abzutrennen.[100] Sein Modell der Aufmerksamkeit kennt kein Schwanken, kein Oszillieren und kein Hin und Her. Wenn die Aufmerksamkeit gelockert oder geschwächt ist, dann ist das ein Zeichen von Willensschwäche, und die Wahrnehmung selbst wird an diesem Punkt zu etwas qualitativ anderem und weniger Wertvollem. Es gelingt ihr dann nicht mehr, so glaubt er, Vergangenheit und Gegenwart zusammenfassend zu interpretieren, so daß sie zu einem niederen, desultorischen Operationsmodus herabsinkt, in dem Ereignisse, Eindrücke und Erinnerungen nur noch räumlich und nebeneinander existieren, zu einem Modus, in dem die Aufmerksamkeit sich nur noch »von einem Ding zum anderen« bewegt und die Anschauung ihre höhere Einheit innerhalb der reinen Dauer verloren hat.

Was Bergson wollte, war eine unmögliche Konzentration, ein Absorbiertsein, das niemals seine bewußte Verbindung mit der willentlichen Aktivität des Körpers verliert. Er postulierte das Subjekt als »Zentrum der Indeterminiertheit«, konnte aber nicht akzeptieren, daß diese »Indeterminiertheit« auch ein Hin- und Herfluktuieren zu tranceartigen Zuständen einschloß, in denen dissoziierte Phänomene auftreten konnten. Ständig bekämpfte er die Vorstellung von festgelegten Bahnen oder inflexiblen Gedächtnisschleifen im Seelenleben (etwa die Helmholtzschen unbewußten Schlüsse oder die Reflexkreisläufe), weil sie das Gedächtnis »verräumlichten« und lokalisierten. Und doch ließ er die wirklichen subjektiven Erfahrungen und Prozesse, die die eindringlichsten Formen nicht-verräumlichter Erfahrung verkörperten, wie Traumarbeit, Trance oder Formen hypnagogischen Sehens, als unwichtig beiseite.[101] Insbesondere ignorierte Bergson Erfahrungen wie den besonderen Zustand zwischen Wachen und Schlafen, in dem sensorischer Input und motorische Aktivität reduziert sind, der aber eine plötzlich Freisetzung von lebhaften sensorischen Erinnerungen und Bildern mit sich bringt. Man könnte darauf verweisen, daß es die mit den hypnagogischen Wahrnehmungen verbundenen subjektiven Zustände sind, durch die die meisten Individuen überhaupt erfahren haben, wie stark die Gegenwart vom Gedächtnis durchdrungen ist. Solche Ereignisse waren ebenso in hypnagogischen Tagträumen wie unter hypnotischer Suggestion möglich.[102] Bergsons Werk in dieser Zeit ist jedoch von der Furcht vor einem Wahrnehmungsverhalten geprägt, das passiv oder automatisch wäre, und tatsächlich koinzidiert *Materie und Gedächtnis* historisch mit der Konstruktion diverser Formen von automatischer Wahrnehmung in Kino, Tonaufzeichnung und anderen technologischen Arrangements, in denen vorgefertigte Bilder passiv konsumiert werden.[103] Das implizite Modell für die Entwertung der Erfahrung, durch die individuelle Gedächtnisbilder »zu vorgefertigten Dingen [en choses toutes faites]« verhärtet werden, scheint die (in *Materie und Gedächtnis* nicht explizit erwähnte) Photographie zu sein.

Die Gefahr, die Bergson, Janet und viele andere in automatischem Verhalten sahen, war die einer Auflösung der Ichgrenzen, in der der individuelle Wille nicht mehr ausgeübt wird. Bergsons »attention à la vie« war eine Ausbreitung oder Ausweitung der Persönlichkeit über eine immer weitere Fläche. Automatisches Verhalten implizierte jedoch umgekehrt eine Verengung oder Kontraktion der Persönlichkeit, eine Vernichtung des Ich.[104] (Bergson sollte später erklären, daß seine Beschäftigung mit Aufmerksamkeit und psychologischer Spannung untrennbar sei vom Problem der Schizophrenie.)[105] Dieser Begriff von »Persönlichkeit« ist auch in der Weise spürbar, wie Janet in den späten neunziger Jahren die »Psychasthenie« bei einem Individuum als das Versagen seines Vermögens definierte, sich voll in die Wirklichkeit einzugliedern. Die Kennzeichen eines solchen Engagements im Sinne der Norm waren Aufmerksamkeit und Wahrnehmung der Gegenwart; gegenteilige Kennzeichen waren dagegen versagende Aufmerksamkeit, Loslösung aus der Gegenwart, ein Gefühl der »Depersonalisierung« und ein Gefühl der Leere (»le sentiment du vide«).[106] Bergson war jedoch nicht imstande, die fundamentale Ambivalenz der Aufmerksamkeit anzuerkennen, die darin besteht, daß tiefe Konzentration unmerklich in pure Geistesabwesenheit übergehen kann, in jene Anschauung der »Leere«, die Janet zu pathologisieren versuchte.

Ablösungen von einem normativen Bewußtsein, insbesondere die Spaltungserfahrungen in Trance, Traum und anderen Zuständen, wurden, da ohne revelatorischen, affirmativen oder schöpferischen Wert, von Bergson beiseite geschoben. *Materie und Gedächtnis* ist der Versuch, die Bewußtseinsspaltung so zu fassen, daß das vereinheitlichte Ich und das in einer Welt des Handelns wurzelnde Bewußtsein unangetastet bleiben. Bergson erkannte die problematische Beziehung der Aufmerksamkeit zu Gegenwärtigkeit und Unmittelbarkeit, aber er konnte in seiner Theorie nichts dulden, was ihre Kontinuität mit den Erfahrungen von Ziellosigkeit, Träumerei, Trance oder Traum bestätigt hätte. Sein Modell einer kompositen, aber strikt unauflöslichen Wahrnehmung, in der Vergangenheit und Gegenwart koexistieren, hält zwanghaft an einer Einheit von Inhalten fest, die hoffnungslos dissoziiert sind. In gewisser Weise liefert er ein unmögliches Gegenmodell zur Bewußtseinsspaltung: eine Synthesis aller Fragmente gelebter Zeit zu einer Ganzheitserfahrung, die so reich und intensiv ist, daß sie ein Heilmittel zu den in der gegenwärtigen sozialen Welt auftretenden Formen von Entfremdung und Verdinglichung sein könnte. Bergsons Werk ist eine erstaunliche Wiederkehr der Rousseauschen Überzeugung von der Wahrheit und Authentizität der (inneren) subjektiven Erfahrung, ohne daß begriffen würde, wie diese Erfahrung durch Kräfte, die dem Subjekt äußerlich sind, determiniert ist.[107] Daher auch Benjamins Vorbehalte gegenüber Bergson. Er sah in dessen Werk einen Versuch, die Herabsetzung und Entwertung der Erfahrung in einer auf Amnesie und Obsoleszenz gegründeten modernen Kultur zu überwinden, aber er beklagte Bergsons Verheißung, der beschädigte Charakter von Gedächtnis und Wahrnehmung könne auf rein subjektiver Ebene, durch einen individuellen Willensakt, geheilt werden. »Jedwede geschichtliche Determinierung der Erfahrung«, konstatiert Benjamin, »weist [Bergson] zurück. Er meidet damit vor allem und wesentlich, derjenigen Erfahrung näherzutreten, aus der seine eigene Philosophie entstanden ist oder vielmehr gegen die sie entboten wurde. Es ist die unwirtliche, blendende der Epoche der großen Industrie.«[108] Angesichts eines Wirtschaftssystems, das auf die ständige Produktion von Neuheit und auf ständigen perzeptuellen Wechsel gegründet war, versuchte Bergson ebenso wie Ruskin, Pater und viele andere, einen subjektiven Modus der Apprehension von Neuheit zu retten, der von den Zwängen der Modernisierung nicht berührt war und der eine schwer erkämpfte Kompensation für den Kollaps der »auratischen« Wahrnehmung sein sollte.[109] Der Ästhetizismus Walter Paters etwa ließe sich sogar als die Forderung nach einer unerreichbaren, permanenten Aufmerksamkeit für jede Facette gelebter Erfahrung verstehen. Es gab andere, für die der Wert von neuartigen und ihrer Vertrautheit entkleideten Erfahrungen problematischer war. Für Hugo von Hofmannsthal zum Beispiel war die Idee, die visuelle Aufmerksamkeit vom »vereinfachenden Blick der Gewohnheit« zu lösen, mit einem verstörenden »Schwindel«, mit einer visuellen Desintegration verbunden.[110] Aber keine dieser Figuren steht isoliert, und Bergsons Auffassung vom menschlichen Subjekt als lebendigem System, das sich in einem ständigen Zustand der Selbsttransformation und Selbsterneuerung befindet, hatte ihre faktische Parallele in einer umfassenderen Dynamik der perzeptuellen Transformation innerhalb der kapitalistischen Modernisierung. Bergson konnte nicht sehen, auf welche Weise der Kapitalismus selbst eine nichtfixierbare *durée,* eine nichtrepräsentierbare Variation war, die eine endlose Kette von Verschiebungen und Destabilisierungen und damit ihr eigenes virtuelles Reich der Neuheit hervorbrachte.

*

Wenn wir zum Werk Cézannes in den späten neunziger Jahren zurückkehren, dann stellen wir fest, daß die Entdeckungen hinsichtlich der Dynamik der Wahrnehmung, die der Maler in dieser Zeit machte, sich von denen in *Materie und Gedächtnis* erheblich unterscheiden. Von einem – heute überholten – modernistischen Standpunkt her könnte es so scheinen, als habe sich Cézanne dem Bergsonschen Modell der reinen Wahrnehmung angenähert – also jener absoluten Absorption in der Gegenwart, die das äußere Objekt abformt. Cézanne stieß jedoch gerade durch die Strenge und Intensität seiner Suche auf die Unmöglichkeit einer solchen Absolutheit und begann, den gemischten und »gebrochenen« Charakter einer gänzlich absorbierten Wahrnehmung zur Kenntnis zu nehmen, wobei es eben die von ihm entdeckten Diskontinuitäten und Disjunktionen waren, die zur Grundlage für neue Modelle von Synthesis und perzeptueller Organisation wurden. Welcher Art waren die synthetischen Operationen, die er unternahm, und welchen Zielen dienten sie? Inwieweit verkörpern seine Spätwerke eigene Möglichkeiten einer »Aufmerksamkeit auf das Leben«? Dies sind Fragen, die nur provisorisch und nur durch eine Versenkung ins Werk selbst beantwortet werden können.

Das Gemälde *Kiefern und Felsen*, das aus den späten neunziger Jahren stammt, ist ein besonders prägnantes Beispiel (siehe Bildtafel am Ende des Buches).[111] Das Bild ruft bereits vertraute Reaktionen hervor: man hat seine strukturelle Klarheit hervorgehoben, die Art, wie die betonten Vertikalen der Kiefern, als ob sie das Werk als eine straffe, bildschirmartige Fläche organisieren würden, architektonische Klarheit zu schaffen scheinen. Man hat es also als einen »späten«, jedoch noch vor der weitgehenden Auflösung des Gegenstandes und der dramatischen Transformation der Koloristik, die in der Periode zwischen 1902 und 1906 stattfindet, liegenden Cézanne klassifiziert. Diese Grenzziehung ist durchaus nützlich, denn es hat den Anschein, als ob sich Cézanne in *Kiefern und Felsen* von gewissen älteren Modellen von Synthesis und Struktur, die er ein paar Jahre später entschlossen über Bord werfen sollte, noch nicht ganz habe trennen wollen, obwohl gewisse Zonen in diesem Bild (das Laubwerk und der Himmel) schon deutlich auf die Periode nach etwa 1901 vorausweisen. Es als traditionelles Werk zu bezeichnen, reicht jedoch nicht aus, um zu verstehen, daß sich in dem inneren Zwiespalt dieses Werks der einzigartige Versuch Cézannes ausdrückt, die Schwankungen und den heterogenen Charakter seiner Wahrnehmungserfahrung zu bewältigen.

Richard Shiff sagt mit Recht, daß *Kiefern und Felsen* »fast in jeder Bildzone eine gleichmäßige Verteilung oder eine Spannung von warmen und kalten Farben zeigt«, wodurch die räumliche Hierarchie ebenso wie die konventionelle pikturale Orientierung unterminiert wird.[112] Ich halte es jedoch auch für sinnvoll, hier zwischen verschiedenen optischen Systemen zu unterscheiden, die von der Komposition lokker zusammengehalten werden. Ein wesentliches Charakteristikum des Bildes ist, was ich den diagonalen »Streifen« nenne, der vom mittleren Bildrand links in die rechte untere Ecke verläuft und der, in lebhaftem Violett und in Fleischfarben gehalten, ein Durcheinander von Felsen und Geröll wiedergibt. Im Spiel des Lichts und des Laubwerks oben und unten bildet er gewissermaßen eine »Lichtung«, ist eine Zone von Volumen und Festigkeit, in der die Felsen schwer und dreidimensional zu werden scheinen. Anders als in den eher zweidimensionalen Systemen der vibrierenden Textur aus Farbflecken unten und dem Vorhang aus Kiefern und Himmel oben oder »dahinter«, scheinen hier verhältnismäßig konventionelle Modellierungs- und Verkürzungsnotationen ein illusionistisches Relief herzustellen. Ich möchte diesen Streifen in einem allgemeinen Sinn als »szenischen« Raum kennzeichnen, der noch einige wenige Andeutungen oder Fragmente von Orthogonalen zeigt (so in dem »kubischen« Felsen links), die aber in den Rest der Maloberfläche durchaus nicht integriert sind. Man fühlt sich an das abrupte Auftauchen von Reliefelementen in planer Umgebung erinnert, wie es in stereoskopischen Bildern vorkommt.[113] Man kann noch weiter gehen und in diesem Streifen (im Sinne des oben diskutierten »topologischen« Modells des Sehfelds) eine Zone relativer Fokussierung und Klarheit sehen, die zur Unbestimmtheit der Peripherie im Gegensatz steht. Aber diese fokale Zone, in der die Gegenstände Identität annehmen, ist nicht konzentrisch, sondern verläuft als transversaler Streifen, dessen Inhalte von einer deutlich qualitativ anderen Lesbarkeit sind als in den eher nebelhaften Zonen des übrigen Bilds, über das Sehfeld. Es ist, als ob eine konzentrierte Aufmerksamkeit zusammen mit einer mehr diffusen am Werk wäre und beide mit gleicher Intensität arbeiteten.

Die Gruppe der Felsen ist in drei Hauptabschnitte geteilt: links der kubusartige Felsen mit dem Baum, der durch ihn hindurchwächst, rechts der große konische, vielleicht brustartig zu nennende Felsen und in der Mitte eine Art Negativraum, als ob man zwischen den beiden anderen ein Stück Stein herausgebrochen hätte und einige niedrige Formationen zurückgeblieben wären. Es gibt innerhalb von Cézannes Spätwerk (abgesehen vom Mont Sainte-Victoire) wohl kaum eine andere Kategorie oder ein anderes Motiv, das so unmittelbar solide, fest und dauerhaft zu sein scheint. Was Cézanne in dieser Periode am Felsenmotiv anzieht, hat jedoch fast immer mit den diversen Bruch- und Splitterformen des Steins zu tun, mit Formen, die oftmals mit vom Menschen geschaffenen Ruinen durchsetzt und in Bäume und Blattwerk eingebettet oder von ihnen verhüllt sind.[114] Der steil von links nach rechts abfallende diagonale Streifen vermittelt etwas wie ein Gefühl der Schwerkraft, einer geologischen Erosion, eines unerbittlichen Zerfalls der Substanz, obwohl die Felsen zugleich auch den Widerstand gegen eine solche Tendenz, gegen eine solche Entropie verkörpern. Es ist dieser Streifen, in dem wir beobachten können, wie Cézanne mit dem Problem der Synthesis kämpft, um ihm schließlich eine neue Fassung zu geben.

Das signifikanteste Detail im Bild ist der Baum links – insbesondere die Art, wie der kubusartige Fels ihn zu umfassen scheint. Hier läßt sich in emblematischer Deutlichkeit ablesen, wie Cézanne die dynamische Reziprozität von perzeptueller Fixation und Auflösung verstand. Man könnte sich zunächst versucht fühlen, dieses Motiv – im Sinne meiner Diskussion von Manets *Wintergarten* – als einen Versuch zu werten, bildliche Inhalte in einer Struktur zu binden, die den zentrifugalen Kräften im Werk Widerstand leisten könnte. Aber wenn Cézannes Verfahren hier als »Binden« verstanden werden kann, dann nur im Sinne einer transformierten Darstellungslogik. Wenn der Kiefernstamm im Felsspalt der Versuch einer Verankerung ist, dann findet diese Fixierungsoperation in einer Welt statt, in der die *Position* ihre alte Bedeutung verloren hat. Was Cézanne artikuliert, ist die Durchdringung des andeutungsweise »szenischen« Raums des Felsstreifens mit der flimmernden Fläche von Himmel und Bäumen, wobei er zwei unvereinbare Arten der Raumbehandlung ineinander verankert. Noch wichtiger wird dieses Bild einer erotisierten Umfassung insofern, als an ihm Cézannes Intuition einer Wahrnehmung deutlich wird, die gleichzeitig ergreifen und ergriffen sein, die Welt umhüllen und von ihr umhüllt werden will, einer Wahrnehmung, die den distanzierten Blickpunkt aufgegeben hat zugunsten eines physischen Umarmens innerhalb eines Sehfelds. Ein verwandtes Motiv finden wir bei den niedrigen Felsen in der Mitte, wo ein Stein in der Umarmung des anderen verkeilt ist wie ineinander verschlungene Glieder.

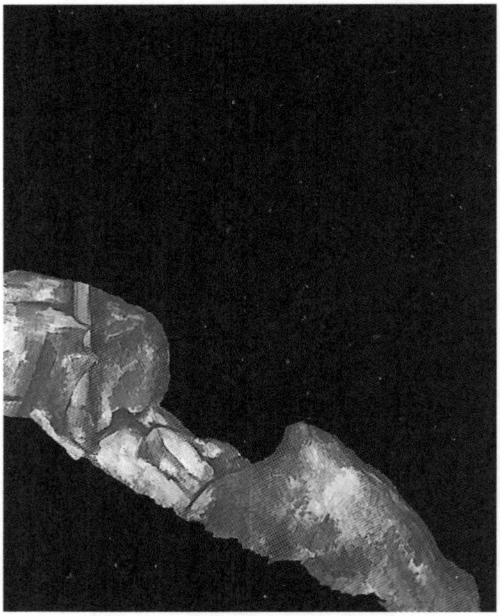

Abb. 94 Cézanne, *Kiefern und Felsen*,
Diagramm des Verfassers.

In diesen späten neunziger Jahren ist in Cézannes Leben der Punkt erreicht, an dem er entdeckt, daß die zahllosen Versuche, eine Präsenz festzuhalten oder die Wahrnehmung zu stabilisieren, in Desintegration und Transformation einmünden müssen. Das Zusammentreffen mit der schwersten und unbeweglichsten Form der Materie wird zu einer Ahnung von Metamorphosen, von Modulationen, von der radikalen Verflüssigung der Welt. Je länger man etwa den Felsen links betrachtet, desto mehr bricht seine scheinbare Schwere und kubische Festigkeit in drei separate Formen beiderseits des Baumstamms auseinander. Der Abschnitt des Felsens, der den Baum teilweise zu überschneiden scheint, ist von höchst zweideutiger räumlicher Identität und nur partiell mit Hinweisen auf Dreidimensionalität versehen. Bei dem großen Felsen auf der rechten Bildhälfte ist der gegenständliche Status noch prekärer. Bei den anderen finden wir wenigstens noch Andeutungen von Orthogonalen, hier dagegen wird das Volumen durch kein kohärentes Modellierungssystem, sondern nur noch durch den wollüstigen Kontur suggeriert. Aber dieser Kontur ist betont diskontinuierlich. Links besteht er erstaunlicherweise aus einer abstrakten, autonomen S-Kurve, aus einer mathematischen Linie gleichbleibender Variation, die im Herzen des Bildes schwebt. Rechtsseitig ist der Kontur ganz anders geartet, ist ungenau und setzt immer wieder neu an, um sich schließlich, eine embryonale Teilung im Stein selbst andeutend, in der rechten unteren Ecke auf sich selbst zurückzuwenden. Zugleich verliert die untere Partie dieses Felsens ganz und

Abb. 95 Cézanne, *Kiefern und Felsen*, Detail: Fels und Baumstamm links.

gar ihre Festigkeit, wenn sie mit den vibrierenden Farbflecken, die die untere Bildzone durchfließen, eins wird.[115]

Die disjunkte Komposition in *Kiefern und Felsen,* von der ich gesprochen habe, beruht teilweise auf der gleichzeitigen Operation zweier disparater Formen von Aufmerksamkeit. Jean-François Lyotard hat bei Cézanne und bei Freud eine verwandte Preisgabe des Prinzips der psychischen Einheitlichkeit konstatiert, insofern sie beide die Produktivität und Kreativität *gestreuter* perzeptueller und psychischer Prozesse entdeckt hätten.[116] Eine der Errungenschaften Freuds in den mittleren neunziger Jahren war, daß er ein System des mentalen Lebens postulierte, in dem Wahrnehmung und Aufmerksamkeit zwei fundamental verschiedene Kräfte waren. In seinem donquichottesken »Entwurf einer Psychologie« skizzierte er, wie die Wahrnehmung, als Schnittstelle des Nervensystems mit der Welt, übermächtig determiniert war durch eine weitere Schnittstelle, nämlich der zwischen dem Bewußtsein und den »gespeicherten« Reizen von Wünschen, Erinnerungen und Antizipationen.[117] Das Problem, mit dem Freud im »Entwurf« kämpfte, bestand darin, wie die *Kommunikation* zwischen diesen Systemen spezifisch zu fassen sei.[118] Physische Wahrnehmungen einer Außenwelt sind (als Klasse von Erregungen) lediglich eine, nicht einmal privilegierte Komponente eines Systems, in dem ständig Energie zirkuliert, umgeformt und abgeleitet wird. In Freuds »Entwurfs« wird die Wahrnehmung wesentlich neu geschaffen durch »Aufmerksamkeitsbesetzungen«, und ein Prozeß beschrieben, durch den die Aufmerksamkeit einen Wahrnehmungsgegenstand im Sinne des Begehrens umgestaltet. Wahrnehmungen erfahren also »Revisionen«, bevor sie zu bewußten Empfindungen werden.[119] Der »Entwurf« führt aus, wie die gesamte kognitive oder perzeptuelle subjektive Orientierung eines Individuums auf die Welt ein Produkt der unterscheidenden Aufmerksamkeit und ihres differentiellen Funktionierens ist, selbst wenn die Rolle der Aufmerksamkeit wesentlich defensiv ist und darin besteht, vor dem Nahen unlustvoller Gedächtnisspuren zu »warnen«.[120]

Ich komme hier nicht auf Freuds »Entwurf« zurück, um den dubiosen freudianischen Cézanne-Lesarten eine weitere hinzuzufügen, sondern weil es sich dabei, selbst in dieser präpsychoanalytischen Phase, um eine jener bedeutsamen Neukonzeptualisierungen der Wahrnehmung handelt, die diese Zeit hervorgebracht hat. Ohne die Einmaligkeit Freuds schmälern zu wollen, ist es sinnvoll, sein Werk im Zusammenhang der Wahrnehmungsmodelle zu sehen, die in der zweiten Jahrhunderthälfte die Prämissen des subjektiven Sehens zu reicheren und detaillierteren Theorien weiterentwickeln, Theorien, die dem Gedächtnis, dem Interesse und dem Begehren in der Wahrnehmung eine ganz andere Gewichtigkeit zuschreiben. Exemplarisch für die Artikulation eines nicht mehr bloß optischen Wahrnehmungssystems ist Helmholtz, der die konstituierende Rolle nachgewiesen hat, die das Gedächtnis fast in der gesamten Wahrnehmung spielt (was auf ganz andere Weise auch für seine »ökonomischen« Modelle des Energieaustauschs wichtig ist). Bei Bergson und Freud wird jedoch Mitte der neunziger Jahre das anti-optische Funktionieren der subjektiven Wahrnehmungserfahrung in nachdrücklicher und ursprünglicher Weise als ein ungerichteter, azentrischer und multitemporaler Vorgang gewertet. Die Wahrnehmung impliziert nicht länger eine Subjekt-Objekt-Relation, die aus einem punktuell verorteten Subjekt und der *Beleuchtung* äußerer Gegenstände besteht, sondern wird zu einem Problem der subjektimmanent fluktuierenden Kräfteverhältnisse, und sowohl Bergson wie Freud bemühten sich, wenn auch in ganz verschiedener Form, das komplizierte Netzwerk der Interaktion zwischen gegenwärtiger Wahrnehmung, Körper und Gedächtnis nachzuzeichnen. Beide kehrten einer aufmerksamen Wahrnehmung, die als ein immer feineres Eingehen des Subjekts auf die Inhalte der Außenwelt, als eine Apprehension von Gegenwart verstanden wird, kompromißlos und entschlossen den Rükken. Natürlich wäre Bergson entsetzt gewesen über das Aufmerksamkeitsmodell des »Entwurfs«, das ein Subjekt annahm, das mit seinem eigenen Ideal des Individuums als autonomes »Zentrum der Undeterminiertheit« nichts zu tun hatte. Der Gedanke der Bahnung, der für den »Entwurf« zentral ist, beschreibt das Entstehen von Wegen, die mehr oder weniger aus jener Art von gewohnten, immer nur wiederholten Erinnerungen bestehen, die zu überwinden Bergson sich vorgenommen hatte. Nicht daß Freud ein deterministisches Modell entworfen hätte (es ist bemerkenswert, daß der »Entwurf« eine fast anarchische Maschinerie der Undeterminiertheit beschreibt), aber sein System ist automatisch und reguliert sich

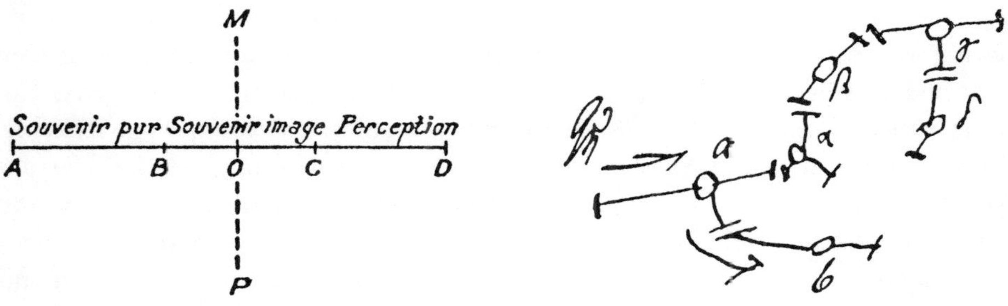

Abb. 96 Antioptische Wahrnehmungsmodelle: Diagramme aus Bergsons Materie und Gedächtnis und aus Freuds *Entwurf einer Psychologie*, 1890er Jahre.

selbst und ist damit mit Bergsons Ideen von Freiheit und Entscheidung unvereinbar.

Bergson und Freud zeigen in dieser Zeit beide, wie die Wahrnehmung aus Materialien, die aus vielerlei Quellen und Bereichen stammen, zusammengesetzt ist. In seiner Topographie der Wege skizziert Freud im »Entwurf«, aus welch unterschiedlichen Richtungen das Erregungsmaterial ins Bewußtsein einfließt und wie verschieden die Prozesse und »Leitungswege« sind, die die visuelle Wahrnehmung in diesem mentalen System durchlaufen muß. Bergsons Schema des Wahrnehmungsprozesses schloß die Idee eines Punkts, von dem her die Präsenz eines Bildes isolierbar wäre, aus. Er nahm eine Verflechtung von hypothetisch distinkten, aber untrennbaren Prozessen an, in denen die Fusion von Gedächtnis und Wahrnehmung eine ständige Emergenz des Aktuellen aus dem Virtuellen bedeutete. Worum es geht, ist eine emphatische Dezentrierung des Betrachters, das Zerbrechen einer bloß rezeptiven visuellen Orientierung nach außen. Aber man darf auch nicht übersehen, daß die Neukonfigurierung von Sehen und Aufmerksamkeit bei Denkern wie Freud und Bergson mit Lehrmeinungen in Beziehung steht, die in der institutionellen Psychologie und Physiologie zu Beginn der achtziger Jahre gang und gäbe waren. Die folgende Äußerung eines britischen Neurologen aus dem Jahr 1886 ist exemplarisch für eine weit verbreitete antioptische Auffassung vom Sehen: »In den visuellen Reflexen haben wir es mit einem regelrechten Durcheinander von Sehen, Tastsinn, Gehör und dem kinästhetischen Sinn, also praktisch mit allen Sinnen zu tun, sowie mit ein paar Trieben, verschiedenen unterscheidbaren Instinkten und der ganzen Gruppe der höheren Vermögen von Vernunft, Gedächtnis, Urteilskraft, Aufmerksamkeit, etc. – mit einem solchen Durcheinander also, daß es praktisch *ganz unmöglich ist zu sagen, wo das Sehen anfängt oder wo es aufhört* oder, bei manchen Reflexen, was das Sehen überhaupt mit ihnen zu tun hat.«[121] In dieser praktischen und diskursiven Umformung des Betrachters als Subjekt ist das Sehen kein distinktes und isolierbares Phänomen mehr.

Die plurale Komposition von *Kiefern und Felsen* mit ihrem spezifischen »Durcheinander« ist für eine der entscheidenden Hypothesen von Freuds »Entwurf« relevant. Jacques Derrida betont, daß Freud bereits 1895 die paradoxe Operation der Psyche als »unbegrenzte Aufnahmefähigkeit und Erhaltung von Dauerspuren« definiert hatte.[122] Freud versuchte also zu formulieren, auf welche Weise wir gleichzeitig Erinnerungen zu *speichern* und neue Bilder zu empfangen imstande sind, Bilder, die von den Resten älterer und jetzt gespeicherter »Spuren« frei sind. Freud hält hier eine imaginäre Lösung bereit, die Derrida als »doppeltes, in einem einzigen differenzierten Apparat enthaltenes System« beschreibt: als »immer wieder dargebotene Unschuld und unendlicher Vorrat an Spuren«. In *Kiefern und Felsen* ist der »volumetrische« Streifen mit den Felsen ein aus der Konvention abgeleitetes System, das Residuum von pikturalen Kodes zur Darstellung von Gegenständen und ihren Beziehungen, aber auch die Zone, wo eine Sphäre von Gewohnheiten, Wiederholungen oder Obsessionen ins Spiel kommt – wo, mit Freud zu reden, »die Wahrnehmungen wegen ihrer möglichen Beziehung zum Wunschobjekt interessieren« und mithin die Wahrnehmung eine Frage der *inneren* Erregung ist.[123] Es wäre freilich sinnlos, jenseits der in den Felsen gegebenen allgemeinen Fragmente von Lust, jenseits der sublimen Gefangenschaft der Kiefer in der Felsspalte links, des vertrauten und intimen Kontakts der beiden Felsstücke in der Mitte oder der Kurven des brustartigen Felsens rechts noch nach einer spezifischen Lesart des Bildes zu suchen, sinnlos auch, über die Identität der Wunschobjekte in den Sedimenten von Cézannes psychischer Geschichte zu spekulieren.[124] Zugleich aber wird diese Transversale, wie ich oben zu zeigen versucht habe, trotz ihrer szenischen und libidinalen Überlastung, nur provisorisch zusammengehalten und greift hier und da über in die anderen Bildzonen.

Cézanne zeichnet in einem einzigen Werk die Kontinuität oder Koexistenz auf, die zwischen einer auf etablierte oder vorgegebene Formen gerichteten (oder besetzten) Aufmerksamkeit und einer Wahrnehmung von Anomalie und Neuheit besteht. In *Kiefern und Felsen* ist der Griff der Gewohnheit und der Wiederholung, ist die Last der eigenen Geschichte und ihrer Fixierungen zugleich der Weg, der zu einer Lockerung dieses Griffs führt. Von dem, was Deleuze und Guattari die »territorialisierende« Funktion des Gedächtnisses nennen, findet eine Bewegung statt hin zu einem Werden, das ein »Anti-Gedächtnis« ist.[125] Dies ist nicht dasselbe wie das atemporale Vergessen, das in der »reinen Wahrnehmung« impliziert ist, sondern eine Zeitlichkeit, die, wie Meyer Schapiro gezeigt hat, wesentlich musikalisch ist. Wieder beobachten wir einen Cézanne, der auf seine Weise die Logik der Aufmerksamkeit entdeckt oder erforscht – indem er immer wieder aufs neue erfährt, wie sein unerbittliches Unternehmen, eine sichtbare Welt festzuhalten, zum Scheitern verurteilt ist und wie die Effloreszenzen dieser sich wiederholenden Fehlschläge einen Weg weisen in einen anderen Raum, in eine andere Zeit des Rhythmus, in die unbestimmte, fließende Zeit eines Vorgangs, der »nur Geschwindigkeiten kennt und das, was geschieht, unablässig in etwas schon Vorhandenes und in etwas noch nicht Vorhandenes aufteilt, in ein gleichzeitiges Zuspät und Zufrüh, in etwas, das zugleich geschehen wird und gerade geschehen ist.«[126]

Die obere Zone des Bilds ist besonders wichtig. Aufgrund der auffälligen Gitterstruktur der Kiefern ist die Wirkung des Gemäldes von einer solchen formalen Klarheit, daß sich statt der wirklichen drei Bäume leicht *vier* von ihnen ins Gedächtnis einprägen. Unterschwellig stellt sich das Gefühl ein, daß die obere Bildhälfte trotz dieser Lücke in fünf Abschnitte oder gleichartige Intervalle von Laubwerk und Himmel geteilt ist. Die Verflüchtigung dieser »logisch« erschlossenen Kiefer ist jedoch eine zusätzliche Facette der gewollten Aufmerksamkeits-Freisetzung bei Cézanne. In dem großen Zwischenraum zwischen dem ersten Baum links und dem nächsten finden wir genau da, wo der »fehlende« vierte Kiefernstamm sein müßte, in Gestalt einer weißen Vertikalen die Andeutung eines Schößlings. Statt jedoch den Raum in ein weiteres ablesbares Intervall zu teilen, setzt diese zögernd eingesetzte Senkrechte einen neuen Prozeß der Gabelung, Individuation und Metamorphose des sensorischen Inhalts in dieser Zone in Gang. Ohne den vertikalen Baumstamm und ohne die damit gegebene Verankerung in einem *Motiv* würde der Raum hier, mit seinem unmotivierten Gemisch aus Linien, Farben und Schatten, von Blaus und Grüns, die Effekte, die für die ein paar Jahre später entstandenen Landschaften typisch sind, vorwegnehmen.[127] Hier jedoch, in der disjunkten Struktur dieses Bildes, handelt es sich um die Lockerung eines perzeptuellen Zugriffs, die auf eine verstärkte Desorientierung und eine rhythmische Kontraktion und Dehnung der Bildfläche hinweist.[128] Daß die Verflüchtigung dieses strukturell geforderten Baums in der Bildmitte geschieht, gehört zu der von Cézanne vorgenommenen Umkehrung der hergebrachten Modelle von fovealer Klarheit und peripherer Unklarheit. Die Auflösung der Synthesis, die in dieser Zone stattfindet, beruht auf der ganz besonderen »Logik« der Pinselstriche, die diese Welt konstituieren – von Strichen, die autonom mutieren, die außerhalb jedweder subjektiven Einheit oder räumlichen Kohärenz auseinanderfallen.

Es gibt in den Cézanneschen Landschaften etwa seit der Jahrhundertwende einen zentralen Wesenszug, der in dieser mittleren Zone von *Kiefern und Felsen* evident ist und der in der Beseitigung jeder *konsistenten* Unterscheidungsmöglichkeit zwischen Nahsicht und Fernsicht besteht, zwischen dem, was man gelegentlich die haptische und die optische Wahrnehmung genannt hat (im Gebrauch der Rieglschen Termini folge ich Gilles Deleuze, der als haptisch die »nicht-optischen Funktionen« des Auges, zu denen der Tastsinn, aber auch andere Sinne zählen, bezeichnet, und als optisch ein Sehen auf Distanz, mit relativ konstanter Orientierung und gleichbleibendem Abstand infolge statischer Referenzpunkte).[129] Es gibt bei Cézanne kein räumliches Schema mehr, in dem solche Unterscheidungen noch kohärent möglich wären; statt dessen finden wir Flächen, die aus der rätselhaften Greifbarkeit ferner Formen auf der einen Seite und der Verflüchtigung scheinbar handgreiflich naher Objekte auf der anderen unvorhersehbar zusammengesetzt sind. Die Verhältnisse des szenischen Raums verlieren sich inmitten eines neuartigen Oszillierens zwischen Nahsicht und Fernsicht oder zwischen Fokus und Peripherie. Der Philosoph Henri Maldiney hat derartige Effekte bei Cézanne als eine ursprüngliche Schwindelerfahrung bezeichnet, als »eine Inversion und Kontamination von Nah und Fern ... Der Himmel kollabiert zusammen mit der Erde in einem Wirbel. Der Mensch ist kein Zentrum und der Raum kein Ort mehr. Es gibt kein *Dort*. Der Schwindel ist die Selbstbewegung des Chaos.«[130] Trotz aller Unterschiede postulierte das Werk Cézannes nicht weniger als das Kino die Möglichkeit dessen, was Deleuze als ein azentrisches Ensemble variabler, agierender und aufeinander reagierender Elemente beschrieb: nämlich die Idee des Kinos als »Bild einer offenen, zugleich sich bewegenden und nichtorientierbaren Totalität, in der die uns umhüllende Zeitlichkeit sich in ihrer doppelt kontradiktorischen Dimension darbietet – in unablässigem Fließen und in augenblicklicher Disjunktion«.[131]

*

In der Idee, daß Cézannes Werk ein Modell nichtmenschlicher Wahrnehmung darstellt, scheint ein Motiv nachzuklingen, das seit nahezu einem Jahrhundert in den Analysen dieser Malerei wiederkehrt – so wenn Fritz Novotny von Cézannes Kunst sagt, daß sie »das Menschliche« »ausschaltet«, wenn Kurt Badt behauptet, Cézanne habe »ohne jede Beziehung auf die Gesellschaft« gemalt, »so als ob es überhaupt keine Gesellschaft gebe, in völliger Isolierung und Einsamkeit«, oder wenn Hans Sedlmayr in spenglerischer Tonart feststellt, Cézannes Kunst bereite »in ihrer unnatürlichen Stille den Ausbruch des Außermenschlichen vor«.[132] Hierher gehört natürlich auch Merleau-Ponty, der in Cézanne den Künstler sieht, der den »Grund von inhumaner Natur, auf welchem der Mensch sich einrichtet«, freilegt.[133] Solche Sätze hängen gewöhnlich mit einer Sicht zusammen, die dieses Werk als ein rein ästhetisches Projekt liest, das im Dienst strengster formaler Rigorosität steht und von den sozialen Widersprüchen seiner Zeit durch eine tragische Distanz getrennt ist.

Wenn jedoch Cézannes Spätwerk in gewisser Weise »inhuman« ist, dann nicht wegen seiner offensichtlichen Entferntheit von den naturalistischen Darstellungskodes und ihrem ideologischen Unterbau, sondern weil seine Experimente historisch mit neuen Wahrnehmungstechnologien und mithin, was nicht weniger wichtig ist, einer Reihe neuer *metaphorischer* Möglichkeiten zusammenfallen. Man berichtet, daß sich Cézanne in seinen letzten Lebensjahren oft »eine lichtempfindliche Platte« nannte, daß er ein »Registrierapparat« sein wollte, »aber weiß Gott, ein guter«.[134] Obwohl das Bild der Platte der Photographie entnommen ist, scheinen solche Bemerkungen nicht als eine Gleichsetzung des Auges mit der Camera gemeint zu sein. Vielmehr ist das Organ, das in diesen Äußerungen mehrfach erwähnt wird, nicht das Auge, sondern das Gehirn. An einer Stelle nennt er die empfindliche Platte das »Sein« des Künstlers. Das läßt auf die Möglichkeit einer *automatischen* Operationsweise schließen, die die vordergründige Dichotomie zwischen Mensch und Maschine überwinden würde. Man muß sich einen Cézanne vorzustellen imstande sein, der sich selbst als ein »doppeltes System« sehen konnte, als ein Reservoir historischer und persönlicher Spuren *und* als einen bloß mechanischen Apparat von erbarmungsloser Funktionalität; einen Cézanne, der sich auf »lange Arbeit, Meditation, Studium, Leiden und Freuden ... beständiges Nachsinnen über die Methoden der alten Meister« berufen und sich im selben Atemzug einen »Registrierapparat« nennen konnte. Seine gesamte akkumulierte Erfahrung wurde an diesem Punkt seines Lebens zur Grundlage einer radikalen Depersonalisierung, die ihm eine Ahnung der schöpferischen Kräfte des Chaos eröffnete, des in die Materie, den Himmel und die Felsen seiner provenzalischen Heimat eingeschriebenen, ewig wiederkehrenden Kataklysmus. In Cézannes imaginärer Selbstumbildung zu einer »Maschine« bekundet sich ein Streben, sich von den erdgebundenen Bedingungen der menschlichen Wahrnehmung freizumachen; ein Streben, ein Apparat zu werden, der die unbeirrbare Fähigkeit hätte, jenseits von Begriffen wie Figur/Grund, Zentrum/Peripherie oder fern/nah eine Welt zu verstehen.[135] Und wenn Cézanne, um die Neuheit einer solchen maschinellen Wahrnehmung anzudeuten, auf ein urtümliches Bild von der Geburt der Welt in der Verschmelzung zurückgreift, dann sicher nur um die Vorstellung einer unüberwindlichen Formlosigkeit auszudrücken, einer Welt ohne Horizonte und ohne Standpunkte, die nur aus dampfiger, langsam vibrierender Farbe besteht.[136] Die Anziehungskraft, die für Cézanne die Glut eines geologischen Frühlichts hatte, könnte als Regression hin zum Archaischen, zum Trägen erscheinen, wäre damit nicht gerade das »Unzeitige« seines Strebens verfehlt. Noch in seinen Sechzigern zeigt er wenig von der Faszination, die auf den jungen Seurat der Gedanke einer ursprünglichen Homöostase ausübte. Ein »Registrierapparat« zu werden, heißt die Schwerkraft der eigenen Innerlichkeit, der eigenen Intentionalität zu überwinden, und Cézannes Abstand zu Bergson ist an dieser Stelle ausgeprägt.[137] Es ist die Perspektive von Cézannes vielgerühmter »Isolation« in diesen letzten Jahren (einer klassenmäßigen, sozialen, örtlichen und altersbedingten Isolation), die zu einer tatsächlichen Übereinstimmung seiner leuchtend-urtümlichen Formlosigkeits-Bilder mit den deterritorialisierenden Prozessen des Kapitalismus und seinen ununterbrochenen Erneuerungsimperativen sowie dem entwurzelten, »nichtorientierbaren« Subjekt, das sich dessen Strömungen anpaßte, führte.

Paradoxerweise hatte gerade Cézannes »Konservativismus«, sein Bekenntnis zum »Studium der Natur«, zur Folge, daß sich ihm nicht Gegenstände und ihre Beziehungen offenbarten, sondern eine Natur, die sich nie von seinen eigenen Empfindungen und Trieben unterschied und als Vibration, Animation und chromatische Wechselwirkung erfahren wurde (auch wenn er nach einer »Logik« suchte, um deren Entfaltung zu klären).[138] Zugleich ist es natürlich billig, festzustellen, daß Cézannes Werk denkbar weit von dem Mischmasch aus Effekten entfernt war, den das frühe Kino bot – das Cézanne vermutlich nie zur Kenntnis genommen hat (und das er wohl allenfalls, wie die elektrische Beleuchtung am Kai von L'Estaque, die ihn 1902 so entsetzte, als ein »scheußliches« Symptom des »sogenannten Fortschritts« registriert hätte). Aber darum geht es nicht, und Adorno dürfte, was dieses

Verhältnis betrifft, das Richtige getroffen haben: »Das inhaltliche Moment von künstlerischer Moderne zieht seine Gewalt daraus, daß die jeweils fortgeschrittensten Verfahren der materiellen Produktion und ihrer Organisation nicht auf den Bereich sich beschränken, in dem sie unmittelbar entspringen. In einer von der Soziologie kaum noch recht analysierten Weise strahlen sie von dort aus in weit von ihnen abliegende Lebensbereiche, tief in die Zone subjektiver Erfahrung hinein, die es nicht merkt und ihre Reservate hütet.«[139] Natürlich gibt es zwischen Cézanne und dem Kino keine nachweisbare Verbindung, aber ihr historisches Nebeneinader stellt ein weit wichtigeres Problem dar als, zum Beispiel, die Beziehung des Malers zum Kubismus.[140] Trotz seiner Einzigartigkeit und trotz der sozialen Isolation, die es umgibt, gehört das Spätwerk Cézannes zu den Orten, an denen im späten neunzehnten Jahrhundert eine Modernisierung des Betrachters stattfindet. Es zeigt nicht nur die Auflösung, die mit dem Zustand tiefster Aufmerksamkeit verbunden ist, sondern kündigt auch dieselbe Dynamisierung der Wahrnehmung an, die um 1900 in diversen Bereichen stattfindet und nicht zuletzt neue Techniken des Sehens mit sich bringt. Es drückt nicht eine Logik der kontemplativen Distanz, der perzeptuellen Autonomie aus, sondern es legt von einem Nervensystem Zeugnis ab, das mit einer ständig sich transformierenden äußeren Umgebung eine Schnittstelle bildet. Wie am frühen Kino ist an Cézannes Malerei in den neunziger Jahren eine stürmische Destabilisierung dessen abzulesen, was einst ein »Bild« gewesen war. Sein Werk gehört zu den zahlreichen Entwürfen dieser Zeit, Wirklichkeit als dynamisches Aggregat von Empfindungen zu konzeptualisieren. Mit den entstehenden Industrien des Spektakels hat diese Malerei gemein, daß ein stabiles, punktuelles Wahrnehmungsmodell sich in ihr als unhaltbar erweist.

Als sich in den späten neunziger Jahren maschinengestützte Sehtechniken wie das Kino allgemein verbreiteten, wurden sie in keiner Weise als unvereinbar mit dem menschlichen Sehen empfunden. Vielmehr begrüßte man das Kino als eine lediglich mit spezifischen Strukturen der Einfühlung verbundene Erweiterung der bestehenden Formen der Naturtreue. Das Kino unterscheidet sich jedoch, wie vor allem Deleuze gezeigt hat, von den älteren Formen der Simulation grundlegend. Es ist keineswegs, wie manche immer noch meinen, eine direkte Fortsetzung einer bestimmten westlichen Art der Repräsentation, die ihren Ursprung in der Renaissance hat. Es stellt Welt nicht dar, sondern konstituiert Welt – es »konstituiert eine autonome, mittelpunktlose Welt, erzeugt Brüche und Disproportionen und richtet sich an einen Zuschauer, der selbst nicht mehr Zentrum seiner Wahrnehmung ist. *Percipiens* und *percipi* haben ihren Schwerpunkt verloren.«[141] Eben diese fehlende Selektivität ist es, durch die sich das Kinoauge von der Textur einer menschlichen Aufmerksamkeit unterscheidet. Das Kino, das sich in den letzten Lebensjahren des Malers herausbildete, ist eine kontradiktorische Form synthetischer Einheit, in der der Bruch zugleich einem kontinuierlichen Zeitfluß angehört und in der Disjunktion und Kontinuität zusammengedacht werden müssen.[142] Es ist der Traum von der Fusion, von der funktionalen Integrität einer Welt, in der Zeit und Raum in eine

Mannigfaltigkeit von sich fortsetzenden Wegstrecken, Zeitabschnitten und Geschwindigkeiten abgespult werden. Der Film wurde, wie viele Kritiker vermutet haben, zu einer Bestätigung für die Authentizität des perzeptuellen Orientierungsverlusts, der mehr und mehr das Wesen der sozialen und subjektiven Erfahrung prägte.[143]

Was solchen Überlegungen fehlt, ist allerdings eine gewisse historische Konkretheit. Welche Art »Neuorientierung« ist es, die sich im Kino dieser ersten Jahre des zwanzigsten Jahrhunderts zeigt? Nehmen wir ein bekanntes Beispiel, den 1903 von der Edison Company gedrehten Film *The Great Train Robbery* von Edwin S. Porter, obwohl die Charakteristika, die hier von Interesse sind, vermutlich in zahlreichen Filmen aus dieser Zeit nachweisbar wären.[144] Die neuere kritische Analyse des Films hat sich großenteils auf seine *narrativen* Strategien und die Temporalitäten seines Cross-cutting bezogen.[145] Ich will mich auf das beschränken, was in einer kurzen Sequenz dieses Streifens, den Szenen 2, 3 und 4, impliziert ist. (Die Reklame der Edison Company kündigte den Film an als »a thrilling story told in Fourteen Scenes«.) In Szene 2, in der die Räuber in den Zug eindringen, scheint unser Standpunkt nahe den Gleisen an einer Wasserstation zu liegen, während von rechts ein Zug kommt, anhält und dann, ungefähr wie eine Orthogonale, in einem Winkel von etwa fünfundvierzig Grad zur Leinwand, seine Fahrt fortsetzt. In der nächsten Szene dagegen liegt unser Standpunkt plötzlich im Inneren und ist mit dem des fahrenden Zuges selbst identisch; wir befinden uns in dem Postwaggon, wo der Raub stattfindet. Jetzt verläuft die Fahrtrichtung des Zuges von links nach rechts, parallel zur Leinwand. Durch die offene Tür des Waggons sehen wir undeutlich die »statische« Landschaft draußen vorbeisausen. Von Szene 2 zu Szene 3 findet also ein völliger Wechsel von Positionen und Vektoren statt, vom Innehaben eines festen Grunds, auf den das Zug-»Objektil« sich hinbewegt, hin zu einer Szene, in welcher der fahrende Zug mit unserem eigenen Standpunkt zusammenfällt und zu dem »Grund« wird, an dem die in ihrem »Sausen« nicht wiederzuerkennende Erde vorbeirast. In der nächsten Szene wiederum sind wir plötzlich auf dem *Dach* des Zugs, dessen Fahrtrichtung jetzt direkt *senkrecht* zur Leinwand verläuft. Der Zug und die Landschaft, durch die er fährt, verflechten sich zu reversiblen, wechselseitig bedingten Fluchtlinien, und das Zurückweichen des einen Teils ist untrennbar vom Vordringen des anderen. Richtungen – ob diagonal, horizontal oder vertikal – haben in den nichthierarchischen Abläufen dieses räumlichen Systems keinerlei privilegierte Bedeutung mehr. Wir sind weit entfernt von Merleau-Pontys Auffassung vom symbolischen Verhalten, in der dem Horizont eine grundlegende Priorität in der Struktur der Figur/Grund-Relation in der menschlichen Wahrnehmung zukommt.

In dieser kurzen Sequenz des Films (die zwei Minuten und zwanzig Sekunden dauert) läßt sich etwas ausmachen, was natürlich einem umfassenderen Prozeß der perzeptuellen Verschiebung und der Neuerschaffung von Positionen und Beziehungen angehört. Dabei geht es nicht so sehr um einen mobilen Blickpunkt als um

Abb. 97 Standphotos aus Edwin S. Porter, *The Great Train Robbery*, 1903.

die serielle Neukonfiguration einer kinästhetischen Konstellation beweglicher Kräfte, in der die Idee einer kohärenten Position des Subjekts ebenso irrelevant ist wie die von cartesischen Koordinaten in einem Kaleidoskop, wobei ich allerdings nicht mehr als den allerknappsten Umriß eines dynamisch-kinetischen Rahmens angedeutet habe, in dem weitere Bewegungs- und Kräftesysteme operieren – als da sind Körper, Geschosse oder eine (in manchen Kopien rot und orange gefärbte) Explosion. Diese neuen Voraussetzungen der Wahrnehmungserfahrung sind es, die zum Beispiel Deleuze veranlassen, eine konzeptuelle Nachbarschaft zwischen Cézanne und dem russischen Filmemacher Dziga Vertov festzustellen. Cézanne, sagt er, sei der erste gewesen, der ein Auge dachte, das bei seiner Arbeit »in den Dingen« wäre, ein Auge, das »die universelle Veränderlichkeit, die universelle Wechselwirkung« aufzeichnen könne.[146] In ähnlicher Weise hat Liliane Brion-Guerry auf gedankliche Übereinstimmungen zwischen Cézannes Spätwerk und der »dauernden Variation« in Schönbergs tonalen Experimenten hingewiesen.[147]

Zweifellos gab es in den späten neunziger Jahren des neunzehnten und in den ersten Jahren des zwanzigsten Jahrhunderts mehr als einen Ort, an dem eine Neukonfiguration des Subjekts im Sinne seiner dynamisch-sensomotorischen Interaktion mit einer kontinuierlich *sich modulierenden* Lebensumwelt erprobt wurde. Der britische Neurologe Charles Scott Sherrington formulierte zwischen 1895 und 1900 eine der einflußreichsten modernen Theorien des menschlichen Nervensystems, eine Theorie, die nicht von ungefähr mit der von den neunziger Jahren bis in die Mitte des zwanzigsten Jahrhunderts reichenden (mit Simmel zu reden) »raumerobernden Phase« der Moderne zusammenfiel, als sich in der technologischen urbanen Kultur des Westens in wachsendem Maß kinetisch-dynamische Züge durchsetzten, zusammenfiel.[148] Sherrington unternahm es unter anderem, jenes Vermögen des menschlichen Organismus zu erklären, das darin besteht, die überwältigend komplexe Menge der in einer bestimmten Umgebung gelieferten sensorischen Information funktional und praktisch integrieren zu können. Was war es, das angesichts eines sich in ständigem Wandel befindenden Felds der Empfindungen geordnetes und kohärentes Handeln garantierte? Sherringtons Modell, das im frühen zwanzigsten Jahrhundert zu einem wichtigen Bestandteil des institutionellen Wissens vom menschlichen Verhalten wurde, sagte eindeutig, daß Wahrnehmung und physische Tätigkeit untrennbar waren und autonom nicht existierten.

Sherringtons kulturelle Bedeutung (man nennt ihn oft einen der größten Neurologen aller Zeiten) besteht darin, daß er den Verhaltenswissenschaften ein alternatives Modell zu Pawlows atomisierter Konzeption der Reflexfunktion lieferte, auch wenn in seinem Werk die vom neunzehnten Jahrhundert betriebene Forschung über die inhibitorischen Mechanismen, die wir anläßlich von Seurat diskutiert haben, in gewisser Hinsicht ans Ziel kommt.[149] Nach Georges Canguilhem steht Sherringtons Werk für den grundsätzlichen Verzicht auf die Vorstellung vom Reflex als einer Eins-zu-eins-Beziehung zwischen einem punktuellen Reiz und einer isolierten muskulären Reaktion.[150] Sherrington versuchte, kurz gesagt, zu erklären, auf welche Weise das aus zahllosen Reflexen zusammengesetzte Nervensystem bei Tieren oder Menschen ein vereinheitlichtes, koordiniertes motorisches Verhalten hervorbringt.[151] Das als Anpassungsleistung des Körpers an eine Umgebung definierte Verhalten schloß jedoch mehr als bloße Reaktion, nämlich Verknüpfung und Entscheidung mit ein.[152] Seine Forschungen implizierten die Annahme, daß die Reize in der Außenwelt nicht bloß fremde Schocks waren, die dem Körper begegneten und auf die er reagierte, sondern daß sie in Wrklichkeit vom Organismus ausgewählt und sogar geformt wurden.[153] Als Vorwegnahme dieses globaleren Verständnisses vom Verhalten kann in gewisser Weise William James' hartnäckige Verteidigung des freien Willens gegen mechanistische Erklärungen gelten. James hatte 1890 erklärt, daß »das ganze Drama unseres freien Lebens von dem etwas größeren oder etwas geringeren Maß an Aufmerksamkeit abhängt, das konkurrierenden leitenden Vorstellungen zuteil wird. Aber das gesamte Wirklichkeitsgefühl, der ganze Schwung und die Aufregung unseres freien Lebens hängen von dem Gefühl ab, daß in ihm wirklich von einem Augenblick zum anderen *echte Entscheidungen* getroffen werden und daß es sich dabei nicht um das dumpfe Rasseln einer vor Urzeiten geschmiedeten Kette handelt. *Vielleicht* ist dieser Schein, der dem Leben und der Geschichte eine solch tragische Spannung verleiht, doch keine Illusion.«[154]

Sherrington zeigte, wie das Funktionieren des Organismus eine unablässige Transformation von Wahrnehmungsinformation zu zweckgerichtetem Handeln innerhalb der Welt einschloß. Mit seiner Hervorhebung des kinetisch-temporalen Charakters der Wahrnehmungserfahrung annullierte er praktisch die Vorstellung, man sehe »Bilder« von der Welt, und wie James gebraucht er das Wort »Strom«, um zu beschreiben, wie sich Intensität und Richtung der Energie innerhalb des Nervensystems von einem Augenblick zum nächsten ändern. Daneben bediente er sich, um zu zeigen, daß die inhaltlichen Veränderungen eines Wahrnehmungsfelds niemals bloße Ergänzungen sind, sondern eine vollständige Neuorganisation der Reaktion mit sich bringen, der (Baudelaireschen) Metapher des Kaleidoskops und anderer aus der Technologie des neunzehnten Jahrhunderts stammender Bilder:

»Wie eine Drehung eines Kaleidoskops verursacht ein neuer Reiz, der auf die aufnahmebereite Oberfläche auftrifft, einen Wechsel der Funktionsmuster in diversen Synapsen . . . Die Graue Substanz ist einer Telephonzentrale vergleichbar, wo, auch wenn die Endpunkte des Systems fixiert sind, die Verbindungen zwischen Start- und Zielpunkten von einem Augenblick zum nächsten aufgrund vorübergehender Anforderungen geändert werden, nicht anders als die Weichenstellungen an einem Eisenbahnknotenpunkt. Um diesen Vorgang zu begreifen, muß man das bloß räumliche Schema in einem temporalen Sinn ergänzen, denn die Verbindungen zwischen den Strecken wechseln innerhalb gewisser Grenzen von Minute zu Minute.«[155]

Dieser bemerkenswert hybride Versuch eines angemessenen, vierdimensionalen Bildes soll dazu dienen, den ununterbrochenen Modulationsvorgang zu illustrieren, der, um die Einheit des Individuums aufrechtzuerhalten und zu stützen, was Sherrington den »großen psychischen Prozeß der Aufmerksamkeit« nennt, manche Bereiche des Nervensystems »versperrt«, während er zugleich »andere weite Regionen« ins Spiel bringt.[156]

Sherringtons Werk wies als Untersuchung von Verhaltensstrukturen eine unauflösliche und dynamische Verbindung zwischen Wahrnehmung und physischer Bewegung nach. Indem er das Nervensystem bei höherentwickelten Tieren als reichhaltige Schnittstelle mit einer Umwelt darstellte, demonstrierte er, wie außerordentlich kompliziert der Weg ist, auf dem viele verschiedene Arten von sensorischer Information unmittelbar in die Form von organisierter motorischer Reaktion auf diese Information weiterverarbeitet werden. Man weiß, daß Sherrington in den späten 1880er Jahren von Etienne-Jules Marey gewisse graphische Aufzeichnungstechniken übernahm; eine historische Verbindung zwischen beiden wäre aber vor allem im Rahmen eines weitverbreiteten Interesses an der Rationalisierung von komplex koordinierten motorischen Verhaltensweisen bei lebendigen Organismen zu sehen.[157] Sherrington machte einen fundamentalen Unterschied zwischen dem, was er »Distanz-Rezeptoren«, also Sehen, Gehör und Geruch, und dem, was er »unmittelbare Rezeptoren« nannte, also Geschmacks- und Tastsinn. Das Sehen, das der Evolution biologischer Überlebensmechanismen angehört, war der primäre »Distanz-Rezeptor«, mit dessen Hilfe ein Organismus seine subjektive Erfahrung über seine physischen Grenzen hinaus ausweiten konnte.[158] Wie bei Bergson wurde bei Sherrington ein wahrnehmender Mensch postuliert, für den es ein reines oder autonomes Sehen niemals geben konnte – es gab kein Sehen, das von einer, entweder willentlichen oder instinktiven, Bewegung trennbar wäre, und selbst ein scheinbar durch Immobilität gekennzeichneter Hemmungszustand (wie die absorbierte Aufmerksamkeit eines Künstlers wie Cézanne) wurde eindeutig nur durch ein komplexes Muster motorischer Aktivität aufrechterhalten. Einer von Sherringtons Schülern nannte die Neukonzeptualisierung der Hemmung dessen größte Einzelleistung: »Man kann sich kaum vorstellen, wie schwer es anfangs war, nachzuweisen, daß die Hemmung ein *aktiver* Prozeß ist und keine bloße Absenz von Aktivität.«[159] Für Sherrington konnte das menschliche Sehen nicht isoliert von der komplizierten Beziehung betrachtet werden, die zwischen dem motorischen Verhalten und den »hundertsiebenunddreißig Millionen separater ›sehender‹ Elemente besteht, die in der Netzhautschicht verteilt sind«. Das Auge, das sich über ein Sehfeld bewegt, war, wie er zeigte, »mit weiten Strängen der Muskulatur als ganzer« dynamisch verbunden.[160]

Obwohl es das Sehen war, das bei höheren Tierarten ein *antizipierendes* Verhalten möglich machte und die Reaktionszeit auf den Reiz verlängerte, war es letztlich vom erkundenden lokomotorischen Verhalten, von der Mobilität des Organismus in der Welt, nicht zu trennen. Was Sherrington fesselte, war etwas, das auch für die Neurologie des späten zwanzigsten Jahrhunderts ein »tiefes Problem« blieb, nämlich das der »Bindung« – wie entstehen kohärente Wahrnehmungen, wie kommt es, daß das Nervensystem die Fähigkeit besitzt, Reize, die aus völlig verschiedenen Sinnesmodalitäten, aus räumlich weit entfernten Bereichen stammen, zu einer nahtlosen Entfaltung motorischer Aktivität zu synthetisieren?[161] Darin bestand die von Sherrington so gründlich untersuchte »integrative Funktion« des Nervensystems. Die Wahrnehmung ist immer ein Amalgam aus Informationen von »unmittelbaren« taktilen und »distanzierten« optischen und akustischen Rezeptoren, und die Unterschiede zwischen dem Optischen und dem Taktilen hören auf, signifikant zu sein (sie könnten es nur sein für ein unmögliches bewegungsloses Wesen ohne gelebte Beziehungen zu einer Umwelt). Das Sehen als »autonomer« Prozess oder exklusiv optische Erfahrung wird zu einer unwahrscheinlichen Fiktion.

Alle Überbleibsel von einer cartesischen *res extensa* oder einer *res cogitans* sind aus Sherringtons Modell definitiv getilgt – die Distanz-Rezeptoren machten durch eine volle Verkörperung der Außenwelt den physischen Abstand zunichte. Durch die von Sherrington beschriebene Schnittstelle wird die Vorstellung einer physischen Grenze des Organismus im konventionellen Verständnis sinnlos. Vielleicht das Wichtigste in unserem Zusammenhang ist jedoch die Artikulation eines Subjektmodells, in dem die Wahrnehmung nicht mehr im Sinne eines klassischen Modells des Wissenserwerbs aufgefasst wird, sondern statt dessen mit den Möglichkeiten motorischer Aktivität synonym ist – einer motorischen Aktivität jedoch, die sich auf eine, in gewisser Weise zugleich von ihr konstruierte, ständig offene Zukunft von sich vermehrendenden Möglichkeiten und Entscheidungen hinbewegt.[162] Zugleich ist das Subjekt dieses Modells zur Bildung einer ebenso *schöpferischen* wie effizienten und produktiven Schnittstelle mit der dynamischen und mobilen Komplexität einer sich modernisierenden Lebenswelt imstande.

*

Ich möchte, um diese Problematik zu vertiefen, eine der denkwürdigsten Stellen aus Cézannes Korrespondenz zitieren, eine Stelle, die ein Licht wirft auf die Bedeutung körperlicher Bewegung für sein Werk. Im September 1906, sechs Wochen vor seinem Tod, schreibt er in einem bekannten Brief an seinen Sohn Paul:

»Schließlich will ich Dir sagen, daß ich als Maler vor der Natur hellsichtiger werde, doch daß bei mir die Realisierung meiner Empfindungen immer sehr mühselig ist. Ich kann nicht jene Intensität erreichen, die sich vor meinen Sinnen entwickelt, ich besitze nicht jenen wundervollen Farbenreichtum, der die Natur belebt. Hier, am Ufer des Flusses, sind die Motive sehr vielgestaltig, derselbe Gegenstand, unter einem anderen Blickwinkel gesehen, bietet einen Studiengegenstand von äußerstem Interesse und derart verschieden, daß ich glaube, ich könnte mich während einiger Monate damit beschäftigen, ohne den Platz zu wechseln, indem ich mich einfach zeitweise mehr nach rechts, zeitweise mehr nach links wende.«[163]

Abb. 98 Paul Cézanne, *Flußufer*, ca. 1904.

Die Zeitlichkeit ist hier sehr stark die Zeit des Körpers, eine skalar unbestimmte Zeit – die Gegenwart nicht als ein Augenblick, der aus der Zeit extrahiert ist, sondern als einer, der sich auf die Zeit hin öffnet – eine atemporale Gegenwart des Infinitivs, in der die »Intensität«, die sich chromatisch vor dem Maler entfaltet, als unwiderruflich darstellungsextern erfahren wird, als eine Belebung, die uneinholbar ist. Was er seine »Hellsicht« nennt, ist nichts anderes als die Anschauung von dieser Unerreichbarkeit. Daß das betreffende Motiv ein Fluß ist, ist kein bloßer Zufall, sondern steht für die Auseinandersetzung mit einem ursprünglicheren Fließen. Es ist ein Modus physischen Seins, in dem die vertrauten Vorstellungen von Stillstand und Bewegung sich einander wieder annähern. Der Maler postuliert eine stabile physische Verortung, auf die er jedoch die Idee jener leichten Veränderungen und Schwankungen der Position überträgt, die einen anhaltenden Zustand vibrierender Instabilität erzeugen, also das, was D. H. Lawrence die »geheimnisvolle Veränderlichkeit (*shiftiness*)« der späten Landschaften nennt.[164] Die Welt ist für Cézanne nur begreiflich als eine unbegrenzte Abfolge von Dezentrierungen. Vielleicht ist es überflüssig, das Offenkundige zu wiederholen – daß eine Kumulation verschiedener oder multipler Blickpunkte desselben vereinheitlichten Feldes *nicht* stattfindet.

Es handelt sich vielmehr um die Apprehension einer Vielheit, in der Punkte und Relationen bei jeder Kopfbewegung qualitativ transformiert werden, wobei sich die Welt wie bei der Drehung eines Kaleidoskops (ein Bild, das sowohl Sherrington wie Bergson gebrauchen) auflöst und reorganisiert.[165] »Was in einem festen System gleichzeitig war«, schreibt Deleuze, ist »in einem beweglichen System nicht mehr gleichzeitig«.[166] Die Einsichten, die Cézanne am Flußufer hatte, lassen sich mit Nietzsche verbinden, der ebenfalls erkannte, daß die Welt »essentiell eine Relations-Welt« ist: »sie hat, unter Umständen, von jedem Punkt aus ihr *verschiedenes Gesicht*: ihr Sein ist essentiell an jedem Punkte anders«.[167] Auch für Cézanne geht es nicht bloß darum, intellektuell die Idee einer Pluralität von Perspektiven zu erfassen, sondern um ein Erfahren dessen, daß jede Perspektive eine eigentümlich gelebte Relation von Kräften und Intensitäten ist.

Ob Cézanne nun wörtlich gesagt hat, er wolle ein »Registrierapparat« sein, oder nicht, fest steht, daß er zögernd aber beharrlich versucht hat, sich selbst zu einem reaktiv-produktiven Organ neuer Art zu machen. Um die Jahrhundertwende verkörpert der Maler ein in sich widersprüchliches Unternehmen der Selbsttransformation, der Selbsterneuerung. Durch ihn treffen wir auf das gespaltene Phänomen einer »tiefen Aufmerksamkeit«, die eine schneidende soziale Entfremdung und zugleich ein neuartiger Modus der Erfindung ist, der die freudige Auflösung der monadischen Grenzen des Selbst imaginiert.[168] Es stimmt, daß Cézanne die historische Tragweite seiner Experimente im Sinne der retrospektiven Vollendung einer Tradition empfand, mit der einen entscheidenden Bruch vollzogen zu haben er nicht wirklich wahrhaben wollte. Gleichzeitig aber deuten die bekannten Sätze in seinen späten Briefen, die sich auf ein Ende, ein Ziel, einen Hafen beziehen, alle auf eine Bestimmung (oder eine Heimkehr) hin, der die Arbeit eines Lebens gegolten hatte, deren Verwirklichung aber, abgesehen davon, daß sie ganz handfest noch nicht in Reichweite und das Werk mithin unvollendet war, konkret unerkennbar blieb. Man sollte es sich also zumindest überlegen, ob man diese späten Landschaften als antizipierenden »Vor-Schein« einer künftigen möglichen Welt werten will, einen »Vor-Schein«, der immer inmitten einer Neuerschaffung der Welt stattfindet.[169] Cézannes ironische Redeweise vom »Gelobten Land« gehört zu den wenigen Beispielen, wo seine eigenen privaten Sehnsüchte sich als greifbare Umkehrungen von undenkbaren und zurückgestellten kollektiven Träumen zu erkennen geben. Unter der Oberfläche von Ungeselligkeit und Ängstlichkeit verbirgt sich die durch nichts zu schließende Kluft zwischen seiner visionären Umformulierung der »natürlichen« Welt und seinen gescheiterten Hoffnungen auf Gemeinschaft, Vertrautheit und Rousseausche Offenherzigkeit. Wie für den deprimierten Rousseau der *Rêveries* war für Cézanne die aufmerksame Kontemplation eine Weise der Befreiung von der Erinnerung ans Leiden, eine »Entschädigung für menschliche Freuden«.[170]

Noch als er an seinen »modernsten« Werken arbeitete, nahm Cézanne heftig für sich in Anspruch, in der Kontinuität der alten Meister und mit dem imaginären

Universum des Louvre in Verbindung zu stehen. Diese letzten Bilder zeigen mit ihrer euphorischen Bodenlosigkeit, ihren pulsierenden chromatischen Feldern, etwas wie eine libidinale Befreiung, eine Art berauschenden Ichverlust, der für Cézanne durch die akkumulierten Traumbilder von Arkadien, Kythera oder Rubens' Liebesgärten vermittelt war.[171] Es ist ein Traum, der der Sterilität und Banalität von so vielen im neunzehnten Jahrhundert entstandenen Bildern des »irdischen Paradieses« – zu denen wir auch die beengte Örtlichkeit von Manets *Wintergarten* zählen müssen – zu entkommen sucht. Aber bei Cézanne Fragmente utopischer Inhalte zu finden, heißt keineswegs, ihm die Last einer »utopischen Praxis« aufzubürden. Sein Projekt ist und bleibt weit ambivalenter. Seine Leistung bestand in exemplarischer Weise in der Produktion von Neuheit – und zwar sowohl im Hinblick auf die radikale Wiederverwendung dieses kulturellen Erbes für die Evokation einer sensorischen Ganzheit als auch im Hinblick auf das Neue eines glatten, unorganisierten Wahrnehmungsraums, das vom jeweiligen subjektiven Verhältnis zu einem Reich von Zirkulation und Tausch nicht ganz verschieden ist. Cézannes Werk ist ein hervorragendes Beispiel für den nichtsynchronen Charakter der Moderne, für die »Koexistenz von Wirklichkeiten aus radikal verschiedenen historischen Momenten«.[172]

Zu Cézannes pluraler historischer Position gehört also auch, daß sein Werk gleichsam der Höhepunkt und sogar der Abschluß einer romantischen visionären Tradition ist, die auf das späte achtzehnte Jahrhundert zurückgeht.[173] William Blake und Cézanne hatten eine verwandte Auffassung von einem Universum, das für sie aus Perturbationen und Differenzen zwischen Energiezentren bestand. Was Blake in einer figürlichen Sprache zu erreichen versuchte – eine heroische Überwindung von Schwerkraft, von Wahrnehmungszwängen und chromatischer Opazität –, das verwirklichte Cézanne in den transparenten, unmotivierten Feldern seiner späten Aquarelle und Landschaften. Zugleich öffnet sich die Idee eines in alle Richtungen sich ausbreitenden, ständig sich modulierenden (durch einige von Blakes schwebenden, luftgeborenen Figuren verkörperten) Raums auf eine frühe Phase der Modernisierung des zwanzigsten Jahrhunderts: es ist der Zeitpunkt, da an vielen verschiedenen Orten im Westen das Bild als automatische Eigenbewegung, als eine dezentrierte Chrono-Ikonographie Gestalt annimmt.[174] Natürlich sind Cézannes Bilder statisch, aber nicht anders als die von Marey halten sie eine Wahrnehmungserfahrung in ständiger Transformation fest; beider Werk überschneidet sich mit zeitlichen Prozessen und motorischen Reaktionen, die das ausschließlich Optische zwar zum Inhalt haben, aber auch übersteigen. Bergsons Hypothese von einer »Aufmerksamkeit aufs Leben« wird von Cézannes späten Bildern zweifellos bestätigt, ja vielleicht sogar extravagant überboten, wenn sie eine Welt zeigen, die sich »in zahllose Erschütterungen [auflöst], die alle zu einer ununterbrochenen Kontinuität verbunden und unter sich solidarisch sind und wie Wellenringe nach allen Richtungen verlaufen«.[175]

Deleuze weist auf einen wichtigen Unterschied zwischen Kino und Malerei hin:

Abb. 99 Paul Cézanne, *Blattwerkstudie*, Aquarell, 1903.

weil »gemalte Bilder in sich unbeweglich« sind, bedürfen sie »des *Geistes,* der die Bewegung veranlaßt«.[176] Das Aufkommen des Kinos als Montage aus Körper und Maschine bringt dagegen, so behauptet er, ein ganz neues Paradigma der »Psychomechanik« mit sich. Für Deleuze ist diese industrielle Kunst soviel wie ein neuer »subjektiver und kollektiver Automat«, als welcher das Kino imstande ist, »einen Schock im Denken entstehen zu lassen, Vibrationen auf die Gehirnrinde zu übertragen, umittelbar das Gehirn und das Nervensystem zu beeinflussen«. Damit sind zwei ungeheure Möglichkeitsräume eröffnet: einerseits die neuen Formen von Leben, Freiheit und Schöpfung, an denen auch Cézannes Werk partizipierte; andererseits etwas, was sich in gewissen Aspekten von Seurats Werk bereits angedeutet hatte, nämlich die Ausarbeitung zahlloser Prozeduren zur Manipulation der Aufmerksamkeit.[177] Die erste Möglichkeit verweist auf ein affirmatives Modell automatischen Verhaltens (in der Art von Cézannes »Registrierapparat«), in dem das Denken auf einer höheren Ebene mit einem noch nicht dagewesenen Arsenal von syntaktischen, perzeptuellen und konzeptuellen Mitteln arbeitet. Die zweite (im Kino von Anfang an enthaltene) Möglichkeit ist ein Modell des passiven Automatismus, in dem der einzelne »seines eigenen Denkens beraubt ist und einer inneren

Prägung gehorcht, die sich einzig in Visionen oder rudimentären Handlungen entfaltet (vom Träumer zum Schlafwandler und umgekehrt, über Hypnose, Suggestion, Halluzination, Zwangsvorstellung usw.)«.[178] Auf dieser Ebene sollte, wie Deleuze, Benjamin, Virilio und viele andere gezeigt haben, eine Kunst der automatischen Bewegung mit dem Faschismus koinzidieren, mit der Organisation der mechanisierten Kriegführung und mit staatlicher Propaganda jeder Art.

Cézannes Werk liegt allerdings vor dem konkreten Erscheinen dieses zweiten Modells; es ist das Produkt einer Übergangszeit, eines Interregnums voller Möglichkeiten: nach der Lostrennung des Sehens von seiner Verwurzelung in der klassischen Ordnung des Wissens, die das siebzehnte und achtzehnte Jahrhundert beherrscht hatte, aber vor seiner gründlichen Neuverortung in den Regimes des maschinengestützten Sehens, die im zwanzigsten Jahrhundert einsetzen werden. Cézannes Werk paßt also nicht in Francastels Modell einer »Zerstörung« eines plastischen Raums oder in verwandte historische Schemata, sondern es geht in ihm um Erfindung und Neuerung in einer bereits erschlossenen Zone. Es ist das Produkt der turbulenten Aktivitäten eines Auges, das die monadischen Grenzen des menschlichen Sehens überwinden, das mit einer unmöglichen Aufmerksamkeit blicken können sollte, ein Auge ohne Zwänge, das aus seiner partikularen Verankerung losgelöst wäre. Cézanne hatte kein Interesse daran, für einen unwiederbringlichen Fixpunkt oder eine Achse, von der aus die Welt arretiert werden könnte, Ersatz zu improvisieren. Sein Spätwerk versucht immer wieder, einen flüssigen, bodenlosen Raum, der statt von Dingen von Intensitäten und Kräften erfüllt wäre, zu verstehen und zu verwirklichen, so wie andererseits das ganze zwanzigste Jahrhundert hindurch ein ähnlich geschmeidiger und formbarer visueller Raum unendlichen Arten von externer Restrukturierung, von Manipulation und betäubender Standardisierung unterworfen werden sollte. Seine unermüdliche Aufmerksamkeit auf die Aufmerksamkeit selbst, sein schwebendes Verweilen an einer Schwelle, an der das Offenbarwerden untrennbar ist vom Beginn seiner Auflösung, waren gleichbedeutend mit der Grundlegung ebenso wie mit der Überwindung der verwalteten Wahrnehmung der spektakulären Kultur, in welcher die Aufmerksamkeit auf alles aufmerken soll, nur nicht auf sich selbst.

Epilog 1907: Verzaubert in Rom

> Habe beständig eine Vorstellung von der ganzen Ewigkeit und der ganzen Weltsubstanz . . . Denke an jedes existierende Ding als eines, das schon in Auflösung und in Wandlung und gleichsam in Fäulnis oder Zerfall begriffen ist, oder wie immer jedes nach seiner Natur gleichsam zu sterben bereit ist.
>
> Marc Aurel, *Selbstbetrachtungen*

Als William James in den 1880er Jahren einmal konzis formulierte: »Meine Erfahrung ist das, was ich mich zu beachten entscheide«, meinte er diesen Satz als Bestätigung eines autonomen, selbst eine Wahl treffenden und welterschaffenden Subjekts, das den *rezeptiven* Status, in dem die Erfahrung »die bloße sinnliche Präsenz einer äußeren Ordnung« war, hinter sich gelassen hätte.[1] Sicherlich ahnte er nicht, daß seine Gleichsetzung das Anzeichen einer historischen Krise in der Natur der Erfahrung selbst sein könnte, die darin besteht, daß die Aufmerksamkeit, als unabdingbarer Bestandteil des sich ausweitenden Terrains des modernen Spektakels, zu einer Simulation und zugleich einer Kompensation für eine chimärische »wirkliche« Erfahrung wird. Weil die Aufmerksamkeit für die Subjektivität als grundlegend und konstitutiv angenommen wird, wird die »Erfahrung« in wachsendem Maß außerhalb der kollektiven, gelebten historischen Zeit angesiedelt.[2] Die individuelle, den Rändern, Übergängen und Impulsen der je eigenen »reinen Erfahrung« gewidmete Aufmerksamkeit war für James nie wirklich versöhnt mit der »Erfahrung« als Eintauchen in die dichte Wirrnis einer bewohnten und mit anderen geteilten Welt.[3] In ihrer übermächtig allgegenwärtigen Form ist die moderne Aufmerksamkeit mit einer individuellen Flucht sowohl aus der Geschichte als auch aus dem Gedächtnis gleichbedeutend. Eingeschliffen und zur Ware geworden, wie sie ist, wird sie zu einer imaginären Tilgung all dessen, was in der individuellen und kollektiven Erfahrung als unerträglich empfunden wird. Aber so wie die Aufmerksamkeit für das Funktionieren dessen, was Bataille eine homogene Gesellschaft nennt, in der perzeptuelle Selektion Nützlichkeit und Effizienz aufrechterhält, unentbehrlich ist, so bringt die Aufmerksamkeit auch, wie ich zu zeigen versucht habe, eine Öffnung auf eine heterogene Welt der Nichtproduktivität, der Auflösung mit sich: als solche bereits führt sie zum Zerfall von Gewißheiten und Stabilitäten. In den Werken von Manet, Seurat und Cézanne, die ich untersucht habe, war eine anhaltende Aufmerksamkeit niemals ganz frei von einem komplizierten sozialen und psychischen Sublimierungsmechanismus; für sie alle war eine absorbierte Wahrnehmung eine verweigerte Anerkennung, war die Ausflucht eines Sehens, das auf diese Weise einen Horizont von enttäuschten, unerfüllten Sehnsüchten freilegte. Im Zustand ihrer Suspendierung jedoch schuf diese Wahrnehmung auch die Voraussetzungen für eine Auflösung der scheinbaren Notwendigkeit und Selbstgenügsamkeit des Gegenwärtigen, schuf einen Zustand, der eine unnennbare Zukunft zu antizipieren erlaubte und auch eine Erlösung der schimmernden und aufgegebenen Gegenstände des Gedächtnisses als möglich erscheinen ließ.

*

Ich werde, um das in den Werken dieser Künstler zum Ausdruck kommende Dilemma konkret zu verorten, mit einem Artefakt schließen, das von anderer Art ist als die bisher von mir analysierten: mit einem kurzen Text, der auf das soziale und psychologische Terrain, auf dem ich mich in diesem Buch bewegt habe, ein bezeichnendes Licht wirft und der zugleich auf die Transformationen verweist, die dieses Terrain im zwanzigsten Jahrhundert erfahren sollte. Am 22. September 1907 schrieb Sigmund Freud aus Rom einen Brief an seine Familie, den ich hier in voller Länge wiedergebe:

»Meine Lieben,

Auf der Piazza Colonna, hinter der ich wohne, wie Ihr wißt, versammeln sich jeden Abend ein paar Tausend Menschen. Die Abendluft ist wirklich köstlich, Wind ist in Rom kaum bekannt; hinter der Säule ist ein Gerüst für Militärmusik, die also jeden Abend spielt und am anderen Ende des Platzes wird auf dem Dache eines Hauses eine Leinwand aufgezogen, auf welcher eine ›Società Italiana di Fotoreclami‹ Bilder projiziert. Eigentlich Reklamen aber, um das Publikum zu bestechen, sind zwischen zwei Annoncen immer Bilder eingeschoben von Landschaften, Kongonegern, Gletscherbesteigungen usw. Das würde aber nicht hinreichen, somit wird die Langeweile durch kurze kinematographische Vorführungen unterbrochen, wegen welcher sich die großen Kinder, und Euer Vater mit dabei, die Reklamen und eintönigen Photographien ruhig gefallen lassen. Mit diesen Leckerbissen sparen sie freilich, ich habe schon wiederholt dasselbe Stück mitansehen müssen. Kehre ich dann um, so macht mich eine Art Spannung in der Menge aufmerksam, daß ich wieder hinsehe, und wirklich hat eine neue Vorstellung begonnen, bei der ich also noch bleibe. Bis neun Uhr pflegt so der Zauber zu wirken, dann fühle ich mich doch zu einsam im Gewühl und gehe auf mein Zimmer um Euch zu schreiben, nachdem ich eine Flasche frischen Wassers bestellt habe. Die Anderen, die zu zweien oder zu ›undici dodici‹ lustwandeln, bleiben, solange Musik und Lichtbilder anhalten.

In einer Ecke des Platzes treibt noch eines jener qualvollen Transparente, die periodisch aufblitzen und verschwinden, sein Unwesen. Fermentin heißt es, glaube ich. Als ich vor zwei Jahren mit der Tante in Genua war, hieß es ›Tot‹, war irgendein Magenmittel und wirklich unerträglich. Indes stört Fermentin die Leute nicht. Insoferne ihre Geselligkeit ihnen Freiheit läßt, stehen sie so, daß sie nach rückwärts

Abb. 100 Piazza Colonna, Rom, ca. 1900.

hören und nach vorwärts sehen und fühlen sich ausgefüllt. Natürlich sind sehr viele kleine Kinder unter ihnen, von denen manche Frauen behaupten würden, sie gehören schon längst ins Bett. Fremde u Einheimische vermengen sich da in ungezwungenster Weise. Die Gäste des Restaurants hinter der Säule u der Konditorei auf der einen Querseite des Platzes genießen mit, außerdem sind Strohsessel in der Umgebung der Musik zu haben, u das Volk sitzt gerne auf der Steineinfassung des Monuments. Ich weiß im Augenblicke wirklich nicht, ob ich nicht einen Brunnen auf dem Platze vergessen habe, er ist so groß. Mitten durchzieht ihn die Fortsetzung des Corso Umberto, von dem er eigentlich eine Erweiterung ist, da fahren also Wagen u eine elektrische Tranvai, aber die tun nichts Böses, denn ein Römer weicht keinem Fuhrwerk aus, u die Kutscher scheinen von dem Recht den Fußgänger zu überfahren, nicht in Kenntnis gesetzt zu sein. Wenn die Musik eine Pause macht, wird lebhaft applaudiert, auch von denen, die nicht zugehört haben. Von Zeit zu Zeit entsteht ein fürchterliches Geschrei in der sonst eigentlich vornehm ruhigen Menge, das sind sechs bis zehn Zeitungsjungen, die mit der Abendausgabe einer Zeitung, atemlos wie der Herold von Marathon, auf den Platz stürzen, in der Fiktion, daß sie durch ihre Nachrichten einer bereits unerträglich gewordenen Erwartung ein Ende bereiten. Wenn sie einen Unglücksfall anzubieten haben, Tote und Verwundete, so fühlen sie sich als Herren der Situation. Ich kenne diese Zeitungen u kaufe selbst täglich 2 zu 5 ctm., sie sind also billig, aber ich muß beklagen, daß nie etwas drin steht, was einen vernünftigen Menschen von draußen interessieren könnte. Gelegentlich entsteht auch etwas wie ein Auflauf, alles Bubenhafte stürzt in die oder jene Gegend hin, aber man muß nicht fürchten, daß etwas vorgefallen ist; sie kommen dann wieder zurück. Die Frauen in dieser Menge sind sehr schön, insoweit sie nicht Fremde sind, denn die Römerinnen sind merkwürdigerweise auch noch schön, wenn sie häßlich sind, und das sind eigentlich nicht viele von ihnen.

Die Musik höre ich sehr deutlich in meinem Zimmer, die Bilder sehe ich natürlich nicht. Gerade jetzt applaudieren sie wieder.

Herzliche Grüße Euer Papa«[4]

Zu den bemerkenswerten Zügen dieses Dokuments gehört die Art, wie es den transformierten Status eines Betrachters zeigt, gerade indem es die stets unabgeschlossene und nur partielle Modernisierung der Erfahrung nachempfinden läßt. Freud präsentiert uns eine Großstadtszene, in der eine individuelle und eine kollektive Subjektivität beide in einer Vielzahl von Bildern, Geräuschen, Menschenmassen, Vektoren, Bahnungen und Informationen Gestalt annehmen, und sein Brief dokumentiert einen Versuch, dieses überladene Wahrnehmungsfeld kognitiv zu bewältigen und zu organisieren. Das von ihm gezeichnete Bild ist gemächlich und steht außerhalb der Baudelaire-Simmelschen Tradition eines Innenlebens, das von Schocks und einem »raschen und ununterbrochenen Wechsel äußerer und innerer Eindrücke« heimgesucht wird. Die heitere Evokation von bummelnden Paaren und Gruppen, die in Korbstühlen sitzend in der lauen Sommernacht faulenzen, scheint weit entfernt von der Neurasthenie, die Simmels Essay von 1903 über das Großstadtleben diagnostiziert hatte. Genausowenig scheint dieses Rom sich als Arena für den posthaussmannschen Flaneur, für den isolierten und zerstreuten Zuschauer anzubieten, der neue urbane Routen ausprobiert und von einem ständig wechselnden Strom von Erregungen getrieben ist.

Der Text versetzt den Leser in einen Stadtraum, der einige wichtige vormoderne Züge beibehalten hat, zumindest was die an der Oberfläche noch barocke Form angeht.[5] Anders als Seurats kahle und verödete Place de la Concorde entspricht die Piazza Colonna hier dem, was der Stadtplaner Camillo Sitte als »hypäthrale Versammlungshalle« gerühmt hatte: ein Ort voller kosmopolitischer Vitalität, an dem eine festliche, kollektive Inbesitznahme der Stadt vor sich geht, auch wenn zwischen den Portalen und Palästen ringsum eine neue Art »Publikum« auftritt.[6] Allerdings ist die Stadt innerhalb dieser historisch sedimentierten Grenzen umgeformt, nicht durch physische Zerstörung, sondern durch interne Mutation und wechselseitige perzeptuelle Desintegration.[7] Statt ihre Bewohner zum Umhergehen zu animieren, produziert und verlangt diese moderne Stadt-Arena einen relativ seßhaften Zuschauer. Vielleicht gibt es Unbehaustheit auf Freuds Piazza Colonna, aber keine Agoraphobie oder »Platzangst«.[8]

Die Patchwork-Textur von Bildschirmen und aufblitzenden Zeichen (»um das Publikum zu bestechen«) markiert einen Wendepunkt in einer langfristigen piranesianischen Auflösung jener axialen Stadtanlage, die um das Zentrum einer kohärenten, wenn auch möglicherweise mobilen subjektiven Orientierung Ansichten angeordnet hatte.[9] Die Projektionen des Kinos und der Laterna Magica sind wie die elektrischen Lichtreklamen unübersehbare Anzeichen dafür, daß ein formloses Feld der Attraktion (wie es sich auf der Fläche von Seurats *Parade de cirque* bereits angekündigt hatte) die ältere monumentale Organisation des Platzes unterminiert. Die Fassaden, die den Platz definieren, und die imperiale Säule in seiner Mitte (mit ihren Bildern längst vergangener römischer Siege über Germanenstämme) treten zurück zugunsten flüchtiger Projektionen von modernen Kolonien und fernen Ländern. Freud nennt jedoch nicht einmal den Inhalt dieser Kinovorstellungen; offensichtlich ist die Demonstration der Technologie mit ihren flackernden, tiefenlosen und von jedem Horizont losgerissenen Bildern schon Attraktion genug. Die Entmaterialisierung von architektonischen Wänden zu Projektionsflächen verweist auf die Umkehrbarkeit dessen, was einst feste Figur/Grund-Relationen innerhalb eines urbanen Gefüges gewesen waren, und die Bildfläche vor diesen römischen Dächern läßt die gebaute Stadt praktisch in der Vergessenheit einer kognitiven Peripherie versinken. Offenkundig wird dieses Zurücktreten monumentaler Merkzeichen in Freuds Unsicherheit hinsichtlich seiner eigenen Darstellung der Piazza (gibt es einen Brunnen oder nicht?), und am nächsten Tag läßt er seine Familie in einem kurzen Nachtrag wissen, daß tatsächlich ein Brunnen vorhanden ist.[10] Die Bildfläche zerstört nicht nur einen klassischen Fassadenbegriff, sondern gehört auch einem multidirektionalen Feld von Reizen an, in dem es möglich ist, einer im Hintergrund spielenden Militärkapelle zuzuhören, die projizierten Lichtbilder vorn zu betrachten und zugleich die Menge ringsum im Auge zu behalten. Es ist ein urbaner Raum, der, wie Colin Rowe annimmt, »ein Theater des Gedächtnisses ist und zugleich ein Theater der Prophetie«.[11]

Die Schichten der Aufmerksamkeit, die in dieser Skizze von den Anfängen einer Umwelt, die im Zeichen des Spektakels steht, angedeutet sind, müssen im Zusammenhang mit einer der folgenreichsten Aufmerksamkeitstechniken gesehen werden, die das zwanzigste Jahrhundert hervorbringen sollte, einer Methode, die Freud selbst konzipiert hatte und die im Zentrum seines therapeutischen Unternehmens stand. In einer 1912 veröffentlichten Arbeit trägt Freud einige essentielle »technische Regeln« vor, die der Analytiker befolgen müsse. Die erste dieser Regeln besteht in dem, was Freud die »gleichschwebende Aufmerksamkeit« nennt, will sagen in einer selbstbewußten Strategie, »sich nichts Besonderes merken zu wollen und allem, was man zu hören bekommt, die nämliche ›gleichschwebende Aufmerksamkeit‹, wie ich es einmal genannt habe, entgegenzubringen. Man erspart sich auf diese Weise eine Anstrengung der Aufmerksamkeit, die man doch nicht durch viele Stunden täglich festhalten könnte, und vermeidet eine Gefahr, die vom absichtlichen Aufmerken unzertrennlich ist.«[12] Wovon Freud hier spricht, sind natürlich die physiologischen und mentalen Grenzen einer angestrengten Aufmerksamkeit, und er benennt die besondere semiotische Überlastung, der ein Analytiker ausgesetzt ist, der an einem Arbeitstag vielleicht acht Patienten sieht und sich »alle die unzähligen Namen, Daten, Einzelheiten der Erinnerung, Einfälle und Krankheitsproduktionen« anhören muß. Die Hauptbedeutung seiner Bemerkungen liegt jedoch in Freuds Versuch, einen Zustand der Empfänglichkeit zu definieren, bei dem der Analytiker mit der gesprochenen freien Assoziation des Patienten in Einklang steht. »Wie man sieht, ist die Vorschrift, sich alles gleichmäßig zu merken, das notwendige Gegenstück zu der Anforderung an den Analysierten, ohne Kritik und Auswahl alles zu erzählen, was ihm einfällt.«[13] In diesem Sinn besteht Freuds Modernität nicht zuletzt darin, daß er eine Technik für den Umgang mit einem Informationsstrom bereitstellt, der keine erkennbare Struktur oder Kohärenz besitzt. Diese Technik besteht nach Laplanche und Pontalis »in einer möglichst vollständigen Unterbrechung alles dessen, was gewöhnlich die Aufmerksamkeit auf sich zieht. Persönliche Neigungen, Vorurteile, theoretische Voraussetzungen, selbst die bestfundierten.«[14] Freud würde also wie Cézanne für ein Gegenmodell von Aufmerksamkeit stehen, das sich dem Begriff der Selektion widersetzt und eine Hemmung des Peripheren überwindet. Es nimmt einen idealen Zustand an, in dem man seine Aufmerksamkeit so verteilen kann, daß *nichts* ausgeschlossen bleibt und alles, ohne das Risiko schizophrener Überlastung, auf niedrigem Niveau präsent ist.[15] Es handelt sich um eine komplette Umkehrung der »Scheinwerfer«-Hypothese, die mit ihrer »Selektion« das Risiko mit sich bringt, daß man nur findet, »was man schon weiß«. Freuds Bestreben war, sich (oder den Analytiker) zu einem Apparat umzuformen, der fähig wäre, eine scheinbar beliebige Abfolge von Zeichen aufzunehmen (Worte, Gesten, Tonfälle und Pausen) und doch aus dieser disjunkten Textur eine gewisse interpretative Klarheit zu extrahieren.[16] Was mich dabei interessiert, sind nicht spezifisch psychoanalytische Motive, sondern die umfassende kulturelle Signifikanz einer Technik, die dazu bestimmt war, einem nichtassimilierbaren Informationsüberschuß oder der scheinbar chaotischen Syntax des Traums das Maß einer kognitiven Kontrolle aufzuerlegen. Angestrebt ist eine kalkulierte Demotivierung oder Automatisierung der Aufmerksamkeit, um auf diese Weise die historische Genese einer unentzifferbaren Gegenwart im Sinne eines individuellen menschlichen Subjekts zu dekodieren.

In der größeren *sozialen* Arena der Piazza Colonna allerdings ist (ebenso wie in einer parallel dazu entstehenden *Massenpsychologie*) die Operation einer solchen Streuung der Aufmerksamkeit nicht einmal ansatzweise imstande, das sich verschiebende und zusammenhanglose städtische Feld von kollektiven Subjekten und Vorgängen verständlich zu machen. Die Irrelevanz der Säule, der Verlust all ihrer mnemonischen Signifikanz, ist ein Zeichen für die Einführung einer neuen Temporalität, die als enthistorisierte, permanente Gegenwart fortdauert – schwankend zwischen Langeweile und Versunkenheit, zwischen sich selbst auslöschendem Eintauchen in die Menge und unerträglicher sozialer Vereinzelung. Die immer wieder auftretenden schreienden Zeitungsjungen, die Zeitungen, von denen jede Ausgabe die Wichtigkeitsprätentionen der vorigen dementiert, sind ein Teil dessen, was Guy Debord als die Entwurzelung des historischen Bewußtseins in einer Gesellschaft des Spektakels erkannte, als den »unaufhörliche[n] Rundlauf der Information . . ., die jeden Augenblick auf eine äußerst kurze Liste von stets denselben Lappalien zurückkommt, welche mit Leidenschaft als wichtige Neuigkeit ausposaunt werden«.[17] Besonders bemerkenswert ist die Erfahrung, die Freud mit dem Kinematographen macht: daß nämlich dieselbe Filmsequenz ad infinitum wiederholt werden kann und das Publikum jedes Mal »verzaubert« ist.[18] Die Wiederholung ist hier untrennbar von der modernen Produktion historischer Amnesie, und es ist offenkundig, daß sich hier einige von den Ursprüngen der Welt unserer eigenen Jahrhundertwende, in der der zwanghafte Konsum von »Information« zum Synonym für Erfahrung geworden ist, zu erkennen geben.

Freud schreibt jedoch: »Bis neun Uhr pflegt so der Zauber zu wirken, dann fühle ich mich doch zu einsam im Gewühl.« Dieser Zustand faszinierter Versunkenheit ist nicht verständlich ohne das Gefühl der Isolierung, das unmittelbar darauf folgt. Sein Anlaß (ein Ehemann/Vater hält sich in einer fremden Stadt auf) verortet den Brief in einer erweiterten Thematik moderner Unbehaustheit, aber der Ton von milder Herablassung, den Freud durchweg anschlägt, deutet auch in eine andere Richtung. Peter Stallybrass und Allon White schließen ihre scharfsinnige Abhandlung über die Ablehnung des Karnevals im neunzehnten Jahrhundert mit folgender Beobachtung: »Es gibt keine Szenerie, in der das bourgeoise Pathos leichter erkennbar wäre, als die einsame Masse, in der die individuelle Identität *gegen* alle anderen, durch die traurige Einsicht ins Nichtdazugehören, durchgesetzt wird. Dieser Augenblick, in dem das Subjekt gegenüber der Masse zum Außenseiter, zum Zuschauer wird, der sich, indem er den unterscheidenden Blick entwickelt, für seine Ausschließung schadlos hält, ist gleichsam die eigentliche Wurzel der bourgeoisen Sensibilität.«[19] Die Autonomie, die Privatheit, die Freud für sich selbst hier in Anspruch zu nehmen scheint (und für die am Schluß des Briefs die Insularität und sensorische Distanziertheit seines Hotelzimmers steht), ist eine sinnlose Flucht vor dem Individualitätsverlust, den er auf der Piazza gespürt und der seinen Rückzug in eine besser kontrollierbare Form von Einsamkeit veranlaßt hatte.

Die Auflösung der axialen, monumentalen Stadt fällt mit dem zusammen, was Gianni Vattimo als den Beginn einer Welt mit vielen Rationalitäten versteht, mit einer sprunghaften Vermehrung der Bilder und der Kommunikation und der Erosion des Realitätsprinzips. In einer solchen pluralistischen Welt zu wohnen, heißt, so meint er, ein ständiges Oszillieren zwischen Zugehörigkeit und Desorientierung auszuhalten, und in Manets *Balkon* hatten wir eine frühe Verkörperung dieser rhythmischen Bewegung vor uns.[20] Vor dem Kinematographen »verzaubert« zu sein, bedeutet paradoxerweise beides: in eine Kollektivität eingetaucht und in absorbierter Einsamkeit separiert zu sein. Die moderne Aufmerksamkeit schwankt unvermeidlich zwischen diesen Polen: sie ist ein Verlust des Selbst, das sich unsicher zwischen einer emanzipatorischen Verflüchtigung von Innerlichkeit und Distanz und einer betäubenden Vereinnahmung durch unzählige Figurationen von Arbeit, Kommunikation und Konsum hin und her bewegt. Der plurale, hybride Raum dieser römischen Piazza im Spätsommer 1907 läßt also erkennen, daß es der Gesellschaft des Spektakels nicht unwiderruflich bestimmt ist, sich zu einem nahtlosen Regime der Trennung oder zu einer ominösen kollektiven Mobilmachung zu entwickeln; daß sie vielmehr auch ein Patchwork fluktuierender Wirkungen sein kann, in dem sich Individuen und Gruppen ununterbrochen neu bilden – schöpferisch oder reaktiv. Aber auch wenn das letztgenannte Adverb an die katastrophalsten sozialen »Neubildungen« denken läßt, die das zwanzigste Jahrhundert bereitgehalten hat, an diesem einen 22. September hat diese Menge von mehreren Tausend trotz ihrer Verzauberung nicht die geringste Ähnlichkeit mit den regressiven, fügsamen Massen von Le Bon und anderen. In der »köstlichen« Abendluft hindert die tranceerzeugende Wiederholung von schwach flackernden Bildern auf einer kümmerlichen Leinwand in keiner Weise das spontane Spiel der sozialen Aggregation, das in dieser Arena der Konvivialität und des Lebens sich nach wie vor abspielt.

Anmerkungen

Einführung

1 Siehe die bemerkenswert antivisuelle Auffassung vom Blick bei Jean Starobinski, *Das Leben der Augen*, übers. v. H. Beese (Frankfurt/Main, 1984).
2 Theodor Ziehen, *Leitfaden der physiologischen Psychologie in 15 Vorlesungen* (Jena, ²1893), S. 175.
3 »Eine gute Aufmerksamkeitspsychologie kann auf ›Sehen‹ als theoretischen Terminus verzichten.« Harold Pashler, *The Psychology of Attention* (Cambridge: MIT Press, 1998), S. 9.
4 Roland Barthes, *S/Z*, übers. v. Jürgen Hoch (Frankfurt/Main: Suhrkamp, 1976), S. 16.
5 Gilles Deleuze, *Unterhandlungen 1972-1990*, übers. v. G. Roßler (Frankfurt/Main: Suhrkamp, 1993), S. 180.

I. Die Moderne und das Problem der Aufmerksamkeit

1 Ich verweise auf mein Buch *Techniken des Betrachters. Sehen und Moderne im neunzehnten Jahrhundert*, übers. v. Anne Vonderstein (Dresden, Basel: Verlag der Kunst, 1996). Ich übernehme das Wort *klassisch* von Foucault, um Theorien und Praktiken des Sehens zu beschreiben, die in der Epoche zwischen 1660-1800 dominierten, aber partiell weit ins neunzehnte Jahrhundert hineinreichen.
2 Meine Freunde und näheren Kollegen wissen, daß ich mich seit den späten achtziger Jahren mit dem Problem der Aufmerksamkeit beschäftige. Einen ersten Ausdruck fand diese Beschäftigung in dem Aufsatz »Attention, Spectacle, Counter-Memory«, *October* 50 (Herbst 1989), S. 97-107. Einige Abschnitte des vorliegenden und Teile des zweiten Kapitels erschienen unter dem Titel »Unbinding Vision«, *October* 68 (Frühjahr 1994), S. 21-44; mein Aufsatz »Attention and Modernity in the Nineteenth Century« erschien in Caroline Jones und Peter Galison, Hrsg., *Picturing Science, Producing Art* (New York: Routledge, 1998), S. 475-499.
3 Marx spricht davon, wie die Fabrikanten, und zwar schon um 1840, verstanden, daß »der Grad der Wachsamkeit und Aufmerksamkeit auf seiten der Arbeiter (the extent of vigilance and attention on the part of the workmen) . . . kaum steigerungsfähig« sei und daß die mit einer Verkürzung des Arbeitstages einhergehende geringere Beanspruchung der Aufmerksamkeit zu einem Produktivitätszuwachs führe. Siehe *Reports of Insp. of Fact. for 1844 and the quarter ending 30th April 1845* 21, S. 20, zitiert nach Karl Marx, *Das Kapital*, Bd. I, MEW Bd. 23 (Berlin [Ost]: Dietz, 1972), S. 433. Über den in der ersten Hälfte des neunzehnten Jahrhunderts stattfindenden Wandel von einer moralisch-disziplinären und paternalistischen Organisation der Arbeit hin zu einem stärker rationalisierten Management von Produktion und Zeit, siehe Michelle Perrot, »The Three Ages of Industrial Discipline in Nineteenth-Century France«, in John H. Merriman, Hrsg., *Consciousness and Class Experience in Nineteenth-Century France* (New York: Holmes and Meier, 1979), S. 149-168.
4 Gianni Vattimo, *Die transparente Gesellschaft*, übers. v. Carolin Klein und Alma Valazza (Wien: Passagen, 1992), S. 28.
5 Immanuel Kant, *Kritik der reinen Vernunft* (Hamburg: Felix Meiner, 1993), S. 161a.
6 Victor Cousin gibt der allgemeinen Bestürzung Ausdruck, die mit dem Aufkommen »psychologischer« Erklärungen in der Epistemologie verbunden war: »Wenn die Gesetze der Vernunft nichts weiter mehr sind als Gesetze, die sich auf das menschliche Dasein beziehen, dann verbleiben sie ganz und gar innerhalb der Sphäre unserer persönlichen Natur, und all ihre Konsequenzen bringen, unweigerlich subjektiv gefärbt wie sie sind, nur Überzeugungen hervor, die man zwingend finden kann, aber keine ewigen Wahrheiten.« Cousin, *Elements of Psychology*, übers. v. Caleb Henry (New York: Ivison & Phinney, 1856), S. 419-420.
7 Arthur Schopenhauer, *Die Welt als Wille und Vorstellung* (Zürich: Diogenes, 1977), Erster Teilband, Zweites Buch, S. 135 f.

8 Nach Klaus Christian Köhnke, *Entstehung und Aufstieg des Neukantianismus: die deutsche Universitätsphilosophie zwischen Idealismus und Positivismus* (Frankfurt/Main: Suhrkamp, 1986), S. 155, waren um 1850 Kant-Interpretationen verbreitet, in denen ein drohender »Determinismus einer Wirkung ›eingeborener Gesetze des Geistes‹«, die oft ein neurologisches Substrat hatten, »mit Hilfe eines naturalisierten Apriori-Begriffs« überwunden wurde. Köhnke handelt auch über das bleibende Problem der »Apriorität«, insbesondere bei den Neukantianern Alois Riehl und Hermann Cohen.

9 G. Stanley Hall, »Reaction Time and Attention in the Hypnotic State«, *Mind* 8 (1883), S. 171-182.

10 Oswald Külpe, *Grundriss der Psychologie* (Leipzig: Engelmann, 1893), S. 219.

11 In den achtziger Jahren äußerte sich der in Yale lehrende Psychologe George Trumbull Ladd über die kognitive Unzulänglichkeit des »Retinalen«: »Viele Netzhautbilder lassen zwei oder mehr Deutungen zu, und welche man wählt, hängt von einer Vielzahl von Umständen ab, die möglicherweise nicht alle genau definierbar sind ... Jeder Forscher, der mit dem Effekt der farbigen Punkte und Linien vertraut ist, die bei geschlossenen Augen in dem Bild erscheinen, das im Eigenlicht der Netzhaut gesehen wird, weiß, wie beliebig die Interpretation dieses Bilds zu sein scheint. Das gilt besonders, wenn die Aufmerksamkeit etwas nachläßt – etwa wenn man in Träumerei versinkt oder einschläft. Von dem ›Stoff‹, aus dem die Traumphänomene bestehen, dürfte vieles von der Beschaffenheit des ›retinalen Felds‹ abhängen. In all diesen Fällen genügt eine *verstärkte Aufmerksamkeit* und eine objektivere Sichtweise, um die Illusion zu zerstreuen und uns gewahr werden zu lassen, wie mangelhaft sozusagen das Schema ist, aus dem wir durch Assoziation und Reproduktion unsere sinnlichen Wahrnehmungen aufbauen.« Ladd, *Elements of Physiological Psychology* (New York: Scribner's, 1887), S. 446-447; Hervorhebung von mir.

12 Max Nordau, *Entartung*, Bd. 1, 2 (Berlin: C. Duncker, 1892), Bd. 1, S. 90-91. Dem Buch Nordaus waren zahlreiche »wissenschaftlichere« Untersuchungen des Gegenstands vorhergegangen. Mentale Degeneration, zu der auch versagende Aufmerksamkeit gehört, wird im weiteren Rahmen eines kosmischen Vefallsprozesses diskutiert von Henry Maudsley, *Body and Will* (New York: Appleton, 1884). Die beiden Werke werden untersucht von Daniel Pick, *Faces of Degeneration: A European Disorder, c. 1848-1918* (Cambridge: Cambridge University Press, 1989).

13 James Cappie, »Some Points in the Physiology of Attention, Belief and Will«, *Brain* 9 (Juli 1886), S. 201.

14 Augustinus charakterisiert die menschliche Aufmerksamkeit im Gegensatz zum Göttlichen Wissen durch ihre wesentliche Zeitlichkeit: »Seine [Gottes] Aufmerksamkeit geht nicht von einem Gedanken zum anderen über, sondern seine unkörperliche Anschauung hält alles zugleich wissend umfaßt. Denn er begreift die Zeiten ohne zeitliche Begriffe, wie er auch das Zeitliche bewegt ohne eigene zeitliche Bewegung.« *Vom Gottesstaat*, übers. v. Wilh. Thimme (Zürich: Artemis, 1955), Bd. 2, S. 37. Viel später tauchen einige augustinische Motive in Malebranches Diskussion der Aufmerksamkeit wieder auf, einer Diskussion, die im übrigen ein Produkt des cartesianischen intellektuellen Milieus im Frankreich des siebzehnten Jahrhunderts war. Malebranche skizziert in einem der großen europäischen Versuche zu einer Ontologie der Wahrnehmung eine bei der Aufmerksamkeit bestehende fundamentale Ambivalenz: sie ist zu sehr mit den Passionen und den Sinnen verbunden, die den Geist »von der Betrachtung rein intelligibler Wahrheiten« ablenken. »Da die Seele indessen von Leidenschaften, Empfindungen oder anderen besonderen Modifikationen nicht frei sein kann, muß man aus der Notwendigkeit eine Tugend machen und eben diese Modifikationen zu Hilfe nehmen, um aufmerksamer zu werden.« Nicolas Malebranche, *De la recherche de la vérité*, hrsg. und eingel. v. Geneviève Lewis (Paris: Vrin, 1945), Bd. 2, S. 163. In seinem Essay »Time and Creation« diskutiert Cornelius Castoriadis die wichtige Rolle der Aufmerksamkeit in der Konzeption der subjektiven Zeit bei Augustinus und Husserl. Cornelius Castoriadis, *World in Fragments*, übers. v. D. Amis Curtis (Stanford: Stanford University Press, 1977), S. 374-401.

15 Die Ausführungen von Descartes über die *admiration* oder die Verwunderung in der Schrift über die Passionen lassen ein grundsätzlich andersartiges Regime der Aufmerksamkeit erkennen: »Und

so kann man insbesondere von der Verwunderung sagen, daß sie dazu nützlich ist, daß wir Dinge bemerken, die wir bis dahin nicht gewußt haben, und sie im Gedächtnis bewahren. Denn wir wundern uns nur über das, was uns seltsam und außerordentlich erscheint.... Aber wir behalten eine Sache, obgleich sie uns unbekannt war und sich als neu unserem Verstande und unseren Sinnen darbietet, deswegen noch nicht in unserem Gedächtnis, außer wenn die Idee, die wir davon haben, in unserem Gehirn durch eine Leidenschaft verstärkt wird – oder aber auch durch Inanspruchnahme unseres Verstandes, der unseren Willen zur Aufmerksamkeit und zu einer besonderen Reflexion bestimmt.« René Descartes, *Die Leidenschaften der Seele*, hrsg. und übers. v. K. Hammacher (Hamburg: Felix Meiner, 1984), S. 117. Eine vorzügliche Darstellung dieser Tradition von Be- und Verwunderung liefert Lorraine Daston, »Curiosity in Early Modern Science«, *Word and Image* 11, Nr. 4 (Oktober-Dezember 1995), S. 391-404, insb. S. 401: »Die Naturphilosophen des siebzehnten Jahrhunderts verbanden das Wort ›neugierig‹ stets mit dem Wort ›fleißig‹, ›Aufmerksamkeit‹ stets mit ›Sorgfalt‹. Um die Mitte des achtzehnten Jahrhunderts war es das moralische Kriterium, das den ernsten Gelehrten vom frivolen Amateur unterschied, denn nur jener war imstande, die ›edle Neugier‹ durch den ›Gebrauch der Aufmerksamkeit‹ in ›Arbeit und dauernden Fleiß‹ umzuwandeln ... Die unbeirrbare, eindringliche Aufmerksamkeit, die, wie man glaubte, die wissenschaftliche Forschung verlangte, mußte jedoch ohne Neugier erlahmen, und die Neugier wurde vom Staunen ausgelöst. Die bis zu solcher Virtuosität gesteigerte Aufmerksamkeit war gleichbedeutend mit geistigem Besitzen.« Siehe auch die Historisierung von Neugier und Aufmerksamkeit bei Krzysztof Pomian, *Collectors and Curiosities: Paris and Venice 1500-1800*, übers. v. Elizabeth Wiles-Portier (Cambridge: Polty, 1990), S. 57-64; und bei Lorraine Daston und Katharine Park, *Wonders and the Order of Nature 1150-1750* (New York: Zone Books, 1998), S. 311-328.

16 Unter Berufung auf das Werk von Albrecht von Haller, Thomas Hartley und anderen skizziert Karl M. Figlio ein Grundmodell des epistemologischen Denkens im achtzehnten Jahrhundert: »Die Erkenntnis baute sich aus durch Assoziation verbundenen Empfindungen auf. Die Empfindungen erhielten ihre Schärfe durch die Aufmerksamkeit, wodurch ein Vergleich der aus ihnen abgeleiteten Ideen möglich wurde. Das Wesen von Vernunft und Urteil bestand im Vergleich von zwei oder mehr Ideen. Vorstellungskraft und Gedächtnis beruhten darauf, daß im Bewußtsein aufbewahrte Ideen ohne äußere Eindrücke vergegenwärtigt werden konnten. Bei all diesen Operationen war die Tätigkeit des Geistes durch *von außen einwirkende Eindrücke* determiniert.« Karl M. Figlio, »Theories of Perception and the Physiology of Mind in the Late Eighteenth Century«, *History of Science* 7 (1975), S. 197; Hervorhebung von mir.

17 Etienne Bonnot, Abbé de Condillac, »Essai sur l'origine des connoissances humaines«, in *Œuvres philosophiques de Condillac*, hrsg. u. eingel. v. Georges Le Roy (Paris: Presses Universitaires de France, 1947), Bd. 1, S. 11. Über die Vereinheitlichung als Grundfunktion der Vernunft, siehe Ernst Cassirer, *Die Philosophie der Aufklärung* (Tübingen: J. C. B. Mohr, 1932), S. 28-35. Condillacs »theatralisches« Modell der Aufmerksamkeit und anderer mentaler Operationen diskutiert auch Suzanne Gearhart, *The Open Boundary of History and Fiction* (Princeton: Princeton University Press, 1984), S. 161-199.

18 John Locke erwähnt in den rund tausend Seiten seines *Essay* die Aufmerksamkeit nur kurz als Nebenbestandteil des Vermögens der *Retention.* »Die Aufmerksamkeit und die Wiederholung tragen viel dazu bei, gewisse Ideen im Gedächtnis zu fixieren«, und »wenn die Ideen, die sich von selbst darbieten ... beachtet und gleichsam in unserem Gedächtnis registriert werden, so ist das *Aufmerksamkeit*«, in *Versuch über den menschlichen Verstand*, übers. v. C. Winckler (Hamburg: Felix Meiner, 1981), S. 168 und 268. Siehe Michael Baxandalls Ausführungen über die Aufmerksamkeit im Hinblick auf die Malerei Chardins und den Begriff der Deutlichkeit bei Locke, in *Patterns of Intention: On the Historical Explanation of Pictures* (New Haven: Yale University Press, 1985), S. 74-104.

19 Siehe z. B. Gardner Murphy und Joseph K. Kovach, *Historical Introduction to Modern Psychology* (San Diego: Harcourt, Brace, Jovanovich, [3]1972), S. 23-24. Siehe auch den historischen Überblick bei Gary Hatfield, »Attention in Early Scientific Psychology«, in Richard D. Wright, Hrg., *Visual*

Attention (Oxford: Oxford University Press, 1998), der »sowohl Kontinuität als auch Divergenz in den letzten zweihundertfünfzig Jahren der Aufmerksamkeitsforschung« feststellt (S. 24).

20 Maine de Biran ist in diesem Zusammenhang auch von Bedeutung, weil er einige Vorstellungen von Aufmerksamkeit antizipiert, die erst im späteren neunzehnten Jahrhundert aufkommen. In gewisser Weise gehört sein Aufmerksamkeitsbegriff klar einer älteren Auffassung an, in der die Aufmerksamkeit lediglich eines von mehreren gleich wichtigen und miteinander verbundenen *Vermögen* ist, wie Urteilskraft, Gedächtnis, Wahrnehmung und Denken. Aber Maine de Birans neue Fassung der Kategorie der Apperzeption führt auch zu einem neuen Verständnis der Natur der *Anschauung;* sowie, insbesondere im Hinblick auf dessen Einbindung in die motorische Aktivität, auch zu einer mobilen und dynamischen Konzeption des Willens, die mit gewissen im späten neunzehnten Jahrhundert aufkommenden Gleichsetzungen von Aufmerksamkeit und Wille eng verwandt ist. Siehe z. B. Pierre Maine de Biran, *De l'apperception immédiate* (1807; Paris: J. Vrin, 1963). Siehe auch meine Ausführungen über Maine de Biran und die Problematisierung der Innerlichkeit im frühen neunzehnten Jahrhundert, in *Techniken des Betrachters*, S. 79-81.

21 Jan Goldstein, »Foucault and the Post-Revolutionary Self«, in Jan Goldstein, Hrg., *Foucault and the Writing of History* (Oxford: Blackwell, 1994), S. 102. Siehe auch Goldsteins Ausführungen in »The Advent of Psychological Modernism in France: An Alternative Narrative«, in Dorothy Ross, Hrsg., *Modernist Impulses in the Human Sciences* (Baltimore: Johns Hopkins University Press, 1994), S. 190-209.

22 Daß Bain, Mill und der Assoziationismus überhaupt um 1880 überholt sind, wird in James Wards Artikel »Psychology« in der neunten Auflage der *Encyclopedia Britannica*, in dem Aufmerksamkeit und Wille als zentrale Kategorien auftreten, schlüssig dargelegt. Charlton Bastian grenzt in seinem Aufsatz »Les processus nerveux dans l'attention et la volition«, *Revue philosophique* 32 (April 1892), S. 353-384, das Denken von Thomas Reid, Dugald Stewart und James Mill von der modernen Forschung und Spekulation ab.

23 In *Mind, Self, and Society* (Chicago: University of Chicago Press, 1934), S. 95-96, beschreibt Mead, wie »die Psychologie der Aufmerksamkeit die Assoziationspsychologie verdrängte«.

24 Henry Maudsley, *The Physiology of Mind* (New York: D. Appleton, 1883), S. 310.

25 William B. Carpenter, *Principles of Human Physiology* (Philadelphia: Blanchard and Lea, 1853), S. 780; Carpenter, *Principles of Mental Physiology* (1874; London: Kegan Paul, [4]1896), S. 130-131. Das spätere Buch ist eine erweiterte Neufassung des früheren. Siehe auch die Bewertung von Carpenters historischer Bedeutung bei Edward S. Reed, *From Soul to Mind: The Emergence of Psychology from Erasmus Darwin to William James* (New Haven: Yale University Press, 1997), S. 76-80. Wichtig sind auch die Ausführungen über Carpenter bei Alison Winter, *Mesmerized: Powers of Mind in Victorian England* (Chicago: University of Chicago Press, 1998), S. 287-305.

26 Edward Bradford Titchener, *Experimental Psychology: A Manual of Laboratory Practice,* Bd. 1 (New York: Macmillan, 1901), S. 186. An anderer Stelle sagt Titchener, daß die Experimentalpsychologie im späten neunzehnten Jahrhundert »die Aufmerksamkeit entdeckte«, »ihre Eigenständigkeit und fundamentale Wichtigkeit« anerkannte und in der »Lehre von der Aufmerksamkeit den Nerv des gesamten Systems der Psychologie« erkannte. Titchener, *Lectures on the Elementary Psychology of Feeling and Attention* (New York: Macmillan, 1908), S. 171.

27 Im folgenden eine Auswahl aus den zahlreichen in dieser Zeit entstandenen Werken zum Thema: William James, *The Principles of Psychology,* Bd. 1 (1890; New York: Dover, 1950), S. 402-458; Théodule Ribot, *La psychologie de l'attention* (Paris: F. Alcan, 1889), dt.: *Die Psychologie der Aufmerksamkeit*, übers. v. Dietze (Leipzig: Maerter, 1908); Wilhelm Wundt, *Grundzüge der physiologischen Psychologie,* Bd. 2 (1874; Leipzig: Engelmann, 1880), S. 205-213; Titchener, *Experimental Psychology*, S. 186-328; Maudsley, *The Physiology of Mind,* S. 310-324; Oswald Külpe, *Grundriss der Psychologie,* S. 423-454; Carl Stumpf, *Tonpsychologie,* Bd. 2 (Leipzig: S. Hirzel, 1890), S. 276-317; F. H. Bradley, »Is There Any Special Activity of Attention?«, *Mind* 11 (1886), S. 305-323; Angelo Mosso, *Fatigue* (1891), übers. v. Margret Drummond (New York: G. P. Putnam), S. 177-208; Lemon Uhl,

Attention (Baltimore: Johns Hopkins Press, 1890); Ladd, *Elements of Physiological Psychology*, S. 480-497, 537-547; Eduard von Hartmann, *Philosophie des Unbewußten* (Berlin: Duncker, 1869); Hall, »Reaction Time and Attention in the Hypnotic State«; Georg Elias Müller, *Zur Theorie der sinnlichen Aufmerksamkeit* (Leipzig: A. Edelmann, 1873); James Sully, »The Psycho-Physical Process in Attention«, *Brain* 13 (1890), S. 145-164; John Dewey, *Psychology* (New York: Harper, 1886), S. 132-155; Hermann Ebbinghaus, *Grundzüge der Psychologie*, Bd. 1 (Leipzig: Veit, 1905), S. 601-63; Henri Bergson, *Materie und Gedächtnis* (1896), übers. v. J. Frankenberger (Hamburg: Meiner, 1991); Theodor Lipps, *Grundtatsachen des Seelenlebens* (Bonn: M. Cohen, 1883), S. 128-139; Léon Marillier, »Remarques sur le mécanisme de l'attention«, *Revue philosophique* 27 (1889) S. 566-578; Bastian, »Les processus nerveux dans l'attention et la volition«; James McKeen Cattell, »Mental Tests and Their Measurement«, *Mind* 15 (1890), S. 373-380; Josef Clemens Kreibig, *Die Aufmerksamkeit als Willenserscheinung* (Wien: Alfred Hölder, 1897); Walter B. Pillsbury, *Attention* (1906; London: Sonnenschein, 1908); J. W. Slaughter, »The Fluctuations of Attention in Some of Their Psychological Relations«, *American Journal of Psychology* 12, Nr. 3 (1901), S. 314-334; Sante De Sanctis, *L'attenzione e i suoi disturbi* (Rom: Tip. Dell'Unione Coop. Edit., 1896); Heinrich Obersteiner, »Experimental Researches on Attention«, *Brain* 1 (1879), S. 439-453; Pierre Janet, »Etude sur un cas d'aboulie et des idées fixes«, *Revue philosophique* 31 (1891), S. 258-287, 382-407; Theodor B. Hyslop, *Mental Psychology Especially in Its Relations to Mental Disorders* (London: Churchill 1895), S. 291-304; William B. Carpenter, *Priciples of Mental Physiology* (1874; New York: D. Appleton, 1886), S. 130-147; Giuseppe Sergi, *La psychologie physiologique* (1885, ital.; Paris: F. Alcan, 1888), S. 237-248; Theodor Ziehen, *Leitfaden der physiologischen Psychologie in 15 Vorlesungen* (Jena, ²1893); Cappie, »Some Points in the Physiology of Attention, Belief and Will«; James R. Angell und Addison W. Moore, »Reaction Time: A Study in Attention and Habit«, *Psychological Review* 3 (1896), S. 245-258; Alfons Pilzecker, *Die Lehre von der sinnlichen Aufmerksamkeit* (München: Akademische Buchdruckerei von F. Straub, 1889); André Lalande, »Sur un effet particulier de l'attention appliquée aux images«, *Revue philosophique* 35 (März 1893), S. 284-287; John Grier Hibben, »Sensory Stimulation by Attention«, *Psychological Review* 2, Nr. 4 (Juli 1895), S. 369-375; Jean-Paul Nayrac, *Physiologie et psychologie de l'attention* (Paris: F. Alcan, 1906); Charles Sanders Peirce, »Some consequences of Four Incapacities« (1868), in *Charles S. Peirce: Selected Writings*, hrsg. v. Philip P. Wiener (New York: Dover, 1958), S. 39-72; Sigmund Freud, »Entwurf einer Psychologie«, in *Gesammelte Werke, Nachtragsband* (Frankfurt/Main: S. Fischer, 1987), S. 375-486; Edmund Husserl, *Logische Untersuchungen*, Bd. 1 (1899-1900), hrsg. von E. Holenstein (Den Haag: Martinus Nijhoff, 1975).

28 Wie schon gesagt, bezeichne ich mit dem Wort *Wahrnehmung* das Sehen, das Gehör, den Tastsinn oder ein Amalgam verschiedener Sinne. Zu den neueren Arbeiten über die Wichtigkeit des Gehörs innerhalb der Problematik der Moderne gehören: Douglas Kahn, »Introduction: Histories of Sound Once Removed«, in Douglas Kahn und George Whitehead, Hrsg., *Wireless Imagination: Sound, Radio and the Avant-Garde* (Cambridge: MIT Press, 1992), S. 1-29; Steven Connor, »The Modern Auditory I«, in Roy Porter, Hrsg., *Rewriting the Self: Histories from the Renaissance to the Present* (London: Routledge, 1997), S. 203-223; und Michel Chion, *Audio-Vision: Sound on Screen*, übers. v. Claudia Gorbman (New York: Columbia University Press, 1994). Noch immer wertvoll ist Walter J. Ongs Historisierung des Schalls, *The Presence of the Word* (New Haven: Yale University Press, 1967), S. 111-191. Siehe auch die Bemerkungen zur akustischen Aufmerksamkeit bei Jean Laplanche und J.-B. Pontalis, »Fantasy and the Origins of Sexuality«, *International Journal of Psychoanalysis* 49 (1968), S. 10: »Das Hören durchbricht bei seinem Stattfinden die Kontinuität eines undifferenzierten Wahrnehmungsfelds und ist zugleich ein Zeichen (das nächtlich erwartete und gehörte Geräusch), welches das Subjekt in die Lage versetzt, auf etwas antworten zu müssen. Insofern liegt der Prototyp des Signifikanten im akustischen Bereich, obwohl es Entsprechungen in anderen perzeptuellen Registern gibt.«

29 Das Archiv der Aussagen des neunzehnten Jahrhunderts über die Aufmerksamkeit kann auch im

Sinn von *metaphorischen* Versuchen, über einen Bereich empirischer Phänomene Rechenschaft zu geben, aufgefaßt werden. Siehe Jerome Bruner und Carol Feldman, »Metaphors of Consciousness and Cognition in the History of Psychology«, in David E. Leary, Hrsg., *Metaphors in the History of Psychology* (Cambridge: Cambridge University Press, 1990), S. 230-238.

30 Die Denker, die sich mit der Aufmerksamkeit befaßten, nahmen oftmals divergierende oder sogar völlig unvereinbare philosophische Standpunkte ein, so Wundt und Mach, Dilthey und Ebbinghaus, Freud und Janet, Delbœuf und Binet, Helmholtz und Hering, usw. In den ersten Jahrzehnten des zwanzigsten Jahrhunderts war man sich sogar allgemein darüber klar, daß eine überzeugende empirische Darstellung dieses Problems fehlte. Exemplarisch ist George Herbert Meads Feststellung in *Mind, Self, and Society*, S. 25, die Physiologie der Aufmerksamkeit sei »noch ein dunkler Kontinent«.

31 Dewey, *Psychology*, S. 134.

32 Hegels Auffassung der Aufmerksamkeit als »Anfang der Bildung«, ohne den »kein Auffassen des Objectes« möglich sei, gehört offensichtlich noch einem älteren Verständnismodell an. Dennoch bereitet seine Auffassung von der Teilung und dem Verlust der Subjektivität, die in der Aufmerksamkeit vor sich gehen, bereits den Boden für eine eindeutig moderne Konzeptualisierung, die sich dem Problem von Selektivität und Exklusion zuwendet: »Hieraus folgt aber nicht, daß die Aufmerksamkeit etwas Leichtes sey. Sie erfordert vielmehr eine Anstrengung, da der Mensch, wenn er den Einen Gegenstand erfassen will, von allen Anderen, von allen den tausend in seinem Kopfe sich bewegenden Dingen, von seinen sonstigen Interessen, ja sogar von seiner eigenen Person abstrahiren – und, mit Unterdrückung seiner die Sache nicht zu Worte kommen lassenden, sondern vorschnell darüber aburtheilenden Eitelkeit, starr sich in die Sache vertiefen, dieselbe, – ohne mit seinen Reflexionen darein zu fahren, – in sich walten lassen oder sich auf sie fixieren muß. Die Aufmerksamkeit enthält also die *Negation des eigenen Sichgeltendmachens* und das Sich-Hingeben an die Sache.« G. W. F. Hegel, »Die Philosophie des Geistes«, in *Sämtliche Werke*, Bd. 10, hrsg. v. H. Glockner, (Stuttgart: Frommann, 1942), S. 318-319.

33 Freud, »Entwurf einer Psychologie«, *Gesammelte Werke, Nachtragsband*, S. 451-452.

34 Tom Gunning hat in seinen Arbeiten nachgewiesen, daß zu den Entstehungsfaktoren der modernen, in den späten achtziger und den neunziger Jahren des neunzehnten Jahrhunderts sich herausbildenden visuellen Massenkultur eine Technologie der »Attraktion« gehörte. Gunning zeigt, daß es beim frühen Kino nicht in erster Linie um Darstellung, Nachahmung, Erzählung oder die Modernisierung theatralischer Formen ging, sondern um eine Strategie, die Aufmerksamkeit des Zuschauers zu fesseln. »Von den in die Kamera grinsenden Komödianten bis hin zu den gestikulierenden, sich ständig verbeugenden Taschenspielern in den Filmen mit den Zauberkunststückchen ist dies ein Kino, das seine Sichtbarkeit zur Schau stellt, das eine in sich geschlossene Fiktionswelt aufbrechen will, um so vielleicht die Aufmerksamkeit des Zuschauers auf sich zu lenken.« Gunning, »The Cinema of Attractions. Early Film, Its Spectator, and the Avant-Garde«, in Thomas Elsaesser, Hrsg., *Early Cinema: Space, Frame, Narrative* (London: BFI, 1990), S. 57.

35 Zum Status der Psychologie im neunzehnten Jahrhundert und zu ihrer besonderen Beziehung zur Philosophie, siehe Katherine Arens, *Structures of Knowing: Psychologies of the Nineteenth Century* (Dordrecht: Kluwer, 1989); Elmar Holenstein, »Die Psychologie als eine Tochter von Philosophie und Physiologie«, in Ernst Florey und Olaf Breidbach, Hrsg., *Das Gehirn, Organ der Seele? Zur Ideengeschichte der Neurobiologie* (Berlin: Akademie Verlag, 1993), S. 289-308; David E. Leary, »The Philosophical Development of the Conception of Psychology in Germany«, *Journal of the History of the Behavioral Sciences* 14 (1978), S. 113-121.

36 Fechner hat die Unzuverlässigkeit von subjektiven Zeugnissen und die Variabilität der Aufmerksamkeit selbst ausdrücklich zugegeben, aber durch die von ihm so genannte »Methode der mittleren Fehler« machte er die Ungenauigkeit mit statistischen, auf umfangreiches Datenmaterial gestützten Berechnungen kompatibel.

37 »Sollte überhaupt jede kleinste Reizgrösse erkannt werden, so würden wir, da Minima von Reizen

aller Art uns umspielen, ein unendliches Gemisch und einen unaufhörlichen Wechsel von leisen Empfindungen aller Art verspüren müssen, was nicht der Fall ist. Dass jeder Reiz erst eine gewisse Gränze übersteigen muss, ehe er Empfindung erweckt, sichert dem Menschen einen bis zu gewissen Gränzen ungestörten Zustand ... Ebenso wie uns das Unmerklichwerden jedes Reizes, wenn er unter eine gewisse Gränze fällt, einen von fremdartigen Perceptionen ungestörten Zustand sichert, so das Unmerklichwerden jedes Reizunterschiedes, wenn er unter eine gewisse Gränze fällt, einen gleichförmigen Zustand der Perception.« Gustav Theodor Fechner, *Elemente der Psychophysik*, Bd. 2, S. 249. Siehe auch Dolf Sternbergers Bemerkungen über die kulturelle Bedeutung Fechners, in *Panorama oder Ansichten vom 19. Jahrhundert* (Frankfurt/Main: Insel, 1981), S. 284, Anm. 34.

38 Siehe z. B. Sigmund Freud, *Jenseits des Lustprinzips*, in *Gesammelte Werke*, Bd. 13, S. 4-5.

39 Vgl. die inhaltsreiche Diskussion der von den Modellen der Empfindung im späten neunzehnten Jahrhundert aufgeworfenen wissenschaftlichen und philosophischen Probleme bei Emile Meyerson, *Identity and Reality* (1908), übers. v. Kate Lowenberg (New York: Dover, 1962) S. 291-307.

40 Über die technologische Umformung von Physiologie und Psychologie im neunzehnten Jahrhundert, siehe Timothy Lenoir, »Models and Instruments in the Development of Electrophysiology, 1845-1912«, *Historical Studies in the Physical and Biological Sciences* 17, pt. 1 (1986), S. 1-54. Siehe auch die suggestiven Bemerkungen von Felicia McCarren über eine mögliche Kulturgeschichte der Elektrizität, »die die spezifische Weise, in der sie die Subjektivität geformt hat, behandeln würde«, in »The ›Symptomatic Act‹ circa 1900: Hysteria, Hypnosis, Electricity, Dance«, *Critical Inquiry* 21 (Sommer 1995), S. 763.

41 Siehe die wichtige historische Problematisierung der »mechanischen Objektivität« im neunzehnten Jahrhundert sowie der damit zusammenhängenden Orientierung des Betrachters »über die Grenzen der Sinne hinaus« bei Lorraine Daston und Peter Galison, »The Image of Objectivity«, *Representations* 40 (Herbst 1992), S. 81-128.

42 James war jedoch überzeugt, daß die »reinen Empfindungen« in den ersten Lebenstagen des Kindes möglich seien. Als er beschrieb, wie die »eine, blühende und summende Wirrnis«, in der das Neugeborene lebt, schnell zu einer einheitlichen und homogenen Raumanschauung »zusammenwächst«, prägte er einen seiner eindrucksvollsten Sätze. *Principles of Psychology*, Bd. 1, S. 488.

43 Charles Sanders Peirce, »Einige Konsequenzen aus vier Unvermögen«, in *Schriften zum Pragmatismus und Pragmatizismus*, hrsg. v. K. O. Apel, übers. v. G. Wartenberg (Frankfurt/Main: Suhrkamp, 1991), S. 60f.

44 Über Machs Neukonzeptualisierung der wissenschaftlichen Objektivität und die dazu parallele Desintegration des Subjekts, siehe Theodor Porter, »The Death of the Object: Fin-de-Siècle Philosophy of Physics«, in Ross, Hrsg., *Modernist Impulses in the Human Sciences 1870-1930*, S. 128-151.

45 Über Wundt und die Anfänge des psychologischen Laboratoriums, siehe Kurt Danziger, *Constructing the Subject: Historical Origins of Psychological Research* (Cambridge: Cambridge University Press, 1990), S. 17-33. Siehe auch Didier Deleule, »The Living Machine: Psychology as Organology«, in Jonathan Crary und Sanford Kwinter, Hrsg., *Incorporations* (New York: Zone Books, 1992), S. 203-233. Wundts Priorität wird gelegentlich in Frage gestellt zugunsten des »Laboratoriums«, das William James 1875 in Laurence Hall in Harvard eingerichtet hatte, aber die Demonstrationen, die James dort seinen Studenten vorführte, waren noch nicht Bestandteil eines planmäßigen experimentellen Forschungsprogramms.

46 Für die Forschungen zur Aufmerksamkeit wurden, wie fast immer in der Experimentalpsychologie des späten neunzehnten Jahrhunderts, Testpersonen mit bestimmten demographischen und soziologischen Kennzeichen, wie Alter, Geschlecht, Klassenzugehörigkeit, herangezogen. Man weiß z. B., daß Wundt in den ersten zehn Jahren seiner Leipziger Labortätigkeit fast ausschließlich mit seinen eigenen männlichen Studenten als Testpersonen arbeitete. Dasselbe gilt mehr oder weniger für die Tätigkeit von James McKeen Cattell an der Columbia University in den neunziger Jahren. Siehe dazu Kurt Danziger, »A Question of Identity: Who Participated in Psychological Experiments«, in Jill G. Morawski, Hrsg., *The Rise of Experimentation in American Psychology* (New Haven: Yale University Press, 1988), S. 35-52.

47 Michel Foucault, *Der Gebrauch der Lüste*, übers. v. U. Raulff u. W. Seitter (Frankfurt/Main: Suhrkamp; 1986); S. 18.

48 Siehe hierzu die Ausführungen bei Frederic Jameson und Anders Stephanson, »Regarding Postmodernism: A Conversation with Frederic Jameson«, in Douglas Kellner, Hrsg., *Postmodernism, Jameson, Critique* (Washington, D. C.: Maisonneuve Press, 1989), S. 43-74, insb. S. 46.

49 Hermann von Helmholtz, *Handbuch der physiologischen Optik*, Bd. 3 (Hamburg, Leipzig: Leopold Voss, 1909-1911), S. 406.

50 Die Photographie, deren Entwicklung historisch mit der Beschleunigung des Kapitalismus im neunzehnten Jahrhundert zusammenfällt, war mit dem Aufkommen von neuen Rhythmen aufmerksamer Rezeptivität verbunden. So spricht etwa Victor Burgin, der auf dem grundsätzlichen Unterschied zwischen der Betrachtung von Photographie und der von Malerei besteht, von dem »Unbehagen, das mit dem allzu langen Betrachten einer Photographie verbunden ist«. Victor Burgin, Hrsg., *Thinking Photography* (London: Macmillan, 1982), S. 142-153.

51 Nordau, *Entartung*, Bd. 2, S. 477.

52 Siehe die wichtigen Ausführungen bei Thomas P. Hughes, *Networks of Power: Electrification in Western Society 1880-1930* (Baltimore: Johns Hopkins University Press, 1983), S. 18-78. »Edison war ein holistischer Planer, der die mit dem Anwachsen von Systemen verbundenen Probleme entschlossen löste« (S. 18).

53 Raymond Williams, *Television: Technology and Cultural Form* (New York: Schocken, 1975), S. 25.

54 Siegfried Zielinski liefert einen wertvollen genealogischen Abriß über die teilweise Überschneidung der jeweiligen Vorgeschichte von Kino und Fernsehen seit den frühen 1850er Jahren, in *Audiovisionen: Kino und Fernsehen als Zwischenspiele in der Geschichte* (Reinbek: Rowohlt, 1989), S. 19-93.

55 Noch weitere Zentralfiguren des neunzehnten Jahrhunderts wären hier zu nennen. Werner von Siemens hat als Planer eines neuen, auf der Quantifizierung und Distribution von Energie basierenden ökonomischen und sozialen Raums zweifellos die Priorität vor Edison. Wichtig ist auch Lord Kelvin, der an der Globalisierung der telegraphischen Kommunikation und später der Vermarktung von elektrischer Energie in England entscheidend beteiligt war. Siehe dazu Crosbie Smith und M. Norton Wise, *Energy and Empire: A Biographical Study of Lord Kelvin* (Cambridge: Cambridge University Press, 1989), S. 649-722. Edisons Unternehmen war jedoch insofern einzigartig, als er die Komponenten einer entstehenden Massenkultur (Film, Photographie, Tonaufzeichnung) als Bestandteile desselben abstrakten Territoriums, auf dem ohne Unterschied Einheiten von Energie zirkulierten, verstand.

56 Andre Millard, *Edison and the Business of Invention* (Baltimore: Johns Hopkins University Press, 1990), handelt über Edisons Werk sowohl im Hinblick auf seine Ursprünge in der Praxis des präindustriellen Maschinenwesens als auch auf seine zentrale Stellung in einer von den siebziger Jahren bis zum ersten Weltkrieg dauernden »zweiten industriellen Revolution«. Über die Emergenz von Modellen der vertikalen Integration in den 1880er Jahren, siehe Giovanni Arrighi, *The Long Twentieth Century: Money, Power and the Origins of Our Times* (New York: Verso, 1994), S. 285-289.

57 Neil Postman sieht in der Erfindung des Telegraphen in den 1840er Jahren einen Präzendenzfall dieser Entwicklung in Richtung »einer Welt anonymer, dekontextualisierter Information. Der Telegraph drängt die Geschichte in den Hintergrund und erweitert die instantane und simultane Gegenwart«. Daß die Emergenz dieser ständigen »Gegenwart« mit einer Reorganisation des wahrnehmenden Subjekts im Sinn meiner Argumentation verbunden war, zeigt symbolisch jenes »Attention, Universe«, das, wie manche Kenner behaupten, Samuel F. B. Morses erste Botschaft war. Siehe Neil Postman, *The Disappearance of Childhood* (New York: Delacorte Press, 1982), S. 68-72.

58 Ausführlicher behandle ich dieses von Edison dem zwanzigsten Jahrhundert hinterlassene Erbe in meinem Aufsatz »Dr. Mabuse and Mr. Edison«, in Kerry Brougher, Hrsg., *Art and Film since 1945: Hall of Mirrors* (New York: Monacelli Press, 1996), S. 262-279. Die praktische Anpassungsleistung, zu der die beschleunigte technologische Innovation zwingt, wird neuerdings eingehend diskutiert von Edward Tenner, *Why Things Bite Back: Technology and the Revenge of Unintended Consequen-*

ces (New York: Knopf, 1996), S. 161-209; Gene I. Rochlin, *Trapped in the Net: The Unanticipated Consequences of Computerization* (Princeton: Princeton University Press, 1997), S. 29-32; und David Shenk, *Data Smog: Surviving the Information Glut* (New York: Harper Collins, 1997), S. 35-50.

59 Im zwanzigsten Jahrhundert gab es immer wieder Positionen in Philosophie und Psychologie, die die Relevanz oder sogar den Sinn des Problems bestritten. Siehe z. B. die Abwertung der Aufmerksamkeit als Problem bei Merleau-Ponty, *Phänomenologie der Wahrnehmung*, übers. v. R. Boehm (Berlin: de Gruyter, 1966), S. 47-53. Seit der Mitte des zwanzigsten Jahrhunderts wird vielfach mit den aus der Informationstheorie übernommenen Begriffen von kognitiver Verarbeitung und der Kapazität von Kanälen gearbeitet. Eine einflußreiche Stellungnahme zum Aufmerksamkeitsproblem war die »Filtertheorie«, die Donald Broadbent in *Perception and Communication* (New York: Pergamon, 1958) vorgelegt hatte. Zu einem Überblick über die neueren Arbeiten, siehe Harold E. Pashler, *The Psychology of Attention* (Cambridge: MIT Press, 1998), und Raja Parasuraman und D. R. Davies, Hrsg., *Varieties of Attention* (Orlando: Academic Press, 1984). Siehe auch Julian Hochberg, »Attention, Organization and Consciousness«, in D. I. Mostofsky, Hrsg., *Attention: Contemporary Theory and Analysis* (New York: Appleton Crofts, 1970); Allen Allport, »Visual Attention«, in Michael Posner, Hrsg., *Foundations of Cognitive Science* (Cambridge: MIT Press, 1989), S. 631-682; A. H. C. van der Heijden, *Selective Attention in Vision* (London: Routledge, 1992); Gerald Edelman, *Bright Air, Brilliant Fire: On the Matter of Mind* (New York: Basic Books, 1992)), S. 137-144; Stephen M. Kosslyn, *Image and Brain: The Resolution of the Imagery Debate* (Cambridge: MIT Press, 1994), S. 87-104; und Patricia Smith Churchland, *Neurophilosophy: Toward a Unified Science of the Mind-Brain* (Cambridge: MIT Press, 1986), S. 474-478. Eine Sammlung von soziologischen und anthropologischen Ansätzen findet sich in Michael A. Chance und Roy R. Larsen, Hrsg., *The Social Structure of Attention* (London: John Wiley and Sons, 1976).

60 Siehe L. S. Hearnshaw, *The Shaping of Modern Psychology* (London: Routledge, 1987), S. 206-209: »Als erster hat der Neurologe Henry Head den Begriff ›Vigilance‹ zur Beschreibung desjenigen Zustands benutzt, in dem das Nervensystem auf schnelle und adäquate Reaktionen eingestellt ist. Der Cambridger Psychologe Mackworth hat den Terminus in der Kriegszeit in seinen Forschungen zur visuellen und auditiven Überwachung übernommen und als einen Zustand der Bereitschaft definiert, ›bestimmte, in beliebigen Zeitintervallen in der Umgebung auftretende geringe Veränderungen wahrzunehmen und auf sie zu reagieren.‹«

61 Karl R. Popper und John C. Eccles, *The Self and Its Brain* (New York: Springer, 1977), S. 361-362. Die Autoren behandeln, wie die selektive Tätigkeit der Aufmerksamkeit »den meisten vorübergehenden Erfahrungen Einheit« verleiht. Sie meinen, daß die Kohärenz und der »Gestaltcharakter« des Bewußtseins nicht von einer neurophysiologischen Synthesis herrühren, sondern vom integrativen Charakter des selbstbewußten Geistes.

62 Anthony R. Damasio, *Descartes' Error: Emotion, Reason and the Human Brain* (New York: Putnam, 1994), S. 197.

63 Siehe z. B. Michael I. Posner und Stanislas Dehaene, »Attentional Networks«, *Trends in Neurosciences* 17, Nr. 2 (1994), S. 75: »Die Aufmerksamkeit ist seit dem Beginn der Psychologie im späten neunzehnten Jahrhundert ein wichtiges Forschungsgebiet gewesen. Es blieb allerdings immer umstritten, ob es irgendwelche besonderen Gehirnmechanismen gibt, die der Aufmerksamkeit dienen. Anders als Sehen oder Tastsinn verursacht die Aufmerksamkeit weder qualitativ eigenständige Erfahrungen, noch führt sie automatisch zu motorischen Reaktionen. Wir scheinen zwar imstande zu sein, sensorische Reize, Gedächtnisinformationen oder motorische Reaktionen auszuwählen, aber damit ist noch kein eigenständiges Aufmerksamkeitssystem nachgewiesen, denn bei der Selektion spielen alle Gehirnsysteme eine Rolle.«

64 Eine andere Annäherung an das Problem der Aufmerksamkeit, die mit dem historischen Anliegen dieses Buchs nichts zu tun hat, ist gelegentlich in der analytischen Philosophie des zwanzigsten Jahrhunderts zu finden, wo zwischen Begriffen wie »noticing«, »interest« und »awareness« unterschieden wird. Siehe z. B. die Diskussion der »Heed concepts« bei Gilbert Ryle, *The Concept of Mind*

(London: Hutchinson, 1949), S. 135-144. Für Ryle bezieht sich »Heed« auf »die Begriffe des Kenntnisnehmens, des Aufpassens, Achtgebens, Anteilnehmens, Sich-Konzentrierens, der Wachsamkeit, des Interesses, der Vorsätzlichkeit, sowie auf Sich-Mühe-Geben und Versuchen«. Siehe auch den allgemeinen Überblick bei A. R. White, *Attention* (Oxford: Blackwell, 1964).

65 In den späten 1870er Jahren hat man die Unaufmerksamkeit vielfach mit einem weiten Bereich soziopathischer Verhaltensformen verbunden, so z. B. bei Cesare Lombroso, *L'homme criminel: Etude anthropologique et médico-légale* (1876, italienisch), übers. v. G. Regnier und A. Bournet (Paris: Félix Alcan, 1887), S. 424-426. Eine der ersten umfassenden soziologischen Abhandlungen über die Aufmerksamkeit ist Théodule Ribots *Psychologie de l'attention* (1889), in der Rasse, Geschlecht, Nationalität und Klasse für die Beurteilung zentral waren. Für Ribot sind u. a. »Kinder, Prostituierte, Wilde, Vagabunden und Südamerikaner« diejenigen, die an mangelhafter Fähigkeit zur Aufmerksamkeit leiden. An diesem Buch hat sich auch Max Nordau bei seinen in *Entartung* (1892) angestellten Überlegungen zur Aufmerksamkeit inspiriert. Es gab jedoch auch einflußreiche Stimmen, welche die Verbindung zwischen Aufmerksamkeitsvermögen und Geschlecht bestritten, so die des Wiener Arztes Heinrich Obersteiner, der in seinem Aufsatz »Experimental Researches on Attention«, *Brain* 1 (Januar 1879), S. 439-453, schrieb: »Was die Geschlechtszugehörigkeit betrifft, so scheint es keine direkte Beziehung zwischen ihr und dem Grad des Aufmerksamkeitsvermögens zu geben.«

66 R. Barkley, »Do as We Say, Not as We Do: The Problem of Stimulus Control and Rule-Governed Behavior in Attention Deficit Disorder with Hyperactivity«, in Lewis M. Bloomingdale und J. M. Swanson, Hrsg., *Attention Deficit Disorder: New Directions in Attentional and Conduct Disorders* (New York: Elsevier, 1990), S. 24.

67 Siehe z. B. Carpenters Fallstudie über Coleridges »angeborene Schwäche der willentlichen Aufmerksamkeit«, in *Principles of Mental Physiology*, S. 166-269.

68 Claudia Wallis, »Life in Overdrive«, *Time*, Juli 18, 1994, S. 49.

69 Edward M. Hallowell und John J. Ratey, *Driven to Distraction* (New York: Pantheon, 1994), S. 247.

70 Edward A. Kirby und Liam K. Grimley, *Understanding and Treating Attention Deficit Disorder* (New York: Elsevier, 1986), S. 5.

71 Melinda Blau, »A.D.D.: The Scariest Letters in the Alphabet«, *New York Magazine*, Dezember 13, 1993, S. 45-51.

72 Siehe z. B. Kevin R. Murphy und Suzanne Levert, *Out of the Fog: Treatment Options and Coping for Adult Attention Deficit Disorder* (New York: Hyperion, 1995), wo auch schlechtes Management, mangelhafte Kommunikation und geringes organisatorisches Geschick am Arbeitsplatz zu den ADD-Symptomen zählen. Siehe die ausgezeichnete kulturelle Bewertung von ADD bei Lawrence H. Diller, »Running on Ritalin«, *Double Take* 14 (Herbst 1998), S. 46-55.

73 W. E. Pelham, »Attention Deficits in Hyperactive and Learning Disabled Children«, *Exceptional Education Quarterly* 2, Nr. 3 (1981), S. 20.

74 Die mit der Schizophrenie verbundenen kulturellen und sozialen Brüche hat man folgendermaßen skizziert: »Durch den Prozeß der Aufmerksamkeit teilen wir sowohl die von außen aus der Umgebung auf uns einströmende als auch die in Form von gespeicherter Erfahrung in uns bereitstehende Information in Kategorien ein. Auf diese Weise reduzieren, organisieren und interpretieren wir den anderenfalls chaotischen, auf das Bewußtsein eindringenden Informationsfluß; wir reduzieren ihn auf eine begrenzte Anzahl von differenzierten, stabilen und sinnvollen Perzepten, von denen ausgehend die Wirklichkeit aufgebaut wird ... Nehmen wir an, diese selektiv-inhibitorische Funktion der Aufmerksamkeit sei zusammengebrochen. Das Bewußtsein würde von einer undifferenzierten Masse von sensorischen Daten überflutet, die aus der Umgebung über die Sinnesorgane transportiert werden. Die Wahrnehmung würde wieder den Charakter des passiven und unwillentlichen Assimilationsprozesses der frühen Kindheit annehmen, und wenn sie ungeprüft bliebe, würde die einströmende Flut allmählich die festen Konstrukte einer einstigen Wirklichkeit hinwegreißen.« Andrew McGhie und James Chapman, »Disorders of Attention and Perception in Early Schizo-

phrenia«, *British Journal of Medical Psychology* 34 (1961), S. 110-111. Neuere Arbeiten haben jedoch bezweifelt, ob die Vorstellung eines monolithischen Aufmerksamkeitsversagens bei der Schizophrenie nützlich ist, und auf den begrenzten Erklärungswert von unitarischen Aufmerksamkeitsmodellen hingewiesen. Siehe zum Beispiel J. T. Kenny und H. Meltzer, »Attention and Higher Cortical Functions in Schizophrenia«, *Journal of Neurophysiological and Clinical Neurosciences* 3 (1991), S. 269-275.

75 Eugen Bleuler, *Dementia praecox oder die Gruppe der Schizophrenien* (1911), mit einem Vorwort v. Manfred Bleuler (Tübingen: Edition Diskord, 1988), S. 56. Jan Goldstein hat in *Console and Classify: The French Psychiatric Profession in the Nineteenth Century* (Cambridge: Cambridge University Press, 1987), S. 246-247, gezeigt, daß die Verbindung zwischen Aufmerksamkeitsstörung und Geisteskrankheit mindestens bis auf die Arbeiten von J. E. D. Esquirol um 1816 zurückgeht.

76 Wundt, *Grundzüge der physiologischen Psychologie*, Bd. 3 (1874; Leipzig: Engelmann, ^{6}1908), S. 306-364.

77 Das bahnbrechende Werk von John Hughlings Jackson vertrat ebenfalls ein solches hierarchisches Modell, in dem bestimmte Funktionen mit bestimmten Zonen des Nervensystems verbunden waren. Jackson unterschied sogenannte »höhere« Funktionen wie die willentliche Aufmerksamkeit von den mehr automatischen, »niederen« Formen des motorischen Verhaltens.

78 Die Bedeutung dieses Problems im neunzehnten Jahrhundert behandelt ausführlich Roger Smith, *Inhibition: History and Meaning in the Sciences of Mind and Brain* (Berkeley: University of California Press, 1992). Die Verbindung zwischen Aufmerksamkeit und Inhibition wird jedoch vielfach ganz unabhängig von neurologischen oder physiologischen Erwägungen festgestellt. So z. B. von F. H. Bradley, »On Active Attention«, *Mind*, n. s. 11 (1902), S. 5: »Die Aufmerksamkeit besteht demnach in der Unterdrückung aller psychischer Fakten, die das Objekt beeinträchtigen könnten, ist also wesensmäßig keineswegs positiv, sondern negativ.«

79 Siehe Anne Harrington, *Medicine, Mind, and the Double Brain: A Study in Nineteenth Century Thought* (Princeton: Princeton University Press, 1987), S. 235-247.

80 Alfred Binet und Charles Féré, *Le magnétisme animal* (Paris: Félix Alcan, 1888), S. 239.

81 Pierre Janet, »L'attention«, in Charles Richet, Hrsg., *Dictionnaire de physiologie*, Bd. 1 (Paris: F. Alcan, 1895), S. 836.

82 Jonathan Miller, »Going Unconscious«, *New York Review of Books*, April 20, 1995, S. 64. Miller diskutiert das Werk von Sir William Hamilton, W. Benjamin Carpenter und Thomas Laycock (dem Lehrer von J. H. Jackson).

83 Charles Darwin, *Die Abstammung des Menschen und die Zuchtwahl in geschlechtlicher Beziehung*, übers. v. David Haek (1871; Leipzig: Ph. Reclam jun., o. J.), 109-110. Auch Angelo Mosso beginnt in *Fatigue*, S. 177, sein Kapitel über die Aufmerksamkeit mit einem Darwin-Zitat. Über die epistemologische Wirkung von Darwin, siehe Robert J. Richards, *Darwin and the Emergence of Evolutionary Theories of Mind and Behavior* (Chicago: University of Chicago Press, 1987), S. 275-294.

84 Siehe David Ferrier, *The Functions of the Brain* (1876; New York: G. Putnam, 1886), S. 463-468. Über Ferrier siehe auch die wichtige Diskussion bei Smith, *Inhibition*, S. 116-121.

85 Siehe z. B. Maudsley, *The Physiology of Mind*, S. 313-315: »Wie aber, so könnte man fragen, kann die motorische Innervation bei der Willensoperation ein Faktor in einem mentalen Akt sein, wenn anscheinend kein muskulärer Akt beteiligt ist? Die Antwort darauf dürfte wohl sein, daß die motorische Innervation in jedem Fall auch die einfachste Anstrengung dessen begleitet, was bloßer Wille zu sein scheint.«

86 Die Aufmerksamkeit als ein Vergessen, das eine Voraussetzung für die Bestätigung und Selbstvergegenwärtigung des Organismus ist, lebt im zwanzigsten Jahrhundert bei Bergson (dessen Werk ich im vierten Kapitel diskutiere) und vielen anderen fort. So heißt es bei Donald Winnicott, *Collected Papers* (New York: Basic Books, 1951), S. 65, es sei »die schöpferische Wahrnehmung, die das Individuum mehr als alles andere fühlen läßt, daß das Leben lebenswert ist«. Bezeichnender noch ist Maslows in den sechziger Jahren sehr populärer Begriff der »Spitzen-Erfahrung (*peak-experience*)«. Der

Autor beschreibt einen Zustand der »totalen Aufmerksamkeit«, in dem es ist, »als ob die Welt vergessen wäre, als ob die Wahrnehmung für einen Augenblick zum Ganzen des Seins geworden wäre«. Abraham H. Maslow, *Toward a Psychology of Being* (New York: Van Nostrand Reinhold, 1968), S. 74. Die dauerhafte (oder recycelbare) Natur solcher Formulierungen beweist in den neunziger Jahren eine gewisse gutverkäufliche Ratgeberliteratur, etwa Mihaly Csikszentmihalyi, *Flow: The Psychology of Optimal Experience* (New York: Harper, 1990), S. 33: »Die Aufmerksamkeit ist unser wichtigstes Werkzeug, wenn es darum geht, die Qualität unserer Erfahrung zu verbessern.«

87 James, *Principles of Psychology*, Bd. 1, S. 402-403. Siehe das ausgezeichnete Kapitel über James' Beitrag zum Aufmerksamkeitsproblem bei Gerald E. Myers, *William James: His Life and Thought* (New Haven: Yale University Press, 1986), S. 181-214.

88 Siehe George Herbert Mead, *Movements of Thought in the Nineteenth Century*, Bd. 2 (Chicago: University of Chicago Press, 1936), S. 386-387. Mead schreibt: »Die Struktur des Akts ist der wichtige Zug im Verhalten. Diese Psychologie heißt auch motorische Psychologie, in Abgrenzung gegen die ältere Psychologie der Empfindung; sie heißt auch Willenspsychologie, in Abgrenzung gegen die bloße Assoziation von Ideen miteinander.«

89 Lorraine J. Daston, »The Theory of Will versus the Science of Mind«, in William R. Woodward und Timothy G. Ash, Hrsg., *The Problematic Science. Psychology in Nineteenth Century Thought* (New York: Praeger, 1982), S. 88-115.

90 Ludwig Wittgenstein war sich als Anti-Cartesianer über diese Nichtkoinzidenz von Perzeption, Bewußtsein und Aufmerksamkeit genau im klaren: »Aber zeigen die Worte ›Ich nehme wahr‹ hier nicht an, daß ich auf mein Bewußtsein aufmerksam bin? – was doch gewöhnlich nicht der Fall ist. – Wenn es so ist, dann sagt der Satz ›Ich nehme wahr, daß ...‹ nicht, daß ich bei Bewußtsein bin, sondern daß meine Aufmerksamkeit so und so eingestellt sei.« *Philosophische Untersuchungen*, in Werkausgabe, Band 1 (Frankfurt/Main: Suhrkamp, 1984), S. 412.

91 Richard Rorty, *Philosophy and the Mirror of Nature* (Princeton: Princeton University Press, 1979), S. 315.

92 Michel Foucault in seiner Antwort an Sartre, in *La Quinzaine littéraire*, März 1-15, 1968.

93 Nietzsche zieht diese Verbindung von der Aufmerksamkeit zum Willen zur Herrschaft: »Das, was »Freiheit des Willens« genannt wird, ist wesentlich der Überlegenheits-Affekt in Hinsicht auf den, der gehorchen muss: »ich bin frei, ›er‹ muss gehorchen« – dies Bewusstsein steckt in jedem Willen, und ebenso jene Spannung der Aufmerksamkeit, jener gerade Blick, der ausschließlich eins fixiert, jene unbedingte Werthschätzung »jetzt tut dies und nichts anderes not«, jene innere Gewissheit darüber, dass gehorcht werden wird, und was alles noch zum Zustande des Befehlenden gehört.« *Jenseits von Gut und Böse*, in *Kritische Studienausgabe (KSA)*, hrsg. v. Giorgio Colli und Mazzino Montinari (München, Berlin, New York: Deutscher Taschenbuchverlag, de Gruyter, 1967-1977), Bd. 5, S. 32.

94 Dieses Versagen wird 1905 von Hermann Ebbinghaus eingeräumt, wenn er ohne Beschönigung schreibt: »Die Aufmerksamkeit ist eine rechte Verlegenheit der Psychologie«, *Grundzüge der Psychologie*, Bd. 1, S. 611.

95 In »An Essay in Aesthetics« stellt Roger Fry 1909 das ästhetische Vermögen als eine Form der Wahrnehmung dar, die von der »komplexen nervlichen Maschinerie« des Körpers und der Instinkte getrennt ist. »Das gesamte Leben des Tiers und ein Großteil des menschlichen Lebens besteht aus diesen instinktiven Reaktionen auf sinnliche Gegenstände und aus den sie begleitenden Emotionen«, während das »imaginative Leben« für Fry durch die Kontemplation von der Möglichkeit des Handelns abgeschnitten ist. Fry, *Vision and Design* (Cleveland: Meridian, 1956), S. 17-18. An anderer Stelle sagt Fry, es existiere »in jeder ästhetischen Erfahrung a priori eine bestimmte Orientierung des Bewußtseins und vor allem eine bestimmte Fokussierung der Aufmerksamkeit, weil der Akt der ästhetischen Wahrnehmung eine aufmerksame Passivität gegenüber den in ihren Beziehungen erfaßten Wirkungen der Sensation einschließt.« Fry, *Transformations: Critical and Speculative Essays on Art* (London: Chatto and Windus, 1927), S. 5.

96 T. E. Hulme, *Speculations* (New York: Harcourt, Brace and Co., 1924), S. 154-157.

97 Siehe z. B. die Opposition zwischen der »freien« künstlerischen Wahrnehmung und der »unfreien« nichtkünstlerischen Wahrnehmung bei Konrad Fiedler, *Über die Beurteilung von Werken der bildenden Kunst* (1876), in *Schriften zur Kunst*, Bd. 1, hrsg. v. G. Boehm (München. Fink, 1971).

98 Rosalind E. Krauss, *The Optical Unconscious* (Cambridge: MIT Press, 1993), S. 217.

99 Siehe Théodule Ribot, *Die Psychologie der Aufmerksamkeit*, übers. v. Dietze (Leipzig: Maerker, 1908), S. 5: »Die Aufmerksamkeit ist ein fester Zustand. Wenn sie ziellos verlängert wird, ... so weiß jeder aus Erfahrung, daß eine immer wachsende Umnebelung des Geistes, endlich aber eine Art geistiger, nicht selten von Schwindel begleiteter Leere eintritt.« Siehe auch Ribots Ausführungen über pathologisches Versagen des Willens in *The Diseases of the Will*, übers. v. Merwin-Marie Snell (Chicago: Open Court, 1894), S. 72-76.

100 Gustav Theodor Fechner war einer der ersten, die über dieses Kontinuum genauere Aussagen machten. In *Elemente der Psychophysik*, Bd. 2 (Leipzig: Breitkopf und Härtel, 1860), S. 452-457, stellt er eine reziproke Beziehung zwischen Aufmerksamkeit und »partiellem Schlaf« fest. Nach Kurt Goldstein wird aus der Aufmerksamkeit, wenn sie keine »differenzierende Kraft« hat, eine »pathologische Reizgebundenheit«; »Zerstreutheit und krankhafte Fixierung« seien »Ausdruck derselben funktionalen Veränderung unter verschiedenen Bedingungen«. Goldstein, »The Significance of Psychological Research in Schizophrenia«, *Journal of Nervous and Mental Disease* 97, Nr. 3 (März 1943), S. 272.

101 Alfred Fouillée, »Le physique et le mental: A propos de l'hypnotisme«, *Revue des Deux Mondes* 105 (1. Mai, 1891), S. 438.

102 Ernst Mach gehörte zu den vielen, die in den achtziger Jahren die scheinbar paradoxe Natur der Aufmerksamkeit erfaßt hatten: »Bei der stärkeren Entwicklung der Intelligenz, welche durch die complicirten Lebensverhältnisse des Menschen bedingt ist, können die Vorstellungen zeitweilig die *ganze* Aufmerksamkeit auf sich ziehen, so dass Vorgänge in der Umgebung des Sinnenden nicht gesehen, an ihn gerichtete Fragen nicht gehört werden, was solcher Beschäftigung ungewohnte Menschen ›Zerstreuung‹ nennen, während es viel besser ›Sammlung‹ heißen würde.« Mach, *Beiträge zur Analyse der Empfindungen* (Jena: Gustav Fischer, 1886), S. 81.

103 Emile Durkheim, »Individuelle und kollektive Vorstellungen«, in *Soziologie und Philosophie*, eingel. v. Th. W. Adorno, übers. v. E. Moldenhauer (Frankfurt/Main: Suhrkamp, 1967), S. 67.

104 Siehe z. B. Georg Simmel, »Die Großstädte und das Geistesleben«, in Simmel, *Gesamtausgabe*, Bd. 7 (Frankfurt/Main: Suhrkamp, 1995), S. 116-131; Walter Benjamin, »Über einige Motive bei Baudelaire«, in *Gesammelte Schriften*, I-2, S. 605-653; Siegfried Kracauer, »Kult der Zerstreuung« in *Das Ornament der Masse* (Frankfurt/Main: Suhrkamp, 1977), S. 311-317; und Theodor W. Adorno, »Über den Fetischcharakter in der Musik und die Regression des Hörens«, in *Gesammelte Schriften*, Bd. 14 (Frankfurt/Main: Suhrkamp, 1973).

105 Kant, *Kritik der reinen Vernunft*, S. 164b.

106 Fiedler, *Über die Beurteilung von Werken der bildenden Kunst*, S. 44.

107 Siehe die scharfsinnige Diskussion Fiedlers bei Ernst Cassirer, *Die Metaphysik der symbolischen Formen*, in *Nachgelassene Manuskripte und Texte*, Bd. 1 (Hamburg: Meiner, 1995), S. 81-82: »Der psychologische Zusammenhang darf nicht mit einem konstitutiven Zusammenhang verwechselt werden: die Gefühlserregungen, die die Aufnahme eines Kunstwerks zu begleiten pflegen, dürfen nicht als Wesensmomente desselben angesehen werden ... Als eine solche bloße *Verdunkelung* der reinen Sichtbarkeit werden von Fiedler zuletzt alle Umstände angesehen, die der rein ›subjektiven‹ Seite angehören, die nicht der Welt des Sichtbaren, sondern der Welt des ›Emotionalen‹ angehören.«

108 Siehe Miriam Hansens Analyse von Benjamins ambivalenter Historisierung der Wahrnehmung, in »Benjamin, Cinema and Experience«, *New German Critique* 40 (Winter 1987), S. 179-224.

109 Th. W. Adorno, »Über den Fetischcharakter in der Musik und die Regression des Hörens«, in *Gesammelte Schriften*, Bd. 14 (Frankfurt/Main: Suhrkamp, 1973), S. 34.

110 Rilke an Lou Andreas-Salomé, 8. 8. 1903, in Rainer Maria Rilke, Lou Andreas-Salomé, *Briefwechsel* (Zürich, Wiesbaden: Niehans, Insel, 1952), S. 83-84.

111 John Dewey gehört zu den vielen, die in den achtziger Jahren erkannt hatten, daß ein normatives Aufmerksamkeitsmodell von der Erfahrung von Schock, Dissoziation und Neuheit untrennbar war: »Ein überraschender Schock gehört zu den sichersten Mitteln, Aufmerksamkeit zu erregen. Das Unerwartete inmitten der Routine ist das Akzentuierte. Eben der Kontrast zwischen beiden fesselt die Aufmerksamkeit und dissoziiert das eine besser vom anderen.« Dewey, *Psychology*, S. 127.

112 Es gibt im Deutschen kein Wort, das mit dem aus dem Lateinischen abgeleiteten »Kontemplation« stammverwandt wäre. Nichtsdestoweniger sollte man die theologischen Anklänge dieses Worts nicht vergessen. Es bedeutet nicht nur ein »Sehen oder Betrachten mit anhaltender Aufmerksamkeit«, sondern auch, wie Paul Tillich, Adornos einstiger Kollege am Frankfurter Institut, schrieb, »ein in den Tempel Gehen, ein in die Sphäre des Heiligen Vordringen, ein an die Wurzel der Dinge Gehen, hin zu ihrem Schöpfungsgrund«. Tillich, *The New Being* (New York: Scribner's, 1955), S. 130. Für Benjamin ist sogar Franz Kafka, für ihn ein exemplarischer Vertreter der Moderne, durch seine problematische Beziehung zu den säkularisierten Modalitäten der Wahrnehmung gekennzeichnet: »Wenn Kafka nicht gebetet hat – was wir nicht wissen –, so war ihm doch aufs höchste eigen, was Malebranche ›das natürliche Gebet der Seele‹ nennt – die Aufmerksamkeit. Und in sie hat er, wie die Heiligen in ihre Gebete, alle Kreatur eingeschlossen.« Benjamin, »Franz Kafka«, in *Gesammelte Schriften*, II-2 (Frankfurt/Main: Suhrkamp, 1991), S. 432.

113 Benjamin, »Das Kunstwerk im Zeitalter seiner technischen Reproduzierbarkeit«, *Gesammelte Schriften*, I-2, S. 465-466.

114 Alois Riegl, *Das holländische Gruppenporträt* (Wien: Österreichische Staatsdruckerei, 1931), S. 188. Siehe die wertvolle Diskussion über die Subjektivität bei Riegl und Fiedler bei Ignasi de Solà-Morales, »Toward a Modern Museum: From Riegl to Giedion«, *Oppositions* 25 (Herbst 1982), S. 68-77.

115 Über Riegl und die Aufmerksamkeit, siehe Margaret Olin, *Forms of Representation in Alois Riegl's Theory of Art* (University Park: Pennsylvania State University Press, 1992), S. 155-169. Margaret Olin betont, daß die Aufmerksamkeit für Riegl u. a. die Bedeutung eines »höflichen, respektvollen Verhaltens gegenüber einem anderen« hat.

116 Ferdinand Tönnies, *Gemeinschaft und Gesellschaft. Abhandlung des Communismus und des Socialismus als empirischer Culturformen* (Leipzig: Fues's Verlag, 1887), S. 157-158. Über Tönnies siehe Harry Liebersohn, *Fate and Utopia in German Sociology 1870-1923* (Cambridge: MIT Press, 1988), S. 11-39.

117 Damit ist offensichtlich die Nähe des Aufmerksamkeitsproblems zur umfangreichen Geschichte und Soziologie »spiritueller Übungen« angesprochen. Für Praktiken, die auf die Erfassung eines reinen, undifferenzierten Wesens aus waren, war jedoch die paradoxe Natur der Aufmerksamkeit stets ein Grundproblem; sie erlaubte eine gewisse anfängliche Konzentration des Geistes, aber ihre temporalen Grenzen banden den Menschen unvermeidlich an eine transitorische Welt des Kommens und Gehens. In einem frühen buddhistischen Text heißt es: »Alle Arten von Vorstellung müssen unterdrückt werden, sobald sie kommen; sogar noch die Begriffe des Kontrollierens und Unterdrückens selbst müssen abgelegt werden. Der Geist soll wie ein Spiegel werden, der die Dinge reflektiert, aber sie nicht beurteilt oder festhält. Was aus den Sinnen und dem niederen Geist aufsteigt, nimmt keine Form an, wenn es nicht von der Aufmerksamkeit ergriffen wird; wenn es nicht beachtet wird, gibt es kein Erscheinen und Verschwinden. Dasselbe gilt für die Dinge außerhalb des Geistes; man darf ihnen nicht erlauben, die Aufmerksamkeit an sich zu reißen und die Übung zu behindern ... Es dürfen keine Vorstellungen vom Ich zurückbleiben.« Zitiert von Aldous Huxley, *The Perennial Philosophy* (New York: Harper, 1944), S. 290. Ein exemplarischer Text neueren Datums ist J. Krishnamurti, *The Flame of Attention* (New York: Harper, 1984). Aus westlicher Sicht werden die Arbeiten über Aufmerksamkeit und Meditation behandelt von Marjorie

Schuman, »The Psychophysiological Model of Meditation and Altered States of Consciousness: A Critical Review«, in Julian Davidson und Richard Davidson, Hrsg., *The Psychobiology of Consciousness* (New York: Plenum Press, 1980), S. 333-378. Wichtig sind auch die Bemerkungen Georges Batailles über Aufmerksamkeit und meditative Praxis im ersten Kapitel von »L'expérience intérieure«, *Œuvres complètes*, Bd. V, 1 (Paris: Gallimard).

118 Friedrich Nietzsche, *Unzeitgemäße Betrachtungen*, »Richard Wagner in Bayreuth«, in *KSA*, Bd. 1, S. 462.

119 »Vernunft und Selbsterhaltung«, in Max Horkheimer, *Gesammelte Schriften*, Bd. 5 (Frankfurt/Main: S. Fischer, 1987), S. 337-338.

120 David Riesman, *Die einsame Masse*, übers. v. Renate Rausch (Darmstadt, Berlin, Neuwied: Luchterhand, 1956), S. 60.

121 Hannah Arendt, *Vita activa oder Vom tätigen Leben* (Stuttgart: Kohlhammer, 1960), S. 282. Das historische Schema Hannah Arendts läßt sich mit Martin Heideggers Charakteristik des ursprünglichen, »sich entbergenden« und »das Anwesen erst ermöglichenden Blickens« der Griechen verbinden, welches dem modernen, »fassenden Blicken« gegenübergestellt wird: dieses ist »das Spähen, worin das Seiende gleichsam aufgespießt und so allererst zum gegnerischen Gegenstand der Eroberung wird«. Martin Heidegger, *Parmenides*, S. 158-160, in *Gesamtausgabe*, Bd. 54 (Frankfurt/Main: Vittorio Klostermann, 1982).

122 Hannah Arendt, *Vita activa oder Vom tätigen Leben*, S. 299. Unter Hinweis auf die in den westlichen Gesellschaften des mittleren zwanzigsten Jahrhunderts vorherrschenden entindividualisierten und quasi betäubten Verhaltensweisen schließt Hannah Arendt (S. 314-315): »Es ist durchaus denkbar, daß die Neuzeit, die mit einer so unerhörten und unerhört vielversprechenden Aktivierung aller menschlichen Vermögen und Tätigkeiten begonnen hat, schließlich in der tödlichsten, sterilsten Passivität enden wird, die die Geschichte je gekannt hat.« Siehe auch die Diskussion der Moderne als Prozeß, der den Unterschied zwischen privatem und öffentlichem Bewußtsein aufhebt, bei Hans Magnus Enzensberger, »Bewußtseinsindustrie«, in *Einzelheiten*, Bd. 1 (Frankfurt/Main: Suhrkamp, 1962), S. 7-15. Eine bemerkenswerte historische Darstellung der veränderten Beziehung zwischen Kontemplation und Muße gibt Sebastian de Grazia, *Of Time, Work, and Leisure* (New York: Twentieth Century Fund, 1962), S. 19-28.

123 Hannah Arendt, *Vita activa oder Vom tätigen Leben*, S. 312-313.

124 Ungefähr gleichzeitig bemerkte Johann Friedrich Herbart die fehlende Ordnung in den subjektiven Sukzessionserfahrungen (daß die Wahrnehmung in Wirklichkeit eine Abfolge von Verschmelzungen, Ausblendungen, Vermischungen und Verschiebungen ist). Sein Werk gehört jedoch zu den vielen in der ersten Hälfte des neunzehnten Jahrhunderts unternommenen Versuchen, Assoziationsgesetze aufzustellen, die der Wahrnehmung Logik und Kohärenz geben sollten. Siehe meine Ausführungen über Herbart in *Techniken des Betrachters*, S. 105-108.

125 Schopenhauer, *Die Welt als Wille und Vorstellung*, II, 1, in *Werke in zehn Bänden* (Zürich: Diogenes, 1977), S. 159-160.

126 Ibid., S. 161.

127 Ibid., S. 162.

128 Ibid.

129 Siehe meine Diskussion dieser Frage im Hinblick auf das Aufkommen der physiologischen Optik in den 1830er und 1840er Jahren, in *Techniken des Betrachters*, 3. Kap., S. 75-102.

130 Ernst Cassirer, *Das Erkenntnisproblem in der Philosophie und der Wissenschaft der neueren Zeit*, Bd. 3 (1907; Darmstadt: Wissenschaftliche Buchgesellschaft, 1971), S. 413-414.

131 Terry Eagleton, *The Ideology of the Aesthetic* (Oxford: Blackwell, 1990), S. 159. Der Autor fährt fort: »Mit Schopenhauer ist das Begehren zum Hauptdarsteller des menschlichen Theaters geworden, und die Subjekte selbst sind bloß seine gehorsamen Diener oder Unterlinge. Das jedoch nicht nur aufgrund der Emergenz einer sozialen Ordnung, in der in Form des ganz normalen Besitzindividualismus die Gier zur Tageslosung, zur herrschenden Ideologie und dominierenden sozialen

Praxis wird, sondern mehr noch, weil er die *Unendlichkeit* des Begehrens in einer sozialen Ordnung wahrnahm, in der das einzige Ziel der Akkumulation darin besteht, erneut zu akkumulieren. In einem traumatischen Kollaps der Teleologie erweckt das Begehren den Anschein, gegenüber allen partikulären Zwecken unabhängig oder zumindest grotesk disproportioniert zu sein.« Siehe auch die Ausführungen von Rüdiger Safranski, *Schopenhauer und die wilden Jahre der Philosophie. Eine Biographie* (München, Wien: Carl Hanser, 1987), 16. Kapitel. Aufschlußreich ist auch das Schopenhauer-Kapitel bei Michel Henry, *The Genealogy of Psychoanalysis*, übers. v. Douglas Brick (Stanford: Stanford University Press, 1993), S. 164-203.

132 »Der Organismus selbst hingegen ist die Sichtbarkeit, Objektivität des individuellen Willens, das Bild desselben, wie es sich darstellt in eben jenem Gehirn... der Organismus (ist) das primäre (Phänomen), nämlich die unmittelbare Erscheinung des Willens...« Schopenhauer, *Die Welt als Wille und Vorstellung*, Band II, in *Sämtliche Werke*, Bd. II (Frankfurt/Main: Suhrkamp, 1986), S. 259.

133 Sigmund Freud, *Die Traumdeutung*, in *Gesammelte Werke 2/3*, S. 617, Anm. 1. Das Zitat ist aus Carl Du Prel, *Philosophie der Mystik* (Leipzig, 1887), S. 306, der seinerseits Maudsley zitiert, *The Physiology and Pathology of the Mind* (London: Macmillan, 1868). Siehe dazu die *Standard Edition of the Complete Psychological Works of Sigmund Freud*, Bd. 5, S. 612.

134 Zum Beispiel bekannte sogar eine für die Institutionalisierung der wissenschaftlichen Psychologie so wichtige Figur wie G. Stanley Hall noch 1902 seine dankbare Bewunderung für Schopenhauer. Siehe Dorothy Ross, *G. Stanley Hall: The Psychologist as Prophet* (Chicago: University of Chicago Press, 1972), S. 264.

135 Wilhelm Dilthey, *Grundlegung der Wissenschaften vom Menschen, der Gesellschaft und der Geschichte*, in *Gesammelte Schriften*, Band XIX, hrsg. v. H. Johach u. F. Rodi (Göttingen: Vandenhoeck und Ruprecht, 1982), S. 141.

136 Ibid., S. 131, 137-138.

137 Über die verbreitete Ablehnung des Assoziationismus in den 1880er Jahren, siehe Maurice Mandelbaum, *History, Man, and Reason: A Study in Nineteenth Century Thought* (Baltimore: Johns Hopkins University Press, 1971), S. 218-222.

138 Wilhelm Dilthey, »Die Einbildungskraft des Dichters«, in *Wilhelm Diltheys Gesammelte Schriften*, Bd. VI (Leipzig, Berlin: Teubner, 1924), S. 143. »Wie die Wahrnehmungen oder Vorstellungen in dem wirklichen Zusammenhang des Seelenlebens auftreten, sind sie von Gefühlen durchdrungen, gefärbt, belebt; die Verteilung der Gefühle, der Interessen, der so bedingten Aufmerksamkeit erwirkt mit anderen Ursachen ihr Auftreten, den Grad ihrer Entfaltung, ihr Erlöschen; Spannungen der Aufmerksamkeit, die von den Gefühlen her sich bilden und Formen der Willenstätigkeit sind, erteilen den einzelnen Bildern eine triebartige Energie oder lassen dieselben wieder versinken. Daher ist jede Vorstellung in der wirklichen Seele ein *Vorgang.*« (S. 139).

139 Peirce, »Einige Konsequenzen aus vier Unvermögen«, S. 66-67.

140 Richard Rorty diskutiert die pragmatistische Kritik der Metaphern des Sehens, der Korrespondenz und der Zuschauer-Theorie des Wissens in seinen *Consequences of Pragmatism* (Minneapolis: University of Minnesota Press, 1982), S. 160-166.

141 »Wir halten das Gehirn für ein Organ, dessen internes Gleichgewicht sich in ständigem, jeden seiner Teile betreffenden Wechsel befindet. Der Wechsel findet zweifellos an manchen Stellen heftiger als an anderen statt, und sein Rhythmus ist manchmal schneller und manchmal langsamer. So wie es bei einem Kaleidoskop, das trotz eines ständig neuen Arrangements der Figuren gleichmäßig gedreht wird, Momente gibt, in denen die Transformation fast bis zum Verschwinden gering ist, und andere, in denen sie mit magischer Schnelligkeit vor sich geht, wobei relativ stabile Formen sich mit solchen abwechseln, die wir beim zweiten Sehen nicht wiedererkennen würden, so muß auch im Gehirn das ständige Neuarrangement zu gewissen Spannungsformen führen, die relativ lange anhalten, während andere bloß kommen und wieder gehen.« James, *Principles of Psychology*, Bd. 1, S. 246.

142 Ibid., S. 236.

143 Selbst ein so tief in der älteren assoziationistischen Lehre verwurzelter Psychologe wie Théodule Ribot gebraucht eine Sprache, die sich mit der von James teilweise deckt, wenn er sagt, der »gewöhnliche Mechanismus eines geistigen Lebens« bestehe »in einem fortdauernden Kommen und Gehen innerer Ereignisse, in einem Defilieren von Empfindungen, Gefühlen, Vorstellungen der geistigen Erinnerungs-Bilder ... Das ist aber, richtig gesprochen, keine Kette, keine Reihenfolge, wie man oft gemeint hat, sondern vielmehr eine Ausstrahlung nach mehreren Sinnen und in mehreren Lagen, ein bewegliches geschehendes Aggregat, das unaufhörlich entsteht und vergeht.« Ribot, *Die Psychologie der Aufmerksamkeit*, S. 6. Über Ribot und die Begründung der wissenschaftlichen Psychologie in Frankreich, siehe John I. Brooks, »Philosophy and Psychology at the Sorbonne 1885-1913«, *Journal of the History of Ideas* 29 (April 1993), S. 123-145.

144 Franco Moretti, *Signs Taken for Wonders: Essays in the Sociology of Literary Forms*, revid. Ausg., übers. v. Susan Fischer et al. (London: Verso, 1988), S. 197.

145 James, *Principles of Psychology*, Bd. 1, S. 402.

146 Die Aufmerksamkeit als Garant kognitiver Unmittelbarkeit wäre ein Teil dessen, was James Livingston als ein Gesamtanliegen des Pragmatismus im späten neunzehnten Jahrhundert ansieht: »Seine Theoretiker sind der Meinung, daß Gedanken und Dinge keinen verschiedenen ontologischen Ordnungen angehören. An ein äußeres oder natürliches Reich der Objekte, der Dinge an sich, das dem Denken, dem Geist oder dem Bewußtsein letztlich unzugänglich wäre oder sich fundamental davon unterschiede, glauben sie nicht. Dementsprechend umgehen sie die um die moderne Subjektivität herum aufgebaute Bedeutungsstruktur, die die Trennung oder kognitive Distanz von diesem verdinglichten Reich von Objekten voraussetzt.« Livingston, *Pragmatism and the Political Economy of Cultural Revolution, 1850-1940* (Chapel Hill: University of North Carolina Press, 1994), S. 214.

147 Cornel West zeichnet die vermittelnde Dimension des Jamesschen Denkens nach, insbesondere wie sein Werk versuchte, den Schock zu dämpfen, den die neueren wissenschaftlichen und psychologischen Forschungen beim Mittelklasse-Leser verursachen mußten. Siehe West, *The American Evasion of Philosophy: A Genealogy of Pragmatism* (Madison: University of Wisconsin Press, 1989), S. 55.

148 James, *Principles of Psychology*, Bd. 1, S. 424. Mindestens erwähnt werden sollte auch, daß eine von James' berühmtesten Studentinnen unter seiner Leitung ein eigentümliches Forschungsprojekt zur Aufmerksamkeit durchführte und veröffentlichte. Siehe Gertrude Stein, »Cultivated Motor Automatism: A Study of Character in Its Relation to Attention«, *Psychological Review* 5, Nr. 3 (Mai 1898), S. 295-306.

149 James, *Principles of Psychology*, Bd. 1, S. 288. Siehe die intellektuelle Genealogie bei Henri Ey, *Consciousness: A Phenomenological Study of Being Conscious and Becoming Conscious*, übers. v. John Flodstrom (Bloomington: Indiana University Press, 1978), S. 19: »Die Aufmerksamkeit ist die Kraft, durch welche Maine de Biran, William James, Bergson, Janet, etc. Energie und Dynamik der Psyche definiert haben. Aufmerksamkeit aufs Leben, Interesse, Konzentration, intentionale Orientierung, Motivation – sie alle drücken die Spannung in Richtung auf ein vorgeschlagenes oder vorgeschriebenes Ziel aus, das den ›intentionalen Kern‹ oder den Sitz eines ›Bewußtseinszustands‹ darstellt.«

150 »Die Welt, die wir empfinden und in der wir leben, ist jedoch die, die unsere Ahnen und wir, durch langsame Kumulation von Wahlhandlungen, wie Bildhauer, einfach durch Verwerfung bestimmter Teile des gegebenen Stoffs, allmählich geschaffen haben ... In meinem Geist und in deinem sind die verworfenen und die ausgewählten Teile weitgehend dieselben. Das Menschengeschlecht als ganzes ist sich mehr oder weniger einig darüber, von was es Notiz nehmen und was es benennen soll.« James, *Principles of Psychology*, Bd. 1, S. 289. Die Wechselbeziehung zwischen dem Ästhetischen und dem Ethischen als Bestandteil des »selbstwählenden, unendlichen Ich« diskutiert Charles Taylor im Sinne der Nachromantik des neunzehnten Jahrhunderts, in *The Sources of the Self: The Making*

of Modern Identity (Cambridge: Harvard University Press, 1989; zit. nach: *Quellen des Selbst. Die Entstehung der neuzeitlichen Identität*, dt. von J. Schulte. Frankfurt/Main: Suhrkamp 1994), S. 729-740.

151 Die Position von James wurde in der nächsten Generation der »Funktionalisten« von vielen aufgegriffen und weiterentwickelt. »In allen Formen von Aufmerksamkeit«, heißt es bei James R. Angell, einem Schüler sowohl von James als auch von Dewey, »sehen wir eine selektive Tätigkeit am Werk. Selektion ist immer eine zweckgerichtete, vorausblickende Handlungsart, und eben dies gilt für die Aufmerksamkeit in all ihren Formen. Sie ist Ausdruck der Tatsache, daß der Organismus von vornherein teleologisch verfaßt ist, will sagen, daß er bestimmte *Ziele* enthält, die er im Lauf seiner Entwicklung durch entsprechende Tätigkeiten erreichen muß ... Die Aufmerksamkeit ist immer eine Bemühung von uns, uns unserer Impulse, unserer Gedanken im Interesse des Ziels, das wir zu erreichen versuchen, zu bemächtigen.« Angell, *Psychology: an Introductory Study of the Structure and Function of Human Consciousness* (New York: Henry Holt, 1904), S. 75-76.

152 Ross Posnock handelt über die Beunruhigung, die James über das Aufkommen einer positivistischen Soziologie, eines wissenschaftlichen Managements und ganz allgemein von Methoden zur sozialen Kontrolle empfand. James »reagiert auf einen anderen, ungenannten, aber umso ominöseren Sachverhalt: das Entstehen einer professionell verwalteten sozialen Ordnung. Der Zwangscharakter der Moderne spiegelt sich darin, daß die soziale Kontrolle zum Hauptanliegen der Sozialwissenschaften wird ... Das Zurücktauchen in den Strom bei James scheint der taylorisierten Effizienz so fern wie möglich zu stehen.« Posnock, *The Trial of Curiosity: Henry James, William James and the Challange of Modernity* (Oxford: Oxford University Press, 1991), S. 110-116.

153 Carpenter, *Principles of Mental Physiology* (1886), S. 134-135. Viele von Carpenters pädagogischen und disziplinären Imperativen sind mehr als vier Jahrzehnte lang gültig geblieben, was sich z. B. am Werk Hugo Münsterbergs, James' Kollegen und Rivalen in Harvard, ablesen läßt, *Psychology and the Teacher* (New York: D. Appleton, 1909), insbes. S. 157-171.

154 Ribot, *Psychologie der Aufmerksamkeit*, S. 5.

155 Hermann von Helmholtz, *Handbuch der physiologischen Optik*, 3. Bd., S. 406, zit. in James, *Principles of Psychology*, Bd. 1, S. 422. Siehe auch Marillier, »Remarques sur le mécanisme de l'attention«, S. 569-570.

156 Theodor Lipps, *Psychologische Studien*, zweite, umgearbeitete und erweiterte Auflage (Leipzig: Dürr, 1905), S. 69.

157 »Demnach scheint die successive Bewegung der Aufmerksamkeit über eine Vielheit psychischer Inhalte ein *periodischer* Vorgang zu sein, der aus einer Mehrzahl auf einander folgender Apperceptionen besteht. Solche *periodische Schwankungen der Aufmerksamkeit* lassen sich in der That unter günstigen Bedingungen auch direct nachweisen. Lässt man nämlich, während alle sonstigen Sinnesreize möglichst ferngehalten werden, einen schwachen, continuirlich andauernden Eindruck, auf den zugleich die Aufmerksamkeit gerichtet wird, auf ein Sinnesorgan einwirken, so beobachtet man, dass der Eindruck in gewissen, meist unregelmäßigen Intervallen ... für eine kurze Zeit undeutlicher wird oder ganz zu verschwinden scheint, um dann wieder hervorzutreten.« Wilhelm Wundt, *Grundriss der Psychologie* (Leipzig: Engelmann, [4]1901), S. 255, Hervorhebung im Original. Angelo Mosso bemerkt, daß die Aufmerksamkeit »Modifizierungen komplexer Art«, zu denen auch periodisches Oszillieren zählt, mit sich bringe. »Experimente haben gezeigt, daß die Aufmerksamkeit kein kontinuierlicher, sondern ein intermittierender, geradezu in Sprüngen stattfindender Prozess ist.« *Fatigue*, S. 183-184. Als eine periodische, wellenartige Form beschreibt die Aufmerksamkeit Thaddeus Bolton, »Rhythm«, *American Journal of Psychology* 6, Nr. 2 (Januar 1894), S. 145-238. Eine Beschreibung der Aufmerksamkeit konnte auch eine gewisse Verwandtschaft mit Hegels Auffassung der »sinnlichen Gewißheit« als sich selbst tilgender Wahrnehmung zeigen, als Rhythmus des Erscheinens und Verschwindens. Siehe G. W. F. Hegel, *Phänomenologie des Geistes*, in *Sämtliche Werke*, Bd. 2, hrsg. v. H. Glockner (Stuttgart: Frommann, 1927), S. 81-107.

158 Über die Unterscheidung zwischen Prägeform und Modulation, siehe Gilbert Simondon, *L'indi-*

vidu et sa genèse psycho-biologique (Paris: Presses universitaires de France, 1964), S. 39-44. Siehe auch die Diskussion bei Gilles Deleuze, *Die Falte. Leibniz und der Barock*, übers. v. U. J. Schneider (Frankfurt/Main: Suhrkamp, 1995), S. 34-37.

159 Für Henry Adams war in den späten 1890er Jahren der moderne Mensch derjenige, dessen Denken normalerweise »aus Zerstreuung, Schlaf, Traum und Inkonsequenz bestand, aus der simultanen Tätigkeit verschiedener Gedankenzentren ohne zentrale Kontrolle«. Der menschliche Geist, schrieb er, verbringt »die Hälfte seines Lebens im mentalen Chaos des Schlafs und ist selbst im Wachzustand das Opfer von eigener Fehleinschätzung, von Krankheit, Alter, äußeren Einflüssen, vom Zwang der Natur; er zweifelt an seinen Empfindungen und verläßt sich letztlich nur auf Instrumente und Durchschnittswerte«. Henry Adams, *The Education of Henry Adams* (Boston: Houghton Mifflin, 1973), S. 434, 460.

160 Folgendermaßen äußerte sich der weitverbreitete Optimismus, der in der Hypnose ein Allheilmitel sah, in einem medizinischen Handbuch: »Ich freue mich, daß ich den Triumph der Chemie, der Chirurgie, der physiologischen und pathologischen Forschung erleben durfte; die Forschungen zum Hypnotismus aber verheißen Entdeckungen, die all das noch übertreffen, Entdeckungen, welche die Gesetze, die Handeln, Fühlen und Denken steuern, aufdecken werden.« James R. Cocke, *Hypnotism: How It Is Done, Its Uses and Dangers* (Boston: Arena, 1894), S. 93.

161 Die Frage, was Hypnose sei, beantwortet Isabelle Stengers so: »Im wesentlichen wissen wir nichts über sie ... Wir sprechen von Hypnose und sind doch nicht imstande, die ›Music-hall‹-Hypnose, die verschiedenen Formen ritueller Trance, die mörderische Hypnose, die wir mit Hitler und Khomeini verbinden, die zweifellos verdummende Hypnose des Fernsehens und die experimentell kontrollierte Hypnose voneinander zu unterscheiden.« Isabelle Stengers, »The Deceptions of Power: Psychoanalysis and Hypnosis«, *Sub-Stance* 62-63 (1900), S. 81-91.

162 James Braid, *Neurypnology or the Rationale of Nervous Sleep* (London: J. Churchill, 1843); Auguste Liébault, *Le sommeil provoqué et les états analogues* (Paris: Doin, 1889); Charles Richet, »Du somnambulisme provoqué«, *Journal de l'anatomie et de la physiologie normales et pathologiques* 11 (1875), S. 348-378.

163 Hall, »Reaction-Time and Attention in the Hypnotic State«, S. 170. Hall betont den Gedanken eines unsicheren Kontinuums von Aufmerksamkeitszuständen. »Nach der Aufmerksamkeits-Hypothese scheint eine große Anzahl von nervlichen Störungen lediglich eine Steigerung von ganz normalen geistigen Zuständen zu sein.«

164 Siehe z. B. den Überblick über die Techniken der hypnotischen Induktion bei Albert Moll, *Hypnotism* (1889), neue Übers. (New York: Scribner's, 1899), S. 31-64.

165 Hippolyte Bernheim, *Die Suggestion und ihre Heilwirkungen* (1884), übers. v. Sigmund Freud (Leipzig, Wien: Deuticke, [2]1896), S. 169. Vgl. auch ibid., S. 140: »Die Hypnose ist also kein krankhafter Zustand, sie schafft keine neuen Functionen oder aussergewöhnliche Erscheinungen, sondern sie entwickelt nur, was bereits in wachem Zustande vor sich geht ... Vielleicht giebt es in Wirklichkeit weder ein noch zwei verschiedene Zustände des Bewusstseins, sondern eine unendliche Abstufung von solchen. Es kommen alle Übergänge vor zwischen dem vollen Wachen und der vollkommenen psychischen Concentration, in der der Somnambulismus besteht.«

166 David Spiegel, »Neurophysiological Correlates of Hypnosis and Dissociation«, *Journal of Neuropsychiatry and Clinical Neuroscience* 3 (1991), S. 440: »Die Hypnose ist das eine Extrem des Aufmerksamkeitskontinuums; sie bringt eine Steigerung der fokalen Konzentration bei gleichzeitiger Aufhebung der peripheren Wahrnehmung mit sich. Hypnotische Konzentration ist wie der Blick durch ein Teleobjektiv. Man sieht detailgenau, aber der Bereich des Sehens ist eng ... Ein Hauptbestandteil des hypnotischen Zustands ist die Suggestibilität, die erhöhte Reaktionsbereitschaft auf soziale Stichworte, die zu einer verstärkten Tendenz zur Ausführung hypnotischer Befehle führt. Es handelt sich dabei nicht um einen Verlust des Willens, sondern um eine Aufhebung des kritischen Urteilsvermögens aufgrund der intensiven Absorption im hypnotischen Zustand. Hypnotische Befehle werden automatisch befolgt und werden oft fälschlich als aus dem eigenen Inneren kommend wahrgenommen.«

167 Siehe Eugene Taylor, *William James on Exceptional Mental States: The 1896 Lowell Lectures* (Amherst: University of Massachussetts Press, 1983), S. 15-34; und John F. Kihlstrom und Kevin M. McConkey, »William James and Hypnosis: A Centennial Reflection«, *Psychological Science* 1, Nr. 3 (Mai 1990), S. 174-178.

168 So schrieb Schelling um 1812, daß im »mesmerischen Schlaf« ein Zusammenbruch der im Wachzustand herrschenden Einheit stattfinde, der die Möglichkeit einer »Entwicklung des visionären Talents überhaupt« mit sich bringe. Er spekulierte auch über die Kontinuität und die »Gradationen« von scheinbar distinkten Zuständen: »Nach vielen Gründen scheint mir, als würde viel zu bestimmt der magnetische Schlaf vom gewöhnlichen unterschieden.« F. W. J. Schelling, *Die Weltalter*, in *Ausgewählte Werke. Schriften von 1813-1830* (Darmstadt: Wissenschaftliche Buchgesellschaft, 1968), S. 99.

169 Bei H. G. Wells z. B. tritt die Hypnose als praktische Sozialtechnologie der Aufmerksamkeit auf. In dem im zweiundzwanzigsten Jahrhundert spielenden Roman *When the Sleeper Wakes* (1899) ist, gestützt auf die Werke von »Fechner, Liébault, James« und anderen, »die praktische Anwendung der Psychologie allgemein üblich«. »Sobald die Kinder der arbeitenden Klasse alt genug sind, um hypnotisiert werden zu können, werden sie auf diese Weise in wunderbar pünktliche und zuverlässige maschinenartige Wesen verwandelt ... Wirklich war eine Art psychische Chirurgie allgemein verbreitet.« Wells, *Three Prophetic Novels*, hrsg. v. E. F. Bleiler (New York: Dover, 1960), S. 124.

170 Über Freuds Distanzierung von der hypnotischen Technik, siehe Léon Chertok und Isabelle Stengers, *A Critique of Psychoanalytic Reason: Hypnosis as a Scientific Problem from Lavoisier to Lacan*, übers. v. Martha Noel Evans (Stanford: Stanford University Press, 1992), insbes. S. 36-45.

171 Pierre Janet (1859-1947) gehört zu den wenigen französischen Psychologen, die auch im zwanzigsten Jahrhundert unbeirrt an der Hypnose als wesentlichem Bestandteil ihres therapeutischen Projekts festhielten. Gegenüber der Tatsache, daß die Hypnose in den späten 1880er und frühen 1890er Jahren ein Bestandteil der normativen, institutionalisierten Wissenschaft war, herrscht heute eine bis zur historischen Fälschung gehende Verweigerung vor. Ein Beispiel ist die ungenaue Behauptung des Historikers Mark S. Micale, daß es »für die Epochen des ›High-scientism‹ typisch war, Gegenkulturen auszubrüten: Mesmerismus in der Spätaufklärung, Glaubensheilungen und Hypnose zur Zeit der letzten Jahrhundertwende, die New-Age-Psychologien und alternative Medizin heute«, *Times Literary Supplement*, 16. Mai, 1997, S. 6-7. Diese modische Opposition von »High science« und peripherer Pseudowissenschaft überträgt ein zweifelhaftes Modell auf eine historische Periode, in der solche eindeutigen Unterschiede nicht existierten. In der Physik bestand zum Beispiel eine komplexe und bewegliche wechselseitige Austauschbeziehung zwischen dem Postulat des lichthaltigen Äthers und einem weiten Bereich von Gedanken über den »Spiritismus« oder die »Wirkung per Distanz«.

172 Die moderne Verdächtigung der Hypnose beginnt mit Hegels Reflexionen über Mesmer und den »magnetischen Zustand«, der für ihn eine »Krankheit« ist: »Wenn sich aber mein seelenhaftes Leben von meinem verständigen Bewußtseyn trennt und dessen Geschäfte übernimmt, büße ich meine, im verständigen Bewußtseyn wurzelnde Freiheit ein, verliere ich die Fähigkeit, mich einer *fremden* Gewalt zu verschließen, werde dieser vielmehr unterwürfig ... Hauptsächlich kommt es bei diesem magischen Verhältniß darauf an, daß ein Subject auf ein ihm an Freiheit und Selbständigkeit des Willens *nachstehendes* Individuum wirke. Sehr kräftige Organisationen üben daher über schwache Naturen die größte, – oft eine so unwiderstehliche Gewalt aus, daß die letzteren, sie mögen wollen oder nicht, durch die ersteren zum magnetischen Schlaf gebracht werden können.« Hegel, *Philosophie des Geistes*, in *Sämtliche Werke*, Bd. 10, S. 129-134. Der Mesmerismus diente Hegel als Figur eines spezifischen Moments der Selbstdifferenzierung innerhalb einer umfassenderen Entwicklung des Bewußtseins.

173 Die populäre Vorstellung von Hypnose spiegelt sich in August Strindbergs Theaterstück *Der Vater* (1887); es geht um das Kräfteverhältnis in einer zerrütteten Ehe, und der Mann macht seiner Frau Vorwürfe: »Du hattest immer die Oberhand, du konntest mich im wachen Zustand hypnotisieren,

so daß ich weder sah noch hörte, sondern nur gehorchte! Du konntest mir eine rohe Kartoffel geben und mir einreden, es sei ein Pfirsich! Du konntest mich zwingen, deine einfältigen Einfälle als Genialitäten zu bewundern. Du hättest mich zu Verbrechen, ja zu den kleinlichsten Handlungen verleiten können.« Strindberg, *Ausgewählte Dramen*, übers. v. E. Schering, Bd. 1 (München: Georg Müller, 1926), S. 72. Eine umfangreiche Populärliteratur sorgte für ein beunruhigendes Bild der Hypnose, so das antisemitische Buch *Trilby* (New York: Harper and Brothers, 1894) des britischen Schriftstellers und Illustrators George Du Maurier. In Frankreich wären zu nennen: William Mintorn, *La somnambule* (Paris: Ghio, 1880); die Erzählung »Sœur Marthe«, die der Psychologe Charles Richet unter dem Pseudonym Charles Epheyre publizierte, in der *Revue des Deux Mondes* 93 (15. Mai 1889), S. 384-431; und die bekannte Kurzgeschichte »La Horla« (1886) von Guy de Maupassant. In Bram Stokers *Dracula* (1897) ist die Hypnose ein Instrument sowohl der Kräfte des Bösen als auch der wissenschaftlichen Rationalität.

174 Siehe z. B. die Diskussion bei J. Liégeois, *De la suggestion et du somnambulisme dans leurs rapports avec la jurisprudence et la médicine légale* (Paris: Doin, 1889); und bei Georges Gilles de la Tourette, *L'hypnotisme et les états analogues au point de vue médico-légal* (Paris: E. Plon, 1887).

175 Isabelle Stengers, »The Deceptions of Power«, S. 81-91: »Die Suggestion erschreckt die Fachleute, wenn sie nicht Instrumente *unverhüllter* Macht sein wollen. Die Hypnose enttäuschte nicht nur Freud, sondern alle, die sich mit ihr beschäftigten, um sie zu beurteilen, ihre Wirkung zu messen und ihre Invarianten herauszuarbeiten. Wir wissen wenig über Hypnose oder Suggestion, weil sie auf etwas hindeuten, gegen das die Urteilskraft sich abgrenzen muß.« Siehe auch die Diskussion der Hypnose in dem zu Unrecht schlechtgemachten Buch von Julian James, *The Origins of Consciousness in the Breakdown of the Bicameral Mind* (Boston: Houghton and Mifflin, 1976), S. 379: »Die Hypnose ist das schwarze Schaf in der Problemfamilie, die die Psychologie ausmacht. Wie eine unerwünschte Anomalie taucht sie bald hier, bald da auf: im Karneval, in der Klinik und auf dörflichen Schaustellungen. Sie bleibt unfaßbar und läßt sich nicht in die festen Kennzeichen einer wissenschaftlichen Theorie übersetzen. Ihre bloße Möglichkeit bereits scheint sowohl unsere gängigen Ideen von bewußter Selbstkontrolle als auch unsere wissenschaftliche Vorstellung von der Persönlichkeit zu dementieren. Dennoch sollte klar sein, daß jede solide Theorie vom Bewußtsein und seinem Ursprung sich der Schwierigkeit, die dieser abweichende Typ der Verhaltenskontrolle darstellt, stellen *muß.*«

176 Wenn auch inzwischen überholt, ist der Überblick, den Perry London in *Behavior Control* (New York: Harper and Row, 1969) über die Versuche des zwanzigsten Jahrhunderts gibt, Technologien des Verhaltensmanagements zu entwickeln, immer noch wertvoll.

177 Über die Bedeutung der »Low-level«-Effekte von Suggestion und Beeinflussung in der gegenwärtigen globalen Kultur, siehe Daniel Bougnoux, »L'impensé de la communication«, in Daniel Bougnoux, Hrsg., *La suggestion: hypnose, influence, transes* (Paris: Colloque de Cerisy/Les empêcheurs de penser en rond, 1991), S. 297-314. Bougnoux skizziert die Rolle, die die Suggestion in einer Kommunikationsgesellschaft spielt. Dies betrifft die Wirkung von »Mode, Nachahmung, Massenpsychologie, Medien und sonstigen Einflüssen aller Art« und zwingt uns, »unsere Vorstellungen von Individualität und Bewusstsein zu revidieren«.

178 Paul Virilio, *Die Sehmaschine*, übers. v. G. Ricke u. R. Voullié (Berlin: Merve, 1989), S. 63.

179 Ganz abgesehen davon, ob die Aufmerksamkeit wirklich kontrolliert oder gesteuert werden kann, ist bemerkenswert, welch gewaltiges Material und welche intellektuellen Ressourcen ausgehend von der *Annahme*, sie könne für spezifische Zwecke kontrolliert werden, eingesetzt wurden. Bereits in den 1880er Jahren hat man sich auf empirische Aufmerksamkeitsstudien gestützt, um den Arbeitsplatz im Sinn einer Maximierung der Produktivität zu gestalten, ein Bestreben, das sich bis in die heutige elektronische Arbeitswelt hinein fortsetzt. Mit dem Beginn des zwanzigsten Jahrhunderts trat auch das Management des Verbrauchs in den Vordergrund, und mit einer Unzahl von psychologischen Testverfahren begann man, Methoden zur wirksamen Aufmerksamkeitskontrolle in der Werbung zu entwickeln. Bereits um 1910 lagen sowohl in Europa als auch in Amerika eine

gewaltige Menge solcher Studien vor. Siehe z.B. Walter D. Scott, *The Psychology of Advertising* (Boston: Small, Maynard & Co, 1908); Edward K. Strong, »The Relative Merit of Advertisements: A Psychological and Statistical Study«, *Archives of Psychology* 17 (Juli 1911); H.F. Adams, »Adequacy of the Laboratory Test in Advertising«, *Psychological Review* 22, Nr.5 (September 1915), S.403-422; »The Class Experiment in Psychology with Advertisements as Materials«, *Journal of Educational Psychology* 3 (1912), S. 1-17; Howard K. Nixon, *Attention and Interest in Advertising* (New York: Archives of Psychology, 1924). Eine typische Arbeit des mittleren zwanzigsten Jahrhunderts ist das Kapitel »Capturing Attention« bei Darrell Lucas und Steuart H. Britt, *Advertising Psychology and Research* (New York: McGraw-Hill, 1950). Diese Forschungen werden nach wie vor und in großem Maße fortgeführt, wobei beispielsweise die elektrische Aktivität des Gehirns im Verhältnis zur Aufmerksamkeit genau überwacht wird. Siehe z.B. M. Rothschild et al., »EEG Activity and the Processing of Television Commercials«, *Communication Research* 13 (1986), S. 182-219. Auch der Einsatz von chemischen Mitteln zur Steigerung der Aufmerksamkeit wird auf viele Weisen untersucht. Siehe zum Beispiel B.S. Oken et al., »Pharmacologically Induced Changes in Arousal: Effects on Behavioral and electrophysiologic Measures of Alertness and Attention«, *Electroencephalography and Clinical Neurophysiology* 95, Nr. 5. Siehe auch die von Patricia Cafferata und Alice Tybout, Hrsg., vorgestellten Arbeiten, in *Cognitive and Affective Response to Advertising* (Lexington, Mass.: Lexington Books, 1989). Dies sind nur einige wenige von den buchstäblich Tausenden derartiger Arbeiten, die alljährlich erscheinen.

180 Es sei daran erinnert, daß Guy Debord das Spektakel durch »hypnotisches Verhalten« charakterisiert sieht, in *Die Gesellschaft des Spektakels. Kommentare zur Gesellschaft des Spektakels. Vorwort zur vierten italienischen Ausgabe von »Die Gesellschaft des Spektakels«*, übers. v. Jean-Jacques Raspaud und Wolfgang Kukulies (Berlin: Tiamat, 1996), S. 19.

181 Obwohl Debords Buch in den sechziger Jahren eine der stärksten Herausforderungen an die Positionen des etablierten Marxismus darstellte, bewegt es sich mindestens implizit auf einem hegelianischen intellektuellen Terrain, das Foucault aufs schärfste ablehnte.

182 Debord, *Die Gesellschaft des Spektakels*, S. 166, S. 147. Schon im frühen zwanzigsten Jahrhundert war die Notwendigkeit, die Kommunikationsmöglichkeit zu unterbinden, ein Bestandteil der Aufmerksamkeitstechnologie: »Bei der Neuorganisation des Arbeitsplatzes gemäß den Prinzipien des wissenschaftlichen Managements sind durch eine Reihe von Faktoren die Arbeitsbedingungen so verändert worden, daß Gespräche zwischen den Arbeitern schwierig oder unmöglich wurden. Das Ergebnis scheint überall in einer signifikanten Steigerung der Produktion zu bestehen. Der Einzelne konzentriert sich jetzt in einem Maß auf seine Aufgabe, das unerreichbar zu sein schien, solange seine innere Einstellung auf sozialen Kontakt gerichtet war.« Hugo Münsterberg, *Psychological and Industrial Efficiency* (Boston: Houghton Mifflin, 1913), S. 209.

183 Max Weber, »Die Berufsethik des asketischen Protestantismus«, in *Die protestantische Ethik*, Band I (1904; Gütersloh: Gütersloher Verlagshaus Mohn, [6]1981), S. 122. Debord knüpft direkt an Henri Lefebvre an: »Es ist der Konflikt zwischen einer gewissen (hundertmal schon einseitig angeprangerten) ›Atomisierung‹ des Lebens und einer Überorganisierung, die es einzwängt und begleitet und die zweifellos seine Atomisierung auch als Voraussetzung benötigt. *Die Sozialisierung der Gesellschaft schreitet fort.* Im selben Maß, wie das Netzwerk der Beziehungen und der Kommunikation dichter und effizienter wird, wächst auch die Isolation des individuellen Bewußtseins und die Verkennung des ›Nächsten‹. Dies ist die Ebene, auf der der Widerspruch operiert.« Lefebvre, *Introduction à la modernité: préludes* (Paris: Minuit, 1962), S. 189.

184 Raymond Williams verortet das Fernsehen in einer technologischen und ökonomischen Logik der »mobilen Privatisierung«, in *Television: Technology and Cultural Form*, S. 26.

185 Siehe die Diskussion über Debord und die Probleme der Zerstreuung, der Distanz und der Trennung bei Hal Foster, *The Return of the Real* (Cambridge: MIT Press, 1996), S. 218-220.

186 Gilles Deleuze und Félix Guattari, *Kapitalismus und Schizophrenie. Tausend Plateaus*, übers. von Gabriele Ricke und Ronald Voullié (Berlin: Merve, 1992), Kap. 13, S. 635: »In letzter Zeit ist darauf

hingewiesen worden, daß die moderne Machtausübung sich nicht auf die klassische Alternative ›Repression oder Ideologie‹ reduzieren lässt, sondern Vorgänge wie Normierung, Modulation, Modellierung und Information einschließt, die sich auf Sprache, Wahrnehmung, Begehren, Bewegung etc. beziehen und über Mikrogefüge laufen.« Zu einer verwandten Diskussion über die Probleme der Subjektbildung im gegenwärtigen Kapitalismus, siehe Michel Feher und Eric Alliez, »The Luster of Capital«, *Zone* 1-2 (1985), S. 314-359.

187 Siehe die Essays »Kontrolle und Werden« und »Postskriptum über die Kontrollgesellschaften«, in Deleuze, *Unterhandlungen*, übers. v. G. Roßler (Frankfurt/Main: Suhrkamp, 1993), S. 243-263. Dieses Modell einer »Kontrollgesellschaft« hat eine gewisse Verwandtschaft zu der Typologie, die Debord 1967 in *Kommentare zur Gesellschaft des Spektakels* skizziert hatte: die totalitäre »konzentrierte« und die kapitalistisch-konsumistische »diffuse« Gesellschaft des Spektakels werden zu einer einzigen, globalen und »integrierten« Gesellschaft des Spektakels.

188 Siehe die Diskussion der Aufmerksamkeit bei Marie Winn, *The Plug-In Drug: Television, Children and the Family*, rev. Ausg. (New York: Penguin, 1985), S. 64: »Natürlich gibt es in der Fähigkeit der Fernsehbilder, die Aufmerksamkeit auf sich zu ziehen und festzuhalten, Unterschiede, die vielfach auf Faktoren wie den Grad der momentanen Bewegtheit oder die Schnelligkeit des Wechsels von Bild zu Bild zurückgehen. Der Gedanke, daß die Produzenten der ›Sesamstraße‹, der bekanntesten Sendung für Vorschulkinder, sich der modernen Technologie in Gestalt einer ›Distractor‹-Maschine bedienten, um bei jeder Folge sicherzustellen, daß ihr Programm die kindliche Aufmerksamkeit in größtmöglichem Maß anzieht und fesselt, ist ziemlich niederdrückend.«

189 Michel Foucault, *Überwachen und Strafen. Die Geburt des Gefängnisses*, übers. v. W. Seitter (Frankfurt/Main: Suhrkamp, 1977), S. 380. Siehe D. N. Rodwick, »Reading the Figural«, *Camera Obscura* 24 (September 1990), S. 35: »Die Ziele der interaktiven Computertechnik, mit der sich die aktuelle Forschung zu den neuen elektronischen Medien befaßt, sind zwar genuin utopischer Art, müssen aber nichtsdestoweniger untersucht werden, denn der Traum von der absoluten Kontrolle des Individuums über die Information bildet zugleich das Potential für eine absolute Überwachung und die Verdinglichung der privaten Erfahrung.«

190 Anhand des Fernsehens deutet Félix Guattari etwas von der heterogenen Zusammensetzung einer aufmerksamen Subjektivität an: »Nehmen wir das Beispiel des Fernseh-Konsums. Wenn ich fernsehe, befinde ich mich am Schnittpunkt: 1. von einer von den Lichtphänomenen des Apparats ausgehenden perzeptuellen Faszination, die an Hypnose grenzt; 2. von der Faszination, die vom narrativen Inhalt der Sendung ausgeht, verbunden mit lateraler Beachtung der Ereignisse in der Umgebung (das kochende Wasser auf dem Herd, das schreiende Kind, das klingelnde Telephon); 3. von einer Welt von Phantasien, die meinen Wachtraum bevölkern. Mein persönliches Identitätsgefühl wird also in verschiedene Richtungen gezerrt. Wie kann ich, der Verschiedenheit der Subjektbildungs-Komponenten zum Trotz, ein relatives Einmaligkeitsgefühl bewahren? Durch die ritornellartige Wiederholung, die mich an den Bildschirm fesselt und die jetzt den projektiven existentiellen Knoten bildet.« Félix Guattari, *Chaosmose* (Paris: Galilée, 1992), S. 32-33.

191 Christian Metz, *The Imaginary Signifier*, übers. v. Celia Britton et al. (Bloomington: Indiana University Press, 1995), S. 135-137.

192 Zur neueren Forschung über Aufmerksamkeit und automatisches Verhalten, siehe Jarry L. Jacoby et al., »Lectures for a Layperson: Methods for Revealing Unconscious Process«, in Robert F. Bornstein und Thane S. Pittman, Hrsg., *Perception without Awareness: Cognitive, Clinical and Social Perspectives* (New York: Guilford, 1992), S. 81-122. Die Autoren werten automatisches Verhalten als »Leistung unter den Bedingungen geteilter Aufmerksamkeit«; demgemäß ist automatisches Verhalten »kein Charakteristikum einer reizgesteuerten Verarbeitung, sondern die emergente Eigenschaft der Ausübung von bestimmten Fertigkeiten in einer Umgebung«. Siehe auch Cathleen M. Moore und Howard Egeth, »Perception without Awareness: Evidence of Grouping under Conditions of Inattention«, *Journal of Experimental Psychology, Human Perception and Performance* 23, Nr. 2 (April 1997), S. 339-352; und Daniel Kahnemann und Anne Treisman, »Changing

Views of Attention and Automaticity«, in Parasuraman und Davies, Hrsg., *Varieties of Attention*, S. 29-62.

193 Arthur Koestler, *The Ghost in the Machine* (New York: Macmillan, 1967), S. 207. Es gab zum Beispiel Versuche, das automatische Verhalten, das mit der Einrichtung des zwischenstaatlichen Highway-Systems nach dem Zweiten Weltkrieg verbunden war, zu bewerten. Monotones und ununterbrochenes Fahren rief bei den Fahrern tranceartige Zustände hervor, beeinträchtigte aber nicht ihre Fähigkeit, gewisse *mechanische* Aufgaben durchzuführen. Siehe Griffith W. Williams, »Highway Hypnosis: An Hypothesis«, in Ronald E. Shor und Martin T. Orne, Hrsg., *The Nature of Hypnosis: Selected Basic Readings* (New York: Holt, Rhinehart, 1965), S. 482-490.

194 Zur historischen Konstruktion der modernen Langeweile, siehe Patrice Petro, »After Shock/Between Boredom and History«, in Patrice Petro, Hrsg., *Fugitive Images: From Photography to Video* (Bloomington: Indiana University Press, 1995), S. 265-284. Siehe auch Joseph Brodsky, »In Praise of Boredom«, in *On Grief and Reason* (New York: Farrar Straus, 1995), S. 104-113.

II. 1879: Die Befreiung des Sehens

1 Dies unterscheidet Manets Gemälde auch von Goyas *Majas auf einem Balkon*, einem Bild, in dem trotz der vergleichbaren architektonischen Szenerie ein Raum der Innerlichkeit, der Verborgenheit gewahrt bleibt. Dieser Widerstand gegen das Außen ist es, der die Romantik des Werks ausmacht.

2 Stéphane Mallarmé, *Œuvres complètes* (Paris: Gallimard, 1945), S. 532.

3 Der Gebrauch des Grün, für den diese Leinwand berühmt ist, ist Ausdruck eines neuartigen perzeptuellen Differenzierungsvermögens, wobei es sich jedoch kaum, wie vielfach angenommen, um ein einziges Grün, sondern um eine ganze Anzahl verschiedener Töne und Oberflächen handelt: das oxydierte Kupfergrün des Geländers, das harte, wäßrige (mit viel weißem Pigment versetzte) Grün des industriellen Anstrichs der Fensterläden, das strahlend gelblichgrüne Halsband der sitzenden Frau und der seidige, wasserabstoßende und smaragdgrüne Stoff des Regenschirms. Die Virtuosität dieser Palette und die ihr entsprechende chromatische Sensibilität gegenüber den Lichtwellenlängen einer neuen technologischen Lebenswelt deuten auf die Künstlichkeit und auch die Oberflächlichkeit des Werks hin, auf seine Ferne von allen vormodernen (vegetativen oder sonstigen) Resonanzen des Grün. Die Topfpflanze links unten ist ein bloß marginales und domestiziertes Überbleibsel eines hierher versetzten Felds »natürlicher« Objekte und Wahrnehmungen. Die Modulationen der Farbe Grün leiten sich hier ganz und gar aus der technischen Sphäre der Massenproduktion und ihrer Materialien ab: ein optisches Ensemble, aufgebaut aus Textil- und Industriefarben, aus Chemikalien und Metallen.

4 Charles Baudelaire, »Le cygne«, in *Œuvres complètes* (Paris: Gallimard, 1961), S. 81. Siehe auch die kurze Diskussion dieses Bilds bei Christoph Asendorf, *Batterien der Lebenskraft: Zur Geschichte der Dinge und ihrer Wahrnehmung im 19. Jahrhundert* (Gießen: Anabas, 1984), S. 57-58.

5 Vgl. die Diskussion von Autonomie und Intersubjektivität im Kontext der ästhetischen Produktion des neunzehnten Jahrhunderts und der nachkantischen Epistemologie bei Rose Subotnik, *Developing Variations: Style and Ideology in Western Music* (Minneapolis: University of Minnesota Press, 1991), S. 57-83.

6 Vgl. Jacques Lacans Unterscheidung zwischen Sehen, als einem optischen Punkt-zu-Punkt-System, und dem Blick, der vom begehrenden Subjekt untrennbar ist und niemals mit den geometrischen Relationen, die das formale Modell des Sehens bilden, zusammenfallen kann, in *Die vier Grundbegriffe der Psychoanalyse*, übers. v. Norbert Haas (Olten, Freiburg i. B.: Walter, 1978), S. 73-126.

7 Ibid., S. 99.

8 Siehe Lawrence Kramers Diskussion »unmöglicher« Aufmerksamkeits-Objekte in der Kunst und Literatur des neunzehnten Jahrhunderts, in *Music as Cultural Practice, 1800-1900* (Berkeley: University of California Press, 1990), S. 87-101: »Unmögliche Objekte sind im weitesten Sinn Produkte

eines epistemologischen/topographischen Diskurses, in dem die menschliche Subjektivität aufhört, ein Feld der Gemeinsamkeit zu sein und statt dessen zu einem geheimen Schlupfwinkel wird. Das Selbst ist keine geteilte Selbigkeit mehr, sondern eine essentielle Differenz ... Das Ich ist ständig durch Absonderung von der Außenwelt bedroht« (S. 88).

9 Georges Bataille, *Manet*, in *Œuvres complètes*, Bd. V, Bildlegende.

10 Siehe z. B. Jean Clay, »Ointments, Makeup, Pollen«, *October* 27 (Winter 1983), S. 3-44.

11 Bataille, *Manet*, S. 149.

12 Jules-Antoine Castagnary, in *Siècle*, 28. Juni, 1879. Zit. bei George Hamilton, *Manet and His Critics* (New York: Norton, 1969), S. 215.

13 Noch vor knapp zwanzig Jahren zeigte sich angesichts der Unvereinbarkeit dieses Bildes mit den leeren und standardisierten Klischees von Manets »Spontaneität« und seiner »blendenden Flächenbehandlung« eine prominente neokonservative Zeitschrift in ihren reaktionären Empfindlichkeiten gekränkt: »Steht man vor dem *Wintergarten* von 1879, so weiß man nicht recht, was Manet beabsichtigt haben könnte. Es ist einer von den Manets, die mein unbedingtes Vertrauen in diesen Künstler erschüttern. Nicht so sehr, weil das Gemälde schlecht ist – welcher große Maler hätte nicht auch fürchterliche Bilder gemalt? –, sondern weil es auf eine so unabenteuerliche, gewöhnliche, banale Weise schlecht ist ... Es ist in einer kleinlichen, pedantischen Manier gehalten, die alles leblos und handgreiflich macht. Es tut fast weh, die Reihe von Stäben an der Lehne der Bank zu sehen, so mühsam und geistlos sind sie gegeben. Die Figuren – der Ehemann, der sich auf die Lehne stützt, seine Frau, die ins Weite blickt – sind nicht weniger leblos: Mode-Puppen, auf die der Maler keine Sympathie, nicht einmal Ironie verwendet hat.« Jed Perl, »Art and Urbanity: The Manet Retrospective«, *New Criterion*, November 1983, S. 43-54.

14 Hamilton, *Manet and His Critics*, S. 212. Eine der wenigen konventionellen kunsthistorischen Abhandlungen über das Gemälde liefert Bradley Collins, »Manet's ›In the Conservatory‹ and ›Chez le Père Lathuille‹«, *Art Journal*, 45 (1985), S. 59-66. Siehe auch die provozierende Diskussion der formalen Struktur des Werks bei Jeremy Gilbert-Rolfe, »Brice Marden's Painting«, *Artforum*, October 1974, S. 30-38.

15 Michael Fried, *Manet's Modernism, or the Face of the Painting in the 1860s* (Chicago: University of Chicago Press, 1996), S. 314. Fried schwächt diese Bemerkung allerdings ab, indem er auf die auffallende Skizzenhaftigkeit der Fingerspitzen des Manns hinweist. Ich würde dem noch die flüchtige Faktur bei der Darstellung des Regenschirms und der rechten Hüfte der Frau hinzufügen.

16 Siehe Gilles Deleuze und Félix Guattari, *Kapitalismus und Schizophrenie. Tausend Plateaus*, Kap. 7, S. 230f.

17 Michael Fried spricht in *Manet's Modernism*, S. 401, von einer »Verstocktheit oder Opazität« bei Manet, »die allen Versuchen einer hermeneutischen *Durchdringung* widersteht oder sie zumindest erheblich erschwert«, Hervorhebung i. O.

18 Félix Guattari, »Les machines concrètes«, in *La révolution moléculaire* (Paris: Encres, 1977), S. 376.

19 »Ein Gesicht kommt nur dann zustande, wenn der Kopf nicht mehr Teil eines Körpers ist, wenn er nicht mehr vom Körper kodiert wird und selber keinen polyvoken, mehrdimensionalen Körperkode mehr hat – wenn der Körper, inklusive Kopf, von etwas, das man als Gesicht bezeichnet, dekodiert und überkodiert werden muß ... Wenn der Mensch eine Bestimmung hätte, so bestünde sie wohl darin, dem Gesicht zu entkommen, das Gesicht und die Erschaffungsweisen des Gesichts aufzulösen, nicht mehr wahrnehmbar zu werden, klandestin zu werden...« Deleuze und Guattari, *Kapitalismus und Schizophrenie. Tausend Plateaus*, Kap. 7, S. 233-234.

20 Gegenüber der Mode der 1860er Jahre waren die Korsetts im folgenden Jahrzehnt ein wenig lockerer und nicht ganz so beengend. Sie erfüllten aber nach wie vor die Hauptfunktion des Formens und Einzwängens. Siehe dazu David Kunzle, *Fetish and Fetishism* (Totowa, N.J.: Rowman and Littlefield, 1982), S. 31: »Das Schnüren und das Aufschnüren des Korsetts waren Rituale, die etwas von einem alten Symbolismus und darüber hinaus magische Assoziationen an die Begriffe des ›Bindens‹ und ›Lösens‹ bewahrt hatten. In der Volkssprache hieß mit einem Kind niederkommen oder deflo-

riert werden ›to be unbound‹; das ›Entbinden‹ setzte gewisse Formen von Energie frei . . . Der Zustand des Geschnürtseins ist eine Form erotischer Spannung, der ipso facto ein Verlangen nach erotischer Befreiung darstellt, einer Befreiung, die jedoch bewußt kontrolliert, verlängert oder aufgeschoben werden kann.«

21 J.-K. Huysmans, »Le Salon de 1879«, in *L'art moderne* (Paris: Union Générale d'Editions, 1975), S. 52.

22 Siehe auch die Diskussion bei John H. Smith, »Abulia: Sexuality and Diseases of the Will in the Late Nineteenth Century«, *Genders* 6 (Herbst 1989), S. 102-124.

23 Das Pionierwerk zur Aphasie stammt von Carl Wernicke, *Der aphasische Symptomencomplex* (Breslau: Cohn und Weigert, 1874). Eine der ersten vollständigen klinischen Darstellungen der Agnosie ist Hermann Lissauer, »Ein Fall von Seelenblindheit nebst einem Beitrage zur Theorie derselben«, *Archiv für Psychiatrie und Nervenkrankheiten* 21 (1890), S. 222-270. (Zufällig berichtet Lissauer auch von einem Patienten, der zwischen einem Regenschirm und einer Blattpflanze – beide an prominenter Stelle auch im *Wintergarten* vorkommend – nicht unterscheiden konnte.) Zu neueren klinischen und historischen Darstellungen des Problems, siehe Martha J. Farah, *Visual Agnosia* (Cambridge: MIT Press, 1990); Jason W. Brown, *Aphasia, Apraxia and Agnosia: Clinical and Theoretical Aspects* (Springfield, Ill.: Chas. Thomas, 1972), S. 201-231; und Jules Davidoff, »Disorders of Visual Perception«, in Andrew Burton, Hrsg., *The Pathology and Psychology of Cognition* (London: Methuen, 1982), S. 78-97. Siehe auch das »klinische Märchen« von Oliver Sacks, *The Man Who Mistook His Wife for a Hat* (New York: Simon and Schuster, 1987), S. 8-22.

24 Siehe Kurt Goldstein, *The Organism* (1934; New York: Zone Books, 1995), S. 196-198.

25 Ernst Cassirer, *Die Philosophie der symbolischen Formen*, Bd. 3: *Die Phänomenologie der Erkenntnis* (Berlin: Bruno Cassirer, 1923), S. 277.

26 Siehe die ausgezeichnete Diskussion der kulturellen und sozialen Bedeutung der Aphasie im späten neunzehnten Jahrhundert bei Matt K. Matsuda, *The Memory of the Modern* (Oxford: Oxford University Press, 1996), S. 79-99.

27 Pierre Janet, *Névroses et idées fixes* (Paris. Félix Alcan, 1898), S. 72.

28 »Die Beiträge Josef Breuers zu den *Studien über Hysterie*: Theoretisches«, in Freud, *Gesammelte Werke, Nachtragsband*, S. 292. Siehe die Neubewertung Janets gegenüber Freud bei Ian Hacking, *Rewriting the Soul: Multiple Personality and the Sciences of Memory* (Princeton: Princeton University Press, 1995), S. 191-197.

29 Zu Janets frühen Arbeiten über Wahrnehmungsstörungen und seiner Auffasssung der »désagrégation psychologique«, siehe *L'automatisme psychologique* (Paris: Félix Alcan, 1889).

30 Einiges von dem Hintergrund, vor dem diese Forschung stattfand, zeigt Hannah S. Decker, »The Lure of Nonmaterialism in Materialist Europe: Investigations in Dissociative Phenomena 1880-1915«, in Jacques M. Queen, Hrsg., *Split Minds/Split Brains: Historical and Current Perspectives* (New York: New York University Press, 1986), S. 31-62; und Ernest R. Hilgard, »Dissociation Revisited«, in Mary Henle et al., Hrsg., *Historical Conceptions of Psychology* (New York: Springer, 1973), S. 205-219.

31 Siehe Michel Foucault, *Wahnsinn und Gesellschaft. Eine Geschichte des Wahns im Zeitalter der Vernunft*, übers. v. Ulrich Köppen (Frankfurt/Main: Suhrkamp, 1969).

32 Hippolyte Bernheim, *Die Suggestion und ihre Heilwirkungen*, S. 145. Mehr als ein Jahrzehnt zuvor hatte Hippolyte Taine eine ähnliche Feststellung gemacht: »Obwohl bei den Somnambulen, bei Hypnotisierten und bei Personen in Ekstase zweifellos ein solcher Gegensatz zwischen dem gewöhnlichen und dem anormalen Leben besteht, sind diese zwei Leben keineswegs ganz voneinander getrennt; einige Bilder aus dem einen finden immer oder fast immer einen Weg in das andere.« Taine, *De l'intelligence*, Bd. 1 (1869), (Paris: Hachette, 1903), S. 160.

33 Siehe das Kapitel über Manets *Bar aux Folies-Bergère* (1882) in T.J. Clarks *The Painting of Modern Life* (Princeton: Princeton University Press, 1984), S. 253-254: »Mode und Reserviertheit hindern das Gesicht an *jeder* Art von Identität, an Identität überhaupt. Das führt zu einem ganz bestimmten

Bild: nach außen, an die Öffentlichkeit gewandt, ›blasiert‹ im Simmelschen Sinn, unbewegt, nicht gelangweilt, nicht müde, nicht verächtlich und auf nichts ganz konzentriert.«

34 Jean-Jacques Courtine und Claudine Haroche, *Histoire du visage: Exprimer et taire ses émotions, XIVe-début XIXe siècle* (Paris: Rivages, 1988), S. 269-285.

35 Das Ideal der Undurchdringlichkeit war ein Hauptbestandteil von Baudelaires Modell des Dandyismus: »Die besondere Schönheit des Dandy liegt vor allem im Ausdruck der Kälte, der dem unerschütterlichen Entschluß entstammt, sich nicht rühren zu lassen.« Charles Baudelaire, »Der Maler des modernen Lebens«, in *Sämtliche Werke*, Bd. 5 (München: Carl Hanser, 1989), S. 245.

36 Michael Fried berichtet von der Unsicherheit, die in den 1860er Jahren James Whistlers *Frau in Weiß* bei der Kritik auslöste. Die dargestellte Figur galt als »zerstreut, in Trance, somnambul oder verrückt«. Für Fried haben all diese Deutungen »die Vorstellung gemein, daß die Frau aufgrund ihres Geisteszustands nicht merkt, daß sie betrachtet wird«. Fried, *Manet's Modernism*, S. 222.

37 »Die Beiträge Josef Breuers zu den *Studien über Hysterie*: Theoretisches«, in Freud, *Gesammelte Werke, Nachtragsband*, S. 292-293: »Es gibt wohl eine ganze Menge von Tätigkeiten, von den mechanischen wie Stricken, Skalenspielen an bis zu solchen, die immerhin einige seelische Leistung bedingen, welche alle von vielen Menschen mit halber Präsenz des Geistes geleistet werden. Besonders von solchen, die, bei großer Lebhaftigkeit, durch monotone, einfache, reizlose Beschäftigung gequält werden und die sich anfangs geradezu absichtlich die Unterhaltung verschaffen, an anderes zu denken.«

38 Pierre Janet, *The Mental States of Hystericals* (1893), übers. v. Caroline Corson (New York: Putnam, 1902), S. 252-253 (die Übersetzung ist mit Vorsicht zu benutzen). Dieser Text war Janets Doktorarbeit, geschrieben drei Jahre nachdem er von Charcot zum Direktor des psychologischen Laboratoriums an der Salpêtrière ernannt worden war. William James handelt über diese klinischen Praktiken in *Principles of Psychology*, Bd. 1, S. 203-204.

39 Diese Mischung aus »Fixation und Streuung« bei Manet, diese »zweideutige Suspendierung«, hängt nach Pascal Bonitzer mit der Allgegenwart photographischer Verfahrensweisen zusammen. Er sieht in Manets Werk eine Melancholie, die von den seriellen, mechanischen und ernüchternden Effekten der Photographie untrennbar ist. Siehe Bonitzer, *Décadrages: Peinture et cinéma* (Paris: Cahiers du cinéma, 1987), S. 73-77.

40 Joseph Delbœuf, *Le sommeil et les rêves* (Paris: Félix Alcan, 1885), S. 87-90. Wichtige Abschnitte aus diesem Buch waren 1879 in der *Revue philosophique* veröffentlicht worden. Siehe auch die Diskussion der »gewöhnlichen Alltagstrance« in Peter Brown, *The Hypnotic Brain: Hypnotherapy and Social Communication* (New Haven: Yale University Press, 1991), S. 87. Brown beschreibt einen regelmäßigen Rhythmus des »ultradian quieting«, will sagen das Muster eines ungefähr alle siebzig bis hundertzwanzig Minuten stattfindenden Wachtraums, in dem die vertraute raum-zeitliche Orientierung verlorengeht; dieser Wachtraum wird zur »Werkstatt für unbewältigte soziale und emotionale Probleme«. Die Alltagstrance ruft einen »abwesenden Gesichtsausdruck« hervor; »es finden weniger Gesichtsbewegungen statt, und die Asymmetrie zwischen den beiden Gesichtshälften kann zunehmen. Die Wahrnehmung, so wird berichtet, verändert sich, und die subjektive Erfahrung des Hörens, Sehens und Tastens ist nicht mehr dieselbe. Man neigt dazu, sich Phantasien und persönlichen Gedanken zu überlassen. Trotz des relativen Fehlens von äußerem Ausdruck wächst die emotionale Intensität.«

41 James, *Principles of Psychology*, Bd. 1, S. 444.

42 John Hughlings Jackson, *Selected Writings of John Hughlings Jackson*, Bd. 2, hrsg. v. James Taylor (London: Hodder and Stoughton, 1932), S. 24-25. Die zitierte Arbeit heißt »Remarks on Dissolution of the Nervous System Exemplified by Certain Post-epileptic Conditions« und wurde 1881 zuerst veröffentlicht.

43 Gaston Bachelard, *La poétique de la rêverie* (Paris: Presses universitaires de France, 1961), S. 12. Siehe auch die Diskussion über das Verhältnis von Träumerei, Aufmerksamkeit und Fixierung bei Marcel Raymond, *Romantisme et rêverie* (Paris: José Corti, 1978), S. 13-15.

44 Georg Simmel, »Die Koketterie«, in *Gesamtausgabe*, Bd. 14, S. 260.

45 Die Ähnlichkeit zwischen Manet und seinem Modell Jules Guillemet ist von den Zeitgenossen oft bemerkt worden. Siehe z. B. den Vermerk zu diesem Bild in *Manet 1832-1883* (New York: Metropolitan Museum of Art/Harry N. Abrams, 1983), S. 434-437.

46 Der Begriff der Effizienz als Teil des »normalen« Sehens ist natürlich hochproblematisch. David J. Levin spricht davon, daß ein »Mensch mit sehr schwachen Augen« die »schärfste Sicht« haben kann, wenn das aufmerksame Sehen »strategisch« ist, in *Richard Wagner, Fritz Lang and the Nibelungen: The Dramaturgy of Disavowal* (Princeton: Princeton University Press, 1998), S. 101-109.

47 Ernst Mach hielt in den späten 1860er Jahren einen Vortrag, in dem er über die Paradoxien der binokularen Disparität sprach und darauf hinwies, daß »jeder Beobachter eigentlich aus zwei Beobachtern« besteht, und das binokulare Sehfeld als von der Grunderfahrung der visuellen Verschiebung geprägt beschrieb. Mach, »Wozu hat der Mensch zwei Augen?« (1866); in *Populärwissenschaftliche Vorlesungen* (Leipzig: Ambrosius Barth, 1896), S. 82.

48 Paul Ricœur, *Hermeneutik und Strukturalismus. Der Konflikt der Interpretationen*, Bd. I, übers. v. J. Rütsche (München: Kösel, 1973), S. 86.

49 Über die Organisation des Blicks in Manets vielfigurigen Bildern, siehe Fried, *Manet's Modernism*, S. 288-291. Siehe auch die Bemerkung über Manet bei Pierre Bourdieu, *Die Regeln der Kunst: Genese und Struktur des literarischen Feldes*, übers. v. B. Schwibs u. A. Russer (Frankfurt/Main: Suhrkamp, 1999), S. 216: »Manet vernichtet die gesellschaftlichen Fundamente des starren und absoluten Blickpunkts des künstlerischen Absolutismus (wie er auch die Vorstellung von einer absoluten Lichtquelle zerstört: fortan zerstreut es sich über die gesamte Oberfläche der Dinge): Er etabliert die Pluralität der Blickpunkte, die der Existenz eines Feldes innewohnt.«

50 Um die Mitte des neunzehnten Jahrhunderts waren die ophthalmologischen Bedingungen des Schielens gut erforscht, was die Erklärung des binokularen Sehens jedoch verkomplizierte. Helmholtz beschreibt einen häufig vorkommenden Fall: »Bei der genannten Art des Schielens können beide Augen nicht parallel gerichtet werden, sondern stehen entweder convergent oder divergent, und zwar so, dass bei allen Richtungen der Gesichtslinien der Winkel der Convergenz oder Divergenz nahezu die gleiche Grösse behält.« Hermann von Helmholtz, *Handbuch der physiologischen Optik*, 3. Bd. (Leipzig: Leopold Voss, [3]1910), S. 334. Außerdem wurde das Schielen (fälschlich) mit einer Anzahl von nervlichen und hysterischen Störungen sowie mit hypnotischen und somnambulen Zuständen assoziiert, wobei man das Versagen des binokularen Sehens mit psychologischen Auflösungsprozessen und mit Bewußtseinsspaltung verband. Siehe z. B. Henri Parinaud, »Paralysis of the Movement of Convergence of the Eyes«, *Brain* 25 (October 1886), s. 330-341; J.-M. Charcot, *Clinical Lectures on the Diseases of the Nervous System*, hrsg. v. Ruth Harris (London: Tavistock, 1991); und die spätere Übersicht über das Problem bei Janet, *Névroses et idées fixes*, S. 73-74, 186-189.

51 Sigmund Freud, *Die Traumdeutung*, S. 105.

52 Julia Kristeva, *La Révolution du langage poétique*, (Paris: Seuil, 1974). Zit. nach der Teilübersetzung von R. Werner, *Die Revolution der poetischen Sprache* (Frankfurt/Main: Suhrkamp, 1978), S. 39.

53 Eines der Gemälde, die im Salon von 1879 Erfolg hatten, war *Retour de bal* von Henri Gervex, ein Bild, in dem die Brüchigkeit einer ehelichen Beziehung weit expliziter thematisiert ist. Die schmerzliche private Entfremdung eines wohlhabenden Paars steht in implizitem Gegensatz zu der öffentlichen Schaustellung glücklicher Verbundenheit, die das Ereignis, von dem sie eben zurückkehren, verlangt haben dürfte.

54 Ergänzend zu meinen Bemerkungen über die Konnotationen des Verbs *serrer* und die Thematik des Bindens und Einschließens möchte ich darauf hinweisen, daß bereits der Name von Manets Modellen an eine Art Einschließung erinnert: *guillemet* heißt im Französischen »Anführungszeichen«. So wird das Paar selbst, werden die Guillemets, zu einer Einklammerung und Infragestellung der eigenen Präsenz im Bild, zu einer ironischen graphischen Einklammerung der zentralen Zweideutigkeit von Händen und Ringen.

55 In Duchampscher Terminologie könnte man den Mann und die Frau, die durch das Gitter der Bank voneinander getrennt und durch ihre nicht miteinander kommunizierenden Blickfelder differenziert sind, als eine »blühende« Braut und einen Junggesellen lesen, die in eine grüne, antikonjugale Maschine ständiger Nichterfüllung verstrickt sind.

56 Siehe Jean Laplanche und J.-B. Pontalis, *Das Vokabular der Psychoanalyse*, übers. v. E. Moersch (Frankfurt/Main: Suhrkamp, 1972), S. 103.

57 Im Hinblick auf die technische Praxis des Malers haben die Hände, in denen das Bild verankert ist, auch die Fähigkeit, die Darstellungsinhalte der bemalten Fläche zu binden und zu lösen. Die Frage der Hand ist, wie viele Beobachter in irgendeiner Weise vermutet haben, für Manet entscheidend. Man vergleiche z. B. die erstaunliche Deformation an der linken Hand des Mannes in *Chez le père Lathuille*, die einen Unterschied zwischen den Fähigkeiten der Hand und dem kontrollierenden, umfassenden Potential des Arms andeutet.

58 Tony Tanner, *Adultery in the Novel: Contract and transgression* (Baltimore: Johns Hopkins University Press, 1979), S. 18.

59 Simmel, *On Women, Sexuality and Love*, New Haven: Yale University Press, 1984, S. 71. Die deutsche Fundstelle konnte nicht ermittelt werden.

60 Christine Buci-Glucksmann, *Baroque Reason: The Aesthetics of Modernity* (1984), übers. v. Patrick Camiller (London: Sage, 1994), S. 97.

61 »Die zunehmende Verbreitung der Gewächshäuser im 19. Jahrhundert wäre eine besondere Untersuchung durch die Historiker des Privatlebens wert. Es gibt die unterschiedlichsten Modelle: Wintergärten, Treibhäuser, in denen das ganze Jahr hindurch exotische Pflanzen gedeihen, und schließlich Überwinterungshäuser – Nachkommen der Orangerie –, die den Pflanzen Schutz gegen die Kälte des Winters bieten. Nachdem die Gewächshäuser lange Zeit der Aristokratie und den reichsten Bürgern vorbehalten waren, mehren sie sich zunächst in England, dann in Mitteleuropa und endlich in Frankreich ... Als direkte Verlängerung des Wohnhauses bezeugt [das Treibhaus] die Ausweitung der Privatatmosphäre. Das Gewächshaus, seit jeher ein Ort, der dem Lustwandeln dient, was natürlich auch die Einrichtung von blumenumrankten Wandelgängen und Bänken bedeutet, wird mehr und mehr zum Ort der zufälligen Begegnung, des Stelldicheins, des Abenteuers. Es vereitelt die Überwachung, die sich im häuslichen Raum entspinnt.« Alain Corbin, *Pesthauch und Blütenduft. Eine Geschichte des Geruchs*, übers. v. Grete Osterwald (Berlin: Wagenbach, 1984), S. 250-251.

62 Siehe auch neuerdings die kunsthistorische Diskussion des Werks von Carol Armstrong, »Facturing Femininity: Manet's ›Before the Mirror‹«, *October* 74 (Herbst 1995), S. 75-104.

63 Wenn *Vor dem Spiegel* sich außerhalb dieses territorialisierten dualistischen Schemas befindet, dann unter anderem aufgrund dessen, was, mit Deleuze und Guattari zu sprechen, ein bei Manet häufig feststellbares »Frau-Werden« wäre, ein Problem, das sich zweifellos mit der weiteren Frage von Manets »Weiblichkeit« überschneidet. »Es gibt kein Mann-Werden, weil der Mann die molare Entität par excellence ist, während die Arten des Werdens molekular sind.« Der Mann bildet die Mehrheit, »oder vielmehr den Standard, auf dem diese Mehrheit beruht: weiß, männlich, erwachsen, ›vernünftig‹ etc., kurz gesagt, der Durchschnittseuropäer, das Subjekt der Äußerung. Nach dem Gesetz der baumartigen Ordnung ist es dieser *zentrale Punkt*, der sich im ganzen Raum oder auf dem ganzen Schirm verschiebt und jedes Mal einen deutlichen Gegensatz hervorbringt. . .« Deleuze und Guattari, *Kapitalismus und Schizophrenie. Tausend Plateaus*, Kap. 10, S. 398. Für Deleuze und Guattari gehört das »Frau-Werden« zu den Wegen, die vorübergehend aus den bindenden Organisationen und segmentierten Strukturen von Repräsentation, Interpretation und Produktion herausführen. Siehe auch die bemerkenswerte Kritik an diesem Gedanken bei Elizabeth Grosz, *Volatile Bodies: Toward a Corporeal Feminism* (Indianapolis: Indiana University Press, 1994), S. 173-183.

64 Julia Kristeva, *La Révolution du langage poétique*, S. 77.

65 Meine Überlegungen über Manet berühren sich hier mit den Ausführungen von Eugene W. Holland über die Instabilität und das Oszillieren in der Schriftstellerei Baudelaires: »Die ständige ›Selbster-

findung‹ der ›freien Subjektivität‹, die die Moderne definiert, wird ausgespielt in Form alternierender Zyklen von Dekodierung und Neukodierung, von kühner Innovation mit folgender überängstlicher Selbstkonsolidierung, welcher wieder eine erneute Innovation folgt, usw.« Eugene W. Holland, *Baudelaire and Schizoanalysis: The Sociopoetics of Modernism* (Cambridge: Cambridge University Press, 1993), S. 274.

66 »Eine Zeit, die ihre Gesten verloren hat, ist eben deshalb von ihnen besessen; für Menschen, die alles Natürlichen beraubt sind, wird jede Geste zum Schicksal. Und je mehr die Leichtigkeit dieser Gesten unter dem Einfluß unsichtbarer Mächte verlorenging, desto unentzifferbarer wurde das Leben. In diesem Stadium fällt die Bourgeoisie – die noch wenige Jahrzehnte zuvor im sicheren Besitz ihrer Symbole war – der Innerlichkeit zum Opfer und vertraut sich der Psychologie an.« Giorgio Agamben, *Infancy and History: Essays on the Destruction of Experience*, übers. v. Liz Heron (London: Verso, 1993), S. 137.

67 Die Diskussionen über die Aufmerksamkeit brachten auch eine anhaltende Debatte mit sich, ob man auf mehrere Sinne gleichzeitig achtgeben könne. Ernst Mach z.B. verneint diese Frage, in *Beiträge zur Analyse der Empfindungen* (1886), S. 106.

68 Sigmund Freud, *Briefe an Wilhelm Fließ 1887-1904*, hrsg. v. J. M. Masson (Frankfurt/Main: Fischer, 1986), Brief vom 1. 1. 1896.

69 Siehe z.B. die Hände und Handgelenke in den Darstellungen der Salpêtrière-Patienten bei J. M. Charcot und Paul Richer, *Les démoniaques dans l'art* (Paris: Delahaye et Lecrosnier, 1887), S. 103-105.

70 Wie weit die Welt von Caravaggios Gemälde von der des Manetschen historisch entfernt ist, lassen die folgenden Bemerkungen von Walter Friedlaender ahnen: »In seinem frühen Genrebild der *Wahrsagerin* wiederholt Caravaggio das Lottosche ›jeu de main‹ und benutzt es, um die angedeutete Beziehung zwischen dem knabenhaften Kavalier und der gerissenen jungen Zigeunerin auszudrücken. Daß die Hand nicht nur ein Instrument der Gestik, sondern auch ein Ausdrucksmittel des persönlichen Bewußtseins ist, war in der Zeit der Maniera, als das Vorherrschen von Eurhythmie, Symbolismus oder leerer Dekoration für solche psychologischen Feinheiten keinen Raum ließ, völlig aus dem Blick geraten.« Friedlaender, *Caravaggio Studies* (Princeton: Princeton University Press, 1955), S. 147.

71 Ein anderes Louvre-Gemälde, das im Zusammenhang mit dem *Wintergarten* unsere Aufmerksamkeit verdient, sind Poussins *Arkadische Hirten*, ein Werk, in dessen Operation die Hände mit den weisenden Fingern eine entscheidende Rolle spielen. Louis Marins Analyse weist nach, wie die Figuration eines Utopia von der gleichzeitigen Kartographie von Tod, Absenz und der Begrenztheit historischer Subjektivität untrennbar ist. Siehe Louis Marin, *Détruire la peinture* (Paris: Galilée, 1977), S. 58-97. Der zeigende Finger im Pseudo-Arkadien von Manets *Wintergarten* hat jedoch keine Verbindung mit dem diskursiven Universum Poussins; das Gewächshaus selbst wird mit seiner erstarrten Temporalität zu einer Art Grab, aus dem Gedächtnis und Geschichte verbannt sind. Die so produzierte enthistorisierte Subjektivität fällt mit einer gefrorenen Gegenwart zusammen, die nur als todesartig beschrieben werden kann.

72 Charles S. Peirce, *Collected Papers of Charles Sanders Peirce*, Bd. 8, hrsg. v. Arthur W. Burks (Cambridge: Harvard University Press, 1958), S. 42. Das Zitat stammt aus einer 1885 erschienen Besprechung von Josiah Royce, *The Religious Aspect of Philosophy.*

73 Charles S. Peirce, *Philosophical Writings of Peirce*, hrsg. v. Justus Buchler (New York: Dover, 1955), S. 108-109.

74 Richard von Krafft-Ebing, *Psychopathia Sexualis* (1886; München, 1984). Alfred Binet, »Le fétichisme dans l'amour«, *Revue philosophique* 25 (1888), S. 142-167, 252-275. Siehe die kluge Einschätzung der beiden Autoren bei Emily Apter, *Feminizing the Fetish: Psychoanalysis and Narrative Obsession in Turn-of-the-Century France* (Ithaca: Cornell University Press, 1991), S. 15-38.

75 Walter Benjamin, *Das Passagen-Werk*, in *Gesammelte Schriften*, Bd. V-1, S. 51. Terry Eagleton, *Walter Benjamin: or Towards a Revolutionary Criticism* (London: Verso, 1981), S. 35, paraphrasiert Ben-

jamins Bemerkungen folgendermaßen: »Angesichts der Mode, jenem Gipfel des Warenkults, sind wir in Gegenwart des Todes – einer hektischen Wiederholung, die nirgends hinführt, die ein Aufblitzen von sich gegenseitig reflektierenden Spiegeln ist, das durch dieses Arretieren der Geschichte den Tod umgehen zu können meint, aber in dieser Orgie der Materie nur noch unerbittlicher in seinen Griff gerät.«

76 Der *Frühling*, Manets erfolgreicher Beitrag zum Salon von 1882, zeigt die Schauspielerin Jeanne de Marsy in vom Künstler für sie ausgesuchter Kleidung. Hier zeigt sich in dem, was als eine Serie von vier »Jahreszeiten«-Bildern gedacht war, die Verschiebung von einem Zyklus natürlicher Rhythmen hin zur repetitiven Einführung »neuer« Stile und Produkte. Zu den ökonomie- und reklamebedingten Rhythmen der entstehenden Modeindustrie, siehe Gilles Lipovetsky, *The Empire of Fashion: Dressing Modern Democracy*, übers. v. Catherine Porter (Princeton: Princeton University Press, 1994), S. 56-59.

77 Adorno äußert sich über die Mode wie folgt: »Indem sie ästhetische Tabus wie das von Innerlichkeit, Zeitlosigkeit, Tiefe suspendiert, ist an ihr abzulesen, wie die Beziehung der Kunst auf jene Güter, die keineswegs über allem Zweifel sind, zum Vorwand erniedrigt wurde. Mode ist das permanente Eingeständnis der Kunst, daß sie nicht ist, was sie zu sein vorgibt und was sie ihrer Idee nach sein muß.« Theodor W. Adorno, *Ästhetische Theorie*, in *Gesammelte Schriften*, Bd. 7, S. 468.

78 Georg Simmel, »Die Mode«, in *Gesamtausgabe*, Bd. 14, S. 208. Die Kleidung der männlichen Figur ist hier nicht weniger wichtig. Mark Wigley verweist auf einige Probleme, die die Frage der Männermode betreffen: »Insofern die Männerkleidung standardisiert ist, kann sie auch als Maske wirken, hinter der das Individuum vor den in wachsendem Maß bedrohlichen und unkontrollierbaren (als weiblich geltenden) Kräften des modernen Lebens geschützt ist ... Die Maske ist ein Werkzeug des mentalen Überlebens. Anders als eine Frau, die mit der Mode geht, kann es sich ein Mann nicht leisten, seine Empfindsamkeit oder sonst einen Teil seines Privatlebens offen zu zeigen. Männlichkeit ist nichts anderes als die Fähigkeit, ein Geheimnis zu wahren, und alle Geheimnisse sind letztlich sexuell. Die disziplinäre Logik der Standardisierung ist natürlich psychologisch.« Wigley, »White Out: Fashioning in the Modern«, in Deborah Fausch et al., *Architecture: In Fashion* (Princeton: Princeton Architectural Press, 1994), S. 210.

79 »Im Zeitalter der ansteigenden Ohnmacht des subjektiven Geistes gegenüber der gesellschaftlichen Objektivität meldet Mode deren Überschuß im subjektiven Geist an, diesem schmerzhaft fremd, aber Korrektiv der Illusion, er bestünde rein in sich. Mode hat gegen ihre Verächter als Stärkstes anzuführen, daß sie an der triftigen, mit Geschichte gesättigten individuellen Regung partizipiert.« Th. W. Adorno, *Ästhetische Theorie*, in *Gesammelte Schriften*, Bd. 7, S. 469.

80 Eine komplette Faksimile-Edition liegt vor: Stéphane Mallarmé, *La Dernière Mode: Gazette du Monde et de la Famille* (Paris: Ramsay, 1978).

81 Zu Mallarmés Zeitschriften-Projekt und dem weiteren Kontext damaliger französischer Modemagazine, siehe Jean-Pierre Lecercle, *Mallarmé et la mode* (Paris: Librairie Séguier, 1989). Wichtig ist auch, vor allem wegen der Analyse von Mallarmés drei Herausgeber-Pseudonymen, das Buch von Roger Dragonetti, *Un fantôme dans le kiosque: Mallarmé et l'esthétique du quotidien* (Paris: Seuil, 1992), insbes. S. 87-150. Siehe auch Sima Godfrey, »1874: Haute Couture and Haute Culture«, in Denis Hollier, Hrsg., *A New History of French Literature* (Berkeley: University of California Press, 1989), S. 761-768; Michel Lemaire, *Le dandyisme de Baudelaire à Mallarmé* (Paris: Klincksieck, 1978), S. 261-269; und Rhonda Garelick, *Rising Star: Dandyism, Gender, and Performance in the Fin de Siècle* (Princeton: Princeton University Press, 1998), S. 47-77. Von bleibendem Wert sind die Ausführungen über die Mode bei Pierre Richard, *L'univers imaginaire de Mallarmé* (Paris: Seuil, 1961), S. 297-304.

82 Leo Bersani, *The Death of Stéphane Mallarmé* (Cambridge: Cambridge University Press, 1982), S. 74-75. Mallarmé, so bemerkt Bersani an anderer Stelle, erteilt seinen Zeitgenossen »eine Lektion über die Nichtpräsenz, die für die Aufmerksamkeit und den Ausdruck beim Menschen konstitutiv sind«. Bersani, *The Freudian Body: Psychoanalysis and Art* (New York: Columbia University Press,

1986), S. 26. Siehe auch Barbara Johnsons Ausführungen darüber, wie Mallarmés »dynamische Dramatisierung des Rhythmus der reinen Differenz« eine Ökonomie der Präsenz niederreißt, in *The Critical Difference: Essays in the Contemporary Rhetoric of Reading* (Baltimore: Johns Hopkins University Press), 1980, S. 13-20.

83 »Der gute Geschmack verlangte, von den allzu neuen Moden der Parvenus und Halbweltdamen und von der modischen Rückständigkeit der Mittelklassen gleichermaßen Abstand zu halten. Die Mode konnte zum Zeichen eines akzeptablen sozialen Rangs nur werden, wenn man, geschickt mit ihr spielend, den richtigen Ort zwischen der exzessiven Innovationsgeschwindigkeit der modischen Exzentriker und der Verspätung der Imitationen von der Stange herausfand.« Philippe Perrot, *Fashioning the Bourgeoisie: A History of Clothing in the Nineteenth Century*, übers. v. Richard Bienvenu (Princeton: Princeton University Press, 1994), S. 183.

84 Mallarmé, *Œuvres complètes*, S. 711.

85 Eine weitere französische Stellungnahme zu diesem Ereignis stammt von Eugène Müntz, »Les expositions de Londres«, *Gazette des Beaux-Arts* 6 (September 1872), S. 236-249; (Oktober 1872), S. 312-325. Siehe auch den Abschnitt über diese Londoner Ausstellungen bei John Findling, Hrsg., *Historical Dictionary of World's Fairs and Expositions 1851-1988* (Westport, Conn.: Greenwood Press, 1990), S. 44-47.

86 Das Pseudonym »L. S. Price«, das Mallarmé für dieses literarische Stelldichein gewählt hatte, läßt allerdings, indem es phonetisch an den französischen Ausruf »Hélas« oder das englische »Alas« und darüber hinaus an ein Preisschild erinnert, mindestens andeutungsweise etwas wie Verzweiflung über die allgemeine Verwandlung der Kultur in Ware durchblicken.

87 Stéphane Mallarmé, »Exposition de Londres [1872]«, *Œuvres complètes*, S. 684.

88 Friedrich Nietzsche, *Nachgelassene Fragmente*, in *KSA*, Bd. 13, 17 [6], S. 527.

89 Ibid., 15 [31], S. 427.

90 In einem Brief an Paul Verlaine erinnert sich Mallarmé seiner Arbeit an *La Dernière Mode* und schreibt: »Im Grunde betrachte ich die Gegenwart als ein Interregnum für den Dichter, der sich nicht in sie einzumischen hat: sie ist schon zu überholt oder noch zu sehr in vorbereitendem Eifer begriffen, als daß er anderes zu tun hätte als – im Hinblick auf später oder auf niemals – vom Geheimnis umgeben zu arbeiten und ab und zu den Lebenden eine Visitenkarte zukommen zu lassen.« Mallarmé, *Correspondance*, Bd. 2, hrsg. v. Henri Mondor und Lloyd James Austin (Paris: Gallimard, 1965), S. 303; Brief an Paul Verlaine vom 16. November 1885.

91 Mallarmé, *Œuvres complètes*, S. 719.

92 Guy Debord, *Die Gesellschaft des Spektakels*, übers. v. J.-J. Raspaud (Berlin: Tiamat, 1996), Abschnitt 15, S. 56.

93 Über die Beziehung zwischen Aufmerksamkeit und Neuheit siehe z. B. John Dewey, *Psychology* (1886; New York: Harper and Brothers, 1889), S. 126-127; Léon Marillier, »Remarques sur le mécanisme de l'attention«, *Revue philosophique* 27 (1889), S. 569-571.

94 Janets normatives Modell des Ich »praktiziert eine Wahrnehmung, die diese beiden Aspekte, das Bewußte und das Unbewußte, in der Form eines ›Ich sehe‹ synthetisiert«. J. D. Nasio, *L'hystérie ou l'enfant magnifique de la psychanalyse* (Paris: Rivages, 1990), S. 183.

95 Gilles Deleuze, *Francis Bacon. Logik der Sensation*, übers. v. Joseph Vogl (München: Fink, 1995), S. 35-36. Das paradoxe Verhältnis zwischen Repräsentation und Präsenz in der Malerei ist ein Hauptthema in Mallarmés Essay über Manet. Um über die Repräsentation hinauszugelangen, muß man nach Mallarmé eine bestimmte Art von Aufmerksamkeit erreichen: »Alles bisher Gesehene soll das Auge vergessen und statt dessen anhand der Lektion, die es vor sich hat, wieder neu zu lernen beginnen. Es soll sich vom Gedächtnis loslösen und nur noch das sehen, was es, und wie zum ersten Male, anblickt; die Hand soll zu einer unpersönlichen Abstraktion werden, die von einem Willen geführt wird, der alle bisherigen Tricks vergessen hat.« Stéphane Mallarmé, »The Impressionists and Edouard Manet« (1876), in Penny Florence, *Mallarmé, Manet, and Redon* (Cambridge: Cambridge University Press, 1986). S. 11-18. Dieser Essay wurde auf englisch publiziert.

96 Wenn man den Versuch einer biographischen Lektüre dieses Bilds unternimmt, nimmt die Frage des Bindens, des Abschließens, des die Dinge Zusammenhaltens, ein besonderes Pathos an. Die unbestimmten Gesundheitsprobleme, mit denen Manet seit einem oder zwei Jahren zu kämpfen hatte, steigerten sich im Spätjahr 1878 zu einer heftigen Attacke; die Diagnose lautete auf Syphilis und die mit dieser Krankheit einhergehenden Bewegungsstörungen. Wir werden niemals wissen, ob diese Beurteilung zutreffend war, aber daß Manet sehr gelitten hat, steht außer Zweifel, und ebenso, daß sein Zustand dem entsprach, den William James in einer Diskussion über die Hemmung der Willenskraft beschrieb: »Bei lokomotorischer Ataxie stellen sich die Vorstellung der Bewegung und die Zustimmung dazu auf normale Weise ein. Aber die niederen Zentren sind gestört, und wenn die Ideen sie entlasten, dann doch nicht so, daß sie die antizipierten Empfindungen genau wiedergeben würden.« James, *Principles of Psychology,* Bd. 2, S. 560. Es wäre denkbar, daß ein Künstler von der manuellen Virtuosität Manets, aus Angst vor einer möglichen Zerstörung der Verbindung zwischen Denken und motorischer Kontrolle und um sich symbolisch vor dem Schrecken eines solchen Kontrollverlusts zu schützen, zu einem früheren Modell einer fest gebundenen Welt zurückgekehrt sein könnte.

97 Über die strukturelle Bedeutung der Farbe Grün bei Manet, siehe Gisela Hopp, *Edouard Manet: Farbe und Bildgestalt* (Berlin: Walter de Gruyter, 1968), S. 54-58, 113-116.

98 Die erste radierte Ausgabe des Zyklus erschien 1881; die Tuschezeichnungen waren schon 1878 gezeigt worden. Siehe Christiane Hertel, »Irony, Dream and Kitsch: Max Klinger's *Paraphrase of a Finding of a Glove* and German Modernism«, *Art Bulletin* 74 (März 1992), S. 91-114.

99 Michel Foucault, *Der Wille zum Wissen. Sexualität und Wahrheit*, Bd. 1, übers. v. U. Raulff u. W. Seitter (Frankfurt/Main: Suhrkamp, 1983), S. 183.

100 Siehe Sigmund Freud, *Drei Abhandlungen zur Sexualtheorie*, in *Gesammelte Werke*, Bd. 5, S. 33-67.

101 Das Zitat ist John Ashberrys Ausführungen über Klinger entnommen, in »The Joys and Enigmas of a Strange Hour«, in Thomas B. Hess und John Ashbery, Hrsg., *The Grand Eccentrics* (New York: Collier, 1966), S. 56.

102 Siehe Freud, *Die Traumdeutung,* in *Gesammelte Werke*, Bd. 2/3, S. 106.

103 Gilles Deleuze, *Das Bewegungs-Bild. Kino 1*, übers. v. Ulrich Christians und Ulrike Bokelmann (Frankfurt/Main: Suhrkamp, 1989), S. 84.

104 Daß das Rollschuhlaufen seit den frühen 1870er Jahren ein beliebtes Freizeitvergnügen war, kommt auch in einem Zusatz zum Ausdruck, den Herbert Spencer 1872 in seine *Principles of Psychology* (Erstauflage 1855) einfügte. Bei Gelegenheit einer Diskussion über den Ursprung ästhetischer Gefühle schreibt er: »Körperbewegungen, die, wie das Rollschuhlaufen, dem Selbst angenehm und mit dem Bewußtsein der Grazie verbunden sind, sind so beschaffen, daß sie zahlreiche Muskeln in maßvolle, harmonische Tätigkeit versetzen und keine anstrengen.« Spencer, *Principles of Psychology,* Bd. 2 (New York: D. Appleton, [3]1872), S. 639. Siehe auch das Beispiel der Bewegung auf einer Rollschuhbahn, das Wilhelm Dilthey im Kontext einer Diskussion peripherer und unbewußter Aufmerksamkeit anführt, in *Gesammelte Schriften*, Bd. XIX, S. 129.

105 Kirk Varnedoe ordnet Klingers Werk »einer diffusen realistischen Srömung« der späten siebziger und der achtziger Jahre zu, der auch James Tissot und Gustave Caillebotte angehören: »Es handelt sich nicht um ein Sehen, das sich einer offenen strukturellen Abstraktion in der Art von Degas verschrieben hat, sondern um eine Stiltendenz, die die Photographie auf eine spezielle Weise wahrnimmt: sie arbeitet zwar mit relativ normalen Blickpunkten, verleiht aber häufig einer untergründigen Spannung Ausdruck, die zwischen scheinbar trivialer Objektivität und bestimmten expressiven Kompositionsverfahren besteht.« Er konstatiert auch eine »Neigung zu Träumerei und/oder Langeweile ... aufgrund des bei den begüterten Klassen verbreiteten Müßiggangs, wodurch, in einer Weise, die Seurat vorwegnimmt, die Erstarrung zum Ausdruck der Verfaßtheit des Lebens wird«. J. Kirk T. Varnedoe, »Caillebotte: An Evolving Perspective«, in *Gustave Caillebotte: A Retrospective Exhibition* (Houston: Museum of Fine Arts, 1976), S. 47-59. Ich möchte ergänzen, daß auch Manets *Im Wintergarten*, und in diesem Bild besonders die Frau auf der Bank, mit diesen Zügen in Verbindung gebracht werden können.

106 Siehe die wertvollen Analysen der ersten beiden Blätter des *Handschuh*-Zyklus in J. Kirk T. Varnedoe, *Graphic Works of Max Klinger* (New York: Dover, 1977), S. xiv-xxii.

107 »Zweckdienlich mag es sein, zunächst hervorzuheben, daß ein fast unmerklicher Übergang vom normalen Zustande zu den absonderlichsten Gebilden der fixen Idee stattfindet. Es ist wohl schon jedermann begegnet, von einer Melodie oder einer bedeutungslosen Redensart, die ohne triftigen Grund immer und immer wiederkehrt, verfolgt zu werden.« Théodule Ribot, *Psychologie der Aufmerksamkeit,* S. 102.

108 Siehe Stephan Oettermann, *Das Panorama. Die Geschichte eines Massenmediums* (Frankfurt/Main: Syndkat, 1980), S. 183-186; idem, *Das Kaiserpanorama: Bilder aus dem Berlin der Jahrhundertwende* (Berlin: Berliner Festspiele, 1984); und Ernst Kieninger und Doris Rauschgatt, *Die Mobilisierung des Blicks* (Wien: PVS Verlag, 1995), S. 51-58. Zu einigen technischen Einzelheiten des Kaiserpanoramas, siehe Paul Wing, *Stereoscopes: One Hundred Years* (Nashua, N. H.: Transition, 1996), S. 232-233.

109 Mit der wachsenden Volkstümlichkeit des Kaiserpanoramas machte sich auch das Bedürfnis nach neuen Bildern (oder neuer Software) bemerkbar. Fuhrmann sandte Teams von Photographen durch Europa und um die Welt, um jene Einrichtung, in der Oettermann einen dem politischen entsprechenden »Imperialismus des Auges« am Werk sieht, mit Bildern von exotischen Schauplätzen zu beliefern. Zeitungsanzeigen lockten mit dem Slogan »Reisen durch die ganze Welt«. Es sei daran erinnert, daß Deutschland in der Zeit zwischen 1883 und 1886 alle seine Kolonien in Südwestafrika, Ostafrika und im Pazifik erwarb. Die Deutsche Kolonialgesellschaft wurde 1882 gegründet. Siehe Hans-Ulrich Wehler, *Das deutsche Reich 1871-1918* (Göttingen: Vandenhoeck und Ruprecht, [7]1994), S. 171-176. Über die Vorliebe für Szenen aus den deutschen Kolonien in den achtziger Jahren bemerkt Dolf Sternberger: »Kurzum, die Ausblicke aus den europäischen Fenstern haben nun ihre Tiefe vollends verloren, sind nur Teile einer und derselben Panoramawelt geworden, die sich ringsumher zieht und überall nur bemalte Fläche ist.« Sternberger erwähnt Bilder aus Afrika, die im Rahmen der Jubiläumsausstellung in der Berliner Akademie der Künste 1886 in einem ähnlichen Etablissement, dem Kaiserdiorama, zu sehen waren, in *Panorama oder Ansichten vom 19. Jahrhundert* (Frankfurt/Main: Insel, 1982), S. 68-69. Siehe auch die Diskussion des Verhältnisses zwischen Tourismus und der Form des visuellen Konsums im späten neunzehnten Jahrhundert bei Anne Friedberg, *Window Shopping: Film and the Postmodern Condition* (Berkeley: University of California Press, 1994), S. 15-29.

110 Von großem Einfluß ist Herbert Spencers Insistieren auf der Zentralität der perzeptuellen Synthesis im normalen Seelenleben gewesen: »Die gewöhnlich so genannten mentalen Akte werden fast alle in Form von solchen taktilen, akustischen und visuellen Empfindungen ausgeführt, die kohärent sind und damit die Fähigkeit aufweisen, sich in so offenkundiger Weise zusammenzuschließen ... Der entwickeltste Teil des wahrnehmenden Geists besteht aus diesen so fest zusammenhängenden visuellen Empfindungen, die sich zu solch umfang- und zahlreichen Aggregaten zusammenschließen und die weit stärker zusammenhalten als alle von anderen Empfindungen gebildeten Aggregate.« Spencer, *Principles of Psychology,* Bd. 1 (New York: D. Appleton, [3]1871), S. 187. Diesen Passus hat John Hughlings Jackson zitiert, »On the Nature of the Duality of the Brain« (1874), Teil I und II, hrsg. v. Henry Head, *Brain* 38 (1915), S. 87-95.

111 Noel Burch, *Life to Those Shadows,* übers. v. Ben Brewster (Berkeley: University of California Press, 1990), S. 11.

112 Meine Ausführungen über Muybridge beziehen sich – um keine Mißverständnisse aufkommen zu lassen – auf seine Arbeiten von 1878-1879, also nicht auf die in den achtziger Jahren an der University of Pennsylvania durchgeführten, zu denen auch *Animal Locomotion* gehört.

113 Über Stanford, siehe Matthew Josephson, *The Robber Barons: The Great American Capitalists 1861-1901* (New York: Harcourt, Brace, 1934), S. 81-89, 217-230.

114 Karl Marx, *Grundrisse der Kritik der politischen Ökonomie (Rohentwurf), 1857-1858* (Berlin: Dietz, 1953), S. 438. Stanford und die Central Pacific Group handeln hier gemäß der von Marx beschriebenen Logik.

115 Karl Marx, *Grundrisse der Kritik der politischen Ökonomie*, S. 423. Siehe die Diskussion dieses Textpassus bei David Harvey, *The Limits to Capital* (Chicago: University of Chicago Press, 1982), S. 376-386.

116 Über den Kapitalismus und den Ursprung der modernen Kommunikations-Netzwerke im neunzehnten Jahrhundert, siehe Armand Mattelart, *La comunication-monde: Histoire des idées et des stratégies* (Paris: Editions la découverte, 1992), S. 1-56.

117 Über die klassische tabulare Ordnung, siehe Michel Foucault, *Die Ordnung der Dinge*, übers. v. U. Köppen (Frankfurt/Main: Suhrkamp, 1971), Erster Teil, 3. Kapitel.

118 François Dagognet, *Etienne-Jules Marey: A Passion for the Trace*, übers. v. Robert Galeta (New York: Zone Books, 1992), S. 43.

119 Gould hatte, im Einverständnis mit Stanford und Collis Huntington, die Pacific Mail Steamship Company gekauft, um eine Unterbietung der Eisenbahntarife durch die Schiffahrt zu verhindern. Siehe das aufschlußreiche Kapitel »The Gould System« bei Robert Edgar Regel, *The Story of the Western Railroads: From 1852 through the Reign of Giants* (1926; Lincoln: University of Nebraska Press, 1964), S. 160-178.

120 Ich stütze mich auf den Bericht über diese Reise bei E. Bradford Burns, *Eadweard Muybridge in Guatemala, 1875* (Berkeley: University of California Press, 1986), sowie auf die betreffenden Partien bei Robert Bartlett Haas, *Muybridge: Man in Motion* (Berkeley: University of California Press, 1976), S. 79-81, und Gordon Hendricks, *Eadweard Muybridge: The Father of the Motion Picture* (New York: Grossman Publishers, 1975), S. 81-95. »Der eigentliche Beweggrund der Reise war klar – es waren die großen Kaffeeplantagen von San Mateos, Las Nubes und San Felipe. Die Kaffee-Industrie hatte darnieder gelegen ... aber Präsident Berrios beschloß, wieder auf Kaffee zu setzen. Die Regierung hatte neuen Unternehmern ebenso wie alteingesessenen Plantagenbesitzern überwältigende Privilegien zugesichert, und die Industrie war in Schwung gekommen. Vielleicht war es die Hoffnung, das Interesse an neuen Investitionen zu wecken, das die Pacific Mail Steamship Company, die ein virtuelles Handelsmonopol hatte, veranlaßte, Muybridge mit dem Photographieren der *points of interest* in Mittelamerika zu beauftragen.« Hendricks, *Eadweard Muybridge*, S. 84; Hervorhebung von mir.

121 Nach siebenmonatiger Arbeit teilte Muybridge in einer Zeitungsanzeige mit, daß Drucke seiner Photographien aus Guatemala käuflich zu erwerben seien: »Ich habe das Vergnügen, Ihnen mitzuteilen, daß ich eine Kollektion zusammengestellt habe, die die bemerkenswertesten öffentlichen Bauten, die malerischsten Örtlichkeiten und die natürlichsten Szenen aus den Pflanzungen und der landwirtschaftlichen Produktion umfaßt. All dies wurde von der Pacific Steamship Company veranlaßt, die die Kosten dieses Unternehmens übernommen hat, um die Reichtümer und die Schönheit dieses interessanten Landes draußen bekannt zu machen.« Zit. bei Hendricks, *Eadweard Muybridge*, S. 85. Dies ist eine typische Verlautbarung aus der kolonialistischen Optik des neunzehnten Jahrhunderts. Was Muybridge vor Augen kommt, ist entweder eine administrative Infrastruktur oder eine malerische *Ansicht* oder es sind die *natürlichen Ressourcen*, die zum Nutzen derer »draußen« auszubeuten sind. Obwohl sich die Anwesenheit einheimischer Arbeiter auf den Kaffeeplantagen von selbst versteht, bleiben sie unsichtbar und treten nur als abstrakte Komponenten in den Kapitalströmen oder als »naturalisierte« Bestandteile in einer imaginären Landschaft auf.

122 Marx, *Grundrisse der Kritik der politischen Ökonomie*, S. 563.

123 Siegfried Kracauer, *Geschichte – Vor den letzten Dingen*, übers. v. Karsten Witte (Frankfurt/Main: Suhrkamp, 1973), S. 65-66: »Es scheint mir von großem Interesse, daß in der Dimension der darstellenden Künste Daguerres Erfindung Fragen und Forderungen aufwarf, jenen ähnlich, die eine so große Rolle in zeitgenössischer Geschichtsschreibung spielten.« Es bestehen also »bedeutsame Analogien zwischen Geschichte und den beiden Medien ..., die die Welt um uns mit Hilfe einer Kamera aufnehmen – die Photographie selbst und der photographische Film.«

124 Roland Barthes, »Le discours de l'histoire«, in *Œuvres complètes*, Bd. 2 (Paris: Seuil, 1994), S. 426: »Wie die Herausbildung spezifischer Gattungen beweist, hat unsere gesamte Kultur eine Vorliebe

für den Wirklichkeitseffekt. Solche Gattungen sind der realistische Roman, das Tagebuch, die Dokumentarliteratur, die vermischten Meldungen, das historische Museum, die Ausstellungen von Altertümern und vor allem die überwältigende Entwicklung der Photographie, deren einzige relevante Eigenschaft (gegenüber der Zeichnung) eben darin besteht, daß das dargestellte Ereignis *wirklich* stattgefunden hat.«

125 Muybridge gehörte für Barthes zu einer Kategorie von Photographen, die, wie später Harold Edgerton, der das Zerplatzen eines Milchtropfens in einer millionstel Sekunde festgehalten hat, lediglich durch ihr technisches Können »überraschen«. »Ich brauche kaum zu sagen, daß diese Art Photographie mich nicht berührt oder auch nur interessiert.« *La chambre claire*, in *Œuvres complètes*, Bd. 3 (Paris: Seuil, 1995; dt. von Dietrich Leube. Frankfurt/Main: Suhrkamp, 1985), S. 1178.

126 So wurden diverse Formen sozial nicht assimilierbaren Verhaltens (Landstreicherei, Prostitution, Bettelei) in den 1880er Jahren in der zweideutigen Diagnose des »automatisme ambulatoire« zusammengefaßt; siehe dazu Jean-Claude Beaune, *Le vagabonde et la machine: Essai sur l'automatisme ambulatoire, médécine, technique et société 1889-1910* (Seyssel: Champ Vollon, 1983).

127 Siehe L.-F. Alfred Maury, *Le sommeil et les rêves* (Paris: Didier, 1878).

128 Jackson, *Selected Writings of John Hughlings Jackson*, Bd. 2, S. 117.

III. 1888: Illuminationen der Entzauberung

1 Ich folge Jean-Claude Lebensztejn in der Annahme, daß Seurat bei der Benennung dieses Werks (und anderer) anläßlich von Ausstellungen und Katalogen anscheinend nie den bestimmten Artikel benutzte; Seurats Titel waren also *Parade de cirque*, *Chahut* und *Cirque*. Für Lebensztejn gehören diese Entscheidungen zum Problem der unspezifischen Temporalitäten, die mit einer undifferenzierten, »weder universalen, noch partikulären« Zeit einhergehen, das den späten Seurat beschäftigte. Siehe Lebensztejn, *Chahut* (Paris: Hazan, 1989), S. 25-31.

2 Bernd Growe handelt in seinem Aufsatz »Vom Pathos des Anonymen« im Hinblick auf Seurats Zeichnungen über einige verwandte Themen, in Erich Franz und Bernd Growe, Hrsg., *Georges Seurat: Zeichnungen* (München: Prestel, 1983), S. 13-50.

3 Frederic Jameson, *The Political Unconscious: Narrative as a Socially Symbolic Act* (Ithaca: Cornell University Press, 1981), S. 103-150.

4 Jameson, *The Political Unconscious,* S. 134-135.

5 Im französischen Original heißt es: »Etant admis les phénomènes de la durée de l'impression lumineuse sur la rétine, la synthèse s'impose comme résultante.« Georges Seurat, Brief an Maurice Beaubourg vom 28. 8. 1890, in Norma Broude, Hrsg., *Seurat in Perspective* (Englewood Cliffs, N.J.: Prentice-Hall, 1978), S. 17-19. Siehe auch die Übersetzung und die Diskussion bei Robert L. Herbert, *Georges Seurat, 1859-1891* (New York: Abrams, 1994), S. 381-382.

6 Auch Helmholtz betont, daß die Retina (eigentlich Spinnweben oder Netz, oder deutsch die *Netzhaut*) ganz und gar ein Teil des Nervensystems ist, was die erst später allgemein akzeptierte Folgerung einschließt, daß sie eigentlich zum Gehirn gehört.

7 Die Literatur zum Thema ist enorm. Ein kurzer Überblick über einige Verwendungsweisen des Begriffs in den späten 1880er Jahren bei H. R. Rookmaker, *Gauguin and the 19th Century Art Theory* (Amsterdam: Swets and Zeitlinger, 1972), S. 176-187. Zu den sozialen und politischen Resonanzen des Begriffs, siehe John G. Hutton, *Neo-Impressionism and the Search for Solid Ground: Art, Science and Anarchism in Fin-de-Siècle France* (Baton Rouge: Louisiana State University Press, 1994), S. 17-45.

8 Wenn man den 1859 geborenen Seurat historisch einordnen will, sollte man sich klarmachen, welche Namen ungefähr seiner Generation angehören. Dies sind Henri Bergson, Edmund Husserl, Sigmund Freud, Pierre Janet, Emile Durkheim, Alfred North Whitehead, Ferdinand de Saussure, Alfred Binet, John Dewey, Alois Riegl, Georges Méliès, Emile Meyerson, Claude Debussy, Georg Simmel, Gustav

Mahler, Max Planck, der Neurologe Charles S. Sherrington und Christian von Ehrenfels, der Pionier der Gestaltpsychologie. Diese Namensliste ist als solche noch nicht und sicherlich auch nicht im Sinne eines »Generationen«-Modells der Geschichtsschreibung signifikant, aber sie deutet Seurats Position in einem Bereich von Ereignissen an, der über den der Kunstgeschichte hinausgeht. Die Arbeit der genannten Personen und anderer, die Ende der achtziger und Anfang der neunziger Jahre bekannt wurden, war Teil einer fortdauernden Modernisierung der die Wahrnehmung, die Kognition und die Kunst betreffenden Kenntnisse und Techniken. So gesehen, sind Seurats Gemälde Ausdruck eines neuen Denkens über die Wahrnehmung, das sich in diesen Jahren an vielen verschiedenen Orten manifestiert. Neben allem, was es vielleicht sonst noch ist, ist *Parade de cirque* in jedem Fall eine Akkumulation von Stellungnahmen über den Status des Sehens, des Geistes, über das Wesen und der Wertigkeit der Sensation und über die Darstellung sozialer Fakten.

9 Christian von Ehrenfels, »Über Gestaltqualitäten«, *Vierteljahrsschrift für wissenschaftliche Philosophie* 14 (1890), S. 249-292. Diese Zeitschrift gab damals der österreichische Positivist Richard Avenarius heraus. Ehrenfels' Aufsatz ist wieder abgedruckt in *Philosophische Schriften*, Bd. 3, hrsg. v. R. Fabian (München, Wien: Philosophia, 1988). Über Ehrenfels' Originalität, siehe Wolfgang Köhler, *The Task of Gestalt Psychology* (Princeton: Princeton University Press, 1969), S. 45-48.

10 Über Ehrenfels' Wagner-Enthusiasmus, seine Freundschaft mit Houston Stewart Chamberlain (der eine rassische Gestalttheorie vertrat) und sein Interesse an Eugenik, siehe Anne Harrington, *Reenchanted Science: Holism in German Culture from Wilhelm II to Hitler* (Princeton: Princeton University Press, 1996), S. 108-111. Über den von Ehrenfels ausgeübten Einfluß handelt Michell G. Ash, *Gestalt Psychology in German Culture, 1890-1967: Holism and the Quest for Objectivity* (Cambridge: Cambridge University Press, 1995), S. 88-90.

11 Ehrenfels, »Über Gestaltqualitäten«, *Philosophische Schriften*, Bd. 3, S. 139.

12 Einige dieser Fragen werden von einem formalistischen Standpunkt aus behandelt von Niels Luning Prak, »Seurat's Surface Pattern and Subject Matter«, *Art Bulletin* 53 (1971), S. 367-378.

13 Ehrenfels, »Über Gestaltqualitäten«, *Philosophische Schriften*, Bd. 3, S. 138-139.

14 Diese Akzeptanz von »komplementären Konzeptionen« wurde zwei Jahrzehnte später erneut aktuell, als es sich zeigte, daß die Wellen- und die Teilchenphysik untrennbar waren und mithin der »Atomismus« weder abgelehnt, noch ausschließlich privilegiert werden konnte. »Das Beispiel der Physik wird zweifellos ein Argument von bedeutender Tragweite darstellen, wenn eine Revision unserer Beurteilung des psychologischen Atomismus fällig ist.« Robert Blanché, »The Psychology of Duration and the Physics of Fields«, in P. A. Y. Gunter, Hrsg., *Bergson and the Evolution of Physics* (Knoxville: University of Tennessee Press, 1969), S. 113.

15 Während Ehrenfels die gegenseitige Überschneidung und Durchdringung der Sinne betonte, verstand die spätere Gestalttheorie kognitive und epistemologische Probleme vor allem in *visuellem* Sinn. Judith Schlanger, *L'invention intellectuelle* (Paris: Fayard, 1983), S. 69-80, hält die Gestalttheorie für grundsätzlich antidiskursiv, weil sie eine Äquivalenz von Sehen und Verstehen behauptet (so z. B. Wertheimer) und die verbale Dimension marginalisiert habe.

16 Typisch ist die folgende Stellungnahme: »Das Gleichgewicht zwischen Sensibilität und Doktrin war bei ihm delikat. Wenn die Doktrin sich der ständigen Korrektur durch die Sensibilität entzog, konnte sie ein Übergewicht annehmen; der Beweis trat dann an die Stelle der Inspiration und die Theorie an die Stelle der Leidenschaft. Zweifellos bestand gegen Ende von Seurats kurzem Leben eine Tendenz in dieser Richtung.« Roger Fry, *Transformations* (London: Chatto and Windus, 1927), S. 191. Diese Art von kritischer Reaktion begann schon zu Seurats Lebzeiten, sogar bei Schriftstellern, die ihn zunächst vorbehaltlos unterstützt hatten. Auch Félix Fénéon hat sich schließlich von Seurats als allzu schematisch empfundener Technik distanziert; siehe dazu Joan Ungersma Halperin, *Félix Fénéon: Aesthete and Anarchist in Fin-de-Siècle Paris* (New Haven: Yale University Press, 1988), S. 128-131.

17 Z. B. wird neuerdings wieder der banale Vorwurf erhoben, Seurats ästhetische Ambitionen seien oft »unter physikalischen Lehrbüchern vergraben«, so bei Alain Madeleine-Pedrillat, *Seurat*, übers. v.

Jean-Marie Clarke (Genf: Skira, 1990), S. 177. Clive Bell verbindet in *An Account of French Painting* (New York: Harcourt Brace, 1931), S. 205, Seurats Methode mit der Erosion und Nivellierung ästhetischer Werte und mit der fortschreitenden Demokratisierung und technologischen Modernisierung: »Seurat wollte eine völlig unpersönliche Ausdrucksmethode entwickeln, die jenem Zeitalter der Gleichheit, das er ernsthaft und großmütig erwartete, angemessen wäre, *eine Methode, die man lernen kann, wie man den Gebrauch der Schreibmaschine lernt.* Er machte sich selbst daran, für die Bürger einer kommenden sozialen Demokratie eine Folge von nach wissenschaftlichen Prinzipien gefärbten und eingeteilten Scheiben und eine kleine Kollektion geometrischer Formen herzustellen. Damit hätte der ungeschickte, aber inspirierte Künstler der Zukunft die synthetischen Äquivalente der natürlichen Formen und Farben in Händen.« (Hervorhebung von mir)

18 Siehe die ausgezeichnete Diskussion von Duchamps Beziehung zu Seurats technischen Verfahren bei Thierry de Duve, *Pictorial Nominalism: On Duchamps's Passage from Painting to the Readymade*, übers. v. Dana Polan (Minneapolis: University of Minnesota Press, 1991), S. 170-173.

19 Charles Sanders Peirce, *Writings of Charles S. Peirce*, Bd. 1, hrsg. v. Max H. Fisch (Bloomington: Indiana University Press, 1982), S. 515-516.

20 Wie mehrfach nachgewiesen wurde, gehört *Parade de cirque* zu den nach 1886 entstandenen Werken, die eine neue Ebene der Abstraktion in Seurats Verfahren zeigen, speziell im Sinn eines entschiedeneren Verzichts auf Lokalfarbe. Der Maler greift kaum noch auf die scheinbaren Farben von Objekten oder Formen zurück (die Farbe, die das Ding zu sein scheint, wenn es in weißem Licht gesehen wird). Die real auf die Leinwand aufgetragenen Farben haben keine referentielle Beziehung mehr zu den Formen, die sie hervorbringen; sie existieren auf der Bildfläche als autonome Einheiten abstrakter Farbe, sei es Orange, Blau, Grün oder Purpur.

21 Die Idee eines an die Wahrnehmungskompetenz gerichteten Imperativs diskutiert auf provozierende Weise Alphonso Lingis, »Imperatives«, in M. C. Dillon, Hrsg., *Merleau-Ponty Vivant* (Albany: State University of New York Press, 1991), S. 91-116.

22 Ein bemerkenswertes Gegenmodell von Wahrnehmung bietet das Kapitel »Two Kinds of Attention« bei Anton Ehrenzweig, *The Hidden Order of Art: A Study in the Psychology of Artistic Imagination* (Berkeley: University of California Press, 1967), S. 21-31. Der Autor spricht vom Funktionieren eines »entdifferenzierten« Sehens, das »außerhalb des bewußten Gestalt-Zwangs«, das »Sehfeld in eine bedeutende ›Figur‹ und einen nicht-bedeutenden ›Grund‹ zweizuteilen«, operiert.

23 David Sutter, der Schweizer Ästhetiker, dessen Werk Seurat studierte, schrieb: »Der Abstand des Betrachters zum Gemälde ist ein *willkürlicher Abstand,* denn er variiert je nach der Natur des behandelten Gegenstands.« Sutter, *Nouvelle théorie simplifiée de la perspective* (Paris: Jules Tardieu, 1859), S. 24; Hervorhebung i. O.

24 Ernst Mach, *Beiträge zur Analyse der Empfindungen* (1886), S. 81.

25 Ian Hacking, *Representing and Intervening: Introductory Topics in the Philosophy of Natural Science* (Cambridge: Cambridge University Press, 1983), S. 143. Hacking assoziiert diese Verschiebung in der wissenschaftlichen Praxis mit dem Postimpressionismus, der in den 1880er Jahren ebenfalls »neue Darstellungssysteme« propagierte. Henri Poincaré handelte über die vorübergehende Natur wissenschaftlicher Theorien und behauptete, Hertz zitierend, man könne zeigen, »daß man alles auf unendlich viele Weisen erklären kann«. Poincaré, *Science and Hypothesis* (1902), übers. v. J. Larmor (New York: Dover, 1952), S. 168.

26 Man weiß seit langem, daß Seurat mit dem Werk von D. P. G. Humbert de Superville vertraut war, der in seinem *Essai sur les signes inconditionnels dans l'art* (1827) eine Theorie zur Erklärung der Ausdruckswerte von Farbe und Linie aufzustellen versucht hatte. Charles Blanc hat Humberts Werk zusammengefaßt in seiner *Grammaire des arts du dessin: architecture, sculpture, peinture* (1867; Paris: H. Laurens, 1880). Was diese früheren Auffassungen von Erklärungen solcher Effekte im Sinn von Dynamogenie und Inhibition unterscheidet, ist natürlich, daß sie noch nicht mit einem umfassenden Wissen über den Körper, das Gehirn und das Nervensystem verbunden waren.

27 Robert Herbert, »›Parade de cirque‹ de Seurat et l'esthétique scientifique de Charles Henry«, *Revue*

de l'art 50 (1980), S. 9-22, hat gezeigt, daß Seurat seit 1887 mit Charles Henrys Interpretation dieser Ideen vertraut war. Herbert hat danach einige seiner in diesem Artikel gezogenen Folgerungen berichtigt, aber er bleibt dabei, daß Seurat, bevor er mit der Arbeit an *Parade de cirque* begann, von der zeitgenössischen Physiologie die Vorstellung übernommen habe, daß »alle emotionalen Reaktionen, auch die unbewußten, auf die Nerven- und Muskeltätigkeit, die das von einem Reiz induzierte relative Behagen oder Unbehagen ausdrückt, zurückgeführt werden können«. Siehe den »Appendix L: Charles Henry«, in Herbert, *Georges Seurat, 1859-1891*, S. 391-393. An dieser Stelle distanziert sich Herbert auch von dem Versuch, bestimmte formale Korrelationen zwischen dem Werk Seurats und Henrys System von Bewegungen und Richtungen auffinden zu wollen.

28 José Argüelles hat als einer der ersten die Quellen von Henrys Formulierungen nachgewiesen, in *Charles Henry and the Formation of a Psycho-physical Aesthetic* (Chicago: Chicago University Press, 1972). Später hat Michael Zimmermann in seinem großen Werk *Seurat and the Art Theory of His Time* (Antwerpen: Fonds Mercator, 1991) einen umfassenden Überblick über den intellektuellen und kulturellen Kontext von Seurats Schaffen geliefert, einschließlich der relevanten Theorien von Brown-Séquard, Féré, Henry und vielen anderen. Siehe auch das wertvolle Kapitel über »Physiological Aesthetics« bei Martha Ward, *Pissarro, Neo-Impressionism, and the Spaces of the Avant-Garde* (Chicago: University of Chicago Press, 1994), S. 124-146.

29 Die erste Ausformulierung dieser Ideen findet sich in seinem Werk *Physiology and Pathology of the Central Nervous System* (Philadelphia: Lippincott, 1858). In seiner ausgereiften Form erläutert Brown-Séquard sein neurologisches Modell in *Recherches expérimentales et cliniques sur L'inhibition et la dynamogénie* (Paris: Masson, 1882). Siehe den Gedenkartikel über Brown-Séquard in der von ihm 1876 mit Charcot gegründeten Zeitschrift, deren einziger Herausgeber er von 1889 an bis zu seinem Tod war, von E. Gley, »Ch.-E. Brown-Séquard«, in *Archives de physiologie normale et pathologique*, 5. Folge, 6 (1894), S. 759-770. Siehe auch J. M. D. Olmsted, *Charles-Edouard Brown-Séquard* (Baltimore: Johns Hopkins University Press, 1945), bes. S. 159-167. Über Brown-Séquards historische Bedeutung in der Psychophysiologie des neunzehnten Jahrhunderts handelt Roger Smith, *Inhibition: History and Meaning in the Sciences of Mind and Brain* (Berkeley: University of California Press, 1992), S. 130-133.

30 Théodule Ribot, *Die Psychologie der Aufmerksamkeit*, S. 57f.

31 Man hat bemerkt, daß Dynamogenie, als Stimulierung der Funktion, mit dem Begriff der »Bahnung« verwandt ist, der in Freuds »Entwurf« von 1895 und im Werk seines einstigen Lehrers Sigmund Exner entwickelt wird. Jean Laplanche und J. B. Pontalis definieren den Begriff folgendermaßen: »In ihrem Übergang von einem Neuron zum anderen hat die Erregung einen bestimmten Widerstand zu überwinden; wenn ein solcher Übergang eine permanente Verminderung dieses Widerstands nach sich zieht, sagt man, daß Bahnung bestehe; die Erregung bevorzugt den gebahnten Weg vor einem nicht gebahnten.« Laplanche und Pontalis, *Das Vokabular der Psychoanalyse*, übers. v. E. Moersch (Frankfurt/Main: Suhrkamp, 1972), S. 85.

32 Charles-Edouard Brown-Séquard, »Dynamogénie«, in *Dictionnaire encyclopédique des sciences médicales*, 1. Folge, Bd. 30 (Paris: Asselin, 1885), S. 756-760. Eine populäre Erläuterung dieser Ideen in einem Wissenschaftsmagazin bot L. Ménard, »L'inhibition«, *Le Cosmos: Revue des sciences* 71 (4. Juni 1887), S. 255-256. Die Stellung, die Brown-Séquard in der Entwicklung der dynamischen Psychologien im neunzehnten Jahrhundert einnahm, skizziert Henri F. Ellenberger, *The Discovery of the Unconscious: The History and Evolution of Dynamic Psychiatry* (New York: Harper, 1970), S. 289-290.

33 Charles Henry übernahm diese Ideen etwa gleichzeitig mit Féré, und viele kunsthistorische Arbeiten über Seurat haben sein Werk ausführlich behandelt. Auf ältere Forschungen des neunzehnten Jahrhunderts zurückgreifend, versuchte Henry, über die physiologischen Wirkungen von Farben, Bewegungen, Rhythmen und Richtungen Auskunft zu geben. Jeder Reiz sei, behauptete er, in geringerem oder größerem Maße »dynamogen oder inhibitorisch«. Siehe z. B. seinen Aufsatz »Le contraste, le rhythme, la mesure«, *Revue philosophique* 28 (1889), S. 364. Er schuf ein komplexes, vielfach

inkohärentes System, in dem er mit einem eigenartigen »ästhetischen Winkelmesser« arbeitete, mit dem Bewegungen, je nach dem, ob sie kontinuierlich oder diskontinuierlich sind, von rechts nach links oder von links nach rechts und aufwärts oder abwärts verlaufen, als dynamogen oder inhibitorisch klassifiziert werden konnten. Siehe Argüelles einseitiges, aber manchmal nützliches Buch *Charles Henry and the Formulation of a Psycho-physical Aesthetic*. Ich stimme mit Argüelle keineswegs überein, wenn er in Henry die prophetische Stimme einer »wissenschaftlich-mystischen Ästhetik« der Zukunft vernimmt. Wie viele andere Kommentatoren auch übergeht er die etwas handfesteren Interessen Henrys an der Anwendung des psychologisch-physiologischen Wissens auf Formen sozialer Kontrolle und auf die Rationalisierung der Arbeit, und er erwähnt auch kaum Henrys trauriges Ende in den zwanziger Jahren, als er an der Erfindung eines proto-reichianischen »Bioresonators« herumbastelte. Will man Henrys Dilettantenkarriere wirklich verstehen, dann sollte man wohl weniger bei Pythagoras und Leonardo nach Parallelen suchen als bei Bouvard und Pécuchet; d.h. man sollte die soziale Identität Henrys als bourgeoiser Bibliothekar und Autodidakt an der Sorbonne berücksichtigen und an die im neunzehnten Jahrhundert gängigen Phantasien von einem universalen, in seiner neu verdinglichten Form konsumierbar scheinenden Wissen denken, Phantasien, über die Flaubert das letzte Wort gesprochen hat. Es läßt sich bei Henry auch an Philip Nords Feststellung denken, daß die Buchkultur der Dritten Republik »pädagogische Ambitionen wissenschaftlichen, enzyklopädischen Zuschnitts nährte«, die auf einer utopischen »Vorstellung von einer universalen Ordnung« fußten, in der »menschliche Wesen in Harmonie mit der Natur und mit sich selbst leben würden«. Nord, *The Republican Moment: Struggles for Democracy in Nineteenth-Century France* (Cambridge: Cambridge University Press, 1995), S. 191.

34 Die Ursprünge des Dynamometers reichen nach Anson Rabinbach, der die Geschichte der Verfahren zur Quantifizierung der Stärke der menschlichen Anstrengung nachzeichnet, ins achtzehnte Jahrhundert zurück, *The Human Motor: Energy, Fatigue, and the Origins of Modernity* (New York: Basic Books, 1990), S. 30. Die Verfahren Férés und seine graphische Methode waren wahrscheinlich von E.J. Marey abgeleitet. Siehe die Diskussion bei Marta Braun, *Picturing Time: The Work of Etienne-Jules Marey* (Chicago: University of Chicago Press, 1992), S. 321-323. Über Férés experimentelle Tätigkeit an der Salpêtrière in den 1880er Jahren, siehe Dianne F. Sadoff, *Sciences of the Flesh: Representing Body and Subject in Psychoanalysis* (Stanford: Stanford University Press, 1998), S. 91-100.

35 Henri Bergson schenkte der Bedeutsamkeit von Férés Arbeiten Anerkennung, wenn auch mit Einschränkungen, weil sie von einem unzureichenden Begriff der Empfindung ausgingen: »Zweifellos verspricht uns die genaue Beobachtung dessen, was sich im ganzen Organismus vollzieht, wenn wir diesen oder jenen Ton hören, diese oder jene Farbe sehen, noch allerhand Überraschungen: hat uns doch Ch. Féré gezeigt, daß jede Empfindung von einer Steigerung der Muskelkraft begleitet ist, die sich durch den Dynamometer messen lässt.« Für Bergson sind solche Demonstrationen letztlich irrelevant, weil sie die wesentliche Unteilbarkeit und gegenseitige Durchdringung der mit solchen Empfindungen verbundenen psychischen Zustände verkennen. Bergson, *Zeit und Freiheit*, übers. v. P. Fohr (Jena: Diederichs, 1920), S. 33.

36 Charles Féré, *Sensation et mouvement* (1887; Paris: F. Alcan, 1900), S. 87. Férés Werk ist untrennbar von einem umfassenderen Projekt sozialer »Prophylaxe« und einer spencerianischen Verbindung nationaler Prosperität mit wissenschaftlicher Verbesserung der kollektiven emotionalen Hygiene. Siehe insbesondere *La pathologie des émotions* (Paris: Félix Alcan, 1892), S. 553-572.

37 J.-M. Charcot, *Clinical Lectures on Diseases of the Nervous System*, hrsg. v. Ruth Harris (London: Tavistock, 1991), S. 310.

38 Féré, *Sensation et mouvement*, S. 152, Hervorhebung von mir.

39 Über Mareys Ablehnung von Empfindung und direkter Beobachtung als Werkzeuge wissenschaftlicher Forschung, siehe François Dragognet, *Etienne-Jules Marey: A Passion for the Trace*, übers. v. Robert Galeta (New York: Zone Books, 1992), S. 15-63. Einen historischen Überblick über diverse moderne Versuche (von etwa 1880 bis in die zwanziger Jahre), die körperliche Bewegung zu »tran-

skribieren«, liefert Pascal Rousseau, »Figures de déplacement: L'écriture du corps en mouvement«, *Exposé* 2 (1995), S. 86-97.

40 Am Schluss seines Buchs *The Science of Art: Optical Themes in Western Art from Brunelleschi to Seurat* (New Haven: Yale University Press, 1990), S. 319, trifft Martin Kemp eine ähnliche Unterscheidung. Er sieht in den teilweise deckungsgleichen Bestrebungen von Charles Henry und Seurat eine Verschiebung von der visuellen Analyse und der Wiedererschaffung der Natur hin zu einer Beschäftigung mit »den Reaktionen der Sinne und des Geistes, die eine neue Art von psychologischer Wirklichkeit enthielten. Diese neue Stoßrichtung führt weg von der Tradition der optischen Beobachtung«.

41 Bereits in den frühen 1850er Jahren hatte William B. Carpenter für Muskelbewegungen, die automatisch und außerhalb von jeder willentlichen Kontrolle von gewissen Vorstellungen induziert werden, den Begriff der »ideo-motorischen Aktion« geprägt, in *Principles of Mental Physiology* (1874; London: Kegan Paul, [7]1896), S. 279. Ideo-motorische Aktionen waren »direkte Äußerungen des bis zu einer gewissen Intensität erregten Vorstellungsvermögens oder, in physiologischer Sprache, Reflexhandlungen des Großhirns«. Siehe die Zusammenfassung und kritische Revision von Carpenters Werk bei Thomas Laycock, »Reflex, Automatic and Unconscious Cerebration: A History and a Criticism«, *Journal of Mental Science* 21, Nr. 96 (Januar 1876), S. 477-498. Auch die Arbeiten Gustav Theodor Fechners wirkten sehr stark im Sinne der späteren dynamischen oder energetischen Modelle des Nervensystems: »Kein Reiz wirkt als ein träger; vielmehr sind manche Reize, wie Licht und Schall, unmittelbar als Bewegungen fassbar; und wenn von anderen, wie Gewichten, Geruchs- und Geschmacksreizen dies nicht gilt, so dürfen wir doch voraussetzen, dass sie nur durch Hervorrufung oder Abänderung irgendwelcher Thätigkeiten in unserem Körper Empfindung erzeugen oder solche abändern ...« Fechner, *Elemente der Psychophysik*, S. 21. Wichtig ist auch das Werk Ivan Sechenovs, der 1858 kurze Zeit unter Helmholtz gearbeitet hatte und der von Reflexen sprach, »die mit sensorischer Reizung beginnen, sich in Form eines definiten psychischen Akts fortsetzen und in muskulärer Bewegung enden«; der fundamentalste dieser Akte war für Sechenov eine *ungewollte* visuelle Aufmerksamkeit. Siehe sein *Reflexes of the Brain* (1863), übers. v. S. Belsky (Cambridge: MIT Press, 1965), S. 43. Sechenov betont, daß die visuelle Aufmerksamkeit nicht willensabhängig ist: »Infolgedessen geschieht selbst beim Erwachsenen der primäre Sehakt nicht willentlich ... Für einen anderen unfreiwilligen Akt, dessen psychischer Aspekt auf seiner höchsten Stufe als ›Aufmerksamkeit in der Sphäre der visuellen Sensationen‹ beschrieben wird, ist die Struktur der optischen Membran, die in manchen Partien das Licht besser als in anderen wahrnimmt, verantwortlich. Dies manifestiert sich sowohl in der Klarheit des Bildes, auf das sich die Aufmerksamkeit konzentriert (das die Person anblickt oder auf das ihre optischen Achsen gerichtet sind), als auch in der abnehmenden Empfindlichkeit gegenüber den umgebenden Objekten, die bisweilen zu deren völligem Verschwinden aus dem Sehfeld führt.« (ibid., S. 48) Zum historischen Hintergrund von Sechenovs Werk, siehe M. Peter Amacher, »Thomas Laycock, I. M. Sechenov and the Reflex Arc Concept«, *Bulletin of the History of Medicine* 38 (1964), S. 168-183.

42 Eugène Véron, *L'esthétique* (Paris: C. Reinwald, 1878), S. 371-372. Ähnliche Vorstellungen, in denen ästhetische Befriedigung mit dem automatischen Funktionieren des Nervensystems verbunden wird, hatte im Jahr zuvor Grant Allen entwickelt, *Physiological Aesthetics* (London: H. S. King, 1877).

43 John Dewey hat in *Kunst als Erfahrung*, übers. v. Christa Velten (1932; Frankfurt/Main: Suhrkamp, 1988) eine der einflußreichsten antioptischen ästhetischen Positionen formuliert und dabei den Seuratschen Neoimpressionismus als Modell herangezogen (S. 142-143): »Als einige Maler die Technik des ›Pointillismus‹ einführten, wobei sie sich auf die Fähigkeit des Sehapparats beriefen, auf der Leinwand räumlich voneinander abgegrenzte Farbpunkte miteinander zu verschmelzen, lieferten sie ein Beispiel für die organische Tätigkeit, die etwas physisch Gegebenes zu einem wahrnehmbaren Objekt transformiert; doch sie riefen diese nicht hervor. Diese Form des Modifizierens ist jedoch grundlegend. Mit Ausnahme der Routinehandlung befindet sich bei allem übrigen nicht nur

der Sehapparat, sondern der gesamte Organismus in einer wechselseitigen Beziehung mit der Umgebung. Das Auge, das Ohr oder was immer stellt bloß die Bahn dar, auf der die gesamte Reaktion abläuft. So wie sie wahrgenommen wird, zeichnet sich eine Farbe immer durch die implizite Reaktion vieler Organe aus: des sympathischen Nervensystems ebenso wie der Tastorgane. Sie ist ein Sammelbecken der gesamten freigesetzten Energie, nicht deren Quelle. Farben sind leuchtend und satt, eben weil mit ihnen eine allumfassende organische Resonanz tief verbunden ist.«

44 Siehe die hochbedeutende Diskussion über Metaphernbildung und Wahrnehmung bei Nietzsche, »Über Wahrheit und Lüge in aussermoralischem Sinne«, in *KSA*, Bd. 1, S. 873-890.

45 Siehe William James *The Principles of Psychology* (1890; New York: Dover, 1950), Bd. 2, S. 379-381. James gibt verschiedene Weisen an, wie eine systemumfassende muskuläre Kontraktion durch diverse Empfindungen geschwächt oder verstärkt werden kann; wenn z. B. musikalische Noten zu »traurigen Melodien verbunden werden, läßt die muskuläre Spannung nach, wenn die Melodie fröhlich ist, wächst sie an«, und er verweist auf den starken »dynamogenen Wert« der Farbe Rot. Über den Einfluss von Brown-Séquard auf James' Denken, siehe Eugene Taylor, »New Light on the Origins of William James's Experimental Psychology«, in Michael G. Johnson und Tracy B. Henley, Hrsg., *Reflections on »The Principles of Psychology«* (Hillsdale, N.J.: Erlbaum, 1990), S. 33-62.

46 James Mark Baldwin, *Handbook of Psychology: Feeling and Will* (New York: Henry Holt, 1891), S. 280-282. Der englische Psychologe und *Mind*-Herausgeber George Frederick Stout diskutiert in seiner einflußreichen *Analytic Psychology*, Bd. 2 (London: Sonnenschein, 1896), S. 302, wie »dynamogene« Wirkungen die Vitalität des Nervensystems stärken. Noch 1911 behandelt ein amerikanisches Standard-Handbuch die Reflextheorie unter Bezugnahme auf Dynamogenie und das Werk Férés, in George T. Ladd und Robert S. Woodworth, *Elements of Physiological Psychology*, neue Ausg. (New York: Scribner's, 1911), S. 532-535.

47 Siehe Herbert Spencer, *The Principles of Psychology*, Bd. 1, (New York: D. Appleton, [3]1871), S. 97-128.

48 Max Nordau, *Entartung*, Bd. 1, S. 323. Der Filmregisseur Sergej Eisenstein, der sich, als er von der »dynamogenen« Wirkung diverser Sinneseindrücke sprach, auf Féré berief, war ironischerweise durch das Buch Nordaus auf dessen Ideen aufmerksam geworden. Siehe Eisenstein, *The Film Sense*, übers. v. Jay Leyda (New York: Harcourt, Brace and World, 1947), S. 146-147. Eisenstein und Seurat haben als Künstler gemeinsam, daß sie versuchen, rationale formale Klarheit mit Techniken zur Stimulierung der emotionalen Reaktion zu verbinden. Siehe die Charakteristik von Eisensteins Werk bei Peter Wollen, *Signs and Meaning in the Cinema* (Bloomington: Indiana University Press, 1969), S. 19-73.

49 Wenn Brown-Séquard versucht, bei seinen Versuchspersonen dynamogene Effekte zu induzieren, indem er ihnen »Testikularflüssigkeit« unter die Haut spritzt, ist die Anwendung eines sexualisierten Dynamogenie-Modells offenkundig. Von diesem ungewöhnlichen Experiment berichtet Charles Féré, »L'énergie et la vitessse des mouvements volontaires«, *Revue philosophique* 28 (Juli-Dezember 1889), S. 68. Zu diesen Experimenten sowie zu Brown-Séquards Selbstinjektionen, siehe Ellenberger, *The Discovery of the Unconscious*, S. 295.

50 Der bei Lipps und anderen gebrauchte Terminus »Einfühlung« steht für ein verwandtes, wenn auch sicherlich weniger materialistisches Aufmerksamkeitsmodell. In der Empathie-Theorie beschreibt »Einfühlung« einen Modus intensiver perzeptueller Absorption, in welchem Linien und Formen vom Subjekt als spezifische motorische Sensationen empfunden werden und als Katalysator für eine Vitalisierung der Vorstellungskraft dienen.

51 Zu einem Inventar der Bücher über Wissenschaft und Physiologie in Nietzsches Bibliothek, siehe »Friedrich Nietzsches Bibliothek«, in Arthur Berthold, Hrsg., *Bücher und Wege zu Büchern* (Berlin: W. Spemann, 1900), S. 437-438.

52 Friedrich Nietzsche, *Jenseits von Gut und Böse* (1886), in *KSA*, Bd. 5.

53 Friedrich Nietzsche, *Nachgelassene Fragmente* (1888-1889), 14 [119], in *KSA*, Bd. 13, S. 296.

54 Unter den nachgelassenen Fragmenten befindet sich auch ein Entwurf mit dem Titel »Zur Physiolo-

gie der Kunst«. In *Der Fall Wagner* (1888), *KSA*, Bd. 6, S. 26, geht Nietzsche kurz auf diesen Plan ein. Siehe auch die Diskussion bei Martin Heidegger, *Nietzsche: Der Wille zur Macht als Kunst*, in *Gesamtausgabe*, Bd. 43 (Frankfurt/Main: Vittorio Klostermann, 1985).

55 Nietzsche, *Jenseits von Gut und Böse*, in *KSA*, Bd. 5, S. 27. Hervorhebung i. O.

56 Nietzsche, *Nachgelassene Fragmente* (1888-1889), 14 [170], in *KSA*, Bd. 13, S. 356.

57 Natürlich ist die Aufmerksamkeit untrennbar von dem, was Nietzsche »die Wirklichkeit unserer Triebe« nannte, ist untrennbar vom libidinalen Körper des Freudschen Werks. John Rajchman hat überzeugend daran erinnert, daß »der libidinale Körper nicht dasselbe ist wie der anatomische oder physiologische Körper; seine Beziehung zu unserem Leben ist von anderer Art. Der libidinale Körper ist auch nicht der instinkthafte Körper. Anders als Instinkte sind Triebe nämlich nicht an bestimmte Bedingungen für ihre Befriedigung gebunden, sondern einer unspezifischen ›Plastizität‹ unterworfen, sind in ihren Objekten und Zielen stets einer ›Substitution‹ fähig. Ständig verfehlen unsere Triebe ihre Ziele und weichen von ihren Objekten ab, und darum ist das ›Begehren‹ kein ›Bedürfnis‹, das durch das, was es befriedigt, definierbar wäre.« Rajchman, *Truth and Eros* (New York: Routledge, 1991), S. 33.

58 Féré, *Sensation et mouvement*, S. 66-68; Nietzsche, *Nachgelassene Fragmente* (1888-1889), 14 [117], in *KSA*, Bd. 13, S. 294.

59 Nietzsche, *Nachgelassene Fragmente* (1888-1889), 7 [60], in *KSA*, Bd. 12, S. 315.

60 Das hat sicherlich nichts mit einem wirklichen, äußerlich sichtbaren In-Bewegung-Setzen des Körpers zu tun. Die »Motorik« von Seurats Betrachter ist eng mit der verwandt, die Christian Metz beim Kinobesucher konstatiert, dessen Bewegungsverhalten durch seine Rolle als Zuschauer erheblich eingeschränkt ist. Das aufmerksame Zusehen beim Film ist für Metz mit dem Schlaf ebenso wie mit dem Träumen verwandt, insofern die motorische Aktivität die Tendenz hat, statt nach außen auf die Welt »zurück zum Ventil der Wahrnehmung zu fließen... sie wendet sich der perzipierenden Instanz zu, schlägt einen regressiven Weg ein, um sich von innen mit der überbesetzenden Wahrnehmung zu beschäftigen.« Metz, *The Imaginary Signifier*, übers. v. Celia Britton et al. (Bloomington: Indiana University Press, 1982), S. 116-118.

61 Nietzsche, *Nachgelassene Fragmente* (1888-1889), 14 [46] und [117], in *KSA*, Bd. 13, S. 240, 294; Hervorhebung i. O.

62 Ibid., 9 [102], in *KSA*, Bd. 12, S. 394.

63 »Was die Wissenschaft tun kann und muß«, erklärte Henry 1894, »ist, innen und außen das Erfreuliche zu verbreiten; in dieser Hinsicht ist ihre soziale Funktion in dieser Zeit der Bedrängnis und sinnloser Konflikte gewaltig.« Zitiert bei Argüelles, *Charles Henry and the Formation of a Psycho-physical Aesthetic*, S. 84. Siehe Charles Féré, »Dégénérescence et criminalité«, *Revue philosophique* 24 (October 1887), S. 357: »Das Bedürfnis nach Erregung wächst im selben Maß, wie das Individuum oder die Rasse absteigt. Auf jede neue Erregung folgt ein zu ihr proportionales Quantum an Erschöpfung, so daß sich die Entartung schließlich immer mehr beschleunigt.«

64 Siehe Jean-Marie Guyau, *L'art au point de vue sociologique* (Paris: Félix Alcan, 1889). Féré zitiert Guyau in *Sensation et mouvement*, S. 69. Nietzsche, der seit den frühen 1880er Jahren mit Guyaus Werk teilweise vertraut war, war offenkundig an dessen These interessiert, daß die höchste Stufe des Lebens mit den Gefühlen von Fülle, Stärke und »expansibilité« verbunden und der Instinkt stärker sei als das Bewußtsein. Über Nietzsches Guyau-Lektüre, siehe die Studie von Guyaus Stiefvater Alfred Fouillée, *Nietzsche et l'immoralisme* (Paris: Félix Alcan, 1902).

65 Siehe Nina Rosenblatt, »Photogenic Neurasthenia«, *October* 86 (Herbst 1998), S. 47-62.

66 Unter diesem Aspekt lassen diese Gemälde von Seurat an die Bemerkungen von Lévi-Strauss über die Hafenbilder von Joseph Vernet aus dem achtzehnten Jahrhundert denken: »Für mich liegt ihr Wert darin, daß sie mich jene Beziehung zwischen Meer und Land nacherleben lassen, die damals noch bestand, jene menschliche Inbesitznahme, die die natürlichen Verhältnisse der Geologie, der Geographie und der Vegetation nicht ganz zerstörte, sondern nur bewirtschaftete und so eine ganz besondere Wirklichkeit schuf, eine Traumwelt, in der wir Zuflucht finden können.« Georges Char-

bonnier, *Entretiens avec Lévi-Strauss* (Paris: Union générale d'éditions, coll. 10/18, 1971), S. 117. Die rigoros entvölkerte Szenerie von Seurats Bildern spricht jedoch gegen eine solche Lesart. Sein einziges Hafenbild, das menschliche Figuren enthält, *Port-en-Bessin: Le pont et les quais* (1888), läßt nichts als soziale Isolation und Distanz erkennen. Siehe dazu meine Bemerkungen über diese späten Seestücke in meinem Aufsatz »Seurat's Modernism«, in Ellen W. Lee, Hrsg., *Seurat at Gravelines: The Last Landscapes* (Indianapolis: Indianapolis Museum of Art, 1990), S. 61-65.

67 Durkheims Auffassung von der Wahrnehmung in den frühen 1890er Jahren hatte mit Seurats dualistisch-dynamischem Modell wesentliche Gemeinsamkeiten. Durkheim schreibt: »Jeder starke Bewußtseinszustand ist eine Lebensquelle, d. h. ein wesentlicher Faktor unserer allgemeinen Lebenskraft. Alles, was ihn zu schwächen sucht, mindert und deprimiert uns konsequenterweise ... Tatsächlich ist eine Vorstellung kein einfaches Bild der Wirklichkeit, kein lebloser Schatten, den die Dinge in uns werfen; sondern sie ist eine Kraft, die um sich einen Wirbel von organischen und psychischen Phänomenen erzeugt. Der nervöse Strom, der die Ideenbildung begleitet, strahlt in den Gehirnzentren nicht nur von dem Punkt aus, an dem er entstanden ist, und verbreitet sich nicht nur von einem Geflecht zum andern, er wirkt auch in die motorischen Zentren hinein, wo er Bewegungen, und in die sensorischen Zentren, wo er Bilder hervorruft.« Durkheim, *Über soziale Arbeitsteilung. Studie über die Organisation höherer Gesellschaften*, eingel. v. N. Luhmann (1893; Frankfurt/Main: Suhrkamp, ²1988), S. 147. Über Wissenschaft als Wahrnehmungsform, siehe Paul Q. Hirst, *Durkheim, Bernard, and Epistemology* (London: Routledge and Kegan Paul, 1975), S. 104. Über Durkheim und die Wahrnehmung, siehe neuerdings Chris Jencks, »Durkheim's Double Vision«, in Ian Heywood und Barrry Sandywell, Hrsg., *Interpreting Visual Culture: Explorations in the Hermeneutics of the Visual* (New York: Routledge, 1998), S. 57-73.

68 Siehe Meyer Schapiro, »Seurat and ›La Grande Jatte‹«, *Columbia Review* 17 (November 1935), S. 9-16; und Ernst Bloch, *Das Prinzip Hoffnung*, in *Gesamtausgabe*, Bd. 5-6 (Frankfurt/Main: Suhrkamp, 1959), S. 953. Siehe auch Linda Nochlin, »Seurat's Grande Jatte: An Anti-Utopian Allegory«, und Stephen F. Eisenman, »Seeing Seurat Politically«, beide in *Art Institute of Chicago Museum Studies* 14, Nr. 2 (1989), S. 133-154 und 211-222; und T. J. Clark, *The Painting of Modern Life* (Princeton: Princeton University Press, 1984), S. 263-267.

69 Emile Durkheim, *Regeln der soziologischen Methode*, hrsg. u. eingel. v. R. König (Neuwied: Luchterhand, ²1963), S. 187.

70 Dies ist das Hauptthema seines Essays »Individuelle und kollektive Vorstellungen« (1898), in dem Durkheim die Arbeiten von Janet, Wundt und besonders William James heranzieht; in Durkheim, *Soziologie und Philosophie*, eingel. v. Th. W. Adorno, übers. v. E. Moldenhauer (Frankfurt/Main: Suhrkamp, 1967), S. 77-78: »Das Ganze bildet sich nur durch die Gruppierung der Teile, und diese Gruppierung geht nicht auf einen Schlag vor sich, wie durch ein plötzliches Wunder; zwischen dem Zustand der reinen Isoliertheit und dem Zustand der ausgeprägten Assoziation gibt es eine unendliche Reihe von Zwischenstufen. Doch in dem Maße, wie die Assoziation sich konstituiert, erzeugt sie Phänomene, die nicht unmittelbar von der Natur der assoziierten Elemente herrühren; und diese partielle Unabhängigkeit ist um so deutlicher, je zahlreicher und je kraftvoller synthetisiert jene Elemente sind.« Neuerdings wurde darauf hingewiesen, daß »dieser ganze Essay unterstreicht, mit welchem Interesse Durkheim die Debatten und Entwicklungen in der Psychologie der 1890er Jahre verfolgte; daß er auch selbst in Bordeaux Kurse in Psychologie gab, wird gern vergessen oder übersehen. Weit entfernt, ›rohe‹ oder ›naive‹ Ansichten über das Wesen des Individuums zu vertreten, befand sich Durkheim mit seinen Auffassungen im entscheidenden Stadium der Entstehung der modernen Psychologie auf der Höhe seiner Zeit.« Mike Gane, *On Durkheim's Rules of Sociological Method* (New York: Routledge, 1988), S. 31.

71 Manche von Durkheims »organizistischen« Formulierungen (z. B. die Annahme einer Kontinuität zwischen biologischen und sozialen Entitäten) dürften weniger rückschrittlich sein, als es vor ein paar Jahrzehnten den Anschein hatte. Er beschreibt die Entwicklung menschlicher Gesellschaften weitgehend als einen sich selbst organisierenden Prozess, der durch Schwellenmomente definiert ist,

in denen Konstellationen von bis dahin zusammenhanglosen Elementen zu interagieren beginnen, um auf höherem Niveau eine neue Entität oder einen neuen Organismus zu bilden. Das gilt besonders für seine Darstellung der Weiterentwicklung der durch »mechanische Solidarität« gekennzeichneten segmentierten Gesellschaften.

72 Siehe François Ewald, *L'État providence* (Paris: Grasset, 1986), S. 364-367. Charles Féré hatte z. B. 1887 geschrieben: »Eine Gesellschaft kann keine andere dauerhafte Grundlage haben als Solidarität.« Féré, »Dégénérescence et criminalité«, S. 337.

73 Durkheim, *Über soziale Arbeitsteilung*, S. 425.

74 Ibid., S. 426. Jean Duvignaud betont die schöpferischen Möglichkeiten, die durch Anomiezustände eröffnet werden: »Die Anomie stellt einen Übergang von einer Phase zur anderen dar, von der systematischen Struktur der Sprache zu einem Zustand der Nicht-Struktur, der für einen Augenblick alle hergebrachten Übereinstimmungen zunichte macht und einen Graben aufreißt, eine Erleuchtung im Herzen aller hergebrachten Diskurse, und zwar ganz unabhängig von der durch die Kollision, die Konfusion und den Kurzschluß zwischen verschiedenen Sprachen und Reihen unvermeidlich entstehenden Unordnung.« Duvignaud, *L'anomie: Hérésie et subversion* (Paris: Editions Anthropos, 1973), S. 86.

75 Durkheim, *Über soziale Arbeitsteilung*, S. 437.

76 Ibid., S. 440.

77 Ibid.

78 Siehe P. M. Harman, *Energy, Force and Matter: The Conceptual Development of Nineteenth Century Physics* (Cambridge: Cambridge University Press, 1982), S. 131-134.

79 Diese generelle Formulierung kehrt im zwanzigsten Jahrhundert immer wieder; z. B. im urbanistischen Denken von Christopher Alexander: »In jedem organisierten Objekt sind übergroße Vereinzelung und Dissoziation der inneren Bestandteile die ersten Zeichen kommender Zerstörung. In einer Gesellschaft ist Dissoziation Anarchie, bei einer Person ist sie ein Zeichen von Schizophrenie und drohendem Selbstmord.« Alexander, »A City Is Not a Tree, Part 2«, *Architectural Forum* 122, Nr. 2 (Mai 1965), S. 61.

80 Die herkömmlichen Darstellungen von Durkheims Denken machen zwischen den ethischen und den ökonomischen Effekten der »Botschafts-Vermittlung« oft keinen Unterschied, wodurch die Intensivierung der Zirkulation im Kapitalismus naturalisiert wird. Siehe z. B. Raymond Aron, *Main Currents in Sociological Thought*, Bd. 2, übers. v. Richard Hoeard und Helen Waever (New York: Basic Books, 1967), S. 23: »Die moralische Dichte, so scheint mir, ist mehr oder weniger gleichbedeutend mit der Kommunikationsintensität der Individuen, der Intensität ihres Verkehrs. Je mehr Kommunikation es zwischen Individuen gibt, je mehr sie zusammenarbeiten, desto mehr Handel oder Wettbewerb gibt es zwischen ihnen und desto größer ist die Dichte.«

81 Über die Beziehung zwischen Organismus und Automat, siehe Norbert Wiener, *The Human Use of Human Beings: Cybernetics and Society* (Garden City, N. Y.: Doubleday, [2]1954), S. 25-36.

82 Nach Michel Foucault hat in Durkheims Denken die Existenz von sozialen *Exklusions*-Mechanismen keinen Platz; die Fragen, die Durkheims Soziologie lediglich stellen könne, seien: »Wie hält die Gesellschaft die Individuen zusammen? Welche Form hat ihre Beziehung, welche symbolische oder affektive Kommunikation besteht zwischen den Individuen? Welches Organisationssystem ermöglicht der Gesellschaft, eine Totalität zu bilden?« »Michel Foucault on Attica: An Interview«, *Telos* 19 (1974), S. 156.

83 Debord, *Die Gesellschaft des Spektakels*, Abschnitt 25, S. 23. Siehe auch Dayan und Elihu Katz, »Articulating Consensus: The Ritual and Rhetoric of Media Events«, in Jeffrey C. Alexander, Hrsg., *Durkheimian Sociology: Cultural Studies* (Cambridge: Cambridge University Press, 1988), S. 161-186.

84 Siehe Denis Hollier, *Against Architecture*, übers. v. Betsy Wing (Cambridge: MIT Press, 1989), S. xxii: »In der ersten Hälfte des neunzehnten Jahrhunderts war diese Promenade für die Stadtplaner und Stadtentwickler eine Quelle des Unbehagens. Sollte man aus diesem Platz eine Stätte des Ge-

dächtnisses und der Sühne machen oder eine des Lachens und Vergessens? Mit welcher Art Schritt sollte man auftreten, wo Blut – auch das des Königs – geflossen war? Diese Unentschlossenheit machten sich Messen und Veranstaltungen zunutze, indem sie dieses Quasi-Ödland in Beschlag nahmen.« Über den widersprüchlichen symbolischen Gebrauch, den das Second Empire von der Place de la Concorde machte, siehe Matthew Truesdell, *Spectacular Politics: Louis-Napoléon Bonaparte and the Fête Impériale, 1849-1870* (Oxford: Oxford University Press, 1997), S. 17-26.

85 Siehe die Diskussion der »theatralischen Entpolitisierung« bei Andrew Hewitt, *Fascist Modernism: Aesthetics, Politics, and the Avant-Garde* (Stanford: Stanford University Press, 1993), S. 164-172.

86 Über Debord und die »Ursprünge« der Gesellschaft des Spektakels, siehe meinen Aufsatz »Spectacle, Attention and Counter-Memory«, *October* 50 (Herbst 1989), S. 97-107.

87 Eine exemplarische Darstellung des »kubischen, einheitlichen Systems der klassischen Szenographie« in der Malerei der Renaissance liefert Pierre Francastel. Siehe z. B. seine *Etudes de sociologie de l'art: Création picturale et société* (Paris: Denoel, 1970), S. 191-197.

88 In *Techniken des Betrachters. Sehen und Moderne im 19. Jahrhundert*, übers. v. Anne Vonderstein (Dresden, Basel: Verlag der Kunst, 1996), S. 122 f., habe ich gewisse Erscheinungsformen der Bildwelt des neunzehnten Jahrhunderts, insbesondere das Stereoskop, als Aggregate, die aus dissoziierten Flächenelementen gebildet sind, abgehandelt.

89 Sutter, *Nouvelle théorie simplifiée de la perspective*, Paris: Tardien, 1895.

90 Eine prägnante Darstellung der Bedeutung des Punkts und der Punktualität in der klassischen Epistemologie liefert Michel Serres, *La distribution* (Paris: Minuit, 1977), S. 17-28. Siehe auch die Darstellung des punktuellen Systems in der Kunst bei Gilles Deleuze und Félix Guattari, *Kapitalismus und Schizophrenie: Tausend Plateaus*, Kap. 10, S. 404 f. Jacques Derrida diskutiert im 5. Kapitel von *Die Stimme und das Phänomen* Husserls Phänomenologie im Sinn einer Punkthaftigkeit des Sehens und der Unteilbarkeit der Erfahrung einer reinen temporalen Gegenwart. Nachdem *Parade de cirque* regelmäßig als Vorwegnahme der Flächigkeit des zwanzigsten Jahrhunderts gewertet wird, zögere ich, das Werk strukturell als »Gitter« zu bezeichnen, es sei denn in dem Sinn, wie Rosalind E. Krauss dieses Problem diskutiert: »Gerade durch seine Abstraktheit lieferte das Gitter eines der Grundgesetze des Wissens – nämlich die Trennung der Fläche des Wahrnehmungsbilds von der ›wirklichen‹ Welt. Es ist also nicht überraschend, daß das Gitter, als ein Emblem der Infrastruktur des Sehens, schließlich – als Seurat, Signac, Cross und Luce sich mit der physiologischen Optik vertraut machten – als Charakteristikum der neoimpressionistischen Malerei immer mehr hervortrat.« Rosalind E. Krauss, *The Originality of the Avant-Garde and Other Modernist Myths* (Cambridge: MIT Press, 1985), S. 15.

91 Siehe das Kapitel über »The Crisis of the Ancien Scopic Régime«, in Martin Jay, *Downcast Eyes: The Denigration of Vision in Twentieth-Century French Thought* (Berkeley: Univeristy of California Press, 1993), und Jay, »Scopic Regimes of Modernity«, in Hal Foster, Hrsg., *Vision and Visuality* (Seattle: Bay Press, 1988), S. 3-28.

92 Robert J. Goldwater hat in seinem Aufsatz »Some Aspects of the Development of Seurat's Style«, *Art Bulletin* 23 (Juni 1941), S. 117-130, gewisse Aspekte dieser Organisation von *Parade de cirque* scharfsinnig festgehalten.

93 Siehe z. B. Tom Gunning, »›Primitive Cinema‹: A Frame Up or the Trick's on Us«, in Thomas Elsaesser, Hrsg., *Early Cinema: Space, Frame, Narrative* (London: BFI, 1990), S. 95-103.

94 Siehe George R. Kernodle, *From Art to Theatre: Form and Convention in the Renaissance* (Chicago: University of Chicago Press, 1944), S. 13-15. Kernodles Text wird diskutiert und bewertet von Hubert Damisch, *The Origin of Perspective*, übers. v. John Goodman (Cambridge: MIT Press, 1994), S. 394-401. Damisch verweist auf die relativ kurzzeitige historische Existenz »eines Theaters, dessen Maschinerie Szenenwechsel und spektakuläre Effekte begünstigte, während es gleichzeitig auf illusionistische Weise dem Prinzip der einheitlichen Organisation des szenischen Raums genügte«. Robert Herbert assoziiert in seinem Buch *Neo-Impressionism* (New York: Guggenheim Museum, 1968), S. 119, *Parade de cirque* mit der »prozessionsartigen Isolierung« der Figuren in der ägyptischen Kunst.

95 Das Bild, das sich das neunzehnte Jahrhundert vom *Letzten Abendmahl* machte, hatte wohlgemerkt nicht viel zu tun mit der heutigen Mailänder Ruine; die Kritik bezog sich vielmehr in aller Regel auf eine Anzahl bekannter Kopien des Werks, so den Stich von Raphael Morghen oder Wiedergaben der »Rekonstruktion«, die Giuseppe Bossi 1807 vorgenommen hatte.

96 Mary Mathews Gedo hat behauptet, daß sich Seurats Interesse an alter Kunst vor allem auf große religiöse Werke konzentrierte; die *Grande Jatte* habe der Maler »als moderne Ikone, als das weltliche Äquivalent eines großen Altarbilds konzipiert ... die religiösen Aspekte der Komposition wurden im Lauf der Arbeit immer wichtiger, und als Seurat die oberste Schicht von pointillistischen Flecken in seinem Bild auftrug, hatte jeder Pinselstrich den Charakter einer rituellen, mit der Qualität des Heiligen erfüllten Geste angenommen.« Gedo, »The *Grande Jatte* as the Icon of a New Religion: A Psycho-Iconographic Interpretation«, *Art Institute of Chicago Museum Studies* 14, Nr. 2 (1989), S. 223-237.

97 Das *Letzte Abendmahl* ist das erste Kunstwerk, das David Sutter in seinem Aufsatz »Les phénomènes de la vision« behandelt, in *L'Art* (1880). Dieser Artikel gehört zu den wenigen Angaben, die Seurat in seinem Brief an Fénéon von 1890, in dem er sich über das Bild, das sich die Öffentlichkeit von seiner intellektuellen und ästhetischen Herkunft macht, tief beunruhigt zeigt, in Bezug auf die »Quellen« seiner Kunsttheorie macht. Sutters Analyse des *Letzten Abendmahls* im Hinblick auf das Verhältnis von »point de vue« und »les lignes fuyantes« (Orthogonalen) illustriert genau das, was Seurat in *Parade de cirque* demontiert. Einen Vergleich wiederholend, der um die Mitte des neunzehnten Jahrhunderts zur stehenden Formel geworden war, stellt Sutter dem Gemälde Leonardos die explizit theatralische *Hochzeit zu Kana* (1562) von Veronese gegenüber; diese kann zumindest in ihrer zentralen Partie insofern mit *Parade de cirque* in Verbindung gebracht werden, als sie aus komprimierten Ebenen, wie Geländern und diversen architektonischen Schichten, komponiert ist, deren räumliche Lesbarkeit durch keinerlei Orthogonalen unterstützt wird. Das *Letzte Abendmahl* ist auch das Hauptbeispiel in der Diskussion des »point de vue« bei Charles Blanc, *Grammaire des arts du dessin*, S. 510-513. Auch Blanc benutzt die *Hochzeit zu Kana* als Beispiel für eine alternative Bildorganisation, in der die Einheit eines einzigen Blickpunkts und eines einzigen Horizonts aufgebrochen ist.

98 An einigen der Übersetzungs- und Publikationsprojekte, die Leonardo zum Gegenstand hatten, war Seurats Freund Charles Henry direkt beteiligt. Zu den einflußreichen Arbeiten über Leonardo gehörte damals Charles Ravaisson-Mollien, »Les écrits de Léonard de Vinci«, *Gazette des Beaux-Arts* 23 (1881), S. 225 f., 331 f., 514 f.; H. de Geymuller, »Derniers travaux sur Léonard de Vinci«, *Gazette des Beaux-Arts* 34 (1886), S. 143-164; Gabriel Séailles, *Léonard de Vinci: L'artiste et le savant. Essai de biographie psychologique* (Paris: Perrin, 1892). Eine der von Ravaisson-Mollien gezogenen Konklusionen betrifft die zentrale Stellung der geometrischen Proportion in Leonardos Denken: »Er sagt, daß die Proportion nicht nur in Zahlen und Maßen, sondern auch in Tönen, Gewichten, in der Zeit, der Örtlichkeit und in allen Arten von Kräften entdeckt werden könne« (S. 237). Zuvor hatte auch Hippolyte Taine, ein enger Freund von Seurats Lehrer Henri Lehmann, über Leonardo geschrieben, und zwar mit besonderer Berücksichtigung des androgynen Elements in seiner Kunst, »Léonard de Vinci« (1865), in Taine, *Derniers essais de critique et d'histore* (Paris: Hachette, 1894), S. 340-374. Über die allgemeine kulturelle Bedeutung Leonardos im späten neunzehnten Jahrhundert in Frankreich, siehe A. Richard Turner, *Inventing Leonardo* (New York: Knopf, 1992), S. 132-149.

99 Gabriel Séailles, »Peintres contemporains: Puvis de Chavannes«, *Revue bleue: revue politique et littéraire* 6 (11. Februar 1888), S. 183.

100 Georg Simmel, *Philosophie des Geldes*, in *Gesamtausgabe*, Bd 6 (Frankfurt/Main: Suhrkamp, 1989): »Denn hier werden durch die apriorische Preisgleichheit sämtlicher Gegenstände vielerlei Überlegungen und Abwägungen des Käufers, vielerlei Bemühungen und Explikationen des Verkäufers wegfallen und so der wirtschaftliche Akt seine personalen Instanzen sehr schnell und gegen sie indifferent durchlaufen.« (S. 639) Es sei daran erinnert, daß Simmel in den späten 1880er Jahren

mit der Arbeit an seinem Projekt begann; der Aufsatz »Die Psychologie des Geldes« erschien 1889.

101 Jean-Joseph Goux hat gezeigt, daß der Kapitalismus ein System ist, in dem »das Libidinale, das Intersubjektive und das Semantische von den ökonomischen Beziehungen, die nunmehr als solche *aufgedeckt* sind, völlig abgetrennt ist«. Er spricht von einer allgemeinen »Unzuverlässigkeit« des Werts, von einer Erschöpfung der personalisierten und signifizierenden Dimensionen des Tauschs und von der Emergenz eines völlig autonomen ökonomischen Sektors, der der semantischen oder affektiven Besetzung widersteht. Goux, *Symbolic Economies after Marx and Freud*, übers. v. Jennifer Gage (Ithaca: Cornell University Press, 1980), S. 125-129.

102 Vielleicht sollte man jedoch auch das Verhältnis der beiden Figuren in Betracht ziehen. Die offensichtlich männliche Figur unten rechts beobachtet eine andere von ungewissem Geschlecht, die direkt hinter der Türschwelle des Ladens steht. Dieses Arrangement, in dem ein Individuum das andere heimlich überwacht, hat etwas von einer frühen Detektivgeschichte, und in der Tat lässt sich eine Verbindung zu einer solchen Geschichte herstellen: zu Edgar Allan Poes »Mann in der Menge«, wo der Erzähler einem Fremden »überallhin« folgt, »ohne seine Aufmerksamkeit zu erregen«. Obwohl die Geschichte um 1840 geschrieben wurde, sind Läden ein wichtiger Bestandteil im Itinerar des Fremden: »Keinen Augenblick merkte er, daß ich ihn beobachtete. Er ging in einen Laden nach dem anderen, fragte nie nach dem Preis, sprach kein Wort und betrachtete alle Dinge mit leerem Blick.« Eben diese Art von leerem Blick ist es, der in Seurats Sicht der Schaufenster und dann in *Parade de cirque* eingeht. In seiner paradigmatischen Artikulation moderner Einsamkeit entspricht Poes kurzer Text auch, von seinem spezifischen Inhalt einmal abgesehen, der Proto-Soziologie, die Seurats Oszillieren zwischen Bildern von isolierten Figuren und sozialen Kollektivgebilden bestimmt. Der Erzähler bei Poe berichtet, wie sein »elektrisierter« Verstand »zunächst eine abstrakte und verallgemeinernde Wendung nahm. Ich sah die Passanten als Masse und stellte sie mir in Aggregaten verbunden vor. Bald jedoch ließ ich mich auf Einzelheiten ein und betrachtete mit eingehendem Interesse die unendliche Vielfalt der Gestalten, der Kleidung, der Mienen, der Gangart, der Gesichter und der zur Schau getragenen Haltung.« Edgar Allan Poe, *Poetry and Tales* (New York: Library of America, 1984), S. 388-396. Charles Henry hat gezeigt, auf welche Weise Poe als Dichter, der die Wissenschaft hochhielt, für Seurat von Bedeutung gewesen sein könnte, in »Introduction à une esthéthique scientifique«, *Revue contemporaine* (1885), S. 444.

103 In einer Perspektivkonstruktion hat ein Fluchtpunkt nicht notwendig etwas mit dem mathematischen Zentrum eines Bildes zu tun.

104 Karl Marx, *Grundrisse der Kritik der politischen Ökonomie*, S. 125-126.

105 Daß die Idee des Preises Seurat beschäftigte, zeigt sich in seiner Rationalisierung des Preises seiner eigenen Werke. Siehe Schapiro, »Seurat and ›La Grande Jatte‹«, S. 16.

106 Brian Rotman, *Signifying Nothing: The Semiotics of Zero* (New York: St. Martin's Press, 1987). Vgl. auch Sergej Eisensteins bemerkenswerte Analyse eines anderen Gemäldes aus den späten 1880er Jahren, in dem ebenfalls ein »Nullpunkt« das entscheidende Element in einer im Sinne des Goldenen Schnitts strukturierten Komposition ist. Eisenstein behauptet, daß die Aufmerksamkeit des Betrachters in Wassilij Surikows *Verbannung der Bojarin Morosowa* (1887) vorsätzlich auf einen Punkt gelenkt werde, der zwar der »wichtigste«, aber »plastisch nicht porträtierbar« sei. Sergej Eisenstein, *Nonindifferent Nature*, übers. v. Herbert Marshall (Cambridge: Cambridge University Press, 1987), S. 23-26. Wie Seurat war Surikow (1848-1916) ein Maler, der sich der Erforschung der »Mathematik der Malerei« verschrieben hatte.

107 Erwin Panofsky, »Die Perspektive als symbolische Form« (1924), in *Aufsätze zu Grundfragen der Kunstwissenschaft*, hrsg. v. H. Oberer und E. Verheyen (Berlin: Bruno Hessling, 1964), S. 122. Dieses Buch diskutiert auch ausführlich die vitruvianischen Aussagen über die Szenographie.

108 Panofsky, »Die Perspektive als symbolische Form«, S. 126. Panofsky sagt, daß »die perspektivische Raumanschauung, die, die *ousia* zum *phainomenon* wandelnd, das Göttliche zu einem bloßen Inhalt des menschlichen Bewußtseins zusammenzuziehen scheint, dafür ... umgekehrt das menschliche Bewußtsein zu einem Gefäße des Göttlichen weitet«.

109 In Leo Steinbergs brillianter Analyse des *Letzten Abendmahls* heißt es: »Das Trapezoid ist, als die Form, die immer entsteht, wenn Orthogonalen auf eine Transversale treffen, bei weitem die typischste Form in der Malerei des fünfzehnten Jahrhunderts. Für einen Quattrocento-Maler, der eine Ein-Punkt-Perspektive mit geradlinigen Elementen konstruiert, ist es die unvermeidliche Modalität des Sichtbaren. Im *Cenacolo* ist es die formgebende Ursache, das visuelle Prinzip, welches die Welt der Phänomene mit der Manifestation Gottes versöhnt.« Steinberg, »Leonardo's Last Supper«, *Art Quarterly* 36, Nr. 4 (1973), S. 297-410.

110 In den späten siebziger Jahren betont auch Friedrich Engels die Nützlichkeit der Null in der Entwicklung der Wissenschaften: »Null ist darum nicht inhaltslos weil es die Negation jedes bestimmten Quantums ist. Im Gegentheil hat Null einen sehr bestimmten Inhalt. Als Gränze zwischen allen positiven und negativen Größen, als einzige wirklich neutrale Zahl, die weder + noch – sein kann, ist sie nicht nur eine sehr bestimmte Zahl, sondern auch an sich wichtiger als alle andern von ihr begrenzten Zahlen. Null ist in der That inhaltvoller als jede andere Zahl.« Engels, *Dialektik der Natur*, in *MEGA*, 1. Abt., Bd. 26 (Berlin: Dietz, 1985), S. 110.

111 Kojin Karatani, *Architecture as Metaphor: Language, Number, Money*, übers. v. Sabu Kohso (Cambridge: MIT Press, 1995), S. 43. Siehe auch Claude Lévi-Strauss, »L'introduction à l'œuvre de Marcel Mauss«, in Marcel Mauss, *Sociologie et anthropologie* (Paris: Presses universitaires de France, 1950), S. ix-lii; und Jacques Derrida, »Die Struktur, das Zeichen und das Spiel im Diskurs der Wissenschaft vom Menschen«, in *Die Schrift und die Differenz*, übers. v. Rodolphe Gasché (Frankfurt/Main: Suhrkamp, 1976), S. 438.

112 Charles Henry schrieb einen zweiteiligen Artikel über den historischen Ursprung diverser mathematischer Zeichen, inklusive der Null und des Zeichens für Unendlich, »Sur l'origine de quelques notations mathématiques«, *Revue archéologique* 37 (1878), S. 324-333, 38 (1879), S. 1-10.

113 Siehe Jacques Derrida, »Gewalt und Metaphysik«, in *Die Schrift und die Differenz* (Frankfurt/Main: Suhrkamp, 1972), übers. von R. Gasché, S. 174.

114 Es sei daran erinnert, daß für Marshall McLuhan das Werk Seurats eine entscheidende historische Schwelle darstellt, weil es, »indem es den Betrachter zum Fluchtpunkt machte, die traditionelle Perspektive umkehrte«, in *Through the Vanishing Point: Space in Poetry and Painting* (New York: Harper and Row, 1968), S. 24-25.

115 Siehe Nietzsche, »Wie die ›wahre Welt‹ endlich zur Fabel wurde«, *Götzendämmerung* (1889), in *KSA*, Bd. 6, S. 81.

116 Siehe André Green, »The Psycho-analytic Reading of Tragedy«, in Timothy Murray, Hrsg., *Mimesis, Masochism, and Mime: The Politics of Theatricality in Contemporary French Thought* (Ann Arbour: University of Michigan Press, 1997), S. 138: »Der theatralische Raum ist durch die Einschließung begrenzt, die sich aus den doppelten, beiderseits der Bühne zwischen Zuschauer und Schauspiel stattfindenden Austauschvorgängen und der dadurch entstandenen Umkehrung ergibt. Wir können diesen Rand zu eliminieren versuchen, aber er wird an anderer Stelle neu erstehen. Dies ist die unsichtbare Grenze, an der der Blick des Zuschauers auf eine Barriere trifft, die ihm Halt gebietet und die ihn – die erste Umkehrung – zurückschickt zum Zuschauer, will sagen zu sich selbst als der Quelle des Blicks.«

117 Bei John Russell z. B., in *Seurat* (New York: Praeger, 1965), S. 218, wird die Figur mit einem Häuptling verglichen; Richard Thompson sieht in seinem *Seurat* (Oxford: Phaidon, 1985), S. 155, Ähnlichkeiten mit Rembrandts *Christus vor Pilatus* mit seinen Assoziationen von drohender Hinrichtung und Opferung; Françoise Cachin beschreibt in *Seurat: Le rêve de l'art-science* (Paris: Gallimard, 1991), S. 96, die Szene als ein »feierliches, quasi-priesterliches Ritual ... eine geheimnisvolle Initiationszeremonie«; Robert Herbert plädiert in seinem Aufsatz »›Parade de cirque‹ de Seurat et l'esthétique scientifique de Charles Henry«, S. 18, für einen »Magier« oder für eine aus ägyptischen Quellen sich herleitende Osiris-Figur mit den entsprechenden Anklängen an Unterwelt und Opfer. Zum literarischen Hintergrund von einigen dieser ikonographischen Möglichkeiten, siehe E. M. Butler, *The Myth of the Magus* (Cambridge: Cambridge University Press, 1948). Bei

Téodor de Wyzewa, »Le pessimisme de Richard Wagner«, *Revue wagnérienne* 6 (8. Juli 1885), S. 167-170, wird »le Mage«, der ausgehend von »la vraie Science« die »harmonie« erschafft, mit Leonardo, Beethoven und Wagner assoziiert.

118 Max Weber, *Wirtschaft und Gesellschaft: Grundriß der verstehenden Soziologie*, hrsg. v. Joachim Winckelmann (Tübingen: J. B. C. Mohr, Paul Siebeck, ^{4}1956), S. 142. Über Max Webers Auffassung von charismatischer Herrschaft und seine Unterscheidung zwischen magischem, religiösem und rationalem Charisma, siehe Wolfgang Schluchter, *The Rise of Western Rationalism: Max Weber's Developmental History* (Berkeley: University of California Press, 1981), S. 118-128.

119 Siehe die Ausführungen über die bildliche Darstellung von Musikaufführungen im neunzehnten Jahrhundert bei Richard Leppert, *The Sight of Sound: Music, Representation, and the History of the Body* (Berkeley: University of California Press, 1993). Leppert geht u. a. dem Problem nach, wie »das Sehen sich auf die physische Seite des Musikmachens konzentriert (auf den Anblick der körperlichen Anstrengung des Töneerzeugens) ... Ihrer klanglichen Vergeistigung zum Trotz ist die Musik wie Tanz und Theater eine verkörperte Praxis.« (S. xx-xxi)

120 Die moderne Ära der Posaune beginnt um 1800, als sie nicht nur als Orchesterinstrument wiederentdeckt wurde, sondern sich vor allem auch für Musikaufführungen im Rahmen öffentlicher Feiern als geeignet erwies und insbesondere in den überall entstehenden Militärkapellen eine Rolle spielte; siehe Anthony Baines, Hrsg., *The Oxford Companion to Musical Instruments* (Oxford: Oxford University Press, 1992), S. 342-345.

121 Jacques Attali, *Noise: The Political Economy of Music*, übers. v. Brian Massumi (Minneapolis: University of Minnesota Press, 1985), S. 66.

122 Verschiedene Kunsthistoriker und Kritiker haben nachzuweisen versucht, daß überall in *Parade de cirque* die Proportionen des goldenen Schnitts angewandt sind. Siehe z. B. das bekannte und heute allgemein abgelehnte Schema bei Henri Dorra, »The Evolution of Seurat's Style«, in Henri Dorra und John Rewald, *Seurat* (Paris: Les Beaux-Arts, 1959), S. lxxxix-cvii.

123 Georges Bataille, »Le sens moral de la sociologie«, *Œuvres complètes*, Bd. 11 (Paris: Gallimard, 1988), S. 62.

124 Gustav Theodor Fechner, *Vorschule der Ästhetik*, Bd. 1 (Leipzig: Breitkopf und Härtel, 1876), S. 190 f. Eine vernichtende Stellungnahme zu Fechners Buch und eine Generalattacke auf die positivistischen Modelle einer »physiologischen« Ästhetik liefert Benedetto Croce, *Ästhetik*, übers. v. H. Feist und R. Peters (Tübingen: J. C. B. Mohr [Paul Siebeck], Kap. 17, S. 411 f.

125 Charles Henry, *Cercle chromatique, présentant tous les compléments et toutes les harmonies de couleurs...* (Paris: C. Verdin, 1888), S. 52.

126 Eine monumentale Quelle für diese Ideen war zur Zeit Seurats das Werk von Anthelme Edouard Chaignet, *Pythagore et la philosophie pythagoricienne*, 2 Bde. (Paris: Didier, 1873). Seurats Freund Charles Henry stützte sein eigenes Werk oft mit Hinweisen auf Pythagoras, z. B. in »Le contraste, le rhythme, la mesure«. Henry betrachtete seine Lebensarbeit als Grundlegung und Vorbereitung für eine »in naher Zukunft einsetzende, sich den ungeheuren wissenschaftlichen Fortschritt zunutze machende Erneuerung der Ontologie«, sowie für »die Einführung des Pythagoreismus und der Kabbala auf wissenschaftlicher Grundlage«, nach Francis Warrain, *L'œuvre psychobiologique de Charles Henry* (Paris: Hermann, 1938), S. 491.

127 Möglicherweise waren sich Seurat und Henry der zumindest oberflächlichen Ähnlichkeit bewußt, die zwischen den zeitgenössischen Dynamogenie-Theorien und gewissen Teilen der pythagoreischen Tradition bestand: »Noch evidenter ist der unbestreitbare Einfluß, den die Zahl durch das Medium der Musik, die nun einmal von numerischer Proportion abhängt, auf unseren seelischen Zustand ausübt. Gewisse musikalische Proportionen drücken ein freudiges Gefühl aus; andere haben wie die verminderte Terz etwas Bittersüßes, das uns traurig stimmt. Daß die Zahl den emotionalen Zustand eines Menschen beeinflußt, ist in der Tat mysteriös und verweist auf eine qualitative Dimension bei ihr, die über die bloß quantitative hinausgeht.« K. S. Guthrie, *The Pythagorean Sourcebook*, hrsg. v. David Fideler (Grand Rapids, Mich.: Phanes Press, 1987), S. 34.

128 Seurat, Brief an Beaubourg, in Broude, Hrsg., *Seurat in Perspective*, S. 18. Die Hauptquelle für die pythagoreische Lehre von den Gegensätzen war Aristoteles' *Metaphysik*, Buch I, Kap. 5. Ein anderer Text, den man in den 1880er Jahren gern heranzog, stammte von dem neuplatonischen Mystiker Iamblichos aus dem vierten nachchristlichen Jahrhundert. Der Pythagoreismus nach Iamblichos konnte als ein soziales Versöhnungsprojekt durch den Gebrauch ästhetischer Formen verstanden werden: »Er meinte, die Übung der Menschen müsse mit den Sinnen beginnen, wenn wir schöne Gestalten und Formen sehen und schöne Rhythmen und Melodien hören. Die erste Stufe seines Erziehungsprogramms bestand also aus Musik: Lieder und Rhythmen, von denen die Heilung der menschlichen Temperamente und Leidenschaften ausging.« Iamblichos, *Vom pythagoreischen Leben*, nach der engl. Übers. v. Gillian Clark (Liverpol: Liverpool University Press, 1989), S. 26.

129 Der Philosoph Charles Renouvier hatte als den für das moderne Denken wichtigsten Bestandteil des Pythagoreismus die Opposition zwischen »Zahl« und »Unendlich« hervorgehoben und betont, für die Pythagoreer sei das Unendliche »die Leere [le néant] des Wissens«, also das Grenzenlose und Unbestimmte, gegenüber welchem die Zahl als rationale Grenze und Bestimmung fungierte. Renouvier, *Essais de critique générale. Premier essai* (Paris: Ladrange, 1854), S. 381. Indem er jedoch die Null (die keine begrenzende oder bestimmte Funktion hat) mit dem Ort des Fluchtpunkts gleichsetzt, operiert Seurat allerdings außerhalb des moralischen Dualismus, der die Grundlage dieses Systems ist.

130 Es wäre falsch, den Pythagoreismus einfach mit vormodernen, mystischen Wertvorstellungen gleichzusetzen, denn einige der großen »Entzauberer«, die am Anfang der westlichen Wissenschaft stehen, zeigen ausgesprochen pythagoreische Züge. »Die Grundthese der Pythagoreer, nämlich daß die Natur im Sinne von Zahlen und Zahlenverhältnissen interpretiert werden müsse und die Zahl das Wesen der Wirklichkeit sei, beherrscht die moderne Wissenschaft; in den Werken von Kopernikus, Kepler, Galileo, Newton und ihren Nachfolgern wurde die pythagoreische These wiederbelebt und tritt heute in Gestalt des Satzes auf, daß die Natur quantitativ studiert werden muß.« Morris Kline, *Mathematics in Western Culture* (Oxford: Oxford University Press, 1953), S. 78. Michael Polanyi sieht in Descartes' universaler Mathematik eine Manifestation des Pythagoreismus: »Seine Hoffnung, wissenschaftliche Theorien mit Hilfe von klaren und deutlichen Ideen aufzustellen, die als solche notwendig wahr waren.« *Personal Knowledge* (Chicago: University of Chicago Press, 1958), S. 239-246.

131 Charles S. Peirce betont 1892 den »unbestreitbar politischen Charakter« der ursprünglichen pythagoreischen Gemeinschaft und nennt in seinen Lowell Lectures über die Geschichte der Wissenschaft Pythagoras »einen der größten Namen in der Wissenschaftsgeschichte«, in *Charles Sanders Peirce: Selected Writings*, hrsg. v. Philip P. Wiener (New York: Dover, 1958), S. 239-246.

132 Eine exemplarische Diskussion über die theologische Verwendung einer vertikalen Mittelachse liefert David D. Rosand, »Raphael and the Pictorial Generation of Meaning«, *Source: Notes in the History of Art* 5, Nr. 1 (Herbst 1985), S. 38-43.

133 Zum Problem der Zeugung und Fortpflanzung im pythagoreischen Denken, siehe Jonathan Barnes, *The Presocratic Philosophers*, Bd. 2 (London: Routledge, 1979), S. 76-81.

134 In Sideshows wie der von *Parade de cirque* traten bisweilen auch Hermaphroditen auf. Siehe Paul Smith, *Seurat and the Avant-Garde* (New Haven: Yale University Press, 1997), S. 191, Anm. 2, über die von Seurat besuchten *foires,* wo auch »des monstres qui sont à la fois homme et femme« zur Schau gestellt wurden.

135 Über die Fortdauer von pythagoreischen Dualitäten in der Philosophie des Westens, siehe Michèle LeDoueff, »Women and Philosophy«, in Toril Moi, Hrsg., *French Feminist Thought* (Oxford: Blackwell, 1987), S. 196. Zur Vorstellung von einer »ursprünglichen« Bisexualität, siehe Judith Butler, *Gender Trouble: Feminism and the Subversion of Identity* (New York: Routledge, 1990), S. 54: »Von Anfang an zeigt die binäre Restriktion der Sexualität jedoch, daß die Kultur keineswegs erst nach der angeblich von ihr unterdrückten Bisexualität auftritt: sie konstituiert vielmehr die Intelligibilitäts-Matrix, durch die eine primäre Bisexualität erst denkbar wird. Die als psychisches Funda-

ment postulierte und angeblich später unterdrückte ›Bisexualität‹ ist eine diskursive, wenn auch ihrem Anspruch nach allem Diskurs vorhergehende Produktion, die durch die bindenden und generativen Ausschließungspraktiken der normativen Heterosexualität bewirkt worden ist.« F. M. Cornford, *From Religion to Philosophy: A Study in the Origins of Western Speculation* (1912; New York: Harper, 1957), S. 65-72, verweist überzeugend darauf, daß der »Prototyp« der pythagoreischen Gegensätze die sexuelle Differenz war.

136 An dieser Stelle ist die bekannte Abhandlung von Jacqueline Rose über Freud und Leonardo aufschlußreich: »Die ungewisse sexuelle Identität verunklärt die Bildebene, so daß der Betrachter nicht weiß, wo er oder sie steht im Verhältnis zum Bild. Eine Verwirrung auf sexueller Ebene führt zu einer Unsicherheit im Sehfeld.« Rose, *Sexuality in the Field of Vision* (London: Verso, 1989), S. 226. In einem Gespräch über die androgyne Bedeutung der Titelrolle in seinem *Parsifal* bezog sich Richard Wagner auf die Christusfigur im Zentrum von Leonardos *Abendmahl*: »Weder weiblich noch männlich, ganz ungenerell müßte Christus sein, weder Frau noch Mann, so habe Leonardo in der Cena es versucht, einen beinahe weiblichen Kopf mit Bart zu geben.« Cosima Wagner, *Die Tagebücher*, Bd. 2, 1878-1883, hrsg. v. M. Gregor-Dellin u. D. Mack (München, Zürich: Piper, 1977), S. 556.

137 Siehe z. B. Francette Pacteau, »The Impossible Referent: Representations of the Androgyne«, in Victor Burgin und Cora Kaplan, Hrsg., *Formations of Fantasy* (London: Methuen, 1986), S. 62-84. Siehe auch den weit gespannten politischen und kulturellen Überblick bei A. J. L. Busst, »The Image of the Androgyne in the Nineteeth Century«, in Ian Fletcher, Hrsg., *Romantic Mythologies* (London: Routledge, 1967), S. 1-96.

138 Jean Laplanche und Jean-Bertrand Pontalis, »Fantasy and the Origins of Sexuality«, *International Journal of Psychoanalysis* 49, Teil 1 (1968), S. 1-18. Siehe die Beurteilung neuerer französischer Analysen von phantasmatischen Konstruktionen bei Herman Rapaport, *Between the Sign and the Gaze* (Ithaca: Cornell University Press, 1994), S. 17-90.

139 Ich glaube, daß Seurats Posaunenspieler in seiner *psychologischen Wirkung* (wenn auch nicht in seinem ikonographischen Hintergrund) auf bedeutsame Weise mit jenen Figuren verwandt ist, die Thomas Elsaesser im Stummfilm (und in den Filmen Syberbergs) ausgemacht hat: »Monströse, unheimliche Erlöser, Tyrannen, Sündenböcke, Zauberlehrlinge – Dr. Caligari, Mabuse, Nosferatu und der Golem.« Elsaesser assoziiert sie mit der immer wiederkehrenden Figur des Doppelgängers, dessen Erscheinen jedes Mal einen »Schock des Wiedererkennens« auslöst, gefolgt »von einer ebenso heftigen Verleugnung einer derartig gefährlichen Selbsterkenntnis. Welches das Verhältnis zwischen Selbstbild und Objektwahl ist, bleibt damit in der Schwebe, sobald dies zu einer Frage der politischen Selbstverwirklichung und des handgreiflichen Schicksals wird . . . Sie machen sichtbar, in welchem Ausmaß die zweideutigen Gefühle von Liebe und Haß, die das Subjekt an sein Alter ego binden, im Faschismus unterdrückt, verschoben und über das, was nach Freud ›sekundärer Narzißmus‹ ist, ›stromlinienförmig‹ dem Kult des charismatischen Führers angepaßt werden.« Elsaesser, »Myth as the Phantasmagoria of History: Syberberg, Cinema, and Representation«, *New German Critique* 24-25 (Herbst-Winter 1981-1982), S. 108-154.

140 In einem Brief an Félix Fénéon vom Juni 1890 spricht Seurat davon, daß »die Reinheit des spektralen Elements« die Grundlage seiner Technik sei. Siehe Broude, Hrsg., *Seurat in Perspective*, S. 16.

141 Victor Burgin, »Diderot, Barthes, Vertigo«, in Burgin und Kaplan, Hrsg., *Formations of Fantasy*, S. 98. Burgin beschäftigt sich u. a. mit Roland Barthes' Behauptung, der Inhalt eines Bildes funktioniere »im Namen einer Transzendenz der *Figur*, die die volle Last des Fetischismus zu tragen hat und zum sublimen Ersatz der Bedeutung wird«. Barthes, *Image, Music, Text*, übers. v. Stephen Heath (New York: Hill and Wang, 1977), S. 72.

142 Siehe Butler, *Gender Trouble*, S. 71: »In der phantasmatischen Natur des Begehrens zeigt sich, daß der Körper nicht sein Grund oder seine Ursache ist, sondern sein *Anlaß* und sein *Objekt*. Teilweise besteht die Strategie des Begehrens in einer Umformung des begehrenden Körpers selbst. Vielleicht muß man, um überhaupt begehren zu können, an ein verändertes körperliches Ich glauben, das in-

nerhalb der geschlechtlich determinierten Regeln des Imaginären den Erfordernissen eines zum Begehren fähigen Körpers entspricht. Diese imaginäre Voraussetzung des Begehrens geht immer über den physischen Körper hinaus, durch den oder auf dem es arbeitet.«

143 Sigmund Freud, *Jenseits des Lustprinzips*, in *Gesammelte Werke*, Bd. 13, S. 60. Siehe die bemerkenswerte Kritik an Freuds Text bei Jean Laplanche, *Life and Death in Psychoanalysis* (Baltimore: Johns Hopkins University Press, 1976), S. 103-124. Laplanche spricht von der problematischen Nichtidentität zwischen einem »Nullprinzip« und einem »Konstanzprinzip«. »Das ganze Gebiet des Biologischen«, schreibt Laplanche, »seine Geschichte ebenso wie seine gegenwärtigen Manifestationen, wird [bei Freud] von der Immanenz einer Nulltendenz heimgesucht, die verborgen aber unausweichlich in ihm arbeitet.« (S. 117) Auch Jean Baudrillard hat Mitte der siebziger Jahre Überlegungen angestellt, die sich mit dieser hochwichtigen Bildzone in Verbindung bringen lassen: »In der kapitalistischen Welt ist jeder allein vor dem allgemeinen Äquivalent. Genauso findet sich jeder allein vor dem Tod wieder – und das ist kein Zufall. Denn *die allgemeine Äquivalenz ist eben der Tod.* Daher die Besessenheit vom Tod und der Wille, den Tod durch die Akkumulation, die zum grundsätzlichen Rationalitätsmotor der politischen Ökonomie wird, abzuschaffen. Wert, insbesondere in Form von Zeit, wird akkumuliert in dem Phantasma, den Tod in einem linearen Unendlich des Wertes aufzuschieben.« Baudrillard, *L'échange symbolique et la mort* (Paris: Gallimard, 1976), S. 224, Hervorhebung i. O.

144 Kaja Silverman liefert in ihrer Neubewertung von Freuds *Jenseits des Lustprinzips* einen Rahmen für ein Verständnis von Seurats Obsession, die intellektuelle Kontrolle über sein Werk zu behalten: »Aufgrund ihrer ideologischen Ausrichtung auf Herrschaft ist die Männlichkeit besonders empfindlich gegenüber den auflösenden Wirkungen des Todestriebs. Das normative männliche Ich weist mit Notwendigkeit jedes Wissen von der Leere, auf der es beruht, zurück, und nach seinem Bestehen auf einer uneingeschränkten körperlichen ›Hülle‹ zu schließen, wacht es wütend über seine Kohärenz ... Die Desintegration gebietet dem Streben des Subjekts nach psychischer Synthesis in jedem Fall Einhalt.« Silverman, *Male Subjectivity at the Margins* (New York: Routledge, 1992), S. 61.

145 Jean-Jacques Nattiez, *Wagner Androgyne*, übers. v. Stewart Spencer (Princeton: Princeton University Press, 1993), S. 300.

146 Jacques Lacan betont, im Sinne der Nullfunktion oder trotz ihr, die »Endlichkeit des Begehrens«: »Jedermann weiß, daß, wenn im Nenner null erscheint, der Wert des Bruchs keinen Sinn mehr hat, aber per Konvention den Wert des Unendlichen annimmt, wie die Mathematiker sagen. In gewisser Weise geht es da um das eine Moment der Subjektkonstitution. Sofern der Ursignifikant reiner Unsinn ist, wird er zum Träger der Verunendlichung des Werts des Subjekts, die nicht jedem Sinn offen ist, aber jeden Sinn tilgt, was ein Unterschied ist ... Die Funktion der Freiheit ist im Sinn und radikalen Un-sinn des Subjekts in der Tat darin begründet, daß dieser Signifikant eigentlich jeden Sinn tötet.« Lacan, *Die vier Grundbegriffe der Psychoanalyse*, S. 265. Für Lacan, sagt Kaja Silverman, ist die Null die Antithese des transzendentalen Signifikanten. Das Nichtbedeuten der Null »initiiert den Prozess der endlosen Verschiebungen und Substitutionen, die die Bedeutung beinhalten ... Gleichzeitig beraubt es das Subjekt jedweder Autonomie. Aus der zentralen Rolle, die der henäre Signifikant bei der Organisation des Subjekts spielt, folgt, daß dieses keine ›eigene‹ Bedeutung hat und ganz und gar dem Feld sozialen Bedeutens und Begehrens subordiniert ist.« Silverman, *The Subject of Semiotics* (New York: Oxford University Press, 1983), S. 172-173.

147 »Das Wachsen des Kosmos wird dabei nach Art der Vorsokratiker als Werden eines Lebewesens beschrieben, insbesondere mit der Embryologie zusammengesehen: das ›Eine‹ beginnt zu atmen, und durch den einströmenden Atem nimmt es eine differenzierte Gestalt an.« Walter Burkert, *Weisheit und Wissenschaft: Studien zu Pythagoras, Philolaos und Platon* (Nürnberg: Hans Carl, 1962), S. 34-35. Vgl. auch die Diskussion des Zeugungsproblems und der Symbole von Mütterlichkeit und Väterlichkeit im politischen Kontext der französischen Dritten Republik bei Julia Kristeva, *La révolution du langage poétique* (Paris: Seuil, 1974), S. 441-508.

148 Der wagnerbegeisterte junge Nietzsche formulierte, was zu einer spätromantischen Standardvorstellung von einer verlorenen Matrix werden sollte und was auch für die Beurteilung von Seurats historischem Eklektizismus relevant ist: »Und nun steht der mythenlose Mensch, ewig hungernd, unter allen Vergangenheiten und sucht grabend und wühlend nach Wurzeln, sei es dass er auch in den entlegensten Alterthümern nach ihnen graben müsste. Worauf weist das ungeheure historische Bedürfnis der unbefriedigten modernen Cultur, das Umsichsammeln zahlloser anderer Culturen, das verzehrende Erkennenwollen, wenn nicht auf den Verlust des Mythus, den Verlust der mythischen Heimat, des mythischen Mutterschoosses?« Nietzsche, *Die Geburt der Tragödie* (1872), in *KSA*, Bd. 1, S. 146.

149 *Merriam-Webster's Collegiate Dictionary* (Springfield, Mass.: Merriam-Webster, [10]1993), S. 717. »James Joseph Sylveste hat 1850 zum ersten Mal den Terminus ›Matrix‹ auf eine rechteckige Anordnung von Zahlen angewendet ... Aber Arthur Caley hat 1858 in seinem Aufsatz ›A memoir on the theory of matrices‹ als erster angenommen, daß *m* x *n* Matrices als einzelne Entitäten gewissen Kombinationsgesetzen unterworfen sind.« Howard Eves, *Elementary Matrix Theory* (New York: Dover, 1966), S. 10. Siehe auch Dirk J. Struik, *A Concise History of Mathematics* (New York: Dover, [4]1987), S. 32-33. Paul Horst nennt die Matrix »grundsätzlich eine sehr einfache Weise, die Zahlen zu organisieren, die zur Beschreibung der verschiedenen Arten von Information, mit denen wir es alltäglich zu tun haben, benutzt werden«, in *Matrix Algebra for Social Scientists* (New York: Holt, Rinehart and Winston, 1962), S. 5.

150 »Eine Matrix, bei der alle Eingänge Null sind, ist eine *Nullmatrix*; sie wird im allgemeinen durch o oder durch das griechische Θ (Theta) denotiert.« Siehe Jan Gullberg, *Mathematics: From the Birth of Numbers* (New York: Norton, 1997), S. 637-670.

151 Siehe Rosalind E. Krauss, *The Optical Unconscious* (Cambridge: MIT Press, 1993), S. 220-222; Jean-François Lyotard, *Discours, figure* (Paris: Klincksieck, 1971), S. 333-339.

152 Marx, *Grundrisse der Kritik der politischen Ökonomie*, S. 123. Gayati Chakravorti Spivak spricht davon, daß der Kapitalismus durch die Differenz operiert, »noch bevor die Repräsentation entstehen kann«, und so die »tote Zeit der Differenz als solcher« produziert, in Spivak, »Speculations on Reading Marx: After Reading Derrida«, in Derek Attridge, Geoff Bennington und Robert Young, Hrsg., *Post-Structuralism and the Question of History* (Cambridge: Cambridge University Press, 1987), S. 41.

153 Siehe meine *Techniken des Betrachters*, S. 75-102.

154 Die von Emile Javal und N. Th. Klein angefertigte französische Übersetzung von Helmholtz' Werk erschien 1867 unter dem Titel *Optique physiologique* (Paris: Victor Masson).

155 Arthur Rimbaud beschreibt in seinem Gedicht »Les poètes de sept ans« solche Phänomene: »... et dans ses yeux fermés voyait des points«. Rimbaud, *Œuvres complètes* (Paris: Gallimard, 1972), S. 43-45. Auch der britische Gelehrte Sir Francis Galton spricht über diese Erscheinungen: »Viele werden feststellen, daß sich, wenn man in völliger Dunkelheit sorgfältig auf das Sehfeld achtgibt, darauf wie von selbst ununterbrochen eine Folge von Veränderungen abspielt. Das ist mir vielfach bestätigt worden ... Bevor ich daranging, es ausdrücklich nachzuprüfen, hätte ich schwören können, im Dunkeln würde mein Sehfeld nur aus gleichförmigem Schwarz mit einigen gelegentlichen hellpurpurnen Wolken und anderen geringen Variationen bestehen. Nachdem ich aber dazu übergegangen bin, es mit derselben Konzentration zu untersuchen, mit der man im Dunkeln ein Straßenschild entziffert, bin ich zu dem Ergebnis gelangt, daß das ganz und gar nicht der Fall ist, sondern daß ständig ein kaleidoskopartiger Wechsel von Mustern und Formen vor sich geht, wobei diese Formen jedoch zu kompliziert und zu flüchtig sind, als daß man sie mit einiger Sicherheit aufzeichnen könnte. Ich staune über ihre Vielfalt und bin, was ihre Ursache angeht, vollkommen ratlos. Sobald ich irgend etwas zu denken anfange, verschwinden sie aus dem Sehen und dem Gedächtnis, und es berührt seltsam, daß sie sicher vorhanden sind und doch gewöhnlich hartnäckig übersehen werden.« Galton, *Inquiries into Human Faculty and Its Development* (London: Macmillan, 1883), S. 158-159.

156 James, *Principles of Psychology*, Bd. 2, S. 241.
157 Hermann von Helmholtz, *Handbuch der physiologischen Optik*, Bd. 3, S. 7.
158 Hermann von Helmholtz, *Handbuch der physiologischen Optik*, Bd. 1, S. 182-183. Siehe auch das Handbuch von R. L. Gregory, *The Eye and the Brain: The Psychology of Seeing* (Princeton: Princeton University Press, [4]1990), S. 64, wo die Blutgefäße als ein weitverzeigter Baum beschrieben werden. Abbildungen des »Gefäßbaums« erscheinen dreimal in der französischen Helmholtz-Übersetzung von 1867 (*Optique physiologique*, S. 31, 215, 254). Ernst Mach benutzte zur Beschreibung der entoptischen Phänomene inklusive der von den retinalen Blutgefäßen verursachten den von Johannes Müller übernommenen Ausdruck »Gesichtsphantasmen«, und er berichtet: »So leuchtete mir vor Jahren an mehreren aufeinanderfolgenden Tagen auf dem Buch, in welchem ich las, oder auf dem Schreibpapier ein hellrothes Capillarnetz (ähnlich einem sogenannten Wundernetz) auf ... Spuren von Phantasmen, wenn man die Netzhaut dem Einfluss der äusseren Reize entzieht und die Aufmerksamkeit dem Sehfelde allein zuwendet, sind fast immer vorhanden.« Mach, *Beiträge zur Analyse der Empfindungen*, S. 84, Anm. 43.
159 Um 1887, als Seurat *Parade de cirque* plante und mit der Ausführung begann, hatte dieser Aspekt des Helmholtzschen Werks bereits bei den kulturell maßgebenden Kreisen in Frankreich Eingang gefunden. Siehe z. B. die Diskussion bei Alfred Fouillée, »La sensation et la pensée selon le sensualisme et le platonisme contemporains«, *Revue des Deux Mondes* 82 (15. Juli 1887), S. 398-425: »Helmholtz hat in seiner *Physiologischen Optik* gezeigt, daß es visuelle Empfindungen gibt, die wir nicht wahrnehmen – schwererkennbare Flecken, *mouches volantes*, Nachbilder, Irradiationen, chromatische Ränder, marginale Farbveränderungen, Doppelbilder, Astigmatismen, Akkomodations- und Konvergenzbewegungen, retinale Antagonismen, etc.« Auch Hippolyte Taine verarbeitete in seinem vielgelesenen Werk zahlreiche Helmholtzsche Beobachtungen. Taine berief sich mit seiner These, die sichtbare Außenwelt sei in Wirklichkeit das Spiel von »inneren visuellen Phantomen« direkt auf die *Physiologische Optik*. Siehe Taine, *De l'intelligence* (1869), Bd. 1,2 (Paris: Hachette, 1903).
160 Der Traum von der Unmittelbarkeit bei Seurat ist die Phantasie von einem Theater ohne Aufführungen. In diesem Sinn stellt die Ablehnung der Szenographie in *Parade de cirque*, das Nichtstattfinden der Öffnung, auch die imaginäre Bedingung her für das ursprüngliche Ereignis des Fests. Derrida bemerkt im Zusammenhang mit Rousseaus Affirmation der politischen Selbstbestimmung über das Fest folgendes: »Was aber ist eine *Szene, auf der es nichts zu sehen gibt*? Es ist der Ort, wo der Zuschauer, indem er selbst spektakulär, Spektakel wird, nicht mehr Sehender, noch Gesehener sein wird, wo er in sich die Differenz zwischen dem Schauspieler und dem Zuschauer, dem Dargestellten und dem Darsteller, dem betrachteten Objekt und dem betrachtenden Subjekt auslöschen wird. Mit dieser Differenz wird eine ganze Reihe von Oppositionen kettenförmig aufgegliedert ... Die Präsenz wird erfüllt sein ... wie die Intimität einer Selbstpräsenz, als Bewußtsein oder Empfindung des Bei-sich-Seins, der Eigentlichkeit.« Derrida, *Grammatologie*, übers. v. H.-J. Rheinberger u. H. Zischler (Frankfurt/Main: Suhrkamp, 1974), S. 524-525; Hervorhebung von mir.
161 Lacan, *Die vier Grundbegriffe der Psychoanalyse*, S. 91.
162 Für Deleuze gehört das Phantasma »zu einer idealen Oberfläche, auf der es als Wirkung hergestellt wird und die das Innere wie das Äußere transzendiert, da zu ihrer topologischen Eigenschaft gehört, ›ihre‹ innere Seite mit ›ihrer‹ äußeren Seite in Kontakt zu bringen, um sie in einer einzigen Seite auseinanderzufalten«. Deleuze, *Die Logik des Sinns*, übers. v. B. Dieckmann (Frankfurt/Main: Suhrkamp, 1993), S. 260.
163 Jean-François Lyotard beschreibt das Band oder die Schranke im Sinne von »Intensitäten«, die »mal hier, mal dort verlaufen, sich aufbauen und verschwinden, ohne daß man sie jemals in den Bühnenraum eines Theatersaales, in eine Szene einsperren könnte. Das Theatralische und die Repräsentation – weit davon entfernt, daß man sie als *a forteriori* metaphysische, libidinöse Gegebenheiten betrachten müßte – resultieren aus einer bestimmten Arbeit am labyrinthischen Möbiusband, aus einer Arbeit, die diesen besonderen Faltungen und Falzungen eingeprägt und deren Er-

gebnis ein geschlossenes Gehäuse ist, das die Impulse filtert und nur solche auf der Szene erscheinen lässt, die – aus dem hervorgegangen, was man von nun an als *Außen* bezeichnet – den Erfordernissen des Innen genügen. Der Raum der Repräsentation ist ein energetisches Dispositiv.« Lyotard, *Ökonomie des Wunschs*, übers. v. Gabriele Ricke und Ronald Voullié (Bremen: Impuls, 1984), S. 14.

164 Der Möbiusstreifen, eine Erfindung des neunzehnten Jahrhunderts, ist für Elizabeth Grosz, *Volatile Bodies: Toward a Corporeal Subjectivity* (Bloomington: Indiana University Press, 1994), S. xii, ein Schlüsselmodell, um die Konstruktionen der verkörperten Subjektivität zu analysieren: »Der Möbiusstreifen hat den Vorteil, den Übergang des Geists in den Körper und den des Körpers in den Geist zu zeigen, die Weise, wie durch eine Art Drehung oder Umkehrung die eine Seite zur anderen wird. Er zeigt auch einen Weg, die Beziehungen zwischen dem Innen und dem Außen des Subjekts, seinen psychischen Innenraum und sein körperliches Äußeres, zu problematisieren und neu zu denken, und zwar nicht durch Nachweis ihrer fundamentalen Identität oder ihrer Reduzierbarkeit aufeinander, sondern durch den einer Torsion von einem ins andere, der Passage, des Vektors, durch den Nachweis der unkontrollierbaren Strömung von innen nach außen und von außen nach innen.«

165 Das Theater der Repräsentation wird für Lyotard stets von einer austauschbaren Figur eingenommen, einem von ihm »Zero« genannten Darsteller dessen, was diesem Innenraum äußerlich ist. Dies ist das Zeichen, das »das leere Zentrum« einnimmt, den Ort, »an dem alles für sichtbar-intelligibel gehalten wird«, den »Ort des Wissens«. Zero wird zur Figur Gottes, des organisierten Körpers, der Gesellschaft, des Kapitals, des Ichs, der platonischen Ideen, etc. Siehe Lyotard, *Ökonomie des Wunsches*, übers. v. Gabriele Ricke und Ronald Voullié (Bremen: Impuls, 1984), S. 11-27.

166 Erwin Panofsky hebt in seiner Diskussion der Renaissance-Perspektive die Tilgung des Körpers hervor: »Die Struktur eines unendlichen, stetigen und homogenen, kurz rein mathematischen Raumes ist derjenigen des psychophysiologischen geradezu entgegengesetzt.« Es ist »geradezu die Bestimmung« der perspektivischen Konstruktion, »den psychophysiologischen Raum gleichsam in den mathematischen umzuwandeln. Sie negiert also den Unterschied zwischen Vorne und Hinten, Rechts und Links, Körper und Zwischenmedium (›Freiraum‹), um die Gesamtheit der Raum-Teile und Raum-Inhalte in einem einzigen ›Quantum continuum‹ aufgehen zu lassen; sie sieht also ab von der Tatsache, daß wir nicht mit einem fixierten, sondern mit zwei beständig bewegten Augen sehen, wodurch das ›Gesichtsfeld‹ eine sphäroide Gestalt erhält.« Panofsky, »Die Perspektive als symbolische Form«, S. 101.

167 Mach, *Beiträge zur Analyse der Empfindungen*, S. 21, Anm. 14. »Mach bemühte sich in seinem Werk, die Wirksamkeit der Wissenschaft als universales Konstrukt sozusagen durch einen Rückzug zu retten, einen Rückzug auf die alleinige Legitimität des Wahrnehmungsakts. Er schuf eine Art von legitimem, funktionalem wissenschaftlichem Impressionismus.« Leon Botstein, »Time and Memory: Concert Life, Science and Music in Brahms's Vienna«, in Walter Frisch, Hrsg., *Brahms and His World* (Princeton: Princeton University Press, 1990), S. 17.

168 André Chastel, »Le ›système‹ de Seurat«, in *Seurat* (Paris: Flammarion, 1973), S. 5-8. Philippe Lacoue-Labarthe betont, daß kein Begriff der Moderne möglich sei »ohne eine Neudefinition ihrer Beziehung zum Alten. Die Moderne ist nichts anderes als eine solche Neudefinition«, in *Heidegger, Art and Politics*, übers. v. Chris Turner (Oxford: Blackwell, 1990), S. 58.

169 Thomas Mann, *Gesammelte Werke*, Bd. 6 (Frankfurt/Main: S. Fischer, ²1974), S. 258.

170 Chastel ist zwar kein Adorno, aber die wenigen von mir zitierten Reflexionen sind für eine Beurteilung Seurats hilfreicher als so manche von den bekannten Konklusionen Meyer Schapiros, auf die ich angespielt habe. Wer ist Schapiros Seurat? Ein aufgeklärter, politisch fortschrittlicher Künstler und Kunsthandwerker, der für sein Projekt, das Bild einer nichthierarchischen sozialen Welt zu schaffen, Wissenschaft und technologische Denkweisen zu Hilfe nimmt. Sicherlich ist Schapiros unkritische Einstellung gegenüber »Wissenschaft« und »Technologie« das Produkt eines bestimmten politischen und intellektuellen Augenblicks, aber es ist trotzdem bedauerlich, daß er sich der »methodischen Rationalität« bei Seurat nur als einem letztgültigen Ort des Sinns genähert hat statt als einem Ort drängender und unaufgelöster Widersprüche.

171 Das Zitat ist den Ausführungen Ernst Blochs über Kepler (*Das Materialismusproblem*, Frankfurt/Main: Suhrkamp, 1972, S. 427) entnommen. An anderer Stelle äußert sich Bloch leicht abweichend: »Und nun begann erst in der Neuzeit der Graben oder das Schisma, das spätestens seit Kepler zwischen den *beiden Seiten des Pythagoreismus* eingerissen ist. Zwischen der quantitativen Seite, auf der sich die eigentliche, die seitdem allein wissenschaftliche Mathematik entwickelt hat, und zwischen der figürlich-qualitativen, symbolischen Seite, auf der die sogenannte ›heilige Mathematik‹ beheimatet sein sollte. Letztere war auf einer anderen gesellschaftlichen Grundlage gewachsen als auf der, die schließlich allein noch am Kalkulationsverfahren und der ihm entsprechenden qualitätslosen Welt interessiert war.« Bloch, *Das Prinzip Hoffnung*, in *Gesamtausgabe*, Bd. 5-6, S. 1597.

172 Norman O. Brown, *Life against Death: The Psychoanalytic Meaning of History* (Middletown, Conn.: Wesleyan University Press, 1959), S. 247-248. Anders wird dieses Problem von John Brenkman artikuliert, in »Theses on Cultural Marxism«, *Social Text* 7 (Frühling-Sommer 1983), S. 19-33: »Ästhetische Erfahrungen finden innerhalb der Opposition des Symbolischen und des Ökonomischen statt, nicht oberhalb davon, und innerhalb des gelebten Konflikts zwischen Selbsttätigkeit und Verdinglichung.«

173 Die abenteuerliche Psychobiographie Seurats wäre erst noch zu schreiben, aber aufgrund der geringen dokumentarischen Spuren, die sein Verhältnis zu seinem sonderbaren Vater hinterlassen hat, dürfte Seurats »Fall« wohl kaum einmal neben dem von Kafka oder anderen als exemplarisch genannt werden. Antoine-Chrysostome Seurat war eine Figur, in der die psychotischen Ränder der bourgeoisen männlichen Identität im neunzehnten Jahrhundert berührt, wenn nicht gar überschritten wurden. Man könnte sich damit begnügen, den Zustand des Vaters einfach als extrem »zwanghaft-obsessiv gestört« zu bezeichnen, aber man hätte damit noch nichts über das Ineinandergreifen von juridischer, familiärer und religiöser Verwirrung in seiner Lebensführung ausgesagt. Er war ein beamteter Jurist (Gerichtsvollzieher und Notar im Pariser Bezirk La Villette), der als Ehemann und Vater von seiner Familie getrennt lebte, um nur jeden Dienstag mit absoluter Regelmäßigkeit zur Erfüllung seiner ehelichen Pflichten zurückzukehren, und ein religiöser Fanatiker, der die Wände des häuslichen Flurs bis obenhin mit volkstümlichen Drucken von Jesus, der heiligen Jungfrau und den Heiligen bedeckte und sich, zum Mißfallen der lokalen kirchlichen Stellen, auch selbst als »Priester« stilisierte und in seinem Weinkeller für die örtlichen Bauern mit Hilfe seines Gärtners Messen zelebrierte. Diverse Berichte bestätigen das angesichts dieser schrecklichen väterlichen »Wunschmaschine« Vorhersehbare: daß Seurat von seiner Mutter verhätschelt wurde und seine Besetzung dieser Mutterbindung stark war. Zu dieser Fülle von Anhaltspunkten kommt noch hinzu, daß Seurats Vater als junger Mann einen Teil seines Arms verloren hatte und mit einer Art Prothese ausgestattet war, die er, wie Mary Gedo berichtet, ominöserweise so geschickt zu handhaben wußte, »daß er damit tadellos einen Braten zerlegen und verteilen konnte, Scheibe für Scheibe an seinem Haken aufspießend«. Die phantasmatische Wirkung dieser künstlichen Hand könnte Teil einer erweiterten Lektüre von Seurats eigener Entwicklung eines »mechanisierten«, repetitiven Verfahrens sein (von der »prothesenhaften« Qualität der metallenen Posaune in *Parade de cirque* nicht zu reden). Zu den wenigen Versuchen, diese Elemente in Seurats Leben interpretativ auszuwerten, gehören die Aufsätze von Mary Gedo, »The *Grande Jatte* as the Icon of New Religion«; und S. Hollis Clayson, »The Family and the Father: The *Grande Jatte* and Its Absences«, *Art Institute of Chicago Museum Studies* 14, Nr. 2 (1989), S. 133-145. Zu biographischer Information, siehe die entsprechenden Abschnitte bei Henri Perruchot, *La vie de Seurat* (Paris: Hachette, 1966).

174 In meinem Gebrauch des Wortes *Aura* überschneidet sich seine wörtliche Bedeutung als »lichthafte Strahlung« mit den Assoziationen, die durch das Werk Walter Benjamins damit verbunden sind. In *Parade de cirque* steht der ursprüngliche Sinn von Aura als »Nimbus« in direkter Beziehung zu den Leuchtzonen, mit denen Seurat seine Figuren umgab.

175 Diese Umkehrung, in der der Schein gegenüber dem Wesen privilegiert und die technologische Rationalität für den Schein in Dienst genommen wird, gehört, wie wir sehen werden, zu den Möglich-

keiten, zwischen Seurat und Richard Wagner eine Verbindung herzustellen. Siehe dazu die Diskussion von Walter Benjamins Begriff des »dialektischen Bilds« bei Georges Didi-Huberman, »The Supposition of the Aura: The Now, the Then, and Modernity«, in Richard Francis, Hrsg., *Negotiating Rapture* (Chicago: Museum of Contemporary Art, 1996), S. 48-63. Ein dialektisches Bild herzustellen, heißt »zugleich die Moderne (das Vergessen der Aura) durch einen Akt der Erinnerung und den Archaismus (die Sehnsucht nach der Aura) durch einen Akt wesentlich *moderner* Erfindung, Substitution und Bedeutungsentziehung zu kritisieren. Benjamin weist mit derselben Geste Mythos und Technologie zurück, Träumen und Wachen, Carl Gustav Jung und Karl Marx« (S. 53).

176 Man hat oft bemerkt, daß die Gasbeleuchtung 1888 gegenüber den neuen elektrischen Bogenlampen, die seit den frühen 1880er Jahren die urbanen Räume eroberten, schon etwas veraltet war. Wolfgang Schivelbusch hat jedoch gezeigt, daß noch 1890 der nächtliche Stadtraum als ein Patchwork von zentralen, durch weißes Licht erleuchteten Zonen und weit ausgedehnteren Nebenzonen erfahren wurde, die noch mit Gas beleuchtet waren. Ein Fußgänger war aufgrund des Nebeneinanders von völlig verschiedenen Lichtzonen abrupten und desorientierenden optischen Wechselerfahrungen ausgesetzt: »Der Lichtbogen war eine kleine Sonne, das Licht, das er ausstrahlte, besaß annähernd die gleiche spektrale Zusammensetzung wie das Tageslicht. Im Schein des Bogenlichts sah das Auge wie am hellen Tage, das heißt, es sah mit den für das Tageslicht bestimmten Zapfen, während es bei Gasbeleuchtung als Nacht-Auge, d. h. mit Hilfe der Stäbe sah. Von einer mit Bogenlicht erhellten Straße in eine gasbeleuchtete zu treten, erforderte die volle Dunkel-Adaptation des Auges...« Schivelbusch, *Lichtblicke. Zur Geschichte der künstlichen Helligkeit im 19. Jahrhundert* (München, Wien: Hanser, 1983), S. 116.

177 Siehe z. B. Norma Broude, »New Light on Seurat's Dot: Its Relation to Photomechanical Color Printing in France in the 1880s«, *Art Bulletin* 56 (Dezember 1974), S. 581-589, oder Marshall MacLuhan, *Understanding Media: The Extensions of Man* (New York: McGraw-Hill, 1965), S. 190.

178 Paul Virilio, *Die Sehmaschine*, S. 40.

179 Stephen Toulmin und June Goodfield, *The Architecture of Matter* (Chicago: University of Chicago Press, 1962), S. 109-136. Michel Serres handelt davon, wie im neunzehnten Jahrhundert vormoderne Vorstellungen von Transsubstantiation ihren Einfluß behielten und mit den Begriffen sowohl des philosophischen als auch des wissenschaftlichen Materialismus und der Thermodynamik teilweise deckungsgleich waren, in *Feux et signaux de brume: Zola* (Paris: Grasset, 1975), S. 236-244.

180 Ernst Bloch, *Das Materialismusproblem, seine Geschichte und Substanz*, in *Werkausgabe*, Bd. 7 (Frankfurt/Main: Suhrkamp, 1985), S. 430. Das komplizierte Problem von Seurats additiver und »repetierender« Technik (und ihrer latenten Opposition gegen die Moderne) hat Adorno umrissen: »Vom nachdrücklichen ästhetischen Begriff des Neuen sind die industriellen Verfahrensweisen nicht wegzudenken, welche die materielle Produktion der Gesellschaft zunehmend beherrschen ... Die industriellen Techniken jedoch, Wiederholung identischer Rhythmen und wiederholte Hervorbringung von Identischem nach einem Muster, enthalten zugleich ein dem Neuen konträres Prinzip. Das setzt sich durch in der Antinomik des ästhetisch Neuen.« Theodor W. Adorno, *Ästhetische Theorie*, in *Gesammelte Schriften* (Frankfurt/Main: Suhrkamp, 1971), Bd. 7, S. 405.

181 David Summers, »Contrapposto: Style and Meaning in Renaissance Art«, *Art Bulletin* 59 (September 1977), S. 357.

182 Zu einer umfassenderen Beurteilung der formalen Charakteristika der archaischen oder »primitiven« griechischen Kunst, siehe Emanuel Loewy, *Die Naturwiedergabe in der älteren griechischen Kunst* (Rom: von Loeschner & Co, 1900). Für Humbert de Superville hatte die Vertikalachse des menschlichen Körpers eine originäre und transzendente Bedeutung, denn der aufrechte Mensch war »Gott zugewandt«. In der frontalen Vertikalität der archaischen Kunst sah er jedoch einen »eigenartigen und ursprünglichen Ausdruck des Todes«. Siehe die Eingangsparagraphen seines »Essay on the Unconditional Signs in Art« (1827), in *Miscellanea Humbert de Superville*, hrsg. v. Jacob Bolten (Leiden, 1997), S. 68.

183 Frontale, hieratische Bilder mit Bewegungslosigkeit zu assoziieren, ist sicherlich nicht willkürlich. »Authentische Bilder«, stellt Hans Belting in seiner Diskussion von Ikonen des zwölften Jahrhunderts fest, »schienen zum Handeln befähigt, also *Dynamis*, übernatürliche Wirkkraft zu besitzen. Auch nahmen Gott und die Heiligen, wie man erwartete, in ihnen Sitz und gaben ihnen Stimme.« Belting, *Bild und Kult. Eine Geschichte des Bildes vor dem Zeitalter der Kunst* (München: C.H. Beck, 1990), S. 16.

184 Denys Hayes, *Greek Art and the Idea of Freedom* (London: Thames and Hudson, 1981), S. 33.

185 In den späten 1880er Jahren fanden an mehreren Stellen in Paris volkstümliche »Theateraufführungen« mit Marionetten statt, so mit »Maquettes animées« im Alcazar d'Hiver. Dort traten Marionetten, die etwa einen Meter groß waren und aus Gummi bestanden, als Clowns, Zirkusartisten und Musikanten auf. Jules Chéret hatte speziell für diese Veranstaltung ein Plakat entworfen.

186 Meyer Schapiro, *Modern Art, 19th and 20th Centuries: Selected Papers* (New York: Braziller, 1978), S. 101-110.

187 Das Dilemma, das mit einer vollständigeren Erforschung von Leonardos Aufzeichnungen in den späten 1880er Jahren einherging, bestand teilweise in der Frage, wie seine Einsichten hinsichtlich der »natürlichen« Bewegungen und Rhythmen von Lebewesen mit seiner Erfindung diverser Formen mechanischer Bewegung zu vereinbaren sein könnten. Die Wirkung von Leonardos Maschinenstudien im späten neunzehnten Jahrhundert behandelt Georges Canguilhem, »Machine and Organism«, in Jonathan Crary und Sanford Kwinter, Hrsg., *Incorporations* (New York: Zone Books, 1992), S. 44-69. Siehe die Ausführungen Jean-Claude Beaunes über Leonardos Stellung in der zweideutigen Geschichte der Automaten: einerseits wirkte er mit an der Schöpfung der vormodernen Maschinerie von höfischen Festen und Theatern, andererseits entwarf er regularisierte protoindustrielle Formen maschineller Prozesse, in Beaune, *L'automate et ses mobiles* (Paris: Flammarion, 1980), S. 76-88.

188 Gegen Ende der 1880er Jahre gab es bereits in großem Ausmaß Forschungen und Reflexionen über das Problem des automatischen Verhaltens. In der Psychologie war, wie wir sahen, Janets *L'automatisme psychologique* (1889) ein Schlüsseltext, in dem die automatischen Komponenten von Wahrnehmung, Gedächtnis und Aufmerksamkeit aufgezeigt wurden. In den philosophischen Debatten bezog man sich auch vielfach auf die »Automaten-Hypothese« von Thomas Huxley, nach der das Bewußtsein ein bloßes Epiphänomen, eine überflüssige Ergänzung war, die zur Operation der physiologischen Prozesse hinzutrete. Siehe Thomas H. Huxley, *Collected Essays*, Bd. 1 (New York: D. Appleton, 1917), S. 199-250. Siehe z.B. den Gebrauch, den Alfred Binet bei der Untersuchung des Automatismus von Huxleys Hypothese macht, in *On Double Consciousness* (Chicago: Open Court, 1890), S. 20. Die historischen Resonanzen, die mit diesem Problem verbunden waren, werden spürbar, wenn Charcot betont, daß »die Bewegungen, die die unbewußte Gehirntätigkeit äußerlich darstellen, sich durch ihren automatischen und rein mechanischen Charakter auszeichnen. Wir haben dann in der Tat Lamettries *menschliche Maschine* vor uns.« Charcot, *Clinical Diseases of the Nervous System*, S. 290.

189 Über die Tätigkeit des Kongresses und den offenen Kampf zwischen der Schule von Nancy und der Salpêtrière, siehe François Dyckaerts, »1889: Un congrès houleux sur l'hypnotisme«, *Archives de Psychologie* 57 (1989), S. 53-68. Den Gedankenaustausch auf dem Kongreß behandelt auch Léon Chertok, »On the Discovery of the Cathartic Method«, *International Journal of Psycho-analysis* 42, Nr. 3 (1961), S. 284-287. Chertok betont, daß in Paris fast gleichzeitig der Erste internationale Kongreß für Psychologie stattfand (6.-10. August 1889), der eine wichtige der Hypnose gewidmete Sektion hatte, und daß viele Teilnehmer zwischen beiden Veranstaltungen hin und her pendelten.

190 Deborah Silverman, »The 1889 Exhibition: The Crisis of Bourgeois Individualism«, *Oppositions* 8 (Frühjahr 1977), S. 71-79.

191 Über den Zusammenhang zwischen der Entstehung der Anthropologie als Disziplin in den 1870er Jahren und der Ausstellung von 1889, siehe Paul Greenhalgh, *Ephemeral Vistas: The Expositions Universelles, Great Expositions and World's Fairs, 1851-1939* (Manchester: Manchester University

Press, 1988), S. 84-90. Über die »taxinomische« Organisation der Ausstellung, siehe Silverman, »The 1889 Exhibition«, S. 78-80.

192 Léon Chertok und Isabelle Stengers, *L'hypnose: blessure narcissique* (Paris: Les Empêcheurs de penser en rond, 1990), S. 55. Siehe die bemerkenswerte Diskussion der Trance in diversen nichtwestlichen und vormodernen Gesellschaften, in denen die Trance, statt eine bloße Modalität individueller Erfahrung zu sein, »ein kulturelles Modell darstellt, das in gewisse allgemeine Vorstellungen von der Welt integriert ist«, bei Gilbert Rouget, *Music and Trance: A Theory of the Relation between Music and Possession*, übers. v. Brunhilde Biebuyck (Chicago: University of Chicago Press, 1985). Siehe auch Paul Stoller, »Son et transe chez les Songhay du Niger«, in Daniel Bougnoux, Hrsg., *La suggestion: Hypnose, influence, transe* (Cerisy: Les Empêcheurs de penser en rond, 1991), S. 145-161.

193 Einer der berühmtesten »Magnetiseure« war Charles Lafontaine, der zwischen 1840 und 1852 mit seinen Schaustellungen durch Europa zog. Unter Musikbegleitung wurden unempfindlich gemachte Personen mit Hutnadeln durchbohrt und junge Frauen aus der Arbeiterklasse »ekstatisch« in die heilige Theresa verwandelt. Siehe seine *Mémoires d'un magnétiseur* (Paris: Ballière, 1866). Vgl. auch die Diskussion bei Jacqueline Carroy, *Hypnose, suggestion et psychologie: L'invention de sujets* (Paris: Presses universitaires de France, 1991), S. 89-96.

194 Um die Mitte der 1880er Jahre herrschte zunehmend Streit darüber, ob die Hypnose für öffentliche Belustigungen geeignet sei. Man beachte die Ambivalenz etwa in folgender Äußerung von 1889: »Die öffentlichen Schaustellungen haben die Aufmerksamkeit der Wissenschaft auf diese Zustände gelenkt, obwohl der Beigeschmack von Scharlatanerie, der mit der Sache verbunden war, viele abgestoßen hat. Daher ist es zu begrüßen, daß solche Vorführungen in Preußen verboten worden sind. Jetzt hindert uns nichts an einer wissenschaftlichen Annäherung an die Materie. Ich will die Dienste derer, die durch öffentliche Vorführungen auf den Hypnotismus aufmerksam gemacht haben, nicht abwerten. So wie ich mich weigere, in die allgemeine Verdammung Mesmers einzustimmen, versuche ich, Männer wie Hansen, Böllert und andere fair zu beurteilen. Auch wenn ihre Motive nicht ganz selbstlos gewesen sein mögen, haben sie der Wissenschaft gute Dienste erwiesen ... Es muß allerdings gesagt werden, daß es vom moralischen Standpunkt keine Rechtfertigung dafür gibt, zu keinem anderen Zweck als zum Amusement ungebildeter Personen Menschen in einen Zustand zu versetzen, der sie ihres Willens beraubt.« Albert Moll, *Hypnotism* (1889; New York: Scribner's, 1899), S. 391-392. Eine denunziatorische, bis zur Verbotsforderung gehende Haltung gegenüber den reisenden Mesmeristen und Hypnose-Künstlern nimmt Georges Gilles de la Tourette ein, *L'hypnotisme et les états analogues au point de vue médico-légal* (Paris: E. Plon, 1887).

195 Über Braid, Charcot und Freud, siehe Léon Chertok und Raymond de Saussure, *The Therapeutic Revolution, from Mesmer to Freud*, übers. v. R. H. Ahrenfeldt (New York: Brunner/Mazel, 1979), S. 38. Nach Dorothy Ross, *G. Stanley Hall: The Psychologist as Prophet* (Chicago: University of Chicago Press, 1972), S. 149, war Hall mit dem Thema der Hypnose »in Deutschland durch volkstümliche Schausteller, die sich auf spiritualistische Kräfte beriefen, bekannt gemacht worden«. Über Braid als Demonstrationsobjekt Lafontaines handelt Carroy, *Hypnose, suggestion et psychologie*, S. 91-92.

196 So besteht Bernheim auf der Authentizität Hansens (obwohl er sagt, daß er »der Medizin ferne stand«), in *Die Suggestion und ihre Heilwirkung* (1884; Leipzig, Wien: Deuticke, [2]1896), S. 130.

197 Alan Gauld, *A History of Hypnotism* (Cambridge: Cambridge University Press, 1992), S. 303. Siehe auch J.-S. Morand, *Le magnétisme animal: Etude historique et critique* (Paris: Garnier, 1889), S. 425-428.

198 Für François Roustang ist die Hypnose eine radikal andere, mit den westlichen Vorstellungen von Bewußtsein unvereinbare Form des Wachseins, nämlich eine, in der der Verlust der Selbstbeherrschung und der Fähigkeit, zu entscheiden und zu reflektieren, eine neue Modalität der Freiheit ist. Zu der von Tausenden von Zeugnissen belegten Qualität hypnotischer Erfahrung gehört nach Roustang »die Kohabitation oder Koidentität gegensätzlicher Qualitäten, von Heiß und Kalt, von

Geschmeidigkeit und Starrheit, von Hell und Dunkel, von Überempfindlichkeit und Betäubung, von Kommunikation und Verschlossenheit, von Konzentration und Lockerung, von Aufmerksamkeit und Zerstreuung. Der Schluß drängt sich auf, daß der hypnotische Zustand für die Kategorien von Raum und Zeit keine Verwendung hat.« Roustang, *Influence* (Paris: Editions de Minuit, 1990), S. 84. Vgl. auch die Aussage von Jean-Luc Nancy, daß »die hypnotische Existenz formlos ist«, in *The Birth to Presence*, übers. v. Brian Holmes (Stanford: Stanford University Press, 1993), S. 19-23.

199 Timothy Mitchell, »The World as Exhibition«, *Comparative Studies in Society and History* 31 (1989), S. 232-233.

200 Die Identifizierung des Cirque Corvi hat weniger mit wiedererkennbaren Kennzeichen in *Parade de cirque* zu tun als mit einigen Bemerkungen, die Gustave Kahn in seiner Besprechung des Werks gemacht hat, in »Peinture: Exposition des Indépendants«, *Revue indépendante*, n.s. 7, Nr. 18 (April 1888), S. 161. Jean-Claude Lebensztejn betont die Irrelevanz solcher Feststellungen und die Bedeutung einer anonymen Dekontextualisierung bei Seurat, in *Chahut*, S. 31.

201 So Peter Stallybrass und Allon White, *The Politics and Poetics of Transgression* (Ithaca: Cornell University Press, 1986), S. 178.

202 Mike Featherstone, »Postmodernism and Aestheticization«, in Scott Lash und Jonathan Friedman, Hrsg., *Modernity and Identity* (Oxford: Blackwell, 1992). Featherstone sieht in den Messen, Variétés und Schaustellungen des neunzehnten Jahrhunderts und im Tourismus, den Themenparks und Malls des späten zwanzigsten Jahrhunderts verwandte Formen von »konstruierter Andersheit«.

203 Siehe die inhaltsreiche Diskussion über die im späten neunzehnten Jahrhundert stattfindende Verschiebung von »Sehmaschinen« zu »Schwindelmaschinen« bei Lieven de Cauter, »The Panoramic Ecstasy: On World Exhibitions and the Disintegration of Experience«, *Theory, Culture and Society* 10 (November 1993), S. 1-23. Über die Entstehung einer kinästhetischen materiellen Kultur zur Zeit der Jahrhundertwende handelt Hillel Schwartz, »Torque: The New Kinaesthetic of the Twentieth Century«, in Crary und Kwinter, Hrsg., *Incorporations*, S. 71-126.

204 Die kritischen Schriften von Raymond Bellour waren für mich von großer Bedeutung, und zwar insbesondere wegen der in ihnen skizzierten Wechselbeziehung zwischen Photographie, Hypnose, Kino und Psychoanalyse im neunzehnten Jahrhundert: »Dies sind die Zeichen einer sehr starken epistemologischen Konfiguration, die dem Subjekt in der westlichen Kultur einen weitgehend neuen Platz anwies – einen Platz, der mehr und mehr an die Ausformung gewisser Bilder von Zeit, von Vergangenheit und Gedächtnis gebunden war. Im ganzen neunzehnten Jahrhundert können wir beobachten, wie allmählich eine hochwichtige, starke Tendenz des Bildermachens entsteht, die sich am Ende des Jahrhunderts durch zwei Erfindungen radikalisierte, die, jeweils auf ihrer Ebene, das Erbe all jener Elemente angetreten zu haben schienen, die sich damals sowohl medizinisch wie mythisch um die Hypnose herum kristallisiert hatten. Das eine war eine mechanische Erfindung, die zum ersten Mal die scheinbare Reproduktion von Bewegung und Leben möglich machte; das andere war eine psychologische Theorie, die das Schicksal des Subjekts durch die Entstehung einer Anzahl von Vorstellungen und Phantasien sowie durch die Verbundenheit des Subjekts mit bestimmten Bildern erklärte.« Aus Janet Bergstrom, »Alternation, Segmentation, Hypnosis: An Interview with Raymond Bellour«, *Camera Obscura* 3-4 (Sommer 1979), S. 102. Eine grandiose Meditation über Kino, Hypnose und Faszination ist auch Bellours Essay über Jacques Tourneurs Meisterwerk *Curse of the Demon* (1957); siehe Bellour, »Believing in the Cinema«, in E. Ann Kaplan, Hrsg., *Psychoanalysis and Cinema* (New York: Routledge, 1990), S. 98-109.

205 *Parade de cirque* wird als der intensivste Versuch Seurats beschrieben, »durch die disziplinierten Verfahren seiner Kunst die Emotionen des Betrachters unterbewußt zu kontrollieren«, in Thompson, *Seurat*, S. 152.

206 James Braid, *Neurypnology, or the Rationale of Nervous Sleep Considered in Relation with Animal Magnetism* (London: J. Churchill, 1843). Für die französische Ausgabe dieses Buchs schrieb Brown-Séquard 1883 ein Vorwort.

207 Brown-Séquard, »Dynamogénie« (1885), S. 757. Die Beziehung zwischen Dynamogenie und Hypnose wird auch behandelt bei Moll, *Hypnotism,* S. 292-293.

208 Bernheim, *Die Suggestion und ihre Heilwirkung*, S. 130, Anm. 1; Henry, »Le contraste, le rhythme, la mesure«, S. 358-362.

209 Bernheim, *Die Suggestion und ihre Heilwirkung*, S. 129.

210 Bergson, *Zeit und Freiheit*, übers. v. P. Fohr (Jena: Diederichs, 1920), S. 33.

211 Gabriel de Tarde, *Les lois de l'imitation* (1890; Paris: Félix Alcan, 1921), S. 91.

212 In diesem Sinn wird hier (zumindest oberflächlich) mit moderneren Mitteln derselbe Zweck erfüllt, den Michael Fried als Bestandteil der französischen Antirokoko-Malerei festgestellt hat: »Ein Bild sollte den Betrachter zuerst anziehen (*attirer, appeller*), ihn dann innehalten lassen (*arrêter*) und schließlich fesseln (*attacher*); das heißt, ein Gemälde sollte jemanden ansprechen, ihn veranlassen, sich vor ihm aufzustellen und ihn dann festhalten, als ob er gebannt und bewegungsunfähig wäre.« Fried, *Absorption and Theatricality: Painting and Beholder in the Age of Diderot* (Berkeley: University of California Press, 1980), S. 92.

213 Mikkel Borch-Jacobsen, *The Emotional Tie: Psychoanalysis, Mimesis, and Affect* (Stanford: Stanford University Press, 1992), S. 26. Robert Herbert assoziiert in seinem Aufsatz »›Parade de cirque‹ de Seurat et l'esthétique scientifique de Charles Henry«, S. 18, diese Figur mit denjenigen, die später die Gemälde Magrittes bevölkern sollten. Siehe in diesem Zusammenhang auch die Diskussion bei Paul Smith, *Seurat and the Avant-Garde*, S. 124-125.

214 Tarde, *Les lois de l'imitation,* S. 82. Die von mir zitierten Abschnitte aus diesem Buch wurden 1884 in periodischer Form publiziert.

215 Tarde, *Les lois de l'imitation*, S. 73.

216 Ibid., S. 83.

217 Gabriel de Tarde, »Catégories logiques et institutions sociales«, *Revue philosophique* 28 (August 1889), S. 123.

218 Siehe Serge Moscovici, *The Age of the Crowd: A Historical Treatise on Mass Psychology,* übers. v. J. C. Whitehouse (Cambridge: Cambridge University Press, 1985), S. 158. Einer der Grundgedanken Tardes war »der Vorrang der Kommunikationsmittel über alle anderen Instrumente des sozialen Lebens«.

219 Tarde, »Catégories logiques et institutions sociales«, S. 302.

220 Ibid., S. 303.

221 Tarde, *Les lois de l'imitation*, S. 95-96.

222 Über de Tarde und das Entstehen einer Verbraucherbewegung handelt ausführlich Rosalind Williams, *Dream Worlds: Mass Consumption in Late Nineteenth Century France* (Berkeley: University of California Press, 1982), S. 342-384.

223 Tarde, *Les lois de l'imitation*, S. 90.

224 »Was man den Wunsch einer Bevölkerung nennt, etwa einer kleinen Stadt oder einer Klasse zu einem gegebenen Zeitpunkt, besteht ausschließlich aus ... Tendenzen, in allem und jedem irgendeine reichere Stadt oder eine höhere Klasse nachzuäffen. Dieses Corpus an äffischen Neigungen bildet die potentielle Energie einer Gesellschaft.« Ibid., S. 115.

225 Tarde, *Les lois de l'imitation*, S. 92. Die Mischung aus sozialen und geologischen Metaphern ist einer der vielen Gründe für die Vorliebe, die Deleuze und Guattari in *Kapitalismus und Schizophrenie: Tausend Plateaus*, Kap. 9, S. 298 f., für Tarde an den Tag legen. Für sie war Tarde der Erfinder der Mikrosoziologie, der anders als Durkheim »sich mehr für die Welt im Detail oder für das unendlich Kleine [interessierte]: die kleinen *Nachahmungen, Gegensätze und Empfindungen*, die eine Materie unterhalb der Vorstellung bilden«. Tarde, für den »molekular« ein Schlüsselbegriff ist, verstand, daß »Überzeugungen und Begehren die Grundlagen jeder Gesellschaft [sind], weil sie Strömungen sind, die als solche ›quantifiziert‹ werden können, wahrhaftige gesellschaftliche Quantitäten, während Empfindungen qualitativ und Vorstellungen schlichte Resultanten sind«. Dennoch scheinen Deleuze und Guattari nicht bemerkt zu haben, daß Tarde auch einer der Urheber des (von

ihnen auf Bateson zurückgeführten) Begriffs »Plateau« ist. Tarde gebraucht »Plateau« als flexible Bezeichnung für natürliche, soziale und statistische Prozesse und Ereignisse, einschließlich der Operation des »sozialen Begehrens«. Siehe Tarde, *Les lois de l'imitation*, S. 125 f.

226 Tarde, *Les lois de l'imitation*, S. 87.

227 Gabriel de Tarde, »Belief and Desire«, in *On Communication and Social Influence: Selected Papers of Gabriel de Tarde*, hrsg. v. Terry N. Clark (Chicago: University of Chicago Press, 1969), S. 197-198. Dieser Essay war zuerst 1880 in der *Revue philosophique* veröffentlicht worden. Tarde deutet darin einige der epistemologischen Probleme an, die in Seurats Werk relevant werden sollten: »Wichtiger, als eine Definition dieses Typs zu geben, ist es, festzuhalten, daß die Überzeugung, ebenso wie das Begehren, weder logisch noch psychologisch auf die Sensation folgt; daß die Überzeugung, weit davon entfernt, aus einem Aggregat von Sensationen herzurühren, unentbehrlich ist für deren Entstehung ebenso wie für deren Arrangement; daß niemand weiß, was abzüglich des Urteils von der Sensation übrigbleibt; und daß im allerelementarsten Ton, im unteilbarsten Farbpunkt schon eine Dauer und eine Sukzession vorhanden ist, eine Vielzahl von Punkten und aneinander grenzenden Augenblicken, *deren Integration ein Rätsel ist.*« (Ibid.; Hervorhebung von mir).

228 Über frühere und weniger bekannte Arbeiten zur Massenpsychologie, siehe Jaap van Ginneken, »The 1895 Debate on the Origins of Crowd Psychology«, *Journal of the History of the Behavioral Sciences* 21 (October 1985), S. 375-382.

229 Siehe Mary Jo Nye, »Gustave Le Bon's Black Light: A Study in Physics and Philosophy in France at the Turn of the Century«, *Historical Studies in the Physical Sciences*, hrsg. v. Russell McCormmach, Bd. 4 (Princeton: Princeton University Press, 1974), S. 163-169. Der Artikel behandelt u. a. Le Bons frühe medizinische Ausbildung, seinen Streit mit den Brüdern Lumière und seine Korrespondenz mit Albert Einstein in den zwanziger Jahren.

230 Gustave Le Bon, *Psychologie der Massen* (1895; Stuttgart: Kröner 1964), S. 24-25.

231 Ibid., S. 23.

232 »Da, wo sich die wirkliche Welt in bloße Bilder verwandelt, werden die bloßen Bilder zu wirklichen Wesen und zu den wirkenden Motivierungen eines hypnotischen Verhaltens.« Guy Debord, *Die Gesellschaft des Spektakels*, Abschnitt 18, S. 19.

233 Le Bon, *Psychologie der Massen*, S. 10.

234 Le Bons Begriff der Masse hat mit Durkheims Vorstellungen von sozialen Aggregaten wenig zu tun. Le Bon sah in der Masse ein Exempel dafür, daß sich Gruppen vom sozialen Substrat der Moralität und der kulturellen Praktiken vollständig lösen können, während Durkheim diese auch noch in Massensituationen präsent glaubte. Über die Masse bei Durkheim, Tarde und Le Bon, siehe Charles Lindholm, *Charisma* (Oxford: Blackwell, 1990), S. 27-49. Siehe auch Cathérine Rouvier, *Les idées politiques de Gustave Le Bon* (Paris: Presses universitaires de France, 1986), S. 100-102; Susanna Barrows, *Distorting Mirrors: Visions of the Crowd in Late Nineteenth Century France* (New Haven: Yale University Press, 1981), S. 162-188; und Patrick Brantlinger, *Bread and Circuses: Theories of Mass Culture as Social Decay* (Ithaca: Cornell University Press, 1983), S. 154-183.

235 Le Bon, *Psychologie der Massen*, S. 22.

236 Freud setzt sich in *Massenpsychologie und Ich-Analyse* (1921), in *Gesammelte Werke*, Bd. 13, S. 85, mit Le Bons »mit Recht berühmt gewordenem« Werk auseinander: »Und endlich: Die Massen haben nie den Wahrheitsdurst gekannt. Sie fordern Illusionen, auf die sie nicht verzichten können. Das Irreale hat bei ihnen stets Vorrang vor dem Realen, das Unwirkliche beeinflußt sie fast ebenso stark wie das Wirkliche.«

237 Le Bon, *Psychologie der Massen*, S. 44.

238 Friedrich Nietzsche, *Die fröhliche Wissenschaft*, in *KSA*, Bd. 3, S. 618. An anderer Stelle bemerkt Nietzsche: »Unsere ganze Sociologie kennt gar keinen anderen Instinct als den der Heerde, d. h. der *summarischen Nullen*, – wo jede Null ›gleiche Rechte‹ hat, wo es tugendhaft ist, Null zu sein. . .« *Nachgelassene Fragmente* (1888-1889), 14 [40], in *KSA*, Bd. 13, S. 238; Hervorhebung i. O.

239 Die eigentliche Natur von Seurats Interesse an Wagner ist Gegenstand vieler Spekulationen gewe-

sen. Er verkehrte mit einigen führenden Wagnerianern in Paris, u. a. mit den Initiatoren der *Revue Wagnérienne*, die zwischen 1885 und 1888 erschien. Über Seurats Verhältnis zum Wagnerianertum seiner Zeit, siehe Zimmermann, *Seurat and the Art Theory of His Time*, S. 307-311, und Smith, *Seurat and the Avant-Garde*, S. 123-140.

240 Das unentbehrliche Werk über Wagner und die Massenkultur ist Theodor W. Adorno, *Versuch über Wagner*, in *Gesammelte Schriften*, Bd. 13 (Frankfurt/Main: Suhrkamp, 1971). Siehe auch die Diskussion bei Andreas Huyssen, »Adorno in Reverse: From Hollywood to Richard Wagner«, in *After the Great Divide: Modernism, Mass Culture, Postmodernism* (Bloomington: Indiana University Press, 1986), S. 16-43; und Friedrich A. Kittler, »World Breath: On Wagner's Media Technology«, in David J. Levin, Hrsg., *Opera through Other Eyes* (Stanford: Stanford University Press, 1994), S. 215-235.

241 Eine von Wagners beispielhaften Erklärungen für den Niedergang des Theaters und der Oper seiner Zeit im Sinn einer Loslösung vom Gemeinschaftsleben enthält der Aufsatz »Ein Theater in Zürich«, in *Gesammelte Schriften und Dichtungen* (Leipzig: W. Fritzsch, 1897-1898), Bd. 5, S. 20-52. Das Fortdauern von wagnerianischen sozialen Ambitionen wird im Kontext des Kreises um Gustav Mahler im Wien der 1890er Jahre beschrieben von William J. McGrath, *Dionysian Art and Populist Politics in Austria* (New Haven: Yale University Press, 1974), S. 120-164.

242 Das Problem der Gemeinschaftsbildung bei Wagner behandelt aufschlußreich David J. Levin, »Reading Beckmesser Reading: Antisemitism and Aesthetic Practice in ›The Mastersingers of Nuremberg‹«, *New German Critique* 69 (Herbst 1996), S. 127-146.

243 Marc Weiner, *Richard Wagner and the Anti-Semitic Imagination* (Lincoln: University of Nebraska Press, 1995), S. 36.

244 Siehe z. B. Wagners Bemerkungen über Empfänglichkeit und Zerstreuung in »Publikum und Popularität«, in *Gesammelte Schriften und Dichtungen*, Bd. 10, S. 61-90.

245 Richard Wagner, »›Zukunftsmusik‹« (1861), in *Gesammelte Schriften und Dichtungen*, Bd. 7, S. 124: »In der Oper versammelte sich in Italien ein Publikum, welches seinen Abend mit Unterhaltung zubrachte; zu dieser Unterhaltung gehörte auch die auf der Scene gesungene Musik, der man von Zeit zu Zeit in Pausen der Unterbrechung der Konversation zuhörte; während der Konversation und der gegenseitigen Besuche in den Logen fuhr die Musik fort, und zwar mit der Aufgabe, welche man bei großen Diners der Tafelmusik stellt ... Eine italienische Oper muß wenigstens *eine* Arie enthalten, der man gern zuhört; soll sie Glück machen, so muß wenigstens sechsmal die Konversation unterbrochen und mit Teilnahme zugehört werden können; der Komponist, der aber ein ganzes dutzendmal die Aufmerksamkeit der Zuhörer auf seine Musik zu ziehen weiß, wird als ein unerschöpfliches melodisches Genie gefeiert.« Siehe auch Wagner, »Oper und Drama«, in *Gesammelte Schriften und Dichtungen*, Bd. 3,4, wo Wagner darauf besteht, daß der Zuschauer zu anhaltender und ungeteilter Aufmerksamkeit imstande sein muß.

246 Wagners Ausführungen war die noch heftigere Kritik Schopenhauers an der Oper des neunzehnten Jahrhunderts als einer mit Zerstreuung gleichbedeutenden Kunstform vorausgegangen. Schopenhauer sagt von der Musik, daß »ihre höchsten Produktionen, um gehörig aufgefasst und genossen zu werden, den ganzen ungetheilten und unzerstreuten Geist verlangen, damit er sich ihnen hingebe und sich in sie versenke, um ihre so unglaublich innige Sprache ganz zu verstehn. Statt dessen dringt man, während einer so höchst komplicirten Opern-Musik, zugleich durch das Auge auf den Geist ein, mittelst des bunten Gepränges, der phantastischesten Bilder und der lebhaftesten Licht- und Farben-Eindrücke; wobei noch außerdem die Fabel des Stücks ihn beschäftigt. Durch dies Alles wird er abgezogen, zerstreut, betäubt, und so am wenigsten für die heilige, geheimnißvolle, innige Sprache der Töne empfänglich gemacht.« Schopenhauer, *Parerga und Paralipomena*, Bd. II, § 220, S. 475.

247 Über das Verhalten des französischen Opernpublikums im neunzehnten Jahrhundert, siehe James H. Johnson, *Listening in Paris: A Cultural History* (Berkeley: University of California Press, 1995). Johnson handelt über die vielen Faktoren, die allmählich zu einer Etikette relativer Stille in der

Oper, zu »einem immer zurückhaltenderen und in seinem äußeren Gehaben aufmerksamen Auditorium«, zur Idee eines »aufmerksam-versunkenen Publikums« führten, wie es im achtzehnten Jahrhundert undenkbar gewesen wäre. Siehe auch die ausführliche Diskussion über die Umformung des Zuschauer-Verhaltens im neunzehnten Jahrhundert bei Richard Sennet, *The Fall of Public Man: On the Social Psychology of Capitalism* (New York: Random House, 1978), S. 205-218.

248 Max Nordau, der in Wagner den Hauptvertreter der Entartung sah, warf dem Komponisten seine Subversion der traditionellen Begriffe von Aufmerksamkeit vor. Wagners »unendliche Melodie« sei »eine Ausgeburt des Entartungs-Denkens. Sie ist musikalische Mystik. Sie ist die Form, in welcher die Unfähigkeit zur Aufmerksamkeit sich in der Musik äußert. In der Malerei führt Aufmerksamkeit zur Komposition, ihr Fehlen zur photographisch gleichmäßigen Behandlung des ganzen Sehfeldes wie bei den Praeraphaeliten ... in der Musik endlich drückt sich Aufmerksamkeit durch geschlossene Formen, das heißt durch begrenzte Melodien, ihr Fehlen aber durch die Auflösung der Form, durch das Verwischen ihrer Grenzen, also durch unendliche Melodie aus wie bei Wagner.« Nordau, *Entartung*, Bd. 1, S. 309-310. Vgl. auch Nietzsches Assoziation von *décadence* und dem »Verfall des melodischen Sinns« in dem Brief an Carl Fuchs (vermutlich Mitte April 1886), in *Nietzsche Briefwechsel, Kritische Gesamtausgabe*, III, 3 (Berlin, New York: de Gruyter, 1982), S. 176.

249 Die Illusion entsteht in Bayreuth, wie Wagner selbst sagt, in erster Linie »durch die wundervolle Täuschung eines scheinbaren Fernerrückens der eigentlichen Szene..., welche darin besteht, daß der Zuschauer den szenischen Vorgang sich weit entrückt wähnt, ihn nun aber doch mit der Deutlichkeit der wirklichen Nähe wahrnimmt; woraus dann die fernere Täuschung erfolgt, daß ihm die auf der Szene auftretenden Personen in vergrößerter, übermenschlicher Gestalt erscheinen. Der Erfolg dieser Anordnung dürfte wohl allein genügen, um von der unvergleichlichen Wirkung des nun eingetretenen Verhältnisses des Zuschauers zu dem szenischen Bilde eine Vorstellung zu geben. Jener befindet sich jetzt, sobald er seinen Sitz eingenommen hat, recht eigentlich in einem ›Theatron‹, d. h. in einem Raume, der für nichts anderes berechnet ist, als darin zu schauen, und zwar dorthin, wo seine Stelle ihn weist. Zwischen ihm und dem zu erschauenden Bilde befindet sich nichts deutlich Wahrnehmbares, sondern nur eine, zwischen den beiden Proszenien durch architektonische Vermittlung gleichsam im Schweben erhaltene Entfernung, welche das durch sie ihm entrückte Bild in der Unnahbarkeit einer Traumerscheinung zeigt...« (R. Wagner, »Das Bühnenfestspielhaus zu Bayreuth«, in *Gesammelte Schriften und Dichtungen*, Bd. 9, S. 337-338). Zit. bei Schivelbusch, *Lichtblicke*, S. 226-227, Anm. 56. Schivelbusch behandelt in diesem Text die Ähnlichkeiten zwischen den von Wagner produzierten Effekten und denen von Daguerres Diorama aus den 1820er Jahren.

250 Über die Einzelheiten der Wagnerschen Umformung der Theatererfahrung existiert eine umfangreiche Literatur. Wertvoll vor allem im Hinblick auf die Kontinuität, die zwischen dem Werk Wagners und dem Kino besteht, ist die Arbeit von Jo Leslie Collier, *From Wagner to Murnau: The Transposition from Stage to Screen* (Ann Arbor: UMI Research Press, 1988), S. 9-34. Nach wie vor wesentlich ist Adornos Kapitel über »Phantasmagorie« in seinem *Versuch über Wagner*; siehe auch unten, Anm. 270.

251 Nietzsche, *Der Fall Wagner*, in *KSA*, Bd. 6, S. 29.

252 Ibid., S. 43.

253 Über das Wagnerianertum in Frankreich, siehe das unschätzbare Werk *Wagner et la France*, hrsg. v. Martine Kahane und Nicole Wild (Paris: Editions Herscher, 1983). Siehe auch Isabelle Wyzewska, *La Revue Wagnérienne: Essai sur l'interprétation esthétique de Wagner en France* (Paris: Librairie Académique Perrin, 1934); Gerald D. Turbow, »Art and Politics: Wagnerism in France«, in David C. Large und William Weber, Hrsg., *Wagnerism in European Culture and Politics* (Ithaca: Cornell University Press, 1984), S. 134-166; Christian Goubault, »Modernisme et décadence: Wagner et anti-Wagner à la musique française de fin de siècle«, *Revue internationale de musique française* 18 (November 1985), S. 29-46; Richard Sieburth, »1885, February: The Music of the Future«,

in Denis Hollier, Hrsg., *A New History of French Literature* (Cambridge: Harvard University Press, 1989), S. 789-797; Erwin Koppen, »Wagnerism as Concept and Phenomenon«, in Ulrich Müller und Peter Wapnewski, Hrsg., *Wagner Handbook* (Cambrige: Harvard University Press, 1992), S. 343-353; L. J. Rather, *Reading Wagner: A Study in the History of Ideas* (Baton Rouge: Louisiana State University Press, 1990), S. 59-77; und Elaine Brody, *Paris: The Musical Kaleidoscope, 1870-1925* (New York: Braziller, 1987), S. 21-59. Eine unterhaltsame Darstellung der *Revue Wagnérienne* liefert Jacques Barzun, *Darwin, Marx and Wagner: Critique of a Heritage* (New York: Doubleday, [2]1958), S. 288-293. Wichtig im Hinblick auf Wagner ist auch Jane Fulcher, *The Nation's Image: French Grand Opera as Politics and Politicized Art* (Cambridge: Cambridge University Press, 1988); die Autorin erkennt in Manets *Konzert in den Tuilerien* von 1862 einen wagnerianischen Subtext.

254 Véron, *L'esthétique*, S. 395.

255 Charles und Pierre Bonnier, »Documents et critique expérimentale: Parsifal«, *Revue wagnérienne* 2 (März 1887), S. 42-55. Ein Jahr zuvor waren, im Hinblick auf die spezifischen Erwartungen eines französischen Publikums, bereits verwandte Stellungnahmen formuliert worden: »Für den Zuschauer in Bayreuth, der in völliger Dunkelheit sitzt, sind sämtliche Effekte doppelt so stark, ist das Tageslicht noch heller, die Nacht noch dunkler und das elektrische Licht noch übernatürlicher. Für uns Franzosen, für die das Theater ein Ort des Vergnügens ist, wo alles Zerstreuung und wo die Befriedigung, die Oper zu sehen, nicht größer ist als die, selbst gesehen zu werden, ist dieses deutsche System zunächst schockierend.« Albert Soubie und Charles Malherbes, *L'œuvre dramatique de Richard Wagner* (Paris: Fischbacher, 1886), S. 290.

256 Nietzsche scheint diese Wagnersche Methode der Vergrößerung verstanden zu haben: »Ah, dieser alte Zauberer! Was hat er uns alles vorgemacht! Das Erste, was seine Kunst uns anbietet, ist ein Vergrösserungsglas: man sieht hinein man traut seinen Augen nicht – Alles wird gross.« *Der Fall Wagner*, in *KSA* 6, S. 16.

257 Paul Souriau, *La suggestion dans l'art* (Paris: Félix Alcan, 1893), S. 176-177.

258 Ibid., S. 59.

259 Beschreibungen, Illustrationen und Photographien von den Bayreuther Festspielen waren im Frankreich der 1880er Jahre weit verbreitet. Siehe z. B. die Bilder vom Inneren des Festspielhauses bei Adolphe Jullien, »›Les Maîtres Chanteurs de Nuremberg‹ de Richard Wagner«, *L'Art* 45 (1888), S. 153-160.

260 Emile Verhaeren, »Georges Seurat«, *La société nouvelle*, April 30, 1891, S. 429-438; wieder abgedruckt in *Seurat: Correspondances, témoignages, notes inédites, critiques*, hrsg. v. Hélène Seyrès (Paris: Editions Acropole, 1991), S. 272-282. Eine knappe, aber provokante Diskussion des Verhältnisses zwischen Seurats Werk und der Musik bei Lebensztejn, *Chahut*, S. 67-76.

261 Damit ist auch die Frage der von den Enthusiasten geschaffenen Bayreuth-Mythologie angesprochen. Seurat und andere wären wohl von der tatsächlichen Bühnentechnik herb enttäuscht gewesen. Vor den ersten Aufführungen des *Rings* »hatte man im voraus so viel von technologischen Wundern gesprochen, daß eine Ernüchterung nicht ausbleiben konnte. Sie war umso größer, als die neuartigen Bühneneffekte sehr oft mißlangen. Das aus Gasflammen bestehende magische Feuer sah weder magisch noch wie ein Feuer aus. Die Regenbogen-Brücke erinnerte Hanslick an eine ›siebenfarbige Wurst‹. Der Zoo des *Rings*, besonders der Drache, wirkte peinlich. Die Projektionen der Laterna Magica, die den Walkürenritt zeigen sollten, waren nur in Bühnennähe erkennbar.« Frederic Spotts, *Bayreuth: A History of the Wagner Festival* (New Haven: Yale University Press, 1994), S. 74.

262 So zeigt eine in Adolphe Julliens Monographie *Richard Wagner: Sa vie et ses œuvres* (Paris: J. Rouam, 1886) abgebildete Karikatur die beiden führenden Wagnerianer Franz Liszt und Hans von Bülow, die unter dem »Gral« eines Maßkrugs ihrem Meister zur Seite stehen. In der neueren Musikliteratur wird angemerkt, daß »der Klang der Posaunen bei Wagner an solch heroische unisono Melodien erinnert wie das Vorspiel zum dritten Akt des *Lohengrin* oder den Walkürenritt«.

Jonathan Burton, »Orchestration«, in Barry Millington, Hrsg., *The Wagner Compendium* (New York: Schirmer, 1992), S. 344.

263 Philippe Lacoue-Labarthe, *Musica Ficta: Figures of Wagner*, übers. v. Felicia McCarren (Stanford: Stanford University Press, 1994), S. 59.

264 Michel Foucault, »Nineteenth Century Imagination«, *Semiotexte* 4, Nr. 2 (1982), S. 182-190.

265 Verhaeren gab jedoch auch seiner Skepsis gegenüber Seurats Gebrauch des Rahmens Ausdruck. Seurats Irrtum, schreibt er, bestehe darin, daß er nicht sehe, »daß sich der Kontrast im Theater ausbreitet und fortsetzt, um dem Auge des Zuschauers zu begegnen, während er, weil der Rahmen schmal ist und das Bild von ihm wie ein Stück Stoff von einer Borte oder einem Saum umfaßt wird, auf der Wand eines Zimmers oder einer Galerie sozusagen keinen Raum hat«. Verhaeren, »Georges Seurat«, in Broude, Hrsg., *Seurat in perspective*, S. 28.

266 Gustave Kahn, »Seurat«, *L'Art moderne* 11 (5. April 1891), S. 107-110; in Broude, Hrsg., *Seurat in Perspective*, S. 22. Siehe die aufschlußreiche Diskussion des gemalten Rahmens im Neoimpressionismus in den späten 1880er und den frühen 1890er Jahren bei Martha Ward, *Pissarro, Neo-Impressionism, and the Spaces of the Avant-Garde*, S. 118-122. Martha Ward gehört zu den wenigen Kunsthistorikern, die die zentrale Stellung des Aufmerksamkeitsproblems bei Seurat und damit auch bei anderen Mitgliedern seines Kreises erkannt haben.

267 Seurats Anhänger Paul Signac erklärt in seinem Buch *D'Eugène Delacroix au néo-impressionisme* (1899; Paris: Hermann, 1978), S. 119, daß »die Trennung von Elementen und optischen Mischungen Reinheit hervorbringt, will sagen Leuchten und Intensität der Töne«. Siehe auch die Stellungnahme von Félix Fénéon, »Neo-Impressionism« (1887), in Linda Nochlin, Hrsg., *Impressionism and Post-Impressionism, 1874-1904* (Englewood Cliffs, N.J.: Prentice Hall, 1966), S. 110-112.

268 Über Reynaud, siehe die unschätzbare Monographie von Dominique Auzel, *Emile Reynaud et l'image s'anima* (Paris: Du May, 1992). Siehe auch *Emile Reynaud, peintre de films* (Paris: Cinémathèque française, 1945; rpt. Paris: Edition Maeght, 1992); Laurent Mannoni, *Le grand art de la lumière et de l'ombre* (Paris: Nathan, 1995), S. 339-358; Georges Sadoul, *L'histoire générale du cinéma*, Bd. 1 (Paris: Editions Denoël, 1948), S. 111-128, 237-250; Léo Sauvage, *L'affaire Lumière: enquête sur les origines du cinéma* (Paris: Lherminier, 1985), S. 49-72; Gilles Ciment, »Dessins inanimés, avez-vous donc une âme?«, *Positif* 388 (Juni 1993), S. 48-49; und Vanessa Schwartz und Jean-Jacques Meusy, »Le Musée Grévin et le cinématographe: l'histoire d'un rencontre«, *1895*, Nr. 11 (Dezember 1991), S. 19-48. Reynauds idiosynkratische Wichtigkeit wird auch diskutiert von François Dragognet, *Philosophie de l'image* (Paris: J. Vrin, 1986), S. 56-57.

269 Siehe dazu z. B. Alan Williams, *Republic of Images: A History of French Filmmaking* (Cambridge: Harvard University Press, 1992), S. 15-16; für Williams ist Reynaud nichts als ein provinzieller Bastler: »Im Vergleich zu echten Kameras war die Veranstaltung im Musée Grévin *unzureichend mechanisiert.* Reynaud veranstaltete Aufführungen, statt nur Projektionen zu zeigen.« (Hervorhebung i. O.)

270 Adorno, *Versuch über Wagner*, S. 82. In der Phantasmagorie »wird der ästhetische Schein vom Charakter der Ware ergriffen. Als Ware ist sie illusionär; die absolute Wirklichkeit des Unwirklichen ist keine andere als die des Phänomens, das nicht bloß seine eigene Genesis in Arbeit beschwörend fortzubannen trachtet, sondern in eins damit, vom Tauschwert beherrscht, geflissentlich seinen Gebrauchswert als echte Realität, als ›keine Imitation‹ pointieren muß, nur um den Tauschwert durchzusetzen.« (S. 86)

271 Über die reichhaltige Geschichte des Musée Grévin, siehe Vanessa Schwartz, *Spectacular Realities: Early Mass Culture in Fin-de-Siècle Paris* (Berkeley: University of California Press, 1998), S. 89-148. Vanessa Schwartz verortet in dieser wertvollen Arbeit das Werk Reynauds »in einer visuellen Kultur, zu der auch Phänomene wie die Massenpresse, das Leichenschauhaus, Panoramen, Dioramen und Wachsfigurenkabinette gehörten«, und argumentiert, daß auch das Kino als Produkt dieses komplexen Milieus verstanden werden müsse.

272 Man hat in Reynaud oft einen Vorläufer von avantgardistischen Filmemachern wie Oskar Fischin-

ger, Norman McClaren und Len Lye gesehen, die ebenfalls – malend, zeichnend oder kratzend – direkt auf dem Filmstreifen arbeiteten.

273 Seurats Interesse an Chéret hat nicht nur mit bildlichen Ideen zu tun oder damit, daß Chéret für ihn etwas wie eine Metonymie für »Populärkultur« darstellte. Ich finde das weit verbreitete, auf Robert Herbert zurückgehende Bild von Chéret nicht sehr brauchbar: »Ein Poet von sprudelnder Phantasie, der eine natürliche Begabung für strahlende Farben und Bewegung in den Fingerspitzen hatte. Ein schwungvoller *charmeur*, der exemplarisch für alles steht, was das moderne Leben Graziöses und Freudiges hat, gilt er heute als einer der besten Interpreten von Paris in den zauberhaftesten Momenten des Fin-de-siècle.« Herbert, »Seurat and Jules Chéret«, *Art Bulletin* 40 (1958), S. 156-158. Von den 1870er Jahren bis ins frühe zwanzigste Jahrhundert koinzidierte Chérets Werk mit der Entstehung und dem praktischen Funktionieren einer Konsumkultur im allerweitesten Sinn. Zu seinen Plakaten und Graphiken gehörten nicht nur die oft reproduzierten Darstellungen der Folies-Bergère und des Zirkus, sondern auch Reklamen für pharmazeutische Produkte, Kosmetika, Kerosin, für Beleuchtungs- und Heizgeräte, für Eisenbahnen, Maschinen und Apparate, für Getränke, Warenhäuser, Bücher, Opern, Dioramen, Panoramen, Rollschuhbahnen, Ballette, Erholungsorte und Festivals. Chérets Plakate und ähnliche Reklamen gehörten also einer Technologie der Aufmerksamkeit an und waren gleichzeitig eine spezifisch »ornamentale« Darstellung der Warenkultur. Chérets »persönlicher« Stil war nichts anderes als eine Art abstrakter Glanz, eine dekorative Formel, die sich in hemmungsloser Promiskuität auf jedes Konsumobjekt beziehen konnte, ein depraviertes Gegenstück zu Seurats Traum vom universalen »Stil«. Einen ausführlichen Katalog liefert Lucy Broido, *The Posters of Jules Chéret* (New York: Dover, 1980). Siehe auch Marcus Verhagen, »The Poster in Fin-de-Siècle Paris«, in Leo Charney und Vanessa Schwartz, Hrsg., *Cinema and the Invention of Modern Life* (Berkeley: University of California Press, 1995), S. 103-129.

274 Über Seurats mögliches Interesse an Marey und Muybridge, siehe Aaron Scharf, *Art and Photography* (Harmondsworth: Penguin, 1968), S. 230-231, 362-363. Es gibt einige Hinweise, die auf das Ausmaß von Seurats Interesse an den diversen Veranstaltungen und Shows schließen lassen, die auf den Jahrmärkten oder *fêtes foraines* in Paris und Umgebung stattfanden. Wir erfahren, daß Seurat nicht nur die Sideshows und Zirkusattraktionen wie verkleidete Affen, Gewichtheber, Riesen und Bauchredner schätzte, sondern auch für Panoramen, Wachsfigurenkabinette, Schlafwandler und visuelle Darstellungen berühmter Verbrechen eine Vorliebe hatte. Einen geschönten Bericht von seinen »baudelairischen« Ausflügen in die nächtliche Welt der Pariser *forains* gibt Gustave Coquiot, *Seurat* (Paris: Albin Michel, 1924), S. 75-89. Natürlich hielt dieses Milieu eine breite Skala von optischen Apparaten für den öffentlichen Konsum bereit, sowohl Peep Shows in endlosen Variationen als auch die Laterna Magica, Schattentheater, großformatige Stereoskope, Zootrope und andere Arten von Schaustellung. Über die Ursprünge des Kinos in diesem Jahrmarktsmilieu der 1890er Jahre, siehe das Kapitel »Préhistoire du cinéma forain«, in Jacques Deslandes und Jacques Richard, *Histoire comparée du cinéma*, Bd. 2 (Paris: Casterman, 1968), S. 85-97.

275 Ich danke Dominique Auzel für seine Hilfe bei der Identifizierung dieses Bilds. Es ist in mehreren Publikationen inkorrekt als Bild aus »Clown et ses chiens«, einer der ersten »Pantomimes Lumineuses« für Reynauds »Théâtre-Optique«, beschrieben worden.

276 Angesichts von Seurats breitem Interesse an der populären visuellen Kultur seiner Zeit ist es nicht zu weit hergeholt, an die Möglichkeit eines Kontakts mit Reynaud zu denken. 1889 war Seurat aus seinem Atelier bei der Place de Clichy in die nahe gelegene Passage de l'Elysée-des-Beaux-Arts Nr. 39 (heute Rue André-Antoine) in der Nähe der Place Pigalle gezogen. Reynauds Werkstatt in der Rue Rodier war nur ein paar Minuten entfernt. Über Seurat und die Ateliers in dieser Zone des Boulevard de Clichy, siehe John Milner, *The Studios of Paris: The Capital of Art in the Late Nineteenth Century* (New Haven: Yale University Press, 1988), S. 132-137. Über die politische Kultur dieses Pariser Viertels um 1890, siehe Richard D. Sonn, *Anarchism and Cultural Politics in Fin de Siècle France* (Lincoln: University of Nebraska Press, 1989), S. 49-94. Etwa um diese Zeit wurde

Seurat auch zum Bewunderer Jules Chérets, der zwischen den Kreisen von Seurat und Reynaud vermittelt haben könnte. Chéret sollte wenig später Plakate für Reynauds »Pantomimes Lumineuses« im Musée Grévin entwerfen; er hatte schon seit 1882 für das Musée gearbeitet, unter anderem 1883 Plakate für die Vorführung von Tonkonserven, sogenannte »Auditions téléphoniques«, und 1887 für die »Schwarze Magie« des Professors Carmelli geliefert. 1891 wurde Chéret an der Leitung des Musée beteiligt. Siehe Schwartz und Meusy, »Le Musée Grévin et le cinématographe«.

277 Noch bevor ich die Möglichkeit einer spezifischen Verbindung zwischen *Cirque* und den Arbeiten Reynauds in Erwägung zog, hatte ich bereits in »Seurat's Modernity«, S. 64, die historische und ästhetische Nähe zwischen Seurat und Reynaud behandelt.

278 »Es scheint so«, bemerkt Henri Dorra, »daß der Künstler hier weniger von der direkten Beobachtung eines wirklichen Zirkus, als von einer Art von konzeptuellem Zirkus ausging.« Dorra und Rewald, *Seurat*, S. xxx.

279 Seurats Darstellung eines Zirkus mit einer Arena fällt in die Zeit, als um 1890 besonders in Nordamerika der Zirkus mit drei Manegen aufkam. Die Motive für diese Umstellung, die eine erhebliche Erweiterung der Zuschauermenge erlaubte, waren ökonomischer Art, wobei sich die Natur des Zirkus als Spektakel dramatisch veränderte. Die Simultaneität der Aktion an drei Orten ging mit einer ständigen Streuung der Aufmerksamkeit einher und schränkte die ehemals einheitsstiftende Rolle der Musik ein, die mit mehreren gleichzeitigen Vorführungen nicht mehr synchronisiert werden konnte. Siehe Paul Bouissac, *Circus and Culture: A Semiotic Approach* (Bloomington: Indiana University Press, 1976), S. 11-12.

280 Zu Einzelheiten über die Unmenge von Verfahren, die in den späten 1880er Jahren zur Simulation von Bewegung benutzt werden konnten, siehe Laurent Mannoni, *Le mouvement continué* (Paris: Cinémathèque française, 1996).

281 Jean-Louis Comolli, »Machines of the Visible«, in Teresa de Lauretis, Hrsg., *The Cinematic Apparatus* (London: Macmillan, 1980).

282 »Das, worum es im *Cirque* von 1891 geht, ist das Phänomen des Spektakels mit seiner dazugehörigen passiven Zuschauerschaft. Das Bild parodiert die Kunstproduktion, die allegorisch als eine Art öffentliche Schaustellung dargestellt ist, die mit ihrer Technik verblüfft und zur Befriedigung eines immobilisierten Publikums ihre Salti macht.« Nochlin, »Seurat's Grande Jatte«, S. 152.

283 Seurats »inkorrektes« Pferd kann in eine Filiation mit den Tieren in Géricaults *Epsom Derby* siebzig Jahre früher eingeordnet werden. Interessant ist nicht so sehr, daß Géricault seine Pferde falsch wiedergegeben hat, sondern daß dieses Werk einen der frühesten Träume von einem unmöglichen und nichtmenschlichen Sehen darstellt, daß sich in ihm ein Wunsch nach einer die spatialen und temporalen Grenzen des Menschen überschreitenden perzeptuellen Allgegenwart ausdrückt. Der damit verwandte Ehrgeiz Seurats geht jedoch nicht dahin, den High-speed-Aufnahmeapparaturen von Marey und Muybridge gleichzukommen, sondern er will das Ich zu einem souveränen Auge umbilden, das seine eigenen Wahrheiten schafft und durchsetzt. Sowohl die Pferde Géricaults als auch das von Seurat verkörpern, in ihrem traumhaften Durch-die-Luft-Gleiten, eine tiefere Wahrheit des Körpers. Sie werden zu abstrakten Korrelaten einer physiologischen und kinetischen Reaktion auf die Wahrnehmung von Bewegung; statt der Wahrheit mechanischer räumlicher Bewegung bestätigen sie den Primat ideomotorischer Erfahrung. Seurat wählte also einen ganz anderen Weg als Meissonier, der in den 1880er Jahren ängstlich besorgt war, seine Pferde-Bildwelt mit Muybridges Arbeiten in Übereinstimmung zu bringen. Siehe die wichtige Abhandlung über Muybridge und Meissonier bei Marc C. Gotlieb, *The Plight of Emulation. Ernest Meissonier and French Salon Painting* (Princeton: Princeton University Press, 1996), S. 171-184.

284 Siehe Carl Dahlhaus, *Nineteenth-Century Music*, übers. v. J. Bradford Robinson (Berkeley: University of California Press, 1889), S. 195-196.

285 Wenn wir Seurats Werk möglicherweise als »avantgardistisch« etikettieren würden, dann im Sinn von Benjamin Buchlohs überzeugender Bestimmung dieses Begriffs: »Es spricht einiges dafür, die Praxis der Avantgarde als einen ständig erneuerten Kampf um die Definition von kultureller Be-

deutung, um die Entdeckung und die Repräsentation eines neuen Publikums und die um Entwicklung neuer Strategien zu definieren – Strategien, die der Tendenz der ideologischen Apparate der Kulturindustrie, sämtliche Praktiken und Räume der Repräsentation zu okkupieren und zu kontrollieren, entgegenarbeiten und sie durchkreuzen könnten.« Buchloh, »Theorizing the Avant-Garde«, *Art in America*, November 1984, S. 21. Siehe auch die Diskussion bei Ward, *Pissarro, Neo-Impressionism, and the Space of the Avant-Garde*, S. 263-265.

IV. 1900: Die Neuerfindung der Synthese

1 Meyer Schapiro, *Cézanne* (New York: Abrams, 1963), S. 9.

2 Brief an Emile Bernard vom 23. Oktober 1905, in Paul Cézanne, *Briefe*, eingel. v. G. Jedlicka, übers. v. J. Vontobel (Erlenbach-Zürich und Leipzig: Rentsch, o. J.), S. 352. Damit ist das Thema des »unschuldigen Sehens« berührt, das das neunzehnte Jahrhundert immer wieder beschäftigt hat, nicht nur bei Ruskin, sondern auch bei Schopenhauer, der sagte: »Um originelle, außerordentliche, vielleicht sogar unsterbliche Gedanken zu haben, ist es hinreichend, sich der Welt und den Dingen auf einige Augenblicke so gänzlich zu entfremden, dass Einem die allergewöhnlichsten Gegenstände und Vorgänge als neu und unbekannt erscheinen, als wodurch eben ihr wahres Wesen sich aufschließt.« Arthur Schopenhauer, *Parerga und Paralipomena*, Bd. 2 (1851), § 55, S. 87.

3 Maurice Merleau-Ponty, *Sens et non-sens* (Paris: Nagel, 1948), S. 31.

4 Ibid., S. 29.

5 Edmund Husserl, *Philosophie als strenge Wissenschaft* (1910; Frankfurt/Main: Vittorio Klostermann, 1965), S. 72.

6 Viele Kommentatoren sind der Meinung, daß die beiden Bände der *Logischen Untersuchungen* zwei verschiedenen Phasen von Husserls Denken angehören – der erste den »vorphänomenologischen« Jahren in Halle, während der zweite Band erstmals den Gedanken der Phänomenologie als begrenzter Epistemologie artikuliert.

7 Jacques Derrida, »›Genesis und Struktur‹ und die Phänomenologie«, in *Die Schrift und die Differenz*, übers. v. Rodolphe Gasché (Frankfurt/Main: Suhrkamp, 1976), S. 237.

8 Edmund Husserl, *Logische Untersuchungen* (1899-1901), Bd. 2, hrsg. v. E. Holenstein (Den Haag: Martinus Nijhoff, 1975), S. 423-424. Hervorhebung von mir. In *Zur Phänomenologie des inneren Zeitbewußtseins* (1893-1917), in *Husserliana*, X (Den Haag: Martinus Nijhoff, 1966), S. 129, entwickelt Husserl diesen Aufmerksamkeitsbegriff weiter als das, was »unterscheidet« und »heraushebt«. Hier wird die grundlegende Operation der »aufmerkenden Zuwendung« erklärt.

9 Siehe Harrison Hall, »Was Husserl a Realist or an Idealist?«, in Hubert L. Dreyfus, Hrsg., *Husserl, Intentionality, and Cognitive Science* (Cambridge: MIT Press, 1982), S. 174: »Die phänomenologische Reflexion verlagert den Brennpunkt der Aufmerksamkeit von den Gegenständen der gewöhnlichen Erfahrung zu den Noemata, die solche Erfahrungen erst vermitteln ... Beim Abkoppeln der objektiven Referenz von der Bedeutung des Wahrnehmungsakts geht es also nicht einfach darum, die Aufmerksamkeit innerhalb des natürlichen Erfahrungskontexts zu verschieben, sondern darum, diesen Kontext auch umzuformen oder überhaupt zu verlassen.«

10 Husserl, *Logische Untersuchungen*, Bd. 2, S. 423-425. Es ist bemerkenswert, daß sich Husserl mit James' Überlegungen zur Aufmerksamkeit intensiv auseinandergesetzt hat. Husserl hat zwar seine Notizen und Materialien aus der Zeit vor 1900 großenteils vernichtet, aber sein »Exemplar der *Principles of Psychology* ... ist voller Markierungen, vor allem im ersten Band, und da besonders im neunten (Bewußtseinsstrom) und im elften Kapitel (Aufmerksamkeit)«. Herbert Spiegelberg, *The Phenomenological Movement: A Historical Introduction*, Bd. 1 (Den Haag: Martinus Nijhoff, [2]1965), S. 114.

11 Den Hintergrund von Husserls Ablehnung des Psychologismus, wie er ihn bei Mill, Bain, Wundt, Sigwart, Dilthey, Lipps und anderen antraf, behandelt der wertvolle historische Überblick bei Mar-

tin Kusch, *Psychologism: A Case Study in the Sociology of Philosophical Knowledge* (London: Routledge, 1995). Siehe auch Thomas M. Seebohm, »The More Dangerous Disease: Transcendental Psychologism, Anthropologism, and Historism«, in Mark A. Notturno, Hrsg., *Psychologism* (Leiden: E.J. Brill, 1989), S. 11-31. Die Beziehung zwischen Psychologismus und ästhetischer Moderne behandelt Martin Jay, *Cultural Semantics: Keywords of Our Time* (Amherst: University of Massachusetts Press, 1998), S. 165-180.

12 Husserl, *Logische Untersuchungen*, Bd. 2, 1. Teil, in *Husserliana*, XIX, 1 (Den Haag: Martinus Nijhoff, 1984), S. 167.

13 Edmund Husserl, *Ideen zu einer reinen Phänomenologie und phänomenologischen Philosophie*, Bd. 1, hrsg. v. W. Biemel, in *Husserliana*, III (Den Haag: Martinus Nijhoff, 1950), S. 231. Die Vorstellung von der Aufmerksamkeit als Lichtstrahl kehrt in den verschiedensten Zusammenhängen wieder. Zum Gebrauch der »Scheinwerfer«-Theorie in neueren Arbeiten über Aufmerksamkeit, siehe beispielsweise A. M. Treisman, »Features and Objects«, *Quarterly Journal of Experimental Psychology* 40 (1988), S. 201-237; und M. I. Posner und S. E. Peterson, »The Attention System of Human Brain«, *Annual Review of Neuroscience* 13 (1990), S. 25-42.

14 Eine freie, aber treffende Charakteristik des Husserlschen Aufmerksamkeitsmodells liefert Albert Camus: »Vom Abendwind bis zu dieser Hand auf meiner Schulter hat jedes Ding seine Wahrheit. Das Bewußtsein erhellt sie durch die Aufmerksamkeit, die es ihr zuwendet. Das Bewußtsein formt nicht den Gegenstand seiner Erkenntnis, es fixiert nur, ist nur ein Akt der Aufmerksamkeit und gleicht, um ein Bild Bergsons zu gebrauchen, dem Projektionsapparat, der sich plötzlich auf ein Bild richtet. Der Unterschied besteht darin, daß es kein Szenarium gibt, sondern nur nach und nach eine unzusammenhängende Illustration. Bei dieser Laterna magica sind schließlich alle Bilder bevorzugt. *Das Bewußtsein hält in der Erfahrung die Objekte seiner Aufmerksamkeit in der Schwebe.* Durch seine wunderbare Fähigkeit trennt es sie voneinander. Von nun an liegen sie außerhalb jeder Beurteilung.« Camus, *Der Mythos vom Sisyphos. Ein Versuch über das Absurde*, übers. v. H. G. Brenner und W. Rasch (Reinbek: Rowohlt, 1959), Hervorhebung von mir.

15 Siehe Michel Foucault, *Language, Counter-memory and Practice*, übers. v. Donald F. Bouchard und Sherry Simon (Ithaca: Cornell University Press, 1977); Gilles Deleuze, *Das Bewegungs-Bild. Kino 1*, S. 85.

16 Nach Francisco Varela besteht »die Ironie von Husserls Verfahren darin, daß er, obwohl er den Anspruch erhob, die Philosophie direkt mit der Erfahrung zu konfrontieren, in Wirklichkeit sowohl den konsensuellen als auch den direkt verkörperten Aspekt der Erfahrung nicht zur Kenntnis nahm ... Husserls Hinwendung zur Erfahrung und zu ›den Sachen selbst‹ war ganz und gar *theoretisch;* sie ermangelte, anders gesagt, jedweder *pragmatischen* Dimension.« Dieser Einwand trifft nach Varela auch Merleau-Ponty, der »den inkarnierten Kontext der menschlichen Erfahrung betonte, aber auf rein theoretische Weise«. Varela, *The Embodied Mind* (Cambridge: MIT Press, 1993), S. 17-19.

17 Lawrence Gowing spricht vom »Rätsel« der Auflösung des Objekts im Spätwerk. »Nach 1900 ist Cézannes Werk von den gegenstandsbegründeten Strukturen seiner früheren Arbeiten völlig verschieden ... Die Einzelgegenstände verschwinden mehr und mehr im Strom der Farbe.« Gowing, »The Logic of Organized Sensations«, in William Rubin, Hrsg., *Cézanne: The Late Work* (New York: Museum of Modern Art, 1977), S. 55.

18 Die Husserl-Kritik von Jacques Derrida enthält eines der Kernargumente gegen die Möglichkeit einer selbstidentischen Wahrnehmung, ein Argument, das auch im Hinblick auf eine Analyse der Temporalität bei Cézanne relevant ist: »Man wird dann sehr bald feststellen, daß die Präsenz des Präsens nur insofern erscheinen kann, als sie sich kontinuierlich mit einer Nicht-Präsenz und einer Nicht-Wahrnehmung und also mit der primären Erinnerung und Erwartung (Retention und Protention) zusammenschließt. Diese Nicht-Wahrnehmungen begleiten oder fügen sich nicht etwa nur eventuell dem aktuell wahrgenommenen Jetzt hinzu, sondern sie partizipieren unabdingbar und wesentlich an seiner Möglichkeitsbedingung.« Derrida, *Die Stimme und das Phänomen. Ein Essay über das Problem des Zeichens in der Philosophie Husserls*, übers. und eingeleitet von Jochen Hörisch (Frankfurt/Main: Suhrkamp, 1974), S. 119.

19 Vgl. die außerordentlichen Einsichten Lawrence Gowings in Bezug auf Cézannes »Preisgabe der planperspektivischen Grundhypothese«. Gowing verbindet die optische Auseinandersetzung des Malers mit einem stets wandernden »Kulminationspunkt« damit, »daß, in Gruppen von gegenläufig geführten Pinselstrichen, zufällige Farbmutationen notiert wurden, aus denen sich einzelne Flecken zu bilden begannen; diese verwiesen nicht mehr auf Einzelgegenstände und steigerten sich bisweilen zu einem Wirbel von Farbwechseln, der eine Ablagerung von scheinbar zufälligen Farbdifferenzierungen zurückließ«. Gowing, »The Logic of Organized Sensations«, S. 57-58.

20 Das empirische Wissen über foveales und peripheres Sehen war zusammengefaßt bei Hermann von Helmholtz, *Handbuch der physiologischen Optik*, Bd. 2, S. 280-286. Siehe dazu auch die Stellungnahme bei Edwin G. Boring, *Sensation and Perception in the History of Experimental Psychology* (New York: D. Appleton-Century, 1944), S. 172-173. Zu neueren Stellungnahmen, siehe Julian Hochberg, »The Representation of Things and People«, in Maurice Mandelbaum, Hrsg., *Art, Perception, and Reality* (Baltimore: Johns Hopkins University Press, 1973), S. 65-70, und Robert L. Solso, *Cognition and the Visual Arts* (Cambridge: MIT Press, 1994), S. 20-26. Helmholtz' These, die Sehschärfe sei ausschließlich durch die Verschiedenheit der Rezeptionszonen in der Netzhaut bedingt, wurde im späten neunzehnten und im frühen zwanzigsten Jahrhundert mehrfach bestritten. Vor allem Ewald Hering wandte (in seinen zwischen 1905 und 1909 veröffentlichten Arbeiten) gegen Helmholtz ein, daß die jeweilige Sehschärfe nicht einer streng lokalisierten Anatomie entspreche, sondern das Ergebnis einer dynamischen Beziehung von Fovea und Peripherie sowie von externen Helligkeitsfaktoren sei. Siehe Hering, *Grundzüge der Theorie vom Lichtsinn* (Berlin: Springer, 1920). Gestützt auf seine Forschungen in den frühen zwanziger Jahren sagt Kurt Goldstein, es gebe »keine konsistente Beziehung zwischen einem bestimmten Teil der Netzhaut und einer bestimmten Funktion; der Teil, den jede Partie der Netzhaut zur Gesamtleistung beiträgt, wechselt je nach der Aufgabe, mit der der Organismus konfrontiert ist ... Die Sehschärfe ist bedingt durch die Verteilung der Erregung auf der Netzhaut insgesamt und von der Gesamteinstellung des Organismus zum Objekt.« Goldstein, *The Organism: A Holistic Approach to Biology* (1934; New York: Zone Books, 1994), S. 61-62.

21 »An den Ohren gibt es nichts, was der *fovea centralis* entspricht; daher hat die unvermeidliche Verschiebung der Aufmerksamkeit innerhalb des auditiven Felds keinerlei parallele Verschiebung des körperlichen Organs zur Folge. Die Unterscheidung und Auswahl der auditiven *sensa* kann allein vom Geist vollzogen werden und verlangt keine entsprechende Bewegung der Ohren.« Aldous Huxley, *The Art of Seeing* (New York: Harper and Row, 1942), S. 24. Man muß jedoch zur Kenntnis nehmen, daß das Hören ein *aggregathafter* Wahrnehmungsprozeß ist. Michel Chion bemerkt, daß »wir die These von der Kontinuität des Hörens korrigieren müssen. Das Ohr hört in Wirklichkeit in kleinen Portionen, und was es wahrnimmt und erinnert, *besteht bereits* aus kurzen Synthesen von zwei oder drei Sekunden des sich entwickelnden Tons ... Im Sinne des Erkennens hören wir Töne erst kurz, nachdem wir sie wahrgenommen haben.« Chion, *Audio-Vision: Sound on Screen*, übers. v. Claudia Gorbman (New York: Columbia University Press, 1994), S. 12-13. Siehe auch die erweiterte Analyse der Beziehung zwischen Sehen und Hören bei Hans Jonas, *The Phenomenon of Life: Toward a Philosophical Biology* (New York: Harper and Row, 196), S. 135-156.

22 Siehe Wilhelm Wundt, *Grundzüge der physiologischen Psychologie* (1874; Leipzig: Engelmann, 1887), Bd. 2, S. 235-236. Siehe auch die Stellungnahme bei George T. Ladd und Robert Sessions Woodworth, *Elements of Physiological Psychology*, neue Ausg. (New York: Scribner's, 1911), S. 483. Über Wundt, siehe Thomas H. Leahey, »Something Old, Something New: Attention in Wundt and Modern Cognitive Psychology«, *Journal of the History of the Behavioral Sciences* 15 (1979), S. 242-252; und George Humphrey, »Wilhelm Wundt: The Great Master«, in Benjamin B. Wolman, Hrsg., *Historical Roots of Contemporary Psychology* (New York: Harper and Row, 1968), S. 275-297.

23 Wundt, *Grundzüge der physiologischen Psychologie* (1880), S. 85-87; ein verwandtes Schema von Peripherie und Zentrum, das, ganz unabhängig von der Frage der Priorität, nicht weniger einflußreich war, entwickelte Théodule Ribot, *Die Psychologie der Aufmerksamkeit*, S. 29-30. Siehe Kurt Danzi-

ger, »Wundt's Theory of Behavior and Volition«, in R. W. Rieber, Hrsg., *Wilhelm Wundt and the Making of a Scientific Psychology* (New York: Plenum, 1980), S. 89-115: »Das Funktionieren des dynamischen Prinzips im menschlichen Verhalten beschrieb er also im Sinn der *Apperzeption*, die im wesentlichen aus der Fokalisierung gewisser Inhalte im Bewußtsein besteht. Wundts Modell des mentalen Funktionierens ist das eines Feldes, in dem stets eine Polarität zwischen einem zentralen Teil (dem *Blickpunkt*) und der Peripherie (dem *Blickfeld*) besteht, also zwischen einem Brennpunkt und dem übrigen Feld. Diese Polarisierung ist das Ergebnis des apperzeptiven Prozesses, der, als ein grundsätzlich aktives Prinzip, für die Strukturiertheit aller Erfahrung verantwortlich ist. Die Apperzeption war jedoch für Wundt die charakteristische Manifestation des Willens. Sie war das dynamische Prinzip, das der Erfahrung ebenso wie der Bewegung Richtung und Struktur gab.« (S. 104)

24 Zum Beispiel in der These, daß die Kategorien von *nahem* und *distanziertem* Sehen von der jeweiligen Gliederung der fovealen und peripheren Zonen im Auge untrennbar sind, bei José Ortega y Gasset, »Die Vertreibung des Menschen aus der Kunst«, übers. v. U. Weber u. H. Weyl, in *Gesammelte Werke*, Bd. 2 (Stuttgart: Deutsche Verlagsanstalt, 1978). Dieses Modell des Sehfelds spielt in Ortegas Auffassung, daß sich die westliche Malerei unvermeidlich in Richtung einer subjektiven Kunst bewege, einer Kunst nicht der Gegenstände, wie sie gesehen werden, sondern der »Erfahrung des Sehens«, eine entscheidende Rolle.

25 Pierre Janet, *Névroses et idées fixes* (Paris: Félix Alcan, 1898), S. 70-79.

26 Eine französische Übersetzung von Wundts *Grundzügen* erschien 1886 unter dem Titel *Eléments de psychologie physiologique*, übers. v. Elie Rouvier (Paris: Alcan, 1886), wobei *Blickfeld* und *Blickpunkt* als »champ de regard« und als »point de regard principal« wiedergegeben waren. In den späten 1880er Jahren hatten die Einzelheiten des Wundtschen Schemas in die allgemeine literarische und kulturelle Diskussion Eingang gefunden. So schreibt Alfred Fouillée, »La sensation et la pensée«, *Revue des Deux Mondes* 82 (15. Juli 1887), S. 418: »Wenn er das Feld des Bewußtseins mit dem des Sehens vergleicht, bezeichnet Herr Wundt die Perzeption als das Eingangstor, durch das jede Art von Vorstellung, sei es Geräusch oder Geruch, in das ›visuelle Bewußtseinsfeld‹ eintritt. Den Begriff Apperzeption gebraucht er, wenn ebendiese Vorstellung in den ›visuellen Brennpunkt‹ des Bewußtseins gerückt wird, will sagen, wenn die Aufmerksamkeit einen Gegenstand ergreift. Nach ihm besteht die fundamentalste Tätigkeit unseres Denkens in der Ausübung unserer Macht, eine Vorstellung diesem Brennpunkt zuzuführen und sie dort festzuhalten.« Hippolyte Taine hatte in einem Werk, das in den 1870er Jahren viel gelesen wurde, bereits viele dieser allgemeinen Charakteristika der subjektiven Erfahrung angedeutet: »Dies ist der beständige Zustand unseres Geistes: ein beherrschendes Bild in hellem Licht, das umgeben ist von einer Konstellation verblassender, immer unmerklicher werdender Bilder, und jenseits davon eine Milchstraße von Bildern, die ganz und gar unsichtbar sind und von denen wir nur aufgrund ihres Masseneffekts wissen, will sagen durch einen allgemeinen Zustand von Freude oder Traurigkeit.« Taine, *De l'intelligence*, Bd. 1 (Paris: Hachette, 1903), S. 278.

27 Vgl. die Diskussion von James' Theorie der »transitive parts« bei Aron Gurwitsch, *Studies in Phenomenology and Psychology* (Evanston: Northwestern University Press, 1966), S. 301-331.

28 Bezugnehmend auf Bemerkungen des spanischen Neurologen Ramón y Cajal, stellt Wundt eine Opposition auf zwischen den »panoramatischen« und den »stereoskopischen« Vermögen des menschlichen Auges, in *Grundzüge der physiologischen Psychologie*, Bd. 1, S. 284.

29 Siehe Adolf von Hildebrand, *Das Problem der Form in der bildenden Kunst* (1893), in *Kunsttheoretische Schriften* (Baden-Baden, Strasbourg: Heitz, 1961), S. 23: »Das Realitätsgefühl, welches das Panorama hervorrufen will, setzt eine Unempfindlichkeit und Rohheit des Sehens voraus, einen Mangel an jeglichem feinen Funktionsgefühl beim Sehen ... Das heutige raffinierte [Panorama] aber unterstützt die Rohheit der Sinne durch eine perverse Sensation und ein gefälschtes Realitätsgefühl, ganz in derselben Weise, wie es durch Wachsfiguren geschieht.«

30 Siehe die inhaltsreiche Diskussion dieser Probleme im Hinblick auf die Gemälde von Bonnard bei John Elderfield, »Seeing Bonnard«, in Sarah Whitfield, Hrsg., *Bonnard* (New York: Museum of Modern Art, 1998), S. 33-52.

31 Michael Polanyi, *Personal Knowledge: Towards a Post-critical Philosophy* (Chicago: University of Chicago Press, 1958), S. 56. Polanyi betont die subjektive Wichtigkeit »des persönlichen Engagements, das bei allen geistigen Akten, durch die wir irgend etwas subsidiär ins Zentrum unserer fokalen Aufmerksamkeit einbeziehen, involviert ist« (S. 61).

32 Rainer Maria Rilke, *Briefe über Cézanne*, in *Werke*, Bd. 4 (Frankfurt/Main, Leipzig: Insel, 1996), S. 609.

33 Gilles Deleuze, *Differenz und Wiederholung*, übers. v. Joseph Vogl (München: Wilhelm Fink, [2]1997), S. 83 f.

34 Siehe die Ausführungen über den »Augenblick Cézannes« bei Thierry de Duve, *Pictorial Nominalism: On Marcel Duchamp's Passage from Painting to Readymade*, übers. v. Dana Polan (Minneapolis: University of Minnesota Press, 1991), S. 76-78: »Nur weil Cézannes Wünsche zutiefst konservativ waren, führten seine Zweifel zu jenen innovativen Konsequenzen, die wir kennen ... In jedem Augenblick mußte Cézanne beim Malen mit zwei für ihn untrennbaren Fragen zurechtkommen: Was ist die Welt, wenn mein von meinen künstlerischen Vorgängern geprägtes Sehen seiner eigenen Wirklichkeit nicht mehr gewiß ist? Und wer bin ich, wenn mein Bild im Spiegel schwankt und an seiner eigenen Objektivität zweifelt?«

35 »Die unbewußten Augenbewegungen *helfen* nicht nur beim Sehen, sondern sind eine *conditio sine qua non* des Sehens. Durch eine tatsächliche Fixierung des Blicks auf ein stationäres Objekt (mit Hilfe einer mechanischen Vorrichtung) wird das Sehen verwirrt, und das Bild des Gegenstands löst sich auf und verschwindet – um nach einer Weile wiederzukehren, aber verzerrt oder in Stücken. Statisches Sehen gibt es nicht; es gibt kein Sehen ohne Forschen.« Arthur Koestler, *The Act of Creation*, rev. Ausg. (New York: Macmillan, 1969), S. 158.

36 Paul Valéry, »Einführung in die Methode des Leonardo da Vinci«, übers. v. K. A. Horst, in *Werke*, hrsg. v. J. Schmidt-Radefeldt, Bd. 6 (Frankfurt/Main, Leipzig: Insel, 1995), S. 27-29.

37 Über Valéry und die Wahrnehmung, siehe das wichtige Buch von Geoffrey Hartman, *The Unmediated Vision* (New York: Harcourt, Brace and World, 1966), S. 97-124. »Die Bestürzung der Augen« ist nach Hartman Teil »einer tieferen und metaphysischen Bestürzung«, und Valéry ist für den Autor eine jener Figuren, in denen er die Umrisse »eines bildlosen Sehens« verortet: »Valéry hat Teil an der allgemeinen Krise des ästhetischen Bewußtseins, die alles relationale Wissen von den Dingen aufhebt, um den indefiniten Moment zwischen Möglichkeit und Akt zu erkunden, aber er kennt nur die Enteignung eines Geistes, für den keine sichtbare Form sichtbar genug ist.« (S. 112)

38 Ernst H. Gombrich versucht die Fähigkeiten des bewegten Auges nach dem Maßstab eines zweifelhaften Standards von »Wirklichkeitstreue« zu bewerten, in »Standards of Truth: The Arrested Image and the Moving Eye«, *Critical Inquiry* 7, Nr. 2 (Winter 1980), S. 237-273.

39 Louis A. Sass, *Madness and Modernism: Insanity in the Light of Modern Art, Literature, and Thought* (New York: Basic Books, 1992), S. 66.

40 Goodman, der dem Begriff eines »normalen« Sehens verpflichtet ist, schreibt, daß »das Auge, wie Experimente gezeigt haben, nicht normal sehen kann, ohne sich im Verhältnis zum Gesehenen zu bewegen; für das normale Sehen ist das ›Scanning‹ offensichtlich notwendig.« Nelson Goodman, *Languages of Art* (Indianapolis: Bobbs-Merrill, 1968), S. 12-13.

41 Siehe die wichtige Diskussion über Cézanne und die langdauernde Fixation bei Anton Ehrenzweig, *The Psychoanalysis of Artistic Vision and Hearing* (New York: Braziller, 1965), S. 193-215: »›Langdauernde Fixation‹ erweist sich als das beste Mittel, um die Oberflächengestalt zu zerstören und die unter ihr verborgenen verdrängten Wahrnehmungen ans Licht zu bringen.« Ehrenzweig bestreitet auch, daß die Aktivierung des peripheren Sehens bei Cézanne die Emergenz von »diffusen, gestaltfreien Wahrnehmungsweisen« ermöglicht.

42 *Nachgelassene Fragmente* (1888-1889), 9 [106], in *KSA*, Bd. 12, S. 395-396. Nietzsche zielt hier vermutlich auf Helmholtz' einflußreiche Definition der Wirklichkeit als stetige und gewohnte Wiederkehr des Identischen. Vgl. seine frühe Kritik der Helmholtzschen Doktrin des »unbewußten Schlusses« in *Nachgelassene Fragmente* (1872-1874), so z. B. in 19 [107], 19 [164] und 19 [217].

43 Didier Deleule, »The Living Machine: Psychology as Organology«, in Jonathan Crary und Sanford Kwinter, Hrsg., *Incorporations* (New York: Zone Books, 1992), S. 210.

44 Friedrich A. Kittler, *Aufschreibesysteme 1800-1900* (München: Fink, [3]1995), behandelt das Tachistoskop im Kontext der technologischen Neukonfiguration des Lesens im späten neunzehnten Jahrhundert: »Aber eben daß Versuchspersonen dem Tachistoskop wehrlos ausgeliefert werden, erbringt für alle ›Vorgänge‹, deren ›ungemein verwickelter Inbegriff‹ das Lesen ist ... meßbare und nur meßbare Werte.« (S. 280)

45 Howard C. Warren, Hrsg., *Dictionary of Psychology* (Boston: Houghton Mifflin, 1934), S. 271. Siehe auch die Diskussion über das Tachistoskop als wesentlichen Bestandteil einer »empiristischen« Auffassung von Aufmerksamkeit bei Alexandre Bal, *Attention et ses maladies* (Paris: Presses universitaires de France, 1966), S. 14-18.

46 Siehe z. B. die wertvollen Ausführungen über tachistoskopische und andere Arten des Experimentierens mit dem Kurzzeitsehen bei Ulric Neisser, *Cognitive Psychology* (New York: Appleton-Century-Crofts), S. 15-28. Neisser zeigt, daß die Verwendung des Tachistoskops ursprünglich auf einem naiven Realismus beruhte, der voraussetzte: »(1) daß die Seherfahrung des Subjekts eine direkte Spiegelung des Reizmusters ist; (2) daß die Seherfahrung beginnt, wenn das Muster zuerst gezeigt wird, und endet, wenn es entfernt wird.« Nach Neisser sind diese Annahmen aus vielen Gründen falsch, besonders aber, weil sie die Existenz eines »vorübergehenden ikonischen Gedächtnisses« ignorieren, das auch nach dem Verschwinden eines Reizes das »Lesen« einer visuellen Information noch ermöglicht. Den entscheidenden Einwand gegen die Vorstellung einer instantanen Wahrnehmung hat 1960 Georg Sperling erhoben, indem er zeigte, daß eine Wahrnehmung, um überhaupt irgendeine psychologische Signifikanz haben zu können, nach dem Verschwinden des Reizes *verarbeitet* werden muß, was einschließt, daß die Perzeption nicht gegeben ist, sondern konstruiert wird. Sperling, »The Information Available in Brief Visual Presentations«, *Psychological Monographs* 74 (1960), S. 1-29.

47 Siehe Hermann Ebbinghaus, *Über das Gedächtnis: Untersuchungen zur experimentellen Psychologie* (1885; Amsterdam: E. J. Bonset, 1966). Ebbinghaus betont, wie wichtig die völlige Sinnlosigkeit und die »Gleichartigkeit« des von ihm benutzten Materials ist (S. 31-32), und räumt offen ein, genau das zu tun, was spätere Kritiker ihm vorwerfen sollten: das Gedächtnis aus den Bedingungen seines alltäglichen Funktionierens herauszulösen. Vgl. dazu die Stellungnahme von Leo Postman, »Hermann Ebbinghaus«, *American Psychologist* 23 (1968), S. 149-157.

48 Friedrich A. Kittler, *Aufschreibesysteme 1800-1900*, S. 262.

49 Die Thematik des reziproken Verhältnisses von Geschwindigkeit und Immobilität durchzieht das Werk von Paul Virilio. Siehe z. B. *Geschwindigkeit und Politik. Ein Essay zur Dromologie*, übers. v. Ronald Voullié (Berlin: Merve, 1980).

50 Wundt und viele andere nach ihm haben zu bestimmen versucht, wieviel man simultan erfassen kann; d. h. wie viele Dinge oder Vorgänge dieses Zentrum aufmerksamer Klarheit zugleich einnehmen kann. Das Tachistoskop spielte bei der Untersuchung derartiger Fragen bald eine Hauptrolle. Oft handelte es sich um Fragen der numerischen Unterscheidung, deren Untersuchung stets zu denselben eher unpräzisen und wenig überraschenden Ergebnissen führte: die meisten Personen waren zur unmittelbaren Erfassung einer Gruppe von fünf Einheiten oder Objekten imstande (allerdings ohne sie zu zählen); ein geringerer Prozentsatz konnte regelmäßig eine Sechsergruppe, fast niemand aber eine Siebenergruppe in einem einzigen Aufmerksamkeitsakt erfassen. Siehe beispielsweise W. Stanley Jevons, »The Power of Numerical Discrimination«, *Nature*, 9. (Februar 1871), S. 281-282. Auch William James befaßte sich mit der Frage, auf wie viele Vorgänge oder Tätigkeiten ein Betrachter gleichzeitig achtgeben könne; »Schwerlich auf mehr als einen«, lautete seine Antwort, »es sei denn, die Prozesse sind stark in der Gewohnheit verankert.« James, *Principles of Psychology* (1890; New York: Dover, 1950), Bd. 1, S. 409. Eine neuere Einschätzung des Problems gibt G. M. Miller, »The Magic Number Seven, Plus or Minus Two: Some Limits on Our Capacity for Information Processing«, *Psychological Review* 63 (1956), S. 81-97.

51 Siehe Ulrich Baers Ausführungen über die photographischen Arbeiten, die Albert Londe in den 1880er Jahren für Charcot herstellte und die den überraschenden Schock des momentanen photographischen *flash* für die Lenkung »hysterischer« Patienten ausnützten, in »Photography and Hysteria: Toward a Poetics of the Flash«, *Yale Journal of Criticism* 7, Nr. 1 (1994), S. 41-77.

52 James J. Gibson verteidigt im Zusammenhang mit dem Tachistoskop den problematischen Begriff eines »normalen« Sehens: »Ist das Tachistoskop eine Errungenschaft? Mir scheint es eher eine Kalamität. Weit entfernt, die Seherfahrung auf ihre einfachste Form zu reduzieren, hindert es das visuelle System an einem normalen Operieren.« Gibson, »Conclusions from a Century of Research on Sense Perception«, in Sigmund Koch und David O. Leary, Hrsg., *A Century of Psychology as Science* (New York: McGraw-Hill, 1985), S. 224-230.

53 Cattell beschreibt seine Vorrichtung in »The Inertia of the Eye and Brain«, *Brain* 8 (October 1885), S. 295-312. Den Namen »Tachistoskop« hatte 1859 der Psychologe A. W. Volkmann, der ein Mitarbeiter Fechners gewesen war, aufgebracht.

54 James McKeen Cattell, »The Conceptions and Methods of Psychology«, *Popular Science Monthly* 66 (1904), S. 176-186; wieder in A. T. Poffenberger, Hrsg., *James McKeen Cattell. A Man of Science*, 2 Bde. (Lancaster, Pa.: Science Press, 1947), Bd. 2, S. 197-207.

55 Diese Charakteristik stammt von E. G. Boring, *A History of Experimental Psychology* (New York: Appleton-Century-Crofts, [2]1950), S. 539.

56 Cattells Experimente konzentrieren sich »nicht auf die allgemeinen Kennzeichen distinkter mentaler Funktionen bei einer Reihe von Individuen, mit dem Ziel, irgendein allgemeines Gesetz aufzustellen, sondern auf spezifische Verbindungen dieser distinkten Funktionen in einzelnen Individuen, mit dem Ziel, die Parameter der individuellen Verschiedenheit zu ermitteln ... Der Test erlaubt die Herstellung von zwei komplementären Verbindungen – einmal mit den technologischen Operationen, die mit einem administrativen Schema der Diskriminierung, Klassifizierung und Distribution von Individuen im Hinblick auf die Bevölkerungsordnung verbunden sind, und zweitens mit jenen statistischen Techniken, die die Variationen der individuellen Meßergebnisse als Grundlage ihrer mathematischen Bearbeitung benützen.« Nikolas Rose, »The Psychological Complex: Mental Measurement and Social Administration«, *Ideology and Consciousness* 5 (Frühjahr 1979), S. 49-50.

57 James McKeen Cattell, »Experiments on the Association of Ideas«, *Mind* 12 (1887), S. 74.

58 Siehe z. B. Hiram M. Stanley, »Attention as Intensifying Sensation«, *Psychological Review* 2, Nr. 1 (1895), S. 53-57.

59 Siehe z. B. Charles Féré, »L'énergie et la vitesse des mouvements volontaires«, *Revue philosophique* 26 (Juli-Dezember 1889), S. 37-68, wo die Reaktionszeit in Fällen von Hysterie, Epilepsie und Somnambulismus untersucht wird.

60 Auf Spencersche Rassetypologien gegründete Forschung wies »empirisch« nach, daß Nichtkaukasier, besonders »Afrikaner und Indianer«, die kürzesten Reaktionszeiten hatten: »Der niedere, nicht der höhere Mensch spricht stärker auf Reize an, die mit dem sekundären Reflex verbunden sind; je stärker die Intellektualität beim Menschen, desto mehr läßt die Reaktionsschnelligkeit im automatischen Bereich nach. Reflektierende Menschen sind langsamere Wesen ... Die Intellektualität ist auf Kosten der automatischen Kapazität erworben worden.« P. Meade Bache, »Reaction Time with Reference to Race«, *Psychological Review* 2, Nr. 5 (September 1895), S. 475-486.

61 Über diese Entdeckung, siehe Kathryn M. Olesko und Frederic L. Holmes, »Experiment, Quantification, and Discovery: Helmholtz's Early Physiological Researches 1843-1850«, in David Cahan, Hrsg., *Hermann von Helmholtz and the Foundations of Nineteenth Century Science* (Berkeley: University of California Press, 1993), S. 50-108.

62 Siehe die Diskussion bei Stephen Kern, *The Culture of Time and Space, 1880-1918* (Cambridge: Harvard University Press, 1983), S. 82-84.

63 Michel Foucault, *Die Ordnung der Dinge*, übers. v. U. Köppen (Frankfurt/Main: Suhrkamp, 1971), S. 310-311.

64 Kritikern, die einwandten, daß psychische Vorgänge wissenschaftlichen Prozeduren und Analysen

nicht zugänglich seien, gab James McKeen Cattell wiederholt mit etwas zweifelhafter Logik zur Antwort, mentale Vorgänge müßten deshalb quantifizierbar sein, weil mentale Ereignisse und Prozesse in der Zeit stattfänden und Zeit etwas Meßbares sei. Siehe z. B. »Adress of the President before the American Psychological Association«, *Psychological Review* 3 (1896), S. 134-148. Für Cattell spielte »der quantitative Gesichtspunkt« bei der Überwindung des »Chaos aus animistischen und teleologischen Konzeptionen« eine entscheidende Rolle.

65 Jean Laplanche, *New Foundations for Psychoanalysis*, übers. v. David Macey (Oxford: Blackwell, 1989), S. 6: »Die Vorstellung, daß ein von außen auf ein lebendiges Gewebe einwirkender Reiz derselbe bleibt, wenn er von diesem Gewebe ausgeht, setzt einen rudimentären und unhaltbaren Mechanismus voraus. Wir wissen, daß die finale muskuläre Entladung *weder* mit der Reizenergie etwas zu tun hat, *noch* mit der nervlichen Energie, die durch den ›Reflexbogen‹ kanalisiert wird.«

66 John Dewey, »The Reflex Arc Concept«, *Psychological Review* 3, Nr. 4 (Juli 1896), S. 360. Siehe die Diskussionen über diesen Essay in Floyd W. Matson, *The Broken Image: Man Science and Society* (New York: Braziller, 1964), S. 166-172; und George Herbert Mead, *Movements of Thought in the Nineteenth Century*, Bd. 2 (Chicago: University of Chicago Press, 1936), S. 389-393.

67 Dewey, »The Reflex Arc Concept«, S. 364.

68 Alan Ryan, *John Dewey and the High Tide of American Liberalism* (New York: Norton, 1995), S. 125-126.

69 »Es ist ganz unmöglich, sich das Augenzentrum als das Bewußtsein monopolisierend vorzustellen und den Gehörapparat als in völliger Ruhe befindlich. Was zwischen den diversen Organen, die das organische Gleichgewicht aufrechterhalten, vor sich geht, ist vielmehr ein relatives Hervortreten und Zurücktreten.« Dewey, »The Reflex Arc Concept«, S. 362.

70 Ibid., S. 360.

71 Ein exemplarisches Beispiel für die Art von Forschung, die Dewey angegriffen hatte, liefern Charles S. Dolley und James McKeen Cattell in ihrer Arbeit »On Reaction Times and the Velocity of the Nervous Impulse«, *Psychological Review* 1, Nr. 2 (1894), S. 159-168: »Ein Elektroschock kann an verschiedenen Teilen des Körpers verabreicht werden. Er kann so stark sein wie gewünscht, der Moment seiner Verabreichung soll registriert werden. Wir haben verschiedene Arten von Elektroden benutzt. Die unseres Erachtens beste Methode war die, eine Elektrode auf die Stelle der Haut, die stimuliert werden sollte, zu applizieren und die andere in einen Eimer mit gesättigtem Salzwasser, in dem sich der linke Fuß befand, zu verlegen. Die Reizung wurde zehnmal hintereinander am selben Punkt ausgeübt und ging dann unmittelbar, ohne Verschiebung der Elektroden, zu einer anderen Stelle über. Gewöhnlich wurde der Schock auf der linken Körperhälfte verabreicht, während die rechte Hand oder der rechte Fuß die Reaktionsbewegung ausführte . . . Mit einer kleinen Elektrode ist der Schock stechender, mit einer größeren ist er massiver.«

72 »Dewey muß als ein Moderner angesehen werden, der auf halbem Wege stehengeblieben ist, als glänzender Philosoph, der die Implikationen der Moderne ahnte, aber alles tat, um ihren Konsequenzen auszuweichen.« John Patrick Diggins, *The Promise of Pragmatism: Modernism and the Crisis of Knowledge and Authority* (Chicago: University of Chicago Press, 1994), S. 5.

73 John Dewey, *Psychology* (New York: Harper and Brothers, 1889), S. 139-140. In diesem Text erkennt Dewey die Rolle des Schocks bei der Erzeugung von Aufmerksamkeit jedoch an (S. 126-127).

74 Dewey war an den praktischen Möglichkeiten zur Stärkung der geistig-körperlichen Einheit, einschließlich Eurhythmie und Alexander-Technik, sehr interessiert. Siehe dazu Hillel Schwartz, »Torque: The New Kinaesthetic of the Twentieth Century«, in Crary und Kwinter, Hrsg., *Incorporations*, S. 77-126. Die ausgereiftesten Reflexionen von Dewey über die soziale und ästhetische Wichtigkeit des Rhythmus stehen in *Art as Experience* (1932).

75 Eine wichtige Quelle für zahlreiche später im neunzehnten Jahrhundert auftretende Postulate von autonomen ästhetischen Vermögen, die von der prozessualen und temporalen Ökonomie des Körpers nicht betroffen sind, ist das Werk Arthur Schopenhauers. Schopenhauer entwirft ein Modell der reinen Kontemplation, das zur Aufmerksamkeit, die dem »gewöhnlichen« Subjekt zugänglich ist,

im Gegensatz steht. »Demnach ist Genialität die Fähigkeit, sich rein anschauend zu verhalten, sich in die Anschauung zu verlieren und die Erkenntniß, welche ursprünglich nur zum Dienste des Willens da ist, diesem Dienste zu entziehn, d.h. sein Interesse, sein Wollen, seine Zwecke, ganz aus den Augen zu lassen, sonach seiner Persönlichkeit sich auf eine Zeit völlig zu entäußern, um als *rein erkennendes Subjekt*, klares Weltauge, übrig zu bleiben: und dieses nicht auf Augenblicke; sondern so anhaltend, und mit so viel Besonnenheit, als nöthig ist, um das Aufgefaßte durch überlegte Kunst zu wiederholen und ›was in schwankender Erscheinung schwebt, zu befestigen in dauernden Gedanken‹.« Schopenhauer, *Die Welt als Wille und Vorstellung*, Bd. 1, § 36, S. 240. Das innere Zitat ist aus Goethes *Faust.*

76 Über »Mischung« und »Durchdringung« bei Bergson, siehe Gilles Deleuze, *Bergson zur Einführung*, hrsg. und übers. v. M. Weinmann (Hamburg: Junius, 1989), S. 39-54.

77 Henri Bergson, *Materie und Gedächtnis* (1896), übers. v. Julius Frankenberger (Hamburg. Meiner, 1991), S. 18-19.

78 Ibid., S. 204.

79 Henri Bergson, *Denken und schöpferisches Werden*, übers. v. Leonore Kottje (Meisenheim: Anton Hain, 1948), S. 92.

80 Henri Bergson, *Zeit und Freiheit*, übers. v. P. Fohr (Jena: Diederichs, 1920), S. 133. Siehe neuerdings die Diskussion automatischen Verhaltens bei Ellen J. Langer, *Mindfulness* (Reading, Mass.: Addison-Wesley, 1989).

81 Vgl. die historische Beurteilung Bergsons und seiner intellektuellen Umgebung in Europa bei Sanford Schwartz, »Bergson and the Politics of Vitalism«, in Frederick Burwick und Paul Douglass, Hrsg., *The Crisis in Modernism: Bergson and the Vitalist Controversy* (Cambridge: Cambridge University Press, 1992), S. 277-307.

82 Das Thema der Redundanz und der Gewohnheit in der Moderne hat in den fünfziger Jahren auch Arnold Gehlen behandelt. Gehlen spricht von der »überall zunehmenden Mechanisierung. . ., die in der Ausbildung von Gewohnheiten besteht, d.h. von Verhaltensformen, die auf einen gegebenen Reiz hin automatisch ablaufen. Nur Bergson hatte eigentlich den Zusammenhang dieser beiden Fragestellungen erkannt. Der Anteil solcher Gewohnheiten steigt mit der gesellschaftlichen Arbeitsteilung. Auch Freud, der doch die psychologischen Prozesse, die an dem begehrlichen und träumerischen Großstadt-Neurotiker abzulesen waren, mit großer Vollendung erforschte, hat diesen wichtigen Fragen wenig Aufmerksamkeit zugewendet. Als Sozialpersonen handeln wir sehr oft ›schematisch‹, d.h. in habituell gewordenen, eingeschliffenen Verhaltensfiguren, die ›von selbst‹ ablaufen. Dies aber versteht sich nicht nur von dem im engeren Sinne praktischen, äußeren Handeln, sondern vor allem auch von dessen inneren Bestandstücken: Gedanken- und Urteilsgängen, Wertgefühlen und Entscheidungsakten; auch sie sind meist weitgehend automatisiert.« Gehlen, *Die Seele im technischen Zeitalter* (Reinbek: Rowohlt, 1957), S. 104. Die notwendige Beziehung zwischen »Gewöhnungsprozessen« und dem Funktionieren sozialer Institutionen steht im Vordergrund bei Peter L. Berger und Thomas Luckmann, *The Social Construction of Reality: A Treatise in the Sociology of Knowledge* (New York: Anchor, 1967). Für die Verfasser verlangt die Operation einer stabilen sozialen Routine »ein niedriges Aufmerksamkeitsniveau« (S. 57).

83 Bergson bezieht sich in *Materie und Gedächtnis* mehrfach auf eine »réaction machinale«. Nach Georges Canguilhem ist »Bergson einer der wenigen französischen Philosophen, wenn nicht der einzige, der die mechanische Erfindung als biologische Funktion aufgefaßt hat, als einen Aspekt der Organisation der Materie durch das Leben«, in »Machine and Organism« (1952), in Crary und Kwinter, Hrsg., *Incorporations*, S. 69. Bergson und Durkheim traten 1878-1879 in die Ecole Normale Supérieure ein. Über ihre gemeinsame intellektuelle Prägung, siehe Steven Lukes, *Emile Durkheim: His Life and Work* (Stanford: Stanford University Press, 1973), S. 44-50.

84 Bergson, *Materie und Gedächtnis*, S. 16-18; Hervorhebung i. O. Über die Wichtigkeit dieses Gedankens, siehe die Analyse von Bruno Paradis, »Indétermination et mouvements de bifurcation chez Bergson«, *Philosophie* 32 (1911), S. 11-40.

85 Helmholtz, *Handbuch der physiologischen Optik*, Kap. 26, S. 443. Eine konzise Darstellung von Helmholtz' Zeichentheorie liefert Ernst Cassirer, *Substanzbegriff und Funktionsbegriff* (Berlin: Bruno Cassirer, 1923), S. 382-389.

86 Über einige der in Helmholtz' philosophischem Denken enthaltenen Widersprüche, siehe R. Steven Turner, »Helmholtz, Sensory Physiology and the Disciplinary Development in German Psychology«, in William R. Woodward und Timothy G. Ash, Hrsg., *The Problematic Science: Psychology in Nineteenth Century Thought* (New York: Praeger, 1982), S. 147-166.

87 Siehe Anson Rabinbach, *The Human Motor: Energy, Fatigue, and the Origins of Modernity* (New York: Basic Books, 1990), S. 52-83, insbesondere die Diskussion der »Hochzeit von Marx und Helmholtz«.

88 Ilya Progogine und Isabelle Stengers, *Order out of Chaos. Man's New Dialogue with Nature* (New York: Bantam, 1984), S. 109.

89 *Die Thatsachen in der Wahrnehmung* (Berlin: August Hirschwald, 1879) war einer von den Vorträgen, in denen Helmholtz eine knappe Zusammenfassung seiner Theorie von Wahrnehmung und Wissen lieferte. In Helmholtz' Ausführungen überschneiden sich seine Sorgen über die sozialen Spannungen seiner Zeit mit der Darstellung der Suche nach den Denkgesetzen. Man befinde sich in einer Zeit, so läßt er sein Publikum wissen, »wo sich die cynische Verachtung aller idealen Güter des Menschengeschlechts auf den Strassen und in der Presse breit macht, und in zwei scheusslichen Verbrechen gegipfelt hat, welche das Haupt unseres Kaisers offenbar nur deshalb zu ihrem Ziele wählten, weil in ihm sich alles vereinigte, was die Menschheit bisher als würdig der Verehrung und der Dankbarkeit betrachtet hat« (S. 4-5), womit er auf zwei versuchte Attentate auf Wilhelm I. anspielte. Schuld an diesen Verhältnissen sei die politische Freiheit. Nach diesem sykophantischen Prolog handelt Helmholtz über die Notwendigkeit einer geordneten Auffassung davon, wie wir die Welt erkennen. Was Helmholtz später u. a. beunruhigte, war die weitverbreitete Übernahme seiner Theorie der »unbewußten Schlüsse« durch Vertreter des philosophischen »Irrationalismus«, besonders durch Eduard von Hartmann. Eine spätere Generation von Psychologen verwarf dagegen den Begriff des Unbewußten als für die Forschung nicht hilfreich und versuchte, Helmholtz' Theorie als eine der »Assoziation« neu zu lesen, wobei man seine Terminologie kritisierte. Siehe z. B. die Beurteilung von Carl Stumpf, »Hermann von Helmholtz and the New Psychology«, *Psychological Review* 2, Nr. 1 (Januar 1895), S. 1-12. Über den kulturellen und politischen Kontext von Helmholtz' Werk, siehe Timothy Lenoir, *Instituting Science: The Cultural Production of Scientific Disciplines* (Stanford: Stanford University Press, 1997), S. 131-178.

90 Bergson, *Materie und Gedächtnis*, S. 86.

91 Ibid., S. 92-93. Zu den vielen Orten, an denen im frühen und mittleren neunzehnten Jahrhundert ähnliche Gedanken auftauchen, zählt das Werk Ruskins. In *The Elements of Drawing* (1857; New York: Dover, 1971), S. 91, wird die Vorstellung einer »direkten Anschauung«, die Formen und Beziehungen als fixiert begreift, aufgegeben zugunsten der Wahrnehmung einer »vitalen Wahrheit«, durch die »die Geschichte, die Gegenwart« sowie »die Weise, wie die Dinge sich entwickeln«, alle zusammen simultan in einer Form zu sehen sind.

92 Bergson, *Materie und Gedächtnis*, S. 227.

93 Gilles Deleuze, *Bergson zur Einführung*, hrsg. u. übers. v. M. Weinmann (Hamburg: Junius, 1989), S. 103.

94 »Nach Bergson enthält jeder Augenblick unserer psychologischen Geschichte ein Element irreduzibler Kontingenz oder Unbestimmtheit. Jeder Augenblick unserer psychologischen Dauer ist etwas wirklich, nicht nur scheinbar Neues, etwas, das unteilbar ist und das aus dem einfachen Grund, weil keine ›Bestandteile‹ da sind, von keiner Analyse in seine Bestandteile zerlegt werden kann ... Das bedeutet, daß Bergson schon in seinem ersten Buch [*Zeit und Freiheit*, 1888] auf weit mehr zielte als auf Assoziationismus und psychologischen Determinismus, nämlich auf den *Determinismus überhaupt*, egal ob physikalistischer oder idealistischer Provenienz. Sein ursprüngliches Anliegen war, an einer relativen menschlichen Freiheit festzuhalten oder, genauer, auf einem Element irreduzibler

Neuheit in jedem Augenblick der psychologischen Dauer zu bestehen.« Milič Čapek, *Bergson and Modern Physics: A Reinterpretation and Reevaluation*, Boston Studies in the Philosophy of Science, 7 (Dordrecht: Reidel, 1971), S. 100. Über Bergsons frühe Attacken gegen die Psychometrie von Weber, Fechner und Delbœuf in *Zeit und Freiheit* handelt W. W. Meissner, »The Problem of Psychophysics: Bergson's Critique«, *Journal of General Psychology* 66 (1962), S. 301-309.

95 Bergson revidierte *Materie und Gedächtnis* in dem Jahrzehnt nach seinem Erscheinen 1896 mehrmals und fügte dabei neue Zitate ein. Janet formulierte in *Obsessions et psychasthénie* (1903) erstmalig jene Theorie der »psychologischen Spannung«, die Bergson im Zusammenhang mit seiner eigenen Vorstellung von Aufmerksamkeit beeindruckte.

96 Bergson, *Materie und Gedächtnis*, S. vi.

97 Ibid., S. 170.

98 Ibid., S. 171. Auch Paul Valéry achtete auf die Grenzen seines Modells von konzentrierter oder fixierter Aufmerksamkeit: »Und doch gibt es im Phantasieleben nichts Stärkeres. Der auserwählte Gegenstand wird gleichsam zum Mittelpunkt dieses Lebens; immer zahlreichere Assoziationen schließen sich um ihn zusammen, je nachdem, ob der Gegenstand mehr oder weniger komplex ist. Im Grunde kann diese Fähigkeit nur ein Mittel sein, die Lebenskraft der Phantasie anzureizen, eine potentielle in aktuelle Energie umzuwandeln, bis zu dem Punkt, wo sie zu einem pathologischen Symptom wird und auf entsetzliche Art die fortschreitende Abstumpfung einer dahinschwindenden Intelligenz beherrscht.« Valéry, »Einführung in die Methode des Leonardo da Vinci«, in *Werke*, Bd. 6, S. 28-29.

99 Siehe z. B. August Hoch, »A Review of Some Recent Papers upon the Loss of the Feeling of Reality and Kindred Symptoms«, *Psychological Bulletin* 2, Nr. 7 (15. Juli 1905), S. 233-241; und Frederick H. Packard, »The Feeling of Unreality«, *Journal of Abnormal Psychology* 1 (1906), S. 69-82. In letzterem Aufsatz wird dieser Zustand mit einer Aufmerksamkeit mit beeinträchtigtem Auffassungsvermögen verbunden: »Wenn der gegenwärtige Eindruck aus den Ablagerungen des Gedächtnisses nicht die notwendigen Assoziationen hervorruft, kann keine Apperzeption stattfinden.« (S. 77) Eine typische optische Folge dieses Versagens besteht darin, daß »dreidimensionale Dinge flach aussehen« (S. 80).

100 Vgl. die Diskussion über Bergson und die Träume bei Madeleine Barthelémy-Madaule, *Bergson* (Paris: Seuil, 1967), S. 86-90; und Gilles Deleuze, *Das Zeit-Bild. Kino 2*, übers. v. Klaus Englert (Frankfurt/Main: Suhrkamp, 1991), S. 94 f.

101 Jean-Paul Sartre verweist auf den atopischen, unräumlichen Charakter der hypnagogischen Wahrnehmung, in *L'imaginaire. Psychologie phénoménologique de l'imagination* (1940; Paris: Gallimard, 1948), S. 55 f.

102 Im zwanzigsten Jahrhundert nahm die Forschung an, daß in hypnagogischen Zuständen »emotionale und sensorische Bilder aus der Vergangenheit deswegen mit solcher Intensität neu belebt werden, weil die Vergleichsmöglichkeit mit aktuellen konkurrierenden Sensationen eingeschränkt ist. Außerdem ... können in hypnagogischen Zuständen olfaktorische, gustatorische, taktile und kinästhetische Erinnerungen alle üblicherweise unterdrückenden Einflüsse umgehen und werden daher mit außerordentlicher Lebhaftigkeit erfahren. Dies scheint den Weg zu vielen anderen sonst unzugänglichen Erinnerungen zu bahnen.« Lawrence S. Kubie und Sidney Margolin, »The Process of Hypnotism and the Nature of the Hypnotic State«, *American Journal of Psychiatry* 100 (März 1944), S. 613. Siehe auch Andreas Mavromatis, *Hypnagogia: The Unique State of Consciousness between Wakefulness and Sleep* (London: Routledge, 1987), insbes. S. 67-71, über die diffuse und absorbierte Aufmerksamkeit in der Hypnose.

103 Über die Wichtigkeit Bergsons in den modernen Neukonzeptionen der Visualität, siehe Martin Jay, *Downcast Eyes: The Denigration of Vision in Twentieth-Century French Thought* (Berkeley: University of California Press, 1993), S. 186-209.

104 »Lassen wir uns dagegen gehen, träumen wir statt zu handeln, so zerfasert unser Ich im selben Augenblick. Unsere Vergangenheit, die sich bis dahin in den unteilbaren Impulsen, die sie uns mit-

teilte, zusammenraffte, zergeht in ein Nebeneinander von tausend und abertausend Erinnerungen, die eben in dem Maße, in dem sie gerinnen, darauf verzichten, sich zu durchdringen. So sinkt unsere Persönlichkeit zurück in die Richtung des Raumes ...« Henri Bergson, *Schöpferische Entwicklung*, übers. v. Gertrud Kantorowicz (Jena: Diederichs, 1921), S. 206.

105 Bergson, *Denken und schöpferisches Werden*, S. 93. Als der Psychiater Eugène Minkowski später die Schizophrenie schematisch als »Diskordanz« und fehlende Integration zwischen einer Auffassung von Existenz als reiner, bewegungsloser spatialer Präsenz einerseits und Kontinuität gelebter Zeit andererseits erklärte, sollte er sich auf Bergsons Werk beziehen. Siehe Eugène Minkowski, »Bergson's Conceptions as Applied to Psychology«, *Journal of Nervous and Mental Disease* 63, Nr. 4 (Juni 1926), S. 553-568.

106 Siehe Pierre Janet, *Les obsessions et la psychasthénie* (Paris: Alcan, 1903), S. 475-501. Über diese Dimension von Janets Werk, siehe Björn Sjövall, *Psychology of Tension: An Analysis of Pierre Janet's Concept of »Tension Psychologique«* (Stockholm: Svenska Bokförlaget, 1967), S. 73-96.

107 Georg Lukács sah bei modernen Denkern wie Bergson ein Ausweichen, eine grundsätzliche Leugnung der kapitalistischen »Verzerrung« der Zeiterfahrung: »Die Zeit erscheint nicht mehr als das natürliche, als das objektive, historische Bewegungs- und Entwicklungsmedium der Menschen, sondern verzerrt sich zu einer toten und tötenden äußeren Macht: im Zeitablauf drückt sich die Degradierung des individuellen Lebens aus, der Zeitablauf verselbständigt sich zu jener unerbittlichen Maschine, die die individuellen Entwicklungswünsche, die die Eigenheit, ja die Persönlichkeit selbst plattdrückt, nivelliert, zunichte macht.« Lukács, »Thomas Mann«, in *Werke*, Bd. 7 (Neuwied: Luchterhand, 1964), S. 564.

108 Walter Benjamin, »Über einige Motive bei Baudelaire«, in *Gesammelte Schriften*, Bd. I-2, S. 608-609. Frederic Jameson sieht bei Bergson in ähnlicher Weise ein ahistorisches Zeitverständnis: »Es genügt jedoch nicht, der Temporalität bloß einen Platz einzuräumen; selbst Bergson, der als erster in moderner Zeit die essentielle Räumlichkeit logischer Begriffe aufgedeckt und auf der ihnen entgegengesetzten Einmaligkeit und Besonderheit der gelebten Zeit und der *durée* bestanden hat, hat keine adäquate Formel für die Wirklichkeit der Zeit finden können. Indem er sie nämlich als einen Prozeß oder einen Wechsel definierte, ist sie immer in jedem Augenblick in je anderer Weise dieselbe. Es gelang Bergson nie, sich einen gedanklichen Weg hin zu jener gedanklichen Grundkategorie zu bahnen, in deren Zeichen die Erfahrung der Zukunft steht, dem *novum* nämlich, dem ganz und gar unerwartet Neuen, das durch seine absolute und wesentliche Unvorhersagbarkeit erstaunt.« Jameson, *Marxism and Form: Twentieth-Century Dialectical Theories of Literature* (Princeton. Princeton University Press, 1971), S. 126.

109 John Ruskin und Walter Pater verorten beide die Wahrnehmung innerhalb eines ethischen Imperativs, ununterbrochen das Neue und Singuläre zu erfassen und die zeitliche Entfaltung der schöpferischen Kräfte und Prozesse innerhalb der Materie wahrzunehmen. Worum es geht, ist die Frage der unendlichen Erneuerbarkeit und Unerschöpflichkeit des Sehens gegenüber seiner Anfälligkeit für Gewohnheit und Routine. Darauf zielt die berühmte Mahnung Paters: »Wenn zwei Personen, zwei Dinge oder zwei Situationen gleich aussehen, dann liegt das nur an der Grobheit des Auges.« *The Renaissance: Studies in Art and Poetry* (1873; Berkeley: University of California Press, 1980), S. 189. Ruskin z. B. rühmt die mittelalterliche Kunst als ein ästhetisches Universum, das zu »ständiger Erneuerung fähig« ist und einen Formenschatz besitzt, der »millionenfache Abwandlung« erlaubt, in *The Stones of Venice* (1851; New York: Hill and Wang, 1964), S. 167-168. An anderer Stelle schreibt Ruskin: »Es ist dieses Leben aus Gewohnheit und Zufall, in dem so viele von uns so viel Zeit verbringen; dieses Leben, in dem wir tun, was wir nicht gewollt, sagen, was wir nicht gemeint, und hinnehmen, was wir nicht verstanden haben; dieses Leben, das beladen ist vom Gewicht von Dingen, die ihm äußerlich sind und von denen es sich prägen lässt, statt sie sich zu assimilieren; dieses Leben, das, statt unter wohltätigem Tau zu wachsen und aufzublühen, von ihm wie von Rauhreif überzogen wird und sich zum wahren Leben ungefähr so verhält wie eine Eisblume zu einem Baum, eine starre, spröde, obstinate Agglomeration fremder Gedanken und Gewohnheiten, die

weder wachsen noch sich biegen kann.« Ruskin, *The Seven Lamps of Architecture* (1848; New York: Noonday, 1977), S. 143.

110 Hugo von Hofmannsthal, »Brief«, in Gesammelte Werke, Prosa II (Frankfurt/Main: S. Fischer, 1951), S. 13. Hofmannsthal hat eine solche moderne Dekomposition des Wahrnehmungsfelds auch im vierten der »Briefe eines Zurückgekehrten«, der über Van Gogh handelt, beschrieben, ibid., S. 297-305; eine solche Dekomposition war für Hofmannsthal jedoch nur dann von Interesse, wenn sie den »festen Boden unter den Füßen« wiederherstellte und den Kontakt mit einer objektiven Welt erneuerte. Siehe Andreas Huyssens Ausführungen über Hofmannsthal und andere Schriftsteller des Fin-de-siècle, in »The Disturbance of Vision in Vienna Modernism«, *Modernism/Modernity* 5, Nr. 3 (September 1998), S. 33-47.

111 Das Bild ist oft auf 1900 datiert worden. John Rewald situiert es etwas früher, in Rubin, Hrsg., *Cézanne: The Late Work*, S. 392.

112 Richard Shiff, *Cézanne and the End of Impressionism* (Chicago: University of Chicago Press, 1984), S. 122-123.

113 Über die disjunkte Mischung von Flächen- und Reliefeffekten beim Stereoskop, siehe Crary, *Techniken des Betrachters. Sehen und Moderne im neunzehnten Jahrhundert*, übers. v. Anne Vonderstein (Dresden, Basel: Verlag der Kunst, 1996), S. 122f.; und Rosalind E. Krauss, »Photography's Discursive Spaces«, in *The Originality of the Avant-Garde and Other Modernist Myths* (Cambridge: MIT Press, 1985), S. 137-138.

114 Mehrere andere Cézanne-Gemälde aus derselben Zeit sind mit *Tannen und Felsen* eng verwandt, z. B. *Dans le parc du Château Noir*, ca. 1898 (V. 779; R. 878); *La cîterne dans le parc du Château Noir*, ca. 1900 (V. 780; R. 907); und *Sous-bois devant les grottes au-dessus du Château Noir* (V. 787; R. 880).

115 Richard Shiff bemerkt über *Tannen und Felsen*: »Die Flecken aus Gelbgrün, Rotorange und Blauviolett in der ›Laubwerk‹-Zone im Vordergrund bilden ganz einfach ein leuchtendes koloristisches Feld.« Shiff, *Cézanne and the End of Impressionism*, S. 121.

116 Jean-François Lyotard, *Des dispositifs pulsionnels* (Paris: Christian Bourgois, 1973), S. 79-80.

117 Siehe die ausführliche Erklärung des »Entwurfs« bei Raymond E. Fancher, *Psychoanalytic Psychology: The Devolopment of Freud's Thought* (New York: Norton, 1973), S. 63-96.

118 Siehe Paul Ricœur, *Die Interpretation. Ein Versuch über Freud*, übers. v. E. Moldenhauer (Frankfurt/Main: Suhrkamp, 1969), Zweites Buch, 1. Teil. Ricœur stellt in seiner scharfsinnigen Deutung des »Entwurfs« im Verhältnis zu Freuds späterem psychoanalytischen Denken eine Verschiebung vom Schema einer reinen Kräfteökonomie hin zu einem Entziffern von »Kräften auf der Suche nach Bedeutung« fest. Siehe auch die überzeugende Bewertung des »Entwurfs« bei Oliver Sacks, »Origins of Genius: Freud's Early Years«, *Double Take* 14 (Herbst 1998), S. 119-126

119 »Der Erfolg der Aufmerksamkeit wird sein, daß an Stelle der Wahrnehmung mehrere oder eine (durch Assoziation mit dem Ausgangsneuron verbundene) *Erinnerungs*besetzungen auftreten.« Sigmund Freud, »Entwurf einer Psychologie«, in *Gesammelte Werke, Nachtragsband*, S. 454.

120 Katherine Arens weist auf die epochale Tragweite von Freuds Formulierung an dieser Stelle hin: »Indem er die Aufmerksamkeit mit physischer (in ihrem Wesen oft unbewußter) Wahrnehmung und mit pathologischem Denken (mit Unterdrückung bewußter ebenso wie unbewußter Gedanken) verbindet, ist Freud imstande, umfassend die Funktion der Sprache, die symbolischen Systeme, die Wege der Assoziation sowie das Wissen bzw. den Irrtum, in dem sich der Organismus hinsichtlich der Welt befindet, in einem Modell, das Biologie und Theorie integriert, zusammenzufassen ... Aufgrund von *Gewohnheit* wird die Alltagsinformation ohne bewußte Aufmerksamkeit verarbeitet. Diese Assoziationsgewohnheiten erzeugen das Alltagsverhalten, aber sie erzeugen auch eine ›Weltsicht‹. Als das Datenmaterial, auf das man normalerweise achtgibt oder auch nicht und das in einer Erfahrungsgemeinschaft sprachliche Bezeichnungen erhält, wird diese Weltsicht geteilt und gedeutet. Damit hat Freuds erweitertes Modell die individuellen Gewohnheiten mit der Episteme oder Weltsicht eines Zeitalters verknüpft und geht folglich über Michel Foucault und

Thomas Kuhn hinaus.« Arens, *Structures of Knowing: Psychologies of the Nineteenth Century*, Boston Studies in the Philosophy of Science, 113 (Dordrecht: Kluwer Academic Publishers, 1989), S. 307-308. Frank J. Sulloway sieht in Freuds »Entwurf« einen Versuch, »eine rein mechanische Theorie von Abwehr und Unterdrückung aufzustellen ... ohne die Existenz eines ›beobachtenden‹ Ich annehmen zu müssen«, *Freud: Biologist of the Mind* (New York: Basic Books, 1983), S. 113-131.

121 W.J. Dodds, »On Some Central Affections of Vision«, *Brain* 8 (1886), S. 25; Hervorhebung von mir. Die Aggregat-Natur des Sehens steht im Zentrum neuerer wissenschaftlicher Arbeiten, so z. B. bei Semir Zeki, der gezeigt hat, daß die Seherfahrung eine komplexe Konstruktion getrennter kortikaler Zentren ist, in denen Farbe, Bewegung und Form unabhängig voneinander analysiert werden. Siehe Zeki, »The Visual Image in Mind and Brain«, *Scientific American* 267, Nr. 3 (Semptember 1992), S. 69-76. Siehe auch Margaret Livingstone und David Hubel, »Segregation of Form, Color, Movement and Depth: Anatomy, Physiology and Perception«, *Science* 240 (6. Mai 1988), S. 740-749. Der Harvard-Neurologe M. Marsel Mesulam hat seit den frühen sechziger Jahren nachgewiesen, daß an der Herstellung von Aufmerksamkeit viele verschiedene Gehirnzonen beteiligt sind und daß die Aufmerksamkeit ein »verteilter Verarbeitungsprozess« ist, der Empfindung, Bewegung und Emotion mit einschließt. Welche Reize in einem Milieu von unserer Aufmerksamkeit ausgewählt werden, wird nach Mesulam von emotionalen Interessen und von vielerlei inneren Zuständen bestimmt. Siehe Mesulams Aufsatz »A Cortical Network for Directed Attention and Unilateral Neglect«, *Annals of Neurology* 10 (1981), S. 309-325.

122 Derrida, *Die Schrift und die Differenz*, S. 338-339. Derrida zitiert aus der »Notiz über den Wunderblock«, in Freud, *Gesammelte Werke*, Bd. 14.

123 Freud, »Entwurf einer Psychologie«, S. 457. Kurz zuvor, S. 452, schreibt Freud in einem erstaunlichen Passus: »Dieser Zustand hat ein Vorbild in dem für die ganze Entwicklung so wichtigen *Befriedigungerlebnis* und in dessen Wiederholungen, den *Begierde*zuständen, die sich zu *Wunsch*zuständen und *Erwartungs*zuständen entwickelt haben. Ich habe dargelegt, dass diese Zustände die *biologische Rechtfertigung* alles Denkens enthalten.«

124 Es trifft sich, daß Freud im »Entwurf«, S. 424, das Verhältnis eines motorischen Bildes zu einer Besetzung durch den Wunsch am Beispiel einer weiblichen Brust diskutiert: »Z. B. das gewünschte Erinnerungsbild sei das Bild der Mutterbrust und ihrer Warze in Vollansicht, die erste Wahrnehmung sei eine Seitenansicht desselben Objektes ohne die Warze. In der Erinnerung des Kindes befindet sich eine Erfahrung, beim Saugen zufällig gemacht, dass mit einer bestimmten Kopfbewegung das Vollbild sich in das Seitenbild verwandelt. Das nun gesehene Seitenbild führt auf die Kopfbewegung, ein Versuch zeigt, dass ihr Gegenstück ausgeführt werden muss, und die Wahrnehmung der Vollansicht ist gewonnen.«

125 Gilles Deleuze und Félix Guattari, *Tausend Plateaus: Kapitalismus und Schizophrenie*, Kap. 10, S. 400. Relevant ist auch Deleuze und Guattari, *Qu'est-ce que la philosophie?* (Paris: Editions de minuit, 1991; zit. Nach der deutschen Übersetzung von B. Schwibs und J. Vogl, Frankfurt/Main: Suhrkamp, 2000), S. 196: »Um aus den erlebten Perzeptionen herauszutreten, genügt das Gedächtnis natürlich nicht, das lediglich alte Perzeptionen heraufbeschwört, auch ein unwillkürliches Gedächtnis nicht, das die Wiedererinnerung als erhaltenden Faktor der Gegenwart hinzufügt. Das Gedächtnis greift in der Kunst nur selten ein (selbst und vor allem bei Proust). Wohl ist jedes Kunstwerk ein Monument, aber hier ist das Monument nicht etwas, das eine Vergangenheit ins Gedächtnis zurückruft, es ist ein Block gegenwärtiger Empfindungen, die ihre Bewahrung nur sich selbst verdanken und die dem Ereignis die Verbindung verleihen, durch die es gefeiert wird.« Siehe auch die ausführliche Erörterung von Gedächtnis, Intentionalität und Wahrnehmung im Zusammenhang der französischen Landschaftsmalerei des späten neunzehnten Jahrhunderts, in Joel Isaacson, »Constable, Duranty, Mallarmé, Impressionism, Plein Air, and Forgetting«, *Art Bulletin* 76 Nr. 3 (September 1994), S. 427-450.

126 Deleuze und Guattari, *Tausend Plateaus: Kapitalismus und Schizophrenie*, Kap. 10, S. 356.

127 Die Rolle der Farbe Blau in *Tannen und Felsen* (und beim späten Cézanne überhaupt) gewinnt zusätzlich an Bedeutung durch Julia Kristevas Spekulationen über die Wahrscheinlichkeit, daß Blau nicht von der Fovea, die für die festen Formen zuständig ist, sondern von den Stäbchen in der Netzhautperipherie perzipiert wird. Eine mögliche Hypothese bestünde nach Julia Kristeva darin, »daß die Perzeption von Blau nicht zu einer Identifizierung des Objekts führt, daß Blau sich entweder diesseits oder jenseits der fixierten Gegenstandsform befindet, daß es die Zone ist, in der die phänomenale Identität schwindet ... Alle Farben, aber besonders Blau, hätten dann einen nichtzentrierten oder dezentrierenden Effekt, der die Identifizierung des Objekts ebenso schwächt wie die Fixation des Phänomens. Auf diese Weise versetzen sie das Subjekt zurück in den archaischen Moment seiner Dialektik, einen, der zwar vor dem fixierten, spekulären ›Ich‹ liegt, aber in dem der Entstehungsprozeß dieses ›Ich‹ durch das Aufbrechen der instinkthaften, biologischen (und auch mütterlichen) Abhängigkeit bereits im Gang ist.« Kristeva, *Desire in Language: A Semiotic Approach to Literature and Art*, hrsg. v. Leon S. Roudiez, übers. v. Thomas Gora, Alice Jardine und Leon S. Roudiez (New York: Columbia University Press, 1991), S. 129-180.

128 Yves-Alain Bois erkennt beim späten Cézanne eine »Respiration«: »Ich würde sogar sagen, daß diese Werke selbst Lungen sind, daß sie atmen.« »Cézanne: Words and Deeds«, *October* 84 (Frühjahr 1998), S. 31-44.

129 Deleuze und Guattari, *Kapitalismus und Schizophrenie. Tausend Plateaus*, S. 682-693. Siehe auch die Diskussion der Taktilität bei Richard Shiff, »Cézanne's Physicality: The Politics of Touch«, in Salim Kemal und Ivan Gaskell, Hrsg., *The Language of Art History* (Cambridge: Cambridge University Press, 1991), S. 129-180.

130 Henri Maldiney, *Regard, parole, espace* (Lausanne: L'Âge d'homme, 1973), S. 150.

131 Gilles Deleuze, *Das Bewegungs-Bild. Kino 1.* Die deutsche Fundstelle konnte nicht ermittelt werden. Übersetzt ist daher nach der englischen Ausgabe: *Cinema 1: The Movement-Image*, S. 61.

132 Fritz Novotny, *Cézanne und das Ende der wissenschaftlichen Perspektive* (1938; Wien, München: Anton Schroll, 1970), S. 188; Kurt Badt, *Die Kunst Cézannes* (München: Prestel, 1956), S. 186-187; Hans Sedlmayr, *Verlust der Mitte* (Salzburg: Otto Müller, [6]1953), S. 127.

133 Maurice Merleau-Ponty, *Sens et non-sens* (Paris: Nagel, 1948), S. 30.

134 Gasquets Rekonstruktionen seiner Gespräche mit Cézanne sind aus der Sicht einer gewissen »empiristischen« Kunstgeschichte anfechtbar. Wie mein Umgang mit diesen Texten zeigt, halte ich sie jedoch für mehr oder weniger authentisch und sehe in ihnen eine wertvolle historische Quelle. Vgl. das abgewogene Urteil Christopher Pembertons in der Einleitung zu seiner englischen Übersetzung, *Joachim Gasquet's Cézanne* (London: Thames and Hudson, 1991).

135 Siehe den aufschlußreichen Vergleich zwischen Husserl und Nietzsche bei John Rajchman, »The Earth is Called Light«, *Architecture New York* 5 (März-April 1994), S. 12-13. Husserl positioniert den Körper »in einem einzigen, vereinheitlichten kinästhetischen Feld mit zurückfluchtenden Horizonten, das erlaubt, die Dinge in einem koordinierten Raum zu placieren, Objekte wiederzuerkennen und zu sagen, was oben und unten ist«, während die Erde für Nietzsche eben das ist, »was nicht begrenzt werden kann«. Sie ist »unbegrenzt, unzentriert und formlos«.

136 Folgendermaßen gibt Joachim Gasquet einen Cézanneschen Monolog wieder: »Schauen Sie diesen Sainte-Victoire. Welcher Schwung, welcher gebieterische Durst nach Sonne und welche Melancholie am Abend, wenn diese ganze Schwere sich darauf senkt. -- Die Blöcke waren Feuer. Noch ist Feuer in ihnen ... Das muß man wiedergeben. Das ist das Bad des Wissens, wenn ich so sagen darf, in das man seine lichtempfindliche Platte tauchen muß. Um eine Landschaft richtig zu malen, muß ich auch zuerst die geologische Schichtung erkennen. Bedenken Sie, daß die Geschichte der Welt an dem Tage begann, an dem zwei Atome sich begegneten, zwei Wirbel, zwei chemische Tänze sich miteinander verbanden. Diese großen Regenbögen, die kosmischen Prismen, diese Morgenröte unseres Selbst über dem Nichts, ich sehe sie emporsteigen, sauge sie ein, wenn ich Lukrez lese. Unter diesem feinen Regen atme ich die Jungfräulichkeit der Welt. Ein scharfer Sinn für Nuancen arbeitet in mir. Ich fühle mich farbig von all diesen Abtönungen des Unendlichen. In diesem Augenblick

bin ich vollkommen eins mit meinem Bilde. Wir sind ein schillerndes Chaos. Ich komme vor mein Motiv, ich verliere mich darin ... Ich will mich dieser Idee bemächtigen, dieses Erregungsstromes, dieses Dampfes des Seins über der Glut des Alls. Mein Bild wird schwer, ein Gewicht macht meinen Pinsel lasten. Alles fällt. Alles sinkt unter den Horizont. Von meinem Gehirn auf mein Bild, von meinem Bild zur Erde. Schwer lastend. Wo ist die Luft, die dichte Leichtigkeit? Sache des Genies wäre es, die Freundschaft all dieser Dinge in der weiten Luft zu entbinden, im gleichen Aufstieg, im gleichen Begehren.« Paul Cézanne, *Über die Kunst. Gespräche mit Gasquet und Briefe*, hrsg. v. W. Hess (Reinbek: Rowohlt, 1957), S. 12-14.

137 In den späten zwanziger Jahren hat D. H. Lawrence als einer der ersten etwas von der demotivierten Subjektivität gespürt, die im Spätwerk enthalten ist: »Cézanne wollte etwas, das weder optisch, noch mechanisch, noch intellektuell war ... Er wollte unseren gegenwärtigen Modus mental-visueller Bewußtheit, wollte das mental-begriffliche Bewußtsein verdrängen und durch einen vorwiegend intuitiven Bewußtseinsmodus ersetzen, durch die Berührungswahrnehmung.« Lawrence, »Introduction to These Paintings«, in *Phoenix: The Posthumous Papers of D. H. Lawrence* (New York: Viking, 1972), S. 580. Vgl. die Diskussion der Lawrenceschen Cézanne-Kritik bei Stephen Bann, *The True Vine: On Visual Representation and Western Tradition* (Cambridge: Cambridge University Press, 1989), S. 73-77.

138 Durch Briefe sind wir über Cézannes Bewunderung für Wagner unterrichtet und wissen, daß er Orchesterdarbietungen von Stücken aus Wagneropern gehört hat. Ob er Ausschnitte aus *Tristan und Isolde* kannte, ist nicht sicher. Das verbale Destillat, das Nietzsche vom dritten Akt des *Tristan* gibt, läßt jedoch an ein rhythmisch-systolisches Pulsieren denken, das auch im Spätwerk Cézannes spürbar ist. Könnte man sich einen Menschen denken, fragt Nietzsche, der diesen dritten Akt »rein als ungeheuren symphonischen Satz zu perzipieren imstande wäre, ohne unter einem krampfartigen Ausspannen aller Seelenflügel zu veratmen? Ein Mensch, der wie hier das Ohr gleichsam an die Herzkammer des Weltwillens gelegt hat, der das rasende Begehren zum Dasein als donnernden Strom oder als zartesten zerstäubten Bach von hier aus in alle Adern der Welt sich ergießen fühlt, er sollte nicht jählings zerbrechen?« Nietzsche, *Die Geburt der Tragödie*, in *KSA*, Bd. 1, S. 504.

139 Theodor W. Adorno, *Ästhetische Theorie*, in *Gesammelte Schriften*, Bd. 7, S. 57.

140 Siehe die Überlegungen, die Steven Z. Levine über das Verhältnis zwischen den Frühformen des Kinos und der Malerei angestellt hat, in »Monet, Lumière, and Cinematic Time«, *Journal of Aesthetics and Art Criticism* 36, Nr. 4 (Sommer 1978), S. 441: »Ich gebe zu, daß zwischen den Künsten des Films und der Malerei um 1895 auf einer tiefgehenden Differenz bestanden werden muß, zwischen zwei Künsten, die beide mit dem Bild, nicht jedoch notwendig mit dessen zeitlicher Dehnung arbeiteten, aber ich fühle mich auch von den Aspekten beider Künste angezogen, in denen, in einem Moment historischer Konjunktion, da beider Energien weitgehend in den Wunsch, einander zu gleichen, investiert worden zu sein scheinen, ein gemeinsamer Formwille spürbar ist.«

141 Deleuze, *Das Zeit-Bild. Kino 2*, S. 56. Siehe auch die überzeugende Charakterisierung der Besonderheit des kinematischen Bildes bei Steven Shaviro, *The Cinematic Body* (Minneapolis: University of Minnesota Press, 1993), S. 24-32.

142 Zu diesem Aspekt des Films, siehe Marie-Claire Ropars-Wuilleumier, »The Cinema, Reader of Gilles Deleuze«, in Constantin V. Boundas und Dorothea Olkowski, Hrsg., *Gilles Deleuze and the Theater of Philosophy* (New York: Routledge, 1994), S. 255-260.

143 Siehe z. B. Siegfried Kracauer, »Kult der Zerstreuung«, in *Das Ornament der Masse* (Frankfurt/Main: Suhrkamp, 1977). Kracauer sagt vom großstädtischen Publikum im Kino: »Hier, im reinen Außen, trifft es sich selber an, die zerstückelte Folge der splendiden Sinneseindrücke bringt seine eigene Wirklichkeit an den Tag.« (S. 315)

144 Über den institutionellen, ästhetischen und sozialen Hintergrund von diesem Film und von Porters Werk überhaupt berichtet das unentbehrliche Buch von Charles Musser, *Before the Nickelodeon: Edwin S. Porter and the Edison Manufacturing Company* (Berkeley: University of California Press, 1991). »*The Great Train Robbery* ist nicht nur wegen seines kommerziellen Erfolgs, oder

weil er amerikanische Mythen dem Repertoire der Kinounterhaltung einverleibte, ein bemerkenswerter Film, sondern auch weil er so viele Trends, Gattungen und Strategien zeigt, die für die kinematographische Praxis dieser Zeit grundlegend sind.« (S. 254) Vgl. auch Lynne Kirbys nachdrückliche Behauptung, durch Kino und Eisenbahnreisen habe eine reziproke Neudefinition der Zuschauerrolle stattgefunden, in *Parallel Tracks: The Railroad and Silent Cinema* (Durham: Duke University Press, 1997).

145 Vgl. z. B. André Gaudreault, »Detours in Film Narrative: The Development of Cross-Cutting«, in Thomas Elsaesser, Hrsg., *Early Cinema: Space, Frame, Narrative* (London: BFI, 190), S. 133-152; und Noël Burch, »Porter, or Ambivalence«, *Screen* 19, Nr. 4 (Winter 1978/1979), S. 91-105.

146 Deleuze, *Das Bewegungs-Bild. Kino 1*, S. 115. Was Vertov über sein Projekt sagt, weist auf eine gewisse konzeptuelle Verwandtschaft mit Aspekten von Cézannes Experimenten hin: »Ich bin ein mechanisches Auge. Ich, eine Maschine, zeige die Welt so, wie nur ich sie sehen kann. Ich befreie mich ein für allemal von der menschlichen Trägheit, bin in ständiger Bewegung, bin bald nahe an den Dingen, bald weit weg von ihnen, ich krieche unter sie, ich klettere auf sie ... Ich tauche unter und steige auf mit untertauchenden und aufsteigenden Körpern. Ich, eine Kamera, schwinge mich jetzt an ihnen entlang, arbeite im Chaos der Bewegung, zeichne Bewegung auf, beginne mit Bewegung von kompliziertester Zusammensetzung.« Dziga Vertov, *Kino-Eye: The Writings of Dziga Vertov*, hrsg. v. Annette Michelson (London: Pluto Press, 1984), S. 17.

147 Liliane Brion-Guerry, »The Elusive Goal«, in Rubin, Hrsg., *Cézanne: The Late Work*, S. 81: »Zu der Zeit, als die Malerei dabei war, jenseits der Figur nach einem Ausdruck zu suchen, weil der Künstler mit dieser möglicherweise unendlichen Ausweitung der Wirklichkeit konfrontiert war, ging man auch in der Musik dazu über, die partikularisierende Funktion eines bestimmten Tons abzulehnen ... Diese Suche nach einem vereinheitlichten Raum, in dem alle Dinge ohne Grenzen oder Fesseln füreinander offen sind, diese Annäherung an ein Jenseits, das ohne Beschränkungen sein könnte ... ist etwas ganz Anderes als die Glorifizierung der Form um ihrer selbst willen, die für die kubistische Ästhetik typisch ist.«

148 Sherringtons Forschungen sind in seinem Hauptwerk, *The Integrative Action of the Nervous System* (New York: Scribner's, 1906), zusammengefaßt; seine »wesentlichen Entdeckungen« fallen jedoch in die Jahre zwischen 1895 und 1900, nach Marc Jeannerod, *The Brain Machine: The Development of Neurophysiological Thought*, übers. v. David Urion (Cambridge: Harvard University Press, 1985). Siehe auch das Resümee von Sherringtons Werk bei Roger Smith, *Inhibition: History and Meaning in the Sciences of Mind and Brain* (Berkeley: University of California Press, 1992), S. 179-190.

149 Anders als Pawlow und seine Nachfolger, die am »einfachen Reflex« als der wesentlichen Einheit der Untersuchung festhielten, hielt Sherrington die Vorstellung einer einzelnen Reflexhandlung für eine »Fiktion«. In einem vielzitierten Passus aus der Einleitung zu *Integrative Action* schrieb er, der einfache Reflex sei »vermutlich ein rein abstrakter Begriff, weil alle Teile des Nervensystems miteinander verbunden sind und es wohl keinen Teil gibt, der je zu einer Reaktion imstande wäre, ohne diverse andere Teile zu affizieren und von ihnen affiziert zu werden.«

150 Georges Canguilhem, »Le concept de réflexe au XIXe siècle«, in *Etudes d'histoire et de philosophie des sciences* (Paris: J. Vrin, 1983), S. 302.

151 In der holistischen Theorie Sherringtons ist die aktuelle Wirklichkeit »die Gesamtsumme der Reflexe, denn jeder einzelne von ihnen ist von den anderen kodeterminiert. Diese Summe ist das Ordnungsinstrument, das die Tätigkeit des Organismus steuert. Die Tätigkeit des Organismus ist durch die Synergie der Reflexe garantiert, die als die Summe zahlreicher Teile erscheint, welche jedoch, da bloße Abstraktionen, als isolierte überhaupt nicht existieren. Ordnung wird hergestellt, indem dieser komplizierte Reflexapparat durch die von der Umgebung ausgeübte Gesamtstimulation in Gang gesetzt und in Gang gehalten wird.« Goldstein, *The Organism*, S. 89.

152 Für Sherrington sind Muskelbewegungen »nicht Summen von Reflexen, sondern sinngemäßes Verhalten eines Lebens in Umwelt und Situation«. Karl Jaspers, *Allgemeine Psychopathologie* (Berlin, Heidelberg, New York: Springer, [8]1965), S. 131.

153 Maurice Merleau-Ponty gab widerstrebend zu, Sherrington habe gezeigt, daß der klassische Reflex eine Abstraktion ist; sein großes Verdienst sei es, die Idee der Hemmung innerhalb der Globalsituation des Nervensystems verallgemeinert zu haben. Aber er bestand darauf, daß Sherrington letztlich darauf aus gewesen sei, »die Prinzipien der klassischen Physiologie zu retten«, und daß zwischen seinen Kategorien und den von ihm selbst zutage geförderten *Phänomenen* eine grundsätzliche Disjunktion bestehe. Merleau-Ponty, *Die Struktur des Verhaltens*, übers. v. B. Waldenfels (Berlin, New York: de Gruyter, 1976), S. 35. George Thines bewertet Sherringtons Werk anders und positiver, in *Phenomenology and the Science of Behavior: An Historical and Epistemological Approach* (London: Allen & Unwin, 1977), S. 82-95. Thines betont Sherringtons Nähe zu den auf Gestalttheorie und Phänomenologie fußenden Analysen und befaßt sich mit den historischen Konsequenzen der Tatsache, daß Pawlows Modell des Zentralnervensystems im frühen zwanzigsten Jahrhundert verbreiteter war als das Sherringtons. Nach Thines definieren Sherringtons Experimente »den Rahmen einer Psychologie, in welcher theoretische Schlüsse auf der Beobachtung von Verhaltensmustern *und* von entsprechenden nervlichen Mechanismen beruhen. Diese letzteren sind, anders als in der klassischen Reflextheorie, keine reinen Entitäten, weil sie mit der körperlichen Struktur des Organismus zusammenhängen. Dies wiederum führt zum Studium der subjektiven Welt, die der gründenden Tätigkeit des Organismus entspricht. Diese Tätigkeit der Subjektivität heißt in Husserlscher Terminologie ›Konstitution‹.« (S. 95)

154 James, *Principles of Psychology*, Bd. 1, S. 453. Terry Eagleton verortet in »The Flight to the Real« James im allgemeinen Rahmen eines »mystischen Positivismus« im späten neunzehnten Jahrhundert, in Sally Ledger und Scott McCracken, Hrsg., *Cultural Politics at the Fin de Siècle* (Cambridge: Cambridge University Press, 1995), S. 14: »Der Pragmatismus eines William James versucht die Tyrannei des rationalen Denkens abzuschütteln, indem er es zu einer bloßen Funktion oder einem Hilfsmittel reduziert, mit dem wir uns so gut es geht von diesem Stückchen unserer Erfahrung zum nächsten bewegen können.«

155 Sherrington, *Integrative Action of the Nervous System*, S. 232-233.

156 Ibid., S. 234. Über die Ähnlichkeiten zwischen Freud und Sherrington in den 1890er Jahren handelt Karl H. Pribram, »The Neurophysiology of Sigmund Freud«, in Arthur J. Bachrach, Hrsg., *Experimental Foundations of Clinical Psychology* (New York: Basic Books, 1962), S. 442-468. Wie auch Freuds Frühwerk involvieren die Neuronenhypothesen Sherringtons einen Mechanismus der nervlichen Übertragung, in dem es Funktionen von Akkumulation, Diffusion und Entladung gibt.

157 Siehe Judith P. Swazey, *Reflexes and Motor Integration: Sherrington's Concept of Integrative Action* (Cambridge: Harvard University Press, 1969), S. 57. Einen Überblick über Sherringtons Leben und seine Laufbahn liefert sein Schüler Ragnar Granit, *Charles Scott Sherrington. An Appraisal* (London: Thomas Nelson and Sons, 1966).

158 Siehe Sherrington, *Integrative Action of the Nervous System*, S. 324-329. Die Fähigkeit zur Wahrnehmung auf Distanz hatte zur evolutionären Erklärung tierischen und menschlichen Verhaltens gehört, insbesondere bei Herbert Spencer.

159 D. Denny-Brown, »The Sherrington School of Physiology«, *Journal of Neurophysiology* 20 (1957), S. 546.

160 Sherrington, *Integrative Action of the Nervous System*, S. 234. Sherrington sollte später das Sehen auf die folgende, erstaunliche Weise charakterisieren: »Wunder über Wunder, und doch so bis zum Überdruß vertraut, daß wir nie daran denken. Im Wachzustand sendet das Auge, wie wir sahen, ständig winzige und flüchtige rhythmische Ströme von elektrischer Energie in den Zellen- und Faserwald des Gehirns. Diese pochende, strömende Masse von elektrisch geladenen Punkten, die sich in der schwammigen Gehirnsubstanz fortbewegen, hat keine erkennbare Ähnlichkeit – selbst hinsichtlich der zeitlichen Relationen nur eine sehr entfernte – mit dem räumlichen Schema des winzigen, kopfüber stehenden, zweidimensionalen Bildchens der Außenwelt, das der Augapfel auf die Anfänge der zum Gehirn führenden Nervenfasern malt. Aber dieses kleine Bildchen löst einen *elektrischen Sturm* aus, und dieser elektrische Sturm wiederum affiziert eine ganze Population von

Gehirnzellen. Elektrische Ladungen haben als solche nicht das geringste visuelle Element an sich, nichts z. B. von ›Distanz‹, von ›Aufrechtstehen‹, von ›Vertikalität‹, von ›Horizontalität‹, von ›Farbe‹ oder ›Helligkeit‹ – aber sie beschwören all dies herauf.« Sherrington, *Man on His Nature* (Cambridge: Cambridge University Press, 1940), S. 113; Hervorhebung von mir.

161 Siehe Owen Flanagan, *Consciousness Reconsidered* (Cambridge: MIT Press, 1992), S. 171-172.

162 Eine wichtige philosophische Weiterentwicklung einiger Gedanken Sherringtons ist bei John Dewey zu finden, *Experience and Nature* (Chicago: Open Court, 1925), S. 209-214. Ausgehend von den Auswirkungen, die die »Distanz-Rezeptoren« für die gelebte Wirklichkeit haben, attackiert Dewey die Vorstellung, daß »Materie, Leben und Geist verschiedene Arten des Seins darstellen«.

163 Paul Cézanne, *Briefe*, eingel. v. G. Jedlicka, übers. v. J. Vontobel (Erlenbach-Zürich und Leipzig: Rentsch, o. J.), S. 337.

164 D. H. Lawrence, »Introduction to These Paintings«, S. 92: Cézanne hatte ein »intuitives Gefühl dafür, daß nichts *statisch* und in Ruhe ist . . . er konnte den allmählichen Fluß der Veränderung sehen . . . Und wir bemerken nicht ohne Bewegung, wie intuitiv *wahr* das ist. Die Landschaft ist *nicht* ruhig. Sie hat ihre eigene, unheimliche Seele, und unter der Wahrnehmung unserer weit offenen Augen verändert sie sich wie ein Tier, das man anblickt.«

165 Bereits Bergson verstand die Art von dynamischen Vorgängen, auf die Cézanne in seinem Brief anspielt, und griff auf dieselbe Kaleidoskop-Metapher wie Sherrington zurück: »Da ist einmal ein System von Bildern, das nenne ich meine Wahrnehmung des Universums; in ihm ändert sich alles von Grund auf, wenn sich an einem bevorzugten Bilde, meinem Leib, leichte Veränderungen vollziehen. Dieses Bild befindet sich im Mittelpunkte; nach ihm richten sich alle anderen; bei jeder seiner Bewegungen verändert sich alles, wie wenn man ein Kaleidoskop dreht.« Bergson, *Materie und Gedächtnis*, S. 9.

166 Deleuze, *Bergson zur Einführung*, S. 103. In neueren kognitionswissenschaftlichen Arbeiten wird ein Weg zurück zu der in Cézannes Brief konstatierten Untrennbarkeit von Sehen und Bewegung erkennbar: »Zum Beispiel gibt es distinkte Wirkungen, die durch körperlichen Stoß oder durch akustische Reizung hervorgerufen werden. Außerdem hängen die Eigenschaften der neuronalen Reaktion direkt von Neuronen ab, die fern von ihren Rezeptionsfeldern lokalisiert sind. *Bei Beibehaltung derselben identischen sensorischen Reizung genügt jedoch ein Haltungswechsel, um die neuronalen Reaktionen im primären visuellen Kortex zu verändern,* was zeigt, daß selbst das scheinbar entfernte Bewegungszentrum mit dem Sensorium abgestimmt ist.« Francisco Varela, *The Embodied Mind: Cognitive Science and Human Experience* (Cambridge: MIT Press, 1991), S. 93; Hervorhebung von mir.

167 Friedrich Nietzsche, *Nachgelassene Fragmente*, in *KSA*, Bd. 13, 14 [93], S. 271.

168 In ihrer wichtigen Arbeit über Rimbaud zeigt Kristin Ross, daß eine der »Verunstaltungen« durch den Kapitalismus in der Schließung von »sozial zugänglichen Wahrnehmungsfeldern« besteht, nicht nur in »der Einschränkung des Freiheitsraums, sondern sogar des Wunschs nach einem solchen Raum und der Erinnerung an ihn. Die Gewöhnung an die kapitalistische Kultur macht uns glauben, diese Beschränkung – die spezifische Weise, wie der Mensch, wie sein Körper, wie seine physische Wahrnehmung im Kapitalismus organisiert ist – sei nicht historisch, sondern durch seine Physis bedingt. Der Umfang und die Weise geistiger Aufmerksamkeit oder die Fähigkeit des Körpers zur Empfindung sind aber soziale Tatsachen, und es ist eben die Blindheit und Dumpfheit der sozialen Beziehungen in der Marktgesellschaft, die die Verleugnung des Sozialen und seine Subsumtion im Biologischen möglich machen.« Nach Kristin Ross hat Rimbaud auf die kapitalistische Verdinglichung mit Bildern vom »mehr als Menschlichen« geantwortet, mit Bildern vom »transformierten utopischen Körper mit unbegrenzter sensorischer und libidinaler Möglichkeit als einer Figur der vollendeten Gemeinschaft, des assoziativen oder kollektiven Lebens«. Ross, *The Emergence of Social Space: Rimbaud and the Paris Commune* (Minneapolis: University of Minnesota Press, 1988), S. 120-121. Philippe Sollers sieht in Cézanne und Rimbaud verwandte Typen von »Sehern«, *Le Paradis de Cézanne* (Paris: Gallimard, 1995).

169 Ernst Bloch, *Das Prinzip Hoffnung* (Frankfurt/Main: Suhrkamp, 1985), Kapitel 33-42, S. 947.

170 Jean-Jacques Rousseau, *Rêveries d'un promeneur solitaire* (1776) in *Œuvres complètes*, Bd. 1 (Paris: Gallimard, 1959). In diesem Text hängt die von Rousseau gesuchte ahistorische und asoziale Autonomie von der Opposition von Träumerei und Denken ab. »Bei meinen Träumereien mußte ich sogar fürchten, daß meine Einbildungskraft, aufgewühlt wie sie war durch mein Mißgeschick, sich schließlich diesem zuwenden und daß das ständige, mein Herz mehr und mehr einschnürende Gefühl des Leidens mich am Ende mit seinem Gewicht erdrücken würde. In diesem Zustand gebot ein angeborener Instinkt, der mir half, jede betrübliche Vorstellung zu vermeiden, meiner Einbildungskraft Schweigen und ließ mich, indem er meine Aufmerksamkeit auf die Gegenstände in meiner Umgebung lenkte, das Schauspiel der Natur, das ich bis dahin nur insgesamt und summarisch betrachtet hatte, zum ersten Mal in seinen Einzelheiten wahrnehmen ... Je empfindsamer die Seele des Betrachters ist, desto mehr gibt sie sich den Ekstasen hin, die dieser Gleichklang auslöst. Eine sanfte und tiefe Träumerei bemächtigt sich seiner Sinne, und in seliger Trunkenheit verliert er sich in der Unermeßlichkeit des Systems, mit dem er sich eins fühlt.« (S. 1062-1063)

171 In den Landschaften und Aquarellen ist diese Wirkung vollendeter als in den *Badenden* mit ihrem offenkundigen historischen Bewußtsein.

172 Fredric Jameson, *Postmodernism, or the Cultural Logic of Late Capitalism* (Durham: Duke University Press, 1991), S. 307. Im Rahmen von Jamesons Argumentation, die mit Ernst Blochs Begriff der »Gleichzeitigkeit des Ungleichzeitigen« arbeitet, könnte man sagen, daß Cézannes Kunst »ihre Kraft und ihre Möglichkeiten« daraus bezieht, daß sie »ein Altwasser, ein archaischer Überrest in einer sich modernisierenden Ökonomie ist: sie glorifizierte, zelebrierte und dramatisierte ältere Formen individueller Produktion, die die neue Produktionsweise andernorts zu verdrängen und auszulöschen im Begriff war«.

173 Meyer Schapiro hebt ausdrücklich *Kiefern und Felsen* als ein Bild hervor, in dem eine »visionäre Stimmung, eine mystische Versenkung in die Tiefen der Natur« erreicht ist. Schapiro, *Cézanne*, S. 29.

174 Vgl. die Bewertung der neuen technologischen Bedingungen des Bildermachens (einschließlich von Röntgenstrahlen, Kino und Chronophotographie) und der darauf folgenden Neukonzeptualisierung des »Sehens« in Wissenschaft und Psychologie, bei Monique Sicard, *L'année 1895: L'image écartelée entre voir et savoir* (Paris: Empêcheurs de penser en rond, 1994).

175 Bergson, *Materie und Gedächtnis*, S. 207.

176 Deleuze, *Das Zeit-Bild. Kino 2*, S. 205-206, Hervorhebung von mir.

177 Folgendes sagt Steven Shaviro über diese neuen materiellen und psychischen Bedingungen der Aufmerksamkeit: »Die Dunkelheit des Theaterraums isoliert mich von den übrigen Zuschauern und schneidet jede Möglichkeit ›normaler‹ Perzeption ab. Ich kann meine Aufmerksamkeit nicht mehr nach Belieben auf dieses oder jenes konzentrieren. Statt dessen wird mein Blick von der einzigen Lichtzone, von einem Strom beweglicher Bilder, festgehalten. Ich achte auf das, was auf der Leinwand passiert, nur in dem Maß, wie ich ständig zerstreut und passiv davon absorbiert bin. Ich habe nicht mehr die Freiheit, meinen eigenen Gedanken nachzugehen ... Das flüchtige Bild auf der Leinwand hält meine zerstreute Aufmerksamkeit gefangen; ich habe die Fähigkeit des Wegsehens verloren. Man kann einen Film nur ansehen, wenn man eben dies zuläßt; Widerstand dagegen kann ich nur leisten, wenn ich auf den Film überhaupt verzichte, wenn ich die Augen schließe oder hinausgehe. Aber wenn ich ihn ansehe, habe ich keine Geistesgegenwart: Sehen und Hören, Antizipation und Gedächtnis gehören nicht mehr mir. Meine Reaktionen sind nicht innerlich motiviert und sind nicht spontan; sie sind mir von außen aufgezwungen. Skopophilie ist also das Gegenteil von Überlegenheit: sie ist eine erzwungene, ekstatische Erniedrigung vor dem Bild.« Shaviro, *The Cinematic Body*, S. 47-48.

178 Deleuze, *Das Zeit-Bild. Kino 2*, S. 336.

Epilog 1907: Verzaubert in Rom

1 William James, *Principles of Psychology* (1890; New York: Dover, 1950), Bd. 1, S. 402. Auffällig ist hier James' Ferne von einer kantischen Problematisierung der Erfahrung. Für Kant war Erfahrung nur möglich als »die reine und apriorische Einheit des Verstehens«. »Eine bloß empirische Synthesis von Wahrnehmungen« konnte keine Erfahrung hervorbringen. Vgl. Immanuel Kant, *Prolegomena zu einer jeden künftigen Metaphysik, die als Wissenschaft wird auftreten können*, in: *Werkausgabe*, Band V (1783; Frankfurt/Main: Suhrkamp, 1977), hrsg. von Wilhelm Weischedel, S. 113-266.

2 Die neuere kritische Literatur zur Erfahrung ist sehr umfangreich. Ich verweise insbesondere auf Elizabeth J. Bellamy und Artemis Leontis, »A Genealogy of Experience: From Epistemology to Politics«, *Yale Journal of Criticism* 6, Nr. 1 (Frühjahr 1993), S. 163-184; Martin Jay, »Experience without a Subject«, in Michael Roth, Hrsg., *Rediscovering History: Culture, Politics and the Psyche* (Stanford: Stanford University Press, 1994), S. 121-136; und Edward S. Reed, *The Necessity of Experience* (New Haven: Yale University Press, 1996).

3 Siehe William James, *Radical Empirism and a Pluralistic Universe* (New York: Longmans, 1912), S. 39-91, 277-300. »Das Vorwärtsstürmen unseres Denkens über seine Grenzen ist für immer die bleibende Eigentümlichkeit seines Lebens. Wir empfinden dieses Leben als etwas stets aus dem Gleichgewicht Geratenes, als etwas im Übergang, als etwas, das aus einer Dunkelheit durch einen Dämmer in eine Helligkeit schießt, von der wir spüren, daß sie das Versprechen des Dämmers erfüllt ... In jedem Crescendo der Empfindung, in jeder Bemühung des Erinnerns, in jedem Schritt hin zur Befriedigung des Begehrens ist diese Abfolge von Leere und Fülle, die sich aufeinander beziehen und die ein Fleisch sind, das Wesen des Phänomens.« (S. 283) Entscheidend ist hier, daß James auf der sich selbst tilgenden Natur der Erfahrung besteht, einer Erfahrung, in der selbst die traumatischsten Ereignisse in die primäre Wirklichkeit des Fließens und der Substanzlosigkeit aufgelöst werden. Siehe die Diskussion der Jamesschen Auffassung von Selbstheit als Privateigentum, also als »radikalste von allen nur denkbaren Entfremdungen und Loslösungen«, bei Frank Lentricchia, *Ariel and the Police* (Madison: University of Wisconsin Press, 1988), S. 118. Eben diese subjektive Isolation und Separation dient jedoch, wie Lentricchia betont, dazu, »in den Wechselfällen und Zwängen des Markts einen wenn auch verinnerlichten menschlichen Freiheitsraum zu bewahren«.

4 Sigmund Freud, *Briefe 1873-1939*, ausgewählt und herausgeben von Ernst L. Freud (Frankfurt/Main: S. Fischer, 1960), S. 260-262. Eine geringfügig abweichende Fassung auch bei Ernest Jones, *Das Leben und Werk von Sigmund Freud*, übers. v. G. Meili-Dworetzki unter Mitarbeit v. K. Jones, Bd. 2 (Bern: Hans Huber, 1962), S. 54-55. Jones nennt diesen Brief gelegentlich einen »typischen« Freudschen Reisebrief.

5 Die Piazza Colonna war 1889 erheblich erweitert worden, wobei jedoch ihre originale Architektur und der urbane Gesamtzusammenhang weitgehend »erhalten« geblieben waren. Sie gehört zu den vielen Plätzen, an denen wir beobachten können, wie die urbane Form sich mit den konsumorientierten und antiquarischen Ambitionen des Museums im neunzehnten Jahrhundert überschneidet.

6 Zitiert bei George R. Collins und Christiane C. Collins, *Camillo Sitte and the Origins of Modern City Planning* (New York: Random House, 1965), S. 104.

7 Ich benutze den Begriff der Sedimentierung, um anzudeuten, daß die mit der Modernisierung verbundenen destruktiven Veränderungen immer gewisse nichtsynchrone Bestandteile der Vergangenheit konservieren und weitergeben. Henri Lefèbvre spricht von diesem Prozeß im Hinblick auf den modernen Städtebau: »Der Raum als ganzer, der geographische oder historische Raum, wird also verändert, aber ohne daß damit eine Zerstörung seines Unterbaus verbunden wäre – der initialen ›Punkte‹, der Brennpunkte und Zusammenhänge, der ›Orte‹ (Lokalitäten, Regionen, Länder), die auf den verschiedenen Ebenen eines sozialen Raums liegen.« Lefèbvre, *The Production of Space*, übers. v. Donald Nicholson-Smith (Oxford: Blackwell, 1991), S. 90.

8 Ich verweise auf Anthony Vidlers wichtige, auch auf Simmel eingehende Analyse der Emergenz von »räumlichen Pathologien« im späten neunzehnten Jahrhundert, »Psychopathologies of Modern

Space: Metropolitan Fear from Agoraphobia to Estrangement«, in Roth, Hrsg., *Rediscovering History*, S. 11-29.

9 Manfredo Tafuri sieht Piranesi als Vorläufer einer Logik der modernen urbanen Form: »Es liegt auf der Hand, daß diese Struktur aus einem formlosen Haufen miteinander kollidierender Fragmente besteht ... Nicht von ungefähr nimmt sie das Aussehen eines homogenen magnetischen Felds an, das mit Objekten vollgestopft ist, die nichts miteinander zu tun haben.« Tafuri, *The Sphere and the Labyrinth: Avant-Gardes and Architecture from Piranesi to the 1970s*, übers. v. Pellegrino d'Acierno u. Robert Connolly (Cambridge: MIT Press, 1987), S. 34-35.

10 Über die komplizierte Bedeutung Roms in Freuds Leben und Denken, siehe David Damrosch, »The Politics of Ethics: Freud and Rome«, in Joseph Smith und William Kerrigan, Hrsg., *Pragmatism's Freud: The Moral Disposition of Psychoanalysis* (Baltimore: Johns Hopkins University Press, 1986), S. 102-125.

11 Colin Rowe und Fred Koetter, *Collage City* (Cambridge: MIT Press, 1978), S. 49.

12 Sigmund Freud, *Ratschläge für den Arzt bei der psychoanalytischen Behandlung*, in *Gesammelte Werke*, Bd. 8, S. 377.

13 Ibid., S. 377. Ein Jahrzehnt zuvor hatte der Würzburger Psychologe Oswald Külpe eine solche von Routine freie und neutrale Aufmerksamkeit mit künstlerischem Genie assoziiert: »Wir sagen, daß ein Mensch Genie zeigt, wenn er dort, wo alle anderen achtlos vorübergegangen sind, neue Aspekte oder neue Eigenschaften entdeckt. Eine solche Entdeckung verlangt jedoch eine *absolute Unparteilichkeit der aufmerksamen Beobachtung* und die Freiheit von gängigen Sichtweisen und gewohnten Vorurteilen.« Külpe, »The Problem of Attention«, *Monist* 13, Nr. 1 (October 1902), S. 59; Hervorhebung von mir.

14 J. Laplanche und J. Pontalis, *Das Vokabular der Psychoanalyse*, S. 169.

15 Schon um 1900 hatte Freud zwischen einer kritischen und einer diffusen Aufmerksamkeit unterschieden. Über die erstere heißt es: »Der Nachdenkende übt außerdem eine Kritik aus, infolge deren er einen Teil der ihm aufsteigenden Einfälle verwirft, nachdem er sie wahrgenommen hat, andere kurz abbricht, so daß er den Gedankenwegen nicht folgt, welche sie eröffnen würden, und gegen noch andere Gedanken weiß er sich so zu benehmen, daß sie überhaupt nicht bewußt, also vor ihrer Wahrnehmung unterdrückt wurden.« Das andere, für den Patienten wie für den Analytiker gleichermaßen verpflichtende Aufmerksamkeitsmodell verlangte dagegen eine Unterdrückung der Kritik; bei ihm »handelt es sich darum, einen psychischen Zustand herzustellen, der mit dem vor dem Einschlafen (und sicherlich auch mit dem hypnotischen) eine gewisse Analogie in der Verteilung der psychischen Energie (der beweglichen Aufmerksamkeit) gemein hat«. Freud beruft sich auch auf Schillers Lob eines Zustands, in dem »der Verstand seine Wache vor den Toren zurückgezogen« hat. Freud, *Die Traumdeutung*, S. 106-107.

16 In seinem Resümee der psychoanalytischen Technik bedient sich Freud, um einen psychischen Prozess oder eine intersubjektive Relation zu erklären, wie so oft des Bilds einer Maschine oder eines Apparats. Der Arzt müsse »sich auf den Analysierten einstellen, wie der Receiver des Telephons zum Teller eingestellt ist. Wie der Receiver die von Schallwellen angeregten elektrischen Schwingungen der Leitung wieder in Schallwellen verwandelt, so ist das Unbewußte des Arztes befähigt, aus den ihm mitgeteilten Abkömmlingen des Unbewußten dieses Unbewußte, welches die Einfälle des Kranken determiniert hat, wiederherzustellen.« Freud, *Ratschläge für den Arzt bei der psychoanalytischen Behandlung*, S. 381-382.

17 »Wenn das Wichtige sich gesellschaftlich anerkennen läßt als das, was augenblicklich ist und im nächsten Augenblick noch sein wird, anders und gleich und stets ersetzt durch eine weitere augenblickliche Bedeutsamkeit, so kann man genauso gut sagen, daß das verwendete Mittel dieser so laut tönenden Unwichtigkeit so etwas wie Ewigkeit garantiert.« Guy Debord, *Die Gesellschaft des Spektakels. Kommentare zur Gesellschaft des Spektakels*, übers. v. W. Kukulies, S. 207.

18 Daß diese ständige Wiederholung Freud noch in ihren Bann schlagen kann, bestätigt die These John Gunnings, daß das Kino bis ungefähr 1907 wesentlich »exhibitionistisch« war, daß seine Attraktion

in nichts anderem bestand als in der Schaustellung seiner Sichtbarkeit. Es »fordert direkt die Aufmerksamkeit des Zuschauers, erregt visuelle Neugier und bietet Vergnügen mittels eines aufregenden Spektakels – eines einzigartigen Ereignisses, das, ob fiktional oder dokumentarisch, *als solches von Interesse ist*«. Gunning, »The Cinema of Attractions: Early Film, Its Spectator, and the Avant-Garde«, in Thomas Elsaesser, Hrsg., *Early Cinema. Space, Frame, Narrative* (London: BFI, 1990), S. 57-58; Hervorhebung von mir.

19 Peter Stallybrass und Allon White, *The Politics and Poetics of Transgression* (Ithaca: Cornell University Press, 1986), S. 187.

20 Gianni Vattimo, *Die transparente Gesellschaft*, übers. v. C. Klein u. A. Valazza (Wien: Passagen, 1992), S. 19.

Bibliographie

Diese Bibliographie enthält nur Werke, die vor 1910 erschienen sind.

Allen, Grant. *Physiological Aesthetics.* London: H.S. King, 1877.

Angell, James R. *Psychology: An Introductory Study of the Structure and Function of Human Consciousness.* New York: Henry Holt, 1904.

Augustinus, *Vom Gottesstaat*, übers. v. Wilh. Thimme. Zürich: Artemis, 1955, 2 Bände.

Bache, P. Meade. »Reaction Time with Reference to Race«, *Psychological Review* 2, Nr. 5 (September 1895), S. 475-486.

Baldwin, James Mark. *Handbook of Psychology: Feeling and Will.* New York: Henry Holt, 1891.

Bastian, Charlton. »Les processus nerveux dans l'attention et la volition«, *Revue philosophique* 32 (April 1892), S. 353-384.

Baudelaire, Charles. *Œuvres complètes.* Paris: Gallimard, 1961.

Bergson, Henri. *Schöpferische Entwicklung* (1907), deutsch von Gertrud Kantorowicz. Jena: Diederichs, 1921.

Bergson, Henri. *Materie und Gedächtnis* (1896), deutsch von Julis Frankenberger. Hamburg: Felix Meiner, 1991.

Bergson, Henri. *Zeit und Freiheit* (1888), deutsch von P. Fohr. Jena: Diederichs, 1920.

Bernard, Emile. »Paul Cézanne«, *L'Occident,* Juli 1904, S. 20.

Bernheim, Hippolyte. *Die Suggestion und ihre Heilwirkungen* (1884), übersetzt von Sigmund Freud. Leipzig, Wien: Deuticke, [2]1896.

Binet, Alfred. »Le fétichisme dans l'amour«, *Revue philosophique* 25 (1888), S. 142-167, 252-275.

Binet, Alfred. *On Double Consciousness.* Chicago: Open Court, 1890.

Binet, Alfred, und Charles Féré. *Le magnétisme animal.* Paris: Félix Alcan, 1888.

Blanc, Charles. *Grammaire des arts et du dessin* (1867). Paris: H. Laurens, 1880.

Bolton, Thaddeus. »Rhythm«, *American Journal of Psychology* 6, Nr. 2 (Januar 1894), S. 145-238.

Bonnier, Charles und Pierre, »Documents et critique expérimentale: Parsifal«, *Revue wagnérienne* 2 (März 1887), S. 42-55.

Bradley, F.H. »Is There Any Special Activity of Attention?« *Mind* 11 (1886), S. 305-323.

Bradley, F.H. »On Active Attention«, *Mind,* Neue Folge 11 (1902), S. 1-30.

Braid, James. *Neurypnology or the Rationale of Nervous Sleep.* London: J. Churchill, 1843.

Brown-Séquard, Charles-Edouard. »Dynamogénie«, in *Dictionnaire encyclopédique des sciences médicales,* 1. Folge, Bd. 30, S. 756-760. Paris: Asselin, 1885.

Brown-Séquard, Charles-Edouard. *Physiology and Pathology of the Central Nervous System.* Philadelphia: Lippincott, 1858.

Brown-Séquard, Charles-Edouard. *Recherches expérimentales et cliniques sur l'inhibition et la dynamogénie.* Paris: Masson, 1882.

Cappie, James. »Some Points in the Physiology of Attention, Belief and Will«, *Brain* 9 (Juli 186), S. 196-206.

Carpenter, William B. *Principles of Human Physiology.* Philadelphia: Blanchard and Lea, 1853.

Carpenter, William B. *Principles of Mental Physiology* (1874). 4. Aufl. London: Kegan Paul, 1896.

Cassirer, Ernst. *Das Erkenntnisproblem in der Philosophie und in der Wissenschaft der neueren Zeit.* Bd. 3 (1907). Darmstadt: Wissenschaftliche Buchgesellschaft, 1971.

Cattell, James McKeen. »Adress of the President before the American Psychological Association«, *Psychological Review* 3 (1896), S. 134-148.

Cattell, James McKeen. »The Conceptions and Methods of Psychology«, *Popular Science Monthly* 66 (1904), S. 176-186.

Cattell, James McKeen. »Experiments on the Association of Ideas«, *Mind* 12 (1887), S. 68-74.

Cattell, James McKeen. »The Inertia of Eye and Brain«, *Brain* 8 (October 1885), S. 295-312.
Cattell, James McKeen. »Mental Tests and Their Measurement«, *Mind* 15 (1890), S. 373-380.
Cézanne, Paul. *Briefe,* eingel. v. G. Jedlicka, übers. v. J. Vontobel. Erlenbach-Zürich und Leipzig: Rentsch, o. J.
Cézanne, Paul. *Über die Kunst. Gespräche mit Gasquet und Briefe,* hrsg. v. W. Hess. Hamburg: Rowohlt, 1957.
Chaignet, Anthelme Edouard. *Pythagore et la philosophie pythagoricienne,* 2 Bde. Paris: Didier, 1873.
Charcot, J.-M. *Clinical Lectures of the Nervous System,* hrsg. v. Ruth Harris. London: Tavistock, 1991.
Charcot, J.-M., und Paul Richer. *Les démoniaques dans l'art.* Paris: Delhaye et Lecrosnier, 1887.
Cocke, James R. *Hypnotism: How It Is Done, Its Uses and Dangers.* Boston: Arena, 1894.
Condillac, Etienne Bonnot, Abbé de. *Œuvres philosophiques de Condillac,* hrsg. u. eingel. v. Georges Le Roy. Paris: PUF, 1947.
Cousin, Victor. *Elements of Psychology,* übers. v. Caleb Henry. New York: Ivison & Phinney, 1856.
Croce, Benedetto. *Ästhetik* (1901), übers. von H. Feist und Richard Peters. Tübingen: J. C. B. Mohr (Paul Siebeck), 1930.
Darwin, Charles. *Die Abstammung des Menschen und die Zuchtwahl in geschlechtlicher Beziehung,* übers. v. David Haek. Leipzig: Ph. Reclam jun., o. J.
Delboeuf, Joseph. *Le sommeil et les rêves.* Paris: Félix Alcan, 1885.
Dewey, John. *Psychology.* New York: Harper, 1886.
Dewey, John. »The Reflex Arc Concept«, *Psychological Review* 3, Nr. 4 (Juli 1896), S. 357-370.
Dilthey, Wilhelm. *Grundlegung der Wissenschaften vom Menschen, der Gesellschaft und der Geschichte,* in *Gesammelte Schriften,* Bd. XIX, hrsg. v. M. Johach u. F. Rodi. Göttingen: Vandenhoeck und Ruprecht, 1982.
Dilthey, Wilhelm. »Die Einbildungskraft des Dichters« (1887), in *Wilhelm Diltheys gesammelte Schriften,* Bd. VI. Leipzig, Berlin: Teubner, 1924.
Dodds, W. J. »On Some Central Affections of Vision«, *Brain* 8 (1886), S. 21-39.
Dolley, Charles S., und James McKeen Cattell. »On Reaction Times and the Velocity of the Nervous Impulse«, *Psychological Review* 1, no. 2 (1894), S. 159-168.
Du Maurier, Georges. *Trilby.* New York: Harper and Brothers, 1894.
Durkheim, Emile. *Über soziale Arbeitsteilung. Studie über die Organisation höherer Gesellschaften* (1893), mit einer Einleitung von N. Luhmann. Frankfurt/Main. Suhrkamp, ²1988.
Durkheim, Emile. *Regeln der soziologischen Methode* (1895), hrsg. und eingel. v. R. König. Neuwied: Luchterhand, ²1963.
Durkheim, Emile. *Soziologie und Philosophie* (1924), eingel. v. Th. W. Adorno, übers. v. E. Moldenhauer. Frankfurt/Main: Suhrkamp, 1967.
Ebbinghaus, Hermann. *Grundzüge der Psychologie,* 2 Bde. Leipzig: Veit, 1905.
Ebbinghaus, Hermann. *Über das Gedächtnis. Untersuchungen zur experimentellen Psychologie* (1885). Amsterdam: E. J. Bonset, 1966.
Ehrenfels, Christian von. »Über Gestaltqualitäten«, in *Philosophische Schriften,* Bd. 3, hrsg. v. Reinhard Fabian. München, Wien: Philosophia, 1988.
Engels, Friedrich. *Dialektik der Natur* (1873-1882), in *Marx-Engels Gesamtausgabe (MEGA),* I. Abteilung, Bd. 26, Berlin: Dietz, 1985.
Fechner, Gustav Theodor. *Elemente der Psychophysik,* 2 Bde. Leipzig: Breitkopf und Härtel, 1860.
Fechner, Gustav Theodor. *Vorschule der Ästhetik,* 2 Bde. Leipzig: Breitkopf und Härtel, 1871.
Féré, Charles. »Dégénérescence et criminalité«, *Revue philosophique* 24 (Oktober 1887), S. 337-377.
Féré, Charles. »L'énergie et la vitesse des mouvements volontaires«, *Revue philosophique* 28 (Juli-Dezember 1889), S. 37-68.
Féré, Charles. *La pathologie des émotions,* Paris: Félix Alcan, 1892.
Féré, Charles. *Sensation et mouvement* (1887). Paris: Félix Alcan, 1900.
Ferrier, David. *The Functions of the Brain.* London: Smith Elder, 1876.

Fiedler, Konrad. »Über die Beurteilung von Werken der bildenden Kunst« (1876), in *Schriften zur Kunst,* 2 Bde., hrsg. v. G. Boehm. München: Wilhelm Fink, 1971.
Fouillée, Alfred. *Nietzsche et l'immoralisme.* Paris: F. Alcan, 1902.
Fouillée, Alfred. »Le physique et le mental: A propos de l'hypnotisme«, *Revue des Deux Mondes* 105 (1. Mai 1891), S. 429-461.
Fouillée, Alfred. »La sensation et la pensée selon le sensualisme et le platonisme contemporains«, *Revue des Deux Mondes* 82 (15. Juli 1887), S. 398-425.
Freud, Sigmund. *Gesammelte Werke,* 18 Bände; 1 Nachtragsband, herausgegeben von Anna Freud u. a., Frankfurt/Main: S. Fischer, 1961 ff.
Freud, Sigmund. *Briefe 1873-1939,* ausgewählt und herausgegeben v. Ernst L. Freud. Frankfurt/Main: S. Fischer, 1960.
Galton, Francis. *Inquiries into Human Faculty and Its Development.* London: Macmillan, 1883.
Geymuller, H. de. »Derniers Travaux sur Léonard de Vinci«, *Gazette des Beaux-Arts* 34 (1886), S. 143-164.
Gilles de la Tourette, Georges. *L'hypnotisme et les états analogues au point de vue médico-légal.* Paris: Plon, 1887.
Gley, E. »Ch.-E. Brown-Séquard«, *Archives de physiologie normale et pathologique,* 5. Folge, 6 (1894), S. 759-770.
Guyau, Jean-Marie. *L'art au point de vue sociologique.* Paris: Félix Alcan, 1889.
Hall, G. Stanley. »Reaction-Time and Attention in the Hypnotic State«, *Mind* 8 (1883), S. 171-182.
Hartmann, Eduard von. *Die Philosophie des Unbewußten.* Berlin: Duncker, 1869.
Hegel, G. W. F. *Die Philosophie des Geistes* (1830), in *Sämtliche Werke,* Bd. 10, hrg. v. G. Glockner. Stuttgart: Frommann, 1942.
Hegel, G. W. F. *Phänomenologie des Geistes* (1807), in *Sämtliche Werke,* Bd. 2, hrg. v. G. Glockner. Stuttgart: Frommann, 1927.
Helmholtz, Hermann von. *Handbuch der physiologischen Optik,* 2 Bde. Leipzig: Leopold Voss, 1867. Französische Fassung als *Optique physiologique,* übers. v. Emile Javal und N. Th. Klein, Paris: Victor Masson, 1867.
Helmholtz, Hermann von. *Die Thatsachen in der Wahrnehmung.* Berlin: August Hirschwald, 1879.
Henry, Charles. *Cercle chromatique, présentant tous les compléments et toutes les harmonies de couleurs...* Paris: C. Verdin, 1888.
Henry, Charles. »Le contraste, le rhythme, la mesure«, *Revue philosophique* 28 (Juli-Dezember 1889), S. 356-381.
Henry, Charles. »Introduction à une esthétique scientifique«, *Revue contemporaine* (1885).
Henry, Charles. »Sur l'origine de quelques notations mathématiques«, *Revue archéologique* 37 (1878), S. 324-333; 38 (1879), S. 1-10.
Hering, Ewald. *Grundzüge einer Theorie vom Lichtsinn.* Berlin: Springer, 1920.
Hibben, John Grier. »Sensory Stimulation by Attention«, *Psychological Review* 2, Nr. 4 (Juli 1895), S. 369-375.
Hildebrandt, Adolf von. *Kunsttheoretische Schriften.* Baden-Baden, Strasbourg: Heitz, 1961.
Hoch, August. »A Review of Some Recent Papers upon the Loss of the Feeling of Reality and Kindred Symptoms«, *Psychological Bulletin* 2, Nr. 7 (15. Juli 1905), S. 233-241.
Hofmannsthal, Hugo von. *Gesammelte Werke,* hrsg. v. Herbert Steiner. Frankfurt/Main: S. Fischer, 1951.
Humbert de Superville, David Pierre Giottin. »Essay on the Unconditional Signs in Art« (1827), in *Miscellanea Humbert de Superville,* hrsg. v. Jacob Bolten. Leiden, 1997.
Husserl, Edmund. *Logische Untersuchungen* (1899-1901), 2 Bde. Den Haag: Martinus Nijhoff, 1975.
Husserl, Edmund. *Zur Phänomenologie des inneren Zeitbewußtseins* (1893-1917), *Husserliana,* Bd. X. Den Haag: Martinus Nijhoff, 1966.
Huxley, Thomas H. *Collected Essays,* Bd. 1. New York: D. Appleton, 1917.

Huysmans, Joris-Karl. *L'art moderne/Certains* (1903). Paris: Union Générale d'Editions, 1975.

Hyslop, Theodor B. *Mental Psychology Especially in Its Relations to Mental Disorders.* London: Churchill, 1895.

Iamblichus. *On the Pythagorean Life*, übers. v. Gillian Clark. Liverpool: Liverpool University Press, 1989.

Jackson, John Hughlings. *Selected Writings of John Hughlings Jackson*, 2 Bde., hrsg. v. James Taylor. London: Hodder and Stoughton, 1932.

James, William. *The Principles of Psychology* (1890), 2 Bde. New York: Dover, 1950.

Janet, Pierre. »Attention«, in Charles Richet, Hrsg., *Dictionnaire de physiologie*, Bd. 1, S. 831-839. Paris: Félix Alcan, 1895.

Janet, Pierre. *L'automatisme psychologique.* Paris: Félix Alcan, 1889.

Janet, Pierre. »Etude sur un cas d'aboulie et d'idées fixes«, *Revue philosophique* 31 (1891), S. 258-287, 382-407.

Janet, Pierre. *The Mental State of Hystericals* (1893), übers. v. Caroline Corson. New York: Putnam, 1902.

Janet, Pierre. *Névroses et idées fixes.* Paris: Félix Alcan, 1898.

Jevons, W. Stanley. »The Power of Numerical Discrimination«, *Nature*, 9. Februar 1871, S. 281-282.

Jullien, Adolphe. »›Les Maîtres Chanteurs de Nuremberg‹ de Richard Wagner«, *L'Art* 45 (1888), S. 153-160.

Jullien, Adolphe. *Richard Wagner. Sa vie et ses œuvres.* Paris: J. Rouam, 1886.

Kahn, Gustave. »Peinture: Exposition des Indépendants«, *Revue indépendante* 6 (April 1888), S. 160-164.

Kahn, Gustave. »Seurat«, *L'art moderne* 11 (5. April, 1891), S. 107-110.

Kant, Immanuel. *Kritik der reinen Vernunft* (1781). Hamburg: Felix Meiner, 1993.

Kant, Immanuel. *Prolegomena zu einer jeden künftigen Metaphysik, die als Wissenschaft wird auftreten können* (1783), in: *Werkausgabe*, Band V. Frankfurt/Main: Suhrkamp, 1977, hrsg. von Wilhelm Weischedel, S. 113-266.

Krafft-Ebing, Richard von. *Psychopathia Sexualis* (1886). München: Matthes und Seitz, 1984.

Kreibig, Josef-Clemens. *Die Aufmerksamkeit als Willenserscheinung.* Wien: Alfred Hölder, 1897.

Külpe, Oswald. *Grundzüge der Psychologie.* Leipzig: Engelmann, 1893.

Külpe, Oswald. »The Problem of Attention«, *Monist* 13, Nr. 1 (Oktober 1902), S. 38-68.

Ladd, George Turnbull. *Elements of Physiological Psychology.* New York: Scribner, 1887.

Lafontaine, Charles. *Mémoires d'un magnétiseur.* Paris: Ballière, 1866.

Lalande, André. »Sur un effet particulier de l'attention appliquée aux images«, *Revue philosophique* 35 (März 1893), S. 284-287.

Laycock, Thomas. »Reflex, Automatic and Unconscious Cerebration: A History and a Criticism«, *Journal of Mental Science* 21, Nr. 96 (Januar 1876), S. 477-498.

Le Bon, Gustave. *Psychologie der Massen* (1895). Stuttgart: Kröner, 1964.

Le Roux, Hugues. *Les jeux du cirque et la vie foraine.* Paris: Plon, 1889.

Liébeault, Auguste. *Le sommeil provoqué et les états analogues.* Paris: Doin, 1889.

Liégeois, Jules. *De la suggestion et du somnambulisme dans leurs rapports avec la jurisprudence et la médicine légale.* Paris: Doin, 1889.

Lipps, Theodor. *Grundtatsachen des Seelenlebens.* Bonn: M. Cohen, 1883.

Lipps, Theodor. *Psychologische Studien* (1885), zweite, umgearbeitete und erweiterte Auflage. Leipzig: Dürr, 1905.

Lissauer, Hermann. »Ein Fall von Seelenblindheit nebst einem Beitrage zur Theorie desselben«, *Archiv für Psychiatrie und Nervenkrankheiten* 21 (1890), S. 222-270.

Locke, John. *Versuch über den menschlichen Verstand* (1689), übers. v. C. Winckler. Hamburg: Felix Meiner, 1981.

Loewy, Emanuel. *Die Naturwiedergabe in der älteren griechischen Kunst.* Rom: von Loescher & Co, 1900.

Lombroso, Cesare. *L'homme criminel. Etude anthropologique et médico-légale* (1876), übers. v. G. Regnier und A. Bournet. Paris: Félix Alcan, 1887.

Luckey, George W. »Comparative Observations on the Indirect Color Range of Children, Adults, and Adults Trained in Color«, *American Journal of Psychology* 6, Nr. 4 (Januar 1895), S. 489-504.

Mach, Ernst. *Beiträge zur Analyse der Empfindungen.* Jena: Gustav Fischer, 1886.

Mach, Ernst. *Populärwissenschaftliche Vorlesungen.* Leipzig: Ambrosius Barth, 1896.

Maine de Biran, Pierre. *De l'aperception immédiate* (1807). Paris: J. Vrin, 1963.

Malebranche, Nicolas. *De la Recherche de la vérité* (1674), Bd. 1, 2, hrsg. u. eingel. v. Geneviève Lewis. Paris: Vrin, 1945.

Mallarmé, Stéphane. *Correspondance*, Bd. 2, hrsg. v. Henri Mondor und Lloyd James Austin. Paris: Gallimard, 1965.

Mallarmé, Stéphane. *La dernière mode: Gazette du monde et de la famille* (1874). Paris: Ramsay, 1978.

Mallarmé, Stéphane. »The Impressionists and Edouard Manet« (1876). In Penny Florence, *Mallarmé, Manet, and Redon,* S. 11-18. Cambridge: Cambridge University Press, 1986.

Mallarmé, Stéphane. *Œuvres complètes.* Paris: Gallimard, 1945.

Marillier, Léon. »Remarques sur le mécanisme de l'attention«, *Revue philosophque* 27 (1889), S. 566-587.

Marx, Karl. *Das Kapital* (1867ff.), 3 Bde. MEW Bd. 23-25. Berlin (Ost): Dietz, 1972.

Marx, Karl. *Grundrisse der Kritik der politischen Ökonomie* (1857/1858). Berlin (Ost): Dietz, 1953.

Maudsley, Henry. *Body and Will.* New York: D. Appleton, 1884.

Maudsley, Henry. *The Physiology and Pathology of Mind,* 2. Aufl. London: Macmillan, 1868.

Maudsley, Henry. *The Physiology of Mind.* New York: D. Appleton, 1883.

Maury, L.-F. Alfred. *Le sommeil et les rêves.* Paris: Didier, 1878.

Menard, L. »L'inhibition«, *Cosmos: Revue des sciences* 71 (4. Juni 1887), S. 255-256.

Meyerson, Emile. *Identity and Reality* (1908), übers. v. Kate Lowenberg. New York: Dover, 1962, S. 291-307.

Mintorn, William. *La somnambule.* Paris: Ghio, 1880.

Moll, Albert. *Hypnotism* (1889). New York: Scribner, 1899.

Morand, J.-S. *Le magnétisme animal: Etude historique et critique.* Paris: Garnier, 1889.

Mosso, Angelo. *Fatigue* (1891), übers. v. Margret Drummond. New York: G. P. Putnam, 1904.

Müller, Georg Elias. *Zur Theorie der sinnlichen Aufmerksamkeit.* Leipzig: A. Edelmann, 1873.

Münsterberg, Hugo. *Psychology and the Teacher.* New York: D. Appleton, 1909.

Müntz, Eugène. »Les expositions de Londres«, *Gazette des Beaux-Arts* 6 (September 1872), S. 236-249; (Oktober 1872), S. 312-325.

Nayrac, Jean-Paul. *Physiologie et psychologie de l'attention.* Paris: Félix Alcan, 1906.

Nietzsche, Friedrich. *Sämtliche Werke. Kritische Studienausgabe,* hrsg. v. Giorgio Colli und Mazzino Montinari. München, Berlin, New York: Deutscher Taschenbuch Verlag, de Gruyter, 1967-1977.

Nietzsche, Friedrich. *Nietzsche Briefwechsel. Kritische Gesamtausgabe.* Berlin, New York: de Gruyter, 1967-1977

Nordau, Max. *Entartung,* 2 Bde. Berlin: Carl Duncker, 1892.

Obersteiner, Heinrich. »Experimental Researches on Attention«, *Brain* 1 (1879), S. 439-453.

Packard, Frederic H. »The Feeling of Unreality«, *Journal of Abnormal Psychology* 1 (1906), S. 69-82.

Parinaud, Henri. »Paralysis of the Movement of Convergence of the Eyes«, *Brain* 25 (October 1886), S. 330-341.

Pater, Walter. *The Renaissance: Studies in Art and Poetry* (1873). Berkeley: University of California Press, 1980.

Peirce, Charles Sanders. *Collected Papers of Charles Sanders Peirce*, Bd. 8, hrsg. v. Arthur W. Burks. Cambridge: Harvard University Press, 1958.

Peirce, Charles Sanders. *Charles S. Peirce: Selected Writings,* hrsg. v. Philip P. Wiener. New York: Dover, 1958.

Peirce, Charles Sanders. *Writings of Charles S. Peirce,* Bd. 2, hrsg. v. Max H. Fisch. Bloomington: Indiana University Press, 1982.

Pillsbury, Walter B. *Attention* (1906). London: Sonnenschein, 1908.

Pilzecker, Alfons. *Die Lehre von der sinnlichen Aufmerksamkeit.* München: Akademische Buchdrukkerei von F. Straub, 1889.

Poe, Edgar Allan. *Poetry and Tales.* New York. Library of America, 1984.

Poincaré, Henri. *La science et l'hypothèse*. Paris, 1902

Ravaisson-Mollien, Charles. »Les écrits de Léonard de Vinci«, *Gazette des Beaux-Arts* 23 (1881), S. 225 f., 331 f., 514 f.

Renouvier, Charles. *Essais de critique générale: Premier essai.* Paris: Ladrange, 1854.

Ribot, Théodule. *The Diseases of the Will,* übers. v. Merwin-Marie Snell. Chicago: Open Court, 1894.

Ribot, Théodule. *La psychologie de l'attention.* Paris: Félix Alcan, 1889. Deutsch nach der 9. Auflage von Dietze, *Die Psychologie der Aufmerksamkeit.* Leipzig: Maerter, 1908.

Richet, Charles. »Du somnambulisme provoqué«, *Journal de l'anatomie et la physiologie normales et pathologiques* 11 (1875), S. 348-378.

Richet, Charles (Pseudonym Charles Epheyre). »Sœur Marthe«, *Revue des Deux Mondes* 93 (15. Mai 1889), S. 384-431.

Riegl, Alois. *Das holländische Gruppenporträt* (1902). Wien: Österreichische Staatsdruckerei, 1931.

Rilke, Rainer Maria. »Briefe über Cézanne« (1906-1907), in *Werke,* Bd. 4. Frankfurt/Main, Leipzig: Insel, 1996.

Rilke, Rainer Maria. *Rainer Maria Rilke – Lou Andreas-Salomé, Briefwechsel.* Zürich, Wiesbaden: Niehans, Insel, 1952.

Rimbaud, Arthur. *Œuvres complètes.* Paris: Gallimard, 1972.

Rousseau, Jean-Jacques. *Rêveries d'un promeneur solitaire* (1782), in *Œuvres complètes*, Bd. 1. Paris: Gallimard, 1959.

Ruskin, John. *The Elements of Drawing* (1857). New York: Dover, 187[illegible].

Ruskin, John. *The Seven Lamps of Architecture* (1848). New York: Noonday, 1977.

Ruskin, John. *The Stones of Venice* (1851-1853), hrg. v. J. G. Links. New York: Hill and Wang, 1964.

Sanctis, Sante de. *L'attenzione e i suoi disturbi.* Rom: Tip. Dell'Unione Coop. Edit., 1896.

Schelling, F. W. J. *Ausgewählte Werke.* Darmstadt: Wisenschaftliche Buchgesellschaft, 1968.

Schopenhauer, Arthur. *Werke in 10 Bänden. Züricher Ausgabe.* Zürich: Diogenes, 1977.

Scott, Walter D. *The Psychology of Advertising.* Boston: Small, Maynard & Co., 1908.

Séailles, Gabriel. *Léonard de Vinci: L'artiste et le savant. Essai de biographie psychologique.* Paris: Perrin, 1892.

Séailles, Gabriel. »Peintres contemporains: Puvis de Chavannes«, *Revue bleue: Revue politique et littéraire* 6 (11. Februar, 1888), S. 179-185.

Sechenov, Ivan. *Reflexes of the Brain* (1863), übers. v. S. Belsky. Cambridge: MIT Press, 1965.

Sergi, Giuseppe. *La psychologie physiologique* (1885). Paris: Félix Alcan, 1888.

Seurat, Georges, et al. *Seurat: Correspondances, témoignages, notes inédites, critiques,* hrg. v. Hélène Seyrès. Paris: Acropole, 1991.

Simmel, Georg. *Gesamtausgabe,* hrsg. von Otthein Rammstedt. Frankfurt/Main: Suhrkamp, 1989 ff.

Slaughter, J. W. »The Fluctuations of Attention in Some of Their Psychological Relations«, *American Journal of Psychology* 12, no. 3 (1901), S. 314-334.

Soubies, Albert, und Charles Malherbes. *L'œuvre dramatique de Richard Wagner.* Paris: Fischbacher, 1886.

Souriau, Paul. *La suggestion dans l'art.* Paris: Félix Alcan, 1893.

Spencer, Herbert. *The Principles of Psychology,* 3. Aufl., 2 Bde. New York: D. Appleton, 1871-1872.

Stanley, Hiram M. »Attention as Intensifying Sensation«, *Psychological Review* 2, no. 1 (1895), S. 53-57.

Stein, Gertrude. »Cultivated Motor Automatism: A Study of Character in Its Relation to Attention«, *Psychological Review* 5, no. 3 (Mai 1898), S. 295-306.

Stoker, Bram. *Dracula* (1897). Oxford: Oxford University Press, 1983.
Stout, George Frederick. *Analytic Psychology,* 2 Bde. London: Sonnenschein, 1896.
Strindberg, August. Strindberg, *Ausgewählte Dramen*, übers. v. E. Schering. München: Georg Müller, 1926.
Stumpf, Carl. »Hermann von Helmholtz and the New Psychology«, *Psychological Review* 2, no. 1 (Januar 1895), S. 1-12.
Stumpf, Carl. *Tonpsychologie,* 2 Bde. Leipzig: S. Hirzel, 1890.
Sully, James. »The Psycho-Physical Processes in Attention«, *Brain* 13 (1890), S. 145-164.
Sutter, David. *Nouvelle théorie simplifiée de la perspective.* Paris: Jules Tardieu, 1895.
Sutter, David. »Les phénomènes de la vision«, *L'Art* 20 (1880), S. 74f.
Taine, Hippolyte. *Derniers essais de critique et d'histoire.* Paris: Hachette, 1894.
Taine, Hippolyte. *De l'intelligence* (1869), 2 Bände. Paris: Hachette, 1903.
Tarde, Gabriel de. »Catégories logiques et institutions sociales«, *Revue philosophique* 28 (August 1889), S. 113-136.
Tarde, Gabriel de. *Les lois de l'imitation* (1890). Paris: Félix Alcan, 1921.
Titchener, Edward B. *Experimental Psychology. A Manual of Laboratory Practice,*Bd. 1. New York: Macmillan, 1901.
Titchener, Edward B. *Lectures on the Elementary Psychology of Feeling and Attention.* New York: Macmillan, 1908.
Tönnies, Ferdinand. *Gemeinschaft und Gesellschaft. Abhandlung des Communismus und des Socialismus als empirischer Culturformen.* Leipzig: Fues's Verlag, 1887.
Uhl, Lemon. *Attention.* Baltimore: Johns Hopkins University, 1890.
Valéry, Paul. *Werke,* hrsg. v. Jürgen Schmidt-Radefeldt. Frankfurt/Main, Leipzig: Insel, 1995.
Verhaeren, Emile. »Georges Seurat«, *La société nouvelle,* April 1891, S. 420-438.
Véron, Eugène. *L'esthétique.* Paris: C. Reinwald, 1878.
Wagner, Richard. *Gesammelte Schriften und Dichtungen,* Bd. 1-10. Leipzig: W. Fritzsch, 1897-1898.
Weber, Max. *Die protestantische Ethik* (1904). Gütersloh: Gütersloher Verlagshaus Mohn, ^{6}1981.
Wells, H. G. *Three Prophetic Novels,* hrsg. v. E. F. Bleiler. New York: Dover, 1960.
Wernicke, Carl. *Der aphasische Symptomencomplex.* Breslau: Cohn und Weigert, 1874.
Wundt, Wilhelm. *Grundzüge der physiologischen Psychologie* (1874), 2 Bde. Leipzig: Engelmann, 1880.
Wundt, Wilhelm. *Grundriss der Psychologie* (1893). Leipzig: Engelmann, ^{4}1901.
Wyzewa, Téodor de. »Le pessimisme de Richard Wagner«, *Revue wagnérienne* 6 (8. Juli 1885), S. 167-170.
Ziehen, Theodor. *Leitfaden der physiologischen Psychologie in 15 Vorlesungen.* Jena, ^{2}1893.

Bildnachweise

Bildarchiv Preußischer Kulturbesitz: S. 84, 90
Metropolitan Museum of Art, New York: S. 159, 161, 165
Museum of Modern Art: S. 147, 264, 265
U.S. Department of the Interior, Edison National Historic Site: S. 35
Giraudon/Art Resource, New York: S. 48, 71
Culver Pictures: S. 61
Bridgeman Art Library International: S. 62
Art Institute of Chicago: S. 76, 77, 148
Réunion des Musées nationaux: S. 87, 92, 96, 215, 223
Solomon R. Gugenheim Foundation: S. 92, 153

Georges Seurat, *Parade de cirque*, 1887-1888.

Sachregister

Namenregister